Das Tierschutzrecht in Deutschland
bis zum Erlaß des Reichs-Tierschutzgesetzes
vom 24. November 1933

Rechtshistorische Reihe

Herausgegeben von den Prof. Dres.
H.-J. Becker, W. Brauneder, P. Caroni, B. Diestelkamp, G. Dilcher, F. Ebel, J. Eckert, H. Hattenhauer, R. Hoke, D. Klippel, G. Köbler, G. Landwehr, G. Lingelbach, M. Lipp, H. Nehlsen, G. Otte, K.O. Scherner, H. Schlosser, J. Schröder, W. Schubert, D. Schwab, E. Wadle, D. Willoweit

Band 209

Peter Lang
Frankfurt am Main · Berlin · Bern · Bruxelles · New York · Wien

Winfried C. J. Eberstein

Das Tierschutzrecht in Deutschland bis zum Erlaß des Reichs-Tierschutzgesetzes vom 24. November 1933

Unter Berücksichtigung der Entwicklung in England

Peter Lang
Europäischer Verlag der Wissenschaften

Die Deutsche Bibliothek - CIP-Einheitsaufnahme

Eberstein, Winfried C. J.:

Das Tierschutzrecht in Deutschland bis zum Erlaß des Reichs-Tierschutzgesetzes vom 24. November 1933 : unter Berücksichtigung der Entwicklung in England / Winfried C. J. Eberstein. - Frankfurt am Main ; Berlin ; Bern ; Bruxelles ; New York ; Wien : Lang, 1999
(Rechtshistorische Reihe ; Bd. 209)
Zugl.: Kiel, Univ., Diss., 1999
ISBN 3-631-35510-6

Die vorliegende Arbeit wurde von
Prof. Dr. Werner Schubert zur Aufnahme
in die Reihe empfohlen.

Gedruckt auf alterungsbeständigem,
säurefreiem Papier.

D 8
ISSN 0344-290X
ISBN 3-631-35510-6

Printed in Germany 1 2 3 4 6 7

Meinen Eltern in Liebe und Dankbarkeit zugeeignet.

Wer Tiere quält, ist unbeseelt
und Gottes guter Geist ihm fehlt.

Mag noch so vornehm ‘drein er schaun‘,
man sollte niemals ihm vertraun‘.

(Johann Wolfgang Goethe)

Vorwort

Mit dem Reichs-Tierschutzgesetz vom 24. November 1933 erfolgte zum ersten Mal in Deutschland eine einheitliche Regelung der wichtigsten Tierschutzfragen in einem Gesetz. Und obwohl das Gesetz seinem Entstehungszeitpunkt nach ein „Nazigesetz“ zu sein schien, erfuhr es erst 1972 eine Novellierung. Gleichwohl fehlte es bisher an einer ausführlichen Darstellung der historischen Entwicklung des Tierschutzrechts in Deutschland.

Die Studie stützt sich auf unveröffentlichte archivalische Quellen und zeitgenössische Literatur, sie wurde im Sommersemester 1999 von der Rechtswissenschaftlichen Fakultät der Christian-Albrechts-Universität zu Kiel als Dissertation angenommen.

Meinem Doktorvater, Herrn Professor Dr. Werner Schubert, bin ich sehr dankbar für die Überlassung des Themas und die umfassende und stetige fachliche Betreuung dieser Arbeit.
Zu Dank verpflichtet bin ich auch Herrn Professor Dr. Hans Hattenhauer für die Erstellung des Zweitgutachtens.
Mein Dank gilt ebenfalls den freundlichen und hilfsbereiten Mitarbeitern des Bundesarchivs in Berlin-Lichterfelde und des Geheimen Staatsarchivs Preußischer Kulturbesitz in Berlin-Dahlem.

Schließlich danke ich meinen Eltern für das Entziffern altdeutscher Handschriften, Christoph Krümpelmann und Tilko Müller für die Unterstützung in Computerfragen und meiner Freundin Anne-Charlotte Arkenau für Rückhalt und Aufmunterung besonders in der Endphase der Doktorarbeit.

Kiel, im Juli 1999

Winfried C. J. Eberstein

Inhaltsverzeichnis

Abkürzungsverzeichnis

ä. L.	ältere Linie
Anlbd.	Anlagenband
BA	Bundesarchiv
BBB	Bayerischer Bauernbund
Berlin-Li.	Berlin-Lichterfelde (BA)
bkF.	bei keiner Fraktion
BVP	Bayerische Volkspartei
ChrSV	Christlich-sozialer Volksdienst
DDP	Deutsche Demokratische Partei
DFoVP	Deutsche Fortschrittliche Volkspartei
DFrVP	Deutsche Freisinnige Volkspartei
DNVP	Deutschnationale Volkspartei
DrefP	Deutsche Reformpartei
DRP	Deutsche Reichspartei
Ds.	Drucksache
DsozRefP	Deutschsoziale Reformpartei
DsozWV	Deutschsoziale Wirtschaftsvereinigung
DVP	Deutsche Volkspartei
FK	Freikonservative Partei
FrV	Freisinnige Vereinigung
K	Konservative Partei
LV	Liberale Vereinigung
MP	Member of Parliament
NL	Nationalliberale Partei
n.p.	nicht paginiert
Rs.	Rückseite
RSPCA	Royal Society for the Prevention of Cruelty to Animals
RTierSchG	Reichstierschutzgesetz vom 24. November 1933
SPCA	Society for the Prevention of Cruelty to Animals
TierSchG	Tierschutzgesetz
VE	Vorentwurf
WV	Wirtschaftliche Vereinigung
Z	Zentrum

1. Teil: Einleitung

Im Januar 1934 verlieh die „Eichelberger Humane Award Foundation“ (Seattle, USA) dem deutschen Reichskanzler Adolf Hitler ihre Goldene Medaille für besondere Verdienste um die Tierschutzbewegung. In dem Begleitschreiben des Stiftungskomitees hieß es nach einem Vermerk der Reichskanzlei vom 16. April 1934: Die deutschen Tierschutzgesetze „wirken sich nicht nur zum Schutz der Tiere innerhalb der deutschen Grenzen aus, sondern tragen durch ihr Beispiel dazu bei, andere Völker außerhalb Deutschlands zur Beachtung der Prinzipien der Gerechtigkeit, Freundlichkeit und anständigen Behandlung jener Geschöpfe anzuregen und zu erziehen, die keine Sprache haben, mit der sie ihren Nöten Ausdruck geben können“[1]. Gemeint war das deutsche Reichstierschutzgesetz vom 24. November 1933. Nachdem durch das deutsche Konsulat in Seattle im Auftrage des Auswärtigen Amtes die „einwandfreie arische Abkunft“ von Mrs. Eva Eichelberger, der Stiftungsgründerin, festgestellt worden war, nahm Hitler am 19. April 1934 die Auszeichnung an[2].

Die vorliegende Arbeit beschäftigt sich mit der Geschichte der rechtlichen Ausformung des Tierschutzes in Deutschland bis zum Erlaß des Reichtierschutzgesetzes von 1933. Da die Entwicklung in England der deutschen bis zum Ende des Ersten Weltkrieges stets voranging und diese dadurch beeinflußte, bzw. ihr maßgebliche Impulse gab, wurde auch das englische Tierschutzrecht in die Untersuchung miteinbezogen. Für die Darstellung erwies es sich als zweckmäßig, die englische Entwicklung zunächst geschlossen darzustellen, da die Ausarbeitungen zum englischen Tierschutz im Vergleich zum deutschen Recht einen geringeren Umfang aufweisen.

Nach einer kurzen Vorgeschichte über die Entwicklung des Tierschutzgedankens in der deutschen Rechtsgeschichte wird in einem ersten größeren Abschnitt die Entwicklung des Rechtsschutzes für Tiere in den deutschen Partikularstaaten bis 1870 behandelt.

---

[1] Vgl. Minuth, Akten der Reichskanzlei, Die Regierung Hitler, Bd. 2, Dokument Nr. 244, Kabinettssitzung vom 14. November 1933, S. 948, Fn. 28.

[2] Vgl. Minuth, Akten der Reichskanzlei, Die Regierung Hitler, Bd. 2, Dokument Nr. 244, Kabinettssitzung vom 14. November 1933, S. 948, Fn. 28.

Es folgt die Erläuterung der Tierquälereibestimmung des Reichsstrafgesetzbuchs von 1870/71 anhand der Praxis und der Auslegung durch die Rechtslehre, wobei auch auf die Rechtsstellung des Tieres eingegangen wird.

Danach befaßt sich die Arbeit mit dem wissenschaftlichen Tierversuch, der Vivisektion, und mit dem rituellen Schlachten der Juden, dem Schächten. Diese beiden Problemkreise des Tierschutzes werden ausführlicher und im Zusammenhang, d.h. über den bis dahin behandelten Zeitraum hinaus bis 1933, behandelt, da sich an ihnen einerseits das Ringen um einen umfassenderen Tierschutz am besten nachvollziehen läßt, andererseits aber auch das Scheitern bzw. der Erfolg dieser Bestrebungen in der Abhängigkeit von wirtschaftlichen Notwendigkeiten und politischen Gegebenheiten am besten sichtbar wird.

Der folgende Abschnitt ist dann der zweimal gescheiterten Strafrechtsreform mit ihren Vorschriften zum Tierschutz gewidmet.

Nach einer kurzen Darstellung der Strafrechtsnovelle vom 26. Mai 1933 wendet sich die Arbeit schließlich der Entstehung des Reichstierschutzgesetzes vom 24. November 1933 zu und erläutert dessen Bestimmungen anhand der Amtlichen Begründung und der zeitgenössischen Kommentierung. Das Enddatum des Bearbeitungszeitraumes, 1933, wurde gewählt, da der Erlaß des Reichstierschutzgesetzes, des ersten eigenständigen Tierschutzgesetzes in Deutschland (bis dahin hatte die Materie in Deutschland nur eine strafrechtliche Regelung als Verstoß gegen Tierquälereinormen oder gegen einzelne Tierschutzverordnungen erfahren), nicht nur einen Höhepunkt der europäischen Tierschutzgesetzgebung darstellte, sondern für Deutschland, angesichts der Tatsache, daß eine Novellierung des Tierschutzgesetzes erst 1972 erfolgte, auch einen vorläufigen Endpunkt.

Nicht berücksichtigt wurde die Tierschutzgesetzgebung in anderen kontinentaleuropäischen Staaten, da diese – von italienischen Einzelregelungen einmal abgesehen – die deutsche Entwicklung so gut wie nicht beeinflußt hat und im übrigen auch stark vom englischen Vorbild abhängig war[3].

[3] Zur Entwicklung des Tierschutzes in anderen europäischen Ländern sowie in Amerika, Asien, Afrika und Australien siehe von Hippel, Tierquälerei (1891), S. 53-101; von Hippel, Vergl. Darst. (1906), S. 251-264; Salkowski, Tierschutz im Strafrecht des In- und Auslandes

Obwohl mit den Arbeiten von v. Hippel aus den Jahren 1891 und 1906 bereits umfangreiche Studien zur Rechtsentwicklung im 19. Jahrhundert vorliegen, ist eine erneute Darstellung des Tierschutzes auch in diesem Zeitraum gerechtfertigt. Insbesondere hat von Hippel die englische Rechtsentwicklung sehr verkürzt und nicht vollständig dargestellt. Hinzu kommen gerade für England wegweisende neuere Arbeiten zur Entwicklung des Tierschutzrechts. Die partikuläre Rechtsentwicklung konnte für die meisten deutschen Staaten auf breiterer Quellenbasis als bei von Hippel dargestellt werden. Endlich befanden sich auch 1906 die beiden umstrittensten Fragen des Tierschutzes, die Vivisektion und das Schächten, noch in voller Entwicklung, so daß deren weiterer Verlauf und Abschluß zu untersuchen war.

Insgesamt wurden für die Zeit von der Reichsgründung an auch die unveröffentlichten Quellen mit herangezogen. Dabei ist allerdings zu berücksichtigen, daß die Aktenüberlieferung für die Weimarer Zeit und insbesondere für 1933 höchst lückenhaft ist, so daß sich die Entstehung des Reichstierschutzgesetzes nicht mehr in allen Einzelheiten nachvollziehen ließ.

Die Rechtsordnung gewährt dem Tier Schutz vor nachteiligen Einwirkungen. Tierschutz ist immer Schutz durch den Menschen und regelmäßig vor dem Menschen. Daneben kommt ein Schutz vor anderen Tieren oder vor Pflanzen in Betracht. Angriffe gegen das Tier können sich gegen dessen Leben, Gesundheit, Wohlbefinden, Unversehrtheit, Freiheit und geschöpfliche Würde richten. Schutz wird dem Tier sowohl als Einzelwesen gewährt (individueller Tierschutz) als auch im Rahmen seiner Gattung im Jagd- und Naturschutzrecht (Artenschutz).

Die Ausprägungen des Tierschutzes sind verschieden. Es gibt den indirekten, mittelbaren Tierschutz, bei dem das Tier als Folge anders motivierter Regelungen mit geschützt wird. Hier ist z.B. an Bestimmungen des Verkehrs-, Tierzucht- oder Tierseuchenrechts zu denken, auch das Jagd- und Vogelschutzrecht und die strafrechtlichen Bestimmungen gegen Wilderei fallen unter diese Rubrik. Da hier das tierschützerische Element jedoch eindeutig im Hintergrund

(1911), S. 32-79 und Baving, Übersicht über Tierschutzbestimmungen in 16 europäischen Staaten (1965), S. 14-36.

steht, bleiben die entsprechenden Regelungen von der Bearbeitung ausgenommen[4].
Thema dieser Arbeit ist mithin der direkte, unmittelbare Tierschutz, bei dem es in erster Linie und gerade um den Schutz des Tieres geht. Kern dieses Tierschutzrechts waren früher die Bestimmungen der Strafgesetzbücher gegen die Tierquälerei, später dann das Tierschutzgesetz.

Auch die Motive des Schutzes sind vielfältig. Wird tierschützerisches Verhalten lediglich von menschlichen Interessen bestimmt, so handelt es sich um egoistischen oder anthropozentrischen Tierschutz. Dem unterfällt der ökonomische Tierschutz, dem ausschließlich wirtschaftliche Interessen zugrunde liegen. Hier wird dem Nutztier als Produktionsmittel oder wirtschaftlichem Produkt menschlicher Schutz zuteil, um dadurch einen reibungslosen Erzeugungsprozeß sicherzustellen, bzw. um den im Tier verkörperten Vermögenswert zu erhalten oder zu steigern. Im anthropozentrischen Tierschutz enthalten sind aber auch ästhetische Gesichtspunkte, die ausschließlich auf die menschliche Empfindsamkeit reflektieren und inhaltlich darauf hinzielen, den mit den Tieren mit leidenden Menschen nicht Zeuge einer grundlosen Tiertötung oder Tiermißhandlung werden zu lassen. Hier wurde eine durch die Ausübung oder den Anblick einer Tierquälerei bewirkte charakterliche Verrohung und eine Fortentwicklung des Tierquälers zum Menschenquäler befürchtet.

Der ethische Tierschutz ist eine Fortentwicklung des anthropozentrischen Tierschutzes, sieht aber das Tier um seiner selbst willen als schützenswert an. Dabei treten die beim anthropozentrischen Tierschutz vorherrschendenden reinen

[4] Das Vogelschutzgesetz vom 22. März 1888 (RGBl., Nr. 13 vom 26. März 1888, S. 111) und seine Neufassung vom 30. Mai 1908 (RGBl., Nr. 31 vom 6. Juni 1908, S. 314) verfolgten in erster Linie das Ziel, den Schutz der für Feld- und Gartenbau, die Weinkultur und die Forstwirtschaft durch Insektenvertilgung nützlichen Vögel, der früher in vielgestaltiger Form durch die Gesetzgebung der Länder erfolgte, möglichst einheitlich auf reichsgesetzlicher Grundlage zu regeln. Sie wurden durch das Reichsnaturschutzgesetz vom 26. Juni 1935 (RGBl. I, Nr. 68 vom 1. Juli 1935, S. 821), die zur Durchführung dieses Gesetzes ergangene Verordnung vom 31. Oktober 1935 (RGBl. I, Nr. 120 vom 5. November 1935, S. 1275) sowie die weitere Verordnung zum Schutze der wildwachsenden Pflanzen und der nichtjagdbaren wildlebenden Tiere vom 18. März 1936 (RGBl. I, Nr. 25 vom 23. März 1936, S. 181) abgelöst, die allgemein die Erhaltung der Natur und des Landschaftsbildes bezweckten. Bei den Jagd- und Wildereivorschriften ging er zuvorderst um das Aneignungsrecht des Berechtigten, ihre Wirkung auf den Tierschutz war höchstens reflexmäßig.

Nützlichkeitserwägungen zugunsten der Auffassung zurück, daß Tiere quasi gemeinschaftlich neben oder sogar mit den Menschen leben. Aus der Sicht des ethischen Tierschutzes ist das Tier als lebendes und fühlendes Wesen ein Mitgeschöpf, dessen Achtung und Wertschätzung für den durch seinen Geist überlegenen Menschen ein moralisches Postulat darstellt. Ausgangspunkt eines ethisch motivierten Tierschutzes ist das Wissen um die Leidensfähigkeit des Tieres.
Eine in jüngster Zeit mehr und mehr aufkommende Interessenrichtung ist der sogenannte kulturelle Tierschutz. Danach besteht ein kulturelles Interesse an Tieren zur Vervollständigung des individuellen Wissensstandes, der Förderung des geistigen und körperlichen Wohlergehens oder der Belehrung der eigenen Person oder anderer. Ausgangspunkt ist hierbei weniger eine gefühlsbetonte Motivation[5], sondern ein rationaler, wissenschaftlich begründbarer Zweck: Der Tierschutz wird in einem größeren Zusammenhang gesehen, neben allgemeinen kulturellen Interessen wird dieser Schutzgedanke vom Naturschutz, teilweise sogar vom Umweltschutz motiviert. Allgemein läßt sich feststellen, daß dieser Schutzgedanke die rein ethisch-moralischen Tierschutzmotive zurückdrängt.
In fast allen Tierschutzregelungen waren verschiedene der aufgezeigten Motive für einen Schutz des Tieres miteinander verflochten und in ein und derselben Schutzbestimmung erkennbar.

Die Haltung von Mensch und Gesellschaft zum Tier hat sich, durch die Geschichte hindurch, zwischen extrem gegensätzlichen Polen bewegt: zwischen Angst und Zutraulichkeit, zwischen Aberglaube und Heilighaltung, zwischen Versachlichung und Vergötterung, zwischen Verachtung und Liebe, zwischen Nutzdenken und idealisierender Wertschätzung. Den Unterschieden in der Tiergesinnung entsprechen die Unterschiede in der menschlichen Behandlung der Tiere: Sie reicht von einem absoluten, immunitätsgleichen Schutz des Tieres über den im menschlichen Interesse relativierten Tierschutz, bis hin zur rücksichtslosen Tierüberforderung, rohen Tierquälerei und hemmungslosen Ausrottung der Tiere.

---

[5] Allein hierauf stellt nur der philanimalische Tierschutz ab, das heißt die über die bloße Anerkennung des Tieres als lebendigen Mitgeschöpfes hinausgehende, mit Gefühl und Zuneigung praktizierte Tierumsorgung.

2. Teil: Die Geschichte des englischen Tierschutzes

A. Die Ausgangslage

Tiere waren in England bis zum Ende des 18. Jahrhunderts grausamen Quälereien und Mißhandlungen in vielfacher Weise ausgesetzt. Da bis dahin die überkommene Auffassung vorherrschte, Tiere seien einzig und allein zum Nutzen des Menschen da[6], der ihre Arbeitskraft rücksichtslos ausbeuten dürfe, wurden sie als fühl- und rechtlose Sachen betrachtet, mit denen ihr Eigentümer nach Belieben verfahren durfte[7].

Seit jeher war in England die Ausübung von „Tiersportarten" sehr beliebt. Darunter fielen zum einen die Tierkämpfe, bei denen Tiere derselben Gattung gegeneinander kämpfen mußten, und zum anderen das „baiting". Der englische Begriff des „baiting" umfaßt das Aufreizen, Hetzen, Verstümmeln und Töten von Tieren hauptsächlich durch Hunde, aber auch durch Menschen. Bevorzugte Ziele waren Bären und Bullen, aber auch Affen, Dachse, Katzen und sogar Pferde, wobei die angegriffenen Tiere zumeist festgebunden waren, teilweise aber auch durch die Straßen getrieben wurden oder in speziellen Arenen um ihr Leben kämpften[8]. Hahnenkämpfe gehen bis auf das 12. Jahrhundert zurück, die Bullenhetze begann im 13. Jahrhundert[9]. Mitte des 16. Jahrhunderts wurden eigens sogenannte „Bärengärten" eingerichtet, in denen eine Vielzahl importierter

---

[6] So war Henry Moore 1653 überzeugt, daß Vieh und Schafen das Leben nur gegeben werde, um ihr Fleisch frisch zu halten, „bis wir es nötig haben, es zu essen", vgl. Thomas, Man and the natural world, S. 20.

[7] de Montmorency, State Protection of Animals, Law Quarterly Review, Bd. 18, 1902, S. 31 (31); Ritvo, The Animal Estate, S. 2. Zwar gab es schon im 14. Jahrhundert Jagdschutzregelungen zugunsten der zur Jagd Berechtigten; da Pferde und Vieh im frühen Mittelalter die Grundlage persönlichen Wohlstandes darstellten und Pferde darüber hinaus zur Kriegführung benötigt wurden, hätte man aber auch einen recht frühzeitigen gesetzlichen Schutz zumindest dieser Tiere erwartet, doch noch nicht einmal das geschah, vgl. de Montmorency, State Protection of Animals, Law Quarterly Review, Bd. 18, 1902, S. 31 (33).

[8] Ryder, Animal Revolution, S. 44; Thomas, Man and the natural world, S. 144. Von Ehrenstein übersetzte das „baiting" mit „Beißerei" oder „Tiergefecht", vgl. Schubert/Regge, Preuß. Gesetzrevision 1825-1848, Abt. 1, Bd. 4, Halbbd. 2, S. 886.

[9] Ryder, Animal Revolution, S. 42.

Bären grausam getötet wurden[10]. Daneben war auch das Zu-Tode-Werfen von festgebundenen Hähnen mit Stöcken und Steinen populär.
Während früher die Jagd hauptsächlich dem Nahrungserwerb diente, begann sich dies zum Ende des 15. Jahrhunderts hin zu ändern und es wurde größtenteils aus Lust am Jagen gejagt. Zu Tierquälereien kam es hier zumeist bei der im frühen 16. Jahrhundert eingeführten Fuchsjagd.
Sowohl die Jagd als auch das Kämpfen mit wilden Tieren oder wilder Tiere gegeneinander wurde als Sport und Unterhaltung angesehen. Weithin verbunden war damit die Ansicht, daß beides männliche Tugenden fördere[11]. Zur Rechtfertigung der Bullenhetze wurde sogar behauptet, sie sei notwendig, um das Fleisch der Tiere genießbarer zu machen[12], und lange Jahre war es den Schlachtern in England verboten, einen Bullen zu töten, ohne ihn vorher gehetzt zu haben[13].
Auch beim Viehtreiben, beim Betrieb der Pferde- und Hundefuhrwerke und in den Schlachthöfen waren Mißhandlungen und Quälereien an der Tagesordnung.

Angesichts dieser zahlreichen Mißstände ist es nicht verwunderlich, daß England bis zum Ende des 18. Jahrhunderts bezüglich des Umgangs mit Tieren als die grausamste Nation Europas angesehen wurde, was hauptsächlich mit den Tiersportarten zusammenhing[14]. Andererseits liegt hierin wohl der eigentliche Grund für Englands Vorreiterrolle in Tierschutzfragen[15].

B. Die ersten Stimmen gegen Tierquälerei

So erschienen schon Anfang des 18. Jahrhunderts die ersten Artikel in englischen Zeitungen, in denen Tierquälereien angeprangert wurden (*Richard Steele* 1709 im „Tatler", *Joseph Addison* 1711 im „Spectator", *Alexander Pope* 1713 im „Guardian")[16]. Der erste Vorschlag, Tieren einen gesetzlichen Schutz zu-

---

[10] Ryder, Animal Revolution, S. 44.
[11] Ryder, Animal Revolution, S. 41.
[12] Thomas, Man and the natural world, S. 93.
[13] Fairholme/Pain, A Century of Work for Animals, S. 16; Niven, History of the Humane Movement, S. 49/50.
[14] Ryder, Animal Revolution, S. 63.
[15] Vgl. Niven, History of the Humane Movement, S. 61/62 und 98.
[16] Ryder, Animal Revolution, S. 59.

kommen zu lassen, ging 1749 von einem anonymen Verfasser im „Gentleman's Magazine" aus[17]. Um 1770 soll es zu den ersten Verurteilungen wegen tierquälerischer Vergehen gekommen sein[18]. Von 1781 datiert ein Gesetz gegen Mißhandlungen des Viehs beim Treiben in den Straßen von London und Westminster[19]. Als der Pferdediebstahl mit anschließender Schlachtung im 18. Jahrhundert ständig zunahm, wurde im „Knackers Act" (Abdeckergesetz) von 1786[20] bestimmt, daß jeder, der ein Schlachthaus unterhielt, dafür einer Lizenz bedurfte[21].

Seit Beginn des 18. Jahrhunderts sprachen sich verschiedene Schriftsteller gegen die Tierquälerei aus, und es erschien eine große Anzahl belehrender und erzieherischer Schriften, die sich zuerst vornehmlich an Kinder richteten, später aber auch an Erwachsene[22]. 1742 veröffentlichte *John Hildrop* das wohl erste Buch, das sich nur mit der Beziehung des Menschen zu den Tieren beschäftigte[23]. Er

---

17 Gharpure, Tierschutz, Vegetarismus und Konfession, S. 89.

18 Baving, Übersicht über Tierschutzbestimmungen in 16 europäischen Staaten, S. 7. Gharpure, Tierschutz, Vegetarismus und Konfession, S. 90, berichtet, daß 1790 ein Mann für das Ausreißen der Zunge eines Pferdes gerichtlich verfolgt wurde.

19 „An Act to prevent the Mischiefs that arise from Driving Cattle within the Cities of London and Westminster, and the Liberties therof, and Bills of Mortality", 21 George III c. 67, zit. nach Geh. StA Berlin-Dahlem, Rep. 84 a, Nr. 5213, Bl. 11-16.

20 „An Act for regulating Houses and other Places kept for the purpose of Slaughtering Horses", 26 George III c. 71, zit. nach Geh. StA Berlin-Dahlem, Rep. 84 a, Nr. 5213, Bl. 17.

21 Vorläufer dieses Gesetzes waren zwei Gesetze gegen Pferdediebstahl bzw. den Erwerb gestohlener Pferde von 1555 und 1589, vgl. de Montmorency, State Protection of Animals, Law Quarterly Review, Bd. 18, 1902, S. 31 (33). Auch das Gesetz von 1786 sollte nur die Eigentümer gestohlener Tiere in die Lage versetzen, ihre Tiere zu identifizieren, nicht aber die Schlachthausbedingungen zugunsten der Tiere verändern, vgl. de Montmorency, State Protection of Animals, Law Quarterly Review, Bd. 18, 1902, S. 31 (34).

22 Vgl. Thomas, Man and the natural world, S. 149; Gharpure, Tierschutz, Vegetarismus und Konfession, S. 89/90, hebt hier besonders Bernard De Mandeville und seine „Fable of the Bees" von 1723 hervor, ebenso das 1768 erschienene „Essay on the Future Life of Brute Creatures" von Reverend Richard Dean, Soame Jenyns mit „Disquisitions on Several Subjects" von 1782, John Oswald's „Cry of Nature, an Appeal to Mercy and to Justice on Behalf of the persecuted Animals" von 1791, Thomas Taylor's „Vindication of the Rights of Brutes" von 1792, John Lawrence's „A Philosophical Treatise on Horses and on the Moral Duties of Man towards the Brute Creation" von 1796/98, George Nicholson's „Conduct of Man to Inferior Animals" von 1797, Thomas Young's „An Essay on Humanity to Animals" von 1798, Samuel Jackson Pratt's „Pity's Gift" von 1808, Lewis Gompertz' „Moral Enquiries on the Situation of Man and Brutes" von 1824, Thomas Forster's „Philozoia or Moral Reflections on the Actual Condition of the Animal Kingdom and the Means of Improving the Same" von 1839 und W. Youatt's „The Obligation and Extent of Humanity to Brutes, principally considered with Reference to the Domesticated Animals" von 1839.

23 John Hildrop, Free Thoughts upon the Brute Creation, London 1742.

betonte die Ähnlichkeit von Tieren und Menschen in ihrem Streben nach Glück und der Befriedigung ihrer Lebensbedürfnisse. Diese utilitaristische Philosophie vertrat auch *Jeremy Bentham* 1789 in seinem Buch „An Introduction to the Principles of Morals and Legislation". Er stellte klar heraus, daß Tiere Schmerz empfinden und leiden können und daß dies der Hauptgrund für den Menschen sei, Mitleid für Tiere zu empfinden und sich um ihre Behandlung zu kümmern. Der Text knüpfte an die Abschaffung der Sklaverei an: „In der Vergangenheit sind die Menschen als Sklaven genauso behandelt worden, wie es den uns unterlegenen Tierrassen auch heute noch geschieht. Der Tag könnte kommen, an dem die übrigen Kreaturen jene Rechte erlangen werden, die man ihnen nur mit tyrannischer Hand vorenthalten konnte. Die Franzosen haben bereits entdeckt, daß die Schwärze der Haut kein Grund dafür ist, jemanden schutzlos der Laune eines Peinigers auszuliefern. Es mag der Tag kommen, da man erkennt, daß die Zahl der Beine, der Haarwuchs und das Ende des os sacrum gleichermaßen unzureichende Gründe sind, ein fühlendes Wesen demselben Schicksal zu überlassen. Was sonst ist es, das hier die unüberwindbare Trennliene ziehen sollte? Ist es die Fähigkeit, zu denken oder vielleicht die Fähigkeit, zu sprechen? Aber ein ausgewachsenes Pferd oder ein Hund sind unvergleichlich vernünftigere Lebewesen als ein Kind, das einen Tag oder eine Woche oder selbst einen Monat alt ist. Aber selbst vorausgesetzt, sie wären anders, was würde es nützen? Die Frage ist nicht: können sie denken? Oder: können sie sprechen?, sondern: können sie leiden?."[24] Mit den Worten „Pain is pain, whether it be inflicted on man or on beast" hatte diese Ansicht *Humphry Primatt* schon 1776 vertreten[25]. Da die Tiere den menschlichen vergleichbare Empfindungen und Gefühle hätten[26], stellte er den Imperativ auf: „Do unto others as, in their condition, you would be done unto."[27] *Primatt* versuchte anhand einer Vielzahl von Bibelstellen nachzuweisen, daß den Tieren ihren Besitzern gegenüber ein Recht auf Futter, einen Schlafplatz und angemessene Benutzung zukomme[28].

Daß das Leiden der Tiere der entscheidende Anknüpfungspunkt für die Bestrafung von Mißhandlungen sein sollte, scheint auch durch den deutschen Reiseschriftsteller *Johann Wilhelm von Archenholtz* bestätigt zu werden. Er berichtete

[24] Zitiert nach Singer, Praktische Ethik, S. 84.
[25] Primatt, The duty of mercy and the sin of cruelty to brute animals, S. 21.
[26] Primatt, The duty of mercy and the sin of cruelty to brute animals, S. 23.
[27] Primatt, The duty of mercy and the sin of cruelty to brute animals, S. 24.

1785 in seinem Buch „England und Italien“ Folgendes[29]: „Zu den sonderbarsten Gesetzen dieses Landes gehören auch zwey, die, wie ich sehr zweifle, wohl nicht in irgend einem Codex unseres Welttheils zu finden sind. Kein reisender Schriftsteller hat je ihrer Erwähnung gethan, weil Tausende, selbst von den Landeseinwohnern, nicht einmal die Existenz derselben wissen.“ Als erstes Gesetz führt *von Archenholtz* das Verbot des Fluchens an und fährt dann fort[30]: „Das andere Gesetz[31], dessen ich oben gedachte, ist wider diejenigen, die mit dem Vieh unbarmherzig umgehen. Da die Tiere sich leidend verhalten müßten, so ist es der Menschheit einer aufgeklärten Nation würdig, sie wider die Grausamkeit der Menschen zu schützen. Solche Anklagen geschehen weit öfter, als die vorerwähnten, auch werden sie mit keiner Nachsicht behandelt. Die Geldstrafen sind 5 Schilling, 10 Schilling, auch mehr, nach Ausspruch der Magistratspersonen und Friedensrichter, die hierin nach Beschaffenheit der Umstände verfahren. Hieraus entsteht die gute Wirkung, daß man mit Tieren als wie mit vernünftigen Kreaturen umgeht. Die Sanftmuth, welche die Engländer gegen ihre Hunde und Pferde bezeigen, ist bekannt, und hat in diesem Gesetz ihren Ursprung. Das Hahnengefechte, das keiner Bestrafung unterworfen ist, scheint zwar hier ein Widerspruch zu sein, der aber in den Augen der Engländer keiner ist, weil die Hähne keine leidende Rolle spielen, sondern selbst um ihre Haut kämpfen.“[32]

Die Auffassung von der Leidensfähigkeit der Tiere als Anknüpfungspunkt für die Bestrafung von Mißhandlungen wurde zur vorherrschenden unter Künstlern, Dichtern, Theologen und anderen Intellektuellen am Ende des 18. Jahrhunderts.

---

[28] Primatt, The duty of mercy and the sin of cruelty to brute animals, S. 69 ff.

[29] Von Archenholtz, England und Italien, Bd. 1, S. 317.

[30] Von Archenholtz, England und Italien, Bd. 1, S. 318.

[31] Auch Lehner, Tierschutz und Gesetz, S. 32, berichtet von einem solchen „Tierschutzgesetz“, das schon 1770 bestanden haben soll. Da auch er von Geldstrafen von „fünf, zehn Schillingen oder auch mehr“ spricht, ist, obwohl er keine Quelle nennt, davon auszugehen, daß er sich auf von Archenholtz bezieht. Daß es sich aber tatsächlich um ein Gesetz handelte, muß bezweifelt werden, da dies die einzigen Erwähnungen bleiben und auch spätere Gesetzesanträge sich nicht auf ein früheres Gesetz berufen. Wahrscheinlich handelte es sich nur um eine Verordnung für einen bestimmten Distrikt, vgl. auch Sander, Tierschutz unter Berücksichtigung der gerichtlichen Entwicklung, S. 13.

[32] Selbst die künstlichen Sporen der Hähne konnten gerechtfertigt werden, da dadurch der Tod für den erfolglosen der beiden Kämpfer schneller herbeigeführt werde, vgl. Thomas, Man and the natural world, S. 159. Ebenso wurde und wird in England argumentiert, daß die Jagd nicht tierquälerisch sei, da die Tiere sich in Freiheit befänden und sich selbst wehren könnten.

Sie blieb aber zunächst die Ansicht einer Minderheit. Die Mehrheit, die von den gelehrten Schriften kaum Notiz nahm bzw. nehmen konnte und insbesondere die Menschen, die täglich mit Tieren arbeiteten, stand nach wie vor auf dem Standpunkt, die Tiere seien einzig und allein dazu da, dem Menschen zu dienen, Mitleid sei fehl am Platze[33].

So wurde die Grausamkeit gegen Tiere bis zu einem gewissen Grad zu einem Unterscheidungsmerkmal zwischen der Unter- und der Oberschicht, zwischen Ungebildeten und Gebildeten[34]. Letztere sahen es immer mehr als ihre Pflicht an, den vielfältigen Mißbräuchen entgegenzuwirken und die Tierquäler zu erziehen[35]. Da Schriften und Aufrufe ohne Wirkung geblieben waren, wurden nun gesetzliche Regelungen angestrebt.

C. Die ersten Gesetzesanträge gegen Tierquälerei

Der erste, einfachste Weg schien ein Verbot der Stierhetze[36] zu sein. Nur wenige Mitglieder der höheren Klassen unterstützten diesen „Sport“ noch, er galt weithin als vulgär und unreputierlich[37]. Darüber hinaus konnte es auch als öffentliches Ärgernis angesehen werden, wenn das städtische Leben durch die Stierhetze praktisch lahmgelegt wurde[38]. So wurde der erste Gesetzesantrag gegen die Stierhetze am 18. April 1800 von Sir *William Pulteney*, einem unabhängigen „Member of Parliament“, vor das Parlament gebracht[39].

---

33 Ryder, Animal Revolution, S. 67; Thomas, Man and the natural world, S. 186.

34 Ryder, Animal Revolution, S. 79.

35 Ritvo, The Animal Estate, S. 130; Ryder, Animal Revolution, S. 81.

36 Hierbei ist es interessant zu bemerken, daß die Stierhetze in Schottland überhaupt nicht vorkam, daß Irland dafür aber genauso bekannt war wie England, vgl. Fairholme/Pain, A Century of Work for Animals, S. 21.

37 Fairholme/Pain, A Century of Work for Animals, S. 16; Ritvo, The Animal Estate, S. 150; Ryder, Animal Revolution, S. 81.

38 Ryder, Animal Reolution, S. 82.

39 Fairholme/Pain, A Century of Work for Animals, S. 16; Gharpure, Tierschutz, Vegetarismus und Konfession, S. 91. Im britischen Gesetzgebungsverfahren der damaligen Zeit ist zwischen „Public Bills“, d.h. Gesetzesvorschlägen der Regierung und „Private Members Bills“, d.h. Gesetzesanträgen von Abgeordneten des Ober- oder des Unterhauses zu unterscheiden. Bei allen den Tierschutz betreffenden Gesetzesanträgen im behandelten Zeitraum handelte es sich um Private Members Bills. Diese mußten einen Fürsprecher haben, der den Vorschlag vor dem Parlament vertrat. Nach einer alljährlich zu Beginn jeder Session stattfindenden Abmachung wurde der größere Teil der schwebenden Bills dem Unterhaus, der klei-

Pulteney bezeichnete die Stierhetze als grausame und inhumane Praktik, die faule und verwahrloste Personen zusammenbringe und viele andere von ihren Beschäftigungen abhalte[40]. Der Antrag wurde vom Kriegsminister *William Windham* abgelehnt, nicht zuletzt deshalb, weil es ein Versuch der Reichen sei, den Sport der Armen zu unterdrücken. „Why should the butcher be deprived of his amusements anymore than the gentleman?" fragte *Windham*[41]. Außerdem helfe die Stierhetze, die unverfälschten Qualitäten von Hunden und Männern zu kultivieren[42]. *Windham* wurde unterstützt vom späteren Außen- und Premierminister *George Canning*, der das Gesetz für abwegig hielt, und trotz der Fürsprache von *Richard Brinsley Sheridan*[43] erreichte der Antrag nicht einmal die zweite Lesung, sondern wurde mit 43 gegen 41 Stimmen abgelehnt[44].

Pulteney, *Sheridan*, General *Leland* und Lord *Granville-Leveson-Gower* machten am 4. Mai 1802 einen zweiten Versuch in derselben Richtung („Bill for Preventing the Practice of Bull-baiting and Bull-running") und obwohl er diesmal von *William Wilberforce* und Sir *Richard Hill* unterstützt wurde, wurde der An-

---

nere dem Oberhaus zugewiesen. Dann durchliefen die Gesetzesanträge eine erste und eine zweite Lesung. Wenn der Antrag die zweite Lesung passiert hatte, kam er, wenn sich Opposition regte, vor einen Ausschuß von fünf Abgeordneten dieses Hauses, in dem der Fürsprecher nochmals die Notwendigkeit des Gesetzes nachweisen mußte. Danach erfolgte eine dritte Lesung. In jeder der Lesungen konnte der Antrag durch Abstimmung abgelehnt werden und auch der Ausschuß konnte die Annahme ablehnen, wenn der Vorschlag nicht begründet erschien. Um beschlußfähig zu sein, mußten von den über 400 Mitgliedern des Oberhauses nur 3 anwesend sein, von den über 600 Mitgliedern des Unterhauses 40. Beide Häuser waren in der Regel sehr leer. Nach Durchlaufen des einen Hauses wurde der Antrag dem anderen Haus übermittelt, wo die verschiedenen Stationen sich wiederholten, mit dem Unterschied, daß nach der dritten Lesung das Gesetz dem Königshaus zur Zustimmung übersandt wurde.

[40] Hansard, Parliamentary History of England, Vol. 35, 1800, Sp. 202.

[41] Hansard, Parliamentary History of England, Vol. 35, 1800, Sp. 206; vgl. auch Ryder, Animal Revolution, S. 82.

[42] Ein psychologischer Faktor der Stierhetze, aber auch aller anderen Formen von Tierquälerei, ist, daß Menschen daran gewöhnt werden, ihre natürlichen Skrupel gegen das Zufügen von Schmerzen und gegen Blutvergießen zu überwinden, was in der damaligen Zeit von manchem als durchaus nützlich auch für etwaige kriegerische Auseinandersetzungen angesehen wurde, vgl. Ryder, Animal Revolution, S. 156.

[43] Sheridan war Mitglied des Unterhauses von 1780 bis 1812. In der Debatte sagte er, er sei der Überzeugung, die Bullenhetze sei für das Volk nur eine Quelle des Elends und er würde den Leuten statt Tierkämpfen lieber Fleisch zum Essen geben, vgl. Fairholme/Pain, A Century of Work for Animals, S. 17.

[44] Zur ganzen Debatte im Unterhaus: Hansard, Parliamentary History of England, Vol. 35, 1800, Sp. 202-214; vgl. auch Fairholme/Pain, A Century of Work for Animals, S. 17/18.

trag in der zweiten Lesung im Unterhaus am 24. Mai 1802 mit 64 gegen 51 Stimmen abgelehnt[45]. Wiederum leistete *Windham* den Widerstand[46]. 1804 wurde erneut ein ebenso erfolgloser Versuch unternommen[47]. Dieser Gesetzesantrag war in erster Linie dazu gedacht gewesen, die arbeitende Bevölkerung von den Kämpfen fernzuhalten, beruhte aber auch auf tierfreundlichen Erwägungen[48]. Er zeigt, daß das Problem der Tierquälerei aktuell war, weshalb die „Gesellschaft zur Unterdrückung des Lasters", die im selben Jahr gegründet wurde, die Interessen der Tiere zu einem speziellen Fachbereich ihrer Arbeit machte[49].

Am 5. Februar 1809 legte der Advokat *Lord Thomas Erskine of Restormel*[50], einer der Vorkämpfer der englischen Tierschutzbewegung[51], dem Oberhaus einen Gesetzesantrag gegen mutwillige Grausamkeit gegen Tiere[52] („Cruelty to Animals Bill") vor. Danach sollten zwar grundsätzlich alle Tiere geschützt sein[53], wieder waren es aber die Viehtreiber und andere Angehörige der unteren

---

[45] Hansard, Parliamentary History of England, Vol. 36, 1802, Sp. 829-854; vgl. auch de Montmorency, State Protection of Animals, Law Quarterly Review, Bd. 18, 1902, S. 31 (41).

[46] Nach Niven, History of the Humane Movement, S. 58/59, soll Windham später wegen seines Widerstandes gegen jede Form der Tierschutzgesetzgebung seinen Sitz im Parlament für Norwich verloren haben.

[47] Gharpure, Tierschutz, Vegetarismus und Konfession, S. 91.

[48] Hansard, The Parliamentary Debates, Vol. 14, 1809, Sp. 560; vgl. de Montmorency, State Protection of Animals, Law Quarterly Review, Bd. 18, 1902, S. 31 (41).

[49] de Montmorency, State Protection of Animals, Law Quarterly Review, Bd. 18, 1902, S. 31 (41).

[50] Lord Erskine (1750-1823) wurde Lord-Kanzler in den Jahren 1806 und 1807. Er war ein vitaler und redegewandter Mann. Wenn sein Enthusiasmus für eine Sache einmal erweckt war, kannte er kein Halt. So wird von ihm erzählt, daß er eines Tages einen Fuhrman sah, der sein Pferd schlug. Als er sich deswegen beschwerte, erhielt er die Antwort: „Kann ich mit meinem Eigentum nicht machen, was ich will?" „Ja" antwortete Erskine und schlug nun seinerseits den Fuhrmann mit seinem Stock „und das gleiche kann ich tun – dieser Stock gehört mir!", vgl. Ryder, Animal Revolution, S. 83.

[51] Nach de Montmorency, State Protection of Animals, Law Quarterly Review, Bd. 18, 1902, S. 31 (41), beschäftigte sich Erskine schon seit 1790 mit der Materie.

[52] Zur Gesetzgebungsgeschichte: Hansard, The Parliamentary Debates. Der Antrag kam zuerst vor das Oberhaus. 1. Lesung am 5. Februar 1809, 2. Lesung und Debatte am 15. Mai (Vol. 14, 1809, Sp. 553-571), Ausschußdebatten am 31. Mai und 2. Juni (Vol. 14, 1809, Sp. 804-808 und Vol. 14, 1809, Sp. 851-853), 3. Lesung am 9. Juni 1809. Kurze Debatte bei der 2. Lesung im Unterhaus am 12. Juni (Vol. 14, 1809, Sp. 989-990), Debatten vom 13. Juni (Vol. 14, 1809, Sp. 1029-1040 und *1025-*1032) und vom 15. Juni 1809 (Vol. 14, 1809, Sp. 1071).

[53] Hansard, The Parliamentary Debates, Vol. 14, 1809, Sp. 558. Wie Lord Erskine selbst bemerkte, sage der Antrag kein Wort zur Stierhetze. Der Stier gehöre jedoch zum Katalog der geschützten Tiere. So richte sich das Gesetz nicht direkt gegen die Stierhetze, wenn aber Ge-

Klassen, die von dieser Gesetzgebung getroffen werden sollten, was daraus ersichtlich wird, daß sich *Lord Erskine* in seiner Rede bei der zweiten Lesung des Gesetzesantrags im Oberhaus besonders gegen die Grausamkeit und Brutalität der Viehtreiber, (Post-) Kutscher und Fuhrleute und die Mißstände in den Schlachthäusern wandte[54].

Am Anfang seiner Rede beschwerte *Erskine* sich darüber, daß Tiere nur als Sachen und Eigentum betrachtet würden und daß sie keine Rechte hätten[55]. Er gab der Überzeugung Ausdruck, daß Tiere dem Menschen vergleichbar seien und sowohl Schmerz als auch Freude empfinden könnten[56]. Pflichten und Rechte seien auch in Bezug auf das Eigentum an Tieren untrennbar miteinander verbunden. Tiere seien zwar eindeutig zum Gebrauch, nicht aber zum Mißbrauch durch den Menschen geschaffen[57]. Darüber hinaus sei die Tierquälerei nicht nur höchst ungerecht und unmoralisch, sondern auch äußerst schädlich als Beispiel, da sie eine Tendenz zur Verhärtung des Herzens gegen das natürliche Humanitätsgefühl habe[58] und aus Tierquälern später Menschenquäler würden[59]. Zur Begründung seines Antrages gab er weiter an, die alltäglichen Grausamkeiten, schon bei Kindern und Jugendlichen, lägen an Erziehungsfehlern und diese Erziehungsfehler wiederum an Fehlern der Gesetze[60]. Deshalb sei dieses neue Gesetz nötig[61]. *Lord Erskine* zeigte sich überzeugt, daß das Gesetz in der Anwen-

---

richte und Polizeibehörden der Ansicht seien, die Stierhetze verstoße gegen das Gesetz, so müsse sie wohl eingestellt werden, vgl. Hansard, The Parliamentary Debates, Vol. 14, 1809, Sp. 560.

[54] Hansard, The Parliamentary Debates, Vol. 14, 1809, Sp. 561-563.

[55] Hansard, The Parliamentary Debates, Vol. 14, 1809, Sp. 554. Fairholme/Pain, A Century of Work for Animals, S. 22; Ryder, Animal Revolution, S. 84.

[56] Hansard, The Parliamentary Debates, Vol. 14, 1809, Sp. 555.

[57] Hansard, The Parliamentary Debates, Vol. 14, 1809, Sp. 555.

[58] In der Präambel seines Gesetzentwurfes, vgl. Hansard, The Parliamentary Debates, Vol. 14, 1809, Sp. 557; de Montmorency, State Protection of Animals, Law Quarterly Review, Bd. 18, 1902, S. 31 (42).

[59] Hansard, The Parliamentary Debates, Vol. 14, 1809, Sp. 570. Vgl. Thomas, Man and the natural world, S. 151.

[60] Hansard, The Parliamentary Debates, Vol. 14, 1809, Sp. 571; vgl. de Montmorency, State Protection of Animals, Law Quarterly Review, Bd. 18, 1902, S. 31 (43).

[61] Daß er sich dabei nicht auf bestehende gesetzliche Regelungen berief, mag als weiteres Argument dafür gelten, daß keine gesetzliche Bestimmung über den Tierschutz zu jener Zeit bestand, denn das wäre sowohl dem Antragsteller als auch dem Parlament bekannt gewesen und Lord Erskine würde sich wohl darauf bezogen haben, vgl. von und zur Mühlen, Schutz des Tieres unter Berücksichtigung seiner geschichtlichen Entwicklung, S. 13; Sander, Tierschutz unter Berücksichtigung der gerichtlichen Entwicklung, S. 13.

dung problemlos sein werde und, wenn es verabschiedet werden würde, nicht nur eine Ehre für England sein, sondern damit sogar eine neue Ära der Weltgeschichte beginnen würde[62].

Der Antrag kam am 31. Mai 1809 vor den Ausschuß und wurde von diesem am 2. Juni angenommen, allerdings beschränkt auf Zug- und Lasttiere[63]. In den Ausschußdebatten wies *Erskine* nochmals darauf hin, daß es keine Belohnung für die Anzeige eines Verstoßes geben solle[64]. Am 9. Juni nahm das Oberhaus den Antrag an. Sir *Charles Bunbury*, unterstützt durch *Wilberforce*, versuchte dann, den Vorschlag auch im Unterhaus durchzubringen. Bei der zweiten Lesung am 12. Juni 1809 sprach sich wiederum *William Windham* gegen den Antrag aus. Er beruhe auf einer „falschen Humanität" und werde mehr Unheil anrichten als die Übel, die er verhüten wolle. Der skandalöseste Fehler des Gesetzes sei aber seine Parteilichkeit und Ungerechtigkeit, da es nur die Verfehlungen der unteren Klassen erfassen wolle, nicht aber die Verstöße, in die die Verfasser des Gesetzes selbst verwickelt seien, wie zum Beispiel die Jagd, den Vogelfang und das Pferderennen[65]. Bei der Debatte vor dem Eintritt in den Ausschuß am 13. Juni hielt *Windham* nochmals eine lange Rede, in der er gegen den Antrag opponierte. Es handele sich überhaupt nicht um eine taugliche Gesetzgebungsmaterie, was auch dadurch belegt werde, daß kein anderes Land bisher den Umgang des Menschen mit dem Tier durch Gesetz regele[66]. Durch die Unbestimmtheit in der Formulierung entstehe eine unerträgliche Rechtsunsicherheit, da niemand genau beurteilen könne, wann eine Mißhandlung vorliege und wann nicht[67]. Sein Hauptargument blieb jedoch die Ungerechtigkeit des Gesetzesantrags, weshalb er vorschlug, diesen umzubenennen in „A Bill for embarrassing and oppressing certain classes among the lower orders of the people"[68]. Nachdem Sir *Samuel Romilly* darauf hingewiesen hatte, daß seiner Ansicht nach Grausamkeit gegen Tiere unweigerlich auch zur Gefühllosigkeit gegenüber Menschen führe und deshalb der Gesetzesantrag in gewisser Weise auch als

---

[62] Hansard, The Parliamentary Debates, Vol. 14, 1809, Sp. 565-570 und 571.

[63] Hansard, The Parliamentary Debates, Vol. 14, 1809, Sp. 807; vgl. de Montmorency, State Protection of Animals, Law Quarterly Review, Bd. 18, 1902, S. 31 (41).

[64] Hansard, The Parliamentary Debates, Vol. 14, 1809, Sp. 806.

[65] Hansard, The Parliamentary Debates, Vol. 14, 1809, Sp. 990.

[66] Hansard, The Parliamentary Debates, Vol. 14, 1809, Sp. 1029.

[67] Hansard, The Parliamentary Debates, Vol. 14, 1809, Sp. 1033.

[68] Hansard, The Parliamentary Debates, Vol. 14, 1809, Sp. 1036.

Schutz vor grausamen Mördern gesehen werden könne, beschloß das Haus mit 40 gegen 27 Stimmen, in den Ausschuß zu gehen[69]. Als nach einer längeren Debatte über die Rechtsnatur eines Verstoßes gegen den Antrag ein Mitglied eine Abstimmung im Ausschuß beantragte, stellte sich heraus, daß nur noch 18 stimmberechtigte Mitglieder anwesend waren, woraufhin sich das Haus vertagte[70]. Am 15. Juni 1809 schließlich beantragte Sir *Charles Bunbury*, die Ausschußberatungen wieder aufzunehmen, was aber mit 37 gegen 27 Stimmen abgelehnt wurde[71]. Damit wurde der ganze Gesetzesantrag zurückgewiesen[72].

In der folgenden Parlamentssitzung brachte *Erskine* erneut einen Antrag vor, den er jedoch trotz der Unterstützung seitens *Samuel Romilly* wieder zurückzog. Zwar schrieb die „Times" einen Leitartikel in ihrer Ausgabe vom 30. Mai 1809 und auch „The Gentleman's Magazine" sprach sich im Juni 1809 gegen die Tierquälerei aus, aber die allgemeine Stimmung war nicht günstig. Auch der Gesetzesantrag eines Mr. *Lawson* von 1819, „To amend the law for the protection of wild animals reclaimed and retained as private property", wurde abgelehnt, obwohl er von *Richard Martin* und *James Mackintosh* unterstützt wurde[73].

1821 schließlich legte *Richard Martin*[74] dem Unterhaus einen eigenen Entwurf vor. Indem er das Recht der Eigentümer der Tiere, mit ihrem Eigentum zu verfahren, wie sie wollten, nicht antastete, reduzierte er zweifellos die Opposition gegen das Gesetz. Ziel des Gesetzes waren damit eindeutig die Viehtreiber und angestellten Fuhrmänner, denen die Tiere, mit denen sie täglich umgingen, nicht selbst gehörten. Das Gesetz wurde im Ausschuß mit der Einschränkung angenommen, daß es nur Zug- und Lasttiere umfasse, nicht aber Bullen und reine Haustiere[75]. Obwohl der Antrag in der Debatte eher belustigt aufgenommen

---

69 Hansard, The Parliamentary Debates, Vol. 14, 1809, Sp. *1031/*1032.

70 Hansard, The Parliamentary Debates, Vol. 14, 1809, Sp. *1032.

71 Hansard, The Parliamentary Debates, Vol. 14, 1809, Sp. 1071; vgl. Ryder, Animal Revolution, S. 84;

72 „In Sichtweite der königlichen Zustimmung", wie de Montmorency, State Protection of Animals, Law Quarterly Review, S. 31 (42), sagt.

73 Gharpure, Tierschutz, Vegetarismus und Konfession, S. 92.

74 Der Ire Sir Richard „Humanity Dick" Martin (1754-1834), MP für Galway, war ein ähnlich robuster Charakter wie Lord Erskine, in seinen frühen Jahren hatte er einen Ruf als Duellant. Er saß im Unterhaus von 1801 bis 1826, vgl. Ryder, Animal Revolution, S. 84.

75 Ritvo, The Animal Estate, S. 127; Niven, History of the Humane Movement, S. 71.

worden war[76], stimmte das Unterhaus schließlich mit 48 zu 16 Stimmen zu. Bei den Lords war aber *Lord Erskine's* Einfluß anscheinend zu schwach und der Antrag wurde abgelehnt[77], wobei der *Earl of Lauderdale* meinte, es handele sich im Grunde gar nicht um eine Gesetzgebungsmaterie[78].

D. Das englische Tierschutzgesetz vom 7. Mai 1822

Davon unbeeindruckt formulierten *Martin* und *Lord Erskine* am 7. Mai 1822 einen gemeinsamen Gesetzesantrag und dieser passierte schließlich, mit Einschränkungen, beide Häuser[79]. Am 22. Mai 1822 erhielt er die königliche Zustimmung und wurde das erste nationale Gesetz der Welt, von einer demokratisch gewählten Gesetzgebung erlassen, das sich nur mit der Grausamkeit gegen Tiere befaßte. Es wurde schnell als „Martin's Act" bekannt. *Martin* selbst brachte auch die ersten Fälle von Tiermißhandlung vor Gericht[80]; da er aber eher erziehen als strafen wollte, zahlte er die Strafen, wenn der Verurteilte nicht genug Geld besaß, aus eigener Tasche[81].

---

[76] Fairholme/Pain, A Century of Work for Animals, S. 25/26; Niven, History of the Humane Movement, S. 61.

[77] Ryder, Animal Revolution, S. 86.

[78] Fairholme/Pain, A Century of Work for Animals, S. 26; Gharpure, Tierschutz, Vegetarismus und Konfession, S. 92.

[79] Zum Verlauf der Debatte im Unterhaus siehe Hansard, The Parliamentary Debates, New Series, Vol. 7, 1822, Sp. 758 f. und 873 f. In der 1. Lesung im Unterhaus beschrieb Martin ausführlich die Geschehnisse in einer Tierkampfarena. Bei der 2. Lesung am 24. Mai antwortete er auf einen Einwand des ersten Kronanwalts, dieser setze sich in Widerspruch zur einheitlichen Überzeugung der ganzen Nation, der Londoner und der Magistrat von Middlesex hätten sich genauso für die Sache ausgesprochen wie einige Kirchenführer. In der 3. Lesung am 7. Juni mußte Martin seinen Antrag gegen Opposition aus den eigenen Reihen, wonach die Bill zu vage formuliert sei, verteidigen. Im Oberhaus wurde das Gesetz von Lord Erskine unterstützt und verteidigt und am 18. Juni 1822 angenommen, vgl. zum Ganzen auch Fairholme/Pain, A Century of Work for Animals, S. 28/29. Ryder, Animal Revolution, S. 87, mutmaßt, daß Martin und Erskine wohl nur deshalb Erfolg hatten, weil sie beide äußerst viril und selbstbewußt waren. Oft wurden nämlich Tierschützer in dieser Zeit als unmännlich und verweichlicht angesehen und verspottet.

[80] Fairholme/Pain, A Century of Work for Animals, S. 30-32.

[81] Ryder, Animal Revolution, S. 87.

Die „Martin's Act" vom 22. Juni 1822 („Act to prevent the cruel and improper Treatment of Cattle", 3 Geo. IV cap. 71[82]) drohte in kasuistischer Weise für jede mutwillige und grausame Tiermißhandlung (who „shall wantonly and cruelly beat, abuse or ill treat any Horse, Mare, Gelding, Mule, Ass, Ox, Cow, Heifer, Steer, Sheep or other Cattle"[83]) eine Geldstrafe von mindestens Ten Shillings[84], höchstens Five Pounds an, im Nichtzahlungsfalle Freiheitsstrafe bis zu drei Monaten. Obwohl das Gesetz ursprünglich Nutz- und Haustiere schützen sollte, galt es nur für Pferde und landwirtschaftliche Nutztiere. Hunde und Katzen einzubeziehen, gelang nicht[85]. Das Gesetz enthielt detaillierte strafprozeßrechtliche Regelungen, die unter anderem die Beweismittel, die Verjährung der Straftat (schon 10 Tage nach ihrer Begehung[86]), die Form der Urteilsabfassung sowie die Entschädigung eines unschuldig Angeklagten betrafen, der wider besseres Wissen wegen Tierquälerei angezeigt worden war[87].
Obwohl der tatbestandliche Schutz vor Mißhandlung und Quälerei recht umfassend war, ergibt sich aus der Tatsache, daß nur Pferde und Vieh, also dem Menschen nützliche Tiere, geschützt waren, daß dem Gesetz rein anthropozentrische Interessen zugrunde lagen[88].

Zwei weitere Gesetzesanträge *Martin's* aus den Jahren 1823 und 1824 gegen Bullenhetze und Hundekämpfe bzw. zum Schutz von Hunden, Katzen und Eseln wurden mit der Begründung abgelehnt, es handele sich um eine „banale, belanglose und stümperhafte Art von Gesetzgebung" und der nächste Schritt sei der, Fliegen und Käfer zu schützen[89].

---

[82] Originaltext in: The Statutes of The United Kingdom of Great Britain And Ireland, Vol. 8, S. 817/818.
[83] Vgl. die Formulierung im Abdeckergesetz von 1786.
[84] von Hippel, Tierquälerei, S. 49, Fn. 4.
[85] Schlosser, Die unbekannten Brüder, S. 58.
[86] von Hippel, Tierquälerei, S. 49, Fn. 4.
[87] Erbel, DVBl. 1986, S. 1235 (1245), und von Kamptz, Kamptz's Jahrbücher, Bd. 66, 132. Heft 1845, S. 169 (201): "Wird jedoch vom Richter die Klage frivol gefunden, so muß der Ankläger dem Beklagten eine Summe Geld, die jedoch nicht mehr als 20 Schilling betragen darf, als Entschädigung zahlen."
[88] Der Ansicht Schröders, Tierschutzgesetz vom 24. November 1933, S. 3, es handele sich bei dem Gesetz von 1822 um das erste Tierschutzgesetz, in dem das Individuum um seiner selbst willen vor Quälerei bewahrt und die Gattung vor Ausrottung geschützt werden sollte, kann hier nicht gefolgt werden.
[89] Vgl. Ritvo, The Animal Estate, S. 128.

E. Die englische Tierschutzbewegung und weitere Initiativen zur Ausweitung der Tierschutzgesetzgebung

Trotz des Gesetzes von 1822 erhielt die englische Tierschutzbewegung den entscheidenden Schub erst durch das Aufkommen der Tierschutzvereine. Sie wurden schnell sehr einflußreich und trieben die Tierschutzgesetzgebung von 1833 an voran.

1802 wurde die „Gesellschaft zur Unterdrückung der Gewalt“ gegründet, die einen Ausschuß bildete, der sich nur mit der Tierhetze beschäftigte[90]. In Liverpool wurde 1809 für kurze Zeit die „Gesellschaft zur Verhinderung mutwilliger Grausamkeit gegen Vieh“ ins Leben gerufen[91]. Am 16. Juni 1824 schließlich fand in London die Gründungsversammlung der „Society for the Prevention of Cruelty to Animals“ (SPCA, Gesellschaft zur Verhütung von Tierquälerei) statt. Der Verein hatte 21 Gründungsmitglieder. Reverend *Arthur Broome* wurde erster Sekretär. Zwei Ausschüsse wurden gebildet. Der eine sollte Aufklärungsschriften herausbringen, um die öffentliche Meinung zu beeinflussen, der andere sollte Maßnahmen erarbeiten, um die Märkte und Straßen Londons, die Schlachthäuser und andere Orte zu überwachen, an denen Tiere Mißhandlungen ausgesetzt waren[92]. Ziel dieser Gesellschaft war der Kampf gegen den Trieb des Menschen, seine Aggressionen durch die Mißhandlung schwächerer Lebewesen abzureagieren[93].

In ihren ersten Jahren hatte die Gesellschaft großen Erfolg. Sie kümmerte sich hauptsächlich um die praktische Umsetzung der von ihr vorangetriebenen Gesetzgebung. 1826 geriet sie jedoch in schwere finanzielle Nöte, *Broome* wurde sogar kurz inhaftiert, da er für die Schulden haftete[94]. 1828 löste *Lewis Gompertz Arthur Broome* als ersten Sekretär ab. *Broome*, der bis dahin ehrenamtlich tätig gewesen war und seine gesamten Ersparnisse aufgebraucht hatte, mußte eine andere Arbeit aufnehmen, um sich seinen Lebensunterhalt zu verdienen[95].

---

[90] Ryder, Animal Revolution, S. 89.

[91] Fairholme/Pain, A Century of Work for Animals, S. 23; Ritvo, The Animal Estate, S. 128; Ryder, Animal Revolution, S. 89.

[92] Ryder, Animal Revolution, S. 89; vgl. Geh. StA Berlin-Dahlem, Rep. 84 a, Nr. 5213, Bl. 23-81: Animal's Friend or The Progress of Humanity, published periodically for the Animal's Friend Society, Nr. 1 von 1833, Nr. 2 von 1834 und Nr. 3 von 1835.

[93] Sauer, Tierschutz bei Fischen, S. 5.

[94] Niven, History of the Humane Movement, S. 67.

[95] Niven, History of the Humane Movement, S. 67.

Gompertz, ein wohlhabender Jude, war Vegetarier und weigerte sich, in Pferdefuhrwerken zu fahren, da er die Tiere in keiner Weise ausnutzen wollte[96]. Obwohl es ihm gelang, die Gesellschaft finanziell zu retten, wurde er 1832 dazu gebracht, die SPCA zu verlassen, da sich innerhalb der Gesellschaft eine Opposition gebildet hatte, die sich daran störte, daß *Gompertz* Informanten einsetzte, und daß er Vegetarier und Jude war[97]. So verlor die Gesellschaft innerhalb der ersten acht Jahre ihres Bestehens sowohl ihren Gründer als auch ihren ersten Retter. Obwohl *Broome* und *Gompertz* heute einen Ehrenplatz in der Geschichte der englischen Tierschutzbewegung einnehmen, erscheint es so, als ob sie die ersten Opfer einer Tendenz der SPCA gewesen seien, ihre kontroverseren und effektivsten Mitglieder abzuweisen[98].
Ab 1833 verfestigte sich der konservative, aristokratische Charakter der Gesellschaft, was sicherlich auch darauf zurückzuführen ist, daß im Jahre 1835 die damals erst 16jährige *Kronprinzessin Victoria* Protektorin der SPCA wurde[99]. Auch nach ihrer zwei Jahre später erfolgenden Thronbesteigung blieb die Königin Gönnerin des Vereins und im Jahre 1840 verfügte sie, daß er den Titel einer königlichen Gesellschaft zur Verhütung von Tierquälerei („Royal Society for the Prevention of Cruelty to Animals", RSPCA) führen solle[100], wodurch der Tierschutz endgültig als respektable Aufgabe anerkannt wurde.

Der Tierschutz wurde ein wichtiger Teil der Mitte des 19. Jahrhunderts aufkommenden Humanitätsbewegung. Verfechter des Humanitätsgedankens als edler Gesinnung im Verhalten zu den Mitmenschen und der Kreatur bekämpften zuerst die Sklaverei und die Todesstrafe, später ging dann der Einsatz für bessere Bedingungen für Kriminelle und Kranke oft mit einem Engagement für Tiere

96 Niven, History of the Humane Movement, S. 71.

97 Fairholme/Pain, A Century of Work for Animals, S. 68; Ryder, Animal Revolution, S. 91, Gompertz gründete die „Animals' Friend Society", die bis zu seinem Ausscheiden aus gesundheitlichen Gründen 1848 ebenfalls mit Erfolg arbeitete.

98 Ryder, Animal Revolution, S. 91.

99 Finanzielle Sorgen hatte die Gesellschaft danach nie mehr, denn der englische Adel ließ der Bewegung seine materielle Hilfe in reichem Maße angedeihen. Der deutsche Antivivisektionist von Weber empfahl später ausdrücklich den Anschluß der deutschen Vereine an die englischen, wodurch eine periodische Unterstützung durch Geldmittel gesichert sei, vgl. Bretschneider, Streit um die Vivisektion, S. 18.

100 Hahn, Entwicklung des Tierschutzgedankens in Religion und Geistesgeschichte, S. 154; Lehner, Tierschutz und Gesetz, S. 32.

einher[101]. Auch der Mitte des 19. Jahrhunderts aufkommende Vegetarismus spielte dabei eine Rolle[102].

Tierschutz wurde als nobel und gut angesehen, Grausamkeit gegen Tiere als vulgär und minderwertig. Entscheidend war die Rolle, die die RSPCA und die *Königin Victoria* als Schirmherrin der Tierschutzbewegung spielten. Die viktorianische Gesellschaft orientierte sich stark am Königshaus und dem Adel. Insofern war aufgrund des von diesen gezeigten Faibles für den Tierschutz[103] nach und nach auch das wachsende Bürgertum gehalten, eine tierschutzfreundliche Haltung einzunehmen. Das steigende Interesse am Tierschutz war aber auch eine Folge der zunehmenden Stabilität der Gesellschaft und des sich ausbreitenden Reichtums. Dazu kam die seit 1815 andauernde äußere Sicherheit und das Entstehen einer industriellen Ordnung, in der Tiere immer unwichtiger für den Produktionsprozeß wurden[104]. Niemals zuvor hatten sich so viele ökonomisch und sozial sicher gefühlt. Sie konnten es sich leisten, ihren Vorbildern in der Gesellschaft nachzueifern und Mitleid mit Tieren zu zeigen.

Die einzigen, die dies weiterhin ablehnten, waren schließlich die Angehörigen der Unterschicht, die täglich mit Tieren umgehen mußten, wie Viehtreiber, Kutscher und Schlachter. Sie sahen nicht ein, daß ihre Vorgehensweise bei der Arbeit reglementiert werden sollte[105].

Da gerade darauf sich aber anfangs das Hauptaugenmerk der Tierschützer richtete, kam es zu einer starken Polarisierung. Die Oberschicht propagierte den Tierschutz als eine speziell „englische“ Tugend, zu der sie die Unterschicht zu erziehen versuchte. So beschäftigte sich die RSPCA vornehmlich mit der Verhinderung bzw. Bestrafung der Quälereien, die in der Arbeiterklasse verbreitet waren. Die Tierschützer sahen die Grausamkeit als ein Zeichen der Verworfen-

---

[101] Thomas, Man and the natural world, S. 184.
[102] Gharpure, Tierschutz, Vegetarismus und Konfession, S. 86.
[103] Von 1834 bis 1918 waren nur Adlige Präsidenten der Gesellschaft, vgl. Ryder, Animal Revolution, S. 100. Eine Zusammenstellung der Präsidenten, Vorsitzenden und Sekretäre der RSPCA findet sich bei Fairholme/Pain, A Century of Work for Animals, im Anhang auf den Seiten 301/302.
[104] Thomas, Man and the natural world, S. 181.
[105] Vgl. Ritvo, The Animal Estate, S. 130.

heit und der moralischen Degeneration an, und das Ziel derjenigen, die versuchten, brutale Praktiken zu unterdrücken, war es nicht nur, die Leiden der Tiere zu vermindern, sondern auch, potentielle menschliche Opfer zu schützen, da Grausamkeit gegen Tiere und Grausamkeit gegen Menschen nicht weit voneinander entfernt seien[106]. Die Tiermißhandlung wurde aber nicht nur als böse oder schlecht angesehen, die Ablehnung seitens der Tierschützer ging sogar so weit, daß Tierquäler gleichsam von der nationalen Gemeinschaft ausgeschlossen werden sollten. So wurde die öffentliche Diskussion über Grausamkeit gegen Tiere zu einem rhetorischen Schlachtfeld, auf dem die widerstreitenden Parteien um die moralische Verfassung der englischen Gesellschaft genauso stritten, wie darum, ob es angebracht sei, niederen Geschöpfen Schmerzen zu verursachen[107].

Diese Polarisierung führte auf der anderen Seite aber auch zu einer Blindheit gegenüber den Vergehen, die von der Oberschicht selbst begangen wurden[108]. Obwohl die RSPCA gelegentlich mit harschen Worten die Pferdehindernisrennen verurteile, zeigte sie wenig Interesse, deswegen ihren juristischen Apparat in Bewegung zu setzen[109]. Ebenso mußten Ausnahmen bei der Jagd und beim Wettfischen gemacht werden[110]. Gerade die Jagd war ein militärisches und aristokratisches Symbol, ein feudaler Sport. Deshalb hielten viele Angehörige der Oberschicht daran fest bzw. aufstrebende Geschäftsleute versuchten, ihren sozialen Aufstieg durch Jagdveranstaltungen unter Beweis zu stellen[111]. Wenn die RSPCA sich mit elitären Mißbräuchen auseinandersetzte, dann nur mit sehr speziellen, wie der Mißhandlung von Polo-Ponies oder dem Beschneiden (Kupieren) der Ohren und Schwänze von Tieren für Tierschauen. Grundsätzlich herrschte die Ansicht vor, daß das Fischen und das Jagen nicht zu den Angelegenheiten der Gesellschaft gehörten. Viele der angesehensten Mitglieder der Ge-

---

106 Ritvo, The Animal Estate, S. 131.

107 Ritvo, The Animal Estate, S. 130.

108 Obwohl nach dem Tode der Königin Victoria 1901 die direkte Verbindung der RSPCA zum Königshaus abriß und viele Angehörige des Adels in der RSPCA der noch konservativeren neuen Mittelschicht Platz machten, befähigte deren weniger gefestigte soziale Stellung sie sogar noch weniger dazu, tierquälerische Verhaltensweisen der Oberschicht zu kritisieren, vgl. Ryder, Animal Revolution, S. 148.

109 Ritvo, The Animal Estate, S. 134.

110 Ryder, Animal Revolution, S. 100.

111 Thomas, Man and the natural world, S. 183.

sellschaft waren daher z.B. Fuchsjäger oder Gänseschützen und sahen darin keinen Widerspruch[112].

Obwohl diese Selbsteinschränkung der RSPCA anhaltende Kritik hervorrief, war sie auch eine Quelle ihrer Stärke. Die indirekte Identifikation von Grausamkeit als eine Neigung nur der unteren Klassen durch die RSPCA war für potentielle Schutzherren der Gesellschaft sehr attraktiv und hat ihr möglicherweise geholfen, die ersten Hindernisse zu überwinden[113].

Auch die jährlichen Berichte der RSPCA machten die unteren Klassen als Quelle der Brutalität und Zielscheibe der Gesetze gegen Grausamkeit aus, es schien weithin klar, daß diese Gesetze in erster Linie „for the ignorant, and not for the best people in the country“ waren[114]. So erfaßte das Gesetz von 1822 nur Vieh und Pferde, welche sich gewöhnlich in der Hand von Angehörigen der Unterschicht befanden. Es ist daher nicht verwunderlich, daß die überwältigende Mehrheit der Verurteilungen bis zum Jahre 1854 gegen Schlachter, Viehtreiber, Fuhrleute und Kutscher ausgesprochen wurde. Allein 1824 erfolgten fast 150 Verurteilungen wegen Tierquälerei, hauptsächlich von Viehtreibern, was auch darauf zurückzuführen war, daß die Gesellschaft einen Inspektor fest anstellte[115]. Bei den Verurteilungen, die in den Jahresberichten von 1857 bis 1860 ausführlicher dargestellt wurden, handelte es sich in 82 % der Fälle um Angehörige der Unterschicht, in 6 % der Fälle erfolgte keine Nennung des sozialen Status. Auch die Strafdrohung von fünf Pfund Geldstrafe für fast jedes Vergehen traf die Armen, die oft noch nicht einmal eine verminderte Strafe von ein oder zwei Pfund bezahlen konnten und deshalb ins Gefängnis gehen mußten, mehr als die Wohlhabenden, für die eine solche Strafe keine schwere Belastung darstellte.

---

[112] Ritvo, The Animal Estate, S. 134; Ryder, Animal Revolution, S. 152.

[113] Ritvo, The Animal Estate, S. 135.

[114] Ritvo, The Animal Estate, S. 137.

[115] Die Zahl der Inspektoren stieg schnell von 8 im Jahre 1835 über 48 (1878) bis auf 120 (1897). Ab 1856 waren sie uniformiert. Sie operierten hauptsächlich in London, reisten aber auch herum, wenn sie einer Anzeige nachgingen. Die Anzahl der Verurteilungen stieg proportional bis zu einer Spitze von 8000 pro Jahr, bevor Pferde, die häufigsten Opfer, durch Motorfahrzeuge ersetzt wurden, vgl. Ritvo, The Animal Estate, S. 145. 1927 wurden immerhin noch 3325 Personen wegen Tierquälerei bestraft, vgl. Lehner, Tierschutz und Gesetz, S. 33.

F. Die Tierschutzgesetze von 1833 bis 1854

Dem sehr begrenzten Gesetz von 1822 folgte ein Gesetz von 18. Juni 1833 („An Act for the more effectual Administration in the Office of a Justice of the Peace in the several Police Offices established in the Metropolis, ...“, 3 William IV, cap. 19[116]), welches in seinem Absatz 29 bei einer Höchststrafe von fünf Pfund oder hilfsweise zwei Monaten Gefängnis (mit harter Arbeit) das Abhalten von Tierkämpfen verbot. Dieses Gesetz, das in erster Linie der Erhaltung der öffentlichen Ordnung und nicht so sehr den Interessen der leidenden Tiere diente, galt zunächst nur für London und seine Vororte[117].

Am 9. September 1835 wurde das Gesetz von 1822 insofern verbessert, als es für alle Haustiere Geltung bekam[118]. Wie bereits der Gesetzestitel angibt ("An Act to consolidate and amend the several laws relating to the cruel and improper Treatment of Animals, and the Mischiefs arising from the driving of Cattle, and to make other Provisions in regard thereto", 5 und 6 William IV cap. 59[119]), war sein Zweck, an die Stelle mehrerer älterer Vorschriften neue eingehendere Bestimmungen zu setzen[120]. Es galt zunächst nur für England, wurde aber durch die Akte 1 Vict. cap. 66 vom 15. Juni 1837 auch auf Irland ausgedehnt.
Bestraft wurde danach, wer Vieh oder Haustiere quälte, schlecht behandelte, oder überhaupt mißbrauchte, wer beim Viehtreiben durch Nachlässigkeit oder schlechten Gebrauch sich verging und wer Plätze zu Tierkämpfen hielt oder solchen Kämpfen beiwohnte. Erst durch dieses Gesetz wurde die Bullenhetze über-

---

116 Originaltext in: The Statutes of The United Kingdom of Great Britain And Ireland, Vol. 13, 1833, S. 37 ff. (44).

117 Im Umkreis von 5 Meilen von Temple Bar, dem damals einzigen Tor zur Londoner City, vgl. de Montmorency, State Protection of Animals, Law Quarterly Review, S. 31 (34).

118 Der Gesetzesantrag stammte von Joseph Pease, MP für South Durham, vgl. Ryder, Animal Revolution, S. 88. Bei der Debatte über das Gesetz im Unterhaus regte sich keine Opposition, vgl. Hansard, The Parliamentary Debates, 3. Series, Vol. 29, 1835, Sp. 537/538, was auch daran gelegen haben mag, daß Kronprinzessin Victoria Protektorin des RSPCA geworden war.

119 Originaltext in: The Statutes of The United Kingdom of Great Britain And Ireland, Vol. 13, 1833, S. 953-957. Übersetzung abgedruckt bei: von Ehrenstein, Schild und Waffen gegen Thierquälerei, S. 119-131.

120 Das Gesetz von 1822 und ein Teil des Gesetzes von 1833 wurden aufgehoben.

all endgültig verboten[121]. Dabei gab es zwischenzeitlich Irritationen darüber, ob es tatsächlich grausam sei, von Natur aus aggressive Tiere gegeneinander kämpfen zu lassen, egal wie blutig das Resultat sei[122]. Weiter war es verboten, Haustiere ohne ausreichendes Futter einzusperren. Jeder Dritte, welcher die Versorgung eines Tieres auf sich nahm, hatte einen, nötigenfalls durch das Verkaufsrecht an dem Tiere gesicherten, Anspruch auf Ersatz gegenüber dem Eigentümer und zwar bis zur doppelten Höhe des von ihm geleisteten Wertes. Schließlich wurde die Zuwiderhandlung gegen die ausführlichen Bestimmungen über den Betrieb der Schlächtereien zur Tötung alter, abgetriebener Tiere mit Strafe bedroht. Dadurch wurde das Gesetz von 1786 verbessert. Tiere, die wegen ihres Alters oder ihrer Gebrechlichkeit zum Schlachter oder Abdecker gegeben wurden, durften nicht wieder verkauft oder zur Arbeit herangezogen werden, sondern mußten innerhalb von drei Tagen geschlachtet werden, wobei sie in der Zwischenzeit gefüttert und getränkt werden mußten[123]. Eine Lizenz war zwar schon seit 1786 erforderlich, aber erst jetzt konnte diese Lizenz wieder eingezogen werden bei offensichtlicher Grausamkeit[124].

Die Strafe betrug mindestens fünf Shilling und höchstens fünf Pfund. Subsidiär trat Freiheitsstrafe bis zu vierzehn Tagen ein. Die Strafverfolgung verjährte in drei Monaten. Die nach diesem Gesetz verhängten Geldstrafen fielen zur Hälfte den Armenpflegern des Kichspiels, zur anderen dem Anzeigenden zu. Die sonstigen, zahlreichen Vorschriften des Gesetzes waren prozessualer Natur[125].

---

121 Fairholme/Pain, A Century of Work for Animals, S. 143; Ritvo, The Animal Estate, S. 108, 151; Ryder, Animal Revolution, S. 88. Trotzdem konnte das Verbot des Bullenrennens in Stamford bis 1839 auch mit Hilfe von Londoner Polizeieinheiten nicht durchgesetzt werden. Erst 1840 setzten die Bürger Stamfords, die für die erhöhten Kosten der auswärtigen Ordnungskräfte aufkommen mußten, dem Treiben selbst ein Ende, vgl. Ryder, Animal Revolution, S. 88. Als bei der Auflösung eines Hundekampfes durch die Polizei einige Personen festgenommen wurden und ins Gefängnis gebracht werden sollten, kamen ihnen andere zu Hilfe und griffen die Polizisten an. Hier äußerte sich dann tatsächlich die von der Oberschicht im Zusammenhang mit der Tierquälerei befürchtete allgemeine Auflehnung gegen die soziale Disziplin, vgl. Ritvo, The Animal Estate, S. 153.

122 Ritvo, The Animal Estate, S. 151.

123 de Montmorency, State Protection of Animals, Law Quarterly Review, S. 31 (35).

124 Ryder, Animal Revolution, S. 137.

125 von Hippel, Tierquälerei, S. 50.

Die Akte 7 und 8 Vict. cap. 87 ("An Act to amend the law for regulating Places kept for slaughtering Horses") vom 9. August 1844[126], gab nochmals Bestimmungen zur Beaufsichtigung der schon 1835 erwähnten Schlächtereien[127]. Von materiell-rechtlicher Bedeutung ist nur, daß die Geldstrafe von fünf Pfund nun auch gegen den verhängt werden konnte, der sich Quälereien in den Lokalen der mit einer obrigkeitlichen Genehmigung zum Schlachten versehenen Personen zuschulden kommen ließ[128].

Das Gesetz vom 1. August 1849[129] ("An Act for the more effectual Prevention of Cruelty to Animals", 12 und 13 Vict. cap. 92[130]) beseitigte die früheren Gesetze von 1835 und 1837 ausdrücklich und machte die Vorschrift von 1844 tatsächlich überflüssig[131]. Es wiederholte die bisherigen Verbote und bestrafte darüber hinaus den mit unnötigen Qualen oder Leiden verbundenen Transport von Haustieren auf Wagen. Die Strafverfolgung sollte in einem Monat verjähren, das Prozeßverfahren war ein abgekürztes. Bemerkenswert ist, daß in gewissen Fällen der Aburteilung durch höhere Gerichte Freiheitsstrafe bis zu drei Monaten verhängt werden konnte, während dieselbe sonst nur hilfsweise an Stelle der Geldstrafe trat.

Durch das Gesetz vom 14. August 1850[132] ("An Act for the more effectual Prevention of Cruelty to Animals in Scotland", 13 und 14 Vict. cap. 92[133]) galten

---

126 Originaltext in: The Statutes of The United Kingdom of Great Britain And Ireland, Vol. 17, 1844, S. 253-255.

127 Zur Debatte über dieses Gesetz im Unterhaus: Hansard, The Parliamentary Debates, 3. Series, Vol. 76, 1844, Sp. 1577/1578.

128 von Hippel, Tierquälerei, S. 50.

129 Zur Entstehungsgeschichte dieses Gesetzes: Hansard, The Parliamentary Debates, 3. Series. Der Gesetzesantrag kam hier zuerst vor das Oberhaus. Der Duke of Beaufort war der Fürsprecher. Das Gesetz wurde am 13. April 1849 eingeführt und zum ersten Mal gelesen (Vol. 104, 1849, Sp. 598). Die zweite Lesung mit anschließender Debatte fand am 17. April statt (Vol. 104, 1849, Sp. 927-930), die dritte Lesung am 4. Mai (Vol. 104, 1849, Sp. 1247). Die erste Lesung im Unterhaus erfolgte am 9. Mai (Vol. 105, 1849, Sp. 152), die zweite und eine Debatte am 13. Juni (Vol. 106, 1849, Sp. 124/125) und die dritte Lesung hatte das Gesetz am 25. Juli 1849 (Vol. 107, 1849, Sp. 950).

130 Originaltext in: The Statutes of The United Kingdom of Great Britain And Ireland, Vol. 19, 1849, S. 756-761.

131 von Hippel, Tierquälerei, S. 51.

132 Zur Entstehungsgeschichte dieses Gesetzes: Hansard, The Parliamentary Debates, 3. Series. Der Gesetzesantrag durchlief ohne größere Debatte beide Häuser: Unterhaus: 1. Lesung

die Bestimmungen von 1849 ihrem wesentlichen Inhalte nach auch für Schottland[134]. Es fehlten aber besondere Vorschriften über das Einsperren und Transportieren von Haustieren[135].

Die Akte 17 und 18 Vict. cap. 60 vom 31. Juli 1854[136] ("An Act to amend an Act of the Twelfth and Thirteenth Years of Her present Majesty for the more effectual Prevention of Cruelty to Animals"[137]) dehnte das früher (Akte 2 und 3 Vict. cap. 47) für den hauptstädtischen Bezirk ausgesprochene Verbot der Benutzung von Zughunden auf das ganze Reich aus[138].

In der Folgezeit traten zu diesen Gesetzen weitere Regelungen, die die Eigentümer von Tieren vor Schädigungen ihrer Tiere durch andere schützen sollten und dadurch auch mittelbar die Tiere selbst schützten. So wurde durch die „Malicious Damage Act“ von 1861[139] Vieh vor Verwundung geschützt, die „Poisoned Flesh Prohibition Act“ von 1864 verbot das Auslegen vergifteten Fleisches, um Hunde oder andere Tiere zu töten und die „Dog Act“ von 1865 bestimmte, daß Hundebesitzer verantwortlich sind für Verletzungen, die ihre Hunde dem Vieh zufügen[140]. Weitere Anknüpfungspunkte des Tierschutzes waren die Gesetze gegen Tierkrankheiten, die „Contagious Diseases [Animals] Acts“ von 1869, 1878 und 1894 und die Gesetze zur Verhinderung der Ausrottung seltener Arten,

---

am 13. Juni 1850 (Vol. 111, 1850, Sp. 1158), 2. Lesung am 15. Juli (Vol. 112, 1850, Sp. 1371), 3. Lesung am 26. Juli (Vol. 113, 1850, Sp. 297). Oberhaus: 1. Lesung am 29. Juli (Vol. 113, 1850, Sp. 392), 2. Lesung am 2. August (Vol. 113, 1850, Sp. 678), 3. Lesung am 8. August 1850 (Vol. 113, 1850, Sp. 928).

133 Originaltext in: The Statutes of The United Kingdom of Great Britain And Ireland, Vol. 20, 1850, S. 325-327.

134 von Hippel, Vergl. Darst., S. 252; Baving, Übersicht über Tierschutzbestimmungen in 16 europäischen Staaten, S. 7.

135 von Hippel, Tierquälerei, S. 52.

136 Zur Entstehungsgeschichte des Gesetzes: Hansard, The Parliamentary Debates, 3. Series. Unterhaus: 1. Lesung am 19. Mai 1854 (Vol. 133, 1854, Sp. 612), 2. Lesung am 24. Mai (Vol. 133, 1854, Sp. 836), 3. Lesung am 28. Juni (Vol. 134, 1854, Sp. 801). Oberhaus: 1. Lesung am 29. Juni (Vol. 134, 1854, Sp. 821), 2. Lesung und Debatte am 4. Juli (Vol. 134, 1854, Sp. 1075-1080 und 1429-1436), 3. Lesung am 13. Juli (Vol. 135, 1854, Sp. 122).

137 Originaltext in: The Statutes of The United Kingdom of Great Britain And Ireland, Vol. 22, 1854, S. 123/124.

138 von Hippel, Tierquälerei, S. 52.

139 Vgl. Lehner, Tierschutz und Gesetz, S. 33.

140 de Montmorency, State Protection of Animals, Law Quarterly Review, S. 31 (36).

die in den Jahren 1868 bis 1894 erlassen wurden[141]. Schon früh existierte eine Fischereigesetzgebung, die alle drei Elemente bisheriger Tierschutzgesetzgebung enthielt: Schutz des Eigentums, Erhaltung der Art und Schutz vor Quälerei[142].

G. England und die Vivisektion

„Vivisektion" ist die Abkürzung von „Sectio corporis vivi", was sich an die aus der Anatomie bekannte „Sectio corporis mortui", die Zergliederung (menschlicher) Leichen, anlehnt. Der Begriff der „Vivisektion" wurde von den Gegnern dieser Praxis eingeführt[143]. Er erweckte den Eindruck, als ob es sich um eine vollständige Zergliederung lebender Tiere handle, obwohl die meisten operativen Versuche nur einzelne Körperteile betrafen und auch Hunger- und Durstversuche, toxikologische und solche, bei denen die Tiere extremen Temperaturen ausgesetzt wurden, angestellt wurden. Die Mediziner verwahrten sich dagegen und schlugen die weniger polemische, dafür aber etwas euphemistische Bezeichnung „medizinischer Tierversuch" vor. Obwohl diese Formulierung sicherlich umfassender und damit richtiger war, setzte sie sich zunächst nicht durch.

Im 19. Jahrhundert war Frankreich das Zentrum der Vivisektion. *Francois Magendie* (1783-1855), *Marie Jean Pierre Flourens* (1794-1867), *Louis Pasteur* (1812-1895) und *Claude Bernard* (1813-1878) waren hier die herausragenden Vertreter. Alle ihre Versuche wurden ohne Betäubung ausgeführt[144].
1824 hatte *Magendie* London besucht und seine physiologischen Experimente öffentlich vorgeführt, was zu einem Aufschrei der Entrüstung führte[145]. *Richard Martin* brachte im House of Lords am 24. Februar und am 11. März 1825 die Sprache auf dieses Thema, was *Magendie* von einem weiteren Besuch abhielt[146].

---

[141] de Montmorency, State Protection of Animals, Law Quarterly Review, S. 31 (37).
[142] de Montmorency, State Protection of Animals, Law Quarterly Review, S. 31 (39).
[143] Zuerst von G. Fleming, in seiner Schrift „Die Vivisection. Ist sie nothwendig oder zu entschuldigen?".
[144] Ryder, Animal Revolution, S. 105; French, Antivivisection and Medical Science, S. 20.
[145] French, Antivivisection and Medical Science, S. 20.
[146] Ryder, Animal Revolution, S. 107; French, Antivivisection and Medical Science, S. 26.

1846 bat Reverend *David Davis* die französische Obrigkeit, die Vivisektion in der Veterinär-Hochschule in Alfort nahe Paris zu verbieten[147]. Als 1857 Berichte den RSPCA erreichten, daß die grausamen Versuche dort weitergeführt würden, bat man um eine Audienz beim französischen *Kaiser Napoleon III*, die auch im April 1861 gewährt wurde[148]. Die Experimente gingen aber weiter, worüber die britische Öffentlichkeit empört war.
Auch die englische Schriftstellerin und Wohlfahrts-*Aktivistin Frances Power Cobbe* (1822-1904) wurde nun auf die Vivisektionsproblematik aufmerksam. 1863 führte sie in Florenz eine Gruppe von Vivisektionsgegnern an, die sich gegen die Tierversuche des Physiologen *Moritz Schiff* (1823-1896) wandten[149]. *Cobbe* verfaßte ein „Memorial", das sie, unterschrieben von 783 anderen, an den Professor schickte und in dem sie ihn darum bat, er möge den Tieren so viel Leid wie möglich ersparen. Dieses Dokument kann wohl als erste organisierte Form der Opposition gegen die Vivisektion angesehen werden[150].

Vivisektion war die exklusive Beschäftigung von Human- und Veterinärmedizinern. Eine solche unbestreitbar respektable Beschäftigung, die es aber erforderte, daß Tieren Schmerzen zugefügt wurden, stellte die sozialen Kategorien in Frage, die der Interpretation von „Grausamkeit" nach der Auffassung der RSPCA zugrunde lagen[151]. Entweder weil sie diese Unvereinbarkeit spürten oder weil weiter verbreitete Mißbräuche ihre Aufmerksamkeit mehr in Anspruch nahmen, beachteten diejenigen, die die Geschicke der Gesellschaft in den ersten Jahrzehnten lenkten, die Vivisektion kaum. Schon auf der Gründungsversammlung 1824 war die Linie festgelegt worden, auf der sich die Society die nächsten 100 Jahre hindurch bewegen würde. Danach sollten schmerzhafte Experimente, wie berechtigt sie auch immer seien, nicht auf grausame Weise vorgenommen werden[152]. Diese Unterscheidung zwischen „berechtigten" Experimenten und reiner Grausamkeit zeigt den schwierigen Versuch der Gründer, die Tiere zu schützen, ohne die Forschung zu beeinträchtigen. Wissenschaftler gehörten nach dieser Sicht automatisch zu einer anderen moralischen Kategorie als Viehtreiber

[147] French, Antivivisection and Medical Science, S. 25.
[148] French, Antivivisection and Medical Science, S. 30.
[149] French, Antivivisectional Science, S. 62.
[150] Ryder, Animal Revolution, S. 110.
[151] Ritvo, The Animal Estate, S. 157.
[152] French, Antivivisection and Medical Science, S. 28.

und Kutscher[153]. Zwar setzte eine radikalere Splitterguppe, die „Animals' Friend Society" schon 1838 in Zeitungsinseraten eine Belohnung für die Anzeige von Experimenten und Operierenden aus, die es möglich machen sollte, diese zu verurteilen, diese Strategie schlug aber fehl, bis 1874 kam es nicht zu einer Verurteilung[154].

Erst in den sechziger Jahren des 19. Jahrhunderts begann die RSPCA, der Vivisektion mehr Aufmerksamkeit zu schenken. In den Jahresberichten war jetzt häufiger die Rede davon und 1864 setzte die RSPCA als Antwort auf die Alfort-Affäre zwei Preise für Arbeiten über die Vivisektion aus, die von *Fleming* und *Markham* gewonnen und 1866 veröffentlicht wurden[155]. Die Schrift des ersteren wurde später ins Deutsche übertragen und erlangte als erste antivivisektionistische Flugschrift auf deutschem Boden Bedeutung[156]. 1870 schlug die „British Association for the Advancement of Science" Regeln zur Kontrolle der Vivisektion vor. Danach sollten Experimente nicht zur Erlangung größerer operativer Geschicklichkeit oder zu Demonstrationszwecken vor einem Publikum gemacht werden, sie sollten nur von richtig ausgebildeten Personen und, wenn möglich, unter Betäubung ausgeführt werden[157]. 1874 verursachten die Praktiken französischer Vivisektoren wiederum eine Aufschrei der Entrüstung in Britannien. Auf einem Kongreß der „British Medical Association" in Norwich schockte *Eugene Magnan* seine britischen Kollegen, indem er ihnen die Auswirkungen von Alkohol an lebenden Hunden vorführte und entsprechende Injektionen vornahm[158]. Hier erreichte die Aktivität der RSPCA ihren Höhepunkt, als sie das Verbot dieser Demonstrations-Vivisektion zu erwirken versuchte[159]. Der Versuch scheiterte, aber der Fall erregte höchstes Aufsehen und verschaffte

---

153 Ritvo, The Animal Estate, S. 157. Im ganzen gesehen hatten die Anhänger der Humanitäts-Bewegung bis 1870 wenig Probleme, die Vivisektion zu übersehen, besonders, da die Vivisektion in England nicht in dem Maße ausgeübt wurde wie in Frankreich oder Deutschland, worauf von medizinischer Seite auch mehrfach hingewiesen wurde, vgl. French, Antivivisection and Medical Science, S. 35, 44.
154 French, Antivivisection and Medical Science, S. 28/29.
155 Bretschneider, Streit um die Vivisektion, S. 18.
156 Bretschneider, Streit um die Vivisektion, S. 18, Fn. 69.
157 Ryder, Animal Revolution, S. 110.
158 Ryder, Animal Revolution, S. 110; French, Antivivisection and Medical Science, S. 55/56.
159 Ritvo, The Animal Estate, S. 159; French, Antivivisection and Medical Science, S. 56.

den Kritikern der Vivisektion große Sympathie[160]. *Frances Cobbe* verfaßte wiederum ein Memorial, das von 87 Medizinern und vielen hochgestellten Personen unterschrieben wurde[161].

Ebenfalls 1874 fand in London ein Kongreß der radikalen und der gemäßigten Vivisektionsgegner statt. Hier wurde eine Resolution gefaßt, an deren Zustandekommen *Königin Victoria* beteiligt gewesen sein soll und die die Forderung enthielt, die Vivisektion gesetzlich zu verhindern. Vom Juni 1874 datiert ein Brief von ihr an den Präsidenten der RSPCA, den *Earl of Harrowby*, worin sie sich gegen die Mißbräuche der Vivisektion aussprach und die Anwendung schmerzbetäubender Mittel empfahl[162]. 1875 schrieb sie einen Brief an ihren Leibarzt *Lord Joseph Lister*, in dem sie ihn bat, gegen die Vivisektion zu opponieren und im März 1876 drängte sie ihren zuerst zögerlichen Premierminister *Disraeli*, entsprechende Gesetze zu erlassen.

Die Zeit schien reif für ein Gesetz gegen die Vivisektion. Aber anstatt die Bewegung anzuführen, war die RSPCA trotz dieser eindeutigen Zeichen und der Angebote zur Mitarbeit durch *Frances Cobbe* und ihre Mitstreiter einfach nicht in der Lage, zu reagieren, was wohl wiederum an ihrer Mitgliederstruktur lag[163]. So wurde die RSPCA in ihrer unentschlossenen Haltung bald selbst Ziel der Attacken der Antivivisektionisten[164]. Die Gesellschaft ging nie so weit, ein vollständiges Verbot zu fordern, sondern wollte nur die Vivisektionen zu Demonstrations- und Trainigszwecken verbieten lassen[165]. Darüberhinaus waren zahlreiche Mitglieder vom generellen Nutzen der Vivisektion überzeugt. Manche hielten sich aber auch zurück, da sie sonst selbst Zielscheibe scharfer Kritik geworden wären. Die Verteidiger des wissenschaftlichen Tierversuchs hielten nämlich gerade den Mitgliedern des englischen Adels die Grausamkeiten der Jagd, das „Anglisieren“[166] und den Pferdesport vor[167].

---

[160] Ritvo, The Animal Estate, S. 160.
[161] Ryder, Animal Revolution, S. 111.
[162] Bretschneider, Streit um die Vivisektion, S. 18.
[163] Vgl. French, Antivivisection and Medical Science, S. 66.
[164] Ritvo, The Animal Estate, S. 161.
[165] Ritvo, The Animal Estate, S. 161.
[166] Das ist das Kupieren der Pferdeschweife.
[167] „Die Gartenlaube“ (Jahrgang 1878, Heft 1, S. 12-15) entrüstete sich über die „Krokodilstränen der aristokratischen Lords“, die sich gegen die Vivisektion wandten, aber keine Be-

So kam es, daß der Anstoß zu einer Gesetzesvorlage gegen Vivisektion („Regulation of the Practice of Vivisection Bill“) von *Frances Cobbe* unter Mithilfe einiger Parlamentarier, unter ihnen der Innenminister der Jahre 1873 – 1874, *Robert Lowe*, und der Lord Oberrichter *Coleridge* und mit der Zustimmung der Regierung erfolgte[168]. Der Antrag wurde am 4. Mai 1875 von *Lord Henniker* ins House of Lords eingebracht[169].

Am 12. Mai 1875 aber erfolgte die Lesung eines abgeschwächten Gesetzesantrags im House of Commons, den *Lyon Playfair*, *Spencer Walpole* und ein Mr. *Ashley* einbrachten[170], dies auf Betreiben von Wissenschaftlern wie *John Burdon Sanderson* und *Thomas H. Huxley*, die fast vollkommene Freiheit von Überprüfungen anstrebten[171].

Da sich beide Anträge widersprachen, setzte die Regierung durch einen Kabinettsbeschluß vom 22. Juni 1875 eine königliche Kommission unter dem Vorsitz des Vize-Präsidenten der RSPCA, *Edward Cardwell*, ein, die den Gegenstand untersuchen, Sachverständige anhören und einen Gesetzentwurf vorbereiten sollte. Ihr gehörten zwar drei Tierschutzvertreter (*Cardwell*, *W. E. Forster*, *Richard Holt Hutton*), aber kein experimentierender Physiologe an. Den Standpunkt der Wissenschaft verteidigten *Huxley* und *J. E. Erichsen*. Weitere Mitglieder der Kommission waren *Baron Winmarley* und Sir *Burgess Karslake*[172]. Die Verhandlungen und Anhörungen der Kommission wurden in einem umfangreichen Blaubuch niedergelegt[173]. Von den 47 Ärzten und Gelehrten, denen man die Frage vorlegte, ob wissenschaftliche Tierversuche für die Forschung notwendig seien, antworteten 45 mit „Ja“[174]. Darunter waren *Thomas W. Watson*,

---

denken hätten, den edlen Pferden in „verrücktem Sport“ die Beine zu zerschmettern oder ihr „borniertes Gehirn an dem Todeskampf eines abgejagten Sechzehnenders“ zu ergötzen, zitiert nach Bretschneider, Streit um die Vivisektion, S. 19, Fn. 71.

[168] Ryder, Animal Revolution, S. 112.

[169] Hansard, The Parliamentary Debates, 3. Series, Vol. 224, 1875, Sp. 17. Der Antrag wurde aber am 3. August 1875 wieder zurückgezogen, vgl. Hansard, The Parliamentary Debates, 3. Series, Vol. 226, 1875, Sp. 432.

[170] Hansard, The Parliamentary Debates, 3. Series, Vol. 224, 1875, Sp. 542. Auch dieser Antrag wurde später – am 28. Mai 1875 – wieder zurückgezogen, vgl. Hansard, The Parliamentary Debates, 3. Series, Vol. 224, 1875, Sp. 1008.

[171] Ryder, Animal Revolution, S. 112.

[172] Vgl. Bericht bei Hermann, Die Vivisectionsfrage, S. 33.

[173] Report of the Royal Commission on the practice of subjecting live animals to experiments for scientific purpose; with minutes of evidence and appendix, London 1876.

[174] Bretschneider, Streit um die Vivisektion, S. 19/20; Hahn, Entwicklung des Tierschutzgedankens in Religion und Geistesgeschichte, S. 156.

Sir *James Paget* und *Lister*. Auch *Charles Darwin* betonte die Notwendigkeit des Tierexperiments. Die Kommission bemühte sich nach Anhören der medizinischen Autoritäten einerseits und der bekanntesten Vivisektionsgegner andererseits im Schlußbericht an die Königin um eine gemäßigte Haltung[175]. So drückten viele der von der Kommission befragten Wissenschaftler ihre Besorgnis über einige unnötige Quälereien in den Laboratorien aus und gaben zu, daß die Versuche in Frankreich zu weit gingen[176]. Dennoch kam die Kommission zu dem Schluß, daß eine vollständige Abschaffung der Experimente nicht in Frage käme, da diese auch einen nicht zu leugnenden Nutzen für den Menschen hätten und weil sonst die Forscher nur auf das Festland emigrieren würden, was den Tieren auch nicht nutzen würde[177].

Nach der Veröffentlichung dieses Berichts am 8. Januar 1876 wurden wieder zwei neue Gesetzesanträge formuliert.
Frances Cobbe, die vom Engagement des RSPCA enttäuscht war, hatte im November 1875 zusammen mit *George Hoggan* und *Richard Hutton* ihre eigene Anti-Vivisektions-Gesellschaft gegründet, die sich zuerst „Victoria Street Society", später dann „National Anti-Vivisection Society" nannte[178]. Diese brachte am 15. Mai mit Zustimmung der Regierung durch den *Earl of Carnarvon* einen Gesetzesantrag („A Bill to prevent cruel experiments on Animals") in das Oberhaus ein[179], der am 22. Mai 1876 seine zweite Lesung hatte[180]. Danach sollte jedes Experiment an einem Hund, einer Katze, einem Pferd, einem Esel oder einem Maultier ausgeschlossen sein. Alle anderen Tiere sollten nur nach Betäubung viviseziert werden, für alle Versuche waren Lizenzen nötig[181]. Durch den Tod seiner Mutter war der *Earl of Carnarvon* daran gehindert, seinen Gesetzesantrag zu verteidigen, trotzdem passierte er nach geringfügigen Änderungen das

---

[175] Bretschneider, Streit um die Vivisektion, S. 20.
[176] Ryder, Animal Revolution, S. 112.
[177] Ryder, Animal Revolution, S. 113.
[178] Ritvo, The Animal Estate, S. 161, eine weitere wichtige Vereinigung war die von George Jesse gegründete „Society for the Total Abolition and Utter Suppression of Vivisection". Auf übernationaler Ebene war der „Internationale Verein zur Bekämpfung der wissenschaftlichen Tierfolter" tätig.
[179] Hansard, The Parliamentary Debates, 3. Series, Vol. 229, 1876, Sp. 666.
[180] Hansard, The Parliamentary Debates, 3. Series, Vol. 229, 1876, Sp. 1001-1034. Der Antrag kam am 20. Juni nach kurzer Debatte vor das Komitee (vgl. Vol. 230, 1876, Sp. 105-128) und wurde am 27. Juni das dritte Mal gelesen (vgl. Vol. 230, 1876, Sp. 486).

Oberhaus. Die nötig gewordene Vertagung der Sache gab den Verteidigern der Vivisektion jedoch die entscheidende Zeit, um ihre Lobby zu formieren[182]. „The General Medical Council" sammelte in kürzester Zeit 3000 Unterschriften von in medizinischen Berufen Tätigen und übte Druck auf den Innenminister, *Richard Assheton Cross*, aus[183]. Professoren der Physiologie und Universitätskörperschaften trugen in persönlicher Vorstellung ihre Bedenken vor[184]. So wurde der Antrag der Vivisektionsgegner zwar am 18. Juli 1876 zur ersten Lesung ins Unterhaus eingeführt, aber nur in einer von Innenminister *Cross* modifizierten Fassung, die eher den Vorstellungen der Wissenschaftler entsprach[185]. Diese wurde am 9. August zum zweiten Mal gelesen[186] und am 12. August, nach der 3. Lesung, erlangte der Entwurf eine – allerdings schwache – Majorität[187]. An der Abstimmung zu vorgerückter Stunde beteiligten sich nur 73 Mitglieder des Hauses[188]. Das Gesetz erhielt die königliche Zustimmung am 15. August 1876. So entstand das Vivisektionsgesetz von 1876 („An Act to amend the Law relating to Cruelty to Animals", 39 und 40 Vict. cap. 77[189]), das für ganz Großbritannien galt[190].

Das Vivisektionsgesetz machte die Vornahme von Experimenten an lebenden Tieren von der Erteilung einer persönlichen Lizenz, gebunden an ein bestimmtes Institut, seitens des Staatssekretariats des Innenministeriums abhängig. Die Approbierung konnte auf bestimmte Dauer erteilt und an Bedingungen geknüpft

---

181 Ryder, Animal Revolution, S. 113.
182 French, Antivivisection and Medical Science, S. 121.
183 Ryder, Animal Revolution, S. 116.
184 Bretschneider, Streit um die Vivisektion, S. 20, French, Antivivisection and Medical Science, S. 22.
185 Hansard, The Parliamentary Debates, 3. Series, Vol. 230, 1876, Sp. 1523.
186 Hierbei kam es auch zu einer längeren Debatte, vgl. Hansard, The Parliamentary Debates, 3. Series, Vol. 231, 1876, Sp. 886-931.
187 Hansard, The Parliamentary Debates, 3. Series, Vol. 231, 1876, Sp. 1153. Am 10. August war der Antrag vor das Komitee gekommen und am 11. August erfolgte noch einmal eine Debatte im Unterhaus, vgl. Hansard, The Parliamentary Debates, 3. Series, Vol. 231, 1876, Sp. 966 und 1147-1153.
188 Bretschneider, Streit um die Vivisektion, S. 20.
189 Originaltext in: Halsbury's Statutes of England, 3. Aufl., Vol. 2, S. 221-229. Übersetzung bei Bretschneider, Streit um die Vivisektion, S. 151/152.
190 Ausführlich und umfassend zum englischen Vivisektionsstreit und besonders zur Geschichte des Gesetzes von 1876: French, Antivivisection and Medical Science, bes. S. 112-158.

werden, ein Widerruf war jederzeit möglich. Die Lizenzinhaber mußten in regelmäßigen Abständen dem Staatssekretär des Innenministeriums Berichte über ihre Versuche einreichen. Die registrierten Stellen wurden von Zeit zu Zeit von Inspektoren aufgesucht.
Schmerzhafte Experimente durften nur in der Absicht unternommen werden, durch neue Entdeckungen das physiologische Wissen oder dasjenige Wissen zu fördern, welches zur Rettung oder Verlängerung des menschlichen Lebens oder zur Linderung menschlicher Leiden nützlich ist. Das Tier mußte während des ganzen Versuchs bis zur Gefühllosigkeit narkotisiert sein, wobei die Verwendung von Curare, eines indianischen Pfeilgifts, das nicht zu einer Betäubung, sondern nur zu einer Lähmung des Versuchstieres führte, ausdrücklich ausgeschlossen wurde, und vor dem Erwachen aus der Narkose getötet werden, falls der Schmerz voraussichtlich nach dem Versuch fortdauern würde oder das Tier ernstliche Verletzungen erlitten hatte.
Versuche zur Erlangung manueller Geschicklichkeit, zur Illustration medizinischer oder sonstiger Vorlesungen und besonders die öffentliche Vorführung von Tierversuchen waren verboten.
Schließlich war die Verwendung von Hunden, Katzen, Pferden, Eseln und Maultieren ausgeschlossen.
Die für die Übertretung dieser Vorschriften angedrohte Strafe war sehr hoch, für den ersten Fall Geldstrafe bis zu 50 Pfund, für jeden folgenden bis 100 Pfund oder Gefängnis bis zu 3 Monaten.

Auf den ersten Blick schien das Gesetz die Vivisektion außerordentlich stark einzuschränken. Das war aber tatsächlich nur in bezug auf das Lizensierungsverfahren der Fall. Fast jeder der die Versuche selbst betreffenden, scheinbar außerordentlich weit gehenden Anordnungen folgte die Ausnahme auf dem Fuße.
So waren Experimente, die zur Bestätigung früherer Entdeckungen dienten, gestattet, wenn eine gesetzliche Bescheinigung beigebracht wurde, daß solche Bestätigung zur Förderung obengenannter Kenntnisse absolut notwendig sei. Auch die Betäubung und die Tötung vor dem Erwachen aus der Narkose konnten unterbleiben, wenn eine Bescheinigung vorgelegt wurde, daß sie notwendig den Zweck des Versuches vereiteln würden. Sogar Illustrationsexperimente waren gestattet, wenn bescheinigt wurde, daß sie absolut notwendig seien, damit die Lernenden physiologische oder zur Rettung bzw. Verlängerung von Menschen-

leben oder zur Linderung menschlicher Leiden nützliche Kenntnisse erlangen könnten, so daß bezüglich der Experimente nur die öffentliche Vornahme von Vivisektionen absolut verboten war. Schließlich konnten unter der Voraussetzung, daß sonst der Versuchszweck vereitelt würde und eine entsprechende Bescheinigung erteilt wurde, auch Versuche an Hunden, Katzen usw. vorgenommen werden.
Die beizubringenden Bescheinigungen mußten entweder vom Präsidenten einer der sieben im Gesetz genannten Societies und Colleges oder von einem Professor der Physiologie, Anatomie, Medizin oder Chirurgie unterschrieben sein.

Die Lizenz- und Bescheinigungserteilung oder -verweigerung war jedoch an keinerlei Vorschriften gebunden und frei widerruflich. Lediglich in der Hand der Verwaltungsbehörde lag es danach, ob überhaupt Vivisektionen vorgenommen werden konnten, ferner durch welche Personen, wo und in welchem Umfange sie geschehen durften oder ob die Vornahme derartig erschwert werden sollte, daß sie zur praktischen Unmöglichkeit wurde. Der Wert dieser sämtlichen Gebote und Verbote hing folglich lediglich von deren praktischer Handhabung durch die Innenminister ab[191]. Auch dies ist Ausdruck des von beiden Seiten ausgeübten Druckes, dem sich *Cross* durch diesen (faulen) Kompromiß zu entziehen versuchte.

Eine der bemerkenswerten Entwicklungen der Zeit nach 1876 war aber die Härte der Kontrollen der beiden ersten für die Durchführung des neuen Gesetzes zuständigen Innenminister im Rahmen der Zulassungserteilung für Wissenschaftler[192]. Der konservative *Richard Cross* verweigerte in drei Jahren sieben anerkannten Wissenschaftlern die Lizenz, der Liberale *William Harcourt* tat dies allein in seinem ersten Amtsjahr auch in sieben Fällen. Auch 13 Ausnahmebescheinigungen wurden in den Jahren 1877-1881 verweigert[193]. In der Tat lag die gesamte Zurückweisungsrate bei nahe 15 Prozent, und das hauptsächlich aus zwei Gründen: entweder weil die vorgeschlagene Untersuchung zuviel Schmerz

[191] von Hippel, Tierquälerei, S. 52/53; Bestelmeyer, Vivisektion vom strafrechtlichen Standpunkt, S. 15.
[192] Ryder, Animal Revolution, S. 111, mutmaßt, daß es der oben erwähnte Druck durch die Königin war, der die Innenminister zunächst zu diesem Vorgehen veranlaßte.
[193] Siehe zum Ganzen die tabellarischen Übersichten bei French, Antivivisection and Medical Science, S. 186/187.

hervorgerufen hätte oder weil sie für nutzlos gehalten wurde[194]. *Rudolf Virchow* beklagte am 30. April 1880 vor der Petitionskommission des deutschen Reichstags, daß in den letzten fünf Jahren keine nennenswerte physiologische Arbeit mehr in England erschienen sei. Der Vivisektionsgegner *Paul Förster* dagegen vermerkte mit größter Genugtuung, daß 1880 nach amtlichen Berichten kein Hund, kein Pferd und keine Katze zur Vivisektion verwendet worden und die Zahl der „Vivisektionsanstalten“ von 54 auf 14 gesunken sei[195].

Während der ersten fünf Jahre verdiente das Gesetz in seiner Anwendung also nicht die völlige Ablehnung, die ihm von den radikalen Antivivisektionisten entgegengebracht wurde. Diese fühlten sich betrogen, da das Gesetz die Vivisektion nicht nur nicht völlig unterband, sondern auch es den zugelassenen Vivisektoren, nun versehen mit Lizenz und Zertifikat, relativ leicht machte, weiterhin schmerzhafte Experimente vorzunehmen. Darüber hinaus war es nicht gelungen, Katzen und Hunde vollständig von der Vivisektion auszunehmen.
Aber auch einige extreme Vivisektionsbefürworter waren unzufrieden: *Hermann*[196] zufolge triumphierte „die mit der Regierung verbündete Partei der Betschwestern“. Er hielt die „Vivisektionsbill“ für „grundschlecht“, sie trage den Charakter der Gelegenheitsgesetzgebung, sei von einer schwächlichen Regierung entworfen und unter dem Druck einer momentanen Agitation zustande gekommen. Das grundsätzliche Verbot der Vornahme von Tierversuchen an Hunden und Katzen nannte er einen Gefühlsparagraphen. Die Physiologie könne nicht auf sie verzichten, weil sie die einzigen leicht zu beschaffenden fleischfressenden Säugetiere seien[197]. Am komischsten trete aber die Schwäche des Gesetzes in den Ausnahmebestimmungen hervor, in denen sämtliche rigorosen Bestimmungen wieder aufgehoben würden. Beklagt wurde darüber hinaus, daß als Folge des Gesetzes ein Denunziantentum auf akademischen Boden entstehen würde[198]. Tatsächlich berichtete *von Weber* schon 1878, eine englische Gesellschaft verspreche durch regelmäßige Zeitungsinserate allen bei der Vivisektion anwesenden Personen namhafte Geldbeträge für jede Anzeige eklatanter vivi-

[194] Ryder, Animal Revolution, S. 120.
[195] Bretschneider, Streit um die Vivisektion, S. 21.
[196] Hermann, Die Vivisectionsfrage, S. 46/47.
[197] Hermann, Die Vivisectionsfrage, S. 48; siehe auch Hahn, Entwicklung des Tierschutzgedankens in Religion und Geistesgeschichte, S. 156.
[198] Hermann, Die Vivisectionsfrage, S. 49.

sektorischer Grausamkeit[199] und unterhalte Spitzel, deren einzige Aufgabe die Aufdeckung von Verstößen gegen das neue Gesetz sei[200].

Auch aufgrund dieser extremen Gegensätze in der Bewertung des Vivisektionsgesetzes von 1876 ging der Streit um die Vivisektion weiter.
1878 lag dem Unterhaus ein neues Gesetz vor, demzufolge die Vivisektion gänzlich verboten werden sollte. Der Antrag wurde aber mit 83 gegen 222 Stimmen abgelehnt. 1879 scheiterte ein entsprechender Gesetzesantrag *Lord Truro's* mit 16 gegen 97 Stimmen im Oberhaus, während der damalige Präsident des RSPCA, *Lord Aberdare*, öffentlich erklärte, er stimme gegen den Antrag, da die RSPCA niemals die völlige Abschaffung der Vivisektion unterstützt habe[201]. Verurteilungen nach dem neuen Gesetz blieben schwierig[202]. Wohl auch deshalb gingen dem englischen Parlament bis zum 11. Januar 1877 772 Petitionen mit 145774 Unterschriften zu, die ein völliges Verbot der Vivisektion forderten. Als man aber 1884 einen ähnlichen Gesetzesantrag diskutierte, der durch 17000 Stimmen gestützt war, wurde dieser verworfen und 1892 fand die Victoria Street's Society noch nicht einmal den für das Vorlegen eines Gesetzesantrags im Parlament nötigen Fürsprecher[203], was auch daran gelegen haben mag, daß die Position der Vivisektionsgegner durch Forschungserfolge aufgrund von Tierversuchen immer mehr geschwächt wurde[204].

Entscheidend war aber, daß von 1882 an zwischen dem Innenministerium und der neu gegründeten „Association for the Advancement of Medicine by Research" (AAMR) eine heimliche Verbindung bestand, die dadurch zustande kam, daß der damalige Innenminister, Sir *William Harcourt*, eines der Mitglieder der „AAMR", Sir *William Jenner*, bat, ein Gutachten über einen Fall möglicher Tierquälerei durch Vivisektion zu erstellen[205]. In der Folgezeit konnten die Wissenschaftler im Endeffekt die Umsetzung des Vivisektionsgesetzes selbst kon-

---

[199] Bretschneider, Streit um die Vivisektion, S. 20/21.
[200] Bretschneider, Streit um die Vivisektion, S. 21.
[201] Vgl. Niven, History of the Humane Movement, S. 84.
[202] Ryder, Animal Revolution, S. 120.
[203] Bretschneider, Streit um die Vivisektion, S. 22.
[204] Ritvo, The Animal Estate, S. 162.
[205] Ryder, Animal Revolution, S. 120; siehe auch French, Antivivisection and Medical Science, S. 206/207.

trollieren[206]. Das führte dazu, daß die Anzahl der Lizenzerteilungen von 42 im Jahre 1882 auf 638 für 1913 wuchs[207].

Am Anfang des 20. Jahrhunderts war die Anti-Vivisektionsbewegung schließlich ihrer vorherigen Durchschlagskraft vollends beraubt, was darauf zurückzuführen ist, daß sie sich auf zwei großen Kongressen, die 1909 abgehalten wurden, in eine gemäßigte und eine radikale Richtung aufspaltete[208]. Die gemäßigte Richtung fand ihre Heimat in der RSPCA. Die Vorliebe der radikalen Vivisektionsgegner für emotionale Appelle und kompromißlose Haltungen aber trennte sie vom Hauptstrom der Anhänger der Humanitätsbewegung, die die RSPCA dominierten. Die Bedeutung der Tierquälerei wurde von beiden Gruppen unterschiedlich gewertet. Beide Seiten sahen den Mißbrauch von Tieren als einen Indikator für das Schlimmste in der menschlichen Natur an und daher als etwas sehr Gefährliches für die menschliche Gemeinschaft. Aber sie unterschieden sich in ihrer Beurteilung der Natur dieser Bedrohung. Die RSPCA fürchtete soziales Chaos und sah deshalb Grausamkeit gegen Tiere als das störende Verhalten der gewöhnlichen Leute an, das die größte Herausforderung für die Entwicklung und den Fortschritt der kultivierten, aufgeklärten, weltgewandten englischen Gesellschaft darstellte[209]. Die Vivisektionsgegner wiederum sahen die größte Gefahr gerade in diesem Fortschritt, ihr Feind war die Wissenschaft selbst[210].

Das Scheitern einer effektiven Anti-Vivisektionsgesetzgebung zeigte auch einen teilweisen Mißerfolg der Humanitätsbewegung auf. Die Wissenschaftler, von denen sich nicht wenige selbst als Verfechter der Humanitäts-Ideale ansahen, hatten sich rechtzeitig organisiert und es erreicht, daß ihre Aktivitäten nicht der gleichen Beaufsichtigung unterworfen wurden, wie sie für Mitglieder der Arbeiterklasse für richtig gehalten wurde, deren berufliche Tätigkeit sie in ähnlicher Weise dazu brachte, Tieren Schmerzen zu bereiten. Daß viele Mitglieder

---

[206] Dies stellte sich bei der Überprüfung der Durchführung des Vivisektionsgesetzes durch die Zweite Königliche Kommission bezüglich der Vivisektion von 1906 bis 1912 heraus, vgl. Ryder, Animal Revolution, S. 141.
[207] French, Antivivisection and Medical Science, S. 208.
[208] Ritvo, The Animal Estate, S. 162; Ryder, Animal Revolution, S. 141.
[209] Ritvo, The Animal Estate, S. 162.
[210] Ritvo, The Animal Estate, S. 163.

der RSPCA mit dieser Haltung sympathisierten, beweist die Schnelligkeit, mit der die Gesellschaft die Vivisektionsdebatte hinter sich brachte und wieder zu ihrer vorherigen Hauptbeschäftigung, der Verfolgung von Grausamkeiten, die durch Angehörige der Arbeiterklasse begangen wurden, zurückkehrte[211].

H. Die englischen Tierschutzgesetze von 1900 bis 1933

Bis 1900 waren nur Haustiere geschützt. Erst durch die "Wild Animals in Captivity Protection Act" vom 6. August 1900[212] (63 und 64 Vict. cap. 33), die nicht für Schottland galt, wurde der Schutz auf die gefangengehaltenen wilden Tiere ausgedehnt[213]. Darunter verstand das Gesetz jedes Tier, das gefangen oder zu irgend einem Zwecke eingeschlossen oder verstümmelt oder auf andere Weise so behandelt wurde, daß es nicht mehr entfliehen konnte, mit Einschluß von Vögeln, Fischen und Reptilien[214]. Nach *de Montmorency*[215] machte die große Anzahl von Wanderzirkussen, in denen die Tiere mit besonderer Grausamkeit behandelt wurden, dieses Gesetz nötig[216].

---

[211] Ritvo, The Animal Estate, S. 161. Damit einher ging eine Verklärung des Wissenschaftlers an sich, die sich in der allgemeinen Auffassung ausdrückte, „scientists knew best", vgl. Ryder, Animal Revolution, S. 120. Vivisektion wurde ein Symbol für Fortschritt, Nüchternheit und praktische Veranlagung. Die Wissenschaft bezeichnete sich selbst stolz als die Antithese zu sentimentalem, verweichlichtem Gefühl und zum Aberglauben, vgl. Ryder, Animal Revolution, S. 155.

[212] Zur Entstehungsgeschichte des Gesetzes: Hansard, The Parliamentary Debates, 4. Series: 1. Lesung im Unterhaus am 25. Mai 1900 (Vol. 83, 1900, Sp. 1307), 2. Lesung am 14. Juni (Vol. 84, 1900, Sp. 127), 3. Lesung am 20. Juni (Vol. 84, 1900, Sp. 571). 1. Lesung im Oberhaus am 21. Juni (Vol. 84, 1900, Sp. 577), 2. Lesung und Debatte am 9. Juli (Vol. 85, 1900, Sp. 926-928), 3. Lesung am 26. Juli 1900 (Vol. 86, 1900, Sp. 1284).

[213] Altwegg, Der rechtliche Schutz der Tiere, S. 86; Hahn, Entwicklung des Tierschutzgedankens in Religion und Geistesgeschichte, S. 156; Lehner, Tierschutz und Gesetz, S. 33.

[214] Altwegg, Der rechtliche Schutz der Tiere, S. 86. Diese Neuerung ist nach Ansicht von Kohler, GA, Bd. 60, 1913, S. 3, der Einwirkung des amerikanischen Rechts, das „any living creature" schützte, zu verdanken.

[215] de Montmorency, State Protection of Animals, Law Quarterly Review, S. 31 (39).

[216] Vgl. auch Ryder, Animal Revolution, S. 136. Am 30. Juni 1925 wurde ein Gesetz verabschiedet („An Act to regulate the Exhibition and Training of Performing Animals", 15 und 16 Geo. V cap. 38, Originaltext in: Halsbury's Statutes of England, 3. Aufl., Vol. 2, S. 240-244), wonach sich Zirkustiertrainer zwar registrieren lassen mußten und örtlichen Behörden der Zutritt zum Trainingsgelände gestattet wurde, das Vebot quälenden Zubehörs aber nicht erreicht wurde. Die RSPCA, wie so oft, war durch individuelle Rücksichten, in diesem Fall auf

Das Gesetz verbot, durch mutwilliges oder unverständiges Handeln oder Unterlassen solchen Tieren unnötige Leiden zu verursachen oder sie grausam zu mißbrauchen, wütend zu machen oder zu erschrecken oder eine solche Behandlung zu gestatten. Zur größeren Rechtssicherheit wurden auch diejenigen Handlungen genannt, die als erlaubte Mißhandlung zu gelten hatten. Danach fand das Gesetz keine Anwendung, wenn die Verwertung des Tieres zur Nahrung bezweckt war, ebensowenig auf die durch die Akte von 1876 geregelten Fälle der Vivisektion[217], die Freiheit der Jagd war gewährleistet, aber gefangengehaltene Tiere mußten unverletzt der Freiheit übergeben werden, bevor die Jagd auf sie losgehen durfte[218]. Wer Tierfallen einrichtete, hatte die Pflicht, diese wenigstens einmal täglich zu überprüfen, um die gefangenen Tiere nicht allzu lange leiden zu lassen.

Bestraft wurde nicht nur derjenige, der Tiere grausam behandelte, sondern auch der Eigentümer, der es duldete, daß seinem Tiere unnötige Qualen bereitet wurden, und jeder, der an der Quälerei irgendwie beteiligt war[219]. Die Strafe war Gefängnis (mit oder ohne harte Arbeit) bis zu drei Monaten oder Geldstrafe bis zu fünf Pfund.

Bemerkenswert ist weiterhin eine Reihe polizeilicher und prozessualer Bestimmungen. So war es der Polizei erlaubt, unrettbar verlorene Tiere schlachten zu lassen, wenn es eine Grausamkeit gewesen wäre, sie länger leben zu lassen, wenn möglich nach vorhergehender tierärztlicher Untersuchung, in dringenden Fällen aber auch ohne solche. Der Zustand des Tieres brauchte nicht von einer strafbaren Quälerei herzurühren; es genügte, daß es wünschbar erschien, ihm ein Ende zu machen. Der Richter war befugt, unabhängig von der Bestrafung, ein Tier seinem Herrn zu enteignen, wenn er zu der Überzeugung gelangt war, daß es vor weiteren Quälereien durch den Täter nicht verschont bleiben würde. Ferner sollte er alle geeigneten Maßnahmen zur Linderung der Leiden des Tieres treffen.

Lord Lonsdale, den Präsidenten des „Mills Circus“, daran gehindert, sich hier stärker einzusetzen, vgl. Ryder, Animal Revolution, S. 137.

[217] Eine zweite Königliche Kommission hatte sich in der Zeit von 1906 bis 1911 mit der Überprüfung der Praxis und der Durchführung des Vivisektionsgesetzes beschäftigt, vgl. Ryder, Animal Revolution, S. 140, was jedoch zu keinen Änderungen führte.

[218] Altwegg, Der rechtliche Schutz der Tiere, S. 87; von Hippel, Vergl. Darst., S. 252/253; Schick, Tierquälerei in der deutschen Strafgesetzgebung, S. 30.

[219] Altwegg, Der rechtliche Schutz der Tiere, S. 86.

Dieses erweiterte Gesetz kann als erstes ethisches Tierschutzgesetz betrachtet werden, da das Tier allgemein und nicht nur das nützliche oder liebgewonnene Haustier um seiner selbst willen geschützt wurde[220].

Alle früheren Bestimmungen gingen schließlich über in die "Protection of Animals Act" vom 18. August 1911[221](1 und 2 Geo 5 cap. 27; „An Act to consolidate, amend, and extend certain enactments relating to Animals and to Knakkers; and to make further provisions with respect thereto“[222]), die von Sir *George Greenwood*[223] und Reverend *W. E. Brown*[224] am 15. Februar 1911 vor das Parlament gebracht wurde und am 1. Januar 1912 in Kraft trat. Dieses Gesetz galt auch für Irland, nicht aber für Schottland.
Durch die umfassende, die alten Bestimmungen konsolidierende und wiederholende Neuregelung in diesem Gesetz wurden die älteren Gesetze von 1849, 1854 und 1900 aufgehoben. Die Vivisektionsgesetzgebung blieb auf dem Stand von 1876[225]. Die verschiedenen bisherigen Ge- und Verbote wurden wiederholt. Nunmehr genossen praktisch alle Tiere weitgehenden Gesetzesschutz[226]. Neu war das Verbot der Zuführung einer giftigen oder schädlichen Droge oder Substanz ohne vernünftigen Grund[227]. Auch die Strafandrohung wurde erhöht: Das

---

[220] Baving, Übersicht über Tierschutzbestimmungen in 16 europäischen Staaten, S. 8; Zerbel, Tierschutz im Kaiserreich, S. 43.
[221] Zur Entstehungsgeschichte des Gesetzes: Hansard, The Parliamentary Debates, 5. Series: 1. Lesung im Unterhaus am 15. Februar 1911 (Vol. 21, 1911, Sp. 1063), 2. Lesung am 8. März (Vol. 22, 1911, Sp. 1345), 3. Lesung und Debatte am 30. Juni (Vol. 27, 1911, Sp. 741-764). 1. Lesung im Oberhaus (Vol. 9, 1911, Sp. 6), 2. Lesung (Vol. 9, 1911, Sp. 495), 3. Lesung (Vol. 9, 1911, Sp. 982)[seit 1911 werden die Debatten des Unter- und des Oberhauses in getrennten Bänden aufgeführt].
[222] Originaltext in: Halsbury's Statutes of England, 4. Aufl., Vol. 2, S. 196-206. Übersetzung abgedruckt bei Kohler, GA, Bd. 60, 1913, S. 3-11.
[223] Greenwood war Abgeordneter der Liberalen für Petersborough von 1906 bis 1918.
[224] Da Brown nicht gegen die Jagd war und um zu große Opposition gegen das Gesetz zu vermeiden, stellte schon der Antrag klar, daß „Tiersportarten“ wie Jagd, Fischerei und Pferderennen von dem Gesetz nicht erfaßt würden.
[225] Bretschneider, Streit um die Vivisektion, S. 24; Kohler, GA, Bd. 60, 1913, S. 3; Schick, Tierquälerei in der deutschen Strafgesetzgebung, S. 30.
[226] Kohler, GA, Bd. 60, 1913, S. 3 (5), wies aber darauf hin, daß jemand, der zur Vertilgung von Ratten Löcher verstopft, so daß diese vor Hunger sterben, nach diesem Gesetz wohl nicht bestraft werden würde, da man „Getier in dieser Lage“ wohl kaum als „captive animal“ bezeichnen könne. Andererseits wurden die bis dahin erlaubten Rattenkämpfe erst durch das Gesetz von 1911 verboten, vgl. Ryder, Animal Revolution, S. 99.
[227] Harrison, Tiermaschinen, S. 186.

Gesetz sah nun Geldstrafe bis zu fünfundzwanzig Pfund oder Gefängnis bis zu sechs Monaten (nach Ergänzungsgesetz 1912 bis zu drei Monaten oder mit beidem) vor. Zu den Strafbestimmungen traten wiederum zivilrechtliche und polizeiliche Normierungen, die teilweise auf das frühere Recht zurückgingen. So wurde die Tötungsbefugnis der Polizeibehörden und die Enteignungsbefugnis der Richter weiter fortgeschrieben. Eine interessante Bestimmung des Gesetzes war die Aufstellung einer Exhibitionspflicht. Der Eigentümer war verpflichtet, den Kutscher oder Lenker des Tieres zu bezeichnen und zur Stelle zu schaffen, aber auch das Tier beizubringen, damit der verletzende Akt festgestellt werden konnte.
Wie auch in allen früheren Gesetzen wurde in diesem Gesetz „Quälerei" niemals exakt definiert, wodurch der Auslegung ein weiter Spielraum gelassen war[228]. Auf die beginnende Massentierhaltung wurde dieses Gesetz z.B. nicht angewandt.

In den Folgejahren ist das englische Tierschutzgesetz von 1911 mehrfach geändert worden durch folgende Gesetze: Protection of Animals Act (1911) Amendment Act vom 13. Dezember 1912[229] (2 und 3 Geo. V cap. 17; „An Act to amend the Protection of Animals Act, 1911, in respect of its Imprisonment Penalty"[230]), wonach die Strafen reduziert wurden[231], Protection of Animals Act (1911) Amendement Act vom 1. Juli 1921[232] (11 und 12 Geo. V cap. 14; „An Act to amend the Protection of Animals Act, 1911"[233]), wodurch die Hetzjagd auf Kaninchen verhindert werden sollte, Protection of Animals (Amendement)

[228] Harrison, Tiermaschinen, S. 188.
[229] Zur Entstehungsgeschichte des Gesetzes: Hansard, The Parliamentary Debates, 5. Series: Der Gesetzesantrag wurde durch George Greenwood eingebracht. 1. Lesung im Unterhaus am 15. Juli 1912 (Vol. 41, 1912, Sp. 5), 2. Lesung am 18. Juli (Vol. 41, 1912, Sp. 651/652), 3. Lesung am 6. August 1912 (Vol. 41, 1912, Sp. 3137).
[230] Originaltext in: Halsbury's Statutes of England, 3. Aufl., Vol. 2, S. 239.
[231] Dieses Gesetz wurde später wieder außer Kraft gesetzt.
[232] Zur Entstehungsgeschichte des Gesetzes: Hansard, The Parliamentary Debates, 5. Series: Der Gesetzesantrag wurde durch Colonel Arthur Murray eingebracht. 1. Lesung im Unterhaus am 9. März 1921 (Vol. 139, 1921, Sp. 455), 2. Lesung am 19. April (Vol. 140, 1921, Sp. 1842), 3. Lesung am 6. Juni (Vol. 142, 1921, Sp. 1660). 1. Lesung im Oberhaus am 7. Juni (Vol. 45, 1921, Sp. 464), 2. Lesung am 14. Juni (Vol. 45, 1921, Sp. 526), 3. Lesung am 21.6.1921 (Vol. 45, 1921, Sp. 657).
[233] Originaltext in: Halsbury's Statutes of England, 4. Aufl., Vol. 2, S. 207.

Act vom 22. Dezember 1927[234] (17 und 18 Geo. V cap. 27; „An Act to amend the Protection of Animals Act, 1911"[235]) und Protection of Animals Act vom 17. Mai 1934[236] (24 und 25 Geo. V cap. 11; „An Act to provide further Protection to certain Animals"[237]), das Rodeo-Shows verbot. Das nächste Tierschutzgesetz wurde erst 1954 erlassen. Bemerkenswert ist, daß am 18. Mai 1933 ein Gesetz speziell gegen Hundequälerei erlassen wurde („An Act to enable courts to disqualify for keeping dogs persons convicted of cruelty to them", 23 und 24 Geo. V cap. 17[238]).

I. Zusammenfassung

Die englische Tierschutzgesetzgebung ist die älteste der Welt. Sie kann als richtungweisend für die Tierschutzgesetze fast aller europäischen Länder angesehen werden. England war die führende Tierschutznation des 19. und beginnenden 20. Jahrhunderts. Für die Entwicklung des englischen Tierschutzes war die Rolle der RSPCA entscheidend. Die Haltung und Tätigkeit der RSPCA wiederum wurde bis ca. 1900 maßgeblich durch das englische Königshaus und den Adel, später durch das wohlhabende Bürgertum beeinflußt. Diese Beeinflussung führte aber auch zu einer Selbstbeschränkung der in der RSPCA organisierten Tierschützer, die besonders in der Vivisektionsdebatte äußerst hinderlich war. So hat die RSPCA gegen die Tiersportarten der höheren Gesellschaftsschichten

---

[234] Zur Entstehungsgeschichte des Gesetzes: Hansard, The Parliamentary Debates, 5. Series: Der Gesetzesantrag wurde durch Major Alan McLean eingebracht. 1. Lesung im Unterhaus am 11. Februar 1927 (Vol. 202, 1927, Sp. 441/442), 2. Lesung und Debatte am 13. Mai, wobei es um das Auslegen von Gift und die Frage ging, welche Tiere davon betroffen sein sollten (Vol. 206, 1927, Sp. 850-865), 3. Lesung am 24. und 30. Juni (Vol. 207, 1927, Sp. 2281/2282 und Vol. 208, 1927, Sp. 540). 1. Lesung im Oberhaus am 30. Juni (Vol. 68, 1927, Sp. 1), 2. Lesung am 19. Juli (Vol. 68, 1927, Sp. 646/647), 3. Lesung am 28. Juli 1927 (Vol. 68, 1927, Sp. 955).

[235] Originaltext in: Halsbury's Statutes of England, 4. Aufl., Vol. 2, S. 214.

[236] Zur Entstehungsgeschichte des Gesetzes: Hansard, The Parliamentary Debates, 5. Series: Der Gesetzesantrag wurde von Sir Robert Gower eingebracht. 1. Lesung im Unterhaus am 5. März 1934 (Vol. 286, 1934, Sp. 1531), 2. Lesung und Debatte am 13. April (Vol. 288, 1934, Sp. 670-684), 3. Lesung am 20. April (Vol. 288, 1934, Sp. 1310). 1. Lesung im Oberhaus am 24. April (Vol. 91, 1934, Sp. 700), 2. Lesung am 3. Mai (Vol. 91, 1934, Sp. 1087-1090), 3. Lesung am 15. Mai (Vol. 92, 1934, Sp. 421/422).

[237] Originaltext in: Halsbury's Statutes of England, 4. Aufl., Vol. 2, S. 221-223.

[238] Originaltext in: Halsbury's Statutes of England, 3. Aufl., Vol. 2, S. 245/246.

nie ernsthaft Widerstand geleistet[239], die Debatte über die Fuchsjagd dauert bis heute an.

Ein Blick auf die Gesetze zeigt, daß, historisch-chronologisch gesehen, der Schutz sich in vier großen Schritten vollzog. Zuerst nur für eine kleine Gruppe von Haustieren, dann für alle Tiere, mit denen der Mensch täglich umgeht oder die er eingesperrt hält, weiter für seltene oder gefährdete Arten und schließlich für alle Säugetiere. Der erste Schutz gründete sich auf das Wohlverhalten der Tiere, der zweite auf den Nutzen, den der Mensch aus den Tieren zog. Der dritte Schutz erfolgt, um eine Ausrottung der Art zu verhindern. Erst im vierten Fall geht es wirklich um Tierschutz im engeren Sinne (altruistischen, ethischen Tierschutz)[240].

---

[239] 1926 war die RSPCA so vorsichtig in dieser Hinsicht, daß sie ein Vermächtnis von 10000 Pfund, das an die Opposition gegen Tiersportarten geknüpft war, nicht annahm, vgl. Ryder, Animal Reviolution, S. 135.

[240] Vgl. Stevenson, Animals and the scope of anti-cruelty legislation, The Juridical Review, Heft 1, 1997, S. 12 (15).

3. Teil: Die Geschichte der Tierschutzgesetzgebung in Deutschland

A. Die Entwicklung des Tierschutzgedankens in Religion, Philosophie und Rechtstheorie

Die Geschichte des Tierschutzes im allgemeinen und des Rechtsschutzes für Tiere im besonderen ist eingebettet in die historische Entwicklung des Verhältnisses zwischen Mensch und Tierwelt, der Einstellung von Mensch und Gesellschaft zum Tier. Die Einstellung des Menschen zum Tier und die daraus folgende Behandlung des Tieres hängt von der geistigen und zivilisatorischen Entwicklungsstufe des Menschen sowie von den, nach Kulturkreis und Epoche unterschiedlichen, materiellen wie ideellen Kulturbedingungen ab. Bei den ideellen Kulturbedingungen, die auch die Entwicklung des Rechtsschutzes für Tiere – positiv wie negativ – bestimmt haben, spielen insbesondere die tierbezogenen religiösen, philosophischen und rechtstheoretischen Lehren eine wichtige Rolle[241].
Hier sollen die Lehren untersucht werden, die im deutschsprachigen Kulturkreis von Einfluß waren.

Die Religionen haben seit jeher auch Vorschriften für den Umgang des Menschen mit den Tieren aufgestellt. Uns interessieren hier nur die Vorschriften des Judentums und der christlichen Religion.
Die jüdische Religionslehre spiegelt sich im Alten Testament wider. Danach hat der Mensch kraft göttlichen Auftrags einerseits das Recht, sich die Erde untertan zu machen und über alles Getier zu herrschen (1. Mose, 1, 28), andererseits steht er aber in der Pflicht, sich als Gerechter seines Viehes zu erbarmen (Sprüche Salomons 12, 10), nicht mit wesensfremden Tieren – wie Ochs und Esel – zu ackern (5. Mose, 22, 10), auch den Tieren am siebenten Wochentag Ruhe zu gewähren (2. Mose, 20, 10) sowie für des Nächsten, sogar des Feindes, Ochsen und Esel zu sorgen, damit diese nicht unter Lasten zusammenbrechen oder vom Weg abirren (2. Mose, 23, 4-5; 5. Mose, 22, 4). Das neue Testament schreibt die Idee der Tierschonung und Tierfreundlichkeit fort und die christliche Lehre be-

[241] Vgl. Erbel, DVBl. 1986, S. 1235 (1240).

ruht ebenfalls auf der alttestamentarischen Grundidee einer gottgebenen, schonungsvoll auszuübenden menschlichen Lehnsherrschaft über die Tierwelt.

Die klassische Philosophie des Altertums propagierte die Wesensungleichheit von Mensch und Tier (Dualismus). In der Antike gab es aber sowohl positive Vordenker des Tierschutzes als auch Denker mit tierschutzwidrigen Ideologien. Zu den ersteren gehörten *Pythagoras*, *Empedokles*, *Theophrastus*, *Plutarch*, *Cato* und *Ulpian*, zu den letzteren *Aristoteles* und *Origines*[242].
Die Frage nach dem Verhältnis des Menschen zum Tier tauchte dann erst wieder ab dem Ende des 16. Jahrhunderts in den Gedankengebäuden der europäischen Philosophen auf. Hier sind auf seiten der Vertreter tierschutzfreundlicher Thesen insbesondere *Immanuel Kant*, *Arthur Schopenhauer*, *Karl Christian Friedrich Krause* und *Eduard von Hartmann* zu nennen.

Kant wandte sich zwar um der Erhaltung der zwischenmenschlichen Moralität willen gegen die gewaltsame und grausame Behandlung der Tiere, er gestand den Tieren jedoch keine Rechte zu. Für *Kant* war der entscheidende Unterschied zwischen Menschen und Tieren die Gabe der Vernunft, die den Menschen zu einem verpflichtungsfähigen Wesen mache[243]. Da aber allein der Mensch aktiv und passiv verpflichtungsfähig sei, könne er auch nur Pflichten gegen sich selbst haben, stelle er sich dennoch Pflichten gegen andere Wesen vor, so geschehe dies nur, weil er seine Pflicht in Ansehung anderer Wesen mit einer Pflicht gegen diese Wesen verwechsele[244]. Gegen diese Pflicht „in Ansehung des leben-

---

[242] Vgl. zur Entwicklung des Tierschutzes in Religion und Geistesgeschichte die Ausführungen von Bregenzer, Thier-Ethik, S. 56-64, 184-191; Hahn, Entwicklung des Tierschutzgedankens in Religion und Geistesgeschichte, S. 18-119; Erbel, DVBl. 1986, S. 1235 (1241/1242).

[243] Kant, Anthropologie in pragmatischer Hinsicht, Bd. 7, Teil 2, S. 11. Die Frage, ob ein Tier subjektiver Rechte fähig sein könne, ist jedoch nicht neu, sie reicht weit in die Ideengeschichte des Tierschutzes zurück.Schon der Epikuräer Hermachos hatte auf die Unfähigkeit der Tiere, mit dem Menschen Verträge zu schließen, verwiesen und Rechte der Tiere gegen den Menschen mit dem Argument des Unvermögens der Tiere zur eigenständigen, aktiven Beteiligung am Rechtsleben abgelehnt. Dieser Einwand, Tiere könnten, weil sie keiner vernünftigen Willensbildung und keiner erkennbaren rechtserheblichen Artikulation ihres (instinkthaften) Willens oder etwaiger eigener Interessen fähig seien, auch keine Rechtsträger sein, und deshalb gebe es kein Tierrecht im Sinne eines subjektiven Rechts, tauchte auch später immer wieder auf.

[244] Kant, Metaphysische Anfangsgründe der Tugendlehre § 16, S. 106/107. Ähnlicher Ansicht war Leo Weber, Der strafrechtliche Schutz der Tiere, S. 5. Er folgerte: „Gegen die, welche keine Rechte haben, bestehen keine Pflichten“ und stimmte Carl Georg von Wächter zu, der

den, obgleich vernunftlosen Teils der Geschöpfe“ verstoße die Tierquälerei aber in höchstem Maße, „weil dadurch das Mitgefühl an ihrem Leiden im Menschen abgestumpft, und folglich eine der Moralität, im Verhältnis zu anderen Menschen, sehr diensame natürliche Anlage geschwächt und nach und nach ausgetilgt“[245] werde.

Gegen diese Äußerungen *Kants* wandte sich *Schopenhauer*: „Also bloß zur Übung soll man mit Tieren Mitleid haben, und sie sind gleichsam das pathologische Phantom zur Übung des Mitleids mit Menschen. Ich finde ... solche Sätze empörend und abscheulich“[246]. *Schopenhauer* behauptete, daß das Mitleid die einzige moralische Triebfeder sei, die sich als die echte dadurch bewähre, daß sie auch die Tiere in ihren Schutz nähme, für welche in den anderen europäischen Moralsystemen so unverantwortlich schlecht gesorgt sei. „Die vermeintliche Rechtlosigkeit der Tiere, der Wahn, daß unser Handeln gegen sie ohne moralische Bedeutung sei, oder, wie es in der Sprache jener Moral heißt, daß es gegen Tiere keine Pflichten gäbe,“ sei „eine empörende Roheit und Barbarei“[247]. *Schopenhauer* betonte die metaphysische Identität aller Lebewesen auf Grund des Willens[248]. Zwar bezeichnete auch er die Vernunft als die einzige Fähigkeit, die den Menschen vom Tiere trennt, das Wesen beider aber liege im Willen, die Vernunft sei etwas Hinzugekommenes[249]. Infolge dieser Wesensgleichheit sei das Verhalten des Menschen gegen die Tiere auch an sich von sittlicher Bedeutung, Grausamkeit gegen sie verstoße als solche gegen das oberste, moralische Prinzip des Mitleids, wobei unmittelbarer Gegenstand der moralischen Pflicht das Tier und nicht der Mensch sei[250].

---

die Tierquälerei als „Verletzung eines rechtlosen Wesens“ bezeichnete, vgl. Wächter, Vorlesungen, § 70, S. 193.

[245] Kant, Metaphysische Anfangsgründe der Tugendlehre, § 17, S. 108.

[246] Schopenhauer, Grundlage der Moral, § 8, S. 60.

[247] Schopenhauer, Grundlage der Moral, § 8, S. 136.

[248] Schopenhauer, Parerga et Paralipomena, Bd. 5, Teil 2, S. 443.

[249] Schopenhauer, Parerga et Paralipomena, Bd. 5, Teil 2, S. 444.

[250] Schopenhauer, Parerga et Paralipomena, Bd. 5, Teil 2, S. 440, Fn.: „Die Tierschutzgesellschaften ... brauchen noch immer das schlechte Argument, daß Grausamkeit gegen Tiere zu Grausamkeit gegen Menschen führe – als ob bloß der Mensch ein unmittelbarer Gegenstand der moralischen Pflicht wäre, das Tier bloß ein mittelbarer, an sich eine bloße Sache! Pfui!“

Aus diesen Äußerungen *Kants* und *Schopenhauers* wird ersichtlich, daß beide über die Existenz eines Tierrechtes im moralischen Sinne stritten. Die Anerkennung eines solchen moralischen Rechts der Tiere auf Wohlbefinden, Schmerzlosigkeit und Nahrung befürwortete auch der Philosoph *Karl Christian Friedrich Krause*[251]. *Garbs* vertrat sogar die These, Tiere hätten, als Geschöpfe Gottes, einen Rechtsanspruch auf Leben und Wohlbefinden[252]. *Sturm*[253] war der Ansicht, daß aus dem Fehlen eines privatrechtlichen Verpflichtungsverhältnisses durchaus nicht folge, daß es kein Recht des Tieres auf Schutz um seiner selbst willen geben könne, denn das öffentliche Recht reiche weiter als das Privatrecht.

Trotz dieser teilweise leidenschaftlich vorgetragenen Appelle stimmten die tatsächlichen Gegebenheiten jedoch eher mit den dem Tierschutz hinderlichen Ansichten von *Thomas Hobbes*, *René Descartes* und *Baruch de Spinoza* überein. *Descartes* degradierte Tiere zu gefühl- und seelenlosen Reflexautomaten, zu Maschinen, *Spinoza* redete einer schrankenlosen, auf Macht beruhenden Herrschaft des Menschen über die Tiere das Wort und billigte dem Menschen das Recht zu, Tiere so zu behandeln, wie es ihm am besten passe und *Hobbes* sprach den Tieren, weil sie als vernunft- und sprachlose Wesen keine Verträge schließen könnten, die Rechtsfähigkeit ab[254].

Auch Recht und Rechtstheorie spiegeln in ihrer historischen Entwicklung die unterschiedlichen menschlichen Einstellungen zum Tier wider. Die rechtliche Einordnung des Tieres schwankte zwischen „Sache“ und schutzberechtigtem Lebewesen bzw. zwischen Schutzgut aus menschlichem Interesse und Wert an sich.

Die römischen Juristen stellten in den „Ädilizischen Edikten“ (367 vor Chr.) Tiere als Gegenstände des Rechtsverkehrs den „Sachen“ gleich, qualifizierten sie also als „Objekte“ der Rechtsordnung[255]. Diese Rechtsstatusbestimmung der Tiere – die infolge der Rezeption des römischen Rechts durch das deutsche auch in unsere Rechtsordnung einging – bedeutete allerdings nach dem damaligen

[251] Krause, System der Rechtsphilosophie, S. 73, 244 ff.
[252] Garbs, Das Tier und sein Recht, S. 58 und 117.
[253] Sturm, Das Recht der Tiere, S. 68.
[254] Vgl. hierzu Bregenzer, Thier-Ethik, S. 193-197 und Erbel, DVBl. 1986, S. 1235 (1242).

Stand der Rechtsentwicklung keine Abwertung der Tiere und auch keine Reduzierung ihres Schutzes. Sie war vielmehr der erste, wenn auch bescheidene Schritt zur Einbettung der Tiere in die Schutzzone des Rechts. Zuvor nämlich hatten sie ganz außerhalb der Rechtsordnung gestanden. Die Edikte räumten ihnen immerhin die Rechtsstellung und den Rechtsschutz ein, die damals Sklaven zustanden. Im Eigentum von Menschen stehende Tiere erhielten also reflexmäßig Schutz vor unerlaubter Fremdbeeinträchtigung[256].

Dies deckt sich mit den Erkenntnissen, die *Julius Friedrich Abegg* 1829 in seiner Abhandlung „Ueber die Bestrafung der Mißhandlung von Thieren"[257] gewann. *Abegg* zitiert eine Stelle aus dem vorjustinianischen Recht[258], die sich dann auch im Justinianischen Codex[259] wiederfindet. Danach war der Gebrauch eines zum Treiben von Tieren geeigneten Werkzeugs lediglich auf eine Peitsche, ohne den Stachel, beschränkt. Die Übertretung des Gesetzes war nicht Gegenstand einer strafrechtlichen Untersuchung, sondern wurde nach freiem Ermessen der vorgesetzten Verwaltungsbeamten geahndet. Da diese Vorschrift aber nicht den Eigentümer zur Schonung des eigenen Tieres verpflichtete, sondern nur sicherstellen sollte, daß die zum öffentlichen Dienst auf öffentliche Kosten gelieferten Tiere weder durch Mißhandlungen, noch durch eine übermäßige Anstrengung verdorben würden, kam *Abegg* zu dem Schluß, „daß hier keineswegs der Standpunkt einer Schonung des Thieres, aus Rücksichten der Menschlichkeit

---

255 Erbel, DVBl. 1986, S. 1235 (1244).

256 Erbel, DVBl. 1986, S. 1235 (1244). Die römisch-rechtliche „Versächlichung" des Tieres war gleichwohl, in ihren geistesgeschichtlichen Aus- und Nachwirkungen, eine Idee, die geeignet war, tierschutzabträgliche Einstellungen und Lehren zu nähren und zu stützen. Darüber hinaus war die zivilrechtliche Qualifizierung der Tiere als Sachen der Entwicklung des Tierschutzgedankens insofern hinderlich, als daß die weithin verbreitete Auffassung von der Berechtigung des Menschen zur freien und ungestörten Nutzung des Eigentums am Tier mit diesem Tierschutzgedanken häufig kollidierte. So erwähnte Wächter noch 1825 die Beschädigung fremder Tiere unter dem Titel „Beschädigung und Zerstörung fremder Sachen", vgl. Wächter, Lehrbuch, Teil 2, S. 361.

257 Abegg, Neues Archiv des Criminalrechts, Bd.12, 1832, S. 620 ff. Obwohl Abegg den Aufsatz schon 1829 geschrieben hatte, wurde dieser erst 1832 veröffentlicht, was der Verfasser darauf zurückführte, daß er den Artikel aus Breslau zum Druck nach Halle gesandt hatte, jedoch die Zeitschrift in Heidelberg redigiert wurde, vgl. Abegg, Neues Archiv des Criminalrechts, Bd. 14, 1834, S. 93 (94/95).

258 Codex Theodosianus 8, 5, 2 (439 n.Chr.).

259 Codex Justinianus 12, 50, 1.

und der Vermeidung eines rohen Benehmens, sondern der des Staatsinteresses vorwaltet"[260].

Auch im Mittelalter gab es, abgesehen von jagdlichen Schonzeitbestimmungen, keine Vorschriften, die den Schutz des Tieres bezweckten. Die ersten, auf Tiere Bezug nehmenden Rechtsnormen im deutschen Kulturraum wurden zwar in verschiedenen germanischen Volksrechten hervorgebracht. So setzte die Lex Salica (zwischen 453 und 486 n. Chr. entstanden) für das Töten fremder Tiere eine Buße in Höhe der sog. „Knechtsbuße" fest[261], der Schwabenspiegel (1275) drohte für die Entwendung eines Beizvogels aus seinem Nest die Strafe des Handabhauens an[262] und der Sachsenspiegel (1220-1235) auferlegte dem, der absichtlich ein (nicht eßbares) Tier tötete, eine Ersatzgeldleistung und daneben eine Buße[263]. Als besonders strafwürdige Verbrechen wies das germanische Recht die Viehschändung durch Tierverstümmelung und den Pferdediebstahl aus; letzteres Delikt wurde mit dem Tode bestraft. Weder der Sachsen- noch der Schwabenspiegel, weder die Bambergische Halsgerichtsordnung von 1507, noch die Peinliche Halsgerichtsordnung Kaiser Karls V. (Constituito Criminalis Carolina, „CCC") vom Jahre 1532, die bis zum Anfang des 19. Jahrhunderts die Quelle des Strafrechts der deutschen Staaten bildete, enthielten aber eine Strafdrohung wegen Tiermißhandlung an sich[264]. Die germanischen Tiervorschriften zielten vielmehr in erster Linie auf den Schutz des am Tier bestehenden Eigentums als Vermögens- und Nutzwert ab, daneben möglicherweise noch auf den Schutz des Tiereigentümers vor persönlicher Kränkung (so z.B. bei den Strafvorschriften gegen Tierverstümmelungen, weil nicht selten Ohren und Hörner als Träger der Eigentumsmarken betroffen waren)[265]. Die Tiere erfuhren daher nur in denjenigen Fällen einen gewissen Schutz durch Polizeiverordnungen oder -verfügungen, in denen zufällig das materielle Interesse des Menschen an den

---

260 Abegg, Neues Archiv des Criminalrechts, Bd. 12, 1832, S. 620 (627). Dem schloß sich der Königliche Geheime Oberfinanzrat von Tenspolde in einem im September 1838 vor der Berliner Humanitätsgesellschaft gehaltenen Vortrag an, vgl. Geh. StA Berlin-Dahlem, Rep. 84 a, Nr. 5213, Bl. 5-10.

261 Hahn, Entwicklung des Tierschutzgedankens in Religion und Geistesgeschichte, S. 32.

262 Hahn, Entwicklung des Tierschutzgedankens in Religion und Geistesgeschichte, S. 34.

263 Hahn, Entwicklung des Tierschutzgedankens in Religion und Geistesgeschichte, S. 34.

264 Schäfer, Die geschichtliche Entwicklung des Tierschutzes, S. 12; May, Rundschau auf dem Gebiet der Fleischbeschau, 1933, S. 81 (83).

265 Erbel, DVBl. 1986, S. 1235 (1244).

Tieren mit der Förderung und Sicherung des Tierlebens übereinstimmte[266]. Die von *Gustav Schäfer* angeführte Verordnung[267] des Rats zu Köln aus dem Jahre 1417, die „das Fangen der Nachtigallen und Jagen der Kaninchen in Hag und Hecken bei Gefängnis in einem der Stadttürme und Geldstrafe bis zu vierzig kölnischen Mark" verbot[268], machte hiervon ebensowenig eine Ausnahme, wie die von *Walcker* zitierte „Verordnung aus der Mitte des 16. Jahrhunderts"[269], derzufolge in Berlin Tierquäler an den Pranger gestellt worden sein sollten. Auch hier dürfte noch nicht der Gedanke des ethischen Tierschutzes oder des Naturschutzes maßgebend gewesen sein[270], sondern wohl eher anthropozentrische Gesichtspunkte[271]. Außerdem handelte es sich nur um den Schutz einzelner Arten, nicht aber der Tiere allgemein.

In der strafrechtlichen Literatur befaßte sich zuerst *Augustin Leyser* in dem 1718 veröffentlichten ersten Band seiner „Meditationes ad pandectas"[272] mit der Tierquälerei. *Leyser* verwies auf *Johann Schilters* Handbuch der Moralphilosophie „Manudictio philosophiae moralis ad veram non simulatam Jurisprudentiam" von 1676 und eine ältere Jenaer Dissertation von *Meekius* „De officio hominis erga naturam inferiorem" und machte auf das Fehlen von Tierschutzvorschriften in den Strafgesetzen aufmerksam[273].

---

266 Wiegand, Verstöße gegen § 17 TierSchG, S. 28; Gebele von Waldstein, Tierschutz im Recht, S. 4. So z.B. bei der Verordnung zum Schutze der Insekten vertilgenden Vögel aus dem Jahre 1837, vgl. Allerhöchste Verordnung Ludwigs des Zweiten, Großherzog von Hessen und bei Rhein vom 7. April 1837, in: Großherzoglich Hessisches Regierungsblatt vom 21. April 1837, Nr. 23.

267 Schäfer, Die geschichtliche Entwicklung des Tierschutzes, S. 12, ohne Quellenangabe; vgl. Kupka, Tierquälerei mit besonderer Rücksicht auf die lex ferenda, S. 11; Adolph, Schutz des Tieres im Deutschen Recht, S. 3 und Schick, Tierquälerei in der deutschen Strafgesetzgebung, S. 10.

268 An diese Verordnung anknüpfend stellt Charles David Niven, History of the Humane Movement, S. 98/99, die Pionierrolle Englands in Frage, indem er sagt: „Altogether Germany, without any formal law and without any animal protection society had gone far further than England had by 1822." Seine Argumentation kann aber nicht überzeugen, da sie sich nur auf diesen Einzelfall stützt.

269 Walcker, Tierschutz und Tierquälerei, S. 15, leider auch ohne exakte Quellenangabe.

270 So aber Adolph, Schutz des Tieres im Deutschen Strafrecht, S. 3.

271 Erbel, DVBl. 1986, S. 1235 (1247); vgl. auch Schick, Tierquälerei in der deutschen Strafgesetzgebung, S. 10.

272 Leyser, Meditationes ad pandectas, Vol. I, spec. 3, V., S. 27.

273 Juchem, Entwicklung des Tierschutzes, S. 40.

Leyser wies darauf hin, daß die Tierquälerei zwar im positiven göttlichen Recht verboten, im positiven Strafrecht der Länder aber nicht unter Strafe gestellt sei. Er erwähnt als Vorschriften des göttlichen Rechts die oben genannten Bibelstellen. Nach der mittelalterlichen, zu Beginn des 18. Jahrhunderts noch anerkannten Auffassung konnte auch das positive göttliche Recht Grundlage eines strafrechtlichen Erkenntnisses sein[274]. Die Tierquälerei ist jedoch, soweit ersichtlich, nicht aufgrund des positiven göttlichen Rechts bestraft worden.

Völlig straflos blieb die Tierquälerei im 18. Jahrhundert dennoch nicht. Zum einen fiel der „Tierschutz" zunächst in den Aufgabenbereich der Verwaltungsbehörden. Aufgrund der sehr verbreiteten Annahme, die Verwaltungsbehörden seien an positive gesetzliche Bestimmungen überhaupt nicht gebunden, gingen diese deshalb ohne weiteres, das heißt ohne gesetzliche Grundlage, polizeilich gegen die Tierquälerei vor[275].

Zum anderen wurde die Tierquälerei vereinzelt auch gerichtlich bestraft, obwohl das positive göttliche Recht nicht mehr als Grundlage eines strafrechtlichen Urteils angesehen wurde und strafrechtliche Bestimmungen fehlten[276]. In den Jahren 1765 und 1766 wandte die Leipziger Juristenfakultät den Digestentitel „de criminibus extraordinariis"[277], der dem Richter bei an sich strafwürdigen Tatbeständen die Möglichkeit zur Bestrafung gab, wenn das Gesetz keine Strafe vorsah, und der zur Bestrafung mit einer „poena arbitraria" führte, auf die Tierquälerei an. Die beiden Tatbestände und Erkenntnisse sind 1769 von dem Leipziger

---

274 von Hippel, Deutsches Strafrecht, Bd. 1, S. 232, Anm. 2, und das dort genannte Responsum der Tübinger Juristenfakultät von 1695.

275 von Hippel, Tierquälerei, S. 2. Nach Beckers, Tierquälerei als rechtswidrige und strafbare Handlung, S. 6, ist die Bedeutung dieses polizeilichen Vorgehens dabei weniger in der Bestrafung der Tierquäler zu sehen, als in der Verbreitung und Festigung des Tierschutzgedankens in der Bevölkerung.

276 Bregenzer, Thier-Ethik, S. 180, berichtet sogar von einer Verurteilung schon aus dem Jahre 1684. Danach soll in Sagan (Preußen) ein Mann, der sein Pferd durch Schläge und Stiche roh mißhandelt hatte, mit zweitägiger Ausstellung am Schandpfahl und 25 Talern Geldbuße bestraft worden sein. Erbel, DVBl. 1986, S. 1235 (1245), ist der Ansicht, diese Aburteilung sei tierschutzgerichtlich besonders bedeutsam, weil sie den ersten rechtsgeschichtlichen Beleg für einen Schutz des Tieres vor seinem Eigentümer darstelle und somit das Aufkommen einer neuen, sich von dem Kriterium der rechtswidrigen Eigentumsverletzung ablösenden Tierschutzidee signalisiere.

277 Eingehend über diesen Digestentitel 47, 11 „de criminibus extraordinariis" von Hippel, Deutsches Strafrecht, Bd. 1, S. 236 ff.

Kichenrechtler *Karl Ferdinand Hommel* überliefert worden[278]. In dem einen Fall hatte der Angeklagte der Kuh seines Nachbarn die Zunge zur Hälfte herausgeschnitten. Er wurde zu vier Wochen Gefängnis verurteilt. In dem anderen Fall hatte ein Kutscher die Pferde seines Dienstherren derart angetrieben und geschlagen, daß sie später an Erschöpfung eingingen. Er wurde zu zwölf Tagen Gefängnis und Erstattung der Unkosten verurteilt. *Hommel*, der seit 1756 Mitglied der Leipziger Juristenfakultät[279] und ein großer Tierfreund war[280], wirkte bei der Verurteilung der Tierquäler selbst mit[281]; zur Begründung der ersten Verurteilung führte er aus, die Tat sei „als eine ahndungswürdige Bosheit an sich zu betrachten" und der Täter wegen „seines an dem Viehe verübten grausamen Beginnens" zu bestrafen[282].

Hommel erkannte die herrschende naturrechtliche Ansicht, daß der Mensch keine Pflichten gegenüber dem Tier habe, nicht an. Er hielt den Ausgangspunkt dieser Lehre, daß der Pflicht stets ein Recht korrespondieren müsse und deshalb gegenüber den Tieren, die kein Recht besäßen, auch keine Pflicht bestehen könne, für falsch. Seiner Ansicht nach bestand vielmehr eine sittlich-religiöse Pflicht gegenüber Gott, der die Welt mit allen Lebewesen erschaffen habe, um diesen ein Dasein in Glück und Harmonie zu gewähren[283]. Hier machte sich bei *Hommel* der Einfluß des Pietisten *Christian Gerber* bemerkbar, der schon zuvor eine solche Pflicht anerkannt hatte[284]. Diese Pflicht bestehe unter anderem darin, das Quälen und Mißhandeln der Tiere zu unterlassen. Unnötige Tierquälerei erscheine als Sünde, denn „es lieget am hellen Tage, daß Gott die frevelhaften Zerstörer seiner Meisterstücke hasse, hingegen ihm gefällig sei, wenn man sich gegen die Tiere, ebenso wie gegen die Menschen, barmherzig erweise"[285]. Damit war *Hommel* der erste juristische Autor, der die Idee des Tierschutzes recht-

---

[278] Hommel, Rhapsodia, Observatio 256.

[279] von Zahn, Hommel als Strafrechtsphilosoph, S. 18.

[280] Polley, Die Lehre vom gerechten Strafmaß bei Hommel, S. 21.

[281] Vgl. Hommel, Rhapsodia, Observatio 256, Nr. 6 und Nr. 10: „nos dictavimus".

[282] Hommel, Rhapsodia, Observatio 256, Nr. 9.

[283] Ebenso äußerte sich von Ammon, der es als die Pflicht des Menschen gegen Gott bezeichnete, sich bei der Behandlung der Tiere weise und vernünftig zu verhalten, vgl. von Ammon, in: von Ehrenstein, Schild und Waffen, S. 88.

[284] Hommel teilte selbst die betreffende Stelle aus Gerbers Werk „Derer unerkannten Sünden" (Kap. 26) mit.

[285] Hommel, Rhapsodia, Observatio 256, Nr. 13.

lich festschreiben wollte[286]. *Hommel* sah die Tierquälerei aber nicht nur als unmoralisch, sondern auch als strafbar an, was sich seiner Ansicht nach durch die gefährliche Gesinnung des Tierquälers, die ihn unter Umständen auch zu ähnlichen Handlungen gegen Menschen verleiten könnte, rechtfertigte[287]. Er stellte die These auf: „Wer an Pein und Marter des Viehs Vergnügen findet, von dem kannst du sicher glauben, daß er mit eben der Wollust auch Menschen zerfleischen würde, wenn ihn Gesetz, Gewohnheit und Strafe nicht hinderten"[288], und verwies auf die überlieferte Verurteilung eines athenischen Knaben zum Tode, der einem Vogel die Augen ausgestochen hatte, woraus gefolgert wurde, aus ihm könne kein nützliches Mitglied der Gesellschaft mehr werden[289]. Als Strafe schlug er wiederum eine „poena arbitraria" vor. Auf diesen christlichen Glaubensstandpunkt hatte *Hommel* schon zuvor in einer anonym veröffentlichten Schrift „Einfälle und Begebenheiten" aus dem Jahre 1760 abgestellt[290]. Ihm folgten später *Dann*[291], *Knapp*[292], und *von Ehrenstein*[293].

Johann Heinrich Eichholz sprach 1805 ebenfalls von Pflichten des Menschen gegen die Tiere, „besonders gegen die uns zunächst umgebenden, unschädlichen"[294], und schlug für den Umgang des Menschen mit den Tieren die Einhaltung folgender Regeln vor[295]: „Daß der Mensch sich immer bestreben solle, die Hausthiere, die ihm dienen, mit gütiger Nachsicht, mit ordentlichem Zureden zu

---

[286] Erbel, DVBl. 1986, S. 1235 (1241), bezeichnet Hommel sogar als den geistigen Vater der späteren europäischen Rechtsschutzentwicklung.

[287] Tatsächlich listet die spätere kriminalwissenschaftliche Literatur nicht wenige Fälle auf, in denen frühere Tierquäler zu sadistischen Menschenquälern wurden oder bestialische Verbrechen an Menschen von rohester Tierquälerei begleitet wurden, vgl. Krumbiegel, Tierquälerei – Ein Weg in den Abgrund, S. 55 ff. und 139 ff., mit umfangreichem Fallmaterial.

[288] Hommel, Rhapsodia, Observatio, 256 Nr. 16.

[289] Hommel, Rhapsodia, Observatio 256, Nr. 12.

[290] Juchem, Entwicklung des Tierschutzes, S. 41, Fn. 13.

[291] Dann, Bitte der armen Thiere, S. 1-4.

[292] Knapp, Aufsatz im Schwäbischen Merkur vom Februar 1837, zit. nach: von Ehrenstein, Schild und Waffen, S. 154-164.

[293] Von Ehrenstein, Schild und Waffen, S. 43 und S. 7/8: „Ist erst einmal die Stimme des Mitleids erstickt, so ist damit zugleich auch der Keim zu allem Guten erstickt. Der dem Mitgefühl entfremdete, seiner Würde entkleidete Mensch ist zu jedem Vergehen fähig und schreitet allmählig von Verbrechen zu Verbrechen". „Denn wer bei dem Martern eines hülflosen Tieres kein Mitleid empfindet, der hat auch kein Mitgefühl für menschliches Leid und achtet weder Sitte noch Recht".

[294] Eichholz, Einige Winke über Aufklärung und Humanität, S. 12.

[295] Eichholz, Einige Winke über Aufklärung und Humanität, S. 125-127.

behandeln und gleichsam zurecht zu weisen, wenn sie ihm nicht gleich folgsam seyn wollen. Der Mensch ist verpflichtet, die Arbeiten des Thiers im Verhältnis mit seinen Kräften zu bestimmen, und es nicht durch unmäßige Arbeiten, die er ihm auferlegt, zu erschöpfen und abzumatten. Der Mensch ist verpflichtet, für den nöthigen Unterhalt, der Hausthiere, die in seinem Dienste sind, oder die er bei sich aufgenommen, zu sorgen, und sie nicht über die Maßen Hunger leiden zu lassen, wie ich oft gesehen habe, daß es bei Hunden geschah. In dem Falle, wenn er nicht auch zugleich für ihren Unterhalt sorgen will, sollte er sie lieber gleich tödten. Ist er in dem Falle, ein Thier zu seinem Gebrauche schlachten zu müssen, so geschehe es, ohne ihm muthwilliger Weise seine Schmerzen, indem es mit dem Tode ringt, noch zu vermehren, oder es vorher, als eine Creatur, die, zum Tode bestimmt, nun keiner Achtung oder Schonung mehr verdiene, Mißhandlungen erdulden zu lassen, die vielleicht noch schmerzhafter sind, als der Tod selbst." Daß die verrohende und abstumpfende Wirkung der Tiermißhandlung schon im Altertum befürchtet wurde, belegte *Eichholz* mit einem Vers des *Ovid*[296] „Primoque e caede ferarum / Incaluisse putes maculatum sanguine ferrum.", den er folgendermaßen übersetzte: „Ich glaube, daß die Gewohnheit, das Blut der Tiere fließen zu sehen, den Menschen so verwegen macht, sein Eisen zuletzt in das des Menschen zu tauchen."[297] Anders als *Hommel* verknüpfte *Eichholz* aber die von ihm aufgestellten Regeln noch nicht mit einer entsprechenden Strafe. Damit befand er sich im Einklang mit der Ende des 18. und Anfang des 19. Jahrhunderts unter den Juristen herrschenden Theorie, wonach das Wesen des Verbrechens in einer Verletzung subjektiver Rechte bestand, und, da solcher Rechte nur Menschen fähig seien, der Angriff auf andere Objekte wohl mißbilligt werden könne, ein strafrechtliches Einschreiten dagegen aber für unlogisch gehalten wurde[298].

In der Strafrechtswissenschaft nahm jedoch im Verlaufe des 19. Jahrhunderts die Anzahl derer immer mehr zu, die die Tierquälerei als unsittlich ansahen.

[296] Ovid, Metamorphosen, Bd. 3, Buch 15, Zeilen 106/107.
[297] Eichholz, Einige Winke über Aufklärung und Humanität, S. 107. Auch Otto Seehaus machte sich 1896 darauf einen Reim: „Wen eines Tieres Qual erfreut, / Der wird, das kann nicht fehlen, / Kalt und gefühllos mit der Zeit / Gewiß auch Menschen quälen.", vgl. Seehaus, Tierschutz und Tierquälerei, S. 28.
[298] Vgl. von Hippel, Tierquälerei, S. 111.

Hier sind in erster Linie *Abegg*[299], *von Mohl*[300], *von Strombeck*[301] und *Mittermaier*[302] zu nennen.

Im Mittelalter hatte man Recht und Sittlichkeit nicht voneinander unterschieden. Erst später wurde versucht, Recht und Sittlichkeit gegeneinander abzugrenzen. Allmählich gelangte man zu der Erkenntnis, daß eine unsittliche Handlung noch nicht strafbar zu sein braucht. Während manche Schriftsteller dem unsittlichen Verhalten im Rahmen des Strafrechts gar keine Bedeutung beimaßen, wurde von anderen Autoren anerkannt, daß die Frage, ob ein Verhalten unsittlich sei, auch im Strafrecht von Bedeutung sein könne. Wenn die Tierquälerei allgemein als verwerflich und unsittlich betrachtet wurde, so konnte das auch im Strafrecht nicht unbeachtet bleiben.

Um 1800 führte die herrschende Meinung die Trennung von Recht und Sittlichkeit konsequent durch. Als Verbrechen galten nur Eingriffe in ein Recht, aber nicht Angriffe auf die Sittlichkeit. Diese Ansicht, die von den meisten namhaften Juristen der damaligen Zeit geteilt wurde[303], fand ihren Hauptvertreter in *Kleinschrod. Kleinschrod* sah als Verbrechen an, „einen solchen Angriff gegen die dem Menschen angeborenen Rechte ..., welchen die positiven Gesetze unter einer Strafe verboten haben“, wobei ein Strafgesetz nur solche Tatbestände enthalten dürfe, die eine Rechtsverletzung unter Strafe stellten[304].

Im Jahre 1823 wandte nun *Henke*[305] diese Auffassung vom Verbrechen auf den Tatbestand der Tierquälerei an, mit den Worten: „Da Rechtsverhältnisse nur zwischen menschlichen Wesen bestehen, zum Begriffe eines Verbrechens aber eine Rechtsverletzung vorausgesetzt wird, so folgt, daß nur ein menschliches

---

[299] Abegg, Neues Archiv des Criminalrechts Bd. 12, 1832, S. 620 (622, Fn. 3) und Abegg, Archiv des Criminalrechts, Neue Folge 1851, S. 104.
[300] von Mohl, Archiv des Criminalrechts, Neue Folge, Beilageheft 1840, S. 73/74.
[301] von Strombeck, Entwurf eines Strafgesetzbuchs für Staatsgebiete des Deutschen Bundes, S. 47.
[302] Mittermaier, Über den neuesten Zustand der Criminalgesetzgebung, S. 173.
[303] Henke, Handbuch des Criminalrechts, Teil 1, S. 186, Anm. 4, bringt eine ausführliche Zusammenstellung der zeitgenössischen Autoren, die die Auffassung teilen, das Verbrechen setze eine Rechtsverletzung voraus.
[304] Kleinschrod, Systematische Entwicklung der Grundbegriffe, Teil 1, § 1, S. 8/9.

Wesen Gegenstand eines Verbrechens sein könne. Ausgeschlossen von den möglichen Gegenständen der Verbrechen ist also a) die Gottheit, ... b) Ebensowenig können Tiere der Gegenstand von Rechtsverletzungen und von Verbrechen sein. Die Bestrafung der Mißhandlungen von Tieren überhaupt, ..., hängt mit religiösen Vorstellungen zusammen, wodurch sie allein gerechtfertigt werden kann. Denn wenn auch, ..., die Mißhandlung von Tieren, wenn sie zur Sitte geworden, notwendig eine nachteiligen Einfluß auf den Charakter des Volkes übt, so wird doch diesem Übel nicht sowohl durch Bestrafung als durch Belehrung entgegengewirkt werden können."

Die Ansicht, daß nur Rechtsverletzungen als Verbrechen bestraft werden können und in den Strafgesetzen nur Rechtsverletzungen enthalten sein dürfen, blieb nach wie vor herrschend. Jedoch setzte sich seit etwa 1830 in steigendem Maße die Auffassung durch, daß hierbei der Begriff des Rechts in weiterem Sinne als bisher zu verstehen sei. Man nahm an, daß eine Rechtsverletzung auch in dem schlechten Beispiel bestehen könne, das eine unsittliche Handlung auf einen Anwesenden ausübt, da auch das schlechte Beispiel einen Eingriff in die Rechtssphäre eines anderen darstelle[306]. *Abegg* bejahte von diesem Standpunkt aus die Bestrafung der Tierquälerei[307], *von Strombeck* war grundsätzlich der gleichen Auffassung, lehnte eine Bestrafung aber dennoch ab, da die Tierquälerei nicht in einem solchen Maße unsittlich sei, daß eine Bestrafung gerechtfertigt sei[308]. *Mittermaier* schließlich war der Ansicht, daß zwar auch ein unsittliches Verhalten bestraft werden könne, dies aber nicht unbedingt geschehen müsse. Die Tierquälerei sah er zwar als unsittlich, nicht aber als strafbar an, da dies nicht der Bevölkerungsmeinung entspreche[309].

Es zeigt sich also, daß die Ansicht, die Tierquälerei könne strafrechtlich verfolgt werden, in der Strafrechtstheorie um 1830 nur selten vertreten wurde. Die Vertreter der *Kleinschrodschen* Auffassung vom Verbrechen konnten die Tierquäle-

---

[305] Henke, Handbuch des Criminalrechts, Teil 1, S. 200-202. In Bezug auf die Tierquälerei ist hier auch von der Henke'schen Theorie die Rede.

[306] von Droste-Hülshoff, Neues Archiv des Criminalrechts, Bd. 9, 1827, S. 600 (616).

[307] Abegg, Neues Archiv des Criminalrechts, Bd. 12, 1832, S. 620 (622).

[308] von Strombeck, Entwurf eines Strafgesetzbuchs für Gebiete des Deutschen Bundes, auf den S. 46/47.

[309] Mittermaier, Über den neuesten Zustand der Criminalgesetzgebung, S. 173.

rei mit *Henke* nicht als Verbrechen ansehen; die Vertreter der neueren Ansicht, die den Begriff der Rechtsverletzung in weiterem Sinne auffaßten, und die von der *Kleinschrodschen* Meinung abweichenden Schriftsteller haben die Tierquälerei nur zum Teil als strafbar angesehen.

Außer den strafbaren Handlungen, die vom Richter abgeurteilt wurden, gab es aber in der ersten Hälfte des 19. Jahrhunderts noch sogenannte Polizeivergehen, für deren Bestrafung die Polizei zuständig war. Bei den Polizeivergehen handelte es sich ebenso wie bei den Verbrechen und Vergehen um Handlungen und Unterlassungen, „die jeder als unerlaubt von selbst erkennen kann“[310]. Ursprünglich wurden auch Tatbestände als Polizeivergehen bestraft, die eine Rechtsverletzung enthielten[311], was mit der oben erwähnten Auffassung von der Allzuständigkeit der Verwaltungsbehörden zusammenhing, später setzte sich die Auffassung durch, daß die strafbaren Rechtsverletzungen nicht als Polizeivergehen bestraft werden können[312]. Als Polizeivergehen wurden nur noch solche Handlungen angesehen, die einen nachteiligen Einfluß auf die Allgemeinheit ausübten oder ein Recht eines einzelnen oder des Staates gefährdeten, ohne aber zu einer Rechtsverletzung zu führen[313].
Die Ansicht, daß die Tierquälerei ein Polizeivergehen darstelle, wurde in der Strafrechtstheorie oft vertreten. *Roßhirt* sah die Tierquälerei als einen der Tatbestände an, bei dem kein Zweifel bestehen könne, daß er ein Polizeivergehen sei[314]. *Komitsch*[315] und *von Mohl*[316] hielten es gleichfalls für zweckmäßig, die Tierquälerei als Polizeivergehen zu bestrafen.
Dementsprechend erfolgte in den Ländern, die neben allgemeinen Strafgesetzbüchern auch Polizeistrafgesetzbücher erlassen hatten, zumeist eine Einordnung der Tierquälerei in diese Polizeigesetzbücher.

---

[310] Roßhirt, Neues Archiv des Criminalrechts, Bd. 12, 1832, S. 290 (298).
[311] Vgl. von Grolman, Grundsätze der Criminalrechtswissenschaft, S. 411 (§ 365).
[312] Cucumus, Neues Archiv des Criminalrechts, Bd. 7, 1825, S. 120 (123) und S. 230 (259); Roßhirt, Neues Archiv des Criminalrechts, Bd. 12, 1832, S. 290 (304/305).
[313] von Grolman, Grundsätze der Criminalrechtswissenschaft, S. 411 (§ 365).
[314] Roßhirt, Neues Archiv des Criminalrechts, Bd. 12, 1832, S. 290 (313).
[315] Komitsch, Hitzigs Zeitschrift, Bd. 20, Heft 39, 1832, S. 194 (196/197).
[316] von Mohl, Das württembergische Polizei-Strafgesetz, S. 73.

B. Der Tierschutz in den deutschen Partikularrechten bis 1870/71

1. Sachsen

Von den deutschen Partikularstaaten war Sachsen der erste Staat, der eine Strafbestimmung gegen Tierquälerei in ein Gesetz aufnahm.

Den Anfang machten die *Stübel'schen*[317] Entwürfe des Kriminalgesetzbuchs für das Königreich Sachsen von 1821[318] und 1824. Unter der Überschrift „Von den Vergehen gegen die Sicherheit und Sittenpolizei"[319] regelte der Entwurf folgendes:

„§ 930: Es ist nicht erlaubt, Tiere zu mißhandeln, sollten sie sich auch in jemandes Eigentum nicht befinden.

§ 931: Einer Mißhandlung der Tiere machen sich diejenigen schuldig,

1. welche einem Tiere, das sie in ihrem Besitz haben, die zu dessen Erhaltung nötige Abwartung versagen, oder
2. ein Tier zu ihrem Gebrauche, ohne dringende Not, über die Kräfte desselben anstrengen, oder
3. eines Tieres sich auf eine für dasselbe qualvolle Art bemächtigen, oder
4. ein Tier auf eine solche Art umbringen, da sie doch ohne diese Qualen desselben habhaft werden oder solches töten konnten, oder
5. ein Tier bei irgend einer anderen Gelegenheit oder zu irgend einem anderen Zwecke martern.

§ 932: Dergleichen Mißhandlungen der Tiere haben Gefängnisstrafen bis zu sechs Wochen zur Folge".

---

[317] Es ist fraglich, ob Stübel selbst die erste Anregung zur Bestrafung der Tierquälerei gegeben hat. Der sächsische Entwurf von 1821 ist ursprünglich von einer Kommission, der auch Stübel angehörte, bearbeitet worden; später wurde Stübel mit der Fertigstellung des Entwurfs beauftragt. Es ist deshalb möglich, daß die erste Anregung zur Bestrafung der Tierquälerei von anderer Seite gekommen ist, zumal Stübel auch in seinen juristischen Schriften nicht theoretisch zum Tatbestand der Tierquälerei Stellung genommen hat, vgl. Juchem, Entwicklung des Tierschutzes, S. 47, Fn. 55. Gebele von Waldstein, Tierschutz im Recht, S. 7, nennt den sächsischen Domherrn Günther, Ordinarius der juristischen Fakultät von Leipzig, den geistigen Vater des Entwurfes.

[318] Der Entwurf ist nicht gedruckt worden. Er wird hier zitiert nach Abegg, Neues Archiv des Criminalrechts Bd. 12, 1832, S. 620 (636-638) und von Hippel, Tierquälerei, S. 2/3. Leider sind auch keine Motive zu diesem Entwurf auffindbar gewesen.

[319] Diese Überschrift deutet darauf hin, daß die Tiermißhandlung hier als Polizeivergehen bestraft werden sollte.

Der unter Strafe gestellte Tatbestand wurde in Art. 930 als „Tiermißhandlung“ bezeichnet. *Stübel* sah die „Mißhandlung“ als Oberbegriff von „mißhandeln“ und „quälen“, welches er „martern“ nannte[320]. Eine Legaldefinition erläuterte, was unter „Mißhandlung“ zu verstehen sei. Diese Vorgehensweise erklärt sich wohl dadurch, daß der Begriff der Tierquälerei im einzelnen noch nicht geklärt war und deshalb eine genauere Umschreibung des Tatbestandes im Interesse der Rechtssicherheit lag[321]. Auf Grund der kasuistischen Form, des Inhalts und der Entstehungszeit, ist aber auch eine Beeinflussung durch das englische Recht nicht auszuschließen.

Aus Art. 930 ergibt sich bereits, daß die Tiere um ihrer selbst willen und nicht mit Rücksicht auf menschliche Herrschaftsrechte geschützt werden sollten. Mit aller Deutlichkeit ist dieser Gedanke noch einmal in Art. 931 Nr. 1 ausgesprochen. Denn hiernach sollte sich auch derjenige, der ein Tier nur in Besitz hatte, strafbar machen. Ebenfalls sehr weitgehend für diesen ersten Vorschlag in der strafrechtlichen Tierschutzgesetzgebung ist, daß der Tatbestand des Art. 931 Nr. 1 bereits ein echtes Unterlassungsdelikt darstellte. Art. 931 Nr. 2 enthielt mit der Formulierung „ohne dringende Not“ einen Strafausschließungsgrund. *Stübel* erkannte hiermit an, daß unter Umständen menschliche Bedürfnisse Vorrang haben sollten und der Tierschutz bei Kollisionen mit berechtigten menschlichen Interessen zurücktreten mußte. Art. 931 Nr. 5 schließlich stellte einen umfassenden Auffangtatbestand dar. Das Motiv, sei es Mutwille, sadistische Veranlagung oder Eigennutz, war – im Gegensatz zu vielen späteren Gesetzen – unbeachtlich. Nach dem Wortlaut der Art. 930-932 war ihr Schutzobjekt die körperliche Unversehrtheit des Tieres.

Hieran störte sich 1832 in seiner Besprechung des Entwurfs *Abegg*, der die Ansicht vertrat, man könne nur die „öffentlich und zum allgemeinen Anstoß verübten Grausamkeiten ahnden“[322], denn amtliche Nachforschung oder Anzeigen

[320] Vgl. Juchem, Entwicklung des Tierschutzes, S. 47, Fn. 57. Auch der von Hommel verwandte Begriff „cruiciare“ konnte sowohl „quälen“, wie auch „martern“ bedeuten, vgl. Juchem, Entwicklung des Tierschutzes, S. 48, Fn. 61.
[321] Vgl. Juchem, Entwicklung des Tierschutzes, S. 47.
[322] Abegg, Neues Archiv des Criminalrechts Bd. 12, 1832, S. 620 (639, Fn. 21). Zwei Jahre später hob Abegg wiederum die Erregung öffentlichen Ärgernisses, die Verletzung des sittli-

von Familien- oder Hausangehörigen würden „größere Uebel stiften, als die sind, denen durch die Strafe entgegengewirkt werden soll.“[323] Daß aber grundsätzlich – entgegen der *Henke'schen* Theorie – eine wie in den *Stübel'schen* Entwürfen vorgeschlagene strafrechtliche Ahndung der Tiermißhandlung durchaus möglich sei, begründete *Abegg* damit, daß der „bisher ziemlich allgemein angenommene Grundsatz, daß nur eigentliche Verletzungen von Rechten Gegenstand der Bestrafung sein dürften, ... in neuerer Zeit, wenn auch nicht aufgegeben, doch sehr schwankend geworden“[324] sei. Da der Staat „nicht bloß eine Rechtsanstalt“ sei, dürfe das staatliche Strafrecht auch nicht nur die Rechtsverletzungen im herkömmlichen Sinne ahnden, sondern müsse auch Handlungen, die ein anderes Gebiet verletzen, z.B. das der Sitte oder der Religion, mit einbeziehen[325]. Dies sei auch bei Verbrechen gegen die Religion, deren Berechtigung bis dahin nicht anerkannt worden sei, geschehen, indem versucht worden sei, „auf künstliche Weise einen juristischen Gesichtspunkt zu entdecken, wonach eine Bestrafung derselben, die längst Statt fand, gerechtfertigt werden sollte“[326], teilweise mit kuriosen Resultaten. Auch fehle es nicht an Strafbestimmungen in neueren Gesetzgebungen, bei denen die Verletzung eines Rechts einer anderen Person nicht nachgewiesen werden könne, z.B. bei der Sodomie, wo also sicher der Verstoß gegen die Sittlichkeit der Grund der Ahndung sei. In anderen Fällen, in denen sich eine eigentliche Rechtsverletzung nicht erkennen ließ, habe sich der Gesetzgeber damit beholfen, daß er „den polizeilichen Gesichtspunkt unterlegte und wieder hervorhob“[327].

Trotz der Schwierigkeit, eine Grenze zwischen notwendiger und unnötiger Schmerzzufügung zu ziehen, sprach sich *Abegg* für die Notwendigkeit einer Strafvorschrift aus, wollte diese aber – unter Hinweis auf den Zusammenhang

---

chen Gefühls anderer – „quia est res mali exempli“ – als Rechtsgrund der Bestrafung hervor, vgl. Abegg, Neues Archiv des Criminalrechts, Bd. 14, 1834, S. 93 (97).

[323] Abegg, Neues Archiv des Criminalrechts, Bd. 12, 1832, S. 620 (639, Fn. 21).

[324] Abegg, Neues Archiv des Criminalrechts, Bd. 12, 1832, S. 620 (620).

[325] Das erkennt im Prinzip auch von Strombeck, Entwurf eines Strafgesetzbuchs für Staatsgebiete des Deutschen Bundes, S. 47, an, gibt aber zu bedenken, daß die Bestimmung einer Grenze der Strafbarkeit Schwierigkeiten bereiten könne, worin ihm Abegg und Knapp beipflichten, vgl. Abegg, Neues Archiv des Criminalrechts, Bd. 12, 1832, S. 620 (638, Fn. 21); Knapp, Artikel im Schwäbischen Merkur vom Februar 1837, zit. nach von Ehrenstein, Schild und Waffen, S. 154-164.

[326] Abegg, Neues Archiv des Criminalrechts, Bd. 12, 1832, S. 620 (622, Fn. 3).

[327] Abegg, Neues Archiv des Criminalrechts, Bd. 12, 1832, S. 620 (623).

zwischen jugendlicher Tierquälerei und späterer Menschenquälerei[328] – von frühzeitiger Erziehung und Unterricht durch Eltern, Lehrer und Geistliche begleitet wissen[329].

Unmittelbare praktische Bedeutung gewannen die Vorschläge *Stübels* nicht, denn sein Tod (1828) führte zur Ausarbeitung eines neuen Entwurfs durch den Geh. Oberjustizrat *Gross*, welcher keine Strafbestimmungen gegen Tierquälerei enthielt.

Erst in den ständischen Deputationen kam es am 10. März 1836 auf Antrag des Domherrn *Karl Friedrich Günther*[330] zur Einschaltung folgenden Artikels[331]: „Boshaftes oder mutwilliges Quälen von Tieren ist mit Gefängnisstrafe bis zu vier Wochen oder mit verhältnismäßiger Geldbuße zu bestrafen."
Günther hatte zur Stützung seines Antrages in der Ersten Sächsischen Kammer ausgeführt: „Wenn es wahr ist, daß der Charakter eines Verbrechens im allgemeinen, wo nicht einzig, doch hauptsächlich in der Verletzung eines Gutes besteht, (ich sage absichtlich nicht in der Verletzung eines Rechtes), wenn es ferner wahr ist, daß zu den wichtigsten Gütern der zivilisierten Menschheit ein gewisser Grad von öffentlicher Sittlichkeit gehört, ohne welche der Staat nie be-

---

[328] Abegg, Neues Archiv des Criminalrechts, Bd. 12, 1832, S. 620 (638, Fn. 21). Auf diesen Zusammenhang hingewiesen hatten auch Dann, Bitte der armen Thiere, S. 6, von Ammon in einer im Jahre 1929 gehaltenen Predigt, in: von Ehrenstein, Schild und Waffen, S. 93 und von Ehrenstein, Schild und Waffen, S. 8.

[329] Abegg, Neues Archiv des Criminalrechts, Bd. 12, 1832, S. 620 (638, Fn. 21); vgl. Dann, Bitte der armen Thiere, S. 1-5; weiterhin Abegg, Neues Archiv des Criminalrechts, Bd. 14, 1834, S. 93 (100); Abegg, Archiv des Criminalrechts, Neue Folge 1851, S. 102 (107). Bis zum Ende des 19. Jahrhunderts erschienen mehrere kleine Schriften, die sich hauptsächlich an die Jugend wandten: Peter: „Wie kann die Pflicht des Thierschutzes bei der Jugend geweckt werden und von ihr geübt werden?, Masbaum: „Tierschutz. Ein Büchlein für jedermann, besonders für die Jugend", Beringer: „Lesebüchlein des Berliner Tierschutzverein" und Blütchen: „Unterstützung der Tierschutz-Sache durch die Erziehung der Jugend".

[330] Günther war Ordinarius der Juristenfakultät und erster Professor der Rechte auf der Universität Leipzig, Domherr zu Merseburg, Comthur des Großherzoglich Sachsen-Weimarischen Falkenordens, Ritter des Königlich Sächsischen Civilverdienstordens.

[331] Landtagsakten Sachsen 1836/37, Protokolle 1. Kammer, Abt. 2, Bd. 1, S. 489/490. Nach Gross, Criminalgesetzbuch für das Königreich Sachsen, S. 167, Weiß, Criminalgesetzbuch für das Königreich Sachsen, Bd. 3, S. 444 und von Hippel, Tierquälerei, S. 3 erfolgte die Genehmigung in beiden Kammern ohne Debatte, vgl. Landtagsakten Sachsen1836/37, Protokolle 2. Kammer, Abt. 3, Bd. 2, S. 789; Landtagsakten Sachsen 1836/37, Beilagen 2. Kammer, Abt. 3, Bd. 2, S. 917.

stehen kann, so wird nun die Frage gestellt werden können, ob nicht der, der sich der Tierquälerei schuldig macht, jenes Gemeingut der zivilisierten und insbesondere der christlichen Menschheit, jene öffentliche Sittlichkeit, auf eine Weise verletzt, welche die Strafe der Gerechtigkeit gegen ihn hervorruft?"[332] Entsprechend bemerkte die ständische Schrift: „Dergleichen Grausamkeiten sind nämlich nicht nur dem Gefühle für öffentliche Sittlichkeit entgegen, sondern bereiten auch das Volk, wenn sie überhand nehmen, zu wirklichen Verbrechen vor, indem sie die Rohheit zu befördern und das Mitleid abzustumpfen geeignet sind[333]. Uibrigens steht unsrer Ansicht das Beispiel Großbrittanniens und der Vorgang des *Stübelschen* Entwurfs (Art. 930 bis 932) zur Seite."[334]

Neben dieser kriminellen Bestrafung der boshaften und mutwilligen Quälerei sollte nach dem Antrag *Günthers* das Einschreiten gegen diejenigen, welche Tiere bei deren an sich erlaubten Gebrauch mißhandeln, dem polizeilichen Wirkungskreis überlassen bleiben[335].
Hier kommt die bei *Stübel* noch unscharfe Trennung zwischen Mißhandeln und Quälen klar zum Ausdruck: Unter Mißhandeln verstand man den Exzeß beim angesichts der erlaubten Nutzung tierischer Kräfte oder Fähigkeiten berechtigten

---

[332] Zitiert nach von Hippel, Tierquälerei, S. 113. Wohl um die pflegliche Behandlung der Tiere auch denen schmackhaft zu machen, die täglich mit Tieren umzugehen hatten, hob Archdiakon Knapp zur gleichen Zeit auch den wirtschaftlichen Vorteil hervor, den der Besitz gesunder, nicht überarbeiteter und schlecht ernährter Tiere darstelle, vgl. Knapp im Schwäbischen Merkur vom Februar 1837, zit. nach: von Ehrenstein, Schild und Waffen, S. 154-164. Ebenso von Ehrenstein, Schild und Waffen, S. 63 und später Schäfer, Entwicklung des Tierschutzes, S. 16.

[333] Hier tritt zum ersten Mal in einer amtlichen Begründung die von vielen Autoren behauptete psychologische Erfahrungstatsache auf, daß Tierquälerei den Charakter eines Menschen ungünstig verändere.

[334] Landtagsakten Sachsen 1836/37, Beilagen 1. Kammer, Abt. 2, Bd. 1, S. 11 und Landtagsakten, Sachsen, Mitteilungen, Abt. 1, Bd. 3, S. 631/632. Die Erwähnung des englischen Rechts vor dem Stübelschen Entwurf spricht auch für eine Beeinflussung des letzteren durch das erstere.

[335] Landtagsakten Sachsen 1836/37, Prot. 1. Kammer, Abt. 2, Bd. 1, S. 489/490; vgl. Günther, Die neuen Criminalgesetze für das Königreich Sachsen, S. 137; Gross, Criminalgesetzbuch für das Königreich Sachsen, S. 167; Weiß, Criminalgesetzbuch für das Königreich Sachsen, S. 444; Held/Siebdrat, Criminalgesetzbuch und forststrafrechtliche Bestimmungen für das Königreich Sachsen, S. 396; Abegg, Archiv des Criminalrechts, Neue Folge 1851, S. 102 (119); von Hippel, Tierquälerei, S. 3.

Umgang mit diesen[336]. Der Begriff des Quälens hingegen deutete eine gewisse Zweckfreiheit der Handlung hin. Hieran wiederum knüpfte sich nunmehr die oben beschriebene Unterscheidung von polizeilicher und krimineller Strafbarkeit, so daß die Polizeibehörden für die Bestrafung der Fälle zuständig blieben, in denen die an sich erlaubte Benutzung der Tiere nicht mehr in normalen Bahnen verlief, sondern zum Exzeß ausartete[337].

Dem Wunsch *Günthers* hat die Gesetzgebung entsprochen: Die von den Kammern angenommene Vorschrift ist in das Kriminalgesetzbuch vom 30. März 1838 Kap. 16 „Verletzungen der Sittlichkeit" als Art. 310[338] übergegangen, außerdem wurde durch Verordnung der Ministerien des Innern und der Justiz vom 31. Juli 1839 „Die Erledigung einiger Zweifel über die Kompetenz der Justiz- und Verwaltungsbehörden in Beziehung auf mehrere Bestimmungen des Kriminalgesetzbuchs betr."[339] unter Nr. 5 festgesetzt: „Die Bestrafung des Exzesses in der an sich erlaubten Benutzung der Tiere kommt der Polizeibehörde zu."

Nach dem Wortlaut ist Schutzobjekt in Art. 310 ebenso wie in dem Entwurf Stübels die körperliche Unversehrtheit des Tieres. Die obigen Ausführungen in den Motiven zur ständischen Schrift deuten aber eher darauf hin, daß die Tierquälerei als Sittlichkeitsdelikt bestraft wurde und das Tier nicht um seiner selbst willen geschützt sein sollte[340]. Nach *Juchem*[341] tritt hier zum ersten Mal in einer amtlichen Begründung die Tierschutzgefühlsmoral, die das Sittlichkeitsgefühl vor Verletzung schützen will, auf. *Pitz*[342] ist demgegenüber der Meinung, daß, hätte man das Sittlichkeitsgefühl vor Verletzung schützen wollen, nur die öffentliche Tierquälerei strafwürdig gewesen wäre. Die sich auf die öffentliche Sittlichkeit beziehende Begründung sieht er insofern nur als Rechtfertigung der Vorschrift vor juristischen Zweifeln an.

---

336 Sinnbildlich (auch im übertragenen Sinne) dafür ist das „Übertreiben" (von Vieh), ein Begriff, der darauf hindeutet, daß das Treiben an sich berechtigt ist.
337 Vgl. auch Wiegand, Verstöße gegen § 17 TierSchG, S. 32.
338 Sächsisches GVBl. 1838, S. 110 (183).
339 Sächsisches GVBl. 1839, Nr. 73 vom 31. Juli 1839, S. 205.
340 So auch Häberlin, Grundsätze des Criminalrechts, S. 320.
341 Juchem, Entwicklung des Tierschutzes, S.49.
342 Pitz, Das Delikt der Tierquälerei, S.10.

Daß die ständischen Deputationen sich in der Begründung dieser Ansicht auch auf die Normen des *Stübel'schen* Entwurfs beziehen, könnte dafür sprechen, daß dieser trotz seines eigentlich eindeutigen Wortlautes doch so wie der Art. 310 des Sächsischen Kriminalgesetzbuches von 1838 motiviert war, wofür auch die Einordnung unter die Überschrift „Von den Vergehen gegen die Sicherheit und Sittenpolizei“ sprechen würde.

Sachlich unterscheidet sich Art. 310 gegenüber dem Vorschlag *Stübels* vor allem dadurch, daß die einzelnen strafbaren Handlungen nicht kasuistisch aufgezählt, sondern in einem kurzen und prägnanten Tatbestand zusammengefaßt sind[343]. In Art. 310 war nur die boshafte und mutwillige Tat unter Strafe gestellt. Bei dieser Fassung des Tatbestandes entstand eine Gesetzeslücke, da alle die Fälle straffrei blieben, in denen die Tierquälerei nicht aus Bosheit oder Mutwillen begangen wurde. So konnten vor allem an sich berechtigte und unvermeidbare Eingriffe in das tierische Leben, z.B. wissenschaftliche Untersuchungen und Notstandshandlungen, auch dann nicht bestraft werden, wenn dem Tier ein im Verhältnis zu dem zu erreichenden Zweck unnötiger Schmerz zugefügt wurde[344]. Zwar wurde diese Lücke im gesetzlichen Tatbestand schon bei der Beratung in den ständischen Deputationen erkannt, weshalb es zu der Polizei-Ermächtigung nach der Verordnung vom 31. Juli 1839 kam, dennoch kamen schon bald Bedenken gegen die Zweckmäßigkeit dieser Regelung auf. Es wurde erkannt, daß die Grenze zwischen der notwendigen und der übermäßigen zur Grausamkeit werdenden Behandlung oft recht schwierig zu finden ist[345].

Zu Art. 310 des sächsischen Kriminalgesetzbuchs von 1838 nahm *Abegg* in einem weiteren Aufsatz von 1851 Stellung, in dem er nochmals auf den Zusam-

---

343 Ob es sich dabei um einen Fortschritt handelte, stellt Juchem, Entwicklung des Tierschutzes, S. 48, in Frage. Wenn auch im allgemeinen eine konzentrierte, nichtkasuistische Fassung des Tatbestandes den Vorzug verdient, so bot seiner Ansicht nach doch in dem besonderen Fall der Tierquälerei die kasuistische Fassung den Vorteil, daß der in der damaligen Zeit noch unbestimmte Begriff des Quälens genau festgelegt und dadurch die Rechtssicherheit gewährleistet wurde.

344 Juchem, Entwicklung des Tierschutzes, S. 48. Auf die Problematik hatte schon Abegg, Neues Archiv des Criminalrechts Bd. 12, 1832, S. 620 (637, Fn. 20), hingewiesen.

345 Gross, Criminalgesetzbuch für das Königreich Sachsen, S. 167; Häberlin, Grundsätze des Criminalrechts, S. 320; Abegg, Archiv des Criminalrechts, Neue Folge 1851, S. 102 (119, Fn. 17); Juchem, Entwicklung des Tierschutzes, S. 49.

menhang von Recht und Sitte hinwies[346]. In Übereinstimmung mit allen früheren Autoren bezeichnete er die Tierquälerei als Sittlichkeitsdelikt: „Der Mensch hat Pflichten auch gegen das Thier, insbesondere die, dasselbe nicht zu quälen. Ja man kann es zu den Pflichten des Menschen gegen sich selbst rechnen, in allen Verhältnissen sich sittlich, würdig zu benehmen."[347] Mit dieser Pflicht des Menschen sollte aber auch nach *Abegg* nicht etwa ein Recht des Tieres korrespondieren: „Allerdings hat das Tier kein Recht, überhaupt nicht und nicht dem Menschen gegenüber. ... Indeß einen Anspruch auf Mitleid, auf Milde, wie sie doch wohl von den Besseren stets auch bewiesen werden, wird man allenfalls den Thieren, die auch des Schmerzes fähig sind, zugestehen. Vom Menschen selbst, von dessen Pflicht, nicht von dem Thiere und der Frage, ob dieses ein Recht habe, ist auszugehen"[348].

Ob und inwieweit aber das Strafrecht die Erfüllung dieser Pflicht sichern helfen solle, das war nach *Abegg* „nicht anders als auf geschichtlichem Wege und mit Rücksicht auf die Verhältnisse und die Bildungsstufe eines bestimmten Volkes zu einer bestimmten Zeit"[349] zu entscheiden, wobei er mit Hinweis auf die Tatsache, daß bis 1851 nicht in allen Ländern Vorschriften gegen Tierquälerei existierten, bemerkte, daß „die Überzeugung der Angemessenheit, ja der Nothwendigkeit einer entsprechenden Strafbestimmung noch nicht eine allgemeine war"[350]. Darüber hinaus befürchtete er weiterhin, daß eine zu weit gehende Nachforschung im häuslichen Bereich „größere Uebel stiften" würde, „als die sind, denen durch die Strafe entgegengewirkt werden soll"[351]. Deshalb sei nur dort einzuschreiten, „wo rohe Mißhandlungen öffentliches Ärgerniß geben, oder doch öffentlich, oder wenigstens nicht verborgen statt finden, wo schon im Interesse der Ordnung und des Anstandes gefordert werden muß, daß solches nicht ohne den Ausdruck der gesetzlichen Mißbilligung bleibe"[352]. *Abegg* billigte die

[346] Abegg, Archiv des Criminalrechts, Neue Folge 1851, S. 102 (104/105).
[347] Abegg, Archiv des Criminalrechts, Neue Folge 1851, S. 102 (113).
[348] Abegg, Archiv des Criminalrechts, Neue Folge 1851, S. 102 (113).
[349] Abegg, Neues Archiv des Criminalrechts, Bd. 12, 1832, S. 620 (623).
[350] Abegg, Archiv des Criminalrechts, Neue Folge 1851, S. 102 (118). So auch Mittermaier, Über den neuesten Zustand der Criminalgesetzgebung, S. 173.
[351] Abegg, Neues Archiv des Criminalrechts, Bd. 12, 1832, S. 620 (639, Fn. 21); vgl. auch Abegg, Archiv des Criminalrechts, Neue Folge 1851, S. 102 (117).
[352] Abegg, Archiv des Criminalrechts, Neue Folge 1851, S. 102 (117).

Formulierung des Tatbestandes des Art. 310, war aber der Ansicht, daß die Vorschrift, was das Strafmaß anbelangt, nicht weit genug gehe[353].

Schon 1840 hatte der Leipziger Advokat und spätere Legationsrat *Heinrich Ferdinand Wilhelm von Ehrenstein (1811-1874)* in seinem Buch „Schild und Waffen gegen Tierquälerei"[354], in dem er das sächsische Kriminalgesetz von 1838 eine „rühmliche Ausnahme"[355] nannte, auch für alle anderen deutschen Staaten ausdrücklich ein streng zu befolgendes Strafgesetz gefordert, das nicht kasuistisch sein sollte, um „dem richterlichen Ermessen Spielraum" zu lassen, „sittenverderbende Roheiten und Grausamkeiten" zu ahnden[356]. *Von Ehrenstein* sah die „Immoralität an sich"[357] als Grund der Strafbarkeit an: „Darauf, ob einem Tier langsam oder schnell, heimlich oder vor Aller Augen Schmerz zugefügt werde, ist an sich wohl keine besondere Rücksicht zu nehmen"[358].
Er argumentierte, der Grund für die Herrschaft des Menschen über die Tiere liege darin, daß der Mensch mit Vernunft begabt sei. Daraus folge, daß das Tier dem menschlichen Wohl unterzuordnen sei, der Mensch aber bei seinem Verhalten gegen die Tiere die Vernunft walten lassen müsse, weil sonst der Grund wegfalle, der den Menschen über das Tier erhebt und er somit die Befugnis verliere, irgend eine Herrschaft auszuüben. Seiner Ansicht nach konnten dem Menschen aus seinem Verhältnis zum Tier aber nur moralische, nicht jedoch rechtliche Verpflichtungen erwachsen, da solche nur zwischen Personen oder rechtsfähigen Subjekten zur Anwendung kämen, die Tiere aber „zwischen den Personen und den bloßen Sachen gleichsam mitten inne" stünden[359]. Deshalb ginge es zu weit, wollte man den Tieren wirkliche Rechte zuschreiben: „die haben sie nicht;

---

[353] Abegg, Archiv des Criminalrechts, Neue Folge 1851, S. 102 (119).
[354] von Ehrenstein, Schild und Waffen, S. 75, faßte die Verbindung der verschiedenen Mittel gegen die Tierquälerei in folgendem Motto zusammen: „Zum Schilde soll Erziehung, Unterricht und Bildung dienen, die Waffen sind das Gesetz und die öffentliche Meinung".
[355] von Ehrenstein, Schild und Waffen, S. 42.
[356] von Ehrenstein, Schild und Waffen, S. 67.
[357] von Ehrenstein, Schild und Waffen, S. 64.
[358] von Ehrenstein, Schild und Waffen, S. 49, Fn.
[359] Von einer solchen rechtlichen „Zwischenstellung" ging 1860 auch der Kreisgerichtsdirektor Odebrecht in einem Vortrag vor dem Kongreß der deutschen Tierschutzvereine zu Dresden aus, er forderte aber einen Schutz der Tiere um ihrer selbst willen, vgl. Geh. StA Berlin-Dahlem, Rep. 84 a, Nr. 5213, Bl. 206/206Rs.

wohl aber können sie ... von dem Menschen Menschlichkeit fordern"[360]. Diese Pflichten bezeichnete von Ehrenstein als „unvollkommene oder Pflichten gegen uns selbst"[361].

Die umstrittene Grenze zwischen erlaubtem und unerlaubtem Gebrauch der Tiere lag für *von Ehrenstein* „in dem, was uns die Vernunft gestattet oder verbietet"[362]. Demgemäß definierte er die Tierquälerei als „jede vernunftwidrige Behandlung der Tiere"[363] bzw. „jede entweder nicht zum Bedürfnis oder nicht zum Nutzen des Menschen dienende Unterlassung oder positive Handlung, durch welche unter Verursachung unnötigen Schmerzes der organische Lebenszustand eines Tieres gegen oder über dessen Natur und Kräfte gestört und verkümmert wird", wobei er zwischen der Schmerzzufügung bei an sich erlaubtem Gebrauch von Tieren und der ohne einen solchen stattfindenden differenzierte[364]. Bei der Beschaffung von Nahrung und Kleidung und der Benutzung der Tiere als Last- oder Zugtiere sei erlaubt, was man tun und lassen dürfe, ohne ein Staats- oder Moralgesetz zu verletzen[365].

Eine Kompetenzverlagerung von den Polizeibehörden auf die Justiz und zugleich eine erheblich schärfere Bestrafung der Tierquälerei erfolgte erst im Strafgesetzbuch vom 13. August 1855. Der Art. 361 im Kap. 17 „Von Verletzungen der Sittlichkeit"[366] lautete: „Wer Tiere muthwillig quält oder durch rohe Behandlung derselben öffentliches Aergernis giebt, ist mit Gefängnis bis zu drei Monaten zu bestrafen. In Fällen, wo die Strafe nicht sechs Wochen übersteigt,

---

[360] Auch der Dresdener Oberhofprediger von Ammon bezeichnete in einer 1843 vor dem Dresdener Verein gegen Thierquälerei gehaltenen Rede ebenfalls die Tiere als eines Rechtsanspruches an den Menschen nicht fähig, weil ihnen der freie Wille und die Persönlichkeit abgehe, welche die einzige Quelle vernünftiger Befugnisse gegen Wesen von gleichen Eigenschaften sei. Trete daher der Staat dennoch für die Tiere als Gesetzgeber auf, so tue er das in seinem eigenen Interesse und zwar „aus Rücksichten der Nationalökonomie, Polizei und Humanität, vorzugsweise aus einem gemischten Gefühl des Rechts, des Anstands und der Pflicht", vgl. von Ammon, Das sittliche Verhältniß des Menschen zu den Thieren, S. 14.

[361] von Ehrenstein, Schild und Waffen, S. 43.

[362] von Ehrenstein, Schild und Waffen, S. 44.

[363] von Ehrenstein, Schild und Waffen, S. 44.

[364] von Ehrenstein, Schild und Waffen, S. 41.

[365] von Ehrenstein, Schild und Waffen, S. 42.

[366] Hier, wie im Kriminalgesetzbuch von 1838, bildet der Tierquälerei-Artikel den Schluß des Abschnitts. Der vorausgehende Paragraph behandelt beide Male die Verletzung der Sittlichkeit durch unzüchtige Handlungen oder Schriften, die früheren gelten den eigentlichen Fleischesdelikten, vgl. von Hippel, Tierquälerei, S. 4, Fn. 6.

kann statt des Gefängnisses auf Geldbuße bis zu einhundertfunfzig Thalern erkannt werden."[367]

Der Tatbestand des Art. 361 nennt zwei Alternativen, das mutwillige Quälen und das rohe Behandeln. Die erste Alternative ist im Vergleich zu Art. 310 des Kriminalgesetzbuches von 1838 nur dadurch abgeändert worden, daß allein das mutwillige und nicht auch das nur boshafte Quälen von Tieren unter Strafe gestellt ist. Die zweite Alternative ist neu eingefügt. Die Strafandrohung bezieht sich auf das rohe Behandeln von Tieren und ist als solche einmalig. In allen anderen deutschen Tierschutztatbeständen wird der Ausdruck „mißhandeln" verwandt. Diese an sich sehr umfassende Formulierung erfährt eine Einschränkung durch das Tatbestandsmerkmal des öffentlichen Ärgernisses. Auch die Zusammenfassung der Begriffe „Öffentlichkeit" und „Ärgernis" zu einem Tatbestandsmerkmal kehrt nur noch im badischen Polizeistrafgesetzbuch von 1863 wieder.

In den Motiven[368] zum sächsischen StGB von 1855 wird die Einfügung des Tatbestandsmerkmals des öffentlichen Ärgernisses wie folgt begründet: Es erscheine angemessen, „für rohe Mißhandlungen der Thiere, die nicht gerade unter den Begriff des Quälens fallen, wenigstens dann eine Bestrafung zu sichern, wenn dadurch öffentliches Ärgernis gegeben worden ist, da alsdann in diesem Ärgernis zugleich ein Urtheil der öffentlichen Meinung über das Exzessive der Behandlung sich kund giebt". Den Anstoß zu dieser Einfügung hatte aber möglicherweise *Abegg* gegeben, der in seiner Kritik des Stübel'schen Entwurfs auch mehrfach von der Erregung öffentlichen Ärgernisses als notwendige Einschränkung des Tatbestandes gesprochen hatte[369].

Sachlich ist der Art. 361 von 1855 gegenüber dem Art. 310 von 1838 also nicht entscheidend geändert. Dem Fehlen der boshaften Quälerei im Tatbestand von 1855 steht die Hinzufügung der zweiten Alternative gegenüber. Das Höchstmaß

---

[367] Sächsisches GVBl. 1855, S. 177 (276). So auch der Art. 365 im Entwurf von 1854, Landtagsakten Sachsen 1854, Protokolle 2. Kammer, Abt. 1, Bd. 2, S. 113.

[368] Landtagsakten Sachsen 1854, Protokolle 2. Kammer, Abt. 1, Bd. 2, S. 229/230.

[369] Vgl. Abegg, Neues Archiv der Criminalrechts, Bd. 12, 1832, S. 620 (639, Fn. 21); Abegg, Neues Archiv des Criminalrechts, Bd. 14, 1834, S. 93 (97).

der Strafe ist allerdings erheblich und zwar von 4 Wochen auf 3 Monate erhöht worden.

Trotz der zweiten Alternative des Art. 361, die nach der Begründung in den Motiven auch Fälle des Exzesses regeln sollte, blieb die Verordnung vom 31. Juli 1839 daneben weiterhin in Kraft[370].
Das läßt schon eine weitere Verordnung der Kreisdirektion Dresden vom 19. November 1856 erkennen, welche die Polizeibehörden des Regierungsbezirks „zu strenger Absichtführung, nach Befinden polizeistrafrechtlichem Einschreiten" gegen die Führer von Hundefuhrwerken aufforderte[371].
Es ergibt sich aber ferner aus den Beratungen gelegentlich der Revision des Sächsischen Strafrechts im Jahre 1868. In einem Königlichen Dekret (Nr. 97 vom 25. Januar 1868)[372] wurde den Ständen der Entwurf eines Gesetzes mitgeteilt, durch das unter anderem auch Art. 361 des StGB von 1855 aufgehoben werden sollte. Der Entwurf lautete: „Zu Art. 164, 360, 361 des Strafgesetzbuchs. Diese Artikel werden aufgehoben. Die in denselben mit Strafe bedrohten Vergehen sind von den Polizeibehörden zu untersuchen und zu bestrafen. Diese können ... in den Fällen der Art. 164, 361 entweder bis zu acht Wochen Gefängniß oder auf eine Geldbuße bis zu zweihundert Thalern erkennen."[373]
Die Motive besagten: „Was das Vergehen der Thierquälerei anlangt, so fehlt auch ihm das Moment des criminell Strafbaren. Es liegt in ihm der Ausdruck einer boshaften und niedrigen Gesinnung; allein die bloße Unsittlichkeit, ohne weitere Verletzung irgend welcher Rechte, reicht nicht hin, die criminelle Strafbarkeit zu begründen[374]. Das Moment des 'öffentlichen Aergernisses' ist ebenfalls hierzu nicht ausreichend, selbst abgesehen davon, daß es ein außerordentlich schwankendes und unsicheres ist. Dazu kommt, daß die unangemessene, die Körperkraft des Thieres übersteigende und daher *harte* Behandlung desselben ziemlich nahe an die *rohe* Behandlung anstreift und die Grenzlinie zwischen

[370] von Hippel, Tierquälerei, S. 4. Anders – und wohl falsch – Krug, Kommentar zum Sächsischen Strafgesetzbuch, Art. 361, Rn. 3 und Juchem, Entwicklung des Tierschutzes, S. 50, die davon ausgehen, daß sich durch die erweiterte Fassung des Art. 361 die Verordnung erledigt hatte.
[371] von Hippel, Tierquälerei, S. 4.
[372] Landtagsakten Sachsen 1868, Mitteilungen, Abt. 1, Bd. 3, S. 531.
[373] Landtagsakten Sachsen 1868, Mitteilungen, Abt. 1, Bd. 3, S. 538.
[374] Diese Unterscheidung ist eindeutig auf die Henke'sche Theorie zurückzuführen, vgl. von Hippel, Tierquälerei, S. 111, Fn. 5.

beiden eine sehr feine, oft nicht erkennbare ist, von ihr aber bisher der Unterschied der criminellen und der polizeilichen Strafbarkeit abhing."[375] Diese Formulierung beweist, daß neben der strafgesetzlichen auch noch eine polizeiliche Strafbarkeit bestand[376]. Schließlich ergibt sich dies auch aus den Beratungen der 2. Kammer[377]: Auf eine Petition des Tierschutzvereins zu Dresden, in der um eine Beibehaltung der zwölfwöchigen Gefängnisstrafe für „ausgezeichnete Tierquälereien" gebeten wird, wurde entgegnet, die nunmehr beschlossene Höchstdauer der Gefängnisstrafe von 8 Wochen sei innerhalb der Polizeistrafen schon ziemlich hoch bemessen, durch die Vereinigung der Kompetenz in einer Hand werde aber das Einschreiten gegen Tierquälereien an Energie gewinnen und das Ziel, das der Verein verfolge, besser gefördert werden.

Zu bemerken bleibt, daß letztlich das revidierte sächsische Strafgesetzbuch vom 1. Oktober 1868[378] keine Bestimmungen gegen Tierquälerei mehr enthielt.

Rückblickend auf die Zeit vor 1870 kann daher festgestellt werden, daß in Sachsen die Frage, ob die Tierquälerei polizei- oder strafrechtlich verfolgt werden solle, unterschiedlich beantwortet wurde, während der Tatbestand der Tierquälerei selbst feststand. Es war danach jede einem nicht erlaubten Zweck dienende Grausamkeit und der Exzeß beim Vorliegen eines erlaubten Zwecks strafbar. Man behandelte die Tierquälerei aber nicht als etwas kriminell Strafbares, sondern man wollte die sich in der Tierquälerei äußernde boshafte und niedrige Gesinnung durch polizeiliche Maßnahmen bekämpfen[379].

---

[375] Landtagsakten Sachsen 1868, Mitteilungen, Abt. 1, Bd. 3, S. 555.

[376] Vgl. von Hippel, Tierquälerei, S. 5.

[377] Landtagsakten Sachsen 1868, Beilagen 2. Kammer, Bd. 3, S. 530/531, Bericht des außerordentlichen Deputierten der 2. Kammer das Dekret Nr. 97 betreffend.

[378] Sächsisches GVBl. 1868 II, S. 903 ff.

[379] Vgl. von Hippel, Tierquälerei, S. 5; Beckers, Tierquälerei als rechtswidrige und strafbare Handlung nach dem RTierSchG, S. 7. Von Hippel, Tierquälerei, S. 5, Fn. 10, weist noch darauf hin, daß auf Antrag des Tierschutz-Vereins Dresden vom Sächsischen Ministerium des Kultus und öffentlichen Unterrichts wiederholt Verordnungen (z.B. am 1. April 1842, 7. März 1844 und 18. September 1852) erlassen worden sind, in welchen Geistliche und Lehrer aufgefordert wurden, in ihrem Amt gegen die Tierquälerei zu wirken.

2. Thüringische Staaten und Anhalt

Hier ist eine Verordnung des Fürsten *Günther Friedrich Karl* für das Fürstentum Schwarzburg-Sondershausen vom 5. März 1840 zu nennen[380].

Sie verbot und bestrafte die grausame Behandlung der Tiere, da diese „unverantwortlich und empörend für das Gefühl des sittlich guten Menschen“ sei und sowohl den Menschen entwürdige, verhärte und gegen die Leiden der Menschheit abstumpfe, als auch die Grenzen seiner Eigentumsrechte überschreite. Das wirksamste Mittel, solchen Handlungen vorzubeugen, liege unstreitig in der Erziehung der Jugend und dem öffentlichen Unterricht, weshalb in erster Linie Geistliche und Lehrer[381], aber auch Eltern, Vormünder und Lehrherren angesprochen wurden. Darüber hinaus gab der Fürst seiner Hoffnung Ausdruck, daß auch in seinem Lande bald ein Tierschutzverein gegründet werde, den er gerne fördern werde.

Um aber der Tierquälerei auch im Wege der Strafgesetzgebung entgegenzutreten, verordnete er:

„I. Daß jeder, der absichtlich ein Thier, sey es in seinem Eigenthume oder nicht,

1) auf eine ungewöhnliche und zugleich mehr als nöthig schmerzliche Weise tödtet, oder

2) ihm, ohne einen herkömmlichermaaßen als erlaubt geltenden Zweck zu verfolgen, Schmerzen oder Qualen zufügt,

3) oder doch, selbst bei vorliegendem erlaubten Zwecke, die Schmerzen unnöthiger Weise erhöht,

4) der ein Thier durch Entziehung der zu seiner Existenz erforderlichen Nahrung und Pflege quält, und

5) der ein Thier gegen dessen Natur oder über dessen Kräfte durch grausame Behandlung zur Erreichung seiner Zwecke anstrengt,

der Thierquälerei für schuldig erachtet und mit Gefängnis bis zu sechs Wochen oder nach Befinden mit einer verhältnismäßigen Geldbuße bestraft werden soll.

---

[380] Abgedruckt bei Schubert/Regge, Preußische Gesetzrevision 1825-1848, Abt. 1, Bd. 4, Halbbd. 2, S. 896-898.

[381] An die Schullehrer richtete sich auch schon eine Verordnung des Fürstlich Schwarzburgischen Konsistoriums zu Rudolstadt vom August 1839, wonach diese „bei jeder schicklichen Gelegenheit“ die Kinder vor der Tierquälerei warnen und ihnen die „Schändlichkeit dieses Lasters“ vor Augen stellen sollten. Diese ist abgedruckt bei Schubert/Regge, Preußische Gesetzrevision 1825-1848, Abt. 1, Bd. 4, Halbbd. 2, S. 895.

II. Der Grad der bei der Verübung der That zum Grunde gelegenen Bosheit oder moralischen Verderbtheit und die Größe der dem Thiere zugefügten Qual sollen bei Bestimmung der Strafe den hauptsächlichsten Maaßstab abgeben.
III. In Wiederholungsfällen sind hinsichtlich der Straferhöhung die in dieser Beziehung allgemein angenommenen Grundsätze in Anwendung zu bringen.
IV. Die Eltern, Vormünder und Lehrherren Derer, welche sich der Thierquälerei schuldig machen, sollen, wenn sie um den Frevel gewußt, und diesen nicht zu verhindern gesucht haben, als Theilnehmer an der Vergehung zur Strafe gezogen werden."

Dieser ausgedehnte Strafschutz hat aber in Schwarzburg-Sondershausen nur vorübergehend bestanden. Bereits am 10. Mai 1845 kam es dort zur Einführung des Sächsischen Kriminalgesetzbuchs von 1838, dessen Artikel 310 damit an die Stelle der obigen Verordnung trat[382]. Am 25. März 1850 trat dann infolge der Einführung des Thüringischen Strafgesetzbuchs dessen (mit Artikel 310 des Sächsischen Kriminalgesetzbuchs von 1838 wörtlich übereinstimmender) Art. 306 in Kraft: „Boshaftes oder mutwilliges Quälen von Tieren ist mit Gefängnisstrafe bis zu vier Wochen oder mit verhältnismäßiger Geldbuße zu belegen."[383] Auch in den übrigen Thüringischen Staaten und in Anhalt galt die Vorschrift des Sächsischen Kriminalgesetzbuchs von 1838, und zwar in Sachsen-Weimar seit dem 5. April 1839, in Sachsen-Altenburg seit dem 3. Mai 1841, in Sachsen-Meiningen seit dem 1. August 1844, in Schwarzburg-Rudolstadt seit dem 26. April 1850, in Anhalt-Dessau seit dem 28. Mai 1850, in Sachsen-Gotha seit dem 12. Juli 1850 und in Sachsen-Coburg seit dem 29. November 1850, in Reuß j. L. seit dem 14. April 1852, in Anhalt-Bernburg endlich, wo von 1852 bis zur Vereinigung der beiden Herzogtümer das Preußische StGB in Kraft war, seit 1864[384].

[382] Vgl. von Hippel, Tierquälerei, S. 7.
[383] Stenglein, Sammlung der deutschen Strafgesetzbücher, Bd. 3, X, S. 194. Die systematische Stellung des Art. 306 ist dieselbe wie die des Art. 310 im Sächsischen Kriminalgesetzbuch.
[384] von Hippel, Tierquälerei, S. 7.

3. Württemberg

Auch in Württemberg begann 1838 – gelegentlich der Einführung des Königlich Württembergischen Polizeistrafgesetzbuchs vom 2. Oktober 1839 – die Tierschutzdiskussion.
Der den Ständen 1838 vorgelegte Entwurf zu einem Polizeistrafgesetzbuch enthielt noch keine Bestimmungen über Tierquälerei. Der Bericht der Strafgesetzgebungskommission[385] über diesen sprach sich aber entschieden für die Notwendigkeit solcher Bestimmungen aus: „Die Notorietät, wie oft der Mann von sittlichem Gefühl sich nicht enthalten kann, solche öffentliche Mißhandlungen wenigstens durch Verweis zu rügen, und wieviel öfter er es thun würde, wenn er nicht von dem rohen Quäler eine beleidigende Berufung auf sein Recht, mit seinem Eigentum nach Gefallen zu verfügen, zu besorgen hätte; ferner die Notorietät, daß die Polizeibehörden über ihre Befugnis, Tierquälerei zu bestrafen, sehr verschiedener Meinung sind, und daß diejenigen, welche sie bestrafen, sich auf den in seiner Allgemeinheit unzulässigen Grundsatz berufen, daß die Polizei keines Gesetzes bedürfe; endlich der Umstand, daß in der neuesten Zeit sich Vereine bilden, welche entweder den Mangel einer gesetzlichen Bestimmung ersetzen oder die Gesetzgebung auf einen solchen aufmerksam machen und ein Gesetz herbeiführen wollen: alles dieses wird unseres Erachtens bestimmend genug sein, den theoretischen Satz der Polizeiwissenschaft, daß Tierquälerei mit Strafe zu bedrohen sei, weil sie das sittliche Gefühl abstumpfe, zur Menschenquälerei und überhaupt zur Grausamkeit führe, auch im positiven Gesetze anzuerkennen. Eben in dieser Ansicht der Wissenschaft liegt auch die Beschränkung, in welcher nur die Gesetzgebung ein Verbot mit Strafdrohung erlassen kann; es darf nicht jeder Quälerei nachgespürt, sondern nur diejenige bestraft werden, welche Ärgernis giebt und dadurch einen sittlich verderblichen Einfluß hat."
Auf Grund dieser Ausführungen beantragte die Kommission folgenden Artikel: „Wer Tiere zur Belustigung, aus Mutwillen, in der Züchtigung oder der Übertreibung ihrer Kräfte zu öffentlichem Ärgernis quält, soll das erste Mal mit einer Geldstrafe bis zu fünf Gulden oder mit Gefängnis bis zu vier Tagen gestraft werden."[386]

---

[385] Landtagsakten Württemberg 1838, Beilagen Kammer der Abgeordneten, Bd. 12, Beilageheft 2, S. 373, zitiert nach von Hippel, Tierquälerei, S. 7, Fn. 1 zu § 4.
[386] Zitiert nach von Hippel, Tierquälerei, S. 8.

Beim ersten Rückfall sollte die Strafe verdoppelt, auf weitere Fälle die Bestimmung des Art. 94 angewendet werden. Art. 94 lautete: „Wegen Rückfalls kann, wo das Gesetz nichts Anderes bestimmt, die für den ersten Fall festgesetzte achttägige Arreststrafe bis auf vier Wochen und eine höhere Strafe auf sechs Monate erstreckt werden. Geldstrafen können wegen Rückfalls bis auf das Doppelte des im Gesetze bestimmten Höchstmaßes geschärft werden."[387]

Gleichzeitig strebten zahlreiche, an die Regierung und die Ständeversammlung gerichtete Petitionen von Tierschutzvereinen und einzelnen Personen die Erreichung desselben Zieles an[388].

Der von der Regierung im Jahre 1839 vorgelegte Entwurf bestimmte demzufolge in Art. 54: „Wer durch rohe Mißhandlung von Thieren Aergerniß giebt, ist mit Verweis, Geldbuße bis zu fünfzehn Thaler oder Arrest bis auf acht Tage zu bestrafen."[389]

Dieser Artikel stand in einem eigenen Abschnitt „Mißhandlung von Tieren" hinter den „Handlungen gegen die Sittlichkeit"[390]. Bei der Begründung desselben betonte der Regierungsvertreter, Geheimrat *von Schlayer*[391], unter Hinweis auf die Gesetzgebung Englands und Sachsens sowie auf das Schwanken der Württembergischen Praxis, daß das Vorgehen gegen die Tierquälerei als eine Verletzung sittlicher Normen zunächst Aufgabe der Schule und Kirche sei, „insofern aber die Erscheinung dieser gewöhnlich öffentlich hervortretenden Mißhandlungen das Sittlichkeitsgefühl anderer teils beleidigt, teils auf dessen Abstumpfung hinwirkt und in beiden Beziehungen die öffentliche Moral verletzt," sei ein strafrechtliches Einschreiten begründet. In Art. 54 sei deshalb „der Gesichtspunkt festgehalten, daß in der schädlichen Einwirkung der Tierquälerei auf andere Personen das strafrechtliche Moment sich darstelle, während übrigens die Fassung so gewählt wurde, daß Mißhandlungen, denen die Triebfeder des Eigennutzes zu Grunde liegt, ebensowohl als die aus Mutwillen entsprungenen Quälereien unter denselben fallen."

[387] Zitiert nach von Hippel, Tierquälerei, S. 8, Fn. 2.
[388] von Hippel, Tierquälerei, S. 8.
[389] Zitiert nach von Hippel, Tierquälerei, S. 8.
[390] Letztere enthalten zunächst die Fleischesdelikte, dann die Erregung öffentlichen Ärgernisses durch unzüchtige Handlungen oder Schriften, vgl. von Hippel, 1891, S. 9, Fn. 3.
[391] Landtagsakten Württemberg 1839, Beilagen Kammer der Abgeordneten, Bd. 12, Beilageheft 2, S. 39, zitiert nach von Hippel, Tierquälerei, S. 9, Fn. 4.

Diese Regierungsvorlage führte in der Sitzung der Kammer der Abgeordneten vom 2. Mai 1839[392] zu einer lebhaften Debatte, in deren Verlauf Wünsche nach einer kasuistischen Fassung des Tatbestandes abgelehnt wurden. Das Ärgernis sollte, wie wiederholt[393] ohne Widerspruch ausgeführt wurde, sowohl durch die Mißhandlung unmittelbar als auch durch deren späteres Bekanntwerden verursacht werden können. Vom Erfordernis eines „öffentlichen Ärgernisses" nahm man bewußt Abstand, weil auch nicht öffentlich begangene Grausamkeiten, wenn sie bekannt würden, das größte Ärgernis erregten.

Das Endergebnis aller Erörterungen war die Aufnahme des Art. 54 des Entwurfs als Art. 55 in das Polizeistrafgesetzbuch vom 2. Oktober 1839[394] mit dem Zusatz: „Bei Rückfällen kann die Geldbuße bis auf fünfundzwanzig Thaler oder die Arreststrafe bis auf vierzehn Tage erstreckt werden."[395]

Dieses Gesetz hat bis zur Einführung des Reichsstrafgesetzbuchs keinerlei Veränderung erfahren[396].

Bestraft wurde demnach in Württemberg vor 1870 „wer durch rohe Mißhandlung von Tieren Ärgernis giebt", gleichgültig, ob dieses durch die Tat selbst oder durch deren späteres Bekanntwerden entstanden war. Auf das Motiv des Handelns, (Bosheit, Mutwillen oder Eigennutz) kam es ebensowenig an[397], wie auf die Öffentlichkeit der Begehung[398]. Das Strafmaß für dieses Polizeivergehen war im Vergleich zu dem in Sachsen gering[399].

Die wesentlichste Abweichung von der sächsischen Gesetzgebung war, daß schon frühzeitig die Erregung eines Ärgernisses vorausgesetzt wurde. Dabei ist

---

392 Landtagsakten Württemberg 1839, Protokolle der Kammer der Abgeordneten, Bd. 3, 36. Sitzung, S. 21 ff.

393 Abgeordneter Rümelin von Weinsberg; Obertribunalsrat von Prieser.

394 Art. 55 ist abgedruckt bei Schubert/Regge, Preußische Gesetzrevision 1825-1848, Abt. 1, Bd. 4, Halbbd. 2, S. 895.

395 von Hippel, Tierquälerei, S. 10.

396 Lediglich Spezialvorschriften gegen einzelne Arten von Tierquälerei enthielten daneben die Verfügungen des Ministeriums des Inneren vom 2. Oktober 1845 und 16. Mai 1868 „betr. den Transport der zum Schlachten bestimmten Kälber und Schweine" und vom 27. Oktober 1853 „betr. die Behandlung der Frösche beim Sammeln von Froschschenkeln", vgl. von Hippel, Tierquälerei, S. 10, Fn. 8.

397 Vgl. von Mohl, Archiv des Criminalrechts, Neue Folge, Beilageheft 1840, S. 74; Hepp, Commentar über des neue württembergische Strafgesetzbuch, Bd. 3, Abt. 1, S. 545.

398 Vgl. von Ehrenstein, Schild und Waffen, S. 115; Hepp, Commentar über das neue württembergische Strafgesetzbuch, Bd. 3, Abt. 1, S. 545.

399 Vgl. von Hippel, Tierquälerei, S. 10.

zwischen dem objektiven und dem subjektiven Begriff des Ärgernisses zu unterscheiden[400]. Objektiv gesehen, ist das Ärgernis das böse Beispiel[401]. Der subjektive Ärgernisbegriff bezieht sich auf die gewöhnlich, aber nicht notwendig eintretende Folge des objektiven Ärgernisses, auf die Verletzung des sittlichen Gefühls einer Person[402]. *Juchem* zufolge handelte es sich bei Art. 55 um einen der Fälle, in denen der Begriff des Ärgernisses im objektiven Sinne aufzufassen war, da eine Bestrafung nicht nur erfolgen sollte, wenn jemand an der Tierquälerei Anstoß genommen hatte, sondern in jedem Fall, in dem durch das böse Beispiel ein verderblicher Einfluß ausgeübt wurde[403].

Auch die württembergische Gesetzgebung ging bei der Bestrafung der Tierquälerei davon aus, daß diese den Menschen in seinem Verhalten gegenüber anderen Menschen negativ beeinflusse. Dies geht aus der oben wiedergegebenen Erläuterung *von Schlayers* und noch deutlicher aus dem Bericht der Strafgesetzgebungskommission hervor. Der württembergische Gesetzgeber hat allerdings, wie sich besonders aus den Ausführungen *von Schlayers* ergibt, den Gedanken, daß die Tierquälerei den Menschen abstumpft, in einem weiteren Sinne als bisher aufgefaßt. Während bisher nur darauf abgestellt wurde, daß der Tierquäler durch seine Handlungen selbst weiter verroht und zu immer schwereren Verbrechen verleitet wird, zog man in Württemberg auch die abstumpfende Wirkung der Tierquälerei auf andere Personen in Betracht.
Schutzobjekt war in Art. 55 des württembergischen Polizeistrafgesetzbuchs, wie sich aus dem Tatbestandsmerkmal des Ärgernisses ergibt, das sittliche Gefühl des Menschen, das vor Beeinflussungen durch das bei der Tierquälerei zutage tretende böse Beispiel geschützt werden sollte, auch hier wurde also auf die sogenannte „Tierschutzgefühlsmoral" abgestellt. Die körperliche Unversehrtheit des Tieres wurde demnach nur soweit geschützt, wie der Angriff auf das tierische Leben zugleich einen Angriff auf die Sittlichkeit enthielt[404].

---

400 Juchem, Entwicklung des Tierschutzes, S. 51. Vgl. im übrigen die historische Untersuchung zum Begriff „Ärgernis" bei Scholl, ZStW Bd. 13, 1893, S. 279 ff.
401 Juchem, S. 51; Scholl, ZStW Bd. 13, 1893, S. 279 (283).
402 Scholl, ZStW Bd. 13, 1893, S. 279 (283).
403 Juchem, Entwicklung des Tierschutzes, S. 51/52.
404 Hepp, Commentar über das neue württembergische Strafgesetzbuch, S. 545; Juchem, Entwicklung des Tierschutzes, S. 52.

4. Hessen-Darmstadt

Schon 1833 kam es im Hessischen Landtag zur Stellung eines Antrages durch den Abgeordneten *Bansa*, „gesetzliche Bestimmungen gegen Mißhandlungen der Thiere betr.“[405]. Unter Bezugnahme auf eine frühere Eingabe des Landratsschreibers *Heinrich Wiegand*, beantragte *Bansa*, die 2. Kammer möge die Staatsregierung um Vorlage eines Gesetzes ersuchen, „durch welches die Mißhandlungen der Thiere im Allgemeinen, insbesondere aber die Mißhandlungen des Zug- und Lastviehes auf geeignete Weise bestraft werden“.

Dabei beklagte er die Tatsache, daß es den Volksbildungsanstalten noch nicht gelungen sei, „die Pflicht der Menschlichkeit gegen Thiere, ..., so sehr den jugendlichen Herzen einzuprägen, daß gesetzliche Bestimmungen gegen Mißhandlungen und Grausamkeiten, an Thieren verübt, völlig überflüssig erscheinen müssen“[406] und verwies darauf, daß es in anderen zivilisierten Staaten, namentlich in England, solche besonderen Gesetze schon gebe[407].

Der Abgeordnete *Wilhelm Hoffmann* hob in dem von ihm erstatteten Ausschußbericht die Schwierigkeit hervor, verbindlich zu bestimmen, welche Tiere vor welchen Mißhandlungen geschützt werden sollten und die Tatsache, daß der Gebrauch der Tiere als Sachen im Rechtssinne den Eigentümern unbeschränkt zustehe. Dazu komme noch die Problematik des Beweises der Mißhandlungen im gerichtlichen Verfahren. Unter Hinweis darauf, daß auch andere kultivierte Staaten dem Beispiel Englands nicht gefolgt seien und daß es wohl eher Sache der Geistlichen, Schullehrer und landwirtschaftlicher Vereine sei, der rohen Behandlung der Tiere durch Belehrung und Beispiel entgegenzuwirken, beantragte der Ausschuß die Ablehnung des Antrages[408].

---

[405] Landtagsakten Hessen-Darmstadt 1832/33, Protokolle 2. Kammer, Bd. 1, S. 400, 26. Sitzung vom 9. Februar 1833.

[406] Tatsächlich hatte das Großherzoglich Hessische Oberkonsistorium der Frage schon in den dreißiger Jahren sein besonderes Interesse zugewandt, vgl. die Verordnung an die Dekane der Provinzen vom 24. September 1833 und das Ausschreiben vom 6. November 1838. Danach sollte aus Achtung gegen den Schöpfer aller Lebewesen insbesondere auf eine bessere Behandlung der Zug-, Last- und Haustiere geachtet, Schulkinder sollten notfalls mit körperlicher Züchtigung bestraft werden, vgl. Schubert/Regge, Preußische Gesetzrevision 1825-1848, Abt. 1, Bd. 4, Halbbd. 2, S. 892-894.

[407] Landtagsakten Hessen-Darmstadt 1832/33, Beilagen 2. Kammer, Bd. 1, S. 502/503.

[408] Landtagsakten Hessen-Darmstadt 1832/33, Beilagen 2. Kammer, Bd. 2, S. 97-99, Bericht des 2. Ausschusses.

Daraufhin nahm *Bansa* bei der Beratung des Antrages im Plenum der 2. Kammer am 30. März 1833 seinen Antrag zurück[409]. Er wies die Kammer aber noch auf zwei Urteile hin, durch deren eines der Täter einer Tiermißhandlung zwar nur wegen Sachbeschädigung verurteilt wurde, aber – wegen der boshaften Begehung – zu einer hohen Zuchthausstrafe, wobei das Gericht es ausdrücklich bedauerte, daß die Mißhandlung von Tieren nicht als eigenes, selbständiges Verbrechen zu bestrafen sei. Dieses Urteil wurde damals auch in der Gemeinde des Tatortes öffentlich bekannt gemacht.
Obwohl *Bansa* Tiermißhandlungen als „empörend für das sittliche Gefühl ansah" und der Meinung Ausdruck gab, es sei „nicht zu viel gesagt, wenn man dem Menschen, der ein Tier mit Lust quälen, mißhandeln kann, alles Böse auch gegen seine Mitbürger zutraut."[410], kam man überein, das Thema bei einer Neuregelung des Strafrechts wieder aufzugreifen und ansonsten auf Belehrung und Erziehung zu vertrauen, obwohl deren Wirksamkeit angezweifelt wurde[411].

Aber auch 1840, bei der Beratung eines Strafgesetzbuches, zog der Abgeordnete *von Ritgen* seinen Vorschlag „Wer Thiere zwecklos quält, oder denselben, durch Schläge oder auf sonstige Weise, offenbar größere Qualen zufügt, als erforderlich ist, um dieselben zu tödten, oder nach Maaßgabe ihrer Kräfte zum nutzbaren Gebrauche anzuhalten oder abzurichten, soll mit einer Geldbuße bis zu zwanzig fl. bestraft werden. Zergliederungen lebender Thiere sollen nur nach vorheriger Erlaubnis von Seiten der einschlagenden Administrativbehörde vorgenommen werden." wieder zurück, in der Hoffnung, dieser werde demnächst in einem Polizeistrafkodex aufgegriffen[412]. Ermahnungen an Erwachsene und Erziehung der Schuljugend hatten sich in der Tat als unzureichend erwiesen.

Diese früheren Anträge im Hessischen Landtag haben aber wohl zumindest den Anstoß dazu gegeben, daß es im Jahre 1846 zur Aufnahme folgenden Artikels 218 in den Regierungsentwurf eines Polizeistrafgesetzes für das Großherzogtum

---

[409] Landtagsakten Hessen-Darmstadt 1832/33, Protokolle 2. Kammer, Bd. 2, S. 292.
[410] Landtagsakten Hessen-Darmstadt 1832/33, Protokolle 2. Kammer, Bd. 2, S. 294.
[411] Landtagsakten Hessen-Darmstadt 1832/33, Beilagen 2. Kammer, Bd. 2, S. 606-608, Weiterer Bericht des 2. Ausschusses und Landtagsakten Hessen-Darmstadt 1832/33, Protokolle 2. Kammer, Bd. 3, S. 726-728.
[412] Landtagsakten Hessen-Darmstadt 1840, Protokolle 2. Kammer, Bd. 6, Protokoll 145 der Sitzung vom 29. September 1840, S. 59-61.

Hessen kam. Unter dem Titel 18 Nr. 3 „Übertretungen der sittenpolizeilichen Vorschriften" hieß es: „Wer durch rohe Mißhandlung von Tieren Ärgernis giebt, ist mit Geldbuße von ein bis zehn fl. oder Gefängnis bis zu acht Tagen zu bestrafen."[413]
Diese Bestimmung war dem Württembergischen Recht entlehnt, die Motive[414] schlossen sich den dortigen Ausführungen an.

Der Vorschlag der Regierung aber fand nicht den Beifall der Kammer-Ausschüsse, welche vielmehr übereinstimmend folgende veränderte Fassung beantragten: „Rohe Mißhandlung von Tieren aus Eigennutz, Bosheit oder Mutwillen wird mit Geldbuße von ein bis zehn fl. oder Gefängnis bis zu acht Tagen bestraft, welches in Fällen ausgezeichneter Bosheit geschärft werden kann."[415]
Bei Beratung dieses Artikels im Plenum der zweiten Kammer[416] wurden von verschiedenen Seiten Bedenken laut, es könnte unter die Bestrafung der Tierquälerei aus Eigennutz auch die Züchtigung eines halsstarrigen Tieres oder die notwendige Anstrengung und schlechte Behandlung zur Erreichung erlaubter Zwecke gerechnet werden. Außerdem wurde darauf hingewiesen, daß andere Gesetzgebungen nur das boshafte und mutwillige Quälen bestraft hätten. Die Kammer beschloß daher, aus dem Kommissionsantrag das Wort „Eigennutz" zu streichen. Ferner sollten die Worte „welches in Fällen ausgezeichneter Bosheit geschärft werden kann" wegfallen.
Nachdem beide Änderungen seitens der ersten Kammer genehmigt worden waren, enthielt das Polizeistrafgesetz vom 2. November 1847 den Artikel (als Art. 207) in folgender Fassung: „Rohe Mißhandlung von Tieren aus Bosheit oder Mutwillen wird mit Geldbuße von ein bis zehn fl. oder Gefängnis bis zu acht Tagen bestraft."[417]

---

[413] Zitiert nach von Hippel, Tierquälerei, S. 11.
[414] Landtagsakten Hessen-Darmstadt 1844/47, Beilagen 2. Kammer, Bd. 5, Beilage Nr. 240 zum Protokoll Nr. 80 der Sitzung vom 27. November 1846, S. 115.
[415] Zitiert nach von Hippel, Tierquälerei, S. 11. Die Schärfung bestand in der Vollziehung der Strafe bei Wasser und Brot.
[416] Landtagsakten Hessen-Darmstadt 1844/47, Protokolle 2. Kammer, Bd. 8, Protokoll Nr. 133 der Sitzung vom 18. März 1847, S. 54-75.
[417] Hessisches RegBl. Nr. 42 vom 25. November 1847, S. 373 (415).

Diesen Wortlaut ebenso wie die Stellung unter den Übertretungen der sittenpolizeilichen Vorschriften[418] hat die Bestimmung auch im Polizeistrafgesetz vom 30. Oktober 1855 unter Art. 212 beibehalten[419].

Die Großherzoglich Hessische Gesetzgebung vor 1870 sah demnach bei Bestrafung der Tierquälerei einerseits von den Merkmalen der Öffentlichkeit und des Ärgernis-Erregens völlig ab, verlangte aber andererseits das Zusammentreffen der Momente „roh" und „boshaft" bzw. „mutwillig".

5. Preußen

a) Altpreußische Gebiete

Auch in Preußen wurde es schon frühzeitig als Mangel empfunden, daß es keine Strafbestimmungen gegen die Tierquälerei gab. Die preußische Rechtsprechung versuchte vereinzelt, wie schon *Hommel* im 18. Jahrhundert, der Tierquälerei durch eine Bestrafung aus anderen rechtlichen Gesichtspunkten entgegenzutreten. Hierbei wurde teilweise § 183 II 20 ALR angewandt. Diese Bestimmung lautete: „Muthwillige Buben, welche auf den Straßen, oder sonst, Unruhe erregen, oder grobe Unsittlichkeiten verüben, sollen mit verhältnißmäßigem Gefängnisse, körperlicher Züchtigung oder Zuchthaustrafe belegt werden."[420]
Die Anwendung des § 183 II 20 ALR auf die Tierquälerei kann aber nicht allgemeine Praxis gewesen sein. Sie wird nur von *Temme* und *Duden* erwähnt. *Duden*[421] hält anscheinend nur die erste Alternative des § 183 II 20 ALR für anwendbar. *Temme*[422] spricht zwar von einer landrechtlichen Praxis, die den § 183 II 20 ALR anwende, führt aber keine entsprechenden Entscheidungen an. Im übrigen wird der § 183 II 20 ALR in der Literatur im Zusammenhang mit der Tierquälerei nicht erwähnt. Es muß deshalb angenommen werden, daß es sich bei der Anwendung des § 183 II 20 auf die Tierquälerei um eine *Duden* und

---

[418] Das sind: Konkubinat, Tierquälerei und Verfolgung nützlicher Vögel, öffentliche Lustbarkeiten, Trunksucht, Sonntagsheiligung, Schulpflicht und verbotene Spiele.
[419] Hessisches RegBl. Nr. 39 vom 28. November 1855, S. 449 (495).
[420] Hattenhauer, Allgemeines Landrecht für die Preußischen Staaten, S. 680.
[421] Duden, Der Preußische Entwurf einer neuen Strafgesetzgebung, S. 328.
[422] Temme, Lehrbuch des Preußischen Strafrechts, S. 1092.

Temme bekannte Rechtsprechung einzelner Gerichte, aber nicht um eine feststehende Praxis gehandelt hat[423].

Das Fehlen eines Tierschutztatbestandes im preußischen Recht bemängelte 1832 der Berliner Kammergerichtsreferendar *Komitsch*[424]. Er war der Meinung, Tierquälereien sei durch positive Strafbestimmungen zu begegnen, die von den Polizeibehörden erlassen werden müßten, und schlug folgende Bestimmung vor: „Wer ein Thier, ohne eine besondere Nothwendigkeit, auf eine ungewöhnlich grausame Weise mißhandelt, sey es aus Muthwillen oder Bosheit, der macht sich der Thierquälerei schuldig."[425] Bedroht sein sollte die Tierquälerei mit Geldstrafe, im Unvermögensfalle mit Gefängnis von mehreren Stunden bis zu einem Tag. Bei der Bestimmung der Strafe sollte beachtet werden, ob die Tierquälerei mehr heimlich oder öffentlich stattgefunden, also z.B. einen Auflauf verursacht habe. Im Wiederholungsfall plädierte er für öffentliche Bekanntgabe des Namens des Täters. Auch Lehrherren, Vormünder und Eltern sollten mit einer geringen Geldstrafe belegt werden, falls feststünde, daß sie die Mißhandlung eines Tieres von seiten ihrer Untergebenen gewußt, geduldet oder gar gebilligt haben. Dieser Vorschlag blieb jedoch von der preußischen Gesetzgebung unbeachtet[426].

Die preußische Tierschutzgesetzgebung verdankt ihre Entstehung vielmehr dem persönlichen Eingreifen des Königs *Friedrich Wilhelm III.*, welcher am 22. März 1836 folgende Kabinettsordre an die Staatsminister *Mühlen* und *von Rochow* richtete: „Die Regierung in Liegnitz erzählt in ihrem letzten Zeitungsblatt wieder einen Fall von Thierquälerei und bringt den Mangel gesetzlicher Strafbestimmungen für Vergehen dieser Art in Erinnerung. Sie erhalten hierbei eine

---

423 Vgl. von Hippel, Tierquälerei, S.12, Fn. 1; Juchem, Entwicklung des Tierschutzes, S. 53.

424 Komitsch, Hitzigs Zeitschrift, Bd. 20, 39. Heft 1832, S. 194 (196).

425 Komitsch, Hitzigs Zeitschrift, Bd. 20, 39. Heft 1832, S. 194 (198).

426 Nicht aber in der Strafrechtstheorie, vgl. Abegg, Neues Archiv des Criminalrechts, Bd. 14, 1834, S. 93-101, der die Tatbestandsmerkmale „besondere Notwendigkeit" und „ungewöhnlich grausame Weise" für fehl am Platze hielt (S. 98). Als Strafe hielt Abegg eine mehrwöchige Freiheitsbeschränkung für angemessen, wobei er Komitsch im Grundsatz darin zustimmte, daß ein Indiz für die Schwere der Schuld, nach der die Strafzumessung zu erfolgen habe, die heimliche oder öffentliche Begehung der Tat sein könne, die sich aber je nach Art des Falles strafschärfend oder -mildernd auswirken könnte (S. 99).

Abschrift des betreffenden Passus zur Kenntnißnahme und näherer Erwägung in legislativer Hinsicht.“[427]

Infolge dieser Kabinettsordre wurde durch den Justizminister *von Kamptz* ein ausführliches „Votum, die Mißhandlung der Tiere betr.“ vom 28. September 1840 ausgearbeitet[428].

„Das Ressort der Polizei, ganz vorzüglich aber das des öfffentlichen Unterrichts“ waren diesem Votum zufolge „die Verwaltungszweige, vor welche dieser Gegenstand hauptsächlich gehört; die Bestrafung der durch sie nicht verhinderten Vergehen gehört dagegen in das Gebiet des Strafrechts.“[429]

Die Tatsache, daß frühere Gesetze keine diesbezüglichen Strafbestimmungen enthielten, führte *von Kamptz* darauf zurück, daß einzelne Gerichte auch ohne solche Gesetze Tierquälereien bestraft hätten, daß früher die Ansicht vorgeherrscht habe, Vorschriften gegen Tiermißhandlungen seien als Beschränkung des Eigentumsrechts an den Tieren abzulehnen und daß „alles dem innern Richter eines Jeden überlassen bleiben müsse“. Inzwischen habe man aber die Erfahrung gemacht, „daß dieser innere Richter oft schweigt, und daher das Bedürfnis gefühlt, durch positive Gesetze dem äußern Richter seine frühere Wirksamkeit wieder zu geben“[430].

---

[427] Abgedruckt bei: Schubert/Regge, Preußische Gesetzrevision 1825-1848, Abt. 1, Bd. 4, Halbbd. 2, S. 884.

[428] Abgedruckt bei: Schubert/Regge, Preußische Gesetzrevision 1825-1848, Abt. 1, Bd. 4, Halbbd. 2, S. 879-883.

[429] Schubert/Regge, Preußische Gesetzrevision 1825-1848, Abt. 1, Bd. 4, Halbbd. 2, S. 880. Zwischenzeitlich hatte Mühlen ein Votum ausgearbeitet, in dem er Polizeistrafe gegen Tierquäler für durchaus angemessen erachtete und Überlegungen anstellte, ob Tierquälereien von den Polizeibehörden nach den §§ 61 bis 63 II 17 ALR geahndet werden könnten. Diese Bestimmungen lauten: § 61: „Wo keine besondre Polizeygerichte vorhanden sind, liegt dem mit der bürgerlichen Gerichtsbarkeit Beliehenen auch die Untersuchung und Bestrafung der geringeren Polizeyvergehungen oder Verbrechen ob.“ § 62: „Geringere Verbrechen dieser Art sind diejenigen, auf welche die Gesetze nur höchstens Vierzehntägiges Gefängniß, oder Strafarbeit; oder bis Fünf Thaler Geldstrafe verordnen.“ § 63: „Auch andere Uebertretungen gemeiner Leute, welche nach den Gesetzen nur mit mäßiger Züchtigung, oder öffentlicher jedoch nicht entehrender Ausstellung, geahndet werden sollen, gehören zur bürgerlichen Gerichtsbarkeit.“, zitiert nach: Hattenhauer, Allgemeines Landrecht für die Preußischen Staaten, S. 628. Das Votum von Kamptz‘ begründete die Notwendigkeit positiver Bestimmungen gegen Tierquälerei jedoch damit, daß das „neuere Strafrechtssystem“ ein Einschreiten ohne gesetzliches Verbot für unzulässig halte, während von den §§ 62, 63 oder 183 II 20 ALR mit keinem Wort die Rede war.

[430] Schubert/Regge, Preußische Gesetzrevision 1825-1848, Abt. 1, Bd. 4, Halbbd. 2, S. 880.

Das Votum unterteilte die zur Bekämpfung der Tierquälerei anzuwendenden Maßregeln in drei Gruppen:
Bei den „Maßregeln zur Vorbeugung derselben“ komme in erster Linie der religiöse und sittliche Unterricht durch Geistliche und Lehrer in Betracht, „und dürfte es nicht unzweckmäßig sein, gegen Schüler der Schuldisciplin eine Wirksamkeit einzuräumen“. Weiter erhoffte sich der Minister von der Tätigkeit der Tierschutzvereine, daß sie die in jenem Unterricht eingeflößten Ansichten lebendig erhalten. Endlich gehört zu den Vorbeugungsmitteln die Einwirkung der Polizei, teils „durch polizeiliche Aufsicht und durch Rüge der zu ihrer Kenntniß gekommenen Kontraventionen, teils und vorzüglich aber durch nähere Vorschriften gegen die gewöhnlicheren Mißhandlungen von Thieren ..., deren Sündhaftigkeit wegen ihrer allgemeinen Ausübung von einem großen Theil derjenigen, welche sie begehen, oft kaum mehr geahnet wird.“[431]
Zu den „Maßregeln zur Ausführung der erlassenen Verbotsgesetze“ sollten neben Polizei und Tierschutzvereinen auch andere Beamte, z.B. „Thorwachen und Thoreinnehmer“, desgleichen die Dienst- und Lehrherrn und Schullehrer beitragen, „und würde es daher ratsam seyn, ihnen hierauf Aufmerksamkeit zu empfehlen und selbst zur Pflicht zu machen.“
Bezüglich der „Strafmaßregeln“ führte das Votum aus: „Die Graenze, an welcher die Strafbarkeit der Tierquälerei anfängt, ist im Allgemeinen nicht füglich scharf zu bestimmen, da der Umfang des erlaubten Gebrauchs derselben eben so relativ ist, als das Maaß der anzuwendenden Mittel um zu diesem Gebrauch zu gelangen. Im Allgemeinen dürfte hierbei von dem Grundsatz auszugehen seyn, daß die schmerzliche Behandlung der Tiere nur zu einem erlaubten Zweck und dann auch nur in dem zu dessen Erreichung nothwendigen Maaße zu gestatten sey. Da aber dieser Grundsatz in der Anwendung schwierig ist; so möchte es genügen, die Strafbestimmung auf boshafte und muthwillige grausame Behandlungen und zum Gebrauche der Thiere nicht nothwendige Mißhandlungen, sowohl der zahmen, als wilden Thiere, zu beschränken.“[432]
Auch hier werde sich ein strenges Verfahren anfänglich nicht empfehlen, ein Einschreiten in den Fällen öffentlicher Begehung oder an die Behörde erstatteter Anzeige vielmehr sich als ausreichend erweisen. Die Strafe sei „nicht so hoch zu stellen, wie die Bosheit des Vergehens es oft verdient“. Unter Hinweis auf die

[431] Schubert/Regge, Preußische Gesetzrevision 1825-1848, Abt. 1, Bd. 4, Halbbd. 2, S. 881.
[432] Schubert/Regge, Preußische Gesetzrevision 1825-1848, Abt. 1, Bd. 4, Halbbd. 2, S. 882.

englische Gesetzgebung schlug *von Kamptz* wahlweise eine der Ortsarmenkasse anheimfallende Geldstrafe oder eine viertägige bis sechswöchentliche Gefängnissstrafe vor[433].

Die Untersuchung und Bestrafung werde zweckmäßig durch die Polizeibehörden zu erfolgen haben, weil sie sich hierdurch energischer und unmittelbarer gestalte.

„Hiernach würde ich“, so schloß das Votum, „folgende §§ vorschlagen:

§.: Boshafte und muthwillige grausame Behandlung zahmer und wilder Thiere und zu ihrem Gebrauche unnöthige Mißhandlungen derselben, sollen mit viertägiger bis sechswöchentlicher Gefängnißstrafe oder verhältnismäßiger, der Ortsarmenkasse anheimfallender, Geldstrafe geahndet werden.

§.: Die Untersuchung und Bestrafung solcher Vergehen gehört vor die Polizeiobrigkeit, tritt aber nur ein, wenn dieselben öffentlich begangen oder ihr angezeigt sind.“

Die Einfügung des Tatbestandsmerkmals der Öffentlichkeit begründete *von Kamptz* nur mit der allgemeinen Erwägung, daß der Tatbestand einer Einschränkung bedürfe[434], eine weitere Einschränkung bedeutete das Erfordernis der Anzeigeerstattung, der Erregung eines subjektiven Ärgernisses.

Obwohl *von Kamptz* selbst davon ausging, daß *Friedrich Wilhelm III.* eine gesetzliche Regelung der Tierquälerei schon vor Veröffentlichung des neuen Strafgesetzbuches, über das gerade verhandelt wurde, wünschte[435], hatte es viereinhalb Jahre bis zur Ausarbeitung dieses Votums gedauert, welches dann erst am 28. September 1840 der zur Revision des Strafrechts ernannten Kommission des Staatsrats (Immediat-Kommission) zur Prüfung und Berücksichtigung vorgelegt wurde[436].

[433] Schubert/Regge, Preußische Gesetzrevision 1825-1848, Abt. 1, Bd. 4, Halbbd. 2, S. 882.

[434] Vgl. Juchem, Entwicklung des Tierschutzes, S. 54.

[435] Schubert/Regge, Preußische Gesetzrevision 1825-1848, Abt. 1, Bd. 4, Halbbd. 2, S. 880.

[436] Abgedruckt bei: Schubert/Regge, Preußische Gesetzrevision 1825-1848, Abt. 1, Bd. 4, Halbbd. 2, S. 879-883; vgl. auch von Hippel, Tierquälerei, S. 12-15. Da die Tierquälerei bei der Gesetzesrevision bisher noch nicht berücksichtigt worden war, mußte das Justizministerium sich darauf beschränken, entsprechende Regelungen dem Entwurf des revidierten Strafgesetzbuchs in einem Nachtrag folgen zu lassen, vgl. Kamptz's Jahrbücher, Bd. 61, 121. Heft 1843, S. 3 und von Kamptz' eigener Nachsatz zu seinem Votum, abgedruckt bei: Schubert/Regge, Preußische Gesetzrevision 1825-1848, Abt. 1, Bd. 4, Halbbd. 2, S. 883.

In ihrer 59. Sitzung am 15. Januar 1842 diskutierte die Immediatkommission zur Revision des Strafrechts den *von Kamptz'schen* Entwurf[437]. Auch sie wies auf Abgrenzungsschwierigkeiten hinsichtlich des erlaubten Gebrauchs der Tiere hin und wollte, „um ein lästiges Eindringen der Behörden in häusliche und Privatverhältnisse zu vermeiden", die Strafbarkeit auf den Fall beschränkt sehen, daß die Tat öffentlich begangen worden sei oder zum öffentlichen Ärgernis gereichen könne.

Man entschied sich, folgende Bestimmung in den Entwurf eines Strafgesetzbuchs für die Preußischen Staaten aufzunehmen: „Wer durch boshaftes Quälen oder rohe Mißhandlung von Thieren zu Aergerniß Anlaß giebt, ist mit Gefängnißstrafe bis zu sechs Wochen oder Geldbuße bis zu funfzig Thalern zu bestrafen". Die Stelle, wo diese Bestimmung demnächst aufgenommen werden sollte, wurde einstweilen noch vorbehalten.[438]

Nach der 2. Redaktion wurde allen Preußischen Provinziallandtagen[439] unter Nr. 20 der Hauptpunkte der Beratung über den Entwurf des StGB im Staatsrat die Frage gestellt: „Ist die im § 541 vorgeschlagene Strafbestimmung gegen die Thierquälerei aufzunehmen?"[440].

Das Staatsratplenum beriet über den StGB-Entwurf in der Fassung der Immediatkommission in seiner 23. Sitzung vom 18. Mai 1842[441]. Dabei erklärte sich die Versammlung in der Hauptsache mit dem Entwurf einverstanden, von einer Seite wurde jedoch gegen das Erfordernis des Ärgernisses das Bedenken geäußert, daß dieser Begriff sehr unbestimmt sei und das Strafwürdige der Handlung nicht in dem dadurch veranlaßten Ärgernis, welches eine bloße Folge derselben sei, liegen könne. Hierauf wurde jedoch erwidert, die Tierquälerei sei, wenn

[437] Abgedruckt bei: Schubert/Regge, Preußische Gesetzrevision 1825-1848, Abt. 1, Bd. 4, Halbbd. 2, S. 762.

[438] Die Vorschrift fand sich nach der 1. Redaktion des 2. Teils des Entwurfs des StGB (Von den einzelnen Verbrechen und deren Strafen) unter dem 25. Titel (Gemeingefährliche Verbrechen) als § 532 wieder, nach der 2. Redaktion als § 541 und nach der 3. Redaktion als § 538.

[439] Für die süd- und mitteldeutschen Staaten einschließlich Hannovers und Oldenburgs liegen für die Vormärzzeit (1830 - 1848) umfangreiche Parlamentsprotokolle vor, welche die Diskussionen über die Themen, mit welchen sich die damalige öffentliche Meinung befaßte, in aller Ausführlichkeit enthalten. Auch in Preußen haben diese Diskussionen stattgefunden, und zwar in den acht Provinziallandtagen, die nach dem Regierungsantritt Friedrich Wilhelm IV. 1841, 1843 und 1845 einberufen worden waren.

[440] Schubert/Regge, Preußische Gesetzrevision 1825-1848, Abt. 1, Bd. 4, Halbbd. 2, S. 913.

[441] Geh. StA Berlin-Dahlem, Rep. 80 I Nr. 128, Vol. 2, Bl. 81Rs/82.

auch unmenschlich, doch an sich nicht verbrecherisch und könne daher nur insofern unter Strafe gestellt werden, als sie auf das Allgemeine nachteilig einwirke. Dies lasse sich nur dann annehmen, wenn sie in einer Weise verübt werde, welche zu öffentlichem Ärgernis Anlaß gebe, eine Einschränkung, die getroffen werden müsse, „damit nicht für vexatorische Untersuchungen aller Art ein ungemessenes Feld eröffnet werde".

Von Kamptz' Vorschlag fand bei der preußischen Immediatkommission und im Staatsratsplenum also keine ungeteilte Zustimmung, man wich vielmehr in der Beschreibung der Tathandlungen entscheidend von seinen Vorschlägen ab. Außerdem wurde das Erfordernis des „Ärgerniserregens" nunmehr ausdrücklich in den Tatbestand aufgenommen. Auffallend ist, daß sowohl die Immediatkomission als auch der Staatsrat zwar die Erregung eines „öffentlichen Ärgernisses" forderten, bei ihren Beratungen aber nicht darauf eingingen, daß nach der vorgeschlagenen Strafnorm nur „Ärgernis" erregt werden mußte. *Von Kamptz* hatte zwar auch „Öffentlichkeit" gefordert, hier aber nur die Tatbegehung selbst gemeint.
Nach Fertigstellung des Entwurfs von 1843, in dem die Tierquälerei in § 543[442] unter Strafe gestellt wurde, wurden die Ständeversammlungen gefragt: „Ist eine Strafbestimmung gegen die Tierquälerei aufzunehmen?"[443].

Auf die obigen Erläuterungen der Immediatkommission und des Staatsratsplenums hin erkannten sämtliche Provinziallandtage die Notwendigkeit einer gegen Tierquälerei gerichteten Strafbestimmung an und erklärten sich gleichzeitig mit der in § 543 des Entwurfs gewählten Fassung („Wer durch boshaftes Quälen oder rohe Mißhandlung zu Aergerniß Anlaß giebt, ...") einverstanden[444]. In eini-

---

[442] Die Einordnung des § 543 unter Titel 25, „Gemeingefährliche Verbrechen, Polizeiliche Vorschriften" erfolgte offensichtlich, weil die vorhergehenden Paragraphen (Viehseuchenvorschriften, Vorschriften über das Halten gefährlicher Tiere) auch mit Tieren in Zusammenhang stehende Tatbestände behandelten. Jedoch ist dieser rein äußerliche Gesichtspunkt, der den im Tierquälereitatbestand zum Ausdruck kommenden Unrechtsgehalt unberücksichtigt ließ, bereits im preußischen Entwurf von 1845 aufgegeben worden, vgl. Juchem, Entwicklung des Tierschutzes, S. 55.
[443] Frage Nr. 59 in der „Denkschrift über die zur ständischen Beratung gestellten Fragen des Staatsrats" vom Jahre 1843.
[444] Vgl. Schubert, Die Preußischen Provinziallandtage: Abt. 1, Bd. 2, Rheinprovinz von 1843, Verh. S. 114; Abt. 2, Bd. 2, Königreich Preußen von 1843, Denkschriften S. 189; Abt. 3, Bd.

gen Provinziallandtagen war es schon 1841 auf Grund entsprechender Petitionen zur Erörterung der Tierschutzfrage gekommen[445], woraufhin die Antragsteller dahingehend beschieden wurden, der Gegenstand werde bei der Revision des Strafrechts zur Erwägung kommen[446].

Nur die Sächsischen Stände wünschten eine Änderung, nämlich den Einschub des Wortes „öffentlich" vor „Ärgernis"[447], ein Antrag[448], welcher jedoch in der „Revision des Entwurfs des StGB von 1843"[449] mit dem Bemerken abgewiesen wurde[450], daß darin eine zu große Einschränkung des Tatbestandes enthalten sei, welche zu der Deutung Anlaß geben könne, als müsse die Quälerei, um strafbar zu sein, geradezu auf öffentlicher Straße geschehen sein. Diese Erklärung ist in den Motiven zum Entwurf des Jahres 1847 wiederholt. Sie verwundert insofern, als Staatsrat und Immediatkommission noch 1842 in ihren Beratungen auf die Erregung öffentlichen Ärgernisses abgestellt hatten, andererseits insofern aber auch nicht, als schon damals das Erfordernis des „öffentlichen Ärgernisses" nicht Eingang in den Tatbestand der Tierquälereinorm gefunden hatte.

2, Provinz Westfalen von 1843, Prot. S. 38 und 74. Schubert, Preußen im Vormärz, S. 83, 142, 293, 365 und 375. Außerdem 6. PL Großherzogtum Posen von 1843, S. 95; 7. PL Herzogtum Schlesien, Grafschaft Glatz und Markgrafentum Ober-Lausitz (Preußischen Anteils) von 1843, Verh. S. 48 und 255; 8. PL Herzogtum Schlesien, Grafschaft Glatz und Markgrafentum Ober-Lausitz (Preußischen Anteils) von 1845, Verh. S. 86; 7. PL Herzogtum Pommern und Fürstentum Rügen von 1843, Prot. S. 112; 7. PL Provinz Sachsen von 1843, Prot. S. 68/69 und Denkschrift S. 99; 8. PL Mark Brandenburg und Markgrafentum Niederlausitz von 1843, Prot. S. 125/126 und Verh. S. 68/69.

445 Schubert, Die Preußischen Provinziallandtage, Abt. 1, Bd. 1, Rheinprovinz von 1841, Prot. S. 66/67, Verh. S. 139/140 und 6. PL Herzogtum Schlesien, Grafschaft Glatz und Markgrafentum Ober-Lausitz (Preußischen Anteils) von 1841, Prot. S. 171 und Verh. S. 86.

446 Schubert, Die Preußischen Provinziallandtage, Abt. 1, Bd. 1, Rheinprovinz von 1841, Verh. S. 207.

447 Die Tatsache, daß die Motive zum Entwurf (Immediatkommission und Staatsratsplenum) von „öffentlichem Ärgernis" und der Entwurf selbst nur von „Ärgernis" sprach, führte zu einigen Irritationen, vgl. 8. PL der Mark Brandenburg und des Markgrafentums Niederlausitz von 1843, Prot. S. 125/126 und Verh. S. 68/69; 7. PL Herzogtum Schlesien, Grafschaft Glatz und Markgrafentum Ober-Lausitz (Preußischen Anteils) von 1843, Verh. S. 48 und 255.

448 7. PL Provinz Sachsen von 1843, Prot. S. 68/69 und Denkschrift S. 99.

449 Schubert/Regge, Preußische Gesetzrevision 1825-1848, Abt. 1, Bd. 5, S. 761.

450 Die Ablehnung wird auch mitgeteilt bei Abegg, Archiv des Criminalrechts, Neue Folge 1851, S. 102 (121).

Der „revidierte Entwurf" von 1845[451] hat denn auch die Vorschrift des § 543 in § 427 aufrecht erhalten, die Gefängnisstrafe aber auf vier Wochen ermäßigt und der Norm eine veränderte systematische Stellung in Teil 3 des Strafgesetzbuchs „Von den Polizeivergehen und deren Bestrafung", Titel 3 „Vergehen in Bezug auf die öffentliche Sittlichkeit"[452] eingeräumt.

Die Entwürfe von 1846 (§ 433)[453] und 1847 (§ 442)[454] stimmen bezüglich der Tierquälerei mit dem von 1843 genau überein, das heißt, die Höchstgefängnisstrafe beläuft sich wieder auf sechs Wochen, und auch die Beratungen des ständischen Ausschusses von 1848 (Sitzung vom 3. März)[455] bringen keinerlei Abweichung.

Die Tierschutzvorschriften in den Entwürfen fanden in der Literatur allgemeine Zustimmung[456]. Sie wurden ausdrücklich nur von *Duden*[457] abgelehnt, der jede Bestrafung der Tierquälerei als „moralische Bevormundung" ansah und eine besondere Strafnorm für überflüssig hielt, da, wenn das Ärgernis eine öffentliche Ruhestörung verursache, es ohnehin strafbar sei.

Eine Änderung enthielt dann der „Entwurf eines StGB für die Preußischen Staaten" vom Dezember 1850. Er stellte seinen § 312 Nr. 7 unter die „Übertretungen in Beziehung auf die Sicherheit des Staates und die öffentliche Ordnung" und formulierte ihn folgendermaßen: „Wer öffentlich Tiere boshaft quält oder roh mißhandelt."[458] Strafe sollte Geldstrafe bis zu fünfzig Taler oder Gefängnis bis zu sechs Wochen sein.
Strafbar war jetzt also nicht mehr – so wie früher geplant – jede Tierquälerei, die Ärgernis erregt, sondern nur die öffentlich begangene, diese aber freilich ohne

[451] Schubert/Regge, Preußische Gesetzrevision 1825-1848, Abt. 1, Bd. 6, Teil 2, S. 86.
[452] Dies waren die Übertretung der zur Beschränkung der Unzucht erlassenen Polizeiverordnungen und die Tierquälerei.
[453] Schubert/Regge, Preußische Gesetzrevision 1825-1848, Abt. 1, Bd. 6, Teil 2, S. 438.
[454] Schubert/Regge, Preußische Gesetzrevision 1825-1848, Abt. 1, Bd. 6, Teil 2, S. 819, 993 und 1310/1311.
[455] Bleich, Verhandlungen des im Jahre 1848 zusammenberufenen Vereinigten ständischen Ausschusses, Bd. 4, S. 676.
[456] Abegg, Archiv des Criminalrechts, Neue Folge 1851, S. 102 (120/121), der sich nur gegen das „Anlaßgeben zu Ärgernis" wandte; Juchem, Entwicklung des Tierschutzes, S. 55.
[457] Duden, Der Preußische Entwurf einer neuen Strafgesetzgebung, S. 328.

Rücksicht darauf, ob sie jemanden in seinem Sittlichkeitsgefühl verletzte oder nicht.

In der Kommission der zweiten Kammer wurden bei Beratung des Entwurfes Bemerkungen laut, „daß es ... angemessen erscheinen möchte, das Wort 'öffentlich' fortzulassen, um den Schein zu vermeiden, daß man die boshafte Thierquälerei, wenn sie nicht öffentlich ist, billige“[459]. Ferner wurde der Antrag gestellt, „statt 'Thiere' zu setzen 'Last- Zug- und Haustiere', weil man nur diese wegen ihrer näheren Beziehungen zum Menschen zu schützen nötig habe“. Beide Vorschläge aber fanden nicht die erforderliche Unterstützung, „weil es hier nur darauf ankomme, das Hervortreten dieser Lieblosigkeit und die öffentliche Rohheit zu verpönen, andererseits die Bezeichnungen 'boshaft quält' und 'roh mißhandelt' der Staatsanwaltschaft das Maß in die Hand geben werden, nach welchem sie sich bei Strafanträgen zu richten habe.“[460] Ein Verzicht auf die Öffentlichkeit der Begehung wurde allgemein mit der schon früher oft angeführten Begründung abgelehnt, der Staat dürfe sich nicht zu sehr in häusliche Verhältnisse einmischen, um nicht bei der Bekämpfung des einen Übels, der Tierquälerei, ein weit größeres Übel, nämlich die Störung des Rechtsfriedens, hervorzurufen[461].

Aus welchen besonderen Gründen das Tatbestandsmerkmal des Ärgernisses durch das Merkmal der Öffentlichkeit ersetzt worden ist, läßt sich nicht sicher feststellen. Schon *von Kamptz*, der in seinem Votum die Bestrafung der öffentlichen Tierquälerei befürwortete, führte kein nähere Begründung hierfür an. In den Motiven zu dem Entwurf von 1850 ist diese Frage gleichfalls nicht erörtert. Die Fassung des § 312 Nr. 7 des Entwurfs von 1850 geht auf Art. 257 Nr. 2 des Entwurfes eines deutschen Einheitsstrafgesetzbuches von 1849 zurück[462], der nicht veröffentlicht und erst 1912 bekannt geworden ist[463]. Die Motive zu diesem Entwurf sind 1849 aus politischen Gründen vernichtet worden. Es erscheint

458 Vgl. Geh. StA Berlin-Dahlem, Rep. 84 a (Merseburg), Nr. 9676, Bl. 123.
459 Preuß. Abgeordnetenhaus, 2. Leg.-Per. 1850/51, Beilagen 2. Kammer, Bd. 4, Abt. 2, S. 11, Ds. Nr. 86.
460 Preuß. Abgeordnetenhaus, 2. Leg.Per. 1850/51, Beilagen 2. Kammer, Bd. 4, Abt. 2, S. 11, Ds. Nr. 86.
461 Vgl. Abegg, GA, Bd. 9, 1861, S. 80 (84).
462 Juchem, Entwicklung des Tierschutzes, S. 56.
463 Banke, Der erste Entwurf eines deutschen Einheitsstrafrechts. Die Tierquälereinorm ist dort auf Seite 106 abgedruckt.

wahrscheinlich, daß in den Motiven zu Art. 257 Nr. 2 des Entwurfs von 1849, der als erster Tierquälereitatbestand das Tatbestandsmerkmal der Öffentlichkeit enthielt, zu der Ersetzung dieses Merkmals Stellung genommen ist und die dort angegebenen Gründe zu der Fassung des § 340 Nr. 10 des StGB von 1851 geführt haben. Es kann jedoch angenommen werden, daß mit der Einfügung des Tatbestandsmerkmals der Öffentlichkeit keine grundsätzliche Änderung beabsichtigt war[464].

Daß dem Gesetzgeber selbst diese bedeutende inhaltliche Abweichung völlig unklar war, wird aus den Motiven ersichtlich, in denen es zu § 312 Nr. 7 des Entwurfs heißt: „Derselbe giebt den § 442 (des Entwurfs von 1847) in größerer Übersichtlichkeit wieder."[465]

Zu einer weiteren Erörterung der Frage im Plenum eines der Häuser kam es bei der unveränderten Annahme des gesamten Entwurfs am 5. und 12. April 1851 nicht.

Das Preußische StGB vom 13. Mai 1851[466] lautete demnach folgendermaßen: „Übertretungen in Beziehung auf die Sicherheit des Staates und die öffentliche Ordnung: § 340:

Mit Geldbuße bis zu fünfzig Thalern oder Gefängnis bis zu sechs Wochen wird bestraft ... Nr. 10) Wer öffentlich Tiere boshaft quält oder roh mißhandelt."

Neben dieser allgemeinen Bestimmung sind dem Wunsche *von Kamptz'* gemäß in den einzelnen Regierungsbezirken Spezialverordnungen auf Grund der §§ 11 und 12 des Gesetzes über die Polizeiverwaltung vom 11. März 1850 erlassen worden[467]. § 11 besagte: „Die Bezirksregierungen sind befugt, für mehrere Gemeinden ihres Verwaltungsbezirks oder für den ganzen Umfang desselben gültige Polizeivorschriften zu erlassen und gegen die Nichtbefolgung derselben Geldstrafen bis zum Betrage von zehn Thalern anzudrohen". § 12 lautete: „Die Vorschriften der Bezirksregierungen können sich auf die im § 6 dieses Gesetzes

---

[464] Juchem, Entwicklung des Tierschutzes, S. 56.

[465] Preußisches Abgeordnetenhaus, 2. Leg.-Per. 1850/51, Prot. 2. Kammer, Bd. 3, S. 183, Akte Nr. 23.

[466] Stenglein, Sammlung der deutschen Strafgesetzbücher, Bd. 3, XI, S. 151/152.

[467] Z.B. von der Königlichen Regierung Arnsberg am 12. Dezember 1853, Gumbinnen am 12. Februar 1858, Königsberg am 4. August 1858 und Potsdam am 18. November 1859, vgl. von Hippel, Tierquälerei, S. 18, Fn. 14.

angeführten und alle anderen Gegenstände beziehen, deren polizeiliche Regelung durch die Verhältnisse der Gemeinden und des Bezirks erfordert wird". Sie richteten sich gegen die Mißbräuche beim Viehtransport und verboten z.B. die Beförderung des kleinen Viehs auf Lasttieren, das Hetzen mit Hunden, den Transport auf Wagen derart, daß die Tiere übereinander geschichtet werden oder mit den Köpfen überhängen usw. Der Zuwiderhandelnde wurde, sofern nicht der § 340 Nr. 10 Anwendung fand, mit Geldstrafe (regelmäßig bis zu zehn Thalern), hilfsweise mit entsprechender Gefängnisstrafe bedroht.

Das preußische StGB fand 1852 auch in Anhalt-Bernburg, wo bis dahin die sächsischen Vorschriften gegolten hatten, und 1855 in Waldeck-Pyrmont Anwendung.

b) Im Jahre 1866 erworbene Gebiete

aa) Kurhessen

Im Kurfürstentum Hessen bestand eine Verordnung vom 11. Juni 1819 „wider das Hetzen des Schlachtviehs"[468], die im Interesse der Gesundheitspolizei und „damit ... die Grausamkeit des erwähnten Verfahrens aufhöre ... das Hetzen der Kälber und Hämmel beim Fortbringen durch die Metzger" mit vier Talern Strafe bedrohte, von denen der Anzeigende die Hälfte erhalten sollte[469].

Andere Strafvorschriften gegen Tierquälerei waren in Kurhessen vor 1866 nicht vorhanden.

bb) Hannover

Die Gesetzgebung des ehemaligen Königreichs Hannover stimmte mit der Württembergischen – von einer geringen Veränderung des Strafmaßes abgesehen – vollkommen überein. Die betreffende Vorschrift war im Polizeistrafgesetzbuch vom 25. Mai 1847 unter den „Vergehen gegen Sittlichkeit und Ord-

[468] Kurhessisches GuVBl. 1819, S. 37.

[469] Ähnliche Vorschriften bestanden bereits in den Polizeiverordnungen vom 25. Januar 1735 und 28. Juli 1747 sowie einem Regulativ vom 1. Juni 1791 für den Stadtbezirk Kassel, diese hatten aber wohl lediglich die Tendenz, den Verkauf gesundheitsschädlichen Fleisches zu verhüten, vgl. von Hippel, Tierquälerei, S. 19, Fn. 2.

nung“[470] enthalten und lautete: § 126: „Rohe, Ärgernis erregende Mißhandlung von Tieren ist mit Verweis, Geldbuße bis zu fünf Thalern oder mit verhältnismäßigem Gefängnis zu ahnden“[471].

cc) Frankfurt

In Frankfurt verbot eine Bekanntmachung des Polizeiamts vom 2. Mai 1853 bei Geld- und Gefängnisstrafe das Überladen und Mißhandeln von Pferden, das Mißhandeln des Schlachtviehs beim Transport, insbesondere durch Hetzen mit Hunden und die Verwendung von Zughunden[472].

Diese Vorschrift wurde durch das Polizei-Strafgesetz vom 16. September 1856 außer Kraft gesetzt, welches in Art. 5 Nr. 4a lautete: „Wer durch Mißhandeln, durch Überladen oder durch Hetzen auf dem Transporte sich einer Grausamkeit gegen Tiere schuldig macht, (oder einheimische Singvögel einfängt oder ihre Nester zerstört), wird mit einer Geldbuße bis zu zehn Gulden einschließlich bestraft.“[473]

dd) Hessen-Nassau

In Hessen-Nassau bestanden vor 1866 keine Strafbestimmungen gegen Tierquälerei.

6. Bayern

In Bayern verordnete bereits am 16. Juni 1839 ein Ministerialreskript an die Kreisregierungen[474]:

„1. Vor Allem haben sie dahin zu wirken, daß durch Erziehung und Unterricht in den Schulen, der Jugend Abscheu gegen das Martern der Thiere aller Art eingeprägt werde;

---

[470] Ein Sammelabschnitt, der außerdem z.B. Vorschriften über Trunkenheit, Unzucht, Glücksspiel, Bettelei, Landstreicherei, Religionsvergehen und Schulversäumnis enthält.

[471] Gesetzsammlung für das Königreich Hannover 1847, Nr. 29, S. 111 (129).

[472] von Hippel, Tierquälerei, S. 19.

[473] von Hippel, Tierquälerei, S. 19.

[474] Abgedruckt bei Schubert/Regge, Preußische Gesetzrevision 1825-1848, Abt. 1, Bd. 4, Halbbd. 2, S. 895/896.

2. die Distrikts- und Polizeibehörde zur abmahnenden und strafenden Einschreitung gegen jede grausame Behandlung von Thieren, die exekutiven Organe der Polizeibehörden zur Aufsicht und zur Anzeige der wahrgenommenen Thatsachen dieser Art anzuweisen;
3. durch angemessene, den Lokalverhältnissen entsprechende Anordnungen allmählig die besonders in Behandlung des Schlachtviehes angewöhnten, zum Teil veralteten Mißbräuche abzustellen, und auf diesem Wege einem Uebelstande ein Ziel zu setzen, der fortwährend zu lauten Klagen Anlaß giebt, und, möge er nun in Mangel an Ueberlegung und in der Macht der Gewohnheit oder in Gefühllosigkeit und Rohheit des Volkes seine Wurzeln finden, jedenfalls abstellende Maaßregeln in Anspruch nimmt."[475]

Selbständige Strafbestimmungen enthielt erst das Polizeistrafgesetzbuch vom 10. November 1861 unter dem Titel „Übertretungen in Bezug auf die Sittenpolizei"[476] in Art. 100. Er lautete: „Wer Tiere roh mißhandelt oder boshaft quält, wer den bezüglich einzelner Arten von Tierquälerei durch Verordnung erlassenen Bestimmungen zuwiderhandelt, wird an Geld bis zu fünfundzwanzig Gulden oder mit Arrest bis zu acht Tagen bestraft"[477].
Im Gesetzgebungsausschuß der Kammer der Abgeordneten hatte sich der Referent (Abgeordneter *Edel*) gegen die ausdrückliche Zulassung des Verordnungsrechtes ausgesprochen, „da der Richter bei dem festgestellten Begriffe der Übertretung in jedem einzelnen Falle das Vorhandensein der strafbaren That ermitteln" könne[478]. Er hatte weiter unter Verweisung auf andere Gesetze die Aufnahme des Wortes „öffentlich" in den Tatbestand beantragt. Beide Änderungen wurden jedoch abgelehnt, die erste „um einer ungleichartigen Praxis mög-

[475] Schon ein Jahr früher hatte der Magistrat von Nürnberg in einer Verordnung die Tierquälerei „mit einer Strafe von 1-3 Thalern, nach Umständen mit Arrest" bedroht, vgl. Schubert/Regge, Preußische Gesetzrevision 1825-1848, Abt. 1, Bd. 4, Halbbd. 2, S. 896.
[476] Der Abschnitt umfaßte folgende Materien: Konkubinat, öffentliche Verletzung der Schamhaftigkeit, gewerbsmäßige Unzucht, Trunkenheit, verbotener Wirtshausbesuch und Tierquälerei.
[477] von Hippel, Tierquälerei, S. 21. Der Entwurf vom Juni 1860 hatte ein doppelt so hohes Strafmaß vorgesehen, vgl. Landtagsakten Bayern 1859/61, Beilagen Kammer der Abgeordneten, Bd. 2, S. 73, zitiert nach von Hippel, Tierquälerei, S. 21, Fn. 3.
[478] Vgl. Landtagsakten Bayern 1859/61, Beilagen Kammer der Abgeordneten, Bd. 2, S. 226, zitiert nach von Hippel, Tierquälerei, S. 21, Fn. 4.

lichst vorzubeugen“[479], die letztere nach einem Hinweis des Innenministers, daß Württemberg das Erfordernis der Öffentlichkeit nicht aufstelle.
Bayern strafte demnach ebenso wie Preußen das boshafte Quälen oder rohe Mißhandeln von Tieren, erweiterte den Tatbestand aber durch das Absehen vom Erfordernis der Öffentlichkeit beträchtlich[480].

7. Waldeck

In Waldeck beruhte der Tierschutz auf § 340 Nr. 14 des StGB vom 15. Mai 1855, nach welchem „wer Tiere boshaft quält oder roh mißhandelt“ mit Gefängnis bis zu sechs Wochen oder Geldbuße bis zu fünfzig Thalern bedroht wurde[481].

8. Braunschweig

Genau dieselbe Vorschrift fand sich im Braunschweigischen Polizei-StGB vom 18. August 1855 unter „Vergehen wider die Sitten“ in § 173 wieder. Nur wurde als Strafe Geldbuße bis zu fünf Talern, bei Rückfall von ein bis zehn Talern oder Gefängnis von ein bis vierzehn Tagen angedroht[482].

9. Oldenburg

Das Oldenburgische StGB vom 3. Juli 1858 bedrohte unter den „Übertretungen in Beziehung auf die Sicherheit des Staates und die öffentliche Ordnung“ in Art.

---

479 So die Motive, vgl. Landtagsakten Bayern 1859/61, Beilagen Kammer der Abgeordneten, Bd. 2, S. 108, Nr. 8, zitiert nach von Hippel, Tierquälerei, S. 21, Fn. 5.

480 Die ausdrückliche Zulassung des Verordnungsrechts kann als Erweiterung gegenüber den Preußischen Zuständen nicht betrachtet werden, vgl. die Spezialverordnungen in Preußen.

481 von Hippel, Tierquälerei, S. 21. Die systematische Stellung des Paragraphen ist ebenso wie in Preußen unter den „Übertretungen in Beziehung auf die Sicherheit des Staates und die öffentliche Ordnung“.

482 GuVO-Sammlung Braunschweig Nr. 42 vom 6. September 1855, S. 313 (386). Die weiteren „Vergehen wider die Sitten“ sind Konkubinat und Verletzung der Schamhaftigkeit, Gaukeleien, Glücksspiel und Besudelung von Bauwerken.

318 § 1 i) den mit Geldstrafe bis zu fünfzig Talern oder Gefängnis bis zu sechs Wochen, der „öffentlich Thiere boshaft quält oder roh mißhandelt“[483].

10. Baden

In Baden traf auf Grund einer Verordnung des Großherzoglichen Ministeriums des Innern vom 26. Juni 1851[484] Geldstrafe bis zu fünfundzwanzig Gulden oder Gefängnis bis zu vierzehn Tagen, in Wiederholungsfällen aber stets Gefängnisstrafe, jeden, der Tiere quälte oder auf rohe Weise mißhandelte.

Da man die Bestimmung in dieser Ausdehnung jedoch nicht mehr beibehalten wollte, schlug der Regierungsentwurf zu einem Polizeistrafgesetzbuch in § 76 folgende Fassung vor: „Wer durch rohe Mißhandlung von Tieren öffentliches Ärgernis erregt, wird an Geld bis zu fünfundzwanzig Gulden oder mit Gefängnis bis zu acht Tagen bestraft.“[485]

Die Kommission der zweiten Kammer beantragte in ihrem über diesen Entwurf an das Plenum erstatteten Bericht (Berichterstatter *Eckhard*), „mit Rücksicht auf die im einzelnen Falle schwer zu treffende Bestimmung, ob öffentlichcs Ärgernis erregt worden sei oder nicht, an die Stelle dieses Erfordernisses die Öffentlichkeit der Verübung selbst zu setzen.“[486] In der Sache selbst sei dies keine große Änderung, „da regelmäßig eine öffentlich verübte Tierquälerei auch öffentliches Ärgernis erregen wird.“[487]

Darüber hinaus wollte die Kommission in ausdrücklicher Anlehnung an Art. 100 des Bayerischen Polizeigesetzbuchs einen Zusatz aufnehmen, der die Polizeibehörden auf besondere Arten von Tierquälerei aufmerksam machen sollte, wie dies auch bereits durch frühere Verordnungen geschehen sei. Sie beantragte daher, § 76 folgendermaßen zu fassen: „Wer Tiere öffentlich roh mißhandelt oder

[483] GBl. für das Herzogtum Oldenburg, Nr. 44 vom 20. Juli 1858, S. 371.

[484] „Die Bestrafung der Tierquälerei betr.“, Verordnungsblatt für den Mittelrheinkreis Nr. 12, S. 37, zitiert nach von Hippel, Tierquälerei, S. 22. Gegen einzelne Mißstände richteten sich überdies zwei weitere Verordnungen vom 17. November 1852 „Das Schlachten der Schweine betr.“, und vom 26. Februar 1853 „Das Spannen der Euter der Kühe betr.“, vgl. Landtagsakten Baden 1861/63, Beilagen 2. Kammer , Beilagenheft 4, 2. Hälfte, S. 592. Eine vorherige Regelung in einem Strafgesetzbuch gab es nicht.

[485] Landtagsakten Baden 1861/63, Beilagen 2. Kammer, Beilagenheft 4, zweite Hälfte, S. 494.

[486] Landtagsakten Baden 1861/63, Beilagen 2. Kammer, Beilagenheft 6, 1. Hälfte, S. 393.

[487] Landtagsakten Baden 1861/63, Beilagen 2. Kammer, Beilagenheft 6, 1. Hälfte, S. 393.

boshaft quält, wer den zur Verhütung einzelner Arten von Tierquälerei durch Verordnung erlassenen Bestimmungen zuwiderhandelt, wird an Geld bis zu fünfundzwanzig Gulden oder mit Gefängnis bis zu acht Tagen bestraft."
Die zweite Kammer trat in der Sitzung vom 27. April 1863[488] diesem Antrag bei. Das Zustandekommen des Paragraphen in diesem Wortlaut scheiterte aber am Widerstand der ersten Kammer. Hier wünschte die Kommission im Anschluß an das bisherige Recht jedes rohe Mißhandeln oder boshafte Quälen zu bestrafen und daher das Merkmal der Öffentlichkeit fallen zu lassen.
Im Plenum entschied sich das Haus am 9. Juni 1863[489] schließlich für die Annahme des ursprünglichen Regierungsentwurfs mit einem Zusatz, der das Verordnungsrecht zuließ.
Daraufhin erklärte sich die Kommission der zweiten Kammer in einem erneuten Bericht mit dieser Fassung des § 76 einverstanden. Allerdings sei nicht zu verkennen, „daß auf diesem noch immer sehr zweifelhaften Gebiete des Polizeistrafrechts jede Fassung ihre Bedenken haben"[490] werde. Nunmehr erteilte auch das Plenum der zweiten Kammer am 25. Juni 1863 seine Zustimmung.
§ 76 der Vorlage gelangte dadurch als § 78 ins Polizeistrafgesetzbuch vom 31. Oktober 1863[491]. Er wurde bei den „Übertretungen in Bezug auf religiöse Einrichtungen, Erziehung und Sittlichkeit[492] eingestellt und lautete: „Wer durch rohe Mißhandlung von Tieren öffentliches Ärgernis erregt, wer den zur Verhütung einzelner Arten von Tierquälerei durch Verordnung erlassenen Bestimmungen zuwiderhandelt, wird an Geld bis zu fünfundzwanzig Gulden oder mit Gefängnis bis zu acht Tagen bestraft."[493].

---

[488] Landtagsakten Baden 1861/63, Prot. 2. Kammer, S. 397, zitiert nach von Hippel, Tierquälerei, S. 23, Fn. 5.

[489] Landtagsakten Baden 1861/63, Prot. 1. Kammer, S. 160, 35. Sitzung, vgl. auch Landtagsakten Baden 1861/63, Beilagen 2. Kammer, Beilagenheft 6, 1. Hälfte, S. 774.

[490] Zitiert nach von Hippel, Tierquälerei, S. 24.

[491] Großherzoglich Badisches RegBl., Nr. 47 vom 14. November 1863, S. 439 (456).

[492] Auch hier waren, ähnlich wie in Hannover, die verschiedensten Bestimmungen vereinigt. Der Tierquälereiparagraph steht zwischen denjenigen über verbotenen Wirtshausbesuch und unerlaubtes Spiel, vgl. von Hippel, Tierquälerei, S. 24, Fn. 7.

[493] von Hippel, Tierquälerei, S. 24. Auf Grund der Zulassung des Verordnungsrechts wurde vom Innenministerium am 22. Oktober 1864 eine neue Verfügung erlassen, welche neben einer Wiederholung der in den beiden früheren Verordnungen enthaltenen Vorschriften genaue Bestimmungen über die beim Transport von Kälbern auf Wagen zu beobachtenden Vorsichtsmaßregeln enthielt, vgl. Großherzoglich Badisches RegBl., S. 786/787.

11. Mecklenburg

In Mecklenburg existierte eine Verordnung vom 10. April 1865[494]: „Wer Tiere, sie mögen ihm eigentümlich gehören oder nicht, auf rohe und böswillige oder mutwillige Art mißhandelt oder quält, ist von der Polizeibehörde des Ortes, wo die That begangen ist, nach Beschaffenheit des Falles mit einer Geldbuße bis zu fünfzig Thalern oder im Unvermögensfalle mit Gefängnisstrafe bis zu vier Wochen zu bestrafen".

12. Freie Städte

a) Bremen

In Bremen verbot zunächst eine „Polizeiliche Verordnung wider Mißhandlung der Pferde oder sonstige Handlungen der Tierquälerei" vom 22. Januar 1846, das Überladen der Lastfuhrwerke bei angemessener Strafe. „Die Polizeibediensteten", hieß es dann weiter, „sind angewiesen, darauf, daß diesem Verbote nicht zuwider gehandelt werde, sorgfältig Acht zu geben und die Übertretungen desselben, gleich wie sonstige Handlungen der Tierquälerei, vor welchen bei nachdrücklicher Strafe gewarnt wird, sofort anzuzeigen."[495]
Am 21. März 1857 erging eine „Bekanntmachung der Polizeidirektion, die Mißhandlung von Tieren, insbesondere vor Wagen gespannter Hunde betreffend"[496]. Es wurde darin zunächst an die Vorschrift der Verordnung vom 22. Januar 1846 erinnert, „wodurch jede Mißhandlung oder Quälerei von Tieren mit nachdrücklicher Strafe bedroht ist", ferner aber wurde die Überladung von Hundefuhrwerken, jede übertriebene Anstrengung eingespannter Hunde, das Besteigen der Hundefuhrwerke durch den Besitzer sowie das Alleinlassen derselben ohne Aufsicht bei „nachdrücklicher Gefängnis- oder Geldstrafe" untersagt[497].
Der den Tieren gewährte Schutz war danach in Bremen ein recht weitgehender, denn – von den Spezialvorschriften abgesehen – wurde „jede Mißhandlung oder

---

494 RegBl. für das Großherzogtum Mecklenburg-Schwerin 1865, S. 100/101.
495 Zitiert nach von Hippel, Tierquälerei, S. 25.
496 Gesetzbl. der freien Hansestadt Bremen 1857, Anhang, Bekanntmachung Nr. 16, S. 113.
497 Vgl. von Hippel, Tierquälerei, S. 26.

Quälerei" bestraft. Dennoch wurde die Aufnahme einer Tierquälereinorm in den Entwurf eines Bremischen Strafgesetzbuchs von 1868 abgelehnt. Die Motive[498] bemerkten hierzu ausdrücklich: „Wie bisher, wird diese Unsittlichkeit nur als Polizeiübertretung zu behandeln sein."

b) Hamburg

Das hamburgische StGB vom 30. April 1869 in Teil II, Titel 8 „Verbrechen[499] wider die Sittlichkeit" in Art. 165: „Boshaftes oder mutwilliges Quälen von Tieren ist mit Gefängnis bis zu vier Wochen oder mit Geldstrafe zu bestrafen."[500]

c) Lübeck

Lübeck schließlich besaß vor 1870 keine allgemeine Strafnorm gegen Tierquälerei, sondern nur Spezialbestimmungen. So verbot eine Senatsverordnung (die Hundefuhrwerke betreffend) vom 28. September 1853 in Nr. 6 die „unverhältnismäßige Belastung eines Fuhrwerks mit Personen oder Sachen" und eine weitere Senatsverordnung vom 17. November 1860 wandte sich gegen Mißhandlungen beim Transport des zum Schlachten bestimmten Viehes, welche sie mit Geldstrafe bis zu dreißig Mark oder angemessener Gefängnisstrafe bedrohte[501].

13. Zusammenfassung

Dafür, daß die ersten Tierschutzregelungen erst Ende der dreißiger Jahre des 19. Jahrhunderts erlassen wurden, gibt es mehrere Gründe.

Aus dem römischen Recht übernahm das deutsche die rechtliche Einstufung des Tieres als Sache. Damit ging der „Gebrauch" des Tieres als Eigentumsgegenstand durch den Menschen einher. Erst mit fortschreitender Kulturentwicklung wurde sich der Mensch seiner Verantwortung für die Tiere bewußt. Dieser versuchte man Anfang des 19. Jahrhunderts durch christliche Erziehung und schuli-

[498] Motive zum Bremischen StGB 1868, S.151, zitiert nach von Hippel, Tierquälerei, S. 26.
[499] Das Gesetz bezeichnete sämtliche strafbaren Handlungen als „Verbrechen".
[500] Gesetzsammlung der Freien und Hansestadt Hamburg, 5. Bd. 1869, S. 174.
[501] Zitiert nach von Hippel, Tierquälerei, S. 26.

sche Bildung der Jugend gerecht zu werden und zwar auch deswegen, weil man einen Zusammenhang zwischen jugendlicher Tierquälerei und späterer Gewaltakte gegen Menschen sah. Die Vorstellung, man könne der Tierquälerei durch Erziehung in Elternhaus, Schule und Kirche ausreichend entgegenwirken, stellte sich zwar bald als Trugschluß heraus, in dem anfänglichen Glauben, der Tierquälerei auch ohne strafrechtliche Ahndung Herr zu werden, ist dennoch der erste Grund dafür zu sehen, daß die Notwendigkeit gesetzlicher Regelung erst nach einiger Zeit allgemein anerkannt wurde.

Ein weiterer Grund liegt darin, daß der „Tierschutz" zunächst eine Aufgabe der Polizeiverwaltungsbehörden war und von diesen auch wahrgenommen wurde, was zur Folge hatte, daß gesetzliche Regelungen anfangs nicht vermißt wurden. Noch zu Beginn des 19. Jahrhunderts hatte diese Theorie Geltung, je mehr sie aber ins Schwanken geriet und der Rechtsstaatsgedanke erwachte, desto mehr drängte sich auch deswegen das Bedürfnis nach Ersatz durch gesetzliche Regeln auf[502].

Schließlich widersprach die Einfügung von Strafbestimmungen gegen Tiermißhandlung der *Kleinschrodschen* bzw. *Henke'schen* Theorie.

Dennoch scheint das Bedürfnis nach feststehenden gesetzlichen Regeln auch im strafrechtlichen Bereich trotz aller Hindernisse immer stärker geworden zu sein. Nur so läßt sich erklären, daß sich die Einsicht, daß gegen Tiermißhandlungen durch entsprechende Verordnungen und Gesetze vorgegangen werden müsse, in den deutschen Partikularstaaten fast gleichzeitig durchsetzte[503].

Der Formulierung einer strafrechtlichen Regelung standen aber wiederum rechtsdogmatische Hindernisse entgegen. Zum einen sah man vereinzelt Vorschriften gegen Mißhandlungen der Tiere als unzulässige Beschränkung des Eigentumsrechtes an diesen an, zum anderen wirkte sich die *Henke'sche* Theorie, obwohl sie den Erlaß tierschützerischer Regelungen nicht hatte verhindern können, auch weiterhin aus[504], was sich aus den Fassungen der einzelnen Tierquäle-

[502] Anklänge an diese Theorie finden sich in späterer Zeit in der Unterscheidung in kriminelle und polizeiliche Strafbarkeit.

[503] Dazu dürfte auch die Ende der 30er Jahre sich in ganz Europa ausbreitende Tierschutzbewegung beigetragen haben, die sich ab 1837 auch in den deutschen Einzelstaaten in Tierschutzvereinen organisierte und auf eine rechtliche Regelung des Tierschutzes drängte.

[504] Wie stark und wie lange die Henke'sche Theorie noch nachwirkte, läßt sich erst ermessen, wenn man bedenkt, daß das Sächsische StGB vom 1. Oktober 1868 keine Bestimmung gegen Tierquälerei mehr enthielt, nachdem in den Motiven zum Königlich Sächsischen Dekret vom 25. Januar 1868 ausgeführt worden war, daß der Tierquälerei „das Moment des criminell

reibestimmungen, ihrer systematischen Stellung und Entstehungsgeschichte schließen läßt.

Da nach der *Henke'schen* Theorie das Wesen des Verbrechens in einer Verletzung subjektiver Rechte bestand und da solcher Rechte nur Menschen für fähig erachtet wurden, mußte der Rechtsgrund für die Bestrafung eines Angriffs auf Tiere über das menschliche Rechtsgut der Sittlichkeit[505] konstruiert werden[506]. Demgemäß verlangten die Gesetze in Württemberg und Hannover die Erregung von Ärgernis. Preußen und Oldenburg hingegen setzten öffentliche Begehung voraus, Baden und das Sächsische StGB von 1855 sogar öffentliche Ärgerniserregung. Hier wird schon aus der Gesetzesformulierung ersichtlich, daß diese Staaten als das gefährliche und deshalb strafwürdige Moment in der Tierquälerei den Angriff auf das menschliche Sittlichkeitsgefühl ansahen, denn dem Tier selbst war die Öffentlichkeit oder die Ärgerniserregung völlig gleichgültig, wenn es nur von Schmerzzufügung verschont blieb[507].

Als Angriff auf die Sittlichkeit wurden dabei verschiedene mögliche Folgen der Tierquälerei angesehen. Zunächst fürchtete man die Verrohung und Abstumpfung des Täters selbst und verwies auf die Tatsache, daß es vom Tierquäler zum Menschenquäler nur ein kleiner Schritt sei. Insofern war die Tierquälerei echtes Roheitsdelikt. Aber auch die Wirkung auf etwaige Zeugen der Tat war von Bedeutung. Die, deren sittliches Empfinden intakt war, sollten vor einer Verletzung ihres Mitleidsgefühls, des Mitgefühls, geschützt werden, die anderen vor weiterer Abstumpfung.

Andere Gesetzgebungen sahen von den Merkmalen der Öffentlichkeit der Begehung und der Ärgerniserregung der Tierquälerei ab. So bestrafte Bremen jede Mißhandlung oder Quälerei, in Thüringen und Anhalt, Bayern, Waldeck, Braunschweig, Hessen-Darmstadt, Mecklenburg und Hamburg und zeitweilig auch in

---

Strafbaren" fehle, „die bloße Unsittlichkeit, ohne weitere Verletzung irgend welcher Rechte", reiche nicht aus.

[505] Hiermit war ein Verstoß gegen „Anstand und Sitte" gemeint, nicht die geschlechtliche Sittlichkeit.

[506] Gegen eine solche Sicht wendet sich Pitz, Das Delikt der Tierquälerei, S. 16, der die Erfordernisse der Öffentlichkeit und Ärgerniserregung nur als einschränkende und umschreibende Merkmale auffaßt. Seiner Meinung nach sollte den Strafverfolgungsbehörden nicht zugemutet werden, jeder einzelnen tierquälerischen Handlung nachzuspüren. Die Tierschutzvorschriften seien in den meisten Gesetzen nur deshalb im Abschnitt der Vergehen gegen die Sittlichkeit untergebracht, weil man für sie keinen geeigneteren Platz wußte.

[507] Vgl. von Hippel, Tierquälerei, S. 107.

Sachsen mußte diese wenigstens noch roh, boshaft oder mutwillig sein. Daraus, daß die Tat an sich ohne Rücksicht auf die Art ihrer Begehung oder den Eindruck, den sie hervorrief, mit Strafe bedroht wurde, könnte man den Schluß ziehen, dies geschehe um der Tiere selbst willen. Daß dies jedoch ein Trugschluß ist, ergibt sich aus der systematischen Einordnung der einzelnen Normen als „Verletzungen der Sittlichkeit“, „Übertretungen der sittenpolizeilichen Vorschriften“ usw., wie sie in Sachsen (1838), Thüringen und Anhalt, Bayern, Hessen-Darmstadt und Hamburg vorgenommen wurde. Auch in Baden und Hannover, die schon vom Tatbestand her eindeutig waren, war das der Fall. Preußen, Oldenburg, Waldeck und Braunschweig stellten die Vorschrift unter die „Übertretungen der öffentlichen Ordnung“. Die Aufrechterhaltung dieser Ordnung aber diente nur menschlichen Interessen.
Schließlich führt ein Blick auf die Entstehungsgeschichte der Vorschriften zum gleichen Ergebnis. So bezeichneten in Bremen die Motive zum Entwurf eines StGB von 1868 die Tierquälerei als „Unsittlichkeit“.

C. Der Tierschutz im Strafgesetzbuch von 1870/71

Die der Reichsgründung von 1871 vorausgehende Bildung des Norddeutschen Bundes 1866/67 führte zu der Abfassung eines Strafgesetzbuchentwurfs, der in fast unveränderter Form in das Reichsstrafgesetzbuch vom 15. Mai 1871 übernommen wurde.

Auf Beschluß des Reichstags des Norddeutschen Bundes, in seiner Sitzung vom 18. April 1868 gefaßt, sollte ein gemeinsames Strafrecht für die Staaten des Norddeutschen Bundes erstellt werden[508]. Der Bundesrat trat diesem Beschluß in seiner Sitzung vom 5. Juni 1868 bei und ersuchte das Königlich Preußische Justizministerium, einen Entwurf zusammenzustellen[509]. In einem Schreiben vom 15. August 1868 an den preußischen Minister für die landwirtschaftlichen Angelegenheiten, *von Selchow*, berichtete der Vertreter des preußischen Justizministeriums, *de Rège*, von Petitionen verschiedener Tierschutzvereine gegen die Fassung des § 340 Nr. 10 des Preußischen StGB, insbesondere gegen die

---

[508] Schubert, GA 1982, 191 (194).
[509] Geh. StA Berlin-Dahlem, Rep. 84 a, Nr. 8022, Bl. 132.

„Öffentlichkeit" als Bedingung der Strafbarkeit[510]. Auf Grund der Tatsache, daß ursprünglich, in den Entwürfen von 1843 bis 1848, das im § 340 Nr. 10 enthaltene Wort „öffentlich" gefehlt habe, dieses aber gleichwohl in den Paragraphen aufgenommen worden sei, schlug *de Rège* gegenüber *von Selchow* folgende neue Fassung vor: „Wer öffentlich oder in Aergerniß erregender Weise Thiere boshaft quält oder roh mißhandelt, wird mit Geldbuße bis zu funfzig Thaler oder Gefängniß bis zu sechs Wochen bestraft."[511] Das Kriterium der Öffentlichkeit dürfe nicht als absolute Voraussetzung für die Strafbarkeit jeder Art von Tierquälerei beibehalten werden, vielmehr sei festzuhalten, daß die öffentliche Tierquälerei unter allen Umständen strafbar sei, die nicht öffentlich erfolgte jedoch nur dann, wenn durch sie Ärgernis hervorgerufen worden sei.

Daraufhin formulierte der vom Preußischen Justizministerium in Auftrag gegebene Entwurf *Friedbergs* vom 31. Juli 1869, dem das Preußische StGB vom 14. April 1851 als Vorbild gedient hatte, unter den „Übertretungen in Beziehung auf die öffentliche Sicherheit" den § 348: „Mit Geldbuße bis zu funfzig Thalern oder Haft bis zu sechs Wochen wird bestraft: ... 11) wer öffentlich oder in Aergerniß erregender Weise Thiere boshaft quält oder roh mißhandelt;"[512]. In einem zweiten Entwurf der Bundeskommission[513] vom 31. Dezember 1869 und einem dritten Entwurf des Bundesrates vom 14. Februar 1870 fand sich dieselbe Vorschrift in § 356 Nr. 12[514], um schließlich im Strafgesetzbuch für den Norddeutschen Bund vom 31. Mai 1870 ihren endgültigen Platz als § 360 Nr. 13 zu finden[515].

---

510 Geh. StA Berlin-Dahlem, Rep. 84 a, Nr. 8027, Bl. 72-76.

511 Geh. StA Berlin-Dahlem, Rep. 84 a, Nr. 8027, Bl. 75 Rs.

512 Geh. StA Berlin-Dahlem, Rep. 84 a, Nr. 8022, Bl. 118. In den Motiven ist zu § 348 Nr. 11 nichts erwähnt.

513 Diese Kommission wurde vom Bundesrat am 3. Juli 1869 eingesetzt, sie bestand aus sieben Praktikern, den Vorsitz hatte der preußische Justizminister Adolf Leonhardt, vgl. Schubert, GA 1982, S. 191 (195).

514 Geh. StA Berlin-Dahlem, Rep. 84 a, Nr. 8022, Bl. 577. In den Motiven und dem Protokoll der Reichstagsberatung wird zu § 356 Nr. 12 nichts bemerkt.

515 Schwarze, Das Strafgesetzbuch für den Norddeutschen Bund, S. 353.

Nach Gründung des zweiten deutschen Kaiserreiches unter *Wilhelm I.* wurde die Umwandlung des StGB für den Norddeutschen Bund in das Reichsstrafgesetzbuch erforderlich. Dieses wurde am 15. Mai 1871 verkündet[516].

D. Die Auslegung und Praxis der Strafnorm gegen Tierquälerei in § 360 Nr. 13 des Reichsstrafgesetzbuchs

Das Reichsstrafgesetzbuch übernahm die Vorschrift des § 360 Nr. 13 fast unverändert aus dem Strafgesetzbuch für den Norddeutschen Bund.

§ 360 Nr. 13 lautete: „Mit Geldstrafe bis zu hundertfünfzig Mark[517] oder mit Haft wird bestraft
... 13) Wer öffentlich oder in Ärgernis erregender Weise Tiere boshaft quält oder roh mißhandelt."

1. Der Tatbestand

a) objektiver Tatbestand

Der objektive Tatbestand der Tierquälerei umfaßte je zwei verschiedene Tathandlungen und Tatumstände.

aa) Tathandlungen
Als Tathandlungen waren das boshafte Quälen oder die rohe Mißhandlung von Tieren mit Strafe bedroht.

(1) quälen
Von Liszt, der wie *Rotering*[518] das Quälen als eng verwandt mit dem „Martern" in § 251 RStGB ansah, umschrieb dieses bei Auslegung des § 251: „Marterung,

---

[516] Gesetz betreffend die Redaktion des Strafgesetzbuches für den Norddeutschen Bund als Strafgesetzbuch für das Deutsche Reich, RGBl., Nr. 24 vom 15. Mai 1871, S. 127.

gebnis kam, die Worte „boshaft quält“ in § 360 Nr. 13 RStGB seien überflüssig[534], seine Ansicht später aber insofern revidierte, als daß er den Begriff des „Quälens“ wegen seiner Volkstümlichkeit doch beibehalten wollte[535].
Indem *Lange* die Begriffe „Mißhandlung“ und „roh“ unter die Definition „mit dem durchschnittlichen, in der Gesellschaft herrschenden Menschlichkeitsgefühl in Widerspruch stehend“ brachte, kam er zu dem Ergebnis, die Nebeneinanderstellung beider Merkmale sei überflüssig und irreführend[536].

Ob der Tatbestand durch Handeln oder Unterlassen (bei bestehender Garantenpflicht) verwirklicht wurde, war gleichgültig[537].

bb) Tatumstände

Die oben beschriebenen Tathandlungen mußten alternativ „öffentlich“ oder „in Ärgernis erregender Weise“ begangen worden sein.

(1) öffentlich

„Öffentlich“ begangen war nach Theorie und Praxis[538] eine Handlung, bzw. die durch das Handeln des Täters veranlaßte Schmerzempfindung[539], wenn sie in einer Art und Weise vor sich ging, daß sie, unbestimmt von welchen[540] und wie

---

534 Ebenso später Korn, Die strafrechtliche Behandlung der Tierquälerei, S. 28.

535 von Hippel, Vergl. Darst., S. 267, Anm. 1.

536 Lange, GS, Bd. 42, 1889, S. 43 (49/50).

537 Vgl. Rotering, Polizei-Übertretungen, S. 50; von Hippel, Tierquälerei, S. 41; Reinhardt, Tierquälerei als rechtswidrige und strafbare Handlung, S. 46-48; Olshausen, Kommentar zum RStGB, Bd. 2, 3. Aufl., § 360 Nr. 13 Anm. c); Oppenhoff, Kommentar zum RStGB, 3. Aufl., § 360 ff, Rnrn. 3 und 4; Rüdorff, Kommentar zum RStGB, 4. Aufl., § 360 Nr. 13, Rn. 26; OLG Köln vom 23. März 1903, GA, Bd. 51, 1904, S. 379, Fn. 1.

538 Baehr, Gutachten über die Strafbestimmung in § 360 Nr. 13 RStGB, S. 6; von Hippel, Tierquälerei, S. 36; Lutz, Der Begriff der Öffentlichkeit im RStGB, S. 40; Pitz, Das Delikt der Tierquälerei, S. 46; Schütze, Lehrbuch, S. 237, Anm. 25; Hälschner, Das gemeine Deutsche Strafrecht, Bd. 2, Abt. 2, S. 695; Schwarze, Kommentar zum RStGB, 2. Aufl., § 85, S. 295. So auch RGStE. 1, 199 (202) vom 10. Februar 1880; RGStE. 2, 196 (198) vom 12. Juli 1880; RGStE. 3, 361 (362) vom 22. Februar 1881. Daß der Begriff der Öffentlichkeit in § 183 RStGB, von welchem die drei zitierten Entscheidungen handelten, kein anderer sei als der in § 360 Nr.13, bemerkte ausdrücklich RGStE. 1, 357 (358) vom 12. April 1880.

539 Haas, Tierschutz im deutschen Strafrecht, S. 16/17.

540 Es durfte sich nicht um einen durch persönliche Beziehungen zusammengehaltenen, nach außen bestimmt abgegrenzten Personenkreis handeln, vgl. RGStE. 22, 241 vom 23. November 1891; RGStE. 42, 114 vom 10. Oktober 1908; Vierneisel, Das Delikt der Tierquälerei und seine Reformbedürftigkeit, S. 33.

vielen Personen[541], wahrgenommen werden konnte, ohne Rücksicht darauf, ob der Tatort selbst ein öffentlicher war oder nicht[542].

(2) in Ärgernis erregender Weise

„Ärgernis" bedeutete „Anstoß, Verletzung des Sittlichkeitsgefühls"[543]. Um „in Ärgernis erregender Weise"[544] geschehen zu sein, mußte die Handlung so geartet sein, daß sie dem allgemeinen moralischen Gefühl, dem gesunden Sittlichkeitsbewußtsein der Gesellschaft zuwiderlief und nicht etwa nur einzelnen, besonders empfindlichen Personen zu nahe treten konnte[545].

Umstritten war, ob die bloße Möglichkeit, Ärgernis zu erregen, ausreiche, oder ob im einzelnen Falle tatsächlich irgend jemand in seinem Sittlichkeitsgefühl verletzt sein müsse. Hier verhielten sich Rechtsprechung und Schrifttum zunächst schwankend.

Das Preußische Obertribunal sprach sich in seinen Entscheidungen vom 13. März 1861[546], vom 2. März 1871[547] und vom 22. Juni 1876[548] gegen das Erfordernis der tatsächlichen Erregung eines Ärgernisses aus. Wie *Scholl*[549] und *Kupka*[550] nachweisen, war zur Entstehungszeit des RStGB der Begriff des Ärgernisses in seiner objektiven Bedeutung in Gebrauch. Eine völlige Abkehr von der objektiven Auslegung des Ärgernisses, die die Eignung der Handlung zur Ärgerniserregung als ausreichend ansah, erfolgte erst als das Reichsgericht mit sei-

---

541 Abweichend Berner, Lehrbuch, 16. Aufl., S. 460, der Wahrnehmbarkeit durch „eine größere Anzahl von Personen" verlangte.

542 Dagegen Rubo, Kommentar zum RStGB, § 85 Rn. 1 und Lange, GS, Bd. 42, 1889, S. 53, welche die Öffentlichkeit für eine Eigenschaft des Ortes der Tat hielten.

543 So ausdrücklich: RGStE. 2, 196 (197) vom 12. Juli 1880; von Hippel, Tierquälerei, S. 37; von Liszt, Lehrbuch, 4. Aufl., S. 394; Oppenhoff, Kommentar zum RStGB, 3. Aufl., § 183 Rn. 4; Rubo, Kommentar zum RStGB, § 166 Rn. 3.

544 Die Worte „oder in Ärgernis erregender Weise" wurden nach Rüdorff, Kommentar zum RStGB, 2. Aufl., § 360 Nr. 13, infolge mehrfacher Anträge von Tierschutzvereinen auf Verschärfung der Strafbestimmungen aufgenommen.

545 von Hippel, Tierquälerei, S. 37; Schütze, Lehrbuch, S. 340, Anm. 22; Olshausen, Kommentar zum RStGB, Bd. 1, 3. Aufl., § 183 Nr. 9; RGStE. 2, 196 (197) vom 12. Juli 1880. Unrichtig Stenglein, GS, Bd. 42, 1889, S. 55 (56), nach dessen Ansicht die Vivisektion deshalb geeignet sei, Ärgernis zu erregen, weil „Vegetarianer und andere ehrliche Gegner" daran Anstoß nähmen.

546 Oppenhoff, Rechtsprechung, Bd. 1, 1861, S. 303 (304)

547 Oppenhoff, Rechtsprechung, Bd. 12, 1871, S. 129 (129).

548 Oppenhoff, Rechtsprechung, Bd. 17, 1876, S. 453 (453).

549 Scholl, ZStrW, Bd. 13, 1894, S. 279 (288/289).

550 Kupka, Die Tierquälerei mit besonderer Rücksicht auf die lex ferenda, S. 18-20.

nem Urteil vom 12. Juli 1880[551] in einer Entscheidung zu § 183 RStGB von seiner bisherigen Auslegung des Begriffes abwich: „Ärgernis ist erst dann gegeben, wenn jemand Ärgernis nimmt. Anderenfalls müßte die Strafnorm lauten: Wer eine zur Erregung von Ärgernis geeignete unzüchtige Handlung vornimmt. Nur das *verletzte* Sittlichkeitsgefühl wird vom Gesetz geschützt, nicht soll dasselbe bewahrt werden vor Handlungen, welche es verletzen *können*." Diese Auffassung wurde bestätigt durch ein weiteres reichsgerichtliches Urteil vom 29. September 1880[552], das ausdrücklich die bisherige Judikatur als mit dem Wortlaut des Gesetzes in Widerspruch stehend bezeichnete[553].

Auch im Schrifttum gab es anfangs Stimmen, die eine objektive Eignung zur Ärgerniserregung ausreichen ließen[554]. Die herrschende Meinung stellte jedoch auf die tatsächliche Erregung des Ärgernisses ab. Diese Ansicht wurde teilweise bezüglich des § 360 Nr. 13 RStGB selbst ausgesprochen[555], teilweise auch bei Auslegung der §§ 166, 183 RStGB (Gotteslästerung und Öffentliche Vornahme unzüchtiger Handlungen) vertreten, die in vergleichbarer Weise von „Ärgernis geben" sprachen[556]. Daß tatsächlich ein Ärgernis „erregt" oder „gegeben" sein mußte, ließ sich nach *von Hippel*[557] auch aus dem Sinnzusammenhang schließen, da ein „boshaftes Quälen" oder ein „rohes Mißhandeln" immer *geeignet*

---

551 RGStE. 2, 196 (197) vom 12. Juli 1880.

552 Rechtsprechung, Bd. 2, 1880, S. 273 (273-275).

553 Vgl. Kupka, Die Tierquälerei mit besonderer Rücksicht auf die lex ferenda, S. 19; Vierneisel, Das Delikt der Tierquälerei und seine Reformbedürftigkeit, S. 35; Reinhardt, Die Tierquälerei als rechtswidrige und strafbare Handlung, S. 52. In demselben Sinne: RGStE. 16, 245 (247) vom 10. Oktober 1887.

554 Eine andere Meinung vertraten nur Rüdorff, Kommentar zum RStGB, 2. Aufl., § 360 Nr. 13: „Ob das Aergerniß wirklich seitens der Zuschauer genommen ist, ist gleichgültig."; Schwarze, Kommentar zum RStGB, 2. Aufl., § 183, S. 431; Schütze, Lehrbuch, S. 340, Anm. 22; von Holtzendorff, Handbuch, Bd. 3 (Bearb.: Wahlberg), S. 267.

555 Ausdrücklich bei Baehr, Gutachten über die Strafbestimmung in § 360 Nr. 13 RStGB, S. 9, Rotering, Polizei-Übertretungen, S. 49, und von Hippel, Tierquälerei, S. 37. Teilweise wiesen die Besprechungen auf die entsprechenden Ausführungen bei § 166 oder § 183 RStGB hin, vgl. Olshausen, Kommentar zum RStGB, Bd. 2, 3. Aufl., § 360 Nr. 13 Anm. a); Rubo, Kommentar zum RStGB, § 360 Rn. 25; Meves, GS 27, 1875, S. 321 (339).

556 von Liszt, Lehrbuch, 4. Aufl., S. 394; Hälschner, Das gemeine deutsche Strafrecht, S. 696; Oppenhoff, Kommentar zum RStGB, 3. Aufl., § 183 Rn. 4; Rubo, Kommentar zum RStGB, §§ 166 Nrn. 3 und 5 und 183 Nr. 4.

557 von Hippel, Tierquälerei, S. 38. Vgl. auch Rubo, Kommentar zum RStGB, § 360 Rn. 25. Das gibt auch Lange, GS, Bd. 42, 1889, S. 53, zu und erklärt daher diese in der Praxis überwiegend angenommene Auslegung für „durchaus nicht so fernliegend", wenn ihr auch der „natürliche Sinn der fraglichen Wendung, an und für sich betrachtet", entgegenstehe

war, Ärgernis zu erregen, dieser Ausdruck also eigentlich überflüssig gewesen wäre, wenn er nicht in obigem Sinne zu interpretieren gewesen wäre. Dafür spreche auch, daß statt der Worte „Ärgernis geben“ die noch bestimmter die verletzende Einwirkung auf das moralische Gefühl des Zuschauers bezeichnenden Worte „Ärgernis erregen“ gewählt wurden[558]. Anderer Ansicht war schließlich nur noch *Scholl*[559], der den Begriff des Ärgernisses objektiv auffaßte und insofern auch ohne die tatsächliche Wahrnehmung eines Dritten die in der Handlung zutage getretene Gefährdung der Sittlichkeit als ausreichend für das Vorliegen des Tatbestandsmerkmal „in Ärgernis erregender Weise“ ansah, was jedoch nach 1880 allgemein abgelehnt wurde[560].

Weiterhin war streitig, ob die Verletzung des Sittlichkeitsgefühls unmittelbar durch die Handlung selbst erfolgt sein müsse oder ob es ausreiche, wenn jemand erst später an den Spuren der Tat Ärgernis nähme.
Die Anhänger der ersten Ansicht zogen auch hier einen Vergleich zu den §§ 166 und 183 RStGB, bei denen die Handlungen in Worten oder Taten von kurzer Dauer bestanden[561]. Die Vertreter der zweiten Auffassung argumentierten, der Ausdruck „in Ärgernis erregender Weise“ bezeichne zwar eine Eigenschaft der Handlung, diese Eigenschaft bestehe aber nur in einer Wirkung, die der Handlung nachfolge (den Wunden, Beulen oder Striemen des mißhandelten Tieres), so daß das Ärgernis nicht schon mit der Tat und durch die Tat gegeben sein müsse[562]. Vereinzelt wurde sogar die Erregung des Ärgernisses durch Hörensa-

---

558 Vgl. Baehr, Gutachten über die Strafbestimmung in § 360 Nr. 13 RStGB, S. 12.

559 Scholl, ZStrW, Bd. 13, 1893, S. 279 (292).

560 Vgl. Korn, Archiv für Rechtspflege in Sachsen, Thüringen und Anhalt, 1929, S. 407 (413).

561 Baehr, Gutachten über die Strafbestimmung in § 360 Nr. 13 RStGB, S. 8; von Hippel, Tierquälerei, S. 38, der sich jedoch später der zweiten Ansicht anschloß; Preuß. Obertribunal vom 17. Januar 1873, in: Oppenhoff, Rechtsprechung, Bd. 14, 1873, S. 68 (69/70); OLG Darmstadt vom 13. März 1891, GA, Bd. 41, 1893, S. 62, Fn. 1; OLG Stuttgart vom 10. Februar 1892, in Jahrbücher der Württembergischen Rechtspflege, Bd. 4, Nr. 18, S. 323 (324/325). Gelegentlich der Interpretation von § 166 oder 183 bei: Frank, Kommentar zum RStGB, 18. Aufl., S. 804; von Liszt, Lehrbuch, 4. Aufl., S. 394; Olshausen, Kommentar zum RStGB, Bd. 1, 3. Aufl., § 183 Rn. 6; Oppenhoff, Kommentar zum RStGB, 3. Aufl., § 183 Rn. 5; Villnow GS, Bd. 30, 1877, S. 106 (157); Meves GS, Bd. 27, 1875, S. 321 (338); Kohler, GA, Bd. 45, 1897, S. 181/182; Schwarze, Kommentar zum RStGB, 2. Aufl., § 183, S. 431.

562 OLG Frankfurt vom 8. April 1907, GA, Bd. 56, 1909, S. 113. So auch von Hippel, Vergl. Darst., S. 244; Haas, Tierschutz im deutschen Strafrecht, S. 21/22; Vierneisel, Das Delikt der Tierquälerei und seine Reformbedürftigkeit, S. 40; Wiegand, Verstöße gegen § 17 RTierSchG, S. 38; Binding, Lehrbuch, Bes. Teil, Bd. 1, S. 193; Scholl, ZStrW, Bd. 13, 1893,

gen von der Tat als genügend zur Erfüllung des Tatbestandsmerkmales erachtet, eine Ansicht, die aber auch von den Befürwortern der zweiten Ansicht bekämpft und ab der Jahrhundertwende nicht mehr vertreten wurde[563]. Angesichts der Tatsache, daß auch die Begründung zum Vorentwurf eines Allgemeinen Deutschen Strafgesetzbuchs von 1909[564] die Wahrnehmung der Tatspuren als ausreichend ansah, kann wohl behauptet werden, daß diese Ansicht sich letztendlich durchgesetzt hat.

Eine Bestrafung war jedenfalls immer dann ausgeschlossen, wenn das Tier im Zeitpunkt des Ärgernisnehmens bereits tot war. Das galt selbst dann, wenn der Körper des Tieres deutliche Spuren von Tierquälerei aufwies[565].

b) subjektiver Tatbestand

In subjektiver Beziehung erforderte die Tierquälerei, obwohl es sich um eine Übertretung handelte, Vorsatz, was sich schon aus den im Gesetz verwandten Ausdrücken „roh" und „boshaft" ergab[566] und vom Reichsgericht auch besonders ausgesprochen wurde[567]. Umstritten war, ob sich die Vorstellung des Täters auch auf die „Öffentlichkeit" oder die „Ärgernis erregende Weise" der Begehung beziehen mußte[568].

S. 279 (319); Reinhardt, Tierquälerei als rechtswidrige und strafbare Handlung, S. 53; Sander, Tierschutz unter Berücksichtigung der gerichtlichen Entwicklung, S. 28; Korn, Die strafrechtliche Behandlung der Tierquälerei, S. 12; ebenso OLG Darmstadt vom 11. Juni 1897, GA, Bd. 45, 1897, S. 291 (292); OLG München vom 20. Mai 1905, BayObLGSt. 5, S. 428 (429); OLG Jena vom 14. Januar 1909, Blätter für Rechtspflege in Thüringen und Anhalt, Bd. 56, 1909, S. 139 (139); OLG München vom 26. September 1921, BayObLGSt. 21, S. 279 (280).

[563] Dafür Lange, GS, Bd. 42, 1889, S. 52/53; OLG Darmstadt vom 11. Juni 1897, GA, Bd. 45, 1897, S. 291 (291-293). Dagegen Haas, Tierschutz im deutschen Strafrecht, S. 22; Vierneisel, Das Delikt der Tierquälerei und seine Reformbedürftigkeit, S. 38; Reinhardt, Tierquälerei als rechtswidrige und strafbare Handlung, S. 53; Sander, Tierschutz unter Berücksichtigung der gerichtlichen Entwicklung, S. 29.

[564] Vorentwurf 1909, Begründung, S. 501.

[565] Für alle: Wiegand, Verstöße gegen § 17 RTierSchG, S. 39.

[566] So von Hippel, Vergl. Darst., S. 246; Korn, Archiv für Rechtspflege in Sachsen, Thüringen und Anhalt, 1929, S. 407 (413); Olshausen, Kommentar zum RStGB, Bd. 2, 3. Aufl., § 360 Nr. 13 Anm. a); OLG Darmstadt vom 13. März 1891, GA, Bd. 41, 1893, S. 62.

[567] RGStE. 48, 321 (324), vom 16. Mai 1914.

[568] Dafür sprachen sich Frank, Kommentar zum RStGB, 18. Aufl., S. 805, Olshausen, Kommentar zum RStGB, Bd. 2, 3. Aufl., § 360 Nr. 13 Anm. a), Haas, Tierschutz im deutschen Strafrecht, S. 27, Vierneisel, Das Delikt der Tierquälerei und sein Reformbedürfigkeit, S. 43

2. Die Rechtswidrigkeit

Strafbar ist stets und bei jedem Delikt nur die rechtswidrige Handlung, weil nur sie einen Angriff auf die durch die Rechtsnorm geschützten Lebensinteressen des einzelnen oder der Gesamtheit enthält.

Bei der Tierquälerei jedoch sollten Rechtfertigungsgründe nach Ansicht einiger Autoren praktisch keine Rolle spielen, weil in allen Fällen, in denen sie einschlägig wären, die Handlung nicht einer gefühllosen Gesinnung des Täters entspränge und auch ein Quälen um des Quälens willen zumindest nicht würde festgestellt werden können. Insofern sei schon der Tatbestand der Tierquälerei nicht erfüllt. So wurde bei der Erläuterung der Tatbestandsmerkmale „boshaft" und „roh" durch *von Hippel* 1891 ausdrücklich betont, diese seien notwendig, um die Fälle von der Strafbarkeit auszuschließen, in denen den Tieren Schmerzen zur Erreichung an sich erlaubter Zwecke verursacht würden[569]. Auch *Rotering*[570], *Rüdorff*[571], *Binding*[572], *Frank* und *Kupka*[573] nahmen in diesen Fällen den Ausschluß der Strafbarkeit schon auf der Tatbestandsebene an, *Baehr* beklagte ihn[574].

Das Abstellen auf „an sich erlaubte Zwecke" hat jedoch auch Anklänge an die strafrechtliche Theorie vom „zweistufigen Deliktsaufbau" bei der Rechtfertigungselemente mit dem Tatbestand verschmolzen werden. Daher ist es nicht verwunderlich, daß ein Teil des Schrifttums der Ansicht war, bei der Tierquälerei sei als Rechtfertigungsgrund außer Notwehr und Notstand insbesondere auch der Fall anzuerkennen, in welchem sich der Eingriff in rechtlich geschützte Interessen als das angemessene Mittel zur Erreichung eines staatlich anerkannten Zweckes darstellte.

---

und Kupka, Die Tierquälerei mit besonderer Rücksicht auf die lex ferenda, S. 27, aus, dagegen erklärten sich Salkowski, Tierschutz im Strafrecht des In- und Auslandes, S. 6/7. Reinhardt, Tierquälerei als rechtswidrige und strafbare Handlung, S. 57, und Pitz, Das Delikt der Tierquälerei, S. 50, waren der Auffassung, bezüglich der Öffentlichkeit genüge dolus eventualis, der Erfolg des Ärgernisses müsse nicht vom Vorsatz umfaßt sein.

569 von Hippel, Tierquälerei, S. 40 und 42.

570 Rotering, Polizei-Übertretungen, S. 49.

571 Rüdorff, Kommentar zum RTierSchG, 4. Aufl., § 360 Nr. 13, Rn. 27.

572 Binding, Lehrbuch, Bes. Teil, Bd. 1, 2. Aufl., S. 193.

573 Kupka, Die Tierquälerei mit besonderer Rücksicht auf die lex ferenda, S. 28/29.

574 Baehr, Gutachten über die Strafbestimmung in § 360 Nr. 13 RStGB, S. 12/13.

Auf den Tatbestand der Tierquälerei als Konflikt menschlicher und tierischer Interessen angewandt, bedeutete dies den Ausschluß der Rechtswidrigkeit und damit die Straflosigkeit des Täters in solchen Fällen, in denen die Schmerzzufügung zur Wahrnehmung überwiegender menschlicher Interessen notwendig war und in denen nach Maß und Art des störenden Einwirkens auf den tierischen Körper der berechtigte Zweck nicht überschritten wurde.

Ein überwiegendes menschliches Interessen wurde jedenfalls beim Nahrungserwerb angenommen. Daraus resultierte die grundsätzliche Rechtfertigung der Jagd und der Fischerei, deren Ausübung im einzelnen jedoch strittig war[575]. Auch Handlungen, die im Interesse der Zubereitung einfacherer oder schmackhafterer Nahrung vorgenommen wurden, sollten erlaubt sein[576]. Das galt ohne Einschränkung für das einfache Töten, war aber umstritten für die Zurichtung lebender Tiere für den künftigen Zweck einer Luxusspeise, zum Beispiel für das Mästen von Schweinen und das Nudeln oder Stopfen von Gänsen[577]. Auch die Verwendung der Tiere bei der Arbeit, besonders in der Landwirtschaft, bei Vergnügungen und bei sportlichen Leistungen sollte in dem der jeweiligen Bildungs- und Kulturstufe des Volkes entsprechenden Umfang dazu zu rechnen sein[578].

---

575 Bezüglich der Jagd wurde Kritik an Treib- und Parforcejagden laut, am „Schliefen", d.i. Hetzen von Hunden auf gefangene Dachse oder Füchse im künstlichen Bau, um zu erproben, ob sich ein Hund zur unterirdischen Jagd auf diese Tiere eigne, am „Katzenwürgen" bei Schärfeprüfungen für Hunde, dem Fangen von Tieren in grausamen Fallen („Dohnenstieg") und mit Schlingen. Hinsichtlich der Fischerei wurde die Verwendung des lebenden Köderfisches und von Legeangeln beanstandet.

576 von Hippel, Tierquälerei, S. 39/40, führte hier das Abziehen lebender Aale und das Kochen lebender Krebse an.

577 Für die Zulässigkeit sprach sich Kohler, GS, Bd. 47, 1892, S. 49, aus: „die Menschheit ist nicht bloß zum Kartoffelgenuß bestimmt. Wenn es daher den Tieren auch Qualen bereitet, ihre Leber vergrößern zu lassen, so wird man das Gänsestopfen nicht verbieten dürfen, so lange nicht die Kunst gefunden ist, Gänseleberpasteten, ... auf andere Weise zu bereiten". Ebenso Korn, Die strafrechtliche Behandlung der Tierquälerei, S. 15, und Korn, Archiv für Rechtspflege in Sachsen, Thüringen und Anhalt, 1929, S. 407 (417), dagegen Vierneisel, Das Delikt der Tierquälerei und sein Reformbedürftigkeit, S. 47.

578 Lange, GS, Bd. 42, 1889, S. 54. Vgl. auch Kohler, GS, Bd. 47, 1892, S. 48; Salkowski, Tierschutz im Strafrecht des In- und Auslandes, S. 7; Vierneisel, Das Delikt der Tierquälerei und sein Reformbedürftigkeit, S. 45. Von Hippel, Tierquälerei, S. 135, von Hippel, Vergl. Darst., S. 246, und Olshausen, Kommentar zum RStGB, Bd. 2, 3. Aufl., § 360 Nr. 13 Anm. d) hielten in diesen Fällen die Handlung weder für tatbestandsmäßig noch für rechtswidrig. So später auch Haas, Tierschutz im deutschen Strafrecht, S. 39.

Die Frage nach der Rechtswidrigkeit einer mit Schmerzen für ein Tier verbundenen Behandlung wurde hauptsächlich in Verbindung mit den Problemen des wissenschaftlichen Tierversuchs (Vivisektion) und des jüdisch-rituellen Schlachtens (Schächten) kontrovers diskutiert, weshalb diesen beiden Problemkreisen in der vorliegenden Arbeit auch jeweils ein eigener Abschnitt vorbehalten ist[579].

a) Der wissenschaftliche Tierversuch (Vivisektion)

Beim wissenschaftlichen Tierversuch war es offensichtlich, daß lebenden Tieren teilweise erhebliche Schmerzen und Leiden zugefügt wurden. Obwohl diese Materie bereits in einer preußischen Verordnung vom 2. Februar 1885 und in weiteren Länderverordnungen eine verwaltungsrechtliche Regelung erfahren hatte, war es trotzdem umstritten, ob damit der Tatbestand der Tierquälerei erfüllt sei. Von denen, die von der Tatbestandsmäßigkeit der „Vivisektion" ausgingen, zum Teil aber auch von denen, die schon am Vorliegen dieser Tatbestandsmäßigkeit zweifelten, wurden verschiedene Rechtfertigungstheorien aufgestellt.

aa) Die Theorie vom Berufsrecht

Anfangs dominierte die Auffassung, der Forscher habe ein Berufsrecht, zu vivisezieren. *Von Hippel* sagte 1891: „Die Vivisektion ist heute zweifellos ein durch Staat und Gesellschaft anerkanntes Berufsrecht"[580]. Derselben Ansicht waren *Binding*[581], *von Liszt*[582], *Meyer*[583] und *Olshausen*[584].

Die Lehre vom Berufsrecht stieß jedoch zunehmend auf Kritik. *Beck*[585] wandte ein, es sei nicht recht ersichtlich, was für ein Beruf es sein sollte, der dieses Recht gäbe. *Von Hippels* Definition von den „wissenschaftlich gebildeten Männern", die „zu ernsten wissenschaftlichen Zwecken und innerhalb der dadurch

[579] Eine ausführliche Darstellung des wissenschaftlichen Tierversuchs und des Schächtens erfolgt in den Kapiteln H. und I. des 3. Teils.

[580] von Hippel, Tierquälerei, S. 136.

[581] Binding, Handbuch, Bd. 1, S. 801, Fn. 39.

[582] von Liszt, Lehrbuch, 4. Aufl., § 34 III, S. 157.

[583] Meyer, Lehrbuch, § 51, S. 247.

[584] Olshausen, Kommentar zum RStGB, Bd. 2, 3. Aufl., § 360 Nr. 13, Anm. d).

[585] Beck, Die Tierquälerei, S. 48.

gebotenen Schranken"[586] solche Versuche vornähmen, zeige, wie unbestimmt der Kreis der berechtigten Personen sei, und daß es mehr darauf ankomme, wie und zu welchen Zwecken die Handlung vorgenommen werde, als darauf, was für einen Beruf der Betreffende habe. Ferner sei die Lehre vom Berufsrecht überhaupt anfechtbar, da es nicht einleuchtend sei, wieso Berufsregeln eine an und für sich strafbare Handlung rechtfertigen könnten, und in welcher Weise überhaupt diese Regeln festgelegt seien. *Von Bar*[587] lehnte die Annahme eines Berufsrechts ab, da er auch befähigten Autodidakten – mit Rücksicht auf die Freiheit der Forschung – die Berechtigung zu Vivisektionen zusprechen wollte[588]. *Stooß*[589] war der Ansicht, von einem Berufsrecht zur Vivisektion könne nur gesprochen werden, wenn ein Staat die Vivisektion im allgemeinen verbiete und bestimmte Berufspersonen von diesem Verbot ausnehme. Insbesondere stehe dem Arzt nicht vermöge seines Berufes ein besonderes Recht zur Vivisektion zu. Auch *Bregenzer*[590] sah in der berechtigten Ausübung eines Amtes oder Berufes keinen selbständigen Schuldausschließungsgrund. Eigentlich widerlegt worden ist die Lehre vom Berufsrecht freilich nicht, und so wurde sie auch später noch vereinzelt vertreten[591].

bb) Die Theorie vom staatlich anerkannten Zweck

Die Theorie vom Berufsrecht wurde von der Theorie vom angemessenen Mittel zur Erreichung eines staatlich anerkannten Zweckes abgelöst. Ihr Grundgedanke wurde gewöhnlich so formuliert: eine Handlung, die das angemessene (eventuell das notwendige) Mittel zur Erreichung eines staatlich anerkannten Zweckes ist, ist objektiv rechtmäßig[592]. Daß der Staat die Lösung wissenschaftlicher und praktisch-medizinischer Probleme als erstrebenswerten Zweck und das Experiment am lebenden Tier als das angemessene Mittel zur Erreichung dieses Zwek-

[586] von Hippel, Tierquälerei, S. 136.
[587] von Bar, Gesetz und Schuld, Bd. 3, S. 85, Anm. 132.
[588] Ebenso Kohler, GS, Bd. 47, 1892, S. 52 und Kupka, Die Tierquälerei mit besonderer Rücksicht auf die lex ferenda, S. 49.
[589] Stooß, Chirurgische Operation und Ärztliche Behandlung, S. 77.
[590] Bregenzer, Thier-Ethik, S. 407.
[591] Vgl. Olshausen, Kommentar zum RStGB, Bd. 2, 3. Aufl., § 360 Nr. 13, Anm. d). Wachenfeld, Lehrbuch, § 38, S. 130, sagte noch 1914: „Soweit ein solcher Eingriff in den Bereich eines staatlich anerkannten Berufs fällt, kann von dem Delikt der Tierquälerei ... nicht die Rede sein."
[592] Beck, Die Tierquälerei, S. 49.

kes anerkannte, zeigten die staatlichen Hochschulen und wissenschaftlichen Institute speziell für solche Forschungen. Dieser Rechtfertigungsgrund traf somit auf die Vivisektion zu. *Von Liszt* sagte darüber: „Die Untersuchung am lebenden Tier zu wissenschaftlichen Zwecken ist durch den staatlich anerkannten Zweck wissenschaftlicher Erkenntnis gedeckt, soweit sie den Anforderungen der wissenschaftlichen Methode entspricht und zwecklose Grausamkeit vermeidet.“[593] Für die Anerkennung dieses Grundsatzes haben sich weiterhin *Binding*[594], *Berner*[595], *Meyer-Allfeld*[596], *M. E. Mayer*[597], *Thomsen*[598] und – unter Aufgabe seiner früheren Ansicht – *von Hippel*[599] ausgesprochen. *Kohler* formulierte es so: „Die menschliche Gesundheit und Schmerzlosigkeit ist ein so hohes Gut, daß es mit den Qualen von Tieren nicht zu teuer erkauft ist.“[600] Auch *von Lilienthal* vertrat diese Auffassung, ohne sie allerdings ausdrücklich auf die Vivisektion anzuwenden[601].

Obwohl auch diese Theorie bekämpft wurde[602] und ihr vorgeworfen wurde, sie laufe hinaus auf die Anerkennung des Satzes: „Der Zweck heiligt die Mittel“[603], scheint sich die Rechtsprechung diesem Gedanken angeschlossen zu haben. Es kann in dieser Hinsicht auf das Urteil des Kammergerichts vom 4. Juni 1918[604] verwiesen werden, in dem eine Anerkennung des Gedankens lag, daß der Zweck einer Handlung die zu seiner Erreichung notwendigen Mittel als nicht rechtswidrig erscheinen läßt, sofern er selbst als rechtlich notwendig zu betrachten ist.

cc) Der Notstand als allgemeines Prinzip

In den beiden letzten Fällen wurden bestimmte Lehren auf die Vivisektion angewandt. Manche gingen noch weiter zurück, um die Straflosigkeit der Vivisek-

---

593 von Liszt/Schmidt, Lehrbuch, 25. Aufl., § 35 III, S. 202, unter Änderung der früher von v. Liszt vertretenen Auffassung.
594 Binding, Lehrbuch, Bes. Teil, Bd. 1, 2. Aufl., S. 193.
595 Berner, Lehrbuch, 16. Aufl., S. 677.
596 Meyer-Allfeldt, Lehrbuch, 7. Aufl., S. 678/679.
597 M. E. Mayer, Lehrbuch, Allgemeiner Teil, S. 288.
598 Andreas Thomsen, Das deutsche Strafrecht, Allgemeiner Teil, S. 99.
599 von Hippel, Vergl. Darst., S. 248; von Hippel, Lehrbuch, S. 402.
600 Kohler, GS, Bd. 47, 1892, S. 50.
601 von Lilienthal, ZStW, Bd. 20, 1900, S. 440 ff. (442).
602 Bregenzer, Thier-Ethik, S. 405, verneinte das überwiegende menschliche Interesse, wenn der Tierversuch nicht unter Betäubung des Tieres vorgenommen wurde.
603 Vgl. Beck, Die Tierquälerei, S. 50.
604 Johow, Entscheidungen des Kammergerichts, Bd. 51, 1919, Abt. C., S. 401 (403).

tion zu begründen. Sie sahen die Rechtfertigung durch Notstand, daß also bei Interessenkollisionen sich immer das höhere Interesse auf Kosten des geringeren durchsetzen dürfe, als allgemeines Prinzip an[605]. Im Streit zwischen dem tierischen Interesse an Leben und Schmerzlosigkeit und dem gleichen menschlichen, wäre zweifellos das letztere das höhere[606].

dd) Spezielle Erlaubnisvorschrift

Unter den verschiedenen Theorien zur Begründung der Straflosigkeit der Vivisektion war keine, die auch nur einigermaßen allgemeine Anerkennung fand. Es wurden aber nicht nur die einzelnen Gründe bekämpft, sondern es gab eine Richtung, die überhaupt keine vom Gesetz nicht ausdrücklich genannten Gründe des Ausschlusses der Rechtswidrigkeit anerkannte. Sie stellte ganz auf die formelle Rechtswidrigkeit ab, und sah das, was tatbestandsmäßig ist, als rechtswidrig an, sofern nicht ein anderer Rechtssatz eine Ausnahme begründet. So erklären sich die Forderungen nach einer ausdrücklichen gesetzlichen Erlaubnis der Vivisektion[607].

b) Das rituelle Schlachten der Juden (Schächten)

Auch die Debatte über ein Verbot oder eine Einschränkung des Schächtens begann Mitte der achziger Jahre des 19. Jahrhunderts.

Beim Schächten war schon umstritten, ob diese Art des Schlachtens angesichts der grundsätzlichen Notwendigkeit der Tiertötung zwecks Nahrungsgewinnung überhaupt tierquälerisch sei und ob das Tier dabei Schmerz empfinde.

Doch auch bei Bejahung unnötiger Schmerzen oder Leiden wurde die Ansicht vertreten, der Tatbestand sei nicht erfüllt, da das Schächten in Erfüllung religiöser Satzungen erfolge, das Motiv deshalb nicht „roh“ oder „boshaft“ sei[608].

---

605 Diese Begriffsbildung geht auf Bregenzer zurück, der damit nicht nur die Vivisektion, sondern generell die Inanspruchnahme des Tieres durch den Menschen rechtfertigte, vgl. Bregenzer, Thier-Ethik, S. 376 ff., insbesondere S. 396-408.

606 Vgl. Kohler, Leitfaden, S. 145.

607 Vgl. Kohler, GS, Bd. 47, 1892, S. 53; Stenglein, Nachschrift zu der Abhandlung Lange‘s, GS, Bd. 42, 1889, S. 55.

608 Olshausen, Kommentar zum RStGB, Bd. 2, 3. Aufl., § 360 Nr. 13 Anm. d); von Hippel, Vergl. Darst., S. 250, der eine objektive Rechtmäßigkeit des Schächtens aber ausschloß. Ebenso Binding, Lehrbuch, Bes. Teil, Bd. 1, 2. Aufl., S. 193; Frank, Kommentar zum RStGB, 18. Aufl., S. 805. Bovensiepen, Tier und Recht, in: Stier-Somlo/Elster, Handwörterbuch der

Zum anderen wurde auch hinsichtlich des Schächtens die Ausübung eines Amtes (Amtsbefugnis des angestellten Schächtbeamten)[609] als Rechtfertigung angenommen. *Von Liszt* vertrat die Ansicht, das Schächten sei durch die Anerkennung der Juden als Religionsgesellschaft mit anerkannt[610]. *Radbruch* schließlich ging von der Vordringlichkeit der religiösen Überzeugung aus[611]. Das entspreche dem Geist des Art. 135 der Reichsverfassung vom 11. August 1919[612], der die Religionsfreiheit zwar nur unbeschadet der allgemeinen Staatsgesetze gewährleiste, aber eben dadurch zum Ausdruck bringe, daß die Staatsgesetze, soweit das irgend möglich erscheine, die Religionsausübung nicht antasten sollten[613]. Auf der anderen Seite war es gerade diese Einschränkbarkeit der Religionsfreiheit, die es nach Ansicht der Schächtgegner durchaus möglich erscheinen ließ, das Schächten, wenn es denn als tierquälerisch angesehen würde, zu verbieten und zu bestrafen[614].

3. Für den Tierschutz bedeutsame Bestimmungen des Allgemeinen Teils des Reichsstrafgesetzbuchs und des Gerichtsverfassungsgesetzes

Die Tierquälerei war im § 360 Nr. 13 im 29. Abschnitt des Reichsstrafgesetzbuchs mit der Androhung von Haft oder Geldstrafe in Höhe von hundertfünfzig Mark als Übertretung nach § 1 Abs. 3 RStGB behandelt. Der gestellte Strafrahmen war also Geldstrafe von einer Mark bis hundertfünfzig Mark (der Mindestbetrag der Geldstrafe bei Übertretungen war in § 27 RStGB geregelt) oder Haftstrafe von einem Tag bis sechs Wochen nach § 18 Abs. 1 RStGB. Unter Haft war nach § 18 Abs. 2 RStGB Freiheitsentziehung ohne Arbeitszwang zu verste-

---

Rechtswissenschaft, Bd. 6, 1928, S. 31, war der Meinung, es fehle am subjektiven Element, am Bewußtsein der Rechtswidrigkeit.

609 Olshausen, Kommentar zum RStGB, Bd. 2, 3. Aufl., § 360 Nr. 13 Anm. d). Dagegen wandte sich wiederum Bregenzer, Thier-Ethik, S. 407.

610 von Liszt/Schmidt, Lehrbuch, 25. Aufl., § 35 III, S. 203; so auch Vierneisel, Das Delikt der Tierquälerei und seine Reformbedürftigkeit, S. 56.

611 Radbruch, Gutachtliche Äußerung, S. 1.

612 RGBl., Nr. 152 vom 14. August 1919, S. 1383. Vgl. den Art. 12 der Preußischen Verfassung vom 31. Januar 1850, Preuß. Ges.Sammlg., Nr. 3 vom 2. Februar 1850, S. 17.

613 So auch Sander, Tierschutz unter Berücksichtigung der gerichtlichen Entwicklung, S. 85.

614 Vgl. Salkowski, Tierschutz im Strafrecht des In- und Auslandes, S. 25; Haas, Tierschutz im deutschen Strafrecht, S. 45; Adolph, Schutz des Tieres im Deutschen Recht, S. 16; Jenny, Der strafrechtliche Schutz der Tiere, S. 114.

hen. Aus der Natur der Tierquälerei als Übertretung folgte, daß Versuch und Beihilfe straflos waren (§§ 43, 49 RStGB), die Anstiftung wurde aber wie eigene Tat bestraft (§ 48 RStGB). Nach § 67 Abs. 3 verjährte die Strafverfolgung in drei Monaten. Zuständig für das Übertretungsdelikt der Tierquälerei war nach den §§ 25 Ziff. 2 b, 76 Abs. 2, 121 Nr. 1 b GVG in 1. Instanz der Amtsrichter, in der Berufungsinstanz die kleine Strafkammer und in der Revisionsinstanz das Oberlandesgericht. Eine reichsgerichtliche Entscheidung über einen Fall der Tierquälerei war somit nur dann möglich, wenn durch Verbindung mit einer anderen Strafsache die Eingangsinstanz eine höhere war[615].

4. Die Diskussion über die Existenz eines subjektiven Rechts der Tiere

Die Kommentatoren der Tierquälereinorm im RStGB beschäftigten sich auch wieder mit der Frage, ob ein Tier eines Rechtsanspruches fähig sein könne. Dabei wurde nunmehr eindeutig getrennt zwischen dem nichtjuristischen Begriff von „Recht" als Moralbegriff, der nur aus der Gefühlssphäre heraus gebildet wird, und dem juristischen subjektiven Recht als die „vom objektiven Recht verliehene Macht zur Befriedigung eigener Interessen"[616].

1883 erteilte *Rudolf von Jhering* in seiner Abhandlung „Der Zweck im Recht" einem Rechtsanspruch des Tieres um seiner selbst willen eine eindeutige Absage. Zwar erblicke das einfache sittliche Gefühl in der Tierquälerei ein sittliches Vergehen, man könnte also sagen, das Sittengesetz erkenne auch Pflichten gegen das Tier an und da solche Pflichten nur in Bezug auf ein Subjekt möglich seien, sei auch das Tier Zwecksubjekt des Sittlichen. Diese Folgerung hielt *von Jhering* aber nicht für richtig. Seiner Auffassung nach verdankte das Tier seinen Schutz nur einer Reflexwirkung der ausschließlich auf den Menschen als Zwecksubjekt bezogenen Idee des Sittlichen[617]. Das Tier selbst sei lediglich Zweckobjekt für den Menschen und diesem gegenüber rechtlos[618]. *Von Jhering* hob aber hervor, daß der Gedanke der Zweckbestimmung für das menschliche

---

615 Vgl. auch Baehr, Gutachten über die Strafbestimmung in § 360 Nr. 13 RStGB, S. 10.
616 Vgl. Landwehr, Die strafbare Tierquälerei nach § 9 RTierSchG, S. 32; Müller, Das Tier im Verwaltungsrecht, S. 4.
617 von Jhering, Der Zweck im Recht, Bd. 2, S. 113.

Bedürfnis der Zweckverwendung gewisse Grenzen setze. Zweckloses Beschädigen, Zerstören oder Vernichten von Dingen, welche dem Menschen dienen können, wozu nach *von Jhering* auch die Tiere gehören sollten, stelle eine Beraubung der Gesellschaft dar, die ein Anrecht auf Realisierung der Zweckbestimmung der Dinge habe, ein Anrecht, welches vom sittlichen Gefühl der Gesellschaft wahrgenommen würde[619]. Diese sittliche Urteil nehme nun also zwar auch die Sache in Schutz, das geschehe aber nicht ihretwegen, sondern der Menschen wegen, sie bleibe nur Zweckobjekt, aber im Zweckobjekt werde das Zwecksubjekt getroffen. Diesen Schutz teile auch das Tier mit der Sache[620]. Was die Tierquälerei in sittlicher Beziehung aber noch um eine Stufe tiefer stelle als den Vandalismus sei die nutzlose Zufügung von Schmerzen an ein empfindendes Wesen. Die Abscheu gegen die Tierquälerei sei im Grunde Abscheu gegen die Grausamkeit überhaupt, die sich am Tier nur übe und möglicherweise beim Menschen ende. Auch insofern werde dem Tier nur ein abgeleiteter Schutz zuteil, d.h. im Tier schütze der Mensch sich selbst[621].

Auf vergleichbarer Ebene argumentierte 1889 *Wilhelm Lange*. Er definierte den Begriff des „subjektiven Rechts“ als „ein durch eine objektive Rechtssatzung geschützes Interesse“[622] und gab zu, daß es angesichts des Tierquälereiparagraphen im RStGB zunächst so scheinen könnte, als ob dem Tier das subjektive Recht zukäme, nicht grausam und roh gequält zu werden. Dieser Annahme stehe aber der Umstand entgegen, daß in den Paragraphen die Ausdrücke „öffentlich“ und „in Ärgernis erregender Weise“ aufgenommen worden seien, wodurch klargestellt werde, daß in erster Linie das Gefühlsinteresse des Menschen gegen den „Angriff, den die Roheit Einzelner durch Mißhandlung von Tieren auf sie (die Menschen) machen könnte“[623] geschützt sein sollte. Insofern sei es ein Recht des Menschen, das in der Tierschutznorm zum Ausdruck gelange, nicht ein Recht des Tieres, ein solches bestehe nach dem damaligen Stand der Gesetzge-

---

[618] von Jhering, Der Zweck im Recht, Bd. 2, S. 141.

[619] von Jhering, Der Zweck im Recht, Bd. 2, S. 138. Auch von Liszt/Schmidt, Lehrbuch, 25. Aufl., § 190, V, S. 870, waren der Ansicht, daß im RStGB die Tierquälerei als Verletzung des Sittlichkeitsgefühls der Bevölkerung, nicht aber unter dem Gesichtspunkt des Tierschutzes unter Strafe gestellt sei.

[620] von Jhering, Der Zweck im Recht, Bd. 2, S. 139.

[621] von Jhering, Der Zweck im Recht, Bd. 2, S. 140.

[622] Lange, GS, Bd. 42, 1889, S. 44.

[623] Lange, GS, Bd. 42, 1889, S. 45.

bung unzweifelhaft nicht[624]. Anders als *von Jhering* hielt *Lange* aber zumindest die Schaffung eines Tierrechts durch Aufstellung einer objektiven Norm für möglich. Dabei handele es sich dann „selbstverständlich nicht um Verleihung von Rechtspersönlichkeit an das Tier, sondern nur um die Gewährung eines einzelnen negativen Minimalrechts, des Rechts nämlich, von unnützer Quälerei verschont zu bleiben“[625]. Da hiergegen aber große Widerstände zu befürchten seien und die Schaffung eines subjektiven Tierrechts angesichts des menschlichen Interesses, nicht durch den Anblick boshafter und roher Mißhandlung des Tieres gepeinigt zu werden, auch gar nicht nötig sei, verfolgte *Lange* diesen Gedanken nicht weiter[626].

Auch *Robert von Hippel* hielt die Erörterung der Frage, ob man die Tierquälerei als Verletzung des menschlichen Sittlichkeitsgefühls oder als Eingriff in tierische Rechte zu strafen habe, für praktisch völlig bedeutungslos, da beides die gleichen Konsequenzen habe[627]. Setze man „Recht“ mit „Interessenschutz“ gleich, könnten theoretisch auch tierische Interessen gesetzlichen Schutz erlangen, soweit der Mensch in der Lage sei, ihr Vorhandensein zu erkennen. Das sei der Fall bei dem Interesse des Tieres, von Leiden verschont zu bleiben. Da das Tier aber nicht in der Lage sei, seine Interessen durchzusetzen oder andere an der Verletzung seiner Interessen zu hindern, müsse das der Mensch tun[628]. Entscheidend sei dann aber die Frage, wie der Mensch dazu komme, für ein tierisches Interesse Partei zu ergreifen, dieses Interesse rechtlich zu schützen. Auf diese Frage gab *von Hippel* folgende Antwort: „Unser menschliches Gefühl des Mitleids berührt es unangenehm, Wesen, deren Fähigkeit der Schmerzempfindung wir voraussetzen, Leiden unterworfen zu wissen. Hätten wir dieses Gefühl

---

[624] Lange, GS, Bd. 42, 1889, S. 46. Ebenso Olshausen, Kommentar zum RStGB, Bd. 2, 3. Aufl. 1890, § 360 Nr. 13 Anm. a).

[625] Lange, GS, Bd. 42, 1889, S. 47.

[626] Vgl. Lange, GS, Bd. 42, 1889, S. 48/49.

[627] von Hippel, Tierquälerei, S. 124 und von Hippel, Vergl. Darst., S. 265. Zustimmend Misch, Der strafrechtliche Schutz der Gefühle, S. 122; Lehner, Tierschutz und Gesetz, S. 12; Clauß, Tierschutz und Strafgesetzgebung, S. 33.

[628] von Hippel, Tierquälerei, S. 124. Letzlich müssen aber auch erkannte „Tierinteressen“ immer vom Menschen für die Tiere wahrgenommen werden. So hielt von Hippel, Tierquälerei, S. 124/125, es für denkbar, „dem Tiere zu diesem Zwecke beispielsweise ein durch Vertreter auszuübendes Klagrecht zu gewähren ... .“. Angesichts der heutigen Diskussion über Tierschutzbeauftragte und Interventionsrechte für Tierschutzverbände kann von Hippel insofern als Vordenker des Tierschutzes angesehen werden. Auch Bregenzer, Thier-Ethik, S. 353, war der Ansicht, die Interessen der Tiere müßten durch Stellvertreter wahrgenommen werden.

nicht, wir würden jenen Leiden völlig kalt und interesselos gegenüber stehen. Wir würden weder bestrebt sein, dieselben überhaupt zu vermeiden, noch könnten wir gar auf den Gedanken eines strafrechtlichen Einschreitens verfallen. Nur dadurch also kommt die Bestrafung der Tierquälerei zustande, daß wir ein vielleicht vorhandenes tierisches Interesse mit vollster Zweifellosigkeit als unser eigenes menschliches Interesse empfinden. Dieses ist es, welches wir schützen, über dessen Schutz wir das Tier bisweilen völlig vergessen. Man mag daher immerhin von dem Vorhandensein tierischer Rechte oder von der Möglichkeit solcher sprechen. Der Grund für die Bestrafung der Tierquälerei bleibt auch dann der Angriff auf das menschliche Sittlichkeitsgefühl, die Verletzung der Empfindung des Mitleids."[629]
Ein Jahr später griff *Kohler* den Gedanken des Interessenschutzes auf. Auch er war der Ansicht, es gebe neben den im Vordergrund stehenden menschlichen Interessen schützenswerte Interessen der Tiere[630]. Diese seien zwar keine subjektiven Rechte, das sei aber auch gar nicht nötig, da das Interesse sowohl Rechtssubjekte als auch Nichtrechtssubjekte beteiligen könne. Erkenne man somit an, „daß das Wohl der Tiere innerhalb bestimmter Grenzen ein Interesse bildet, welches von sich aus des Schutzes unserer Kulturwelt würdig ist," müsse man auch einen Rechtszustand anstreben, der die Interessen der Tiere um ihrer selbst willen" in sich aufnehme[631].

Trotz dieser einmütigen grundsätzlichen Ablehnung eines Tierrechts im juristischen Sinne und trotz der behaupteten Irrelevanz eines etwaigen „Tierrechts" für die Bestrafung eines Tierquälers wurden gegen Ende des 19. Jahrhunderts die ersten vereinzelten Stimmen laut, die von der Möglichkeit eines solchen Rechts ausgingen.
Wetzlich[632] sah in seinem Werk „Das Recht der Tiere" aus naturrechtlicher Sicht im Tier einen Träger ethischer Ideen und konzedierte Tieren, je nach Entwicklungsstufe, eine gewisse Rechtsfähigkeit. *August Sturm* vertrat den Standpunkt, der moderne Staat, der alle sittlichen Forderungen der Gegenwart zu verwirklichen habe, habe auch dafür zu sorgen, „daß das Tier als empfindendes Willens-

[629] von Hippel, Tierquälerei, S. 125.
[630] Kohler, GS, Bd. 47, 1892, S. 32.
[631] Kohler, GS, Bd. 47, 1892, S. 33/34.
[632] Wetzlich, Das Recht der Tiere, S. 28 und 48.

wesen stets um seiner selbst willen gegen jede Quälerei geschützt wird"[633]. Für *Bregenzer* bestand kein Zweifel, „daß wir die Tiere zu Rechtsträgern machen können"[634], er nahm an, daß aus zwischen Menschen und (Haus-)Tieren erzeugtem Gewohnheitsrecht geschützte Rechtspositionen der Tiere auf Leben, Körperintegrität und Gesundheit erwüchsen[635]. Noch weiter ging *Berner* in der 14. Auflage seines Strafrechtslehrbuchs von 1886: „Das Wort 'Rechtlosigkeit der Tiere' vermag ich nicht mehr auszusprechen, ohne daß mir eine Stimme im Innern zuruft: Du sollst nicht falsches Zeugnis ablegen. Allerdings, auch die Tiere haben ein gewisses Recht. Der Mensch darf sie, soweit es die Humanität erlaubt, zu seinen Zwecken verwenden. Geht er über diese Zwecke hinaus, so geht er über sein Recht hinaus, versündigt sich nicht nur am Schöpfer, sondern verletzt auch das Recht der Tiere."[636]
All diesen Autoren gelang es jedoch nicht, die Existenz eines solchen subjektiven Tierrechts mit dem geltenden Rechtssystem und seiner (rein juristischen) Definition eines „subjektiven Rechts" zu vereinbaren. Selbst *Berner*, der zumindest eine gefühlsmoralische Begründung versucht hatte, ließ ab der 15. Auflage die ganze oben zitierte Stelle weg, wahrscheinlich – wie Jenny vermutet – „auf Grund der eindringlichen Vorstellungen und Vorwürfe, daß solche Sätze 'unjuristisch' seien"[637].

An dieser Ablehnung eines subjektiven Rechts der Tiere änderte sich auch in den Folgejahren bis zum Erlaß des Reichstierschutzgesetz nichts mehr[638]. Andererseits betonten die Begründungen der Strafgesetzentwürfe, daß Tier müsse um seiner selbst willen geschützt werden.

---

633 Sturm, Das Recht der Tiere, S. 109.
634 Bregenzer, Thier-Ethik, S. 333.
635 Bregenzer, Thier-Ethik, S. 325/326, 363.
636 Berner, Lehrbuch, 14. Aufl., S. 628/629.
637 Jenny, Der strafrechtliche Schutz der Tiere, S. 86. Ähnlich auch schon Beck, Die Tierquälerei, S. 12.
638 Vgl. Meyer-Allfeld, Lehrbuch, 7. Aufl., S. 678; Kupka, Die Tierquälerei mit besonderer Rücksicht auf die lex ferenda, S. 44; Beck, Die Tierquälerei, S. 16 und 25; Reinhardt, Tierquälerei als rechtswidrige und strafbare Handlung, S. 29/30; Schaefer, Tierschutz im Reichsstrafrecht, S. 1.

E. Vergleich des Reichsrechts mit der Partikulargesetzgebung

Einige deutsche Staaten hatten den Tierquälereitatbestand sehr viel offener formuliert als das Reichsrecht, indem sie auf die Tatbestandsmerkmale der Öffentlichkeit und des Ärgerniserregens verzichteten.
So bestrafte Bremen jede Mißhandlung oder Quälerei, Frankfurt die Mißhandlung, Baden (Verordnung von 1851), Waldeck, Braunschweig, Bayern und Mecklenburg bedrohten die rohe Mißhandlung oder das boshafte Quälen mit Strafe, Hessen-Darmstadt die rohe Mißhandlung aus Bosheit oder Mutwilllen und Thüringen, Anhalt und Hamburg das boshafte oder mutwillige Quälen, wobei jedoch festzuhalten ist, daß der Begriff des „Mutwillens“ enger war als derjenige der „Roheit“ im RStGB. „Mutwillen“ wurde als „das vorsätzliche Handeln ohne Bezweckung des Erfolges“[639], „aus überquellender Tatenlust“, welches „die Rechtswidrigkeit der Handlung in Kauf nimmt“[640], also das bewußt zwecklose Handeln definiert. „Roheit“ umfaßte aber sowohl die bewußt zwecklose Mißhandlung eines Tieres, als auch die Mißhandlungen zur Erreichung bestimmter Zwecke, z. B. des Gelderwerbs oder der Zeitersparnis[641]. Dennoch bleibt festzuhalten, daß alle oben aufgeführten Gesetzgebungen die Tat ohne Rücksicht auf die Öffentlichkeit ihrer Begehung oder den Eindruck, den sie hervorrief, bestraften.

Die Erregung von Ärgernis forderten die Gesetzgebungen in Württemberg und Hannover, in Baden (PolizeiStGB von 1863) und Sachsen (StGB von 1855) sogar die Erregung öffentlichen Ärgernisses. Damit waren sie ihrem Wortlaut nach enger als § 360 Nr. 13 RStGB, da ihnen das alternative Merkmal der Öffentlichkeit fehlte. Inhaltlich wären sie jedoch sehr viel weiter gewesen, wenn man die Erregung des Ärgernisses auch durch späteres Bekanntwerden der Handlung als ausreichend ansah. Welche Auffassung in der Praxis tatsächlich geherrscht hat, läßt sich für Hannover und das Sächsische StGB von 1855/68 nicht mehr feststellen. Für Württemberg steht den in der Kammer der Abgeordneten am 2. Mai

---

[639] So von Liszt, Lehrbuch, 4. Aufl., S. 588.
[640] So Binding, Normen, Bd. 2, S. 604; ebenso Olshausen, Kommentar zum RStGB, Bd. 1, 3. Aufl., § 134 Nr. 3.
[641] Vgl. von Hippel, Tierquälerei, S. 43.

1839 abgegebenen Erklärungen[642], späteres Bekanntwerden reiche aus, die Ansicht von *Hepp*[643] entgegen, derzufolge „einem oder dem anderen Anwesenden ein Ärgernis gegeben“ worden sein muß. In Baden mußte zwar ein weiterer Personenkreis verletzt worden sein, das Ärgernis konnte aber auch erst durch „Bereden“ entstehen[644].

Jedenfalls schlechter als der reichsrechtliche Schutz gegen Tierquälerei war der in Preußen und Oldenburg, wo Öffentlichkeit der boshaften Quälerei oder rohen Mißhandlung verlangt wurde, sowie im Kurfürstentum Hessen, in Hessen-Nassau und in Lübeck, wo keine allgemeinen Strafbestimmungen existierten.

Die in § 360 Nr. 13 RStGB angedrohte Strafe (Geldstrafe bis zu hundertfünfzig Mark oder Haft[645] bis zu sechs Wochen) war verhältnismäßig hoch. Sie blieb in ihrer Dauer nur hinter derjenigen des Sächsischen Rechts[646] (Gefängnis bis zu acht Wochen oder Geldbuße bis zu zweihundert Talern) zurück, stimmte mit der in Preußen, Oldenburg und Waldeck überein, und übertraf die Strafhöhe sämtlicher anderer deutschen Staaten, teilweise sogar beträchtlich[647].

---

[642] Vgl. Landtagsakten Württemberg 1839, Protokolle der Kammer der Abgeordneten, Bd. 3, S. 21 ff., 36. Sitzung, zitiert nach von Hippel, Tierquälerei, S. 9, Fn. 5.

[643] Hepp, Commentar über das neue württembergische Strafgesetzbuch, Bd. 3, Abt. 1, S. 545.

[644] von Hippel, Tierquälerei, S. 45.

[645] Nach von Hippel, Tierquälerei, S. 47, konnte die Strafart „Haft“ gegenüber der früheren Gefängnisstrafe nicht ohne weiteres als milder bezeichnet werden, da den Staaten, die mit Gefängnis drohten, die Haft ausnahmslos unbekannt, die Gefängnisstrafe sonach die mildeste Form der Freiheitsentziehung war.

[646] Vgl. Königlich Sächsisches Dekret Nr. 97 vom 25. Januar 1868, Landtagsakten Sachsen 1868, Mitteilungen, Abt. 1, Bd. 3, S. 531.

[647] Thüringen, Anhalt und Hamburg straften mit Gefängnis bis zu vier Wochen oder verhältnismäßiger Geldbuße, Mecklenburg mit Geldbuße bis zu fünfzig Talern oder im Unvermögensfalle Gefängnis bis zu vier Wochen, Bremen forderte „nachdrückliche Strafe“. Hannover bedrohte die Tierquälerei mit Verweis, Geldbuße bis zu fünf Talern oder verhältnismäßiger Gefängnisstrafe, in Baden und Bayern erwarteten den Täter eine Geldbuße bis zu fünfundzwanzig Gulden oder Gefängnis (bzw. Arrest) bis zu acht Tagen, in Braunschweig eine Geldstrafe bis zu fünf Talern, bei Rückfall bis zu zehn Talern oder Gefängnis bis zu vierzehn Tagen, in Württemberg ein Verweis, Geldstrafe bis zu fünfzehn Reichstaler oder Arrest bis zu acht Tagen, bei Rückfall bis zu fünfundzwanzig Reichstaler oder Arrest bis zu vierzehn Tagen und Frankfurt setzte eine Geldbuße von bis zu zehn Gulden fest, vgl. von Hippel, Tierquälerei, S. 47, Fn. 17.

Zusammenfassend läßt sich sagen, daß mit Ausnahme Preußens alle größeren Territorialstaaten teilweise erheblich offenere Formulierungen des Tierquälereitatbestandes aufwiesen. An die Stelle der partikularen Tierquälereinormen trat nach der Reichsgründung der § 360 Nr. 13 RStGB. Er war jedoch hauptsächlich dem preußischen Recht entlehnt, die alternative Strafbarkeit bei Ärgerniserregung sollte zwar dem Wunsch nach Erweiterung der Strafbarkeit entsprechen, wurde aber wiederum einschränkend ausgelegt.

Schon bald wurde deshalb nicht nur gegen das RStGB im allgemeinen, das im wesentlichen das preußische Strafrecht von 1851 übernommen hatte, der Einwand erhoben, es gehöre einer vergangenen Epoche an, sondern auch die Tierquälereivorschrift des § 360 Nr. 13 RStGB im besonderen dahingehend kritisiert, daß sie die wesentlich fortgeschritteneren Fassungen der anderen Partikularrechte auf ein erheblich geringeres Kulturniveau gebracht habe, und daß sie von Anfang an nicht dem Volksempfinden entsprochen habe[648].

F. Das Verordnungsrecht und das Verhältnis der Verordnungen zu § 360 Nr. 13 Reichsstrafgesetzbuch

Das Landesrecht blieb nach §§ 2 Abs. 1, 5 des Einführungsgesetzes zum StGB für den Norddeutschen Bund vom 31. Mai 1870[649] weiterhin in Kraft, wenn und soweit es keine Materie im Sinne dieser Vorschrift darstellte. Als „Materie" wurde ein einheitlicher Komplex von Bestimmungen angesehen, bei deren Feststellung der Gesetzgeber davon ausging, ein gewisses Gebiet umfassend zu regeln. Eine abschließende Regelung war aber bei der Tierquälerei – wie überhaupt bei den meisten nur mit Übertretungsstrafe bedrohten Handlungen, die wie die Motive bemerkten, „das Besondere" der Gesetzgebung bzw. dem Verordnungsrecht der Länder überlassen wollten – nicht vom Gesetzgeber beabsichtigt[650]. Dieser wollte nur die vier in § 360 Nr. 13 RStGB scharf umrissenen

---

[648] Vgl. Adolph, Der Schutz des Tieres im Deutschen Recht, S. 4.

[649] BGBl., Nr. 16 vom 8. Juni 1870, S. 195.

[650] Vgl. von Hippel, Tierquälerei, S. 35; Korn, Die strafrechtliche Behandlung der Tierquälerei, S. 5; RGStE. 7, 201 (205) vom 2. November 1882; RGStE. 6, 329 (330) vom 25. Mai 1882, wo es heißt: Es „ist als im allgemeinen durchgreifende Regel festzuhalten, daß durch das RStGB der Staatsgewalt der einzelnen Bundesterritorien ... kein Hindernis geschaffen

Tatbestände (öffentlich boshaft quälen, öffentlich roh mißhandeln, in Ärgernis erregender Weise boshaft quälen, in Ärgernis erregender Weise roh mißhandeln) mit Strafe bedrohen.

So erklärt es sich, daß neben § 360 Nr. 13 RStGB eine große Anzahl von Spezialverordnungen gegen einzelne Arten von Tierquälerei existierte, auch das möglicherweise eine Folge der schon früh vollzogenen Teilung in vorbeugende Maßnahmen auf polizeilicher und Strafmaßnahmen auf strafgesetzlicher Ebene.

Reichsrechtlich war durch eine Bekanntmachung des Reichskanzleramts vom 13. Juli 1879 die „Verladung und Beförderung von lebenden Tieren auf Eisenbahnen" geregelt[651]. Sie enthielt neben einer Reihe in erster Linie der Schnelligkeit und Sicherheit des Transports dienender Anordnungen auch unmittelbar auf Verhütung von Tierquälereien gerichtete Vorschriften. So war das Knebeln des Viehs untersagt und das Aufgeben desselben in Säcken, Käfigen usw. nur dann gestattet, wenn diese hinlänglich geräumig und luftig waren. Weiter legte sie die Höchstzahl der in einem Wagen aufzunehmenden Tiere dahingehend fest, daß Großvieh nicht aneinander gepreßt stehen und Kleinvieh genügend Raum haben sollte, um sich zu legen, und schließlich schrieb sie bei Beförderung von mehr als vierundzwanzigstündiger Dauer eine Tränkung der Tiere vor. Die Bekanntmachung richtete sich an die Eisenbahnverwaltungen, Strafbestimmungen enthielt sie selbst nicht.
Das war aber auf Länderebene mehrfach der Fall[652], wie denn überhaupt die Verwaltungsbehörden der Einzelstaaten eine außerordentlich rege Tätigkeit in dem Erlassen von Spezialverordnungen entwickelt haben[653].

---

wird, ... polizeiliche Strafnormen wirksam auch in Bezug auf solche Angelegenheiten zu erlassen, die in dem, ein abgeschlossenes System im Ganzen nicht ausprägenden, Abschnitt von den „Übertretungen" bereits in irgend einer Richtung teilweise Regelung erfahren haben". Zur gegenteiligen Annahme wäre der Nachweis erforderlich, daß die Materie in dem betreffenden Paragraphen ausnahmsweise abschließend geregelt und der Landesgesetzgebung entzogen sei.

[651] Centralblatt für das Deutsche Reich 1879, S. 479. Diese Bekanntmachung wurde am 6. Juli 1904 wieder aufgehoben und dafür eingehendere Bestimmungen über den Viehtransport in die Eisenbahnverkehrsordnung aufgenommen, vgl. Lehner, Tierschutz und Gesetz, S. 28.

[652] Vgl. z.B. Sächsische Verordnung vom 16. September 1879 (GVBl., Nr. 107, 15. Stück von 1879, S. 381), welche Versender und Transportbegleiter, sofern nicht § 360 Nr. 13 RStGB eingriff, mit Geldstrafe bis zu 60 Mark oder entsprechender Haft bedrohte.

Hervorzuheben sind hier die die Vivisektion und das Schächten betreffenden Vorschriften, denn gerade an diesen Themen erhitzte sich der Streit um eine Abänderung des § 360 Nr. 13 RStGB.

Zahlreich waren aber auch die Bestimmungen über das Treiben und den Transport der Tiere[654]: So war das Hetzen des Viehs mit Hunden, das Zerren am Leitseil, Prügeln mit Stöcken, Stoßen mit Fäusten oder Füßen, das Knebeln von Kälbern und Schafen bei der Beförderung mit Wagen verboten[655]. Die Tiere durften nicht in mehr als einer Schicht übereinander liegend oder derartig transportiert werden, daß die Köpfe von dem Fuhrwerk herabhingen oder gar an den Rändern anschleiften. Die Fuhrwerke selbst sollten so geräumig sein, daß das Vieh, ohne gepreßt oder gescheuert zu werden, nebeneinander stehen oder liegen konnte; sie sollten mit einer Strohunterlage versehen werden. Geflügel durfte regelmäßig nur in Käfigen oder anderen Behältern von genügender Größe befördert werden. Der Transport in Säcken war ebenso untersagt, wie das Zusammenbinden einzelner Tiere oder das Tragen an den Füßen usw. Den Zuwiderhandelnden trafen verschieden normierte Geld- oder Freiheitsstrafen.
Genau geregelt war auch oft die Benutzung der Hunde als Zugtiere[656]. Sie war nur den Inhabern eines nach tierärztlicher Untersuchung auszustellenden Er-

---

[653] von Hippel, Tierquälerei, S. 27.
[654] von Hippel, Tierquälerei, S. 33, Fn. 16, führt hier Polizeiverordnungen der Regierungen zu Königsberg vom 15. Juni 1872, zu Arnsberg vom 24. Februar 1874, zu Frankfurt an der Oder vom 16. November 1874, zu Wiesbaden vom 16. Februar 1875 und zu Gumbinnen vom 13. Dezember 1875 an, ferner die Straßenpolizeiordnungen Bremens vom 15. Mai 1879 (§§ 57-60), Hamburgs vom 26. Oktober 1881 (§ 4) und Lübecks vom 3. März 1880 (§ 49-52) und eine württembergische Ministerialverfügung vom 20. März 1877. In Sachsen existierte eine Verordnung vom 4. April 1878 (GVBl., Nr. 25, 4. Stück vom Jahre 1878, S. 39) und in Baden die Verordnungen des Innenministeriums vom 14. Juli 1900 (GVBl. 1900, S. 848) und vom 23. Februar 1903 (GVBl. S. 92).
[655] von Hippel, Tierquälerei, S. 33, Fn. 17: Die Sächsische Verordnung vom 4. April 1878 und die Württembergische Verfügung vom 20. März 1877 gestatteten das Knebeln, gaben aber auch genaue Anweisungen, wie dasselbe zu geschehen habe. Vgl. auch die Bekanntmachung des Reichskanzlers von Bülow, betreffend Änderung des § 44 der Eisenbahn-Verkehrsordnung vom 6. Juli 1904 (RGBl., Nr. 29 vom 12. Juli 1904, S. 253).
[656] von Hippel, Tierquälerei, S. 34, Fn. 18: Z.B. Verordnung der Königlichen Regierung Kassel vom 20. August 1875 und 23. September 1887; Verordnung für die Stadt Hannover vom 12. Dezember 1885, für den Kreis Gießen vom 19. Dezember 1883 (analoge bestehen in den übrigen Kreisen des Großherzogtums). Hamburg, Straßenpolizeiordnung § 43 und Bekanntmachung vom 10. März 1886. Lübeck, Straßenpolizeiordnung § 9. Baden, Verordnung des

laubnisscheins gestattet, der neben einer genauen Beschreibung des Tieres die Angabe des Gewichtes enthielt, das der Hund zu ziehen vermochte. Jede Überladung sowie das Besteigen des Wagens seitens des Führers oder anderer Personen war verboten. Im Winter mußte der Wagen mit einer Decke für den Hund versehen sein, im Sommer mit einem Trinkgeschirr. Ähnliche Vorschriften untersagten allgemein die Verwendung lahmer oder abgetriebener Tiere zum Ziehen, die allzu schwere Belastung der Fuhrwerke[657], die Benutzung des Dopelljochs[658] usw.

Das Verhältnis aller dieser und ähnlicher Verordnungen zu § 360 Nr. 13 RStGB war folgendes: Wo die reichsrechtliche Bestimmung zutraf, kam selbstverständlich nur sie zur Anwendung. Ferner durfte eine nach Reichsrecht strafbare Handlung von der Landesgesetzgebung nicht für straffrei erklärt werden. Davon abgesehen bestanden die landesrechtlichen Regelungen aber neben § 360 Nr. 13 RStGB weiter, da dieser nicht dazu bestimmt war, die Bestrafung der Tierquälerei endgültig und unter Ausschluß der Landesgesetzgebung zu regeln.

Die Zuständigkeitsgrenze auf diesem Gebiet war und blieb jedoch zweifelhaft und wurde in der Praxis vom Landesrecht oft überschritten[659]. Die sächsische Verordnung, das Betäuben der Schlachttiere betreffend, vom 21. März 1892 begann mit den Worten: „Zur tunlichsten Abschneidung von Quälereien der Tiere“ und drohte bei Zuwiderhandlung Haft oder Geldstrafe bis zu hundertfünfzig Mark an, wozu von Feilitzsch bemerkte, daß Idealkonkurrenz der Zuwiderhandlungen mit den Übertretungen des § 360 Nr. 13 RStGB vorliegen könne[660]. Bemerkenswert ist in diesem Zusammenhang auch Art. 7 des Württembergischen Polizeistrafgesetzbuchs vom 27. Dezember 1871[661]. Dieser besagte: „Der Strafe des § 360 Nr. 13 RStGB unterliegt außer den daselbst bezeichneten Fällen weiter: 2) wer außer dem Falle des § 360 Nr. 13 RStGB den zum Schutze von Tieren gegen Mißhandlungen erlassenen Vorschriften zuwiderhandelt“. Der

---

Innenministeriums vom 11. Februar 1889 (GVBl. 1889, S. 42). Nach den Stuttgarter Straßenvorschriften war das Einspannen von Hunden überhaupt verboten.

[657] von Hippel, Tierquälerei, S. 34, Fn. 19, führt hier die Straßenpolizeiordnungen für Bremen, Hamburg, Lübeck und Stuttgart an.

[658] von Hippel, Tierquälerei, S. 34, Fn. 20: Polizeiverordnung für den Kreis Gießen vom 27. Oktober 1885.

[659] Vgl. Mendelssohn-Bartholdy, GS, Bd. 66, 1905, S. 428 (431).

[660] Von Feilitzsch, Zusammenstellung des sächsischen Landesstrafrechts, Bd. 2, S. 92/93.

[661] Württembergisches RegBl., Nr. 37 vom 29. Dezember 1871, S. 391 (393); Neufassung vom 4. Juli 1898, Württembergisches RegBl., Nr. 11 vom 14. Juli 1898, S. 149.

Wortlaut ließe den Schluß zu, Württemberg habe es hier unternommen, den Anwendungsbereich des § 360 Nr. 13 StGB generell zu erweitern[662], nach dem oben Gesagten kann es sich hier jedoch nur um eine Strafrahmenübertragung, nicht aber um eine Ergänzung des Reichsrechts gehandelt haben kann. Eine solche Ergänzung konnte nach *von Hippel*[663] nur über eine Auslegung des RStGB selbst vollzogen werden.

Das Kammergericht erteilte später in mehreren Entscheidungen einer Regelung des Tierschutzes durch Polizeiverordnungen eine klare Absage[664], eine Position, die es jedoch dadurch wieder teilweise in Frage stellte, daß es in zwei weiteren Urteilen die Rechtsgültigkeit von zwei die Tierschlachtung betreffenden Polizeiverordnungen mit der Begründung bejahte, bei der Schlachtung von Großvieh sei auch die Sicherheit des Publikums zu berücksichtigen, die Verordnungen fänden deshalb ihre gesetzliche Stütze in § 10 II 17 ALR und den §§ 6, 12, 15 des preußischen Polizeigesetzes vom 11. März 1850 bzw. den §§ 6 a, 12 der königlichen Verordnung vom 20. September 1867 für die neuen preußischen Landesteile[665].

G. Kritische Stimmen und Abänderungsvorschläge zu § 360 Nr. 13 Reichsstrafgesetzbuch bis 1900

Mit der Bestrafung der öffentlichen oder Ärgernis erregenden Tiermißhandlung in § 360 Nr. 13 RStGB hatte sich die Richtung durchgesetzt, die die Tierquälerei als Sittlichkeitsdelikt einstufte und den Angriff auf die Sittlichkeit in der Verletzung des menschlichen Mitleidsgefühls sah (sog. „Gefühlsschutztheorie"). Da die nach dieser Ansicht notwendigen Tatbestandsmerkmale der Öffentlichkeit

---

662 So Kupka, Die Tierquälerei mit besonderer Rücksicht auf die lex ferenda, S. 31; Schick, Tierquälerei in der deutschen Strafgesetzgebung, S. 17.

663 von Hippel, Tierquälerei, S. 35, Fn. 22.

664 Entscheidung vom 15. Oktober 1894, in: Johow, Jahrbuch für Entscheidungen des Kammergerichts Bd. 16, S. 484 f.; Entscheidung vom 23. Juni 1902, in: GA, Bd. 51, 1904, 63; Entscheidung vom 3. Mai 1906, in: DJZ 1906, Sp. 882.

665 Vgl. Hottenrott, DJZ 1908, Sp. 187 (188), der sich gegen diese Vorgehensweise aussprach.

oder Ärgerniserregung die Anwendbarkeit der Norm stark einschränkten, wurde diese aber schon bald heftig kritisiert[666].

Ein weiterer Kritikpunkt war die große Anzahl von Spezialverordnungen hauptsächlich der Länder, die auch auf die Lückenhaftigkeit des Schutzes durch das RStGB hindeutete.

Schließlich wurde seit Ende der siebziger Jahre des 19. Jahrhunderts von verschiedenen Seiten immer häufiger Unmut über die rechtliche Behandlung der Vivisektion und des Schlachtwesens, insbesondere des jüdisch-rituellen Schächtens, geäußert.

Kritik übten in erster Linie die Tierschutzvereine, die Anfang der achziger Jahre begannen, Reich und Länder in Eingaben um Abänderung des § 360 Nr. 13 RStGB zu bitten, aber auch die Literatur, die weiterhin über den Rechtsgrund der Bestrafung der Tierquälerei diskutierte und ebenfalls eigene Gesetzesvorschläge machte.

In Deutschland wurde der organisierte Tierschutz durch Pfarrer Christian Adam Dann (1758-1837) vorbereitet, am 17. Juni 1837 gründete Pfarrer Albert Knapp (1798-1864) in Stuttgart den „Vaterländischen Verein zur Verhütung der Tierquälerei“ und veröffentlichte am 17. Februar 1838 im „Schwäbischen Merkur“ einen Aufruf zur Gründung von Tierschutzvereinen, zur weiteren Verbreitung des Tierschutzgedankens und zum Erlaß tierschützerischer Bestimmungen[667]. Bald darauf bildeten sich – ausgehend von den größeren Städten wie Berlin, München und Hamburg – überall eigenständige Tierschutzvereine, von denen der Münchener Tierschutzverein schon bald der größte und einflußreichste wurde. Bereits um die Jahrhundertwende zählte man rund 200 örtliche Tierschutz-

---

[666] Für Gebele von Waldstein, Tierschutz im Recht, S. 64, war die Divergenz zur Moral der Auslöser der Kritik an § 360 Nr. 13 RStGB, denn die versteckt begangene Tierquälerei sei mindestens so verwerflich gewesen wie die öffentliche. Das Gesetz habe nicht die Forderungen der Moral selbst unterstützen, sondern nur die öffentliche Sittlichkeit schützen wollen. Die Moral wolle aber den Schutz des Gegenstands ihres Gebots, sie wolle nicht selbst geschützt werden. Infolgedessen sei ein Gesetz, das nur die öffentliche Sittlichkeit im Auge habe, selbst ohne unmittelbaren sittlichen Gehalt.

[667] Kiss, Gedanken zum Tierschutzgesetz, S. 7/8.

vereine mit insgesamt etwa 75000 Mitgliedern[668]. Die erste Dachorganisation wurde am 14. September 1881 in Wiesbaden gegründet. Es war der „Verband der Tierschutzvereine des Deutschen Reiches“, der auch nach seinem langjährigen Vorsitzenden „Otto-Hartmann-Bund“ genannt wurde. Etwa 500 Tierschutzvereine schlossen sich nach und nach an[669].

Wie in England spalteten sich jedoch auch in Deutschland von der gemäßigten Tierschutzbewegung Splittergruppen ab, die insbesondere die Vivisektion und das Schächten radikal bekämpften. Hervorzuheben sind hier der 1879 gegründete „Internationale Verein zur Bekämpfung der wissenschaftlichen Tierfolter“, der sich später „Weltbund zum Schutze der Tiere und gegen die Vivisektion“ nannte, und der „Verein für humanes Schlachten“.

Ein Anliegen der Tierschutzvereine war es, tierschützerische Ansichten im Volk zu verbreiten und besonders die Jugend entsprechend zu erziehen. Jede Art von Tierquälerei wurde öffentlich gemacht und angeprangert. Neben praktischen Vorschlägen zum richtigen Umgang mit und zur Behandlung von Tieren richteten sowohl die radikalen als auch die gemäßigten Vereine ihr Hauptaugenmerk aber auf die Verbesserung des gesetzlichen Tierschutzes, indem sie die gesetzgebenden Körperschaften des Reichs und der Länder mit zahlreichen Eingaben bestürmten.

Den Anfang machte eine entsprechende Petition des *Münchener Tierschutzvereins* an das Reichskanzleramt vom 19. März 1877[670], die das Reichsjustizamt am

---

[668] Walden/Bulla, Endzeit für Tiere, S. 147.

[669] Walden/Bulla, Endzeit für Tiere, S. 147.

[670] Vgl. BA Berlin-Li., 30.01., Nr. 6314, Bl. 2-6Rs. Schon 1868 hatte der Mitbegründer des Dresdener Tierschutzvereins, von Ehrenstein, einen „Versuch zu einem Gesetzentwurf, den Tierschutz betreffend“, gemacht (inhaltlich zitiert nach Willige, 100 Jahre Tierschutz in Dresden, S. 100). Dieser Vorschlag, der in stark kasuistischer Form die Mehrzahl der damals bestehenden Mißstände aufgriff, gelangte jedoch nicht in Form einer Petition an eine der gesetzgebenden Körperschaften des Reichs oder der Länder, weshalb er weiter keine Beachtung fand.

Der Entwurf war in einen allgemeinen Teil (§§ 1 bis 10) und einen besonderen Teil (§§ 11 bis 28) untergliedert. Nach § 1 sollte jede zweckwidrige Tierquälerei mit Gefängnis bis zu drei Monaten oder mit Geldbuße bis zu 200 Talern bestraft werden und § 2 stellte die Versagung der notwendigen Bedürfnisse des Tieres der Tierquälerei gleich. § 3 statuierte die Strafbarkeit des Versuchs. Der Grad der Bosheit und moralischen Verderbtheit sowie die Größe der dem Tier zugefügten Qual sollten § 4 zufolge Maßstab für die Höhe der Strafe sein, wobei Wiederholungsfälle gemäß § 5 strenger geahndet werden sollten. Die §§ 6 und 7 sahen vor, Kinder und Jugendliche für Tierquälereien mit körperlicher Züchtigung und Erziehungspflichtige,

31. März 1877 mit Rücksicht darauf, daß die letzte Revision des StGB gerade erst durch das Gesetz vom 26. Februar 1876 zum Abschluß gebracht worden sei, abschlägig beschied[671]. Dieses Schicksal teilte auch eine an den Reichstag gerichtete Eingabe des *1. Kongresses der deutschen Tierschutzvereine* zu Gotha vom 30. September 1879, in der darum gebeten wurde, das Reichskanzleramt zu folgender Gesetzesänderung zu veranlassen: „Mit Geldstrafe bis zu fünfzig Taler oder mit Haft wird bestraft, wer Tiere mißhandelt oder quält (§ 360 Nr. 13 RStGB). Die einzelnen Landesregierungen sind befugt, im Wege der Verordnung oder durch oberpolizeiliche Vorschriften zu bestimmen, welche Handlungen oder Unterlassungen unter allen Umständen verboten sind."[672] Auch die ablehnende Antwort des Reichsjustizamts vom 10. Mai 1880 wurde mit der ausreichenden Revision von 1876 begründet. Bemerkenswert an diesem Bescheid war der Zusatz, es stünde den einzelnen Landesregierungen frei, das RStGB durch partikuläre Rechtsnormen zu ergänzen[673].

Mit ausdrücklichem Bezug auf diesen letzten Satz wandte sich daraufhin der *Münchner Tierschutzverein* mit einer Anfrage vom 24. April 1881 an die bayerische Landtagskammer und bat darum, Strafzusatzbestimmungen hinsichtlich der Mißhandlung von Tieren in das bayerische Polizeistrafgesetzbuch von 1871 aufzunehmen. Der bayerische Landtag jedoch lehnte am 16. Mai 1881 die Erörterung der Petition von vornherein ab, da die Zuständigkeit des Landes nach § 2 Abs. 1 EG-RStGB nicht gegeben sei bzw. weil § 5 EG-RStGB und § 143 RGe-

---

wenn sie die Tierquälereien wissentlich nicht verhindert hätten, wie Tierquäler selbst zu bestrafen. Diese Vorschläge erinnerten stark an die in der Verordnung für das Fürstentum Schwarzburg-Sondershausen von 1840 enthaltenen Regelungen. Die besonderen Bestimmungen enthielten Anordnungen gegen das Fesseln des Schlachtviehs, das Aufsteigen auf Hundefuhrwerke, das Versagen von Trinkwasser für Kettenhunde, das Anlegen vorschriftswidriger Maulkörbe, das Schlachten ohne vorherige Betäubung, gegen das Doppeljoch, gegen Zusammenspannen von Pferd und Rind, gegen Mißbräuche im Pferdetransport, gegen drückende Pferdegeschirre, gegen Peitschen mit Knoten oder Stacheln, Überlastung von Pferdefuhrwerken, Verwendung dienstuntauglicher Pferde, gegen das qualvolle Mästen und Schlachten des Geflügels, das Schinden der Fische und langsame Kochen der Krebse, gegen qualvollen Eisenbahntransport, gegen das Halten anderer Singvögel als der Kanarienvögel, gegen das Einfangen und Töten von Singvögeln, gegen Mißbräuche beim Fischen und gegen das Angeln durch Kinder.

671 Vgl. Bericht über den 2. Deutschen Tierschutzkongreß in Wiesbaden, S. 57, in: BA Berlin-Li., 30.01., Nr. 6314, Bl. 67.

672 Vgl. BA Berlin-Li., 30.01., Nr. 6314, Bl. 59Rs.

673 Vgl. BA Berlin-Li., 30.01., Nr. 6314, Bl. 59Rs.

werbeO entgegen stünden. Durch die gewünschte Maßnahme werde eine durch die Reichsgesetze geordnete und auch zu ordnende Materie berührt[674].
Folgerichtig richtete das *Präsidiums des 2. Kongresses der deutschen Tierschutzvereine zu Wiesbaden* sein Schreiben vom 23. Dezember 1881 wieder an das Reichskanzleramt[675]. Die Petenten formulierten folgenden Gesetzesvorschlag: „Mit Geldstrafe, mit Haft oder mit Gefängnis wird bestraft, wer Tiere mißhandelt, quält oder in einer dem Tiere Qualen bereitenden Weise vernachlässigt. Rückfällige sind mit Gefängnis nicht unter zwei Monaten zu bestrafen und können auf immer oder auf bestimmte Zeit nach Maßgabe von Bestimmungen, zu deren Erlaß die Landesregierungen bzw. Ortspolizeibehörden ermächtigt werden, von den in diesen Bestimmungen zu benennenden Gewerben und Dienstleistungen ausgeschlossen werden." und baten darum, diesen Paragraphen nicht wie bisher bei den „Übertretungen", sondern bei den „Vergehen" einzustellen[676]. In seiner Antwort vom 2. Februar 1882 sagte der Staatssekretär im Reichsjustizamt, *von Schelling*, zumindest die Berücksichtigung der Eingabe bei einer Revision des Strafgesetzbuchs zu[677].

Obwohl diese Eingaben ohne Wirkung zu bleiben schienen, findet sich in einem die Vivisektion betreffenden Votum des preußischen Ministers der geistlichen, Unterrichts- und Medizinalangelegenheiten *von Gossler* vom 26. März 1887 für den preußischen Ministerpräsidenten *von Bismarck* der Vorschlag, § 360 Nr. 13 RStGB durch Streichung des Erfordernisses der Öffentlichkeit oder der Erregung von Ärgernis zu erweitern[678]. Neben der Wiederholung dieses Vorschlags in einer Zusammenfassung des Votums vom 1. April 1887 findet sich in *von Bismarcks* Handschrift die Bemerkung: „meo volo: ja"[679].

Anläßlich von Beschwerden über die Vivisektion beschloß das Königlich Preußische Staatsministerium am 3. November 1888, die Materie des Tierschutzes einer Reform durch eine Ministerialkommission zu unterziehen[680]. Aus der

[674] Vgl. BA Berlin-Li., 30.01., Nr. 6314, Bl. 60.
[675] BA Berlin-Li., 30.01., Nr. 6314, Bl. 59-66Rs.
[676] BA Berlin-Li., 30.01., Nr. 6314, Bl. 65Rs/66.
[677] BA Berlin-Li., 30.01., Nr. 6323, n.p.
[678] BA Berlin-Li., 07.01., Nr. 391, Bl. 160.
[679] BA Berlin-Li., 07.01., Nr. 391, Bl. 163.
[680] Vgl. BA Berlin-Li., 30.01., Nr. 5796, Bl. 201Rs.

Denkschrift, die eine Subkommission am 10. April 1889 der Gesamtkommission zur Beratung vorlegte, gehen die Formulierungsschwierigkeiten hervor, die bei der nach wie vor erforderlichen Abgrenzung von erlaubtem Gebrauch und strafbarem Mißbrauch der Tiere entstanden[681]. So sollten die Merkmale „öffentlich und in Ärgernis erregender Weise“ weggelassen werden und „boshaft“ durch „vorsätzlich“ ersetzt werden, damit nicht – wie bisher – nur der, der aus Lust am Quälen quäle, bestraft werden könne. Da die rohe Mißhandlung schon im Quälen enthalten sei, könne auch sie gestrichen werden. Die sich daraus ergebende Formulierung „Wer vorsätzlich Tiere quält“ schien aber wiederum mit einer zu weit gehenden Einschränkung menschlicher Interessen, wie Landwirtschaft, Vivisektion, Schlachten, Jagd oder Rennen verbunden, weswegen nach Überlegungen, „unnötigerweise“ oder „ungebührlicherweise“ einzuschalten, schließlich der Zusatz „Eine Tierquälerei liegt nicht vor, wenn und soweit die Handlung in Wahrnehmung berechtigter Interessen geschieht“ für am besten befunden wurde[682]. Neben dieser Bestimmung schien der Subkommission eine besondere Bezugnahme auf die Vivisektion und das Töten der Schlachttiere entbehrlich. Die Beurteilung, ob ein berechtigtes Interesse vorliege, bleibe hier wie sonst dem richterlichen Ermessen überlassen. Dabei werde der Richter selbstverständlich auch die von den zuständigen Verwaltungs- und Polizeibehörden zur Verhütung von Mißbräuchen aufgrund praktischen Bedürfnisses und sachverständiger Erfahrung erlassenen Verordnungen in Betracht ziehen. Ein Bedürfnis, diese Verordnungen einer allgemeinen richterlichen Strafandrohung zu unterstellen, lag daher nach Ansicht der Subkommission nicht vor.
Bei der Beratung in der Gesamtkommission erklärte sich der Vertreter des Reichsjustizamtes mit der Streichung der Worte „öffentlich oder in Ärgernis erregender Weise“ einverstanden. Die weiteren Vorschläge hielt er aber nicht für eine Verbesserung, denn „anstelle der greifbaren, auch dem Laien und insbesondere dem zur Aburteilung berufenen Schöffenrichter leicht verständlichen Merkmale, nämlich einer in der Handlungsweise zutage tretenden Bosheit oder Roheit, solle der dehnbare, der Mißdeutung leicht ausgesetzte Begriff des berechtigten Interesses in den Tatbestand eingeführt werden. Da das Gesetz nicht sage, welche Interessen zu einer mit Qualen für das Tier verbundenen Benut-

[681] BA Berlin-Li., 30.01., Nr. 6315, Bl. 13-15.
[682] Die Denkschrift vom 10. April 1889 war somit die erste staatliche Stellungnahme, die eine Neuformulierung des Tierquälereiparagraphen befürwortete.

zung desselben berechtigen, auch allgemeine Grundsätze darüber schwerlich aufgestellt werden könnten, werde eine Unsicherheit der Rechtsprechung eintreten". Aus diesen Gründen empfahl das Reichsjustizamt die Beibehaltung der bisherigen Fassung des Gesetzes, abgesehen von der oben befürworteten Streichung[683].

Aufgrund dieser Schwierigkeit der Tatbestandsformulierung, die auf der Vielgestaltigkeit der mit dem Tierschutz verbundenen Problematiken beruhte, wünschte das preußische Staatsministerium 1889 eine wissenschaftliche internationale Darstellung des Gebietes der Tierquälerei. Zunächst wandte man sich deswegen an *von Liszt*, dieser übertrug jedoch *von Hippel* die Aufgabe. Daraus entstand dann dessen spätere Habilitationsschrift „Die Tierquälerei in der Strafgesetzgebung des In- und Auslandes" von 1891, das Standardwerk der frühen juristischen Tierschutzliteratur, das einen umfassenden Überblick über den Rechtszustand bis dahin gibt.

Nach eingehender Untersuchung der bisherigen deutschen Gesetzgebungen einschließlich des Reichsstrafgesetzbuchs kam *von Hippel* zu dem Schluß, die Tierquälerei gehöre zu den Sittlichkeitsdelikten und solle deshalb bei einer Revision des RStGB unter die „Vergehen wider die Sittlichkeit" hinter § 184 (Verbreitung unzüchtiger Schriften) eingereiht werden[684].
Den Tatbestand wollte *von Hippel* aus mehreren Gründen erheblich verändert sehen: Zum einen müßten die die Bestrafung in unzulässiger Weise einschränkenden Erfordernisse der Öffentlichkeit der Begehung oder der Erregung von Ärgernis wegfallen[685]. Da das „Quälen" im „Mißhandeln" enthalten sei, könne auf ersteres verzichtet werden[686]. Um jede unnötige Grausamkeit für strafbar zu erklären, genüge der Begriff der „Mißhandlung". Trete bei dieser eine gemeine

[683] BA Berlin-Li., 30.01., Nr. 6315, Bl. 16-17Rs.
[684] von Hippel, Tierquälerei, S. 126. Die Bildung eines eigenen Abschnitts, der etwa den Schutz tierischer Interessen zum Gegenstand hätte, lehnte von Hippel genauso ab, wie den Vorschlag Sturms, Das Recht der Tiere, S. 113, die Tierquälerei mit der Körperverletzung zusammenzustellen.
[685] Die Streichung des Wortes „öffentlich" hatte zuvor auch schon Lange, GS, Bd. 42, 1889, S. 53, gefordert. Er schlug folgende Gesetzesfassung vor: „Mit Geldstrafe bis zu ... Mark oder Haft wird bestraft, wer Thiere in einer Weise, welche geeignet ist, Aergerniß zu erregen, mißhandelt oder quält", vgl. Lange, GS, Bd. 42, 1889, S. 54.
[686] von Hippel, Tierquälerei, S. 134.

Gesinnung des Täters zu Tage, so sei sicherlich erhöhte Strafe angebracht. Aber auch wo dies nicht der Fall sei (z.B. bei Vornahme der Vivisektion durch Laien aus Neugierde), sei ein Einschreiten geboten. Deshalb solle auch der Zusatz „roh" gestrichen werden. Da er auch eine Erhöhung des Strafmaßes für erforderlich hielt, schlug *von Hippel* schließlich folgende Gesetzesfassung vor: „Mißhandlung von Tieren wird mit Geldstrafe bis zu 300 Mark oder mit Gefängnis bis zu 3 Monaten bestraft"[687], wodurch die Tierquälerei von einer Übertretung zum Vergehen würde. Dabei betonte er, daß „die Erregung von Schmerzen, wenn und soweit dieselbe im Interesse des menschlichen Nutzens, zur Erreichung berechtigter Zwecke erforderlich war", nicht unter die Vorschrift falle, denn solche Handlungen wären objektiv rechtmäßig und deshalb straffrei. Das gelte insbesondere für die Vivisektion und das Schächten, weshalb *von Hippel* eine entsprechende Einfügung in den Tatbestand, etwa die Worte „Mißhandlung von Tieren, soweit dieselbe nicht zur Wahrnehmung berechtigter Interessen erforderlich ist," zumindest in Erwägung zog[688].

Als weiteren Vorzug seines Entwurfs bezeichnete *von Hippel* die dadurch bedingte veränderte Stellung des Reichsrechts gegenüber der Landesgesetzgebung[689]. „Wer heute glaubt, man strafe in Deutschland tatsächlich nur bei Öffentlichkeit oder Ärgerniserregung, der irrt. Fast alle typischen, wirklich häufig vorkommenden Fälle unnötiger Mißhandlung sind durch Spezialverordnungen untersagt."[690] Diesen Zustand bezeichnete *von Hippel* als „völlig prinziplos und verfehlt". Eine solche Kasuistik sei gesetzestechnisch abzulehnen, da sie notwendig zu Rechtsunsicherheit und -ungleichheit führe, weil niemand die Masse der Ge- und Verbote kenne und diese im einzelnen vielfach voneinander abwichen. Durch Einordnung des Paragraphen unter die Sittlichkeitsdelikte, durch

---

[687] von Hippel, Tierquälerei, S. 139. Mit der Forderung nach einer mäßigen Erhöhung des Strafrahmens wandte sich von Hippel zugleich gegen die Forderungen Sturms. Dieser hatte folgende Gesetzesfassung vorgeschlagen: „§ 234: Wer Tiere quält oder vorsätzlich mißhandelt, wird wegen Tierquälerei mit Geldstrafe bis zu eintausendfünfhundert Mark oder mit Haft oder mit Gefängnis bis zu zwei Jahren bestraft. In den Fällen, wo es zum Zwecke wissenschaftlicher Untersuchung unbedingt notwendig erscheint, lebenden Tieren Qualen zuzufügen, tritt keine Strafe ein. § 235: Wer im Inlande wegen Tierquälerei bestraft worden ist, darauf abermals eine Tierquälerei begangen hat und wegen derselben bestraft worden ist, wird, wenn er eine neue Tierquälerei begeht, mit Gefängnis nicht unter drei Monaten bestraft", vgl. Sturm, Das Recht des Tieres, S. 114.

[688] von Hippel, Tierquälerei, S. 135.

[689] von Hippel, Tierquälerei, S. 139.

[690] von Hippel, Tierquälerei, S. 132.

Ausdehnung des Verbots auf jede unnötige Mißhandlung, werde die Tierquälerei aber eine „Materie“, welche „Gegenstand des Strafgesetzbuchs für das Deutsche Reich“ sei. Landesgesetze und -verordnungen wären daneben ungültig, sofern die Reichsgesetzgebung sie nicht ausdrücklich zulasse[691]. So würde z.B. die Mehrzahl der Bestimmungen über den Viehtransport und das Verbot zu schwerer Belastung von Fuhrwerken wegfallen. Zuzulassen wären partikulargesetzliche Regelungen nur noch für vorbeugende Maßnahmen, die die Verhütung von Handlungen bezwecken, welche selbst keine Tierquälerei enthielten, bei häufigem Vorkommen aber leicht zu solcher führen könnten, wie z.B. die Benutzung von Hunden als Zugtiere oder das Schlachten betreffende Regelungen. Solche durchaus zweckmäßige Maßregeln zu beseitigen oder für die Zukunft unmöglich zu machen, liege kein Grund vor. Sie aber reichsgesetzlich im einzelnen zu regeln, sei mit Rücksicht auf die gerade in dieser Beziehung lokal doch verschiedenen Bedürfnisse nicht zu empfehlen. Um hier aber wenigstens das Strafmaß anzugleichen und um die landesgesetzlichen Regelungen zu binden, schlug *von Hippel* folgende reichsrechtliche Regelung des Verordnungsrechts durch die Einfügung einer Blankettvorschrift in § 360 Nr. 13 RStGB vor: „Mit Geldstrafe bis zu hundertfünfzig Mark oder mit Haft wird bestraft: Wer den zur Vermeidung der Mißhandlung von Tieren erlassenen Bestimmungen zuwiderhandelt.“[692] Mit Rücksicht auf die geringere Gefährlichkeit dieser Fälle sei die vorgeschlagene Übertretungsstrafe ausreichend.

Kurz darauf äußerte sich auch Professor *Josef Kohler* zur Tierschutzproblematik. Sein Gesetzesvorschlag lautete: „§ 1 Abs. 1: Wer Thiere quält, wird ... bestraft. Diese Bestimmung findet keine Anwendung, wenn solches in Wahrnehmung eines gerechtfertigten menschlichen Interesses geschieht. Abs. 2: Der Absatz 1 trifft auch dann zu, wenn Jemand einem Hausthier, während er es in seiner Obhut hat, durch Nichtgewährung von Nahrung und von Schirm und Schutz

---

[691] von Hippel, Tierquälerei, S. 139.

[692] von Hippel, Tierquälerei, S. 140. Die Fassung dieses Paragraphen erinnert sehr stark an Art. 7 des Württembergischen Polizeistrafgesetzbuch vom 27. Dezember 1871. Der Vorschlag einer reichseinheitlichen Regelung des Verordnungsrechts tauchte schon vorher im Bayrischen PolizeiStGB von 1861 und im Badischen PolizeiStGB von 1863 auf. Diese Teilung in vorbeugende Maßnahmen auf polizeilicher Ebene und Strafmaßnahmen auf strafgesetzlicher Ebene deutete sich schon im von Kamptz'schen Votum von 28. September 1840 an. Nach von Hippel sind Wünsche nach einer solchen reichsrechtlichen Regelung mehrfach geäußert worden, so z.B. bei der Erörterung der Schächtfrage im Reichstag 1885/86.

Qualen bereitet. § 2: Geldstrafe bis ... oder Haft bis ... trifft denjenigen, welcher den für die Vivisection, für den Transport und für das Schlachten von Thieren gegebenen Bestimmungen zuwider handelt."[693] Zu den berechtigten Interessen des Menschen zählten nach Kohler insbesondere das Interesse der Nahrung, der Jagd und der Vivisektion. Das Nahrungsinteresse sei auch dann berechtigt, wenn es „sich zur Gourmandise und zum Nahrungsluxus gestaltet"[694].

Auch Landgerichtsrat *Ignaz Bregenzer* schlug 1894 in seiner umfassenden Abhandlung über die Tierethik – in bewußter Abkehr von den Erfordernissen der Öffentlichkeit und der Ärgerniserregung[695] – folgende Paragraphen vor: „§ 222 a: Unbefugte Tötung von Tieren wird mit Haft oder Geldstrafe bis zu fünfhundert Mark oder mit Gefängnis bis zu drei Monaten bestraft. § 223 a: Mißhandlung von Tieren wird mit Haft oder Geldstrafe bis zu eintausend Mark oder mit Gefängnis bis zu zwei Jahren bestraft. § 360 Ziff. 13: Mit Geldstrafe bis zu hundertfünfzig Mark oder mit Haft wird bestraft, wer den zur Vermeidung der Mißhandlung und Tötung von Tieren erlassenen Bestimmungen zuwiderhandelt."[696] Neu war hieran, auch die unbefugte Tötung eines Tieres unter Strafe zu stellen. Die hohe Strafdrohung begründete Bregenzer mit der häufigen Rückfälligkeit der Täter und der Gemeingefährlichkeit der gewohnheitsmäßigen Tierquäler[697].

Schließlich forderten auch *A. Mendelssohn-Bartholdy*[698], *Karl Walcker*[699] und *Leo Weber*[700] die Bestrafung jeder Tierquälerei, wobei *Walcker* bei den Körperverletzungen vier neue Paragraphen einschalten wollte: „§ 233 a: Wer Tiere ohne dringende Not schlecht hält, wird ... bestraft. § 233 b: Wer Tiere mißhandelt oder quält, wird ... bestraft. § 233 c: Vivisektionen sind nicht als Tierquälereien, als Straftaten zu betrachten, wenn sie von berechtigten Personen innerhalb der

---

[693] Kohler, GS, Bd. 47, 1892, S. 53/54.
[694] Kohler, GS, Bd. 47, 1892, S. 49.
[695] Bregenzer, Thier-Ethik, S. 344, wandte sich gegen die Einordnung der Tierquälerei als Sittlichkeitsdelikt und bezeichnete diese als „Verlegenheitsname für Findelkinder, die doch auch getauft sein müssen". In Anlehnung an Sturm wollte Bregenzer, Thier-Ethik, S. 352, die Tierquälerei unmittelbar hinter der Körperverletzung eingestellt sehen.
[696] Bregenzer, Thier-Ethik, S. 369.
[697] Bregenzer, Thier-Ethik, S. 369.
[698] Mendelssohn-Bartholdy, GS, Bd. 66, 1905, S. 448.
[699] Walcker, Tierschutz und Tierquälerei, S. 21/22.
[700] Leo Weber, Der strafrechtliche Schutz der Tiere, S. 18.

Schranken der staatlichen Bestimmungen vorgenommen werden. § 233 d: „Bestraften Tierquälern ist das Recht der Tierhaltung und des Kutscherberufes zu entziehen."

Trotz dieser eindeutigen Vorgaben der Wissenschaft änderte sich nichts. Das mußte auch der *Vorstand des Verbandes der Tierschutzvereine des Deutschen Reiches* feststellen, dessen Wiederholungen der Eingabe vom 23. Dezember 1881 am 29. Dezember 1891 an das Reichskanzleramt[701] und am 28. April 1892 an den Bundesrat[702] am 7. März 1892 vom Reichsjustizamt (Staatssekretär *Bosse*) wiederum dahingehend beantwortet wurden, sie würden bei einer Revision des Strafgesetzbuches berücksichtigt werden, die Erörterungen darüber seien aber weiterhin in der Schwebe[703].
Wohl um das Verfahren zu beschleunigen, formulierte der *Vorstand des Verbandes der Tierschutzvereine des Deutschen Reiches* in einem Schreiben an das Reichsjustizamt vom 15. Mai 1896 einen eigenen ausführlichen Gesetzesvorschlag, nach dem die Tierquälereinormen, in Anlehnung an *Sturm*, hinter die Körperverletzung eingereiht werden sollten[704], und, *von Hippel* folgend, eine reichsrechtliche Regelung des Verordnungsrecht erfolgen sollte. Der Vorschlag lautete: „§ 233 a: Wer Tiere quält oder mißhandelt, wird wegen Tierquälerei mit Gefängnis bis zu einem Jahre bestraft. Sind mildernde Umstände vorhanden, so kann auf Geldstrafe bis zu eintausend Mark erkannt werden. Als Tierquälerei ist auch namentlich das Entziehen oder die Nichtgewährung der erforderlichen Nahrung, Pflege, Wartung und des Obdachs für im Besitz oder in Pflege befindliche Tiere seitens der hierzu verpflichteten Personen zu erachten. § 233 b: Wer im Inlande aufgrund des § 233 a bestraft ist, darauf abermals eine solche Handlung begangen hat und wegen derselben bestraft worden ist, wird, wenn er eine Tierquälerei begeht, mit Gefängnis von drei Monaten bis zu zwei Jahren bestraft. § 233 c: Die Bestimmungen des § 233 b finden Anwendung, auch wenn die früheren Strafen nur teilweise verbüßt oder ganz oder teilweise erlassen sind,

[701] BA Berlin-Li., 30.01., Nr. 6323, n.p.
[702] BA Berlin-Li., 30.01., Nr. 6323, n.p.
[703] BA Berlin-Li., 30.01., Nr. 6323, n.p.
[704] Dieser Ansicht war auch Walcker, dessen Gesetzesvorschlag hauptsächlich deshalb von Interesse ist, weil er als Strafen auch die Züchtigung oder die Versetzung des Verurteilten in eine Strafkompanie in Europa oder sogar Afrika in Erwägung zog, vgl. Walcker, Tierschutz und Tierquälerei, S. 21/22.

bleiben jedoch ausgeschlossen, wenn seit der Verbüßung oder dem Erlasse der letzten Strafe zehn Jahre verflossen sind. § 233 d: Wenn eine Tierquälerei auf der Stelle seitens des Eigentümers oder des Besitzers des Tieres oder des Stellvertreters desselben durch eine angemessene körperliche Züchtigung des Täters geahndet wird, so bleibt der Züchtigende straffrei, wenn derjenige, welcher sich der Tierquälerei schuldig gemacht hat, das sechzehnte Lebensjahr noch nicht vollendet hat, und sofern die Strafe sich nicht als eine Mißhandlung oder Überschreitung des väterlichen Züchtigungsrechts darstellt. § 360 Nr. 13: Wer den zur Vermeidung der Tierquälerei und Mißhandlung von Tieren seitens der zuständigen Behörden erlassenen Vorschriften zuwiderhandelt, ...“[705].

Neben der Formulierung des Tatbestandes trat aber eine weitere Schwierigkeit auf. Dadurch, daß die rechtliche Regelung des Tierschutzes verschiedene Problematiken, wie z.B. die Vivisektion, das Schlachten, die Jagd und die Benutzung von Tieren in der Landwirtschaft, in sich vereinte, fiel die Kompetenzabgrenzung schwer. Zwischen Reich und Ländern war teilweise unklar, inwieweit die Länder zum Erlaß eigenständiger Regelungen zuständig seien, darüber hinaus berührten Tierschutzfragen zugleich die Ressorts der Justiz, des Innern, der geistlichen, Unterrichts- und Medizinalangelegenheiten und der Landwirtschaft, Domänen und Forsten. Dabei läßt es sich auch nicht völlig ausschließen, daß diese Kompetenzabgrenzungsschwierigkeiten teilweise als Mittel der Verschleppung bewußt genutzt wurden.
So erklärt sich jedenfalls auch die Bitte des *Verbandes der Tierschutzvereine des Deutschen Reiches* an Reichskanzler *von Bülow* vom 29. März 1902: „Hohe Reichsregierung wolle mit der Abfassung aller gesetzlichen Bestimmungen zur Verhütung von Tierquälereien und mit der Überwachung des Tierschutzes eine bestimmte Reichsbehörde betreuen und dieselbe veranlassen, bei Ausübung ihrer Tätigkeit Vertreter der Tierschutzvereine zur Beratung hinzuzuziehen.“[706]
Diese und ähnliche Petitionen[707] wurden zwar weiterhin dem Reichskanzler als Material zur Änderung des Strafgesetzbuchs überwiesen[708], den Petenten wurde

---

[705] Vgl. BA Berlin-Li., 30.01., Nr. 6315, Bl. 28-37Rs.
[706] BA Berlin-Li., 30.01., Nr. 6315, Bl. 75-76.
[707] Petition des Internationalen Vereins zur Herbeiführung schärferer gesetzlicher Bestimmungen zum Schutze der Tiere vom 11. Februar 1904, in: BA Berlin-Li., 30.01., Nr. 6315, Bl. 92d; Eingabe des Weltbundes zum Schutze der Tiere und gegen Vivisektion vom 12.

eine Änderung nunmehr aber als unmittelbar bevorstehend avisiert, da die Vorbereitungen zu einer grundlegenden Reform des Strafrechts begonnen hätten, „um so mehr als die Reformbedürftigkeit jener Vorschrift innerhalb der Reichsverwaltung bereits anerkannt sei“[709].

Trotzdem, möglicherweise aufgrund der Tatsache, daß sie seit über 20 Jahren mit der Aussicht auf eine Revision des Strafrechts vertröstet worden waren, beantragten der *Vorstand des Verbandes der Tierschutzvereine des Deutschen Reiches*[710], der *Vorstand des Berliner Tierschutzvereines*[711] und die *Pferdeschutzvereinigung über ganz Deutschland* zu Berlin[712] „falls nicht etwa die allgemeine Revision des StGB mit Sicherheit in nahe Aussicht genommen werden könne“, auf Grund des Absatzes 23 der Reichsverfassung eine Strafgesetznovelle zur Regelung der Tierschutzfrage in die Wege zu leiten.

Dies lehnte das Reichsjustizamt aber mit Hinweis auf die begonnenen Vorarbeiten zur allgemeinen Revision des Strafrechts ab[713].

Schließlich regte der *Neue Leipziger Tierschutzverein* in einer Petition vom 28. September 1907 an den Reichstag sogar den Erlaß eines eigenständigen Tierschutzgesetzes an[714]. Die Petenten bezogen sich dabei auf eine Denkschrift des *Weltbundes zum Schutze der Tiere* vom 4. August 1903, in der dieser 73 Forderungen an Reich, Länder und Gemeinden aufgestellt hatte[715].

Auch dieser Eingabe wurde nicht Folge geleistet, sie mag aber mit zu der Überzeugung beigetragen haben, daß der Tierschutz eine der drängendsten Fragen der gerade begonnenen Strafrechtsreform und im Rahmen einer Novelle zum Strafgesetzbuch vorab zu behandeln sei.

April 1904 (wie Schreiben des Vorstandes des Verbandes der Tierschutzvereine des Deutschen Reiches vom 15. Mai 1896), in: BA Berlin-Li., 01.01., Nr. 889, Bl. 114.

708 Vgl. Verh. des RT, 11. Leg.-Per., 1. Session 1903/05, Bd. 8, S. 5897 (5900), Sten. Ber. der 180. Sitzung vom 6. April 1905. Überweisung an den Reichskanzler nach Beschluß des BR, vgl. Protokoll der 24. Sitzung des BR vom 11. Mai 1905, in: BA Berlin-Li., 30.01., Nr. 6315, Bl. 99.

709 Vgl. die Erklärung des Regierungskommissars von Tischendorf bei der Verhandlung der Petitionskommission vom 25. Januar 1905, Verh. des RT, 11. Leg.-Per. 1903/05, Anlbd. 7, Ds. Nr. 671, S. 3878 (3879), 67. Bericht der Petitionskommission vom 1. März 1905.

710 Petition vom 20. Mai 1905, in: BA Berlin-Li., 30.01., Nr. 6315, Bl. 102-107Rs.

711 Petition vom 17. März 1906, in: BA Berlin-Li., 30.01., Nr. 6316, Bl. 11-14.

712 Petition vom 28. Mai 1907, in: BA Berllin-Li., 30.01., Nr. 6316, Bl. 23-26.

713 Schreiben vom 5. Mai 1906, in: BA Berlin-Li., 30.01., Nr. 6316, Bl. 15-16.

714 BA Berlin-Li., 30.01., Nr. 6316, Bl. 33-35Rs.

715 BA Berlin-Li., 30.01., Nr. 6315, Bl. 112.

H. Der wissenschaftliche Tierversuch (Vivisektion)

Ein neues Betätigungsfeld für die Tierschützer eröffnete sich in den siebziger Jahren des 19. Jahrhunderts mit dem Streit um die rechtliche Behandlung des wissenschaftlichen Tierversuchs. Die Frage, inwieweit Versuche an lebenden Tieren vorgenommen werden dürfen, hat nicht nur den Tierschutz, sondern auch die Allgemeinheit stark beschäftigt, wohl kein anderes Gebiet des Tierschutzes hat die gegensätzlichen Ansichten stärker und leidenschaftlicher hervortreten lassen als die Bekämpfung der sogenannten Vivisektion[716].

Vivisektorische Versuche wurden schon im Altertum angestellt. Daß es in der zweiten Hälfte des 19. Jahrhunderts zu einem nachhaltigeren Streit[717] um die Vivisektion kam, wird erst vor dem Hintergrund bestimmter medizin- und kulturgeschichtlicher Voraussetzungen verständlich[718].
In der Medizingeschichte ist zwischen den Perioden des qualitativen und des quantitativen Tierversuchs zu unterscheiden. Qualitativ sind Experimente, mit deren Hilfe die Funktion der Organe nur beobachtet werden soll, während man sich bei den quantitativen messender Methoden bedient. Qualitative Versuche wurden bereits im 16. Jahrhundert durchgeführt, sie wurden aber in den ersten Jahrzehnten des 19. Jahrhunderts durch die quantitativen verdrängt[719]. Vorreiter

[716] Vgl. auch meine Ausführungen auf den Seiten 45-56 und 132-135.
[717] Schon im 18. Jahrhundert forderte Pierre Louis Moreau Maupertius, der Präsident der Berliner Akademie der Wissenschaften, größere Kühnheit bei der Durchführung von Vivisektionen. Der Göttinger Professor der Mathematik und Physik Abraham Gotthelf Kästner aber bekämpfte die Vivisektion auf das Schärfste. Er war der Ansicht, daß jemand, der Hunde quäle, nicht befähigt sei, Menschen zu heilen, vgl. Ebstein, Der medizinische Versuch mit besonderer Berücksichtigung der Vivisektion, S. 39. Nach Bretschneider, Streit um die Vivisektion, S. 4, hielt Kästner übrigens das Experiment, einem Frosch nach Abschneiden des Kopfes in das Rückgrat zu stechen, nicht für grausam, „weil hoffentlich die Froschseele mit dem Kopfe abgereiset sei“. Ciaburri, Die Vivisektion, S. 29, zufolge veröffentlichte Christian Sigismund Wolff 1709 in Leipzig eine lateinisch geschriebene Abhandlung „Ueber die Moralität der Anatomie, wenn sie sich mit lebenden Tieren beschäftigt“ und 1722 ließ Apinus ein Buch mit dem aus lateinischen und deutschen Worten sonderbar gemischten Titel „An licet brutorum corpora mutilare et speciatim, ob es recht sey, daß man den Hunden die Ohren abschneide, variis observationibus aucta corpora et a nonnullorum obiectionibus vindicata“ erscheinen. Ebstein, S. 52, berichtet von einer 1754 erschienenen Vivisektionsverteidigungsschrift des Christlob Mylius mit dem Titel „Unthersuchung, ob man die Thiere um physiologischer Versuche willen lebendig eröffnen dürfe?“.
[718] Vgl. Bretschneider, Streit um die Vivisektion, S. 3.
[719] Bretschneider, Streit um die Vivisektion, S. 3.

waren hier die Franzosen *Magendie*, *Flourens*, *Pasteur* und *Bernard*. Sie setzten sich in Gegensatz zu den Anhängern der vitalistischen[720] und naturärztlichen Richtung, die glaubten, daß die Lebensvorgänge unter der Herrschaft von Lebenskräften und seelenartig zu denkenden Bildungskräften stünden und deren Vorstellungen von den Möglichkeiten und Aufgaben der Medizin sich im wesentlichen auf Vorbeugung, natürliche Lebensweise, vegetarische Ernährung und Heilverfahren nach *Kneipp* und anderen beschränkten[721]. Der sich um die Jahrhundertmitte auch in der deutschen Medizin vollziehende Wandel von metaphysischen Systemen zur exakt-naturwissenschaftlichen Betrachtungsweise des Organischen betraf vor allem die Physiologie, die Wissenschaft von der Funktion des menschlichen Organismus. In allen medizinischen Fakultäten – beginnend mit Breslau 1838 – erhielt die physiologische Disziplin nun einen eigenen Lehrstuhl; viele neue Institute wurden errichtet. In Deutschland gab es die Institution des Berufsphysiologen schon zu einer Zeit, als in Frankreich *Magendie* noch gleichzeitig Physiologe und Kliniker war und in England die Physiologie nur nebenher und vielfach von praktizierenden Ärzten betrieben wurde[722].

Der wissenschaftliche Tierversuch war eine der vielen neuen Methoden, deren Anwendung parallel zum schnellen Aufschwung der Medizin eine erhebliche Zunahme erfuhr. Tierexperimente zur Erkenntnis der Lebensvorgänge galten zur Zeit des Vivisektionsstreites unter den Medizinern als wertvolle, absolut unentbehrliche Methode. Sie wurden seit den Tagen *Magendies* so häufig angewendet, daß für die Vivisektionsgegner ein Physiologe gleichbedeutend mit einem Vivisektor war[723], weshalb der Tierversuch auch als „Modekrankheit“ bezeichnet wurde[724]. In dieser zahlenmäßigen Zunahme der Vivisektionsversuche ist der erste und wichtigste Grund zu sehen, warum ein so heftiger Streit um ihre Berechtigung entstehen konnte.

Trotz nachweisbar großer Erfolge gab es unter den Vivisektionsgegnern genug Ärzte und Laien, die die experimentelle Methode für einen „Rückschritt“ hiel-

[720] Der Vitalismus war eine philosophische Lehre, nach der das organische Leben einer besonderen Lebenskraft zuzuschreiben war.
[721] Vgl. Bretschneider, Streit um die Vivisektion, S. 7-9.
[722] Bretschneider, Streit um die Vivisektion, S. 8.
[723] Bretschneider, Streit um die Vivisektion, S. 9.
[724] Vgl. Lehmann, in Fischer-Defoy/Lehmann, Zwei Preisschriften, S. 12.

ten[725]. Die Ärzte unter ihnen waren in der Regel Anhänger der sog. Naturärztlichen Richtung. Sie nahmen das anfangs noch vorhandene therapeutische Unvermögen als Beweis dafür, daß die ganze Methodik der naturwissenschaftlichen Medizin falsch sei und aufgegeben werden müsse. Experimente gehörten ihrer Ansicht nach in die Physik und Chemie, nicht jedoch in die Medizin[726]. Die Laienkritik kam meist aus religiös-kirchlichen Kreisen. Der neue, allem Metaphysischen feindliche Geist der Naturwissenschaften wurde hier mit Unbehagen betrachtet. Es ist wohl unbestreitbar, daß viele damalige Physiologen Anhänger eines krassen Materialismus waren und auf religiöse Systeme wie auf überwundene Standpunkte herabschauten. So wurde von vielen Vivisektionsgegnern Religion und Physiologie für unvereinbar gehalten. Die Physiologie wurde angeschuldigt, den Kirchen die Seelen zu entfremden[727]. Der Tierversuch war für diese opponierenden Ärzte und Laien ein Symbol für den neuen Geist der Medizin, gab aber nach übereinstimmendem Urteil der Verteidiger nur den Vorwand ab, gegen die naturwissenschaftliche Medizin an sich zu Felde zu ziehen[728].
Für einen anderen Teil der Antivivisektionisten schließlich war der Tierversuch nicht nur Vorwand, sondern eigentliches Ziel ihrer Angriffe. Für sie war es schlechthin verwerflich, einem Tier Schmerzen zuzufügen oder sogar die Integrität des tierischen Organismus überhaupt zu verletzen. Ihr Motiv war der Tierschutzgedanke, der sich in der Mitte des 19. Jahrhunderts zu organisieren begann. Die um den Tierschutz Bemühten konnten am Tierversuch nicht gleichgültig vorübergehen. Allerdings war ihre Stellungnahme durchaus nicht einheitlich; nur wenige bekannten sich zu den Zielen der radikalen Antivivisektionisten.
Ein letzter Grund für den Vivisektionsstreit ist darin zu erblicken, daß Vivisektionsversuche anfangs ohne den Einsatz von Betäubungsmitteln und teilweise

---

[725] Vgl. die Zusammenstellung der Äußerungen vivisektionsfeindlicher Ärzte bei Fliegel, 1000 Ärzte gegen die Vivisektion.
[726] Vgl. Bretschneider, Streit um die Vivisektion, S. 10.
[727] Vgl. Bretschneider, Streit um die Vivisektion, S. 10/11.
[728] Vgl. Heidenhain, Die Vivisection, S. 4; Ebstein, Der medizinische Versuch mit besonderer Berücksichtigung der Vivisektion, S. 1; Fischer-Defoy, in Fischer-Defoy/Lehmann, Zwei Preisschriften, S. 45. Die Vivisektion war übrigens nicht die einzige Stelle, an der den Gegnern der naturwissenschaftlichen Medizin diese verwundbar erschien. In ihren Schriften finden sich auch häufig Angriffe gegen den „Impfzwang", vgl. Förster, Vivisektion, die wissenschaftliche Tierfolter, S. 72/73.

sehr roh und gedankenlos vorgenommen wurden, es also auch zu Mißbräuchen kam.

1. Die Problematik des wissenschaftlichen Tierversuchs

Die Heftigkeit des Streits im bearbeiteten Zeitraum und die Tatsache, daß er, wenn auch in abgeschwächter Form, bis heute andauert, sind wohl darauf zurückzuführen, daß die Vornahme von Tierversuchen mehrere, ganz unterschiedliche Problemkreise berührt.

Zunächst einmal hatte – und hat – das medizinische Tierexperiment einen moralischen Aspekt. Hierbei geht es um die Frage, ob und wie der Tierversuch, der in jedem Falle mit einer Verletzung der Integrität des tierischen Organismus, eventuell auch mit Schmerzen für das Tier verbunden ist[729] und unter Umständen sogar mit seinem Tod endet, sittlich gerechtfertigt werden kann.
Nach der christlichen Moraltheologie war das Tier dem Menschen eindeutig untergeordnet. Es wurde argumentiert, als vernunftloses Wesen könne das Tier nicht Rechtssubjekt sein. Infolgedessen habe der Mensch dem Tier gegenüber auch keine eigentliche Pflicht, sondern nur eine „wahre sittliche Pflicht" in bezug auf die Pflichten Gott gegenüber. Sie bestände darin, das eingeräumte Ge-

[729] Der Schmerz der Versuchstiere war und ist der Angelpunkt des Vivisektionsstreites, denn die Masse der Gegner empörte nicht der Eingriff in den tierischen Organismus an sich, sondern die damit verbundene Schmerzzufügung. Daß bei einer Anzahl von Tierversuchen den Tieren Schmerzen bereitet wurden, war eine von niemandem bestrittene Tatsache. Die Physiologen gaben ohne weiteres zu, daß bei einigen Versuchen keine Narkose zur Anwendung kommen könne, weil durch sie der Zweck der Untersuchung gerade vereitelt werden würde. Übereinstimmend hoben sie aber hervor, daß solche Versuche wenig zahlreich seien. Auch wenn die Vivisektionsgegner dies anders darstellten, so wird wohl in den Fällen, in denen eine Betäubung dem Versuchszweck nicht widersprach, diese auch angewandt worden sein, denn zumeist lag es im Interesse des Versuches selbst, wenn das Tier betäubt wurde und ruhig war. Hiergegen argumentierten die Vivisektionsgegner, die Betäubung verfälsche selbst wieder das Versuchsergebnis. Diskutiert wurde auch über die sogenannte „Evidence of prolonged pain", d. h. die Tatsache, daß die Tiere nach Beendigung des Versuches und Abklingen der Betäubung noch Schmerzen auszuhalten hatten, und über die Verwendung des indianischen Pfeilgiftes Curare, durch das die Tiere gelähmt, aber nicht empfindungslos gemacht wurden. Über den Grad der Schmerzempfindung konnten angesichts der damals noch nicht weit entwickelten Schmerzforschung jedoch nur Vermutungen angestellt werden, was Bestelmeyer, Vivisektion vom strafrechtlichen Standpunkt, S. 13, noch 1934 bestätigt.

brauchsrecht in der von Gott beabsichtigten Weise, also schonend zu nutzen. Die Konsequenz aus diesen Lehren war eine grundsätzliche Billigung des Tierversuchs, wenn er ohne Mißbräuche aus einem vernünftigem Grund und mit einem bestimmten Ziel durchgeführt werde. Diese Ansicht wurde von den wenigen radikalen Tierversuchsgegnern, die die Tiere in die unmittelbare Nähe des Menschen rückten, ihnen Gemüt und Seele zusprachen und konsequenterweise auch Schlachtung, überhaupt tierische Nahrung (viele waren Vegetarier), Kastration, Jagd, Tiersport etc. ablehnten, grundsätzlich bekämpft[730].
Die gemäßigten Antivivisektionisten erkannten die Berechtigung der Vornahme von Tierexperimenten dem Grunde nach an, definierten aber die Begriffe „mißbräuchlicher Tierversuch“ und „vernünftiger Zweck“ anders als die Physiologen.
Angesichts der Tatsache, daß moralische Begriffe hier nicht mehr weiterhalfen, und bei der Schwierigkeit, exakte Kriterien dafür aufzustellen, wann ein Tierversuch nicht mehr ernsten wissenschaftlichen Zwecken diente und die Schmerzzufügung das für den Versuch gebotene Maß überschritt, verlagerte sich die Diskussion auf die medizinische Seite der Vivisektionsproblematik und auf die Frage, ob der Tierversuch für die medizinische Wissenschaft nützlich oder sogar notwendig sei.

Wie schon dargelegt, hatte sich die Medizin im 19. Jahrhundert zur experimentellen Erfahrungswissenschaft entwickelt. Für die Anhänger dieser in ihrer Methodik gänzlich verwandelten Wissenschaft war der Tierversuch ein integrierender Faktor, ein völlig unentbehrliches Hilfsmittel, ohne das diese Form der medizinischen Wissenschaft am Ende gewesen wäre[731]. Seitdem man erkannt hatte, daß das organische Geschehen durch physikalische und chemische Gesetze, nicht durch „Lebensgeister“ beherrscht wird, seit diesem Augenblick mußte das Experiment in der Medizin (wie schon lange vorher in Physik und Chemie) eine

[730] Von manchen Verteidigern des Tierexperiments wurde nur diesen konsequenten Tierschützern das Recht zugebilligt, Kritik zu üben. Den anderen hielten sie als eine Art Rekrimination eine lange Liste von Verfahren an Tieren vor, die an Grausamkeit die Vivisektion überträfen. So berechtigt das „tu-quoque-Argument“ auch sein mochte, so konnte es aber die Vivisektion, wenn sie wirklich eine „Tierquälerei“ war, weder entschuldigen noch rechtfertigen.

[731] Zusammenfassend Lehmann, in Fischer-Defoy/Lehmann, Zwei Preisschriften, S. 10/11, 28-34.

entscheidende Bedeutung erlangen. Um die Funktionen des lebenden Organismus erkennen zu können, mußten die Physiologen zum Lebendversuch greifen, die Anatomie allein, auf die die Gegner so gern hinwiesen, konnte über die Arbeitsweise der Organe keinen Aufschluß bringen. Den Ablauf der normalen Vorgänge in einem Organismus wiederum wollten die Mediziner erkennen lernen, um danach die Krankheit, die als „Störung der normalen Lebensvorgänge“[732] definiert wurde, bekämpfen zu können[733]. Von den Verteidigern der Tierversuche wurden auch Beispiele gebracht, die einen Fortschritt in Diagnostik und Therapie gegenüber früheren Zeiten, wo noch keine Tierexperimente geübt wurden (oder jedenfalls nicht in diesem Maße), ausweisen konnten[734]. Trotz der Erfolge wurde jedoch von einigen Tierversuchsgegnern angezweifelt, daß vom Tierexperiment auf den Menschen geschlossen werden könne; wegen der verschiedenen Organisation von Mensch und Tier sei es zweifelhaft, ob die bei Tierversuchen gewonnenen Ergebnisse für die Menschenheilkunde von Wert seien[735]. Darüber hinaus werde das Tier durch jeden operativen Eingriff in einen anomalen Zustand versetzt, der völlig ungeeignet sei, die Tätigkeit der Organe in ihrer Gesamtheit nachzuweisen[736]. Insbesondere die Erprobung von Medikamenten am Tier sollte ganz und gar ohne Nutzen für die wissenschaftliche Forschung sein. Das Tierexperiment sei auch deshalb gefährlich und zu verbieten, da ansonsten andere, bessere Forschungswege vernachlässigt würden[737]. Trotzdem wurden Vivisektionen zu Forschungszwecken mehrheitlich gebilligt.

Anders verhielt es sich mit Tierversuchen zu Übungs- und Lehrzwecken, die zur Erlangung oder Beibehaltung manueller Operationsgeschicklichkeit oder vor den Augen der Studierenden im Hörsaal zur Erläuterung des Vorgetragenen ausgeführt wurden. Sie wurden von den Vivisektionsgegnern für absolut unnötig gehalten und sollten gesetzlich verboten werden. Die Physiologen erklärten

---

[732] Heidenhain, Vivisection im Dienste der Heilkunde, S. 7; ders., Die Vivisection, S. 2.

[733] Die Förderung der reinen Wissenschaft als Drang nach Erkenntnis (vgl. Heidenhain, Die Vivisection, S. 23) und die Ausbildung künftiger Ärzte waren – und sind – weitere Ziele der Vivisektion, die aber nicht so sehr zu ihrer Verteidigung dienten bzw. dienen konnten.

[734] Vgl. von den Autoren der damaligen Zeit: Uhlenhuth, Die Bedeutung des Tierexperiments für die Medizin, S. 7, 14-21 und Heidenhain, Vivisection im Dienste der Heilkunde, S. 36-40.

[735] Vgl. Lehmann, in Fischer-Defoy/Lehmann, Zwei Preisschriften, S. 6/7; Förster, Vivisektion, die wissenschaftliche Tierfolter, S. 69/70.

[736] Vgl. Lehmann, in Fischer-Defoy/Lehmann, Zwei Preisschriften, S. 6.

übereinstimmend, daß sie unentbehrlich seien, eine Verbannung der Versuche aus dem Unterricht werde eine wesentliche Beeinträchtigung der medizinischen Ausbildung der Ärzte zur Folge haben[738]. Tierversuche seien unmittelbare Erkenntnis und eine gewisse Anzahl fundamentaler Versuche sei deshalb in den Vorlesungen unerläßlich[739]. Außerdem sei diese Anzahl der Versuche sehr gering[740].

Ein Stein des Anstoßes waren ferner die sog. Privatvivisektionen, d. h. außerhalb der physiologischen Institute durchgeführte Versuche. Die Meinung, daß solche Versuche in großem Umfang ausgeführt würden, hielt sich hartnäckig, obwohl sie durch entsprechende Untersuchungen nicht erhärtet werden konnte[741]. Die Physiologen gaben zu bedenken, daß Privatvivisektionen im allgemeinen zu kostspielig und zeitraubend wären und ohne den in Instituten vorhandenen technischen Apparat kaum durchführbar seien[742]. Obwohl dieses Thema auch bei Parlamentsdebatten zur Sprache gebracht wurde, erfolgte – anders als in England – kein generelles Verbot des privaten Tierversuchs. Das mag auch daran gelegen haben, daß in Deutschland schon sehr früh eigenständige physiologische Institute eingerichtet wurden und Privatvivisektionen tatsächlich kaum noch vorgenommen wurden[743].

Ob die Vivisektion berechtigt war oder nicht, darauf kann im Rahmen dieser Arbeit keine Antwort gegeben werden. In der Rückschau scheinen die Befür-

---

737 Vgl. für viele Stenz, Vivisektion in ihrer wahren Gestalt, S. 42, und Lehmann, in Fischer-Defoy/Lehmann, Zwei Preisschriften, S. 7. Das behauptet Ciaburri noch 1933, vgl. Ciaburri, Die Vivisektion, S. 227.

738 Vgl. Ebstein, Der medizinische Versuch mit besonderer Berücksichtigung der Vivisektion, S. 33/34.

739 Heidenhain, Vivisection im Dienste der Heilkunde, S. 52, vgl. auch Fischer-Defoy, in Fischer-Defoy/Lehmann, Zwei Preisschriften, S. 60/61.

740 Nach Heidenhain, Die Vivisection, S. 52, erstreckte sich die Gesamtdauer der physiologischen Vorlesungen an den damals existierenden deutschen Universitäten auf zwei Semester. Auf Befragen ergab sich, daß an 17 dieser Universitäten im Jahresdurchschnitt nur 13 Vorlesungsversuche vorgenommen wurden.

741 Vgl. Heidenhain, Die Vivisection, S. 56.

742 Vgl. Ebstein, Der medizinische Versuch unter besonderer Berücksichtigung der Vivisektion, S. 41/42.

743 Vgl. Schreiben des Preuß. Kultusministers von Gossler an Reichskanzler von Bismarck vom 7. September 1881, in dem Bezug genommen wird auf das Gutachten der wissenschaftlichen Deputation für das Medizinalwesen vom 20. Juli 1881, in: BA Berlin-Li., 30.01., Nr. 6314, Bl. 24-30.

worter des Tierversuchs mit ihren Beiträgen zur medizinischen Seite des Problems und den Erfolgen, auf die sie verweisen konnten, über die besseren Argumente zu verfügen, bzw. verfügt zu haben. Wesentlich schwieriger erscheint aber die Entscheidung der moralischen Frage.

Der Kern des Vivisektionsproblems liegt zweifellos in der Frage, ob es sittlich erlaubt ist, einem Tiere im Dienste des Menschen Schmerzen zuzufügen.

Für sich allein betrachtet, ist das Zufügen von Schmerzen und Qualen moralisch verwerflich. Die Physiologen konnten aber in ihren Schriften, Vorlesungen und Beiträgen zu Parlamentsdebatten dartun, daß sie nicht aus Vergnügen oder Zeitvertreib schmerzhafte Tierversuche ausführten, sondern daß der Tierversuch eine eminente Bedeutung für die medizinische Forschung und damit unmittelbar für Heilung und Verhütung von Krankheiten hatte. Nach ihrer Argumentation wurde eine an sich verwerfliche Handlung (das Zufügen von Schmerzen) durch ihren Zweck zu einer guten, ja notwendigen. Die Gegner behaupteten jedoch, der Zweck dürfe nicht die Mittel heiligen, auch ein gewonnener Nutzen bleibe verwerflich[744]. Aber auch bei einer angenommenen Präferenz der menschlichen Interessen stellte und stellt sich die Frage nach der Grenze der Inanspruchnahme des Tieres durch den Menschen[745].

Es gibt also wohl keine für jedermann verbindliche Entscheidung in dieser Frage. Sie ist vielmehr „für den einzelnen von der Gesamtheit seiner Lebensanschauungen abhängig“[746]. Der Begriff der „Humanität“, den beide Seiten für sich reklamierten, die Tierversuchsgegner, indem sie der anderen Seite Mitgefühl und Mitleidsfähigkeit absprachen, die Befürworter des Tierversuchs, die von „menschenfeindlichem Tierschutz“ sprachen und das Mitleid mit dem Tier als „Rücksichtslosigkeit gegen den Menschen, eine Verirrung des sittlichen Gefühls, die den Menschen opfert, um das Tier zu schonen“[747], hilft hier nicht viel weiter. Auch daraus, daß die Mehrheit sich letzten Endes dem Tierversuch positiv gegenüberstellte, ist noch nicht die absolute Berechtigung dieses Standpunktes abzuleiten. Man wird beiden Ansichten, der konsequent tierschützlerischen, wie der, daß die Tiere dem Menschen zu dienen haben, eine Berechtigung zuerkennen müssen.

---

[744] Vgl. Förster, Bayreuther Blätter 5, 3. Heft 1882, S. 96: „Was hülfe es dem Menschen, so er die Welt gewönne und nähme Schaden an seiner Seele?“

[745] Vgl. die Ausführungen dazu bei Bregenzer, Thier-Ethik, S. 396 ff.

[746] Heidenhain, Die Vivisection, S. 66.

2. Die Argumentation im Vivisektionsstreit und das Vorgehen der Streitparteien im allgemeinen

Die Gegner der Vivisektion – und auch deren Befürworter – trugen den Streit um dieselbe teilweise äußerst leidenschaftlich aus, worunter häufig die Qualität und auch die Form der Argumentation litt. So manche Behauptung, Unterstellung oder Anschuldigung muß daher unter die Rubrik „agitatorisch" eingereiht werden. Hierzu lieferten beide Seiten ihren Beitrag, wenn auch der größere Teil des hierher gehörenden Materials in den Schriften der Antivivisektionisten zu finden war.

Die Hauptwaffe der Vivisektionsgegner war das Zitieren aus physiologischen Werken. Seitenlang wurden die Beschreibungen der Physiologen über ihre Versuche an Tieren wortgetreu wiederholt, wobei die Darstellung besonders grausamer Versuche hervorgehoben wurde. Wenn diese auch in den meisten Fällen zutraf, so wurde doch andererseits oft verschwiegen, daß die Tiere während des Eingriffs narkotisiert waren. Hinzu kam, daß spätere Autoren sich oft gar nicht mehr die Mühe machten, die physiologischen Werke selbst zu lesen, sondern die Versuche aus den antivivisektionistischen „Quellenwerken" abschrieben, was teilweise zu sinnentstellenden Verkürzungen führte. In diesem Zusammenhang ist auch auf die abschreckenden Bilder in den vivisektionsfeindlichen Schriften hinzuweisen, die zum Teil Originalabbildungen aus physiologischen Werken waren, zum Teil allerdings auch der Phantasie der Autoren entsprangen[748]. Dieses tendenziöse, weil unvollständige Zitieren – mochte es nun bewußte Täuschung oder ein Versehen sein – trug nicht unerheblich zur Emotionalisierung und Radikalisierung des Streites bei und war der erste Anlaß zu Kritik an der Art von Aufklärung, wie sie die Antivivisektionisten betrieben. Zum zweiten mußte man sich fragen, inwieweit ein wissenschaftlich unkundiges Publikum in der Lage war, die publizierten Versuche überhaupt zu verstehen und in ihrer wissenschaftlichen Bedeutung zu würdigen. In dieser Hinsicht war die Information in den Schriften sehr spärlich, die Autoren begnügten sich jeweils damit, die Eingriffe darzustellen, ohne auf den Sinn der Versuche einzugehen. Auch dies legt zumindest die Vermutung nahe, daß es den Verfassern in erster Linie darauf an-

[747] Ihering, Der Zweck im Recht, Bd. 2, S. 141.

[748] Vgl. Bretschneider, Streit um die Vivisektion, S. 106/107.

kam, Entrüstung unter den Lesern zu entfachen, da so leicht der Eindruck entstand, daß die Versuche nur aus Neugierde und ohne jeden ernsten Zweck ausgeführt wurden. Drittens schließlich ist zu beanstanden, daß ein erheblicher Teil der zitierten Versuche lange vor der Zeit des Vivisektionsstreites ausgeführt worden war[749]. In kaum einer Schrift fehlten die Namen *Magendie*, *Bernard* und *Flourens*, die ohne Zweifel sehr grausame Versuche angestellt hatten. Die Veröffentlichung dieser Versuche konnte aber nur das Ziel haben, den lebenden Forschern ohne Beweis ähnliche Grausamkeiten zu unterstellen.

Den Darstellungen der Versuche folgten in den Werken der Vivisektionsgegner zumeist Schmähungen und Beschimpfungen. „Sünde gegen Gott und Natur" kann noch als harmlos gelten. Die Bezeichnungen „abgefeimte Marterung", „wissenschaftliche Unzucht", „Brutalität", „verbrecherische Narrheit", „intellektuelle und sittliche Perversität", „satanisches Mittel" sowie „Ausgeburt der Hölle" geben einen Eindruck davon, welcher Art das Vokabular im Kampf gegen den Tierversuch war. Die Vivisektoren mußten sich als „Menschen mit verrenktem Verstande, korrumpiertem Gewissen und abgestumpftem Herzen", „Wüstlinge der Grausamkeit", als „Großinquisitoren der Tierquälerei" oder „entsittlichte Frevler" beschimpfen lassen, die die Vornahme der Versuche verroht und abgestumpft habe[750]. Nicht selten wurden ihnen schwerste Strafen „im Diesseits und Jenseits" angedroht bzw. angekündigt. Teilweise wurde der gesamte Ärztestand desavouiert, wenn nicht nur die Physiologen, sondern auch die praktizierenden Ärzte, die doch kaum jemals Tierversuche ausführten, als „mitleidsunfähig" bezeichnet wurden, sofern sie während ihrer Ausbildung durch die Schule der Vivisektoren gegangen waren. Man warf ihnen Materialismus vor und behauptete, sie sähen im Kranken nur ein Objekt für ihre wissenschaftlichen

---

[749] Vgl. Heidenhain, Die Vivisection, S. 72.

[750] Die Antivivisektionisten hielten den Tierversuch für so verrohend und entsittlichend, daß er in gerader Linie zur Menschenvivisektion führe, ein Autor glaubte sogar, daß er der Menschenfresserei den Weg ebne! Zum Beweis dafür, daß solche Befürchtungen nicht abwegig seien, verwiesen sie auf Versuche an Verbrechern, die in früheren Zeiten tatsächlich durchgeführt worden sein sollen. In einem Schreiben an Reichskanzler von Bismarck vom 7. September 1881 bemerkte Kultusminister von Gossler, für manche Tierversuchsgegner stelle die Vivisektion den ersten Schritt in der Reihe „Sozialdemokratie – Nihilismus – Königsmord" dar, vgl. BA Berlin-Li., 30.01., Nr. 6314, Bl. 27.

Beobachtungen, besonders an armen Patienten würden auch Experimente durchgeführt[751].

Auch die Verteidiger des Tierversuchs bedienten sich mitunter recht starker Ausdrücke. Sie wetterten gegen die „Humanaster und Unzurechnungsfähigen“[752], „fanatisierten Betschwestern“ und „hysterischen alten Jungfern“[753] oder zogen Parallelen zwischen Antivivisektionismus und Veitstanz des Mittelalters, polemisierten jedoch zumeist in ironischer Form. Sie machten geltend, daß ein Verbot des Tierversuchs zu Versuchen an Menschen führen müsse. Hätte man in manchen Fällen auf den Tierversuch verzichtet, so hätte man wohl oder übel die Operation ohne Erfahrung an Kranken machen – was dem Tatbestand einer Menschenvivisektion gleichkomme[754] – oder aber dieselben ihrem Schicksal überlassen müssen.

Die Vivisektionsgegner gingen überall in ähnlicher Form vor: Es wurden Vereine gegründet, Flugblätter verteilt, Zeitschriften ins Leben gerufen, Inserate und Schriften veröffentlicht. Die Mediziner antworteten anfangs zumeist mit nüchternen und wissenschaftlich gehaltenen Verteidigungsschriften, in denen sie sich offen auch zu narkosefreien Versuchen bekannten. Diese verursachten teilweise größere Empörung beim Publikum als die Angriffe der Vivisektionsgegner und gewannen der Antivivisektionsbewegung viele Anhänger[755].
Die Bemühungen der Tierversuchsgegner gipfelten in Petitionen an die Parlamente, die meistens eine Debatte im Plenum auslösten und letztendlich auch administrative Maßnahmen nach sich zogen[756].

---

[751] Förster, Vivisektion, die wissenschaftliche Tierfolter, S. 50-61.
[752] Goltz, Wider die Humanaster, S. 1 und 3.
[753] Vgl. Förster, Vivisektion, die wissenschaftliche Tierfolter, S. 3/4.
[754] Zu Vivisektionen an Kriminellen soll es im Altertum und im 16. Jahrhundert wirklich gekommen sein, vgl. Ebstein, Der medizinische Versuch unter besonderer Berücksichtigung der Vivisektion, S. 5/6; Bretschneider, Streit um die Vivisektion, S. 5/6. Über die Berechtigung solcher Experimente waren die Meinungen auch am Ende des 19. bzw. am Anfang des 20. Jahrhunderts noch geteilt, vgl. Kohler, GS, Bd. 47, 1892, S. 50; Ebstein, Der medizinische Versuch unter besonderer Berücksichtigung der Vivisektion, S. 5, 8, 21. In diesem Zusammenhang muß auch auf die entsetzlichen Menschenversuche in den Konzentrationslagern des Nationalsozialismus, der sich seiner Tierliebe rühmte, hingewiesen werden.
[755] Vgl. Bretschneider, Streit um die Vivisektion, S. 1.
[756] Bretschneider, Streit um die Vivisektion, S. 2.

Dabei waren die Absichten der Antivivisektionisten keineswegs einheitlich. Nur der kleinere, aber aktivere Teil trat für gänzliche Abschaffung der Vivisektion ein. Die Mehrheit war im Grunde zufrieden mit der Abstellung von Mißbräuchen, und so kam der Streit im wesentlichen zum Stillstand, als sich jenseits der extremen Standpunkte ein Kompromiß herausbildete. Das Ergebnis der Auseinandersetzungen war in den meisten Ländern eine administrative Regelung durch Verordnungen. Diese waren jedoch entweder zu allgemein gehalten oder ihr Regelungsgehalt war durch zahlreiche Ausnahmebestimmungen so verwässert, daß sie zwar die Vornahme von Tierversuchen einschränken, aber keine Garantie gegen Mißbräuche sein konnten[757].

3. Der Verlauf des Vivisektionsstreits

Die Bewegung gegen den Tierversuch ging von Florenz und England aus und ergriff fast alle europäischen Länder sowie auch Amerika.

a) Literarische Vorgefechte

In Deutschland begann der Kampf gegen die Vivisektion 1870. In diesem Jahr übersetzte *Emil Weilshäuser Flemings* Preisschrift von 1866. *Flemings* Werk wurde als erste Flugschrift gegen die Vivisektion in Deutschland verbreitet. Er hielt die Vivisektion für die wissenschaftliche Forschung für entbehrlich und forderte strenge gesetzliche Beschränkungen.

Erst 1877 erschienen weitere Schriften zur Vivisektionsfrage. Anlaß war wohl das englische Gesetz von 1876. Im Gegensatz zu England nahmen in Deutschland die Mediziner als erste zum Vivisektionsproblem Stellung.
Ludimar Hermann, ein Züricher Physiologe, versuchte unter dem Eindruck des englischen Gesetzes, dessen Zustandekommen er aufs genaueste schilderte, ähnlichen Schritten in Deutschland vorzubeugen[758]. Er unterstrich den Nutzen des Tierversuchs für Forschung und Unterricht, gab aber auch seiner Überzeugung Ausdruck, daß die Berechtigung des Tierversuchs sich allein aus der För-

[757] Bretschneider, Streit um die Vivisektion, S. 2.
[758] Hermann, Die Vivisectionsfrage, S. 3.

derung der reinen Erkenntnis und nicht so sehr aus dem praktischen Nutzen ergebe[759], eine Argumentation, die zweifellos nicht so populär war, wie die anderer Tierversuchsbefürworter, die sich mehr auf die Aufzählung der Fortschritte in Therapie und Diagnostik verließen. Genauso wie *Carl Vogt*, ein Genfer Zoologe, der 1877 zwei vivisektionsfreundliche Artikel veröffentlichte, bediente sich Hermann der Taktik der Rekrimination. Als Dritter streifte der Institutsdirektor *Emil Du Bois-Reymond* in seiner Antrittsrede zur Eröffnung des neuen Physiologischen Instituts der Königlichen Friedrich-Wilhelm-Universität am 6. November 1877 in Berlin auch die Vivisektionsfrage[760].

Auf der anderen Seite ist besonders die Schrift des *„Jatros"* zu erwähnen[761]. Hinter diesem Pseudonym verbarg sich Dr. med. und Dr. phil. *Ernst Grysanowski*, der eifrigste Publizist der Vivisektionsgegner. In den Jahren 1877 bis 1887 bereicherte er die antivivisektionelle Literatur um nicht weniger als 19 Broschüren und Artikel. *Grysanowski* war ein erklärter Gegner der naturwissenschaftlichen Medizin und fühlte sich zu ihrem Reformator berufen. Er hatte neben der Medizin Philosophie, Mathematik und Physik studiert und verfügte über eine umfassende Allgemeinbildung. In wissenschaftlichen Fragen basierte im deutschsprachigen Raum auf seiner Autorität zunächst fast die gesamte vivisektionsfeindliche Literatur. In seinen Schriften bemühte er sich sachlich argumentativ, die Medizin zur Umkehr vom Weg der experimentellen Forschung zu bewegen. „Die Medizin ist keine Wissenschaft und kann niemals eine werden"[762], verkündete er seinen Lesern und vertrat naturärztliche Thesen. 1877 forderte er noch ein Gesetz, das die Vivisektion „ohne alles Wenn und Aber" verbiete und mit Strafe bedrohe[763]. Später wurde er in seinen Forderungen bescheidener und begnügte sich mit Beschränkungen.

Die Vivisektionsdebatte zog nur langsam weitere Kreise. Die durch England und die deutschen Schriften angeregte Frage benötigte einige Zeit, bis sie Tagesge-

---

759 Hermann, Die Vivisectionsfrage, S. 5-12.

760 Du Bois-Reymond, Der physiologische Unterricht.

761 Grysanowski (Jatros), Die Vivisection, ihr wissenschaftlicher Werth und ihre ethische Berechtigung, in: Grysanowski, Gesammelte Schriften, S. 1-84.

762 Zitiert nach Heidenhain, Die Vivisection, S. 3.

763 Grysanowski (Jatros), Die Vivisection, ihr wissenschaftlicher Werth und ihre ethische Berechtigung, in: Grysanowski, Gesammelte antivivisektionistische Schriften, S. 83.

spräch wurde. 1878 nahmen sich vorerst verschiedene Zeitschriften und vor allem die Tierschutzvereine der Sache an. Die Tierschutzvertreter konnten ein ihrem Interessenkreis so unmittelbar verwandtes Problem nicht übergehen. *Willibald Wulff*, der Präsident des Schleswiger Tierschutzvereins, leistete hier Pionierarbeit und veröffentlichte eine vivisektionsfeindliche Schrift[764].

Sehr viel wichtiger, ja geradezu von entscheidender Bedeutung für die Antivivisektionsbewegung war aber eine Rede des *Baron Ernst von Weber* vor den Mitgliedern des Dresdener Tierschutzvereins, die nicht nur dort Aufsehen erregen sollte. Sie wurde zunächst als Flugblatt verbreitet, 1879 aber zu einer Broschüre erweitert, die innerhalb weniger Monate in acht Auflagen erschien und der es gelang, Verbreitung in weitesten Kreisen Gebildeter zu finden. Dieses Standardwerk trug zwar einen etwas reißerischen Titel („Die Folterkammern der Wissenschaft"), beinhielt aber das Grundsatzprogramm der deutschen Vivisektionsgegner für die kommenden Jahre. Die Vivisektionsfrage wurde dadurch zum Tagesgespräch, der Vivisektionsstreit brach endgültig aus.
Von Weber bediente sich als erster der oben beschriebenen Zitier- und Schmäh-Technik, die zur wirksamsten Waffe der Vivisektionsgegner werden sollte. Darüber hinaus steckte er aber auch die Vorgehensweise einer möglichst bald zu gründenden Gesellschaft gegen die Vivisektion ab. Zuerst sollten – nach seinem Vorbild – physiologische Werke nach grausamen Experimenten durchsucht werden, die sodann dem Publikum in Gratisschriften zu unterbreiten seien. Begleitend müßten unermüdlich Flugblätter und Zeitungsinserate verbreitet werden. Insbesondere machte *von Weber* auf den Erfolg aufmerksam, den Bilder, die Vivisektionsgreuel darstellten, in England gehabt hätten. Er brachte auch selbst in seiner Broschüre solche Darstellungen, von denen einige aus der englischen Bewegung übernommen waren, andere wohl *von Weber* selbst zu verdanken sind[765]. – Endlich, wenn die Öffentlichkeit genügend vorbereitet sei, so fuhr *von Weber* in seinen Anweisungen fort, sollte eine Petition zur völligen Abschaffung der Vivisektion an den Reichstag gesandt werden. Die deutschen Tierschutzvereine müßten sich über ihre Abfassung einigen. Danach solle sie zur Sammlung von Massenunterschriften in allen deutschen Städten öffentlich ausliegen. Für den Fall, daß sich eine völlige Abschaffung nicht durchsetzen lie-

[764] Wulff, Die dunkelste Seite der Wissenschaft und ihre Enthüllung.
[765] Das vermutet Bretschneider, Streit um die Vivisektion, S. 42.

ße, hielt *von Weber* noch 13 Vorschläge zur Beschränkung der Vivisektion bereit[766].

Das Echo der „Folterkammern" war sensationell. *Von Weber* konnte 32 positive Rezensionen in einer eigenen Broschüre zusammenstellen[767]. Sein Werk regte viele Nachahmer an.

Aber es gab nicht nur Anerkennung für *von Webers* Schrift. Die Mediziner übten schärfste Kritik an ihrem Urheber. Besonders wirksam begegnete ihm *Rudolf Heidenhain*, Professor der Physiologie an der Universität Breslau. 1879 veröffentlichte er einen Brief *von Webers* an mehrere Redaktionen deutscher Zeitungen. Darin hatte dieser um Abdruck der von ihm gesammelten Besprechungen zu den „Folterkammern" gebeten. Zu diesem Brief bemerkte *Heidenhain*, so mache man Agitation, er könne sich nun auch die auffallende Monotonie in den Kritiken erklären[768]. In seiner Schrift „Die Vivisection im Dienste der Heilkunde" versuchte *Heidenhain* den Stand der damaligen Medizin und die Bedeutung der Vivisektion für dieselbe herauszustellen. Persönlich noch unangenehmer aber dürfte für *von Weber Heidenhains* Einfall von 1884 gewesen sein. *Heidenhain* zitierte Stellen aus *von Webers* Beschreibungen seiner vierjährigen Afrikareise, aus denen eine erschreckende Gleichgültigkeit des Autors für menschliche Leiden hervorging, und stellte sie *von Webers* Empfindlichkeit für die Leiden der Tiere gegenüber[769]. Der Baron hatte zur Bestrafung der „Neger Südafrikas" die Rhinozerospeitsche empfohlen, weil die gewöhnliche, aus neun kurzen Schnüren bestehende Peitsche auf die Delinquenten, deren „Haut ... offenbar ungleich weniger sensibel" sein müsse „als die der Weißen", nicht genügend Eindruck mache[770]. Dieses Mißverhältnis im Mitempfinden für Mensch und Tier nannte *Heidenhain* „eine krankhafte Verstimmung des natürlichen humanen Empfindens"[771]. Noch heftiger reagierte der Physiologe *Friedrich Goltz* auf *von Webers* Schrift. Er nannte *von Weber* einen Verleumder, weil dieser bei

---

[766] von Weber, Die Folterkammern der Wissenschaft, S. 34-37.

[767] von Weber, Stimmen der Presse.

[768] Heidenhain, Die Vivisection im Dienste der Heilkunde, Nachtrag, S. 60.

[769] Heidenhain, Die Vivisection, S. 68/69.

[770] von Weber, Vier Jahre in Afrika, Bd.1, S. 273.

[771] Hierzu paßt der Satz Rudolph von Jherings aus „Der Zweck im Recht", Bd. 2, S. 141: „Das Mitleid mit dem Thiere, das sich in jenen Angriffen" (gegen die wissenschaftlichen Thierversuche) „bekundet, ist in Wirklichkeit Rücksichtslosigkeit gegen den Menschen, eine Verirrung des sittlichen Gefühls, die den Menschen opfert, um das Tier zu schonen".

der Wiedergabe seiner Versuche die Anwendung der Chloroformnarkose verschwiegen hatte, obwohl diese in den einleitenden Beschreibungen zu den Versuchen stets ausdrücklich erwähnt wurde[772].

Trotz dieser Entgegnungen gewann die Antivivisektionsbewegung schnell neue Anhänger, wobei es in Zeiten größerer Autoritätsgläubigkeit wichtig für sie war, daß sie nicht nur von einem Großteil der Bevölkerung mitgetragen wurde, sondern auch, daß sie einzelne Ärzte[773] und berühmte Persönlichkeiten für sich gewinnen konnte. Hier sind drei Autoren zu nennen, von denen aber wohl nur zwei wirklich als Vivisektionsgegner angesehen werden können.
Friedrich Zöllner, Astrophysiker der Leipziger Universität, wiederholte in seinen „Wissenschaftlichen Abhandlungen" die Argumente *von Webers'* und nahm ausführlich Bezug auf *Jatros'* Schrift. Sein Gesetzesvorschlag war kurz und radikal: „Die Vivisection in den Physiologischen Instituten ist innerhalb des deutschen Reiches verboten"[774]. Ebenfalls aus eigenem Antrieb verschrieb sich *Richard Wagner* der Sache der Vivisektionsgegner. In einem Brief vom Oktober 1879 an *Ernst von Weber* sagte *Wagner* zu, im Kampf gegen die Vivisektion behilflich zu sein[775]. Er wollte auch auf diesem Gebiete den „Charakter seiner

---

[772] Goltz, Wider die Humanaster, S. 4/5. Goltz schickte seine Schrift am 21. Mai 1883 an Reichskanzler von Bismarck, vgl. BA Berlin-Li., 07.01., Nr. 391, Bl. 100-101Rs.

[773] Hier ist in erster Linie der schon erwähnte Ernst Grysanowski zu nennen, der 1879 drei weitere Schriften veröffentlichte, die erste unter dem Pseudonym „E. G. Hammer, Doktor der Medizin", vgl. Grysanowski, Gesammelte Schriften, Die Vertheidiger der Vivisection und das Laienpublikum, S. 85 - 106, Ansprüche der Physiologen, S. 107-152, Der Vivisectionsstreit und das Leipziger Tageblatt, S. 153-162. Die letzte Veröffentlichung war eine Erwiderung auf Heidenhains Schrift von 1879. Als zweiter Arzt griff G. Voigt gegen den Tierversuch zur Feder, um über die Frage „Für oder wider die Vivisection?" zu entscheiden. Seine Schrift verriet deutliche Anlehnung an Grysanowski. Ein Paradepferd der Antivivisektionisten war der englische Chirurg und Frauenarzt Robert Lawson Tait. Von ihm erschien in Deutschland 1883 „Die Nutzlosigkeit der Thiervivisection als wissenschaftlicher Forschungsmethode". Tait diente zusammen mit Charles Bell und Joseph Hyrtl dazu, der Bewegung wissenschaftliches Ansehen zu verleihen. Heidenhain, Die Vivisection, S. 80-85, und Goltz, Wider die Humanaster, S. 20-23, gelang es aber, nachzuweisen, daß Hyrtl und auch Bell, der wohl überhaupt von den Vivisektionsgegnern zu Unrecht als einer der Ihren angesehen wurde, selbst Tierversuche vorgenommen hatten und Tait wies Heidenhain, Die Vivisection, S. 85-90, einige Ungenauigkeiten und Fehler beim Zitieren anderer medizinischer Autoritäten nach, was dessen Argumentationskraft schwächte.

[774] Zöllner, Wissenschaftliche Abhandlungen, Bd. 2, Teil 2, S. 1156.

[775] Wagner, „Über die Vivisection. Offener Brief an Ernst von Weber, Verfasser der Folterkammern der Wissenschaft", Berlin und Leipzig 1880, zitiert nach Bretschneider, Streit um die Vivisektion, S. 48.

künstlerischen Einwirkung studieren". *Wagner* empfahl die „unbedingte Abschaffung" der Vivisektion, denn die „Herren Physiologen schänden die Menschheit". Sollte diese Forderung abgewiesen werden, so wollte er gern und willig aus einer Welt scheiden, in der „kein Hund mehr länger leben möchte". Hierüber spottete *Mestrum*, der „gefeierte Dichterkomponist" habe das alte Sprichwort, daß vom Erhabenen zum Lächerlichen nur ein Schritt sei, einmal praktisch illustrieren wollen[776].

Häufig wurde von den Antivivisektionisten *Arthur Schopenhauers* Satz „Heutzutage ... hält jeder Medikaster sich befugt, in seiner Marterkammer die grausamste Tierquälerei zu treiben, um Probleme zu entscheiden, deren Lösung längst in Büchern steht, in welche seine Nase zu stecken er zu faul und unwissend ist"[777] zitiert[778]. *Schopenhauer* hatte den Tierversuch aber nicht völlig abgelehnt, sondern nur gefordert, man dürfe nur „höchst selten und nur bei sehr wichtigen unmittelbaren Nutzen bringenden Untersuchungen" zur Vivisektion schreiten, ferner sei „größte Öffentlichkeit" erforderlich, „damit das grausame Opfer auf dem Altare der Wissenschaft größtmöglichen Nutzen bringe"[779]. Er räumte auch ein, „daß die Thiere jetzt wohl meistens chloroformiert" würden[780]. Seine Äußerungen zur Vivisektion sind wohl nur als Ablehnung der Mißbräuche aufzufassen.

Der Vivisektionsstreit war nun in vollem Gange. Die Mediziner wurden von vielen Seiten angegriffen und sahen sich zur Abwehr der Beschuldigungen gezwungen, öffentlich zur Frage des Tierversuchs Stellung zu nehmen. Im März 1879 erschien in vielen deutschen Zeitungen die „Öffentliche Erklärung der Medizinischen Fakultäten Deutschlands, Österreichs und der Schweiz"[781]. Hierin stellten die Mediziner ihre Sicht des Tierversuchs dar und wiesen auf sei-

---

[776] Auch Wilhelm Jensen, Über die Vivisektion, ihre Gegner und Herrn Richard Wagner, 2. Aufl. Stuttgart 1881, kommentierte die Äußerungen Wagners. Jensen fragte sich, wie Wagner dazu komme, über die Vivisektion zu urteilen, da seine Forschungen sich bisher doch nur auf die „Grenze der Marterungsmöglichkeiten von Trommelfellen" beschränkt hätten!, vgl. Bretschneider, Streit um die Vivisektion, S. 49/50.

[777] Schopenhauer, Parerga und Paralipomena, Bd. 5, Teil 2, S. 441.

[778] Vgl. Förster, Vivisektion, die wissenschaftliche Tierfolter, S. 111.

[779] Schopenhauer, Parerga und Paralipomena, Bd. 5, Teil 2, S. 441.

[780] Schopenhauer, Pererga und Paralipomena, Bd. 5, Teil 2, S. 444.

[781] Vgl. Heidenhain, Die Vivisection im Dienste der Wissenschaft, S. 26/27; Heidenhain, Die Vivisection, Anhang B I, S. 91/92.

ne Bedeutung und Unentbehrlichkeit hin. Mit Nachdruck hoben sie die Staatlichkeit der Institute hervor, die eine Garantie gegen Mißbräuche darstelle[782].

Auch der 7. deutsche Ärztetag, der am 12. und 13. September 1879 in Eisenach tagte, konnte nicht umhin, die Vivisektionsfrage auf die Tagesordnung zu setzen. Die Delegierten verurteilten mit großer Mehrheit die Bewegung gegen den Tierversuch und verabschiedeten eine Erklärung, in der sie die Vivisektion als unentbehrlich „für die Fortentwicklung der Naturwissenschaft im Allgemeinen und der Medicin im Besonderen" bezeichneten, die Behauptung einiger deutscher Ärzte, die Mehrzahl der Kollegen sei „von der gänzlichen Nutzlosigkeit und der Unmoralität der Vivisection" überzeugt, beruhe entweder auf Selbsttäuschung oder diene zur Irreführung des Publikums[783].

Aber nicht nur diese eindeutigen Voten der Ärzte schwächten die Position der Vivisektionsgegner. Inzwischen war die Vivisektionsfrage in allen Tierschutzvereinen Gegenstand lebhafter Erörterungen geworden. Dabei kristallisierten sich zwei gegensätzliche Standpunkte heraus. Kennzeichnend für den 1879 sich vollziehenden Bruch zwischen den radikalen Antivivisektionisten um von Weber und den Vertretern des traditionellen Tierschutzes, die zwar auch für Beschränkungen des Tierversuchs eintraten, jedoch nicht für dessen völlige Aufhebung, waren die Vorgänge auf dem deutschen Tierschutzkongreß, der vom 17. bis 19. August 1879 in Gotha tagte, und im Dresdener Verein.
In Gotha gelang es dem gemäßigten Schuldirektor *Bruno Marquardt* aus Dresden, der den Vorsitz des Kongresses führte, einen Antrag durchzubringen, in dem sich der Kongreß für inkompetent erklärte, über die Notwendigkeit der Vivisektion zu entscheiden, aber mit Bedauern von Mißbräuchen Kenntnis nahm. Es wurde beschlossen, eine Petition an den Reichstag zu richten, die von folgenden Thesen ausgehen sollte: Die Vivisektionen sollen auf das Mindestmaß beschränkt werden, soweit dies ohne erhebliche Schädigungen der Wissenschaft möglich ist. Es sollen möglichst Betäubungs- und nicht nur Lähmungsmittel an-

[782] Wenn in der Liste der Unterschriften die der Fakultäten von Berlin, Breslau und Göttingen fehlten, so hatte das seinen Grund nicht in mangelnder sachlicher Übereinstimmung, sondern darin, daß die betreffenden Fakultäten Bedenken hatten, derartigen Angriffen von seiten staatlicher Korporationen gleichsam amtlich entgegenzutreten, wie Heidenhain, Die Vivisection im Dienste der Heilkunde, 1879, S. 28, betonte.
[783] Vgl. Heidenhain, Die Vivisection, Anhang B II, S. 92.

gewandt werden. Die Tiere sind nach Erreichen des wissenschaftlichen Zwecks des Experiments, wenn der Schmerz nach dem Erwachen aus der Narkose noch fortdauert, sofort zu töten. Vivisektionen zu Lehr- und Unterrichtszwecken sind zu verbieten[784].

Als *Ernst von Weber* sich in Gotha mit seinen radikalen Forderungen in deutlicher Minderheit sah, gründete er noch am zweiten Kongreßtag den „Internationalen Verein zur Bekämpfung der wissenschaftlichen Thierfolter", den er neben dem „Neuen Dresdener Tierschutzverein" leitete. Dieser Verein war fortan das Zentrum der antivivisektionistischen Bewegung, mit einer eigenen Vereinszeitschrift, dem „Thier- und Menschenfreund", dessen Redaktion von Weber selbst übernahm. *Weber* leitete aber auch das Vereinsblatt „Androklus" des Dresdener Tierschutzvereins. In diesem behauptete er, *Marquardt* verschleppe die Einreichung einer dem Beschlusse des Gothaer Kongresses entsprechenden Petition. Als *Marquardt* auf Unterlassung dieser Behauptung klagte, wurde *von Weber*, der bis dahin 2. Vorsitzender war, aus dem Verein ausgeschlossen, woraufhin er den Neuen Dresdener Tierschutzverein gründete[785]. Wie in Dresden trennten sich nun auch in anderen Städten Mitglieder von ihren Tierschutzvereinen und bildeten neue, reine Antivivisektionsverbände, so in Leipzig, Berlin und Hamburg.

So ging das Jahr 1879 zweifellos mit bedeutenden Erfolgen für die radikalen Antivivisektionisten um *Ernst von Weber* zu Ende. Das Publikum war auf die Vivisektion aufmerksam geworden und ein nicht geringer Teil der Öffentlichkeit stand auf seiner Seite. *Von Weber* hatte seine Bewegung organisiert und seine Getreuen in einem Verein zusammengefaßt, dem täglich neue Mitglieder zuströmten.

Andererseits standen den fünf reinen Antivivisektionsvereinen 135 gemäßigte Tierschutzvereine gegenüber, d.h. die Lobby der radikalen Vivisektionsgegner war nach ihrer Abspaltung relativ klein, die Antivivisektionsbewegung an sich hatte angesichts dieser Spaltung ein wenig an Schwung verloren. Dadurch, daß sich frühzeitig auch Verteidiger des Tierversuchs zu Wort gemeldet hatten und durch die Resolutionen des Ärztetages und der medizinischen Fakultäten war

---

784 Bericht über den 2. Deutschen Tierschutzkongreß in Wiesbaden von 1881, S. 7, in: BA Berlin-Li., 30.01., Nr. 6314, Bl. 67 .

785 Bretschneider, Streit um die Vivisektion, S. 63.

nicht mehr zu erwarten, daß der Vivisektionsstreit ähnlich wie in England verlaufen würde, wo die Wissenschaftler sich regelrecht hatten überrumpeln lassen.

b) Die Petitionen an den Reichstag und die Länderparlamente

Um eine Abschaffung der Vivisektion zu erreichen, mußten die Antivivisektionisten – nach dem englischen Vorbild – eine gesetzliche Maßnahme zu erwirken suchen. So wurden in den folgenden Jahren die Parlamente der Länder und des Reiches und vornehmlich die Kultusministerien mit Petitionen bestürmt. Sie waren meistens durch zahlreiche Unterschriften gestützt und enthielten je nach Absender mehr oder minder radikale Forderungen. Bis zum Mai 1880 gelangten vier Petitionen an den Reichstag. Petenten waren der *Neue Leipziger Tierschutzverein*[786], das *Zentralkomitee des Internationalen Vereins zur Bekämpfung der wissenschaftlichen Tierfolter*[787], dessen *Hannoveraner Filialverein*[788] und *Willibald Wulff*, der Präsident des Schleswiger Tierschutzvereins in seiner Funktion als Referent in der Vivisektionsfrage auf dem 1. Deutschen Tierschutzkongreß zu Gotha[789].

Die Bittschrift des *Leipziger Vereins* vom 8. März 1880 beantragte eine Änderung des strafgesetzlichen Tierschutzes in § 360 Ziff. 13 des RStGB und die völlige Abschaffung der Vivisektion. Im Text fand sich folgender Vorschlag: „Ist die Thierquälerei mit Vorbedacht und resp. aus Gewinn- oder Nachahmungssucht, Bosheit oder unter dem Vorgeben wissenschaftlicher Forschungen verübt worden, so kann nur auf Gefängnisstrafe nicht unter vier Wochen bis zu zwei Jahren, gleichzeitig auch auf Aberkennung der bürgerlichen Ehrenrechte erkannt werden." Mit Qualen verbundene wissenschaftliche Versuche, selbst bei angewandter Betäubung, wurden von den Petenten mit vorsätzlicher Tierquälerei gleichgesetzt.

---

786 Petition vom 20. März 1880, vgl. die Verh. des RT, 4. Leg.-Per., 3. Session 1880, Anlbd. 4, S. 888, Ds. Nr. 168, Mündl. Ber. der Petitionskommission vom 30. April 1880.

787 Petition vom 5. April 1880, vgl. die Verh. des RT, 4. Leg.-Per., 3. Session 1880, Anlbd. 4, S. 888, Ds. Nr. 168, Mündl. Ber. der Petitionskommission vom 30. April 1880.

788 Petition vom 12. April 1880, vgl. die Verh. des RT, 4. Leg.-Per., 3. Session 1880, Anlbd. 4, S. 888, Ds. Nr. 168, Mündl. Ber. der Petitionskommission vom 30. April 1880.

789 Petition vom 17. April 1880, vgl. die Verh. des RT, 4. Leg.-Per., 3. Session 1880, Anlbd. 4, S. 888, Ds. Nr. 168, Mündl. Ber. der Petitionskommission vom 30. April 1880.

Ähnlich waren die Petitionen *des Internationalen Vereins aus Dresden* und seines *Ablegers aus Hannover* gehalten. Ihre Urheber erklärten, daß dem Übel Vivisektion nur ein völliges Verbot beikommen könne. Für den Fall, daß ein solches Gesetz nicht zu erreichen sei, hielten sie Vorschläge bereit, die ein Verbot der Demonstrationsvivisektionen, der Hunger- und Durstversuche, sowie eine Ausnahme von Hunden und Katzen von der Vivisektion vorsahen. Die Mitglieder der Tierschutzvereine sollten ungehindert zu den Versuchsräumen Zutritt haben und die Käfige der Tiere besichtigen können. Als Strafe für Zuwiderhandlungen wurde Gefängnis gefordert. *Wulff* stellte die in Gotha beschlossenen Anträge.

Die Eingaben gelangten am 30. April 1880 in der Petitionskommission des Reichstages zur Verhandlung. Den Vorsitz hatte *Martin Eduard Stephani* (NL), Berichterstatter war *Friedrich Böttcher* (NL). Die Kommission zog *Rudolf Virchow* als Sachverständigen hinzu, der die Bedeutung der Vivisektion darlegte und behauptete, daß der Fortschritt der Medizin seit dem 16. Jahrhundert wesentlich auf experimenteller Beobachtung lebender Wesen beruhe. Mit Nachdruck hob *Virchow* hervor, daß in England seit 1876 (Erlaß des Vivisektionsgesetzes) keine nennenswerte physiologische Arbeit mehr erschienen sei. – Daraufhin beschloß die Kommission, dem Plenum zu empfehlen, über die Petitionen zur Tagesordnung überzugehen[790]. In der Begründung wurde ausdrücklich betont, daß die Vivisektion auf den Lehranstalten im Interesse der wissenschaftlichen Forschung unentbehrlich und eine Änderung des Reichsstrafgesetzbuchs in der gewünschten Richtung nicht erforderlich erscheine. Die Petenten wurden darauf hingewiesen, daß sie ihre Beschwerden über etwaige Mißstände in Bezug auf Vivisektionen gegenüber den den Lehranstalten vorgesetzten Landesbehörden vorzubringen hätten. Zu einer Verhandlung im Plenum und zu einer Ent-

[790] Verh. des RT, 4. Leg.-Per., 3. Session 1880, Anlbd. 4, S. 888, Ds. Nr. 168, Mündl. Ber. der Petitionskommission vom 30. April 1880.

scheidung des Reichstags über zwei weitere Anträge[791] kam es wegen des Schlusses der Session nicht mehr[792].

Dieses Schicksal der Bittschriften war ein glatter Mißerfolg für die Antivivisektionisten. Als besonders ungerecht empfanden sie, daß nicht auch Vertreter ihrer Ansichten vor die Kommission geladen wurden. *Virchow* warf man Parteilichkeit vor; ein „Angeklagter“ dürfe nicht in eigener Sache als Zeuge vernommen werden[793].

Die Vivisektionsfrage war aber schon vorher in einem deutschen Parlament thematisiert worden. Um die Jahreswende 1879/80 war in der bayerischen Kammer der Abgeordneten bei Beratung des Münchener Universitätsetats im Finanzausschuß Minister *Lutz* von einem Abgeordneten über die Angelegenheit befragt worden. Er antwortete, die Vivisektionsproblematik sei schon im Ministerrat eingehend beraten worden. Der medizinische Tierversuch würde in Bayerns Anstalten korrekt und einwandfrei gehandhabt. Die *Weberschen* Angriffe nannte *Lutz* „unberechtigt und auf Mißverständnissen beruhend“[794].

Trotzdem wurde in Bayern schon früh eine administrative Regelung des Tierexperiments getroffen. Die bayerische Verordnung über den medizinischen Tierversuch von 1880 war die erste dieser Art in Deutschland.
Sie hatte folgenden Wortlaut: „Anordnungen des bayerischen Staatsministeriums für die Lehrer an den bayerischen Hochschulen, welche sich mit den Vivisektionen befassen und die Studierenden der öffentlichen Lehranstalten:
1. Die Vivisektionen dürfen nur in den vom Staate dazu autorisierten medizinischen Anstalten, niemals aber in Privathäusern gemacht werden.

---

[791] Verh. des RT, 4. Leg.-Per., 3. Session 1880, Anlbd. 4, S. 945/946, Ds. Nr. 184, Antrag von Hermann Fürst zu Hohenlohe-Langenburg (DRP) vom 5. Mai 1880 (unterstützt durch von Bismarck), der um Anordnung einer amtlichen Untersuchung über die Mißbräuche der Vivisektion bat und Verh. des RT, 4. Leg.-Per., 3. Session 1880, Anlbd. 4, S. 963, Ds. Nr. 194, Abänderungsantrag von Emanuel Mendel (DFoVP) und Genossen vom 5. Mai 1880.
[792] Petitionen, die nicht bis zum Schluß einer Session erledigt worden waren, wurden nicht automatisch in die nächste Legislaturperiode übernommen, sondern mußten wiederholt werden.
[793] Vgl. Grysanowski, Gesammelte Schriften, Geheimrath Virchow und die Reichstags-Commission, S. 251-256.
[794] Vgl. Bretschneider, Streit um die Vivisektion, S. 66.

2. In den genannten Staatsanstalten sollen die Vivisektionen nur von den in denselben angestellten Lehrern oder unter ihrer Aufsicht von solchen wissenschaftlich vorgeschrittenen Personen ausgeführt werden, welche wissenschaftliche Untersuchungen anstellen und zur Beantwortung bestimmter Fragen die Vivisektion nötig haben.
3. Die Tiere müssen, wenn es ohne Beeinträchtigung des Resultates möglich erscheint, vor Beginn der Operation betäubt werden.
4. In den Vorlesungen sollen nur diejenigen Vivisektionen angestellt werden, welche zum Verständnis des Vorgetragenen und zur Bildung richtiger Vorstellungen über die Vorgänge im Tierkörper unumgänglich notwendig sind.
5. Diejenigen Versuche, welche an niederen Tieren gemacht werden können, müssen an diesen und dürfen nicht an höheren ausgeführt werden"[795].

Ähnlich wie das englische Vivisektionsgesetz von 1876 legte die bayerische Verordnung von 1880 zwar einige Regeln für die Vornahme von Tierversuchen fest, bis auf das unbedingte Verbot von Privatvivisektionen handelte es sich aber entweder nur um Soll-Vorschriften oder um ihre mögliche Einschränkung schon in sich tragende Regelungen.

Das wichtigste Ereignis des Jahres 1881 im Zusammenhang mit dem Vivisektionsstreit war der 7. internationale medizinische Kongreß zu London im August[796]. Die Vivisektionsfrage spielte unter den behandelten Themen eine wichtige Rolle. Einstimmig wurde eine Resolution angenommen, in der dem Experiment am lebenden Tier höchste Bedeutung in Vergangenheit und Zukunft beigemessen und der Wunsch ausgesprochen wurde, kompetente Personen nicht in der Ausübung solcher Experimente zu behindern[797]. Ebenso äußerten sich am 20. August 1881 die Mitglieder der „British Medical Association"[798].
Dennoch verloren die Vivisektionsgegner auch im Jahre 1881 das endgültige Ziel ihrer Bestrebungen, eine gesetzliche Maßnahme gegen die Vivisektion,

[795] Vgl. Schreiben des Königlich Bayerischen Staatsministers des Königlichen Hauses und des Äußeren, Freiherrn von Crailsheim, an das Reichsamt des Innern vom 23. Juli 1881, in: BA Berlin-Li., 30.01., Nr. 6314, Bl. 43.
[796] Vgl. die kritische Beleuchtung desselben durch Grysanowski, Gesammelte Schriften, Das ärztliche Concil zu London, 1. August 1881, S. 217-250.
[797] Vgl. Heidenhain, Die Vivisection, Anlage B III, S. 92.
[798] Vgl. Heidenhain, Die Vivisection, Anlage B V, S. 95.

nicht aus den Augen[799]. Trotz des vorjährigen Mißerfolges wurden sechs neue, die Vivisektion betreffende Petitionen an den Reichstag verfaßt, diesmal von den *Neuen Tierschutzverein zu Leipzig, Dresden und Berlin*, von den *Internationalen Vereinen zur Bekämpfung des wissenschaftlichen Tierversuchs zu Dresden und Hannover* und vom *kynologischen Verein zu Dresden*[800]. Sie enthielten die gleichen Forderungen wie die Petitionen des Vorjahres. Die beiden Vereine zur Bekämpfung der wissenschaftlichen Tierfolter baten um ein Gesetz, das folgende Form haben sollte:

„§ 1): Jede an sich schmerzerregende Operation an lebenden Tieren zu Forschungs- und Unterrichtszwecken ist verboten. Solchen Operationen ist das Verbrennen, Verbrühen, Erfrieren, Verhungern- und Verdurstenlassen, sowie die Beibringung schmerzerregender Gifte und die Anstellung schmerzhafter elektrischer Versuche gleichzuachten.

§ 2): Wer eine nach § 1 verbotene Handlung unternimmt oder dabei behilflich ist, wird mit Geldstrafe bis zu 600 Mark oder mit Gefängnis bis zu einem Jahr bestraft.“[801]

Über diese Petitionen wurde am 12. Januar 1882 in der Petitionskommission des Reichstages verhandelt[802]. Der Kommission lagen wieder wissenschaftliche Gutachten vor, diesmal vom Reichsgesundheitsamt und von der wissenschaftlichen Deputation für das Medizinalwesen[803]. Beide sprachen sich für die Vivisektion aus, verwiesen aber auch auf die bayerische Verordnung von 1880.

---

799 Das Schwergewicht der Auseinandersetzung hatte sich inzwischen von der literarischen Bühne eindeutig auf Petitionen und durch sie hervorgerufene parlamentarische Debatten verlagert. Das wohl auch deshalb, weil keine der nachfolgenden vivisektionsfeindlichen Schriften mehr an den Erfolg der von Weberschen „Folterkammern“ anknüpfen konnte.

800 Vgl. Verh. des RT, 5. Leg.-Per., 1. Session 1881/82, Anlbd. 2, S. 329-332, Ds. Nr. 87, 3. Ber. der Petitionskommission vom 16. Januar 1882.

801 Vgl. Verh. des RT, 5. Leg.-Per., 1. Session 1881/82, Anlbd. 2, S. 330, Ds. Nr. 87, 3. Ber. der Petitionskommission vom 16. Januar 1882.

802 Verh. des RT, 5. Leg.-Per., 1. Session 1881, Anlbd. 2, S. 329-332, Ds. Nr. 87, 3. Ber. der Petitionskommission vom 16. Januar 1882. Den Vorsitz der Kommission hatte Stephani, Berichterstatter war der Chirurg Karl Hüter (DFoVP).

803 Vgl. BA Berlin-Li., 30.01., Nr. 6314, Bl. 31-39Rs. Das Gutachten datiert vom 20. Juli 1881, der Deputation gehörte auch Rudolf Virchow an. Kultusminister von Gossler nahm in einem Schreiben an Reichskanzler von Bismarck vom 7. September 1881, in dem er Maßnahmen gegen die Vivisektion für unnötig erklärte, ausdrücklich auf dieses Gutachten Bezug, vgl. BA Berlin-Li., 30.01., Nr. 6314, Bl. 24-30.

Im Verlaufe der Besprechung wurde von Mitgliedern der Kommission der Antrag gestellt, den Reichskanzler zu bitten, gesetzliche Maßnahmen über die Vivisektion zu treffen. Versuche, die keinen ernsten wissenschaftlichen Zwecken dienten, aber mit Qualen für das Versuchstier verbunden seien, sollten mit Geldstrafe von sechshundert Mark bzw. mit Gefängnis belegt werden[804]. Dieser Antrag wurde jedoch abgelehnt und statt dessen ein Antrag des Referenten *Hüter* (DFoVP) angenommen, über die Petitionen zur Tagesordnung überzugehen[805].

Am 23. Januar 1882 kam es im Reichstag zur Verhandlung über den Kommissionsbericht in Verbindung mit einem Antrag des Abgeordneten *Wilhelm Freiherr von Minnigerode* (K)[806].

Als erster nahm *Hüter* (DFoVP) das Wort und kritisierte ein Flugblatt, das kurz vor der Sitzung an die Mitglieder des Reichstages verteilt worden war. Darin wurde auf eine Schrift *Grysanowskis* verwiesen, die als Anlage mit der Petition des Dresdener Zentralkomitees eingereicht worden war[807]. *Hüter* nannte *Grysanowski* einen Ignoranten, der schlechte Erfahrungen machen müßte, wenn er sich mit Kenntnissen, wie sie in seiner Schrift dargelegt seien, heute zum ärztlichen Examen melden würde[808]. Nach ihm sprach *Freiherr von Minnigerode* (K), ein Rittmeister a. D. und Majoratsbesitzer aus Ostpreußen. *Von Minnigerode* befürwortete die Petitionen und stellte den Antrag, das vorliegende Material dem Reichskanzler zu überweisen[809]. Danach verteidigte der Abgeordnete *Julius Otto Möller* (DFoVP), praktischer Arzt aus Königsberg, den Tierversuch. Auch er fällte ein ähnlich scharfes Urteil über *Grysanowski* und behauptete, man kön-

---

804 Verh. des RT, 5. Leg.-Per., 1. Session 1881, Anlbd. 2, S. 330, Ds. Nr. 87, 3. Ber. der Petitionskommission vom 16. Januar 1882.

805 Verh. des RT, 5. Leg.-Per., 1. Session 1881, Anlbd. 2, S. 332, Ds. Nr. 87, 3. Ber. der Petitionskommission vom 16. Januar 1882.

806 Verh. des RT, 5. Leg.-Per., 1. Session 1881/82, Bd. 1, S. 847 (871 ff.), Sten. Ber. der 32. Sitzung vom 23. Januar 1882.

807 Grysanowski, Gesammelte Schriften, Kurze Anleitung zur Gewinnung eines Standpunktes in der Vivisektionsfrage, S. 257-269.

808 Vgl. Verh. des RT, 5. Leg.-Per., 1. Session 1881/82, Bd. 1, S. 871, Sten. Ber. der 32. Sitzung vom 23. Januar 1882. Grysanoski antwortete mit seiner Schrift „Prof. Dr. med. Hüter als Referent über die Antivivisections-Petitionen in der Petitions-Commission des Deutschen Reichstags“ von 1882, in: Gesammelte Schriften, S. 270-273. Kritik an der Reichstagsdebatte übte auch Bernhard Förster, Bayreuther Blätter 5, 3. Heft 1882, S. 90-96.

809 Vgl. Verh. des RT, 5. Leg.-Per., 1. Session 1881/82, Bd. 1, S. 872, Sten. Ber. der 32. Sitzung vom 23. Januar 1882.

ne es den Forschern getrost selbst überlassen, etwaige Mißbräuche zu korrigieren[810]. *Hans von Kleist-Retzow* (K), nahm sich dagegen der Sache der Petenten an; auch er trat für die Überweisung des Materials an den Kanzler ein[811].
Nach diesen Vorgefechten unterzog *Rudolf Virchow* (DFoVP) das Vorgehen der Antivivisektionisten einer gründlichen Kritik. Er rügte vor allem die entstellende, tendenziöse Darstellung der Versuche und die falschen Zitate. Höchste Ignoranz nannte *Virchow* die Behauptung der Petenten, die experimentelle Methode sei für die medizinische Wissenschaft unnötig. Er erläuterte den Nutzen des Tierversuchs an einigen Beispielen, u. a. der Tuberkuloseforschung. *Virchows* Rede gipfelte in dem Satz: „Weisen Sie die Petition von der Schwelle des Hauses zurück!“[812]
Diesen Beitrag *Virchows* konterte *Ludwig Windthorst*, der Zentrumsführer. Er verteidigte die Urheber der Petitionen, die er zum Teil persönlich als sehr glaubwürdige Männer schätze. Scharfe Kritik übte er an seinem Vorredner. *Windthorst* griff die Praxis des Tierversuchs an ihrer verwundbarsten Stelle an, indem er Mißbräuche und Übermaß geißelte. Er bekannte sich eindeutig dazu, daß „wir das, was für die Wissenschaft wirklich notwendig ist, nicht können verhindern wollen“. Aber ihm selbst seien Tatsachen genug bekannt, daß es an den Universitäten mit der Vivisektion manchmal „recht lebhaft hergehe, viel lebhafter, als zweckmäßig ist“. Aus diesem Grunde trete er für *von Minnigerodes* Antrag ein, der ja zunächst nur eine Untersuchung der Angelegenheit bezwecke. Das Gute an der Antivivisektionsbewegung sei schon heute, daß überall nachgedacht werde, daß die Professoren etwas vorsichtiger geworden seien und über das Notwendige nicht mehr hinausgingen[813].
Auf einen Ausgleich der gegensätzlichen Standpunkte bedacht war schließlich die Rede, die der preußische Kultusminister *Gustav von Gossler* hielt. *Von Gossler* betonte vor dem Reichstag, daß er zwar Laie sei, sich aber seit Jahren mit der Vivisektionsfrage beschäftigt habe. Er habe die Agitation genau verfolgt

---

[810] Vgl. Verh. des RT, 5. Leg.-Per., 1. Session 1881/82, Bd. 1, S. 873, Sten. Ber. der 32. Sitzung vom 23. Januar 1882.
[811] Vgl. Verh. des RT, 5. Leg.-Per., 1. Session 1881/82, Bd. 1, S. 874, Sten. Ber. der 32. Sitzung vom 23. Januar 1882.
[812] Vgl. Verh. des RT, 5. Leg.-Per., 1. Session 1881/82, Bd. 1, S. 875, Sten. Ber. der 32. Sitzung vom 23. Januar 1882.
[813] Vgl. Verh. des RT, 5. Leg.-Per., 1. Session 1881/82, Bd. 1, S. 880-882, Sten. Ber. der 32. Sitzung vom 23. Januar 1882.

und kenne ihre Mittel und ihre Methoden. Daher wundere er sich um so mehr, daß die Diskussion heute einen so glücklichen Verlauf nehme. Er nannte die beiden sich gegenüberstehenden Anträge nur „zwei verschiedene Wege zur Wahrheit". *Von Minnigerode* wolle die Untersuchung vertrauensvoll in die Hände der zuständigen Stellen legen, aber auch bei Annahme des Kommissionsantrages, der den Übergang zur Tagesordnung vorsah, würden Exzesse bei der Vornahme der Versuche ausgeschlossen, denn die Institutsvorsteher betrachteten es ohnehin als ihre „heiligste Pflicht", Schmerzen der Versuchstiere zu vermeiden. Wiederholt betonte *von Gossler*, daß in Deutschland und insbesondere in Preußen kein Anlaß bestehe, gegen die Vivisektionspraxis einzuschreiten[814]. Er erntete starken Beifall vom ganzen Hause.
Schließlich kam es zur Abstimmung, bei der *von Minnigerodes* Antrag verworfen, der Kommissionsantrag dagegen mit den Stimmen aller Liberalen, einiger Konservativer und weniger Zentrumsmitglieder angenommen wurde[815]. Die Mehrheit soll nicht überwältigend gewesen sein, was auch die erforderliche Gegenprobe bei der Abstimmung über den Antrag *von Minnigerodes* zeigte[816]. Damit war der Übergang zur Tagesordnung beschlossen worden.

Wiederum endete also eine Parlamentsdebatte mit einem Mißerfolg für die Antivivisektionisten und wurde von ihren Sprechern auch so bewertet. *Grysanowski* konnte als einzigen Fortschritt gegenüber der Behandlung der Petitionen im Vorjahr verbuchen, daß diesmal der „Hüter der Schwelle" überwältigt worden sei, d. h. die Angelegenheit wenigstens bis in das Plenum gelangte. Auch die nur schwache Majorität für den Kommissionsantrag gab ihm die Hoffnung auf eine künftige günstigere Entwicklung der Dinge[817].

Das Fehlschlagen der bisherigen parlamentarischen Manöver war jedoch nur ein neuer Ansporn für *Ernst von Weber* und seinen Anhang. Eine neue Welle von Flugblättern überschwemmte Deutschland, und in den Zeitungen erschienen zahlreiche Inserate. Beachtung verdient ein Brief *von Webers* vom 6. Februar

---

[814] Vgl. Verh. des RT, 5. Leg.-Per., 1. Session 1881/82, Bd. 1, S. 882/883, Sten. Ber. der 32. Sitzung vom 23. Januar 1882.
[815] Foerster, Bayreuther Blätter 5, 3. Heft 1882, S. 92.
[816] Vgl. Verh. des RT, 5. Leg.-Per., 1. Session 1881/82, Bd. 1, S. 885, Sten. Ber. der 32. Sitzung vom 23. Januar 1882.
[817] Bretschneider, Streit um die Vivisektion, S. 84.

1882 an Kultusminister *von Gossler*, in dem er seine schmerzliche Überraschung über dessen Rede im Reichstag aussprach: „Denn durch dieselbe ist klar zutage getreten, wie vollkommen es unseren Gegnern gelungen ist, Eurer Exzellenz den wahren Tatbestand unserer deutschen Vivisektionsverhältnisse zu verbergen und dieselben in grellstem Widerspruche mit der Wahrheit schön zu färben.“[818] Darüber hinaus baten die Vivisektionsgegner in einer in 63 Exemplaren an sämtliche kirchenregimentlichen Behörden Deutschlands (Bischöfe, Landesrabbiner, Konsistorien) gerichteten Eingabe um tatkräftige Unterstützung im Kampf gegen die Vivisektion. Das Fehlschlagen der Bemühungen sei nur so zu erklären, daß bislang eine solche Mithilfe gefehlt habe[819].

Das wichtigste Ereignis des Jahres 1883 war eine Parlamentsdebatte im Preußischen Abgeordnetenhaus. – Ausgelöst wurde sie durch eine Petition des *Hannoverschen Filialvereins des Internationalen Vereins zur Bekämpfung der wissenschaftlichen Tierfolter*, die im Einverständnis mit dem Dresdener Zentralkomitee abgefaßt worden war. In der Begründung zum Kommissionsantrag waren die Petenten im Vorjahr an die Landesregierung verwiesen worden[820]. Die Petition enthielt in kürzerer Fassung dieselben Forderungen wie die des Dresdener Zentralkomitees von 1881, verlangte also ein völliges Verbot der Vivisektion. In einem Memorandum hatte man Versuche, die an preußischen Universitäten durchgeführt worden waren, zusammengestellt und ein strafrechtliches Gutachten beigefügt, das Reichsgerichtsrat *Baehr* aus Dresden ausgearbeitet hatte. Hierin wurde nachgewiesen, daß der Tierquälereiparagraph 360 Nr. 13 des Reichsstrafgesetzbuchs selbst auf mißbräuchliche Tierversuche nicht anwendbar sei und auch nicht angewendet werde, was auf die Auslegung der Tatbestandsmerkmale „öffentlich“ und „in Ärgernis erregender Weise“ zurückzuführen sei[821]. Dieser Nachweis war für die Antivivisektionisten von größtem Interesse, denn ansonsten wäre der Erlaß eines neuen Gesetz nicht notwendig gewesen[822].

---

[818] Bretschneider, Streit um die Vivisektion, S. 85.
[819] Bretschneider, Streit um die Vivisektion, S. 85.
[820] Verh. des RT, 5. Leg.-Per., 1. Session 1881, Anlbd. 2, S. 330, Ds. Nr. 87, 3. Ber. der Petitionskommission vom 16. Januar 1882.
[821] Baehr, Gutachten über die Strafbestimmung in § 360, Nr. 13 RStGB.
[822] So hatte auch Reichskanzler von Bismarck die Vivisektionsgegner auf den Tierschutzparagraphen des Reichsstrafgesetzbuchs verwiesen. Von Bismarck hatte am 24. Februar 1883 auf einen Brief Ernst von Webers vom 20. Februar 1883 geantwortet, in dem dieser ihn um Unterstützung bat und darauf hinwies, daß die Regierungsvertreter im Reichstag und im

Die Unterrichtskommission des Abgeordnetenhauses, die sich mit der Petition des Hannover'schen Vereins befaßte, erklärte, daß für die Strafgesetzgebung allein das Reich zuständig sei. Da Mißbräuche der Vivisektion für Preußen nicht genügend nachgewiesen seien und „im Vertrauen, daß die Unterrichtsverwaltung eventuell solchen entgegentreten werde", beantragte die Kommission, über die Petition zur Tagesordnung überzugehen[823].

Dies geschah jedoch nicht und so kam es zu der Debatte im Preußischen Abgeordnetenhaus vom 16. April 1883, deren Ausgang erstaunlich war[824]. Erster Punkt der Tagesordnung war die Verhandlung der antivivisektionistischen Bittschrift. Der Berichterstatter *Hermann Mosler* (Z) referierte über die Vorgänge in der Petitionskommission. Die radikalen Forderungen der Agitatoren hatten dort keinen Fürsprecher gefunden; vielmehr war – wie im Vorjahr in der Reichstagskommission – beschlossen worden, dem Plenum den Übergang zur Tagesordnung zu empfehlen.

Der Abgeordnete *Heinrich Gustav Andreas Jansen* (Z) eröffnete nach dem Referat *Moslers* die Debatte mit einer äußerst vivisektionsfeindlichen Rede, in der er vom „gräßlichsten, was sich die Phantasie an Marterqualen nur vorstellen könne" sprach. Er forderte ein völliges Verbot der Demonstrationsvivisektionen und bei Forschungsvivisektionen Vorkehrungen gegen Mißbrauch[825].

Preußischen Abgeordnetenhaus sich jeweils für inkompetent zur Beschlußfassung über die zahlreichen Petitionen der Vivisektionsgegner erklärten, vgl. BA Berlin-Li., 07.01., Nr. 391, Bl. 1-2Rs. Der Reichskanzler versicherte, er teile die Entrüstung von Webers über die Ausschreitungen der Vivisektoren, ihm fehle aber die Zeit, auf eine Einschränkung hinzuwirken. Paragraph 360 Ziff. 13 des StGB scheine ihm aber eine Anzahl der von den Agitatoren veröffentlichten Fälle zu treffen, vgl. BA Berlin-Li., 07.01., Nr. 391, Bl. 8-10Rs. Auf dem Brief von Webers ist in einer anderen Handschrift – wahrscheinlich von Bismarks – geschrieben: „Ich kann nicht einmal der Menschenquälerei abhelfen!". – Von Bismarck auf Grund dieses Briefes zum Gegner des Tierversuchs erklären zu wollen, wie es z. B. Paul Förster tat, scheint allerdings nicht gerechtfertigt. Der Reichskanzler war diplomatisch genug, den Tierversuch nicht rundheraus abzulehnen. Er unterschied zwischen Experimenten „lediglich als Akt der Grausamkeit ohne Nutzen für die Wissenschaft" und solchen, die er offenbar als für die Wissenschaft nützlich ansah.

[823] Verh. des Preuß. Abgeordnetenhauses, 15. Leg.-Per., 1. Session 1882/83, Bd. 2, S. 1030-1033, Ds. Nr. 82, 2. Bericht der Kommission für das Unterrichtswesen über Petitionen vom 3. Februar 1883.

[824] Verh. des Preuß. Abgeordnetenhauses, 15. Leg.-Per., 1. Session 1882/83, Bd. 3, S. 1437-1467, Sten. Ber. der 51. Sitzung vom 16. April 1883.

[825] So auch sein Antrag vom 16. April 1883, vgl. Verh. des Preuß. Abgeordnetenhauses, 15. Leg.-Per., 1. Session 1882/83, Bd. 2, S. 1789, Ds. Nr. 157.

Als Zweiter sprach Regierungskommissar *Friedrich Althoff* vom Kultusministerium. Er unterschied zwischen der Frage nach der prinzipiellen Berechtigung des Tierversuchs, welche er bejahte, und der Frage nach seinem Mißbrauch. Seiner Definition nach lag ein Mißbrauch der Vivisektion vor, wenn diese zu anderen als zu wissenschaftlichen Zwecken geübt oder mit einer Schmerzzufügung vorgenommen werde, welche das für das Experiment gebotene Maß übersteige. Wörtlich sagte *Althoff*: „Es ist ein ganz elementarer Satz der Religion und Sittlichkeit, daß der Mensch die Tiere zu seinen vernünftigen Zwecken benutzen und abnutzen, gebrauchen und verbrauchen darf." Gegen die Behauptung der Petenten, die Vivisektion sei an sich schon moralisch verwerflich, führte *Althoff* zwei Stimmen aus kirchlichen Kreisen an. *Jansens* Antrag nannte er ein Mißtrauensvotum gegen die Mediziner und empfahl die Annahme des Kommissionsantrags mit den Worten: „ ... und ehren Sie dadurch einen Stand, der es voll und ganz verdient, ehren Sie unsere wackeren Mediziner!"

Zum gleichen Schluß kamen auch der Abgeordnete *Paul Langerhans* (DFoVP), ein praktischer Arzt, der nach einer Verteidigung der Position der Wissenschaft für den Kommissionsantrag plädierte, und der Abgeordnete *August Gottlob Issac Karl Huyssen* (FK). Unverändert auf seiten der Antivivisektionisten stand *Wilhelm Freiherr von Minnigerode* (K). Er argumentierte, man könne die Klagen der Gegner am besten zum Verstummen bringen, wenn man darauf eingehe und eine „freie Kritik der bestehenden Verhältnisse" ermögliche. Damit motivierte er auch seinen Antrag, der, wie im Vorjahr, eine Überweisung des Materials an die Regierung vorsah[826]. Danach trat der Vivisektionsgegner *Reichensperger* (Z) für den Antrag *Jansen* ein.

Kultusminister *von Gossler* verteidigte wiederum die medizinische Wissenschaft[827]. Daß Mißbräuche vorkommen könnten, so führte er aus, darüber seien sie sich alle einig. Wenn man ihm solche meldete, so würde er als verantwortlicher Unterrichtsminister mit Mut und Erfolg einschreiten. Bisher jedoch seien diesbezügliche Behauptungen lediglich eine „petitio principii" gewesen.

---

[826] Verh. des Preuß. Abgeordnetenhauses, 15. Leg.-Per., 1. Session 1882/83, Bd. 2, S. 1720 und 1721, Ds. Nr. 142, Antrag vom 14. März 1883.

[827] Nachdem Ernst von Weber Tait um eine Stellungnahme zur von Gosslerschen Rede gebeten hatte, veröffentlichte dieser zusammen mit Grysanowski eine entsprechende Schrift, vgl. Kritische Beleuchtungen der Vivisektionsdebatte im Preuß. Abgeordnetenhause, in: Grysanowski, Gesammelte Schriften, S. 291-308.

Georg Thilenius (LV), der nächste Redner, beschränkte sich auf wenige Sätze, weil, wie er sagte, die Rede *von Gosslers* nur abgeschwächt werden könnte. Er empfahl den Kommissionsantrag.

Ludwig Windthorst (Z) begnügte sich mit einigen Sätzen, in denen er die Annahme von *v. Minnigerodes* oder *Jansens* Antrag vorschlug. Die Tatsache, daß eine so lebhafte Agitation entstehen konnte, – mit „Ausdauer und Beharrlichkeit, wie mir selten eine Agitation vorgekommen ist“ – sei ihm Beweis genug, daß „nicht alles so glatt“ mit der Vivisektion gehe, wie es *von Gossler* geschildert habe.

Zwei weitere Abgeordnete standen noch auf der Rednerliste, kamen aber nicht mehr zu Wort, weil Anträge auf Schluß der Debatte gestellt und angenommen wurden. Die anschließende Abstimmung erbrachte die Annahme des Antrags *von Minnigerodes* mit den Stimmen der Konservativen, des Zentrums und einiger Freikonservativer. Die Mehrheit soll recht eindeutig gewesen sein, *Grysanowski*[828] sprach von 3/4 des Hauses.

Dieses überraschende Ergebnis war ein erster parlamentarischer Erfolg der Antivivisektionisten, den sie mit Genugtuung zur Kenntnis nahmen[829]. Trotz der Verteidigungsreden *Althoffs* und *von Gosslers* war nun beschlossen worden, die Petition an die Regierung zu überweisen, wo man feststellen sollte, ob Tierversuche im Unterricht notwendig seien und ob das Strafgesetzbuch ausreiche, um Mißbräuche zu bekämpfen.

Unmittelbare Folge des Parlamentsbeschlusses war eine Enquête, die Kultusminister *von Gossler* nach einem Erlaß vom 13. Dezember 1883 an allen preußischen Universitäten durchführen ließ. Den medizinischen Fakultäten wurden Formulare vorgelegt, die zehn Fragen über den Tierversuch und seine Durchführung enthielten[830]. Die erste Frage, ob Tierversuche ein unentbehrliches For-

---

828 Grysanowski/Tait, Kritische Beleuchtung der Vivisectionsdebatte im Preussischen Abgeordnetenhause, in: Grysanowski, Gesammelte Schriften, S. 296.

829 Die schriftstellernden Vivisektionsgegner hatten durch die Debatte im Preußischen Abgeordnetenhaus neuen Auftrieb bekommen. Ernst Grysanowski schrieb zwei Broschüren über die Verhandlungen, aus denen Genugtuung über den errungenen Erfolg sprach: s. vorige Fn. und Die Vivisectionsfrage vor dem preussischen Landtage, in: Grysanowski, Gesammelte Schriften, S. 309-334. Paul Förster veröffentlichte „Die Frage der Vivisektion, mit besonderer Rücksicht auf die Verhandlung im preußischen Abgeordnetenhause am 16. April 1883“.

830 Der Erlaß vom 13. Dezember 1883 und die Formulierungen der Enquête waren leider nicht auffindbar. Die Fragen werden zitiert nach Bretschneider, Streit um die Vivisektion, S. 92/93.

schungsmittel seien, auf das ohne wesentliche Schädigung der medizinischen Wissenschaft nicht verzichtet werden könne, beantworteten alle Fakultäten mit „Ja“. Ebenso einstimmig war die Bejahung der zweiten Frage, die den Tierversuch als Unterrichtsmittel behandelte. Die nächsten Punkte beschäftigten sich mit der Handhabung des Tierversuchs an den einzelnen Universitäten. Es stellte sich heraus, daß meist in den physiologischen, pathologischen und pharmakologischen Vorlesungen Tierversuche durchgeführt wurden. Hierfür wurden im Jahr durchschnittlich 10 Kaninchen, 5 Hunde, 10-20 Frösche und vereinzelt Tauben, Katzen und Meerschweinchen gebraucht. Die operativen Vorbereitungen fanden vor Beginn der Vorlesung in den Laboratorien, also nicht im Hörsaal in Anwesenheit der Studenten statt. Demonstrationskurse standen nur in Berlin und Greifswald auf dem Vorlesungsplan. In Berlin handelte es sich um einen Kurs der physiologischen Methodik, in dessen Verlauf auch an lebenden Tieren experimentiert wurde. In Greifswald veranstaltete der Direktor des physiologischen Instituts im Sommer einen Kurs der demonstrativen und experimentellen Physiologie (Experimente an Fröschen). Studierende waren nur sehr selten und in der Regel nur als Doktoranden mit Tierversuchen beschäftigt. Anästhetika fanden überall in „ausgiebigster Weise“ Verwendung – außer in den „übrigens seltenen Fällen“, wo der Zweck des Versuches direkt vereitelt worden wäre. Privatvivisektionen (d. h. Tierversuche außerhalb der Institute) von Studierenden stellten alle Fakultäten mit Bestimmtheit in Abrede; nur Berlin erteilte die lakonische Auskunft: „Aus eigener sicherer Erfahrung kein Aufschluß“. In Göttingen wurden von Ärzten in Krankenhäusern vereinzelt Versuche durchgeführt; in Marburg experimentierte der Direktor der chirurgischen Klinik seit 42 Jahren „in verschiedenen Lokalen“, teils zur Einübung von Operationsmethoden, teils zum Zwecke der wissenschaftlichen Forschung.
Die letzte Frage, ob den Fakultäten Mißbräuche bekannt seien, beantworteten alle mit „Nein“; nur Berlin begnügte sich wiederum mit der oben zitierten Auskunft.

Die Art und Weise, wie hier Kultusminister *von Gossler* dem Wunsch des Parlamentes nachkam, war für die Wissenschaftler weitaus günstiger, als es die Kommissionsverhandlungen für die englischen Kollegen gewesen waren[831].

[831] Immerhin müssen aber auch die deutschen Professoren die Befragung als eine Belästigung empfunden haben, wie sich z. B. aus den verärgerten Antworten aus Berlin und Marburg er-

Schon die Fragestellung, besonders bei Frage 1, ließ erkennen, welche Antworten *von Gossler* zu bekommen erwartete; daß er in dieser Hoffnung nicht enttäuscht wurde, ist nicht weiter verwunderlich.

Schon Ende Januar 1884 brachten die Vivisektionsgegner ihr Anliegen anläßlich einer Etatdebatte im Preußischen Abgeordnetenhaus abermals zur Sprache. *Freiherr von Minnigerode* (K) sprach den Wunsch aus, daß bei der Enquête *von Gosslers* auch die medizinischen Autoritäten des Internationalen Vereins vernommen werden sollten. Darauf erwiderte *von Gossler*, er habe das Material noch nicht vollständig in Händen. Sobald das der Fall sei, wolle er erwägen, inwieweit er es Personen vorlegen könne, die wissenschaftliches Interesse daran hätten[832].

Von Gossler erhielt auch eine Petition von einigen deutschen Tierschutzvereinen, die sehr entschieden die Abschaffung der Vivisektion forderten. Andererseits erfolgte in diesem Jahr eine Eingabe anderer deutscher Tierschutzvereine an *von Gossler*, worin der Tierversuch für notwendig erklärt wurde. „Vivisektion aus Liebhaberei“ sei allerdings zu bestrafen. Auch der *Berliner Tierschutzverein* ließ durch seinen Geschäftsführer *Kürten* öffentlich erklären, daß er die völlige Abschaffung des Tierexperiments mißbillige und es ablehne, Schriften zu verbreiten, die der freien Forschung Hemmnisse bereiten wollten[833]. Hier wurde deutlich, daß die Mehrzahl der 140 deutschen Tierschutzvereine nicht für die gänzliche Abschaffung der Vivisektion eintrat.

c) Der Gosslersche Erlaß vom 2. Februar 1885

Inzwischen war die Enquête *von Gosslers* abgeschlossen und in Form eines Auszuges aus den Fakultätsberichten dem Abgeordnetenhaus vorgelegt worden[834]. Es lag nun ganz in der Hand des Kultusministers, die Angelegenheit in

---

kennen läßt. Ein Physiologe soll sogar statt jeder Antwort Hermanns Lehrbuch der Physiologie eingesandt haben, worin er alle die Stellen rot angekreuzt hatte, die Erfahrungen enthielten, welche dem Tierversuch zu danken waren, vgl. Bretschneider, Streit um die Vivisektion, S. 93.

832 Vgl. Bretschneider, Streit um die Vivisektion, S. 100.

833 Vgl. Bretschneider, Streit um die Vivisektion, S. 100.

834 Auch diese Vorlage war leider nicht auffindbar.

irgendeiner Weise zum Abschluß zu bringen. Er konnte entweder auf jede weitere Maßnahme verzichten, er konnte eine administrative Regelung treffen oder sogar dem Parlament eine Änderung des Strafgesetzbuches vorschlagen.

Von Gossler selbst war ein eifriger Förderer der medizinischen Wissenschaft und ein begeisterter Verehrer ihrer großen Vertreter. Insofern war es von Vorteil für die Mediziner, daß zur Zeit der Auseinandersetzungen um die Vivisektion ein Mann wie *von Gossler* an verantwortlicher Stelle in den Streit eingreifen und die Angriffe der Antivivisektionisten so lenken konnte, daß sie ohne Schaden für die Forschung blieben. Es steht außer Zweifel, daß ein weniger der Wissenschaft und dem Fortschritt ergebener Kultusminister die Petitionen und insbesondere das spätere Votum des preußischen Abgeordnetenhauses zu schweren Repressalien gegen die Physiologen hätte nutzen können.

Daß von Gossler tatsächlich eher auf seiten der Vivisektionsbefürworter stand, ergibt sich auch daraus, daß die auf seine Veranlassung hin verfaßte Verteidigungsschrift Rudolf Heidenhains von 1884 dem Abgeordnetenhaus zusammen mit dem Auszug der Fakultätsberichte vorgelegt wurde[835].

Von Gossler wählte schließlich den Mittelweg einer administrativen Regelung, die einerseits geeignet war, der Agitation gegen den Tierversuch den Wind aus den Segeln zu nehmen, und andererseits Mindeststandards für die Vornahme von Tierversuchen setzte. Dabei orientierte er sich zwar stark an der bayerischen Verordnung von 1880; daß er aber grundsätzlich gegen die Beschränkung der Vivisektionspraxis war, erhellt daraus, daß – im Gegensatz zur bayerischen Verordnung – noch nicht einmal Privatvivisektionen ausdrücklich verboten waren.

Im Vorspann seiner Verordnung vom 2. Februar 1885 erklärte der Minister zunächst, durch die seitens der Fakultäten erstatteten Berichte in der Überzeugung bestärkt worden zu sein, daß an den Landesuniversitäten „bei Anwendung und Ausführung der Versuche am lebenden Tiere nach maßvollen und billigenswerten Grundsätzen verfahren werde“. Um aber für die Zukunft allen Zweifeln vorzubeugen, verordne er „im Anschluß an die der bisherigen Praxis zu Grunde liegenden Gesichtspunkte“:

---

[835] Heidenhain, Die Vivisection. Es ist keine Übertreibung, diese Schrift als Standardwerk der Vivisektionsfrage zu bezeichnen. Heidenhain versuchte darin zuerst, die Unentbehrlichkeit des Tierversuchs auf dem Gebiet der Physiologie und der praktischen Medizin nachzuweisen,

„1) Versuche am lebenden Tier dürfen nur zu ernsten wissenschaftlichen Forschungs- oder wichtigen Unterrichtszwecken vorgenommen werden.
2) In den Vorlesungen sind Tierversuche nur in dem Maße statthaft, als dies zum vollen Verständnis des Vorzutragenden notwendig ist.
3) Die operativen Vorbereitungen zu den Vorlesungsversuchen sind in der Regel noch vor Beginn der eigentlichen Demonstration und in Abwesenheit der Zuhörer zu bewerkstelligen.
4) Tierversuche dürfen nur von Professoren oder Dozenten oder unter deren Verantwortlichkeit ausgeführt werden.
5) Versuche, die ohne wesentliche Beeinträchtigung des Resultates an niederen Tieren gemacht werden können, dürfen nur an diesen und nicht an höheren Tieren vollzogen werden.
6) In allen Fällen, in denen es mit dem Zweck des Versuches nicht schlechterdings unvereinbar ist, müssen die Tiere vor dem Versuch durch Anästhetika vollständig und in nachhaltiger Weise betäubt werden.“ [836]

Wie die bayerische Verordnung waren auch diese Vorschriften sehr allgemein gehalten und – wie *von Gossler* selbst sagte – im Grunde nur eine Sanktionierung der bestehenden Verhältnisse. *Von Gossler* betonte ausdrücklich, daß er sich von Mißbräuchen nicht habe überzeugen können und deshalb die Richtlinien der gegenwärtigen Praxis zur Grundlage seiner Verordnung gemacht habe.
So hatte die *Gosslersche* Verordnung wohl zumindest die Beschränkung der Zahl der Versuche und ein schonenderes Vorgehen bei ihrer Ausführung zum Ziel, die Unterstellung der Tierversuche unter die unmittelbare Verantwortung der Professoren und Dozenten blieb aber angesichts des Fehlens einer Strafbestimmung ohne praktische Wirkung.

Der preußische Erlaß war ursprünglich nur für die medizinischen Fakultäten bestimmt, wurde aber am 14. März 1886 auf Drängen der Vivisektionsgegner durch Reskript des Landwirtschaftsministers auf die tierärztlichen Hochschulen

---

dann beschäftigte er sich mit den Vorwürfen der Gegner und hier insbesondere mit den Ärzten Bell, Hyrtl, Lawson Tait, Grysanowski, Voigt und Nagel.
[836] BA Berlin-Li., 30.01., Nr. 6314, Bl. 81/81Rs.

zu Hannover und Berlin, die landwirtschaftliche Hochschule zu Berlin und die landwirtschaftliche Akademie zu Poppelsdorf ausgedehnt[837].

In den Großherzogtümern Mecklenburg-Schwerin[838], Hessen-Darmstadt[839], Sachsen-Weimar[840], Baden[841] und in Elsaß-Lothringen[842] wurden im wesentlichen gleiche Bestimmungen erlassen. Im Königreich Württemberg stellte das Ministerium des Kirchen- und Schulwesens im Juli 1885 fest, „daß die Grundsätze der Humanität, welche dem Königlich Preußischen und dem Königlich Bayerischen Ministerial-Reskripte zu Grunde liegen, sowohl in der medizinischen Fakultät in Tübingen, wie auch von der Direktion der Tierarzneischule in Stuttgart in vollem Maße anerkannt werden und daß von ihnen stets in solchem Sinne gehandelt werde“[843]. Deshalb wurde in Württemberg zunächst von einer besonderen Verfügung abgesehen.

Am 25. Februar 1885 brachten die Antivivisektionisten im Preußischen Abgeordnetenhaus die Vivisektionsfrage noch einmal zur Sprache. Die Abgeordneten *Jansen*, *von Minnigerode* (K) und *Reichensperger* (Z) äußerten Kritik an *von Gosslers* Maßnahmen und hoben hervor, daß sie mit der Verordnung die Angelegenheit noch nicht als abgeschlossen betrachteten. Die Heidenhainsche Schrift nannten sie eine „Parteischrift durch und durch“ und bedauerten, daß *von Gossler* nicht auch Vertreter des Internationalen Vereins zur Bekämpfung der wissenschaftlichen Tierfolter angehört habe. Der Erlaß sei zu allgemein und sehe

---

837 Vgl. Schreiben des Präsidiums des Staatsministeriums an das Ministerium der auswärtigen Angelegenheiten vom 12. August 1886, in: BA Berlin-Li., 30.01., Nr. 6314, Bl. 122-123.

838 Erlaß des Großherzoglich Mecklenburg-Schweriner Ministeriums, Abteilung für Unterrichtsangelegenheiten, vom 17. Februar 1886 für die Universität Rostock, vgl. BA Berlin-Li., 30.01., Nr. 6314, Bl. 135-136.

839 Erlaß des Großherzoglich Hessischen Ministeriums des Innern und der Justiz vom 23. März 1886 für die Universität Gießen, vgl. BA Berlin-Li., 30.01., Nr. 6314, Bl. 138-139.

840 Erlaß des Großherzoglich Sächsischen Staatsministeriums vom 17. April 1886 für die Universität Jena, vgl. BA Berlin-Li., 30.01., Nr. 6314, Bl. 141/141Rs.

841 Erlaß des Ministeriums der Justiz, des Kultus und Unterrichts vom 11. November 1887 für die Universitäten Heidelberg und Freiburg, vgl. Geh. StA Berlin-Dahlem, Rep. 84 a, Nr. 8407, Bl. 572Rs.

842 Erlaß des Ministeriums für Elsaß-Lothringen vom 20. April 1886 für die Universität Straßburg, vgl. Geh. BA Berlin-Li., 30.01., Nr. 6314, Bl. 143/143Rs.

843 Vgl. Geh. StA Berlin-Dahlem, Rep. 84 a, Nr. 8407, Bl. 572Rs und Schreiben des württembergischen Ministeriums der auswärtigen Angelegenheiten vom 12. Februar 1886 an das Reichsamt des Innern, in: BA Berlin-Li., 30.01., Nr. 6314, Bl. 128/128Rs.

weder Kontrollen noch Strafandrohungen vor (weswegen er von *Stenz*[844] mit dem „Lichtenbergschen Messer ohne Klinge, dem der Griff fehlt“ verglichen wurde[845]); Jansen sah seinen Effekt eher in einer weiteren Zunahme der Vivisektionen. *Von Gossler* verteidigte jedoch seine Maßnahmen und wies besonders den Vorwurf zurück, er habe die Autoritäten der Gegner nicht berücksichtigt.

Trotz der fortdauernden Bemühungen der radikalen Vivisektionsgegner um *von Weber* und *Grysanowski* war der Vivisektionsstreit mit der *von Gosslerschen* Verordnung von 1885 zu einem gewissen Abschluß gelangt. Die Antivivisektionisten hatten während der ganzen Jahre der Auseinandersetzung zielstrebig auf eine gesetzliche Regelung der Vivisektionspraxis hingearbeitet und 1885 immerhin den Erlaß erreicht. Und obwohl dieser bei weitem nicht den Vorstellungen der radikalen Vivisektionsgegner entsprach[846], bedeutete er im Grunde für *Ernst von Weber* und seinen Anhang die endgültige Niederlage im Vivisektionsstreit. Die Tierschutzvereine – mit Ausnahme der wenigen radikalen – waren mit dem Gang der Dinge einverstanden. *Von Gossler* konnte auch darauf hinweisen, daß seine Verordnung fast wörtlich mit den früheren Beschlüssen der gemäßigten Tierschutzvereine übereinstimmte. Auf das breite Publikum wirkte die Verordnung beruhigend, so daß hier die Teilnahme und das Interesse an den antivivisektionistischen Bestrebungen allmählich erlosch. 1887 beklagte *Grysanowski* den Abfall zahlreicher Mitstreiter von der Agitation[847]. Die Antivivisektionisten reduzierten sich auf wenige Fanatiker, denen jedoch vorerst jede weitere Wirkungsmöglichkeit genommen war. Denn nicht nur der ganz überwiegende Teil der Öffentlichkeit war mit der *von Gosslerschen* Maßnahme zufrieden, diese wirkte auch im Parlament wie ein Bollwerk gegen weitere Petitionen.

---

[844] Stenz, Die Vivisektion in ihrer wahren Gestalt, S. 40.

[845] Die gleiche Formulierung hatte Baehr, Gutachten über die Bestimmung in § 360 Nr. 13 RStGB, S. 4, in Bezug auf die Anwendbarkeit des § 360 Nr.13 RStGB auf die Vivisektionen gebraucht.

[846] Foerster, Vivisektion, die wissenschaftliche Tierfolter, S. 16, sprach von „eitel Blendwerk für Leichtgläubige“.

[847] Grysanowski hielt in seiner letzten Schrift von 1887 (er verstarb kurz darauf) Rückschau und zog das Fazit seiner Bemühungen. Dabei mußte er feststellen, daß dem Stadium allgemeiner Entrüstung in Deutschland die Reaktion gefolgt sei. Nur wenige hätten sich nicht entmutigen lassen. Daran sei vor allem der deutsche „fanatische Wissenschaftskult“ schuld, der eine „Schüchternheit des Laienpublikums vor den besoldeten und betitelten Gelehrten“ bewirke, vgl. Grysanowski, Gesammelte Schriften, Die Vivisection. Zur Verständigung über die Motive und Zwecke der Agitation, S. 407-414.

d) Die Abweisung weiterer Petitionen ab 1886

So erreichte zwar am 14. Januar 1886 eine Petition des *Hannoverschen Vereins zur Bekämpfung der wissenschaftlichen Tierfolter* das Preußische Abgeordneten- und Herrenhaus, in der dieser zumindest das absolute Verbot der Verwendung höher organisierter Tiere wie Pferde, Hunde oder Katzen und den Gebrauch von Curare sowie alle Demonstrationsversuche anstrebte, wobei die Befolgung dieser Verbote durch eine unabhängige staatliche Behörde überwacht und durch Bestrafung von Übertretungen gesichert werden sollte[848]. Die Petition wurde auch am 23. Februar 1886 in der Petitionskommission des Herrenhauses, am 20. März 1886 im Herrenhaus selbst und am 29. Mai 1886 in der Petitionskommission des Abgeordnetenhauses für das Unterrichtswesen beraten. Sie wurde jedoch unter Hinweis auf den *von Gosslerschen* Erlaß abgewiesen, indem man den Petenten empfahl, zunächst einmal die Wirkung der Verordnung abzuwarten[849].

Zum gleichen Ergebnis kam auch Kultusminister *von Gossler* in einem Votum vom 26. März 1887 an den Ministerpräsidenten *von Bismarck*[850]. Hierin wurde aber auch die Überlegung angestellt, die Worte „der Öffentlichkeit oder der Erregung von Ärgernis" zu streichen, um Mißbräuchen bei der Vivisektion wirksamer entgegentreten zu können und insbesondere die nach dem Gosslerschen Erlaß weiterhin zulässigen Privatvivisektionen gegebenenfalls erfassen zu können. Hierzu hatte *von Bismarck* selbst seine Zustimmung schon gegeben („meo volo: ja")[851]. Am 5. April wurde dies vom Staatsministerium selbst ausdrücklich vorgeschlagen[852]. Justizminister *Friedberg* hingegen regte in einem Votum vom 20. April 1887 einen ausdrücklich gegen mißbräuchliche Vivisektion gerichteten Zusatz zu § 360 Nr. 13 RStGB an, da die obigen Streichungen nicht ausreichen würden und sonst auch die Qualifikation „boshaft" wegfallen müßte: „Auf wissenschaftliche, an Tieren vorgenommene Versuche (Vivisektionen pp.) findet diese Bestimmung nur Anwendung, wenn bei Vornahme derselben gegen die

[848] Vgl. Geh. StA Berlin-Dahlem, Rep. 84 a, Nr. 5213, Bl. 369/370.
[849] Vgl. zum ganzen Vorgang den 7. Jahresbericht des Hannoverschen Vereins zur Bekämpfung der wissenschaftlichen Tierfolter, in: BA Berlin-Li., 07.01., Nr. 391, Bl. 137-143.
[850] Vgl. BA Berlin-Li., 07.01., Nr. 391, Bl. 157-160Rs.
[851] Abschrift des Votums vom 1. April 1887, in: BA Berlin-Li., 07.01., Nr. 391, Bl. 163.
[852] Vgl. BA Berlin-Li., 07.01., Nr. 391, Bl. 176a-168.

bezüglichen, von den Landesregierungen erlassenen Vorschriften verstoßen wird, oder wenn solche Versuche von Personen vorgenommen werden, welche nach diesen Vorschriften hierzu überhaupt nicht befugt erscheinen."[853]
Daraufhin erklärte *von Gossler* in einem zweiten Votum vom 10. Mai 1887, er habe auch gegen eine Streichung des Wortes „boshaft" nichts einzuwenden, wende sich jedoch gegen einen Zusatz, der auf Landesbestimmungen verweise[854]. Dem schloß sich Staatsminister *von Boetticher* in seinem Votum vom 3. September 1887 an. Da er aber Privatvivisektionen verhindert sehen wollte, schlug er einen anderen Zusatz zu § 360 Nr. 13 RStGB vor: „Gleiche Strafe trifft denjenigen, welcher bei Vornahme schmerzerregender wissenschaftlicher Versuche an Tieren (Vivisektionen pp.) innerhalb der hierfür bestimmten öffentlichen Anstalten den auf Grund der Anordnungen des Bundesrats von den zuständigen Behörden erlassenen Vorschriften zuwiderhandelt, oder wer solche Versuche außerhalb der gedachten Anstalten vornimmt."[855]
Auch der Minister für Landwirtschaft, Domänen und Forsten, *Lucius von Ballhausen*, wandte sich am 7. Oktober 1887 gegen den Vorschlag *Friedbergs* vom April 1887, da dieser wirtschaftliche Tätigkeiten des Menschen, wie z.B. den Transport und das Schlachten von Tieren, die Ausübung der Jagd oder das Abhalten von Pferderennen in unzulässiger Weise einschränke. Er sprach sich für kommissarische Vorberatungen der bisherigen Abänderungsvorschläge aus[856].

Diese Beratungen begannen Anfang 1888 mit Erhebungen der Regierung, wie weit die Vivisektion über den *von Gosslerschen* Erlaß hinaus eingeschränkt werden könne, was sich aus einem Bescheid des Regierungskommissars vom 20. März 1888 ergibt[857]. Am 3. November 1888 wurde eine Ministerialkommission eingesetzt, die sich mit Tierschutzfragen beschäftigte[858]. Die Denkschrift einer Subkommission, die der Gesamtkommission am 10. April 1889 vorgelegt wurde, hob die zweifelsfreie Unentbehrlichkeit der Vivisektion hervor. Eventu-

[853] Vgl. BA Berlin-Li., 07.01., Nr. 391, Bl. 175-176Rs; Geh. StA Berlin-Dahlem, Rep. 84 a, Nr. 8402, Bl. 85-86Rs.
[854] Vgl. BA Berlin-Li., 07.01., Nr. 391, Bl. 182-183.
[855] Vgl. BA Berlin-Li., 07.01., Nr. 391, Bl. 187-188Rs.
[856] Vgl. BA Berlin-Li., 07.01., Nr. 391, Bl. 192/192Rs.
[857] Vgl. Verh. des RT, 9. Leg.-Per., 2. Session 1893/94, Anlbd. 2, Ds. Nr. 255, S. 1234/1235, 8. Bericht der Petitionskommission vom 10. März 1894.
[858] Vgl. BA Berlin-Li., 07.01., Nr. 391, Bl. 194.

ellen Mißbräuchen sei nicht mit dem Erlaß spezieller, gegen mißbräuchliche Vivisektion gerichteter Strafbestimmungen, sondern vielmehr mit einer Erweiterung des § 360 Nr. 13 Reichsstrafgesetzbuch entgegenzutreten. Da nach den vorgeschlagenen Änderungen aber bestraft werden sollte, „wer vorsätzlich Tiere quält", hielt man eine Einschränkung der Strafbarkeit durch den Zusatz „Eine Tierquälerei liegt nicht vor, wenn und soweit die Handlung in Wahrnehmung berechtigter Interessen geschieht", für angebracht[859].

Gegen diesen Zusatz sprachen sich sowohl der Staatssekretär des Reichsjustizamts, von Schelling[860], als auch Finanzminister *Scholz*, Ministerpräsident *von Bismarck* und der Minister der öffentlichen Arbeiten, *von Maybach*, in Voten vom 21. Dezember 1889[861], 31. Dezember 1889[862] und vom 4. Januar 1890[863] aus. Ihrer Ansicht nach barg der Vorschlag angesichts der Möglichkeit einer weiten Auslegung die Gefahr in sich, Mißbräuche bei der Vivisektion eher zu fördern als zu verhindern, sie traten für eine Regelung ein, die klarstellen sollte, daß vivisektorische Versuche nur in Anstalten der staatlichen Unterrichtsverwaltung oder unter Leitung der zuständigen staatlichen Lehrer vorgenommen werden dürfen.

Für den Zusatz votierte aber der neue Kultusminister *Barkhausen* am 19. September 1890. Er verwies darauf, daß der Begriff der „Wahrnehmung berechtigter Interessen" in der bisherigen Praxis (bei § 193 StGB) keine zu weit gehende Auslegung gefunden habe, eine spezielle Vorschrift gegen die Vivisektion lehnte er als unzulässigen Eingriff in die Wissenschaftsfreiheit ab[864].

Angesichts der unterschiedlichen Auffassungen über eine mögliche Umformulierung des Tierquälereitatbestandes bzw. über etwaige, die Vivisektion betreffende Zusätze, zogen weder die Erhebungen noch die Kommissionsberatungen irgendwelche Folgen nach sich. Daraufhin gingen beim Reichstag wiederum Petitionen ein. In Eingaben vom 15. und vom 18. November 1893 sprachen sich der *Neue Leipziger*[865] und der *Neue Dresdener Tierschutzverein*[866] für eine Ein-

[859] BA Berlin-Li., 30.01., Nr. 6315, Bl. 13-15.
[860] BA Berlin-Li., 30.01., Nr. 6315, Bl. 16-17Rs.
[861] Vgl. BA Berlin-Li., 07.01., Nr. 391, Bl. 217-218.
[862] Vgl. BA Berlin-Li., 07.01., Nr. 391, Bl. 223-224.
[863] Vgl. BA Berlin-Li., 07.01., Nr. 391, Bl. 225/225Rs.
[864] Vgl. BA Berlin-Li., 07.01., Nr. 391, Bl. 249-250Rs.
[865] Vgl. BA Berlin-Li., 30.01., Nr. 6323, n.p.

schränkung der Tierversuche aus. Der *Internationale Verein zur Bekämpfung der wissenschaftlichen Tierfolter* behauptete in seiner Petition vom 18. November 1893[867], daß die Vivisektion „wegen der ihr anhaftenden unleugbaren Unsittlichkeit verwerflich ist, nur auf sehr geringe positive Erfolge hinweisen kann, wohl aber andererseits die Wissenschaft fortwährend auf neue, nachweisbare Irrwege ablenkt und in Widersprüche verwickelt, ihre Vertreter dazu verführt, ihre Praxis und Kunst auch auf den Menschen als den ohne Zweifel allergeeignetsten, ja allein geeigneten Versuchsgegenstand zu übertragen und daß die Beruhigung des öffentlichen Unwillens durch die Behauptung, die Narkose werde fast durchweg angewandt, das Tier leide im Grunde nicht und werde nach dem Versuche baldigst getötet, eine heuchlerische Bemäntelung eines ganz anders gearteten Tuns ist". Folgende Bestimmungen seien daher unerläßlich:

„1. Die höher organisierten Tiere, namentlich Pferde, Hunde, Affen und Katzen zu Vivisektionen zu benutzen, muß gänzlich verboten werden.

2. Alle Versuchstiere sind während der ganzen Dauer der Versuche in vollständigem und nachhaltigem Betäubungszustand zu erhalten und nach der Beendigung der Versuche sofort zu töten. Die Anwendung der bloßen Lähmungsmittel (Curare und dergl.) anstatt der Betäubungsmittel ist unbedingt zu verbieten.

3. Vivisektionen beim Unterricht oder bei Vorlesungen an Universitäten, Tierarzneischulen und landwirtschaftlichen Lehranstalten, sowie Operationsübungen an lebenden Tieren sind gänzlich zu verbieten.

4. Nur denjenigen Professoren sind vivisektorische Versuche zu gestatten, die dafür eine besondere Erlaubnis nachsuchen und erhalten. Allen übrigen Medizinern (Doktoren, Praktikanten und Studierende der Medizin) ist die Vivisektion gänzlich zu verbieten.

5. Die Befolgung dieser Vorschriften muß durch eine staatliche, nicht dem ärztlichen Stand entnommene, und von den medizinischen Fakultäten vollständig unabhängige Behörde überwacht und durch Bestrafung vor Übertretungen gesichert werden. Diese Behörde würde das Recht und die Pflicht haben, die Anstalten zu besichtigen, die Übertretungen zur Bestrafung anzuzeigen, vielleicht auch, wie in England, die Erlaubnis zu erteilen, wenn zu Forschungszwecken

---

[866] Vgl. BA Berlin-Li., 30.01., Nr. 6323, n.p.
[867] Vgl. BA Berlin-Li., 30.01., Nr. 6323, n.p.

bestimmte Versuche in bestimmter Anzahl beantragt werden, und alljährlich über ihre Tätigkeit öffentlich Bericht zu erstatten."[868]
Sofern der Deutschen Reichsregierung und dem Deutschen Reichstag die Vivisektionsfrage noch nicht genügend geklärt erscheinen sollte, so bat der Verein um eine „gründliche, allseitige, unparteiische Untersuchung nach englischem Vorbild, nicht nach dem der früher von dem Kultusminister Herrn *von Gossler* in Preußen beliebten Erledigung der Frage", eine Untersuchung durch Sachverständige und Laien (Geistliche, Rechtsgelehrte und überhaupt gebildete Vertreter des Volkes), zu der auch Vertreter von Tierschutzvereinen zugezogen werden sollten.

Über diese Petitionen wurde in der zuständigen Kommission am 10. März 1894 verhandelt[869]. Dabei war sich die Kommission einig, daß ein direktes Verbot der Vivisektion, wie es von ihren radikalen Gegnern nach wie vor gefordert wurde, nicht angehe, weil der Tierversuch in vielen Fällen notwendig für die Wissenschaft sei. Nachdem die Angelegenheit durch den *Gosslerschen* Erlaß erst einmal geregelt worden sei, habe die große Mehrzahl der um ihre Auffassung befragten Bundesregierungen den Erlaß besonderer strafrechtlicher Vorschriften zur Verhütung des Mißbrauchs von Vivisektionen nicht als ein Bedürfnis angesehen. Darüber hinaus sei innerhalb der Reichsverwaltung und des preußischen Staatsministeriums die Zulänglichkeit des § 360 Nr. 13 Reichsstrafgesetzbuch sowohl im allgemeinen als in der Richtung auf die Fragen der Vivisektion und des Tötens der Schlachttiere geprüft worden. Dabei sei anerkannt worden, daß es an sich wünschenswert sei, den Schutz der Tiere durch eine entsprechende Umgestaltung jener Strafvorschrift zu erweitern. Es habe sich jedoch als ungemein schwierig herausgestellt, eine Fassung zu finden, durch welche eine weite und willkürliche Auslegung beziehungsweise die Abhängigkeit des Richters von dem Gutachten des im einzelnen Falle zugezogenen Sachverständigen ausgeschlossen werden würde. Zu einem förmlichen Abschluß seien diese Erörterungen bisher noch nicht gelangt.

[868] Diesen Vorschlägen schloß sich Bregenzer, Thier-Ethik, S. 406, an.
[869] Verh. des RT, 9. Leg.-Per., 2. Session 1893/94, Anlbd. 2, S. 1234/1235, Ds. Nr. 255, 8. Bericht der Petitionskommission vom 10. März 1894. Vorsitzender der Kommission war Kruse, Berichterstatter war Pauli.

Daraufhin kam die Kommission einstimmig zu dem Ergebnis, zu beantragen, der Reichstag wolle beschließen, die Petitionen in Bezug darauf, in wie weit durch eine Abänderung des § 360 Nr. 13 Reichsstrafgesetzbuch eine Vermehrung des Tierschutzes herbeizuführen geeignet sei, dem Herrn Reichskanzler zur Erwägung zu überweisen, im übrigen aber, betreffend das Verbot der Vivisektion, über die Petitionen zur Tagesordnung überzugehen[870]. Nachdem der Reichstag den Petitionsantrag am 13. April angenommen hatte[871], wurden die Petitionen dem 6. Ausschuß für Justizwesen überwiesen[872], der beschloß, den Reichskanzler um Erwägung der Frage zu ersuchen, den § 360 Nr. 13 RStGB zu ändern[873].

Dieses Schicksal teilten zwei weitere Petitionen am 23. April 1896 in der Petitionskommission des Reichstags[874]. Nach Darlegung des bisherigen Verlaufs des Vivisektionsstreits erklärte der Regierungsvertreter Geheimer Regierungsrat *Kelch*, daß „die hiernach eingeleiteten Erwägungen ... noch nicht abgeschlossen“ seien. Daraufhin beschloß die Kommission, der Reichstag wolle beschließen, auch die obigen Petitionen dem Reichskanzler als Material für die künftige Revision des Strafgesetzbuchs zu überweisen[875].

Auch in den Folgejahren ließen die Tierversuchsgegner nicht von ihrer Forderung nach einem gänzlichen Verbot des Tierversuchs unter Strafandrohung ab. Der *Weltbund zur Bekämpfung der Vivisektion* stützte diese Forderung in einer

---

[870] Verh. des RT, 9. Leg.-Per., 2. Session 1893/94, Anlbd. 2, S. 1235, Ds. Nr. 255, 8. Bericht der Petitionskommission vom 10. März 1894.

[871] Verh. des RT, 9. Leg.-Per., 2. Session 1893/94, Bd. 3, S. 2077 (2096), Sten. Ber. der 81. Sitzung vom 13. April 1894.

[872] Protokolle der 18. Sitzung des BR vom 19. April 1894 und der 22. Sitzung des BR vom 10. Mai 1894, vgl. BA Berlin-Li., 30.01., Nr. 6315, Bl. 16 und 17.

[873] Protokoll der 12. Sitzung des BR vom 19. März 1896, vgl. BA Berlin-Li., 30.01., Nr. 6315, Bl. 21.

[874] Verh. des RT, 9. Leg.-Per., 4. Session 1895/97, Anlbd. 3/4, S. 1905/1906, Ds. Nr. 407, 29. Ber. der Petitionskommission vom 13. Mai 1896: Petitionen von Wilhelm Johann Stroh und Genossen (K) und von O. Krause.

[875] Verh. des RT, 9. Leg.-Per., 4. Session 1895/97, Anlbd. 3/4, S. 1906, Ds. Nr. 407, 29. Bericht der Petitionskommission vom 13. Mai 1896. Daraufhin erfolgte am 5. Dezember 1896 ein entsprechender Beschluß des RT, vgl. Verh. des RT, 9. Leg.-Per., 4. Session 1895/97, Bd. 5, S. 3739/3740, Sten. Ber. der 141. Sitzung vom 5. Dezember 1896. Diesem schloß sich der BR an, vgl. Protokoll der 49. Sitzung des BR vom 10. Dezember 1896, in: BA Berlin-Li., 30.01., Nr. 6315, Bl. 41.

Eingabe vom Januar 1902 an den Reichstag auf die Tatsache, daß seit nunmehr 18 Jahren trotz stetiger Zunahme der Experimente kein einziger Fall bekannt geworden sei, in dem auf Grund der *Gosslerschen* Verfügung eingeschritten worden sei. Zumindest sollten geeignete Kontrollmaßnahmen ergriffen werden[876].

Bei der Verhandlung der Eingabe in der Petitionskommission vom 12. November 1902 gab der Geheime Oberregierungsrat *Kelch* als Regierungskommissar die Erklärung ab, die Vivisektion sei nicht entbehrlich, wobei er auf seine Erklärungen in den Petitionskommissionen vom 21. Februar 1894 und vom 23. April 1896 verwies und bemerkte, daß die Angelegenheit bei Revision des Strafgesetzbuchs wieder zur Sprache kommen werde. Der Berichterstatter *Adolf Thiele* (SPD) hielt das jedoch nicht für ausreichend und schlug, da er der Ansicht war, es müßten – wie in der Petition gefordert – zumindest Kontrollmaßnahmen ergriffen werden, vor, die Petition zur Berücksichtigung zu überweisen. Nach Abstimmung beschloß die Kommission, die Petition dem Reichskanzler als Material für die Revision des Strafgesetzbuchs zu überweisen[877]. Auf der Sitzung des Reichstags vom 16. März 1903 bat Berichterstatter *Thiele* um Absetzung des Berichts der Petitionskommission von der Tagesordnung, da er verschiedene Anfragen an die Reichsverwaltung zu stellen beabsichtige, wozu ihm das Material noch nicht zugegangen sei[878]. In einem Schreiben vom 20. März 1903 an das Innenministerium übermittelte *Thiele* die Fragen, die er bei Besprechung der Petition an die Regierung zu stellen gedenke[879]. Sie lauteten:

„1. Durch welche Kontrollmaßnahmen verschafft sich die Regierung Gewißheit, daß die von ihr erlassenen Bestimmungen über die Ausführung der Versuche an lebenden Tieren genau beachtet werden?

2. Sind Überschreitungen jener Bestimmungen bekannt geworden, und welche Strafen wurden wegen der Überschreitungen verhängt?

3. Kann die Regierung angeben, in welcher Weise sie den § 360 Nr. 13 zu ändern gedenkt, um die Quälerei der Tiere bei den Vivisektionen unter strenge Strafe zu stellen?

---

[876] Vgl. BA Berlin-Li., 30.01., Nr. 6315, Bl. 72-73Rs.

[877] Verh. des RT, 10. Leg.-Per., 2. Session 1900/1903, Anlbd. 8, S. 5687 (5689), Ds. Nr. 838, 120. Ber. der Petitionskommission vom 29. Januar 1903.

[878] Verh. des RT, 10. Leg.-Per. 2. Session 1900/1903, Bd. 10, S. 8667 (8695), Sten. Ber. der 285. Sitzung vom 16. März 1903.

[879] Vgl. BA Berlin-Li., 30.01., Nr. 6315, Bl. 81/82.

4. Ist die Regierung geneigt, ihre Stellung zu präzisieren zu den in der Petitionskommission gemachten Vorschlägen, daß nämlich von jeder Anstalt, an welcher vivisektorische Versuche angestellt werden, genau Buch geführt werden soll über Datum, Art und Dauer jedes Tierversuchs, über die Art der verwendeten Tiere, über die Namen derer, die den Versuch vornehmen oder an ihm mitwirken, über Zweck und Ergebnis des Versuchs und über den Ausgang des Versuchs für das Versuchstier?
5. Kann die Regierung Auskunft geben über den Umfang der von Privaten und außerhalb der Universitäten zu wissenschaftlichen Zwecken vorgenommenen vivisektorischen Versuchen?"

In einem Schreiben des Reichsjustizamts an den Staatssekretär des Innern wurde eine Antwort nur auf die dritte Frage gegeben. Innerhalb der Reichsverwaltung und des preußischen Staatsministeriums sei anerkannt worden, daß eine Erweiterung des § 360 Nr. 13 RStGB an sich wünschenswert sei. In welcher Weise dies zu geschehen habe, werde aber erst bei Gelegenheit der Revision des Strafgesetzbuchs näher geprüft werden[880]. Am 29. Januar 1903 wurde daraufhin in der Petitionskommission des Reichstags beschlossen, die verschiedenen Anträge dem Reichskanzler als Material zur Änderung des Strafgesetzbuchs zu unterbreiten[881].

Angesichts der um die Jahrhundertwende beginnenden Vorarbeiten zur Strafrechtsreform war ab diesem Zeitpunkt allen weiteren Eingaben dieses Schicksal beschieden.
So verhandelte am 12. Januar 1905 die Petitionskommission[882] des Reichstags über eine Eingabe des Verbandes der Tierschutzvereine des Deutschen Reichs vom 2. Dezember 1903. Die Petenten entnahmen der Tatsache, „daß das preußische Ministerium für Unterrichts- und Medizinalangelegenheiten amtliche Stellen mit regelmäßiger Durchsicht der medizinischen Literatur betraut hat, damit die Behörden rechtzeitig Kunde von ungehörigen Versuchen an Menschen und Tieren erhalten", daß auch im Ministerium die Notwendigkeit sorgfältiger

[880] Vgl. BA Berlin-Li., 30.01., Nr. 6315, Bl. 83.
[881] Verh. des RT, 10. Leg.-Per., 2. Session 1900/03, Anlbd. 8, S. 5687-5689, Ds. Nr. 838, 120. Ber. der Petitionskommission vom 29. Januar 1903.

Überwachung anerkannt werde. Da aber erst bei reichsgesetzlicher Regelung der Aufsicht über die Versuche eine Beseitigung der schweren Mißstände zu erwarten sei, ersuchten die Antragsteller den Reichstag, dieser möge entweder aus seiner Mitte eine Kommission zur Überwachung der Tierversuche stellen, oder aber die Reichsregierung veranlassen, eine eigene Reichsbehörde mit dieser Aufgabe zu betrauen.
Die Kommission empfahl dem Reichstag bezüglich der Einsetzung einer Reichstagskommission zur Tagesordnung überzugehen, die Bitte aber, eine eigene Reichsbehörde mit Überwachung der Tierversuche zu betrauen, dem Reichskanzler als Material zu überweisen[883]. Bezüglich weiterer vivisektionsgegnerischer Eingaben[884] beschloß die Petitionskommission des Reichstags am 17. Janaur 1906[885], soweit sie eine Einschränkung forderten, dem Reichskanzler zur Berücksichtigung, soweit sie ein gänzliches Verbot forderten, als Material zu überweisen[886]. Das preußische Herrenhaus ging 1906 über ähnliche Petitionen sogar zur Tagesordnung über[887].

Dazu kam noch, daß das Kammergericht in mehreren Entscheidungen (zuletzt 1906) festgestellt hatte, daß Polizeiverordnungen, die ausschließlich zum Zwecke des Tierschutzes erlassen werden, ungültig seien, ein weitergehender Schutz der Tiere gegen Vivisektion durch Spezialverordnungen also auch nicht erreichbar war[888].

---

882 Vgl. Verh. des RT, 11. Leg.-Per., 1. Session 1903/05, Anlbd. 7, S. 3568, Ds. Nr. 571, 37. Bericht der Petitionskommission vom 19. Januar 1905.

883 Der RT faßte einen entsprechenden Beschluß am 5. April 1905, vgl. Verh. des RT, 11. Leg.-Per., 1. Session 1903/05, Bd. 8, S. 5861 (5876), Sten. Ber. der 179. Sitzung vom 5. April 1905. Dem schloß sich der BR an, vgl. Protokoll der 24. Sitzung des BR vom 11. Mai 1905, in: BA Berlin-Li., 30.01., Nr. 6315, Bl. 98.

884 Vgl. BA Berlin-Li., 30.01., Nr. 6316, Bl. 3.

885 Verh. des RT, 11. Leg.-Per., 2. Session 1905/06, Anlbd. 4, S. 3179-3182, Ds. Nr. 226, 7. Bericht der Petitionskommission vom 14. Februar 1906.

886 Der Reichstag stimmte dem Beschluß der Petitionskommission zu, vgl. Verh. des RT, 11. Leg.-Per., 2. Session 1905/06, Bd. 3, S. 2659 (2665/2666), Sten. Ber. der 86. Sitzung vom 24. April 1906. Dem schloß sich der BR an, vgl. Protokoll des BR vom 16. Juni 1906 (26. Sitzung), in: BA Berlin-Li., 30.01., Nr. 6316, Bl. 17.

887 Vgl. Verh. des Preuß. Herrenhauses, Session 1905/06, S. 135 (165), Sten. Ber. der 10. Sitzung vom 27. März 1906.

888 Entscheidung vom 15. Oktober 1894, in: Johow, Jahrbuch für Entscheidungen des Kammergerichts Bd. 16, S. 484; Entscheidung vom 23. Juni 1902, in: GA, Bd. 51, 63; Entscheidung vom 3. Mai 1906, in: DJZ 1906, Sp. 882; vgl. meine Ausführungen auf Seite 148.

Ab diesem Zeitpunkt scheint die Opposition gegen den Tierversuch – wie in England – in sich zusammengebrochen zu sein. Angesichts der zahlreichen Erfolge, auf die die Befürworter der Vivisektion verweisen konnten, folgte eine Zeit der Ernüchterung in den Kreisen der immer weniger werdenden Vivisektionsgegner. Der Erste Weltkrieg verdrängte jedoch zunächst einmal alle anderen Probleme.

So dauerte es bis 1920, bis wieder einmal eine Petition gegen die Vivisektion ein deutsches Parlament beschäftigte.
Der Rechtsausschuß der verfassunggebenden Preußischen Landesversammlung verhandelte am 10. Juli 1920 über eine Eingabe des *Internationalen Vereins zur Bekämpfung der wissenschaftlichen Tierfolter in Dresden*, der um Abänderung des § 360 Nr. 13 RStGB bat[889]. Die gesetzliche Regelung der Vivisektion dürfe nicht bis zur Gesamt-Neubearbeitung des deutschen Strafrechts aufgeschoben werden, sondern solle, wie 1909 geplant, in einer Novelle vorab erfolgen. Der Regierungsvertreter *Krohne* vom Wohlfahrtsministerium erklärte dazu, die Staatsregierung habe nach dem ihr vorliegenden Material bisher keinen Anlaß gehabt, gegen angebliche Mißstände besondere gesetzliche Maßnahmen zu ergreifen. Er betonte die Bedeutung des Tierexperiments für die wissenschaftliche Forschung und vertrat die Ansicht, daß etwaige Mißbräuche von der bestehenden strafrechtlichen Regelung erfaßt würden. Der Ausschuß beantragte daraufhin, die verfassunggebende Preußische Landesversammlung wolle beschließen, die Eingabe der Staatsregierung als Material zu überweisen[890].

Ebenso wurde hinsichtlich einer Eingabe des gleichen Vereins um Erlaß eines Tierschutzgesetzes mit ausdrücklicher Forderung nach Verbot und Unterstrafestellung der Vivisektion vom 1. Juli 1921 vom Ausschuß für das Rechtswesen des Preußischen Landtages in seiner Sitzung vom 18. Mai 1922 beantragt, diese dem Staatsministerium als Material zu überweisen[891].

---

[889] Verh. der Preuß. Landesversammlung, Tagung 1919/21, Bd. 10, S. 5207/5208, Ds. Nr. 3111, 63. Ber. des Rechtsausschusses vom 6. Oktober 1920.
[890] Verh. der Preuß. Landesversammlung, Tagung 1919/21, Bd. 10, S. 5208, Ds. Nr. 3111, 63. Ber. des Rechtsausschusses vom 6. Oktober 1920.
[891] Verh. des Preuß. Landtags, 1. Wahlper., 1. Tagung, Bd. 6, S. 4232, Ds. Nr. 3512, 67. Bericht des Rechtsausschusses vom 21. September 1922.

e) Die Strafrechtsreform

In der Strafrechtsreform hat die Frage des Tierversuchs trotz zahlreicher Anregungen durch die Tierschutzbewegung keine große Rolle gespielt. Ein praktisches Ergebnis wurde nicht erzielt. Der immer stärker werdenden Tierschutzbewegung stand ein verhältnismäßig kleiner, aber einflußreicher Kreis von Wissenschaftlern gegenüber, deren Behauptung, der Tierversuch sei für die medizinische Wissenschaft unentbehrlich, schwer zu widerlegen war. Das Verbot aus ethischen Gründen zum Schaden der Menschheit schien nicht tragbar. So überließ man die Frage in allen Entwürfen der Praxis, lediglich der Entwurf von 1927 schlug eine reichsrechtliche Regelung vor, derzufolge die Rechtswidrigkeit der Tiermißhandlung bei Verfolgung ernster wissenschaftlicher Zwecke ausgeschlossen sein sollte. Das war wohl die einzige Lösung, die auf keinen Fall bei der Tierschutzbewegung Billigung finden konnte. Während nach den früheren Entwürfen ein Rechtfertigungsgrund erst konstruiert werden mußte, die Rechtmäßigkeit des Experiments also mindestens zweifelhaft war, sollte jetzt der Tierversuch nahezu unbeschränkt für rechtmäßig erklärt werden[892].

f) Die Runderlasse

Der *Gosslersche* Erlaß von 1885 wurde am 3. April 1930 neu gefaßt durch einen Runderlaß der Ministerien für Volkswohlfahrt, für Wissenschaft, Kunst und Volksbildung und für Landwirtschaft, Domänen und Forsten[893], der besagte:
„1. Versuche an lebenden Tieren dürfen nur zu ernsten Forschungs- oder wichtigen Untersuchungszwecken im Interesse der Erkenntnis zur Verhütung und Heilung menschlicher und tierischer Erkrankungen in geeigneten Räumen mit gutem Instrumentarium von geschulten Kräften vorgenommen werden. Bei der Anwendung und Ausführung aller Versuche ist nach maßvollen und billigenswerten Grundsätzen zu verfahren; neben den Interessen der wissenschaftlichen Forschung und Belehrung müssen die Anforderungen der Humanität Beachtung finden.
2. In den Vorlesungen und bei wissenschaftlichen Vorträgen sind hier Versuche nur in dem Maße statthaft, als dies zum vollen Verständnis des Vorgetragenen

[892] Vgl. Adolph, Schutz des Tieres im Deutschen Recht, S. 18/19.
[893] Ministerialblatt für die innere Verwaltung 1930, Sp. 310.

notwendig ist. Um unnötige Wiederholungen von Tierversuchen zu vermeiden, empfiehlt es sich in geeigneten Fällen, solche Versuche in Filmaufnahmen festzuhalten und die Filme an Stelle neuer Tierversuche vorzuführen.
3. Die operativen Vorbereitungen zu den Vorlesungs- und Vortragsversuchen, sind in der Regel noch vor Beginn der eigentlichen Demonstration und in Abwesenheit der Zuhörer zu bewerkstelligen.
4. Tierversuche dürfen nur von den Hochschullehrern und Anstaltsleitern oder unter ihrer Verantwortlichkeit ausgeführt werden.
5. Versuche, welche ohne wesentliche Beeinträchtigung des Resultats an niederen Tieren gemacht werden können, dürfen nur an diesen und nicht an höheren Tieren vollzogen werden.
6. In allen Fällen, in welchen es mit dem Zwecke des Versuchs nicht schlechterdings unvereinbar ist, müssen die Tiere von dem Versuch zur Aufhebung der Schmerzempfindlichkeit durch Anästhetika betäubt werden."

Neu waren die nähere Umschreibung der „ernsten Forschungs- und wichtigen Unterrichtszwecke", die Anweisungen für die Art der Ausführung der Versuche mit dem Hinweis auf humanes Vorgehen und der Verweis auf die Möglichkeiten des Films zur Verhinderung der fortwährenden Wiederholung der Experimente.
Diese Rundverfügung wurde von Sachsen, Hamburg, Mecklenburg-Schwerin, Braunschweig, Oldenburg, Bremen und Lübeck wörtlich übernommen, während Bayern, Württemberg, Baden und Hessen ihre für die Universitätsinstitute usw. bestehenden Vorschriften ergänzten, so daß sie im wesentlichen den preußischen Bestimmungen entsprachen[894].
Der Erlaß war zwar als bescheidener Fortschritt zu begrüßen, berücksichtigte jedoch nicht die zahlreichen Vorschläge, die, ohne daß ein besonderer Aufwand nötig gewesen wäre, mögliche Erleichterungen für die Tiere empfahlen (z.B. sofortige Tötung nach beendetem schweren Eingriff). Außerdem war auch er noch auf die der Staatsaufsicht unterstellten Institute beschränkt. Endlich fehlte weiterhin eine Strafvorschrift[895].

[894] Giese/Kahler, Kommentar zum RTSG, S. 54.
[895] Vgl. Schaefer, Tierschutz im Reichsstrafrecht, S. 38.

Am 16. August 1933 erging jedoch ein Erlaß des Preußischen Ministerpräsidenten *Göring*. Dieser erschien allerdings nicht im Ministerialblatt[896]. Die Reichspressestelle der NSDAP gab lediglich am 17. August folgende Mitteilung heraus: „Der Preußische Ministerpräsident hat einen Erlaß herausgegeben, wonach vom heutigen Tage ab die Vivisektion von Tieren aller Art für das gesamte preußische Staatsgebiet verboten wird. Der Ministerpräsident hat die zuständigen Ministerien beauftragt, ihm unverzüglich ein Gesetz vorzulegen, nach dem die Vivisektion mit hohen Strafen belegt wird. Bis zum Erlaß dieses Gesetzes werden Personen, die trotz des Verbotes die Vivisektion veranlassen, durchführen oder sich daran beteiligen, ins Konzentrationslager abgeführt."[897]

Der Erlaß brachte damit sehr viel mehr, als die Tierschutzbewegung, von extremen Teilen abgesehen, forderte. Der Reichsbund der Tierschutzvereine hatte ein radikales Verbot beantragt[898], aber gleich mit der Einschränkung, daß das Ministerium einer geeigneten Auslese von wirklichen Forschern den Tierversuch unter gewissen Bedingungen gestatten möge. Die Forderungen gingen also nur auf möglichste Einschränkung der Versuche, Beschränkung auf wenige Institute und wirksame Kontrolle. Um so größer war natürlich die Freude der Antivivisektionisten. Der „Weltbund zum Schutz der Tiere und gegen die Vivisektion e.V. Berlin" und der „Verband vivisektionsgegnerischer Tierschutzverbände Deutschlands" bedankten sich in zwei in der Presse veröffentlichten Telegrammen an den Reichskanzler und den preußischen Ministerpräsidenten für diese „Kulturtat"[899].

Dieses völlige Verbot war aber nicht von langer Dauer. Zwar wollte *Hitler* selbst ein ausnahmsloses Verbot der Tierversuche, ließ sich aber von seinem

[896] Vgl. die Anmerkung im Ministerialblatt für die innere Verwaltung 1933 II, Sp. 421.
[897] Vgl. Adolph, Schutz des Tieres im Deutschen Recht, S. 19. Schon am 2. November 1932 hatten Kube, Lohse, Hinkler und die übrigen Mitglieder der Fraktion der NSDAP im Preußischen Landtag ein allgemeines Verbot der Vivisektion beantragt. Ausnahmen sollten nur für drei vom Staatsminister besonders privilegierte wissenschaftliche Institute, deren Arbeitsweise unter ständiger Kontrolle stehen sollte, zugelassen werden, vgl. Verh. des Preuß. Landtags, 4. Wahlperiode, 1. Tagung, Bd. 1, S. 511/512, Ds. Nr. 1170. Der Antrag wurde an den Ausschuß für Landwirtschaft überwiesen, der am 17. Dezember 1932 die Abweisung durch den Landtag beantragte, vgl. Verh. des Preuß. Landtags, 4. Wahlperiode, 1. Tagung, Bd. 1, S. 723, Ds. Nr. 1486.
[898] Sommer, GA, Bd. 77, 1933, S. 337 (338).

Leibarzt *Morell* im Interesses der Leistungs- und Wettbewerbsfähigkeit der deutschen Forschung zu einem Ausgleich bewegen[900].

Und so erging nach Anhörung sowohl der Vertreter der Tierschutzverbände als auch der Vertreter der Wissenschaft am 5. September 1933 ein neuer Runderlaß des preußischen Innenministers über die Vivisektion der bis zum Erlaß des im Entwurf bereits vorliegenden Reichstierschutzgesetzes Geltung haben sollte[901]. Danach blieb die „Vivisektion" gemäß der vorausgegangenen Anordnung vom 16. August 1933 grundsätzlich verboten. Jedoch wurde der Begriff „Vivisektion" in mehrfacher Hinsicht eingeengt:
„1) Der Begriff der Vivisektion wird dahin festgelegt: Als Vivisektion ist anzusehen die Zerschneidung des lebenden unbetäubten Tieres sowie die Operation am lebenden Tier, sofern bei gleichen oder ähnlichen Eingriffen am Menschen allgemeine oder lokale Anästhesie in der Regel zur Anwendung gelangt und sofern die Anästhesie im einzelnen Falle unter den vorliegenden Verhältnissen durchführbar ist.
Der Vivisektion sind gleich zu setzen unblutige Tierversuche am unbetäubten Tier, die mit einer Mißhandlung verbunden sind."
Es waren also die zahlenmäßig bei weitem überwiegenden Versuche an betäubten Tieren von dem Verbot von vornherein ausgenommen. Die nach dieser Ausnahme noch übrig bleibenden Versuche betreffend, führte der Erlaß weiter aus:
„2) Da die ernste wissenschaftliche Forschung im Interesse der Erhaltung von Gesundheit und Leben von Menschen und Tieren nicht auf den wissenschaftlichen Tierversuch verzichten kann, wird dieser Tierversuch nicht als Vivisektion angesehen, wenn folgende Punkte beachtet werden:
a) Wissenschaftliche Tierversuche dürfen nur in wissenschaftlich geleiteten Instituten und nur unter Verantwortlichkeit des Institutsleiters ausgeführt werden.
b) Tierversuche sind nur dann zu unternehmen, wenn wissenschaftliche Erwägungen einen bestimmten Erfolg versprechen; sie sind zu unterlassen, wenn auf dem betreffenden wissenschaftlichen Gebiet die vorliegende Frage bereits geklärt ist.

---

[899] Bestelmeyer, Vivisektion vom strafrechtlichen Standpunkt, S. 22.
[900] Lorz, Entwicklung des deutschen Tierschutzrechts, in: Händel (Hrsg.), Tierschutz, Testfall unserer Menschlichkeit, S. 135.
[901] Ministerialblatt für die innere Verwaltung 1933 II, Sp. 419.

c) Wissenschaftliche Tierversuche sind, sofern nicht nach dem Urteil des Institutsleiters der Zweck des Versuchs eine Betäubung des Versuchstiers unbedingt ausschließt oder der mit dem Eingriff verbundene Schmerz geringfügiger ist, als die mit einer Betäubung verbundene Beeinträchtigung des Wohlbefindens des Versuchstiers, durch allgemeine oder örtliche Betäubung schmerzlos zu gestalten.

d) Versuche an höheren Tieren sollen grundsätzlich vermieden werden; soweit jedoch an niederen Tieren der beabsichtigte Zweck nicht erreicht werden kann, dürfen Versuche auch an höheren Tieren ausgeführt werden.

e) Es dürfen nicht mehr Tiere für den Versuch verwendet werden, als zur Klärung der betreffenden Frage notwendig ist.

f) Wissenschaftliche Institute, in denen Tierversuche ausgeführt werden sollen, bedürfen hierzu, soweit es sich nicht um staatliche, kommunale oder staatlich konzessionierte Institute handelt, der Genehmigung des zuständigen Ministers.

g) Soweit diese Institute nicht der unmittelbaren Aufsicht einer Zentralbehörde unterstehen, wird die staatliche Aufsicht durch den zuständigen Kreisarzt und den beamteten Tierarzt ausgeübt, wozu vom Staat zu ernennende Tierschutzbeamte zuzuziehen sind.

h) Tierversuche zu Lehrzwecken sind nur gestattet, wenn andere Lehrmethoden, z.B. Bild, Film, Modele usw. nicht ausreichen. Auch diese Versuche bedürfen vorher der Genehmigung der zuständigen Zentralbehörde.

i) Eine Verbreitung der Berichte über Tierversuche durch die Tagespresse ist verboten. Aber auch in wissenschaftlichen Zeitschriften müssen sie in einer Fassung wiedergegeben werden, die die Achtung vor dem Tiere erkennen läßt.“

Der Runderlaß vom 3. April 1930 blieb mithin, soweit er nicht durch den vorliegenden Runderlaß abgeändert wurde, in Kraft.

4. Zusammenfassung und Bewertung

Mit dem von 1871 bis 1933 geltenden Recht des § 360 Nr. 13 RStGB war etwaigen Auswüchsen und Mißbräuchen des Tierexperiments nicht beizukommen. Das hatte *Baehr* schon 1883 dargelegt. Angesichts der Tatbestandsmerkmale des boshaften Quälens, rohen Mißhandelns, der Öffentlichkeit der Begehung oder

der Ärgerniserregung war eine strafrechtliche Verfolgung praktisch ausgeschlossen. Die Wissenschaft trat mit verschiedenen Begründungen für die Straflosigkeit des wissenschaftlichen Tierversuchs ein, indem entweder die Erfüllung des Tatbestandes oder das Vorliegen der Rechtswidrigkeit verneint wurde, und wo wirklich strafwürdige Tierversuche vorkamen, wird man sich gehütet haben, sie in der Öffentlichkeit oder so vorzunehmen, daß andere daran Ärgernis nehmen konnten.

Trotzdem bzw. gerade weil der Tierquälereiparagraph 360 Nr. 13 des RStGB auf die Vivisektion keine Anwendung fand, richtete sich der Unmut der zumeist in Tierschutzvereinen organisierten Vivisektionsgegner zunächst gegen diesen. Resultat ihrer seit 1880 in Flugblättern, Schriften und Petitionen geäußerten Bitten um Abänderung des § 360 Nr. 13 RStGB war jedoch nur der Erlaß der *Gosslerschen* Verordnung von 1885, die zwar einige allgemeine Regeln für die Vornahme von Tierversuchen aufstellte, als reine Verwaltungsanordnung aber keine Strafmaßnahmen vorsah. Diese Rechtslage hatte, von kleineren Änderungen durch die preußischen Runderlasse von 1930 und 1933 abgesehen, bis zum Erlaß des Reichstierschutzgesetzes am 24. November 1933 Bestand.

Für das Scheitern der Antivivisektionsbewegung gibt es mehrere Gründe. Zum einen schwächten sich die Tierversuchsgegner – wie in England – schon 1879 selbst durch ihre Aufspaltung in einen radikalen und einen gemäßigten Flügel. 1880 standen fünf radikalen Antivivisektionsvereinen 135 gemäßigte Tierschutzvereine gegenüber. Zum anderen gelang es den Vivisektionsgegner nicht, die von den Medizinern behauptete Unentbehrlichkeit des Tierversuchs für Wissenschaft und Forschung zu widerlegen, was angesichts der Erfolge, auf die verwiesen werden konnte, und angesichts der damaligen Autoritätshörigkeit und Fortschrittsgläubigkeit nicht verwundert. Schließlich ist *Gustav von Gossler* zu nennen, der mit seinem Erlaß von 1885 zwar einerseits die um Einschränkung der Tierversuche bemühten Vivisektionsgegner beruhigte, ohne ihnen wirkliche Zugeständnisse zu machen (kein Verbot der Privatvivisektionen), andererseits den auf völlige Abschaffung der Vivisektion gerichteten Bestrebungen des radikalen Flügels einen dauerhaften Riegel vorschob.

Die Vivisektionsfrage als Kollisionsfall menschlicher und tierischer Interessen wurde mithin bis zum Erlaß des Reichstierschutzgesetzes eindeutig zugunsten des Menschen entschieden.

IX. Das rituelle Schlachten der Juden (Schächten)

Eine weitere mit der Tierschutzfrage seit Mitte der achziger Jahre des 19. Jahrhunderts eng verknüpfte Problematik ist die des Schächtens.

1. Darstellung der Problematik

Der Begriff des Schächtens bezeichnet eine spezifische rituelle Schlachtmethode, die von Juden (und Moslems[902]) praktiziert wird. Allgemein ist darunter die betäubungslose Tötung von Tieren durch Halsschnitt und darauffolgende Ausblutung zu verstehen. Nur das nach dieser Methode gewonnene Fleisch gilt den strenggläubigen Anhängern der jüdischen Religionsgemeinschaft als koscher, das heißt unbedenklich zum Verzehr geeignet[903].

Daß die geschlachteten Tiere vor dem Verzehr vollständig ausbluten müssen, ergibt sich für strenggläubige Juden aus der Heiligen Schrift, die den Genuß tierischen Blutes untersagt[904]. Das Blut, der Sitz des Lebens, gehöre als etwas Heiliges dem Schöpfer, von dem alles Leben ausgehe, und müsse zu ihm zurückkehren, um Gott mit dem sündigen Menschen zu versöhnen[905]. Deshalb darf das Blut auch nicht verwertet werden. In der Bibel lesen sich diese Gebote und Verbote folgendermaßen: „Allein esset das Fleisch nicht mit seinem Blut, in dem noch Leben ist!" (1. Mose 9, 4)[906]. „Und wer vom Haus Israel oder von den Fremdlingen unter euch irgendwelches Blut ißt, gegen den will ich mein Antlitz kehren und will ihn aus seinem Volk ausrotten." (3. Mose 17, 10). „Denn des Leibes Leben ist im Blut, und ich habe es euch für den Altar gegeben, daß ihr

---

[902] Da in dem in dieser Arbeit behandelten Zeitraum die Zahl der Moslems in Deutschland verschwindend gering war, wird im Folgenden nur auf das rituelle Schächten der Juden eingegangen.

[903] Vgl. Kuhl/Unruh, DÖV 1991, S. 94 (95).

[904] Am späteren Festhalten mögen neben religiösen auch sanitäre Beweggründe (blutleeres Fleisch hält sich in heißem Klima besser) eine Rolle gespielt haben, vgl. Schick, Tierquälerei in der deutschen Strafgesetzgebung, S. 51; Jenny, Der strafrechtliche Schutz der Tiere, S. 112.

[905] Kunkel, Eine Analyse des Schächtproblems, S. 10.

[906] Zitiert nach der Übersetzung Martin Luthers, in der revidierten Fassung von 1984, herausgegeben von der Evangelischen Kirche in Deutschland, Deutsche Bibelgesellschaft Stuttgart 1985.

damit entsühnt werdet. Denn das Blut ist die Entsühnung, weil das Leben in ihm ist." (3. Mose 17, 11). „Darum habe ich den Israeliten gesagt: Keiner unter euch soll Blut essen, auch kein Fremdling, der unter euch wohnt." (3. Mose 17, 12). „Allein achte darauf, daß du das Blut nicht ißt; denn das Blut ist das Leben; darum sollst du nicht zugleich mit dem Fleisch das Leben essen," (5. Mose 12, 23) „sondern du sollst das Blut auf die Erde gießen wie Wasser" (5. Mose 12, 24).

Auch die Grundlage dafür, daß das Schächten ohne vorherige Betäubung vonstatten gehen muß, findet sich in den fünf Büchern Moses, der Thora.
In den Speisegesetzen der Thora wird das Essen unreiner Tiere, der Genuß von Aas, gewisser Fetteile und bestimmter anderer Bestandteile des tierischen Körpers verboten[907]. Welche Tiere unrein sind, führt der Talmud, der fortlaufende Kommentar zur Thora, auf. Der Talmud ist in 6 Ordnungen eingeteilt, die wiederum in je 10 - 12 Traktate untergliedert sind und als unbedingt verpflichtend gelten. Zur 5. Ordnung gehört das Traktat „Chullin" mit ausführlichen Bestimmungen über das Schächten[908]. Danach darf ein Tier nur dann zur Schächtung zugelassen werden, wenn es lebend und in keinem seiner wesentlichen Organe verletzt ist[909]. Ochsen dürfen demnach nicht geschächtet werden. Für den menschlichen Genuß kommen gemäß den biblischen Vorschriften von den Säugetieren nur paarzehige Wiederkäuer in Frage. In der Praxis bedeutet dies, daß von den Säugetieren lediglich Rinder, Schafe und Ziegen zum menschlichen Genuß brauchbar sind[910]. Hieraus ergab und ergibt sich auch das Verbot einer

---

907 Vgl. Hahn, Die Entwicklung des Tierschutzgedankens in Religion und Geistesgeschichte, S. 127.

908 Ob das Schächtgebot direkt aus der Bibel folgt oder sich nur auf die von jüdischen Schriftgelehrten formulierten Vorschriften des Talmud stützen kann, ist umstritten. Im 5. Buch Mose 12, 21 heißt es: „so schlachte von deinen Rindern oder Schafen, die dir der Herr gegeben hat, *wie ich dir geboten habe*". Da aber in der Bibel nirgends bestimmt wird, auf welche Art und Weise geschlachtet werden soll, nehmen die Rabbiner an, daß die Vorschriften darüber von Gott dem Moses *mündlich* mitgeteilt worden sind, was einem göttlichen Gebot gleichkomme, vgl. Kunkel, Eine Analyse des Schächtproblems, S. 16; Gebele von Waldstein, Der Tierschutz im Recht, S. 29. Auf der anderen Seite wurden in der Diskussion über das Schächten auch vereinzelte jüdische Stimmen laut, nach denen sich dieses allenfalls auf das Jahrhunderte alte Herkommen, nicht jedoch auf mosaische Gebote stützen könne, so der Rabbiner Leopold Stein, vgl. Ramdohr, Leipziger Flugschriften-Sammlung, Heft 25, S. 30 und A. Wiener, vgl. Kunkel, Eine Analyse des Schächtproblems, S. 15.

909 Vgl. Hildesheimer, Gutachten, S. 3.

910 Vgl. Hahn, Die Entwicklung des Tierschutzgedankens in Religion und Geistesgeschichte, S. 128.

Betäubung nach herkömmlicher Art, also durch Kopfschlag, Genickstich, Bolzen- bzw. Kugelschuß oder Elektrizität, da diese regelmäßig zu einer Verletzung des Tieres und damit zu seiner Unreinheit führt. Darüber hinaus gibt der Talmud genaue Anweisungen bezüglich der notwendigen Vorbereitungsmaßnahmen, der Bestellung des Schächters, des Anlegens der Schächtschnitte, der Untersuchung des Fleisches und Organe des getöteten Tieres und über die weitere Behandlung des tauglich befundenen Fleisches[911].

Die Vorbereitungen zum Schächtakt beginnen mit dem Niederlegen des Schlachttieres. Mittels einer Winde werden dem Tier die zuvor gefesselten Beine unter dem Leib weggezogen. Dies soll vorsichtig und in möglichst schonender Form geschehen, wobei der Körper und der Kopf des Tieres gestützt werden sollen, denn auch rein äußere Verletzungen, wie Horn- oder Rippenbrüche, machen das Tier zum Verzehr untauglich. Dann wird das Tier in eine seitliche oder in Rückenlage gebracht und der Kopf überstreckt, um den Schnitt optimal ansetzen zu können und das Ausbluten zu fördern. Der Schächtakt selbst besteht darin, daß dem Tier mit einem langen scharfen Messer, an dem sich auch nicht die kleinste Scharte befinden darf, ohne Absetzen und Drücken in einem Zuge alle Weichteile des Halses unterhalb der Kehle bis zur Wirbelsäule durchschnitten werden. Durch die gleichzeitige Eröffnung der Halsschlagadern erfolgt dann eine schnelle und vollständige Ausblutung[912].

Aus tierschützerischer Sicht von Bedeutung waren zum einen die Schächtvorbereitungen und zum anderen die Frage, ob durch den Halsschnitt sofort Bewußtlosigkeit eintritt, so daß das Tier keinen Schmerz empfindet[913], was angesichts der regelmäßig auftretenden starken Zuckungen der geschächteten Tiere von den Schächtgegnern bezweifelt wurde.

Eine zweite Dimension der Schächtproblematik war die politisch-religiöse, denn von Anfang an beriefen sich die Schächtanhänger auf die Religionsausübungsfreiheit und vermuteten bei ihren Gegner eine antisemitische Motivation.

---

[911] Vgl. Hahn, Die Entwicklung des Tierschutzgedankens in Religion und Geistesgeschichte, S. 128.

[912] Kunkel, Eine Analyse des Schächtproblems, S. 11.

[913] Siehe zum Schächtvorgang an sich: Schaefer, Der Tierschutz im Reichsstrafrecht, S. 28-30; Gebele von Waldstein, Der Tierschutz im Recht, S. 28; Kunkel, Eine Analyse des Schächtproblems, S. 30-87 und Jentzsch, Das rituelle Schlachten von Haustieren, S. 22-31.

2. Die Petitionen gegen das Schächten

Der Kampf gegen das Schächten als vorgebliche Tierquälerei begann mit einer an den Reichstag gerichteten Eingabe des *Vorstandes des Verbandes Deutscher Tierschutzvereine* vom 25. Februar 1886[914], wie es auf der Dresdener Tagung des Verbandes der Tierschutzvereine des Deutschen Reiches vom 25. September 1884 beschlossen worden war[915]. Nachdem mehrere frühere Anträge ergebnislos geblieben waren[916], begehrten die Antragsteller nunmehr: „Daß das Schlachtvieh nur nach vorausgegangener Betäubung durch Blutentziehung getötet werden dürfe, Schlachtungen überhaupt nur durch geprüfte licensierte Personen und in allgemeinen Schlachthäusern nur durch angestellte Schlächter ausgeführt werden dürfen“[917]. Zur Begründung wurde auf Tierquälereien beim Schlachten überhaupt und beim jüdischen Schächten insbesondere hingewiesen.

Das rief einen wahren Sturm von Eingaben an den Reichstag von seiten israelitischer Gemeinden hervor, welche sich gegen jede Einschränkung des Schächtens als mit der Gewissensfreiheit der jüdischen Bevölkerung unvereinbar verwahrten. Gleichzeitig brachten die Petenten unter Führung des Rabbiners *Engelbert* etwa 50 Gutachten medizinischer Sachverständiger und Autoritäten bei, die er in der Schrift „Das Schächten und die Buterolle“ veröffentlichte, wonach das Schächten nicht als Tierquälerei anzusehen sei[918].

Die Schächtanhänger fuhren in ihrer Argumentation also von Anfang an zweigleisig. Einerseits versuchten sie mit Hilfe von entsprechenden Gutachten die

[914] Vgl. BA Berlin-Li., 30.01., Nr. 6314, Bl. 87-88Rs. Schon 1885 hatte der Vorstand des Verbandes Deutscher Tierschutzvereine eine Eingabe an sämtliche deutsche Staaten gerichtet, zwecks Ordnung des Schlachtbetriebes. Sieben Staaten erklärten sich sofort einverstanden, die anderen entsprachen später dem Gesuch, vgl. Haas, Der Tierschutz im deutschen Strafrcht, S. 41.

[915] Vgl. BA Berlin-Li., 30.01., Nr. 6314, Bl. 90.

[916] Ein Antrag an das Sächsische Innenministerium vom 29. April 1847, das Schlachten nur nach vorheriger Betäubung zu erlauben, wurde abgelehnt, vgl. Henning, Der Kampf um die Einführung humanen Schlachtens, S. 5. Ebenso Gesuche des Münchener Tierschutzvereins von 1877, des ersten und zweiten Kongresses Deutscher Tierschutzvereine im September 1879 und Dezember 1881 und des 9. Internationalen Tierschutzkongresses in Wien von 1883, vgl. von Hippel, Tierquälerei, S. 31; Henning, Der Kampf um die Einführung humanen Schlachtens, S. 16; Ramdohr, Leipziger Flugschriften-Sammlung, Heft 25, S. 17.

[917] Vgl. Verh. des RT, 6. Leg.-Per., 2. Session 1885/86, S. 1702 (1702), Ds. Nr. 314, 15. Bericht der Petitionskommission vom 26. Juni 1886.

[918] von Hippel, Tierquälerei, S. 31.

rein technische Frage, ob der Schächtvorgang an sich tierquälerisch sei, zu ihren Gunsten zu beantworten, andererseits verwiesen sie auf die verfassungsrechtlich garantierte Religions- und Gewissensfreiheit, die ihrer Ansicht nach ein Schächtverbot selbst dann unzulässig sein ließe, wenn das Schächten tatsächlich tierquälerisch sein sollte.

Die Beratung der Petition in der Petitionskommission des Reichstages fand am 22. Mai 1886 unter Vorsitz des Abgeordneten *Hoffmann* statt[919]. Der Referent, *Sivius von Goldfus* (DRP), bezeichnete die damaligen Schlachtmethoden als tierquälerisch, wobei er ausdrücklich auch das Schächten nannte. Er beantragte, die Petition dem Reichskanzler zur Erwägung zu überweisen, ob und auf welche Weise, insbesondere durch Abänderung des Reichsstrafgesetzbuchs, den in der Petition geltend gemachten Mißständen entgegenzutreten sei[920]. Bei der anschließenden Diskussion wurde von einem Kommissionsmitglied ausgeführt, das Bestreben der Petenten sei auf den Erlaß polizeilicher Maßnahmen gerichtet. Dies sei jedoch nicht Sache des Reiches, sondern der Partikularstaaten, außerdem erscheine die Angelegenheit nicht so dringend, daß vor einer allgemeinen Revision des StGB eine partielle Abänderung des § 360 Nr. 13 RStGB vorgenommen werden müsse. Demgemäß wurde beantragt, die Petition als ungeeignet zur Erörterung im Plenum zu erklären[921].
Die Kommission sah sich nicht in der Lage, eine Entscheidung darüber zu treffen, welche der verschiedenen Schlachtarten die beste sei, wollte aber zu einer Erörterung und Prüfung der Frage im Plenum des Reichstages die Anregung geben und folgte daher, unter Ablehnung des gegenteiligen Antrages, mit 13 gegen 2 Stimmen dem Antrag des Berichterstatters[922].
Die Petition kam jedoch zunächst nicht zur Verhandlung, wurde deshalb am 28. Februar 1887 erneuert[923] und am 20. April 1887 beschloß die Petitionskommis-

[919] Vgl. Verh. des RT, 6. Leg.-Per., 2. Session 1885/86, S. 1702 (1704), Ds. Nr. 314, 15. Bericht der Petitionskommission vom 26. Juni 1886.
[920] Verh. des RT, 6. Leg.-Per., 2. Session 1885/86, S. 1702 (1706), Ds. Nr. 314, 15. Bericht der Petitionskommission vom 26. Juni 1886.
[921] Verh. des RT, 6. Leg.-Per., 2. Session 1885/86, S. 1702 (1706), Ds. Nr. 314, 15. Bericht der Petitionskommission vom 26. Juni 1886.
[922] Verh. des RT, 6. Leg.-Per., 2. Session 1885/86, S. 1702 (1707), Ds. Nr. 314, 15. Bericht der Petitionskommission vom 26. Juni 1886.
[923] von Hippel, Tierquälerei, S. 31.

sion des Reichstages erneut, die Petition dem Reichskanzler zur Erwägung zu überweisen[924].

Als sich das Plenum des Reichstages am 18. Mai 1887 schließlich mit der Problematik beschäftigte, wurde zwar auch die prinzipielle Seite erörtert, entscheidend war aber letztlich, daß sowohl nach Ansicht der Petitionskommission als auch nach Meinung des Reichstagsplenums die technische Frage eindeutig zugunsten der Schächtbefürworter zu beantworten war, wobei die von jüdischer Seite beigebrachten Gutachten den gewünschten Eindruck nicht verfehlt hatten.
In der Debatte bestätigten dies der Berichterstatter der Kommission, der Abgeordnete Landrat *von Goldfus* (DRP) und der Abgeordnete *Wilhelm Kulemann* (NL), der als Schriftführer der Petitions-Kommission über die Vorgänge innerhalb derselben bei Gelegenheit der Beratung über die Schächtfrage Auskunft erteilte: „Wir erkannten an, daß nach den Gutachten wissenschaftlicher Autoritäten ganz unantastbar feststeht, daß das jüdische Schächtungswesen überhaupt keinen Verstoß gegen die Grundsätze der Menschlichkeit enthält, und wir wurden deshalb der weiteren Frage völlig enthoben, wie es dann stehen würde, wenn ein Konflikt vorläge zwischen den Anforderungen der Religion und denen der Humanität. Dieser Konflikt war nach der übereinstimmenden Auffassung der Kommission nicht vorhanden, und wir sind deshalb in die Erörterung dieser Frage nicht eingetreten; wir waren einig darin, daß das jüdische Schächten keinerlei Veranlassung zu gesetzgeberischem Einschreiten bietet, weil es sich mit den Grundsätzen der Humanität nicht in Widerspruch setzt."[925]
Zur rechtlichen Seite der Problematik hatte sich der Abgeordnete *Ludwig Windthorst*, der Führer der Zentrumspartei, geäußert: „Wenn es sich um religiöse Anschauungen handelt, die durch Jahrhunderte oder gar Jahrtausende überkommen sind, und die heilig gehalten sind von vielen unter unsern Mitbürgern, dann gebe ich der Regierung das Recht nicht, in dieselben einzugreifen; und ich habe nicht die Meinung, daß man die religiösen Ansichten modeln soll nach an-

---

[924] Verh. des RT, 7. Leg.-Per., 1. Session 1887, Bd. 4 (Anlbd. 2), S. 815 (824), Ds. Nr. 97, 1. Bericht der Petitionskommission vom 6. Mai 1887. Vorsitzender der Kommission war Buol-Berenberg; ein Antrag des Berichterstatters Sivius von Goldfus (DRP), in den Überweisungsantrag die Worte „unter thunlichster Schonung religiöser Gebräuche" einzustellen, wurde abgelehnt.
[925] Verh. des RT, 7. Leg.-Per., 1. Session 1887, Bd. 2, S. 631 (635), Sten. Ber. der 31. Sitzung vom 18. Mai 1887.

geblich modernen Ideen. Dem entgegenzutreten halte ich für meine erste Pflicht."[926] Ähnliches bekundete einer der damaligen Führer der nationalliberalen Partei, der Abgeordnete *Johannes von Miquel*: „Ich bin überzeugt, daß, solange in Deutschland die Grundsätze der Toleranz und der gegenseitigen Achtung der deutschen Bürger noch Geltung haben, man über solche unzweifelhaft tief eingewurzelte religiöse Gefühle unmöglich hinweggehen kann bei einer Frage wie der vorliegenden ..."[927]. Auf den gleichen Standpunkt stellte sich der Abgeordnete *Max Broemel*, welcher der deutsch-freisinnigen Volkspartei angehörte. Er erwiderte dem antisemitischen Abgeordneten *Otto Böckel* (bkF.), dem einzigen Befürworter eines eventuellen Schächtverbotes in der damaligen Debatte: „Schließlich möchte ich noch den Abgeordneten *Böckel* bitten, die humane Gesinnung, welche er dem Vieh zuwenden will, doch auch seinen Mitbürgern nicht ganz vorzuenthalten."[928]

Andererseits glaubte man, den zahlreichen sonstigen Quälereien beim Schlachten des Viehs im Wege der Reichsgesetzgebung entgegentreten zu sollen. Demzufolge beschloß der Reichstag am 18. Mai 1887, die Petition der Tierschutzvereine „dem Herrn Reichskanzler zur Erwägung zu überweisen, ob und auf welche Weise, insbesondere durch Abänderung des Reichsstrafgesetzbuchs, den in der Petition geltend gemachten Mißständen entgegenzutreten sei, insofern aber die Petition sich auf das jüdische Schächten beziehe, über dieselbe zur Tagesordnung überzugehen"[929] und damit zugleich die 2031 Petitionen jüdischer Gemeinden für erledigt zu erklären, die um Abwendung einer Beeinträchtigung ihrer religiösen Einrichtungen gebeten hatten[930].

---

[926] Verh. des RT, 7. Leg.-Per., 1. Session 1887, Bd. 2, S. 631 (635), Sten. Ber. der 31. Sitzung vom 18. Mai 1887.

[927] Verh. des RT, 7. Leg.-Per., 1. Session 1887, Bd. 2, S. 631 (634), Sten. Ber. der 31. Sitzung vom 18. Mai 1887.

[928] Verh. des RT, 7. Leg.-Per., 1. Session 1887, Bd. 2, S. 631 (636), Sten. Ber. der 31. Sitzung vom 18. Mai 1887.

[929] Den das Schächten betreffenden Passus einzustellen, hatte der Abgeordnete Windthorst (Zentrum) am 18. Mai 1887 beantragt, vgl. Verh. des RT, 7. Leg.-Per., 1. Session 1887, Bd. 4 (Anlbd. 2), S. 1023 (1023), Ds. Nr. 125.

[930] Vgl. Bericht des Abgeordneten von Goldfus (DRP) in: Verh. des RT, 7. Leg.-Per., 1. Session 1887, Bd. 2, S. 631 (631/632), Sten. Ber. der 31. Sitzung vom 18. Mai 1887.

3. Die Verordnungen der Länder

Obwohl der Bundesrat am 21. März 1888 diesen Beschluß der Reichsregierung mit dem Ersuchen überwiesen hatte, eine Ergänzung des StGB dahingehend zu bewirken, die bisher zur Verhütung unnötiger Quälereien beim Schlachten erlassenen Polizeiverordnungen unter Strafe zu stellen[931], hatte das auf die Reichsgesetzgebung zunächst keinen Einfluß; In der Folgezeit ergingen jedoch in den Einzelstaaten zahlreiche polizeiliche Verfügungen, die eine Betäubung der Tiere vor der Blutentziehung zumindest bei Großtieren obligatorisch machten, das Schächten hiervon aber ausnahmen[932].

Daneben ergingen speziell das Schächten betreffende Ministerialverfügungen, deren wichtigste für Preußen die vom 14. Januar 1889, betreffend Maßregeln zur Vermeidung unnötiger Tierquälereien bei der jüdischen Methode des Viehschlachtens[933], war. Weitere Verfügungen, Maßregeln zur Vermeidung unnützer Tierquälereien beim Schlachten des Viehes betreffend, wurden am 16. Dezember 1889[934] und am 25. März 1890[935] erlassen. Sie empfahlen den Regierungen die vermehrte Errichtung von Schlachthäusern und den Erlaß von Polizeiverordnungen gegen unnötige Tierquälereien beim Schlachten allgemein und beim jüdischen Schächten insbesondere.

Bezüglich des Schächtens wurde in der Verordnung vom 14. Januar 1889 folgendes bestimmt:

„1. Das Niederlegen der größeren Tiere soll hauptsächlich durch Winden oder ähnliche Vorrichtungen bewerkstelligt werden. Diese Winden sowie die dabei gebrauchten Seile etc. sollen haltbar sein und stets geschmeidig gehalten werden, so daß die Ausführung ohne Verzug erfolgen kann.

---

[931] Auszug aus dem Protokoll der 14. Sitzung des Bundesrats vom 21. März 1888, in: BA Berlin-Li., 30.01., Nr. 6314, Bl. 117.

[932] Durch oberpolizeiliche Bestimmungen in den preußischen Provinzen, durch Ministerialverordnungen in den Ländern Anhalt, Baden, Bayern, Braunschweig, Hamburg, Hessen-Darmstadt, Lübeck, Mecklenburg-Schwerin, Oldenburg, Reuß j. L., Sachsen-Meiningen, Schaumburg-Lippe, Schwarzburg-Rudolstadt, Württemberg, vgl. Klein, Aus öffentlichen und privaten Schlachthäusern Deutschlands, S. 84/85; Münchener TSV, Schlachttierschutz!, S. 4/5; Henning, Der Kampf um die Einführung humanen Schlachtens, S. 26 und die umfassende Auflistung von Jentzsch, Das rituelle Schlachten von Haustieren, S. 19-21 und S. 51-57.

[933] Ministerialblatt für die innere Verwaltung 1890, S. 56; VeröffRGesA 1889, S. 114.

[934] Ministerialblatt für die innere Verwaltung 1890, S. 56.

[935] Ministerialblatt für die innere Verwaltung 1890, S. 55.

2. Während des Niederlegens soll der Kopf des Tieres gehörig unterstützt und geführt werden, damit ein Aufschlagen desselben und ein Bruch der Hörner vermieden wird.
3. Bei dem Niederlegen des Tieres soll der Schächter bereits zugegen sein und unmittelbar darauf die Schächtung vornehmen. Letztere soll schnell und sicher ausgeführt werden.
4. Nicht nur während des Schächtungsaktes, sondern auch für die ganze Dauer der nach dem Halsschnitte eintretenden Muskelkrämpfe soll der Kopf des Tieres festgelegt werden, da andernfalls der bewegliche Kopf des in Muskelkrämpfen liegenden Tieres nicht selten in der heftigsten Weise am Boden aufgeschlagen und namentlich an den Hörnern verletzt wird.
5. Endlich soll die Schächtung nur durch erprobte Schächter ausgeführt werden."[936]

Solche und ähnliche Vorschriften[937] wurden auch von jüdischer Seite begrüßt, solange sie das betäubungslose Schächten nicht generell verboten[938].
Genau das bewirkte aber die sächsische Verordnung, das Betäuben der Schlachttiere betreffend, vom 21. März 1892[939]. Sie lautete: „Zur thunlichen Ab-

[936] Zitiert nach von Hippel, Tierquälerei, S. 32, Fn. 15.
[937] In Baden vom 29. März 1889 (VeröffRGesA, S. 531), in Sachsen vom 17. April 1889 (VeröffRGesA, S. 409), in Bayern vom 12. Juli 1889 (VeröffRGesA, S. 508), in Erfurt vom 1. Oktober 1889, Düsseldorf vom 4. November 1889 und Baden vom 5. August 1903, vgl. von Hippel, Tierquälerei, S. 33 und Salkowski, Der Tierschutz im Strafrecht des In- und Auslandes, S. 23/24. Nach Angaben der Regierungskommissars Wermuth bestanden schon 1887 in 97 öffentlichen Schlachthäusern Deutschlands genaue Reglements über das bei Tötung der Tiere zu beobachtende Verfahren. Vielfach (etwa in 28 Häusern) war danach das Schächten ausdrücklich gestattet, nirgends ausdrücklich verboten, häufig aber durch nähere Bestimmungen über das Niederlegen der Tiere usw. geregelt, vgl. Verh. des RT, 7. Leg.-Per., 1. Session 1887, Bd. 4 (Anlbd. 2), S. 815 (820), Ds. Nr. 97, 1. Bericht der Petitionskommission vom 6. Mai 1887.
[938] Hildesheimer, Gutachten, S. 7. Von Hippel berichtet sogar von einer ausdrücklichen Gestattung des Schächtens in Oldenburg durch eine Verordnung vom 13. November 1891, von Hippel, Lehrbuch, S. 402, Fn. 3.
[939] GVBl. für das Königreich Sachsen, 3. Stück vom Jahre 1892, Nr. 18, S. 19. Die Verordnung wurde aufgrund eines Gutachtens der sächsischen Kommission für das Veterinärwesen erlassen. Schon 1890 hatte das Fürstentum Reuß ä. L. als erster deutscher Bundesstaat mit der „Regierungs-Verordnung, betr. den Viehtransport außerhalb der Eisenbahnen und das Verfahren beim Schlachten der Thiere" vom 2. Juli 1890 einen Betäubungszwang eingeführt, vgl. Jentzsch, Das rituelle Schlachten von Haustieren, S. 60.

schneidung von Quälereien der Thiere beim Schlachten wird hiermit Folgendes verordnet ...:

1. Beim Schlachten aller Thiere, mit Ausnahme des Federviehs, muß der Blutentziehung die Betäubung vorausgehen. Ausgenommen bleiben die wegen Unglücksfällen und plötzlicher Erkrankungen nothwendig werdenden Nothschlachtungen, sobald sich die Betäubung nach den thatsächlichen Verhältnissen nicht ausführen läßt.

2. Beim Rinde soll die Betäubung unter Benutzung der Schlachtmaske ausgeführt werden, soweit nicht beim Jungvieh die ungenügende Entwickelung des Schädels eine Ausnahme erfordert.

3. Bezüglich der Betäubung der Schweine, Kälber und Schafe durch Stirn- oder Genickschlag wird den Schlächtern die Auswahl der Betäubungsapparate überlassen, doch werden als solche die Holzkeule für Kälber, der Bolzenapparat für Schweine und der Schlagbolzenhammer oder ein stumpfer Keilhammer für Schafe empfohlen.

4. Alle Schlachtungen, mit Ausnahme der nicht aufzuschiebenden Nothschlachtungen, dürfen unter Verantwortlichkeit des Schlächters nur von des Schlachtens durchaus kundigen Personen, niemals aber allein von Lehrlingen ausgeführt werden.

5. Alles Schlachten hat in geschlossenen, dem Publikum nicht zugänglichen Räumen stattzufinden. Nur wo solche nicht in genügender Weise zur Verfügung stehen, darf das nichtgewerbsmäßige Schlachten im Freien geschehen, ist aber auch dann derart vorzunehmen, daß es nicht von öffentlichen Straßen, Wegen oder Plätzen aus zu sehen ist.

Beim gewerbsmäßigen Schlachten ist die Anwesenheit von Personen unter 16 Jahren, mit Ausnahme der Fleischerlehrlinge und Gehülfen, verboten.

6. Zuwiderhandlungen (vorsätzliche oder fahrlässige) gegen vorstehende, mit dem 1. Oktober 1892 in Wirksamkeit tretende Bestimmungen werden mit Geldstrafe bis zu einhundertfünfzig Mark oder Haftstrafe geahndet“.

Da – im Gegensatz zu früheren Verordnungen – keine Ausnahme vom Betäubungszwang mehr vorgesehen war, wurde das Schächten zwar nicht direkt verboten, aber doch faktisch unmöglich gemacht. Ähnlich verhielt es sich mit einer vom Königlichen Regierungspräsidenten in Westpreußen unter dem 14. Juni 1893 erlassenen Verfügung, die in § 1 bestimmte: „Jedes Schlachttier ist vor der

Blutentleerung durch Stirnschlag zu betäuben. Für öffentliche Schlachthäuser kann nach Anordnung des Regierungspräsidenten das Schächten nach jüdischem Ritus ausnahmsweise und auf jederzeitigen Widerruf gestattet werden."[940] Ein ausdrückliches Verbot des Schächtens erließ die Polizeidirektion zu Harburg am 24. Februar 1893 durch eine Polizeiverordnung, in der es in § 8 hieß: „Die Schlachtung nach jüdischem Ritus mittelst Schächtung ist unzulässig".

In den Begründungen dieser Verbote blieb die prinzipielle Frage nach der Zulässigkeit einer Religionsausübungsbeschränkung nach wie vor weitgehend ausgespart. Eine Ausnahme machte die Antwort des Sächsischen Innenministers *von Metzsch* vom 13. Dezember 1892 auf eine Eingabe der Vorstände der israelitischen Religionsgemeinden zu Dresden, Leipzig und Chemnitz, die sich auf die sächsische Verordnung vom 21. März 1892 bezog und in der sich die Petenten auf die in § 32 der sächsischen Verfassung garantierte religiöse Freiheit beriefen: „Ebenso hat das Ministerium keine Veranlassung gefunden, dem in der Eingabe vom 26. Oktober 1892 enthaltenen weiteren Antrag gemäß mit dem Ministerium des Kultus und öffentlichen Unterrichts über die Frage in Vernehmung zu treten, ob das Schächten auf rituellen Vorschriften beruht. Denn selbst wenn diese Frage zu bejahen sein sollte, würde dies doch nicht dahin führen können, die Anwendung der, übrigens nicht das Schächten an sich verbietenden, sondern nur die vorgängige Betäubung vorschreibenden Verordnung vom 21. März 1892 auf jüdische Schlachtungen auszuschließen, da es sich von selbst versteht, daß eine auf Erwägungen der Moral, d.h. auf den bestehenden sittlichen Anschauungen fußende allgemeine staatliche Anordnung nicht durch rituelle Rücksichten verhindert werden kann."[941]

Auf der gleichen Argumentationsebene, aber mit gegensätzlicher Wertung im Ergebnis, stand die Ablehnung eines Schächtverbotes in den Verhandlungen des Petitionsausschusses der bayrischen Kammer der Abgeordneten vom 9. und vom 28. Februar 1894. Die Eingaben der „bayrisch-antisemitischen Volkspartei" wurden als nicht geeignet zur Behandlung im Plenum des Landtages bezeichnet, da eine Tierquälerei beim Schächten nicht zu erkennen sei. Hierbei stützte sich

[940] Vgl. Hildesheimer, Vorwort zum Gutachten, S. 3.
[941] Vgl. Hildesheimer, Vorwort zum Gutachten, S. 4.

die Kommission auf schächtgünstige Gutachten und die Ausführungen des Königlichen Ministerialkommissars, Oberregierungsrat *Hörmann*[942].
Auch in Schwarzburg-Sondershausen, Braunschweig, Baden und Mecklenburg wurden am 1. Juli 1897, am 25. März 1898, im April 1899 und am 8. Dezember 1899 mit derselben Begründung gegen das Schächten gerichtete Petitionen zurückgewiesen[943].

Schon *von Hippel* hatte sich 1891 auf diesen Standpunkt zurückgezogen[944]. Eine Bestrafung des Schächtens nach § 360 Nr. 13 RStGB lehnte er ab, da er, den ersten Gutachten folgend, eine erhöhte Grausamkeit des Schächtens im Vergleich zu den sonstigen Schlachtmethoden nicht erblicken konnte. Bereits damals sagte er aber: „Solange nicht feststeht, daß die jüdische Schlachtmethode tierquälerisch ist, solange sind alle Bestrebungen zu deren Beseitigung nichts, als der Ausfluß bedauerlichen Religions- und Rassenhasses. Wird jener Nachweis umgekehrt erbracht, dann muß das Schächten verschwinden. Wie es aus Humanität eingeführt worden ist zur Verbesserung der rohen Schlachtarten vergangener Zeit, so muß es fallen in dem Augenblick, wo es selbst als inhuman erscheint. Unsittlichkeit deshalb zu dulden, weil sie sich mit dem Mantel der Religion deckt, das wäre übel angebrachte Toleranz.“ Angesichts der bei jeder Schlachtung notwendigen Schmerzzufügung sei nur die schonendste Schlachtmethode nicht tierquälerisch, sollte sich also das Verhältnis des Schächtens zu den übrigen Schlachtmethoden durch „ungeahnte Vervollkommnung der letzteren“ ändern, dann würde der Anwendung des Reichsstrafgesetzbuchs nichts im Wege stehen[945].

Durch die Entwicklung in Sachsen bestärkt, brachten der antisemitische Abgeordnete Hans *Leuß* und Genossen (DsozRefP) einen Antrag auf Erlaß eines Reichsgesetzes, betreffend das Betäuben der Schlachttiere vom 1. Dezember 1893, im Reichstag ein, der bis auf die Nr. 3 der sächsischen Verordnung, die

---

942 Frank, Die Schächtfrage vor der bayerischen Volksvertretung, S. 6/7; Hildesheimer, Gutachten, S. 9.
943 Vgl. Hildesheimer, Neue Gutachten, S. 4.
944 So auch Altwegg, Der rechtliche Schutz der Tiere, S. 55.
945 von Hippel, Tierquälerei, S. 137. So auch später Kupka, Die Tierquälerei mit besonderer Rücksicht auf die lex ferenda, S. 49.

fehlte, und andere geringfügige Änderungen die gleiche Formulierung aufwies wie die sächsische Verordnung[946].

Dieser Antrag wurde in regelmäßigen Abständen wörtlich wiederholt durch die Anträge der Abgeordneten *Oswald* Zimmermann (zunächst Antisemit, dann DRefP) vom 5. Dezember 1894[947] und von *Max Hugo Liebermann von Sonnenberg* und Genossen (DsozWV) am 9. Dezember 1897[948] und am 15. Dezember 1898[949].

Daraufhin kam es am 25. April 1899 im Plenum des Reichstags zu einer längeren Diskussion über die Schächtproblematik[950]. Dabei wurden jedoch keine neuen Argumente vorgebracht. In der teilweise sehr polemisch geführten Debatte ging es hauptsächlich darum, ob das vorgeschlagene Schlachtgesetz ausschließlich aus judenfeindlicher Motivation heraus eingebracht worden sei oder nicht. Für einen Betäubungszwang sprachen sich die Abgeordneten *Georg Wilhelm Vielhaben* (DsozRefP), *Georg Oertel* (Sachsen, K), *Otto Böckel* (bkF., Antisemit) und Friedrich Bindewald (DsozRefP) aus, dagegen die Abgeordneten *Ernst Philipp Lieber* (Montabaur, Z), *Ernst Kruse* (NL), *Heinrich Rickert* (DFrVP), *Johannes Hoeffel* (DRP), *Christoph Willners von Tiedemann* (DRP), *Karl Schrader* (FrV), *Wilhelm Liebknecht* (SPD), *Richard Eickhoff* (DFrVP) und *Leonhard Hoffmann* (Halle, DVP), wobei manche, die sich noch unschlüssig waren, ob das Schächten tierquälerischer als andere Methoden sei, erklärten, sie entschieden sich letztlich gegen den Antrag, um nicht als judenfeindlich zu gelten und weil sie die Religionsfreiheit für unantastbar hielten[951].

In der Folgezeit brachten beide Seiten zahlreiche veterinärmedizinische Gutachten bei, die ihre jeweilige Sicht stützten[952]. Umstritten war dabei, wer die

[946] Verh. des RT, 9. Leg.-Per., 2. Session 1893/94, Anlbd. 1, S. 523/524, Ds. Nr. 81.

[947] Verh. des RT, 9. Leg.-Per., 3. Session 1894/95, Anlbd. 1, S. 232/233, Ds. Nr. 52.

[948] Verh. des RT, 9. Leg.-Per., 5. Session 1897/98, Anlbd. 1, S. 786/787, Ds. Nr. 64.

[949] Verh. des RT, 10. Leg.-Per., 1. Session 1898/1900, Anlbd. 1, S. 283, Ds. Nr. 70.

[950] Verh. des RT, 10. Leg.-Per., 1. Session 1898/1900, Bd. 3, S. 1911-1932, Sten. Ber. der 71. Sitzung vom 25. April 1899.

[951] Ebenso verlief eine Debatte in der 78. Sitzung des Reichstags vom 9. Mai 1899, vgl. Verh. des RT, 10. Leg.-Per., 1. Session 1898/1900, Bd. 3, S. 2095-2119, Sten. Ber. der 78. Sitzung vom 9. Mai 1899.

[952] Für das Schächten sprachen sich Dembo, Das Schächten im Vergleich mit anderen Schlachtmethoden, und die von Hildesheimer gesammelten und herausgegebenen Gutachten von 1894, 1902 und 1908 aus. Gegen das Schächten sprach sich ein Gutachten des Heidelberger Tierschutzvereins aus, das besagte, daß im Jahre 1902 von 463 befragten Schlachthausdi-

Schächtproblematik besser beurteilen könnte, die umfassender ausgebildeten Universitätsprofessoren, die eher dazu neigten, im Schächten keine besonders qualvolle Schlachtart zu erblicken oder die praxisnäheren Schlachthofdirektoren, die sich mehrheitlich gegen das Schächten erklärten[953].

Nachdem einzelne Schlachthausordnungen, in Preußen z.B. in Angermünde und Wilhelmshafen, in Bayern in Hof, das Schächten verboten hatten[954], die Rechtmäßigkeit eines solchen Verfahrens in Preußen schon 1901 durch das Oberverwaltungsgericht anerkannt worden war[955] und das bayerische Verwaltungsgericht ebenso entschieden hatte[956], stand es jedem Schlachthof in Preußen und Bayern frei, das Schächten zu verbieten. Daraufhin wurde auch in Berlin die Betäubung aller Tiere vor der Schlachtung angeordnet[957].

Entgegen der Erwartung von Hippel's, der 1906 von seiner 1891 geäußerten Ansicht abwich und das Schächten als im Vergleich zu den anderen Schlachtmethoden quälerischer einstufte[958], kam es aber nicht zu einer Zunahme von Schächtverboten. Eher das Gegenteil war der Fall. Das mag daran gelegen haben, daß *von Hippel* selbst zwar das Vorliegen unnötiger Leiden bejahte, trotzdem aber eine Strafbarkeit nach § 360 Nr. 13 RStGB ausschloß, wenn das Schächten in Erfüllung religiöser Satzungen erfolgte, da das Motiv dann nicht

---

rektoren, Professoren der Physiologie und Tierärzten 457 (= 98,5 %) die Vorbereitungen zum Schächten und 441 (= 95,5 %) den Schächtschnitt für schmerzhaft und grausam erklärten und 456 (= 98,5 %) das Betäubungsverfahren als das humanere bezeichneten, während nur 7 es dem Schächten gleichstellten, vgl. von Hippel, Vergl. Darst., S. 250. Ähnliche Zahlen veröffentlichten Hartmann, Leipziger Flugschriften-Sammlung, Heft 17, S. 11/12 und Ramdohr, Leipziger Flugschriften-Sammlung, Heft 28.

953 von Hippel, Vergl. Darst., S. 250; Schaefer, Der Tierschutz im Reichsstrafrecht, S. 31.

954 Vgl. Salkowski, Der Tierschutz im Strafrecht des In- und Auslandes, S. 24.

955 Die Gemeinden waren danach „rechtlich dazu befähigt, die Anwendung des Schächtschnittes in den von ihnen angelegten öffentlichen Schlachthäusern schlechthin zu unterbinden“, vgl. Entscheidung vom 11. Januar 1901, OVG Entsch., Bd. 38, S. 58 (68). Diese Entscheidung wurde bestätigt durch ein weiteres Urteil vom 26. Juni 1903, OVG Entsch., Bd. 44, S. 68 ff.

956 Diese Entscheidung wurde nicht veröffentlicht, vgl. Lehner, Tierschutz und Gesetz, S. 50.

957 Beschluß des städtischen Kuratoriums vom 19. April 1909, vgl. Haas, Der Tierschutz im deutschen Strafrecht, S. 43.

958 von Hippel, Vergl. Darst., S. 250.

Bosheit oder Roheit sei[959]. Daß der regelgerecht ausgeführte Schächtakt selbst nicht nach § 360 Nr. 13 RStGB zu bestrafen sei, darin stimmte, wenn auch mit unterschiedlicher Begründung, das juristische Schrifttum überein[960]. Trotz der Ablehnung eines reichsrechtlichen Verbotes war *von Hippel*[961] aber wie *Jellinek*[962] der Ansicht, ein Landesgesetz könne das Schächten verbieten.

Von den deutschen Tierschutzvereinen wurde die Frage, ob das Schächten eine Tierquälerei sei, ebenfalls nicht einheitlich beantwortet. So erklärte sich der Verband der Tierschutzvereine des Deutschen Reiches auf seiner im Oktober 1906 in Nürnberg stattfindenden Tagung mehrheitlich als nicht gegen das Schächten eingestellt. Daraufhin spaltete sich der „Verein zur Förderung humanen Schlachtens" ab, dessen seit 1907 vom Geschäftsführer des Vereins, Sanitätsrat Dr. Ramdohr, herausgegebene Flugschriften gegen das Schächten eindeutig antisemitisch geprägt waren[963]. Wie beim Kampf gegen die Vivisektion hatte diese Spaltung, hier noch verbunden mit dem Verdacht einer antisemitischen Motivation, eine erhebliche Schwächung der Schächtgegner zur Folge.

Dazu kam, daß von Regierungsseite das Schächten weiterhin als nicht nach Reichsrecht strafbar angesehen wurde[964].

---

959 von Hippel, Vergl. Darst., S. 250. Ihm folgend Haas, Der Tierschutz im deutschen Strafrecht, S. 43; Salkowski, Der Tierschutz im Strafrecht des In- und Auslandes, S. 25;

960 Vgl. die Ausführungen unter Teil 3. D. 2. b). Diese Ansicht wurde auch in Regierungskreisen geteilt. So gab der Regierungskommissar Schulze in der Verhandlung der Petitionskommission des Reichstags vom 21. Februar 1906 folgende Erklärung ab: „Die Regierung hält aus den bereits früher mitgeteilten Gründen den einfachen Halsschnitt ohne voraufgegangene Betäubung auch jetzt noch nicht für grausam.", vgl. Verh. des RT, 11. Leg.-Per., 2. Session 1905/06, Anlbd. 4, S. 3374/3375, Ds. Nr. 285, 18. Ber. der Petitionskommission vom 14. März 1906.

961 von Hippel, Vergl. Darst., S. 250.

962 Jellinek, Verwaltungsrecht, S. 452.

963 Vgl. Ramdohr, Leipziger Flugschriften-Sammlung, Heft 25, S. 2/3.

964 Vgl. Verh. des RT, 12. Leg.-Per., 1. Session 1907/09, Bd. 253, S. 7676, Ds. Nr. 1262; Verh. des RT, 12. Leg.-Per., 2. Session 1909/10, Bd. 275, S. 2071 und 2082, Ds. Nr. 392; vgl. auch die Erklärungen des Staatsekretärs des Reichsjustizamts, Lisco, in der Reichstagssitzung vom 12. Januar 1911, Verh. des RT, 12. Leg.-Per., 2. Session 1909/11, Bd. 263, S. 3822 und 3827, Sten. Ber. der 104. Sitzung vom 12. Januar 1911, und die Denkschrift zum Entwurf 1919, S. 347.

4. Die Strafrechtsreform

Der strafrechtliche Vorentwurf von 1909 bestrafte in § 146 denjenigen, der „Tiere boshaft quält oder roh mißhandelt". In der Begründung zu diesem Vorentwurf hieß es: „Strafbar können ... Handlungen nur werden, wenn sie in einer Weise vorgenommen werden, daß dem Tiere aus bösem Willen durch den verfolgten höheren Zweck nicht bedingte und somit ungerechtfertigte Schmerzen und Leiden zugefügt werden. ... Dieser Gesichtspunkt ist es, der ... bei der Schächtfrage strafloses und strafbares Handeln scheidet."[965] Damit war das unter Beachtung aller Vorsichtsmaßnahmen ausgeübte Schächten weiterhin nicht strafbar. Darüber hinaus kam es aber im Vorentwurf von 1909 zur Einfügung des § 306 Nr. 4, wonach bestraft werden sollte, „wer die zur Verhütung von Tierquälerei erlassenen Vorschriften übertritt". Die Begründung zu § 306 Nr. 4 sprach aber nur von „Verordnungen" der „Behörden des Reichs und der Bundesstaaten ..., die bestimmt sind, die ... beim Schächten ... vorkommenden Mißbräuche abzustellen". Damit bezog sich die Blankettvorschrift des § 306 Nr. 4 allenfalls auf die den Schächtvorgang regelnden Verordnungen, nicht jedoch auf die von einzelnen Schlachthöfen erlassenen Schächtverbote.

Gleichzeitig lag dem Reichstag auch der Entwurf eines Änderungsgesetzes zum Strafgesetzbuch vor, der tatbestandlich mit dem Vorentwurf von 1909 übereinstimmte. Zur zweiten Lesung dieses Entwurfs durch die 7. Strafrechtskommission am 19. April 1910 stellte der Abgeordnete *Gröber* (Z) den Antrag auf Einfügung eines Zusatzes zu dem § 306 Nr. 4 des Vorentwurfs von 1909 entsprechenden § 360 Nr. 13 der Strafgesetznovelle: „Landesrechtliche Bestimmungen, welche in die rituellen Vorschriften einer Religionsgesellschaft über das Schlachten von Tieren eingreifen, sind unzulässig."[966] Der Antrag wurde von der Strafrechtskommission gegen eine Minderheit angenommen.

In der Diskussion im Reichstag wandte sich der antisemitische Abgeordnete *Walter Reinhold Viktor Graef* (WV) gegen den Antrag *Gröbers* (Z) mit den Worten: „Wollen Sie, daß die Mehrheit einer Minderheit dienstbar gemacht wird, wollen Sie, daß die Mehrheit ihr sittliches Empfinden unterdrückt, damit die Sonderinteressen einer kleinen Minderheit geschont werden" oder „Wollen

[965] Vorentwurf 1909, Begründung, S. 502.

[966] Verh. des RT, 12. Leg.-Per., 2. Session 1909/10, Bd. 270, Ds. Nr. 392, S. 2111, Antrag Nr. 49.

Sie, daß eine religiöse Minderheit, die das Gastrecht bei uns genießt, auch in ihren religiösen Sitten und Gebräuchen den Forderungen Rechnung trägt, die sich aus dem heutigen Kulturstandpunkt des deutschen Volkes ergeben"[967]. Trotzdem fand sich für den Antrag *Gröber* nach zwei Lesungen die starke Mehrheit des Hauses[968]; die Regierung bezeichnete ihn jedoch als unannehmbar und zog mit dieser Begründung die ganze Strafgesetznovelle vor der dritten Lesung zurück[969]. Festzuhalten bleibt aber, daß bei einer Mehrheit der Abgeordneten des Reichstages die Überzeugung bestand, daß das Schächten nicht nur nicht strafbar sei, sondern sogar ausdrücklich von einer Strafbarkeit ausgenommen werden solle.

Erwähnt sei in diesem Zusammenhang noch, daß die Antwort auf eine Anfrage des Reichstagsabgeordneten *Ludwig Werner* (Gießen, DRP) vom 27. Dezember 1912[970], ob man in den Kreisen der verbündeten Regierungen die Absicht hege, „das betäubungslose Töten der Schlachttiere, insbesondere das aller Menschlichkeit hohnsprechende Schächten gesetzlich zu verbieten", verneinend ausfiel, zumindest komme ein reichsgesetzliches Verbot des Schächtens nicht in Frage, da es sich hierbei um Fragen handele, deren Regelung zu der Zuständigkeit der Einzelstaaten gehöre[971].

---

[967] Verh. des RT, 12. Leg.-Per., 2. Session 1909/1911, Bd. 263, S. 3822, Sten. Ber. der 104. Sitzung vom 12. Januar 1911.

[968] Verh. des RT, 12. Leg.-Per., 2. Session 1909/1911, Bd. 263, S. 3832, Sten. Ber. der 104. Sitzung vom 12. Januar 1911. Für den Antrag hatten sich neben dem Zentrumsabgeordneten Gröber Abgeordnete der Freiheitlichen Volkspartei (Müller, Meinigen), der Sozialdemokraten (Frohme), der Deutschen Reichspartei (Hoeffel) und der Polen (von Dziembowski-Pomian) ausgesprochen, dagegen - neben dem Abgeordneten Graef von der Wirtschaftlichen Vereinigung – die konservativen Abgeordneten Wagner, Siebenbürger und Giese, der Nationalliberale Heinze und der Abgeordnete Werner von der Deutschen Reformpartei.

[969] Ein solches Vorgehen der verbündeten Regierungen hatte der Staatssekretär des Reichsjustizamts, der Wirkliche Geheime Rat Lisco, schon während der Beratung des Reichstagsplenums mehrfach angekündigt, vgl. Verh. des RT, 12. Leg.-Per., 2. Session 1909/1911, Bd. 263, S. 3822 und 3827, Sten. Ber. der 104. Sitzung vom 12. Januar 1911. Gegen die Annahme des Antrages Gröber hatten sich in Eingaben an den Reichstag der Verein zur Förderung humanen Schlachtens (am 27. Februar 1910), der Berliner Tierschutzverein (am 2. März 1910) und der Vorstand des Verbandes der Tierschutzvereine des Deutschen Reiches (am 14. März 1910) gewandt, dafür sprach sich die Petition des Verbandes der Deutschen Juden (vom 28. November 1910) aus, vgl. BA Berlin-Li. 30.01., Nr. 5801, Bl. 84-92, 123.

[970] Verh. des RT, 13. Leg.-Per., 1. Session 1912/13, Bd. 300, Ds. Nr. 620, S. 782.

[971] Verh. des RT, 13. Leg.-Per., 1. Session 1912/13, Bd. 300, Ds. Nr. 630, S. 838.

Die Länder jedoch sahen einen Handlungsbedarf eher in entgegengesetzter Richtung. So wurde die sächsische Verordnung von 1892 am 20. Dezember 1910 aufgrund eines Gutachtens der medizinischen Fakultät der Universität Leipzig, in dem das Schächten als nicht tierquälerisch bezeichnet wurde, durch eine neue Verordnung ersetzt, die in ihrem § 6 das jüdisch-rituelle Schächten vom Betäubungszwang ausnahm[972]. Eine ähnliche Verordnung erging in Waldeck am 18. April 1912[973]. Auch die preußischen Polizeiverordnungen wurden wieder aufgehoben[974], weil das Kammergericht in mehreren Entscheidungen feststellte, daß der Tierschutz nicht zu den Gegenständen der ortspolizeilichen Vorschriften nach § 6 des Preußischen Gesetzes über die Polizeiverwaltung vom 11. März 1850[975] gehöre[976].

Bis auf die vereinzelt gebliebenen Schlachthofordnungen waren damit um 1910 keine einen Betäubungszwang enthaltenden oder sonstige das Schächten untersagenden Vorschriften mehr in Kraft.

Nur eine auf wirtschaftlichen Erwägungen der Kriegs- und Übergangszeit in Bezug auf die Sicherung der Blutverwertung und die Verhütung einer Entwertung der Tierhäute beruhende Einschränkung des Schächtens bedeutete die vom Bundesrat am 2. Juni 1917 erlassene Bekanntmachung über das Schlachten von Tieren[977], die in § 1 bestimmte, daß beim Schlachten von Rindern, Schafen und Ziegen der Schächtschnitt nur beim rituellen Schächten durch die hierzu be-

[972] Vgl. Dresdner Journal, Königlich Sächsischer Staatsanzeiger Nr. 296 vom 22. Dezember 1910, in: BA Berlin-Li., 30.01., Nr. 5798, Bl. 178. Die Gegner dieser Reform vermuteten, daß die sächsische Regierung befürchtete, Bundesrat und Bundestag würden sich über den Zusatz des Abgeordneten Gröber zur Strafgesetznovelle einigen, wonach landesrechtliche Eingriffe in die rituellen Vorschriften einer Religionsgesellschaft über das Schlachten von Tieren unzulässig wären, und sie hätte das Schächtverbot nur aufgehoben, um nicht schließlich dazu durch Reichsgesetz gezwungen zu werden, vgl. BA Berlin-Li., 30.01., Nr. 5801, Bl. 133-134Rs.

[973] Reg.Bl., Nr. 16 vom 23. April 1912, S. 65, vgl. BA Berlin-Li., 30.01., Nr. 6316, Bl. 186-187.

[974] PolizeiVO betr. die Abänderung der VO vom 12. April 1890 über das Töten der Schlachttiere, vom 25. August 1909, in: BA Berlin-Li., 30.01., Nr. 6316, Bl. 188.

[975] Preuß. Ges.Sammlg., Nr. 18 vom 27. März 1850, S. 265.

[976] Entscheidung vom 15. Oktober 1894, in: Johow, Jahrbuch für Entscheidungen des Kammergerichts Bd. 16, S. 484; Entscheidung vom 23. Juni 1902, in: GA, Bd. 51, 63; Entscheidung vom 3. Mai 1906, in: DJZ 1906, Sp. 882; vgl. meine Ausführungen auf Seite 148.

[977] RGBl., Nr. 105 vom 2. Juni 1917, S. 471, vgl. BA Berlin-Li., 30.01., Nr. 6316, Bl. 194.

stellten Schächter angewendet werden dürfe. Im übrigen wurde der Halsschnitt verboten, ausgenommen bei Notschlachtungen, bei denen die Zuziehung eines Schächters nicht möglich war. Zuwiderhandlungen wurden nach § 2 dieser Bekanntmachung mit Gefängnis bis zu 6 Monaten und mit Geldstrafe bis zu eintausenfünfhundert Mark oder mit einer dieser Strafen belegt[978].
Daß die Regierung aber nicht vorhabe, das Schächten zu verbieten, betonte Reichskanzler Michaelis in einer Erklärung vom 24. September 1917: „Es ist nicht in Aussicht genommen, auch das jüdische Schächten zu verbieten. Die Gewinnung auch desjenigen Blutes für den menschlichen Genuß, das jetzt infolge der Anwendung des jüdisch-rituellen Schächtschnittes verloren geht, ist nicht von so großer Bedeutung, daß es gerechtfertigt wäre, über die Bedenken einer Religionsbedrückung der strenggläubigen jüdischen Mitbürger hinwegzugehen und mit Strafvorschriften in die Satzungen einer anerkannten Religionsgemeinschaft in Deutschland einzugreifen ...“[979].

Auch in den Begründungen zu den StGB-Entwürfen 1913/1919 war man sich einig, daß das Schächten angesichts der Erfordernisse des „boshaften“ oder „rohen“ Handelns nicht der jeweiligen Tierquälereivorschrift (§ 361 bzw. § 400 StGB) unterfalle. Sowohl bezüglich der Formulierung im Tierschutzparagraph 405 von 1913 („wer die Vorschriften übertritt, die zur Verhütung von Tierquälerei erlassen sind“), als auch bezüglich § 401 von 1919 („wer die Verordnungen zur Verhütung von Tierquälerei übertritt“) wurde klargestellt, daß damit nur Verordnungen allgemeinen Charakters gemeint seien, nicht jedoch disziplinärer Art, wie die Anordnungen von Schlachthausverwaltungen. Andererseits wurde nunmehr ein Zusatz, wonach die Behandlung von Tieren nach rituellen Vorschriften straflos bleiben sollte, abgelehnt, da ansonsten dem Landesrecht für die Zukunft die Möglichkeit zu strafrechtlichem Einschreiten genommen werde, was einen unzulässigen Eingriff in das Polizeirecht der Länder darstellen würde. In der Denkschrift zum Entwurf von 1919 hieß es: „Hiernach bleibt auch die Frage, ob und wieweit ... das Schächten von Tieren nach rituellen Vorschriften einer Religionsgesellschaft Beschränkungen oder Verboten unterworfen werden können, nach wie vor dem Landesrecht überlassen. Eine Bindung des Landes-

[978] Die Bekanntmachung erging aufgrund des § 3 des Gesetzes über die Ermächtigung des Bundesrats zu wirtschaftlichen Maßnahmen, RGBl., Nr. 53 vom 4. August 1914, S. 327/328.
[979] Verh. des RT, 13. Leg.-Per., 2. Session 1914/18, Bd. 321, S. 1783, Ds. Nr. 1039.

rechts in der Frage des rituellen Schlachtens im Strafgesetzbuch auszusprechen, lehnt der Entwurf nach dem Vorgange der früheren Entwürfe ab."[980]
Diese Gesichtspunkte wurden schließlich auch in der Begründung des Amtlichen Entwurfs von 1925 wiederholt[981], der die Tierquälerei in § 333 und den Tierschutz in § 334 regelte, wobei § 334 den mit Strafe bedrohte, der „einer zum Zwecke des Tierschutzes erlassenen Vorschrift zuwiderhandelt".

Mit diesem Entwurf beschäftigte sich *Radbruch* in seinem Gutachten „Der Amtliche Entwurf eines Allgemeinen deutschen Strafgesetzbuches und das Schächten nach jüdischem Ritus". *Radbruchs* Ansicht nach war die Frage des Schächtens in erster Linie nicht unter dem Gesichtspunkt des Tierschutzes zu beantworten, sondern unter dem Gesichtspunkte der Religionsfreiheit[982]. Die Abwägung zwischen etwas größeren oder etwas geringeren Schmerzen des Schlachttieres bei dem in jedem Falle qualvollen Vorgang des Schlachtens – eine Abwägung, die überdies mit zuverlässigem Ergebnis kaum vorgenommen werden könne – müsse zurücktreten, wenn von einem Teil der Bevölkerung erklärt werde, sein religiöses Gewissen fordere unabweichlich ein bestimmtes Schlachtverfahren. Das entspreche dem Geiste des Art. 135 der Reichsverfassung vom 11. August 1919[983], der die Religionsfreiheit zwar nur unbeschadet der allgemeinen Staatsgesetze gewährleiste, aber eben dadurch zum Ausdruck bringe, daß die Staatsgesetze, soweit das irgend möglich erscheine, die Religionsausübung nicht antasten sollten[984].
Auf der anderen Seite war es gerade diese Einschränkbarkeit der Religionsfreiheit, die es nach Ansicht der Schächtgegner durchaus möglich erscheinen ließ, das Schächten, wenn es denn als tierquälerisch angesehen würde, zu verbieten und zu bestrafen[985].

[980] Denkschrift zum Entwurf 1919, S. 348.
[981] Schubert, Quellen, Abt. 1, Bd. 1, Begründung Amtlicher Entwurf 1925, S. 414. Hier sei darauf hingewiesen, daß von Hippel, ZStW, Bd. 47, 1927, S. 18 (62/63), ausdrücklich der Begründung zu § 334 zustimmte und sich dagegen verwehrte, daß sein Name mit der Forderung nach einem reichsrechtlichen Schächtverbot in Zusammenhang gebracht werde.
[982] Radbruch, Gutachtliche Äußerung, S. 1.
[983] RGBl., Nr. 152 vom 14. August 1919, S. 1383. Vgl. den Art. 12 der Preußischen Verfassung vom 31. Januar 1850, Preuß. Ges.Sammlg., Nr. 3 vom 2. Februar 1850, S. 17.
[984] So auch Sander, Tierschutz unter Berücksichtigung der gerichtlichen Entwicklung, S. 85.
[985] Vgl. Adolph, Der Schutz des Tieres im Deutschen Recht, S. 16.

Radbruch äußerte jedoch Bedenken hinsichtlich des § 334. Seiner Ansicht nach würde die Fassung „Vorschriften zum Zwecke des Tierschutzes“ auch etwaige Schächtverbote decken[986]. Außerdem würden dadurch, daß es in § 334 nicht mehr „Verordnungen“, sondern nur noch allgemein „Vorschriften“ heiße, auch die Vorschriften einer Schlachthausverwaltung gegen das Schächten mit den Straffolgen des § 334 ausgestattet werden[987].

Radbruch fragte sich, ob es überhaupt einer strafrechtlichen Blankettvorschrift wie § 334 bedürfe. Eine Begründung für die Notwendigkeit einer einheitlichen reichsrechtlichen Strafandrohung für den Fall einer Zuwiderhandlung gegen eine der zahlreichen landes- und reichsrechtlichen Tierschutzanordnungen fehle bei den Entwürfen von 1919 und 1925. In der Begründung von 1909 stehe nur der Satz: „Jedoch empfiehlt es sich, im Interesse der Gleichmäßigkeit für die Übertretung dieser Verordnungen im Wege der Blankettgesetzgebung eine einheitliche Strafandrohung aufzustellen“[988]. Dieser Gedanke gehe auf *von Hippels* Bearbeitung der Tierquälerei in der vergleichenden Darstellung des deutschen und ausländischen Strafrechts von 1906 zurück, wo es heißt: „Hingegen wird es sich empfehlen, auch hier wenigstens eine Gleichmäßigkeit im Strafmaße durchzuführen, welches mit Rücksicht auf den polizeilichen Charakter der heutigen Übertretungstrafe entsprechen dürfte.“[989] Weiter könne man für § 334 geltend machen, der § 333 als einzige Bestimmung des Abschnitts „Tierquälerei“ würde den Anschein erwecken, als solle mit der Tierquälereistrafe der gesamte strafrechtliche Tierschutz von Strafrechtswegen erledigt sein, so daß landesrechtliche Tierschutzvorschriften mit Strafandrohung überhaupt unzulässig würden. Aber um diesen Eindruck auszuräumen, bedürfe es nicht einer neuen Strafbestimmung, dazu dürfte eine gegenteilige Erklärung in den Motiven oder bei den Verhandlungen völlig ausreichen. Da das alles sei, was für eine Blankettvorschrift spreche, empfehle er ihre Streichung[990].

---

[986] Radbruch, Gutachtliche Äußerung, S. 3; so auch Sander, Tierschutz unter Berücksichtigung der gerichtlichen Entwicklung, S. 86.

[987] Radbruch, Gutachtliche Äußerung, S. 3.

[988] Entwurf 1909, Begründung, S. 857.

[989] von Hippel, Vergl. Darst., S. 268. Tatsächlich stammt dieser Vorschlag von Hippels sogar schon aus dem Jahre 1891. Danach sollte zwecks Erreichung einer „Gleichmäßigkeit im Strafmaße“ bestraft werden, „wer den zur Vermeidung der Mißhandlung von Tieren erlassenen Bestimmungen zuwiderhandelt“, von Hippel, Tierquälerei, S. 140/141.

[990] Radbruch, Gutachtliche Äußerung, S. 5.

Bleibe die Bestimmung aber bestehen, so müsse sie mit Sicherungen umgeben werden, die eine rassenkämpferische Ausnutzung der neuen Strafdrohung durch örtliche Stellen verhüte[991]. Als eine solche Sicherung sei zunächst der bei den Beratungen über die „kleine Strafrechtsnovelle“ von 1912 gemachte Vorschlag, die Vorschrift auf Bestimmungen zu beschränken, die von bestimmten Zentralbehörden erlassen sind, in Betracht zu ziehen. Zuverlässiger aber wäre eine Bestimmung, die ausdrücklich das Schächten von der Strafandrohung des § 334 ausnähme. Auch wenn man eine solche Bestimmung als außerhalb des Rahmens eines Strafgesetzbuches gelegen und als einen Eingriff in die Polizeigewalt der Länder betrachte, denen damit vorgeschrieben werde, Tierschutzbestimmungen bestimmter Art nicht zu erlassen, müsse das Reichsrecht in der Lage sein, eine Strafdrohung, die es selbst erläßt, auch selbst einzuschränken und es könne auch die Strafdrohung eines Blankettgesetzes einschränken, ohne zugleich das Verordnungsrecht der Länder beschränken zu müssen, wenn es nämlich nur zum Ausdruck bringe, daß, wenn etwa ein Land ein Schächtverbot erlassen sollte, es diesem Verbot den Schutz der reichsrechtlichen Strafdrohung versage: Eine solche Bestimmung müßte etwa so lauten (§ 334 Abs. 2): „Unter die Strafdrohung fallen nicht Handlungen, welche der Übung der Wissenschaft oder dem Brauche einer im Deutschen Reiche als Körperschaft des öffentlichen Rechts anerkannten Religionsgesellschaft entsprechen.“[992] Auch diese Fassung würde zwar die reichsrechtliche Strafe, nicht aber den landesrechtlichen Erlaß von Verboten des Schächtens mit Strafandrohung ausschließen. Solle auch dieser ausgeschlossen werden, so müsse gesagt werden, daß Handlungen der gekennzeichneten Art nicht nur nicht unter die Strafandrohung des § 334 fallen, sondern überhaupt „nicht rechtswidrig“ seien[993]. Auch gegen eine solche Bestimmung könne nicht eingewendet werden, sie überschreite den Rahmen eines Strafgesetzbuches, denn der Entwurf habe selbst eine Reihe von Vorschriften über den Ausschluß der Rechtswidrigkeit in bestimmten Fällen aufgenommen, so in §§ 238, 239, 286, 293. Damit wären landesrechtliche Verbote und Strafandrohungen für das Schächten völlig ausgeschlossen. Freilich bliebe es aber auch dann dabei, daß Gemeinden kraft eines „Hausrechtes“ rechtlich befähigt seien, die Anwendung

---

991 Radbruch, Gutachtliche Äußerung, S. 5.

992 Radbruch, Gutachtliche Äußerung, S. 6.

993 Radbruch, Gutachtliche Äußerung, S. 6; vgl. auch Sander, Tierschutz unter Berücksichtigung der gerichtlichen Entwicklung, S. 86.

des Schächtschnittes in den von ihnen angelegten öffentlichen Schlachthäusern schlechthin zu verbieten. Schließlich schlug *Radbruch* zur gleichmäßigen Regelung der Schächtfrage für das ganze Reichsgebiet vor, die Länder sollten im Reichsrat übereinkommen, Schächtverbote nicht zu erlassen. Eine solche Lösung der Schächtfrage sei dem Versuch einer reichsgesetzlichen Regelung vorzuziehen[994].

Radbruchs Vorschläge wurden jedoch nur zum Teil aufgegriffen. In der Reichstagsvorlage[995] vom 14. Mai 1927 war die Tierquälerei in § 366 geregelt. Ihr § 412 lautete: „Wer einer zum Tierschutz erlassenen Vorschrift zuwiderhandelt, ...“. Nach einem Vorschlag von *Sander*[996] sollte das Schächten in den § 366 mit einbezogen werden, der zu diesem Zweck umformuliert werden müßte und zwar am besten nach dem Vorschlag des Amtsgerichtsrats *Korn*, des Schatzmeisters des Alten Tierschutzvereins in Dresden, von 1928: „Wer ein Tier mißhandelt, wird mit Gefängnis bis zu 6 Monaten oder mit Geldstrafe bestraft. Die Rechtswidrigkeit der Handlung ist ausgeschlossen, wenn die Handlung in Wahrnehmung eines gerechtfertigten menschlichen Interesses geschieht“[997]. Daß der Schächter wie jeder andere Schlächter die Tiere mißhandele, stehe außer Frage. Ebenso dürfe nicht bestritten werden, daß das Schächten, das durch religiöse Vorschriften geboten ist, in Wahrnehmung menschlich gerechtfertigter Interessen geschehe. Zugleich wäre man aber mit Hilfe dieser Vorschrift in der Lage, gegen Exzesse, wie sie beim Schächten bisweilen vorkommen, vorzugehen. Alle diese Fälle erfasse der § 366 in der *Korn'schen* Fassung. Auch in politischer Hinsicht hielt *Sander* die Übernahme der Fassung *Korns* für sehr glücklich. Da *Korn* der juristische Berater des Verbandes der deutschen Tierschutzvereine sei, würden, zumindest was das Schächten anbetreffe, keine Einwendungen gegen diese Formulierung von seiten der Tierschutzvereine zu erwarten

---

[994] Radbruch, Gutachtliche Äußerung, S. 7. Auch Sander, Tierschutz unter Berücksichtigung der gerichtlichen Entwicklung, S. 87, hält diesen Weg für den praktisch gangbarsten, würde aber – wie Radbruch – eine völlige Streichung des Paragraphen favorisieren. Von Hippel, ZStrW, Bd. 47, 1927, S. 18 (63), wollte die Frage der Zulässigkeit des Schächtens weiterhin dem Verwaltungsrecht der Länder überlassen sehen. Er lehnte eine seiner Ansicht zwar grundsätzlich mögliche reichsrechtliche Regelung des Schächtens „in unserer heutigen, von Leidenschaften durchwühlten Zeit“ als „unzweckmäßig“ ab.

[995] Schubert, Quellen, Abt. 1, Bd. 1, Entwurf 1927, S. 475/479.

[996] Sander, Tierschutz unter Berücksichtigung der gerichtlichen Entwicklung, S. 87.

[997] Korn, Die strafrechtliche Behandlung der Tierquälerei, S. 30.

sein. Damit würde nicht nur die Schächtfrage einer befriedigenden Lösung zugeführt, sondern auch ein in jedem Falle unerfreulicher Kampf um diese Frage im Reichstag von vornherein im Keim erstickt werden[998].

Die Vertreter des Reichsjustiz- und des Reichsgesundheitsamtes, *Schäfer* und *Wehrle*, führten in einer Sitzung des Strafrechtsausschusses vom 14. Februar 1930 aus, sie stünden auf dem Standpunkt, daß das Schächten der Juden keine Tierquälerei darstelle, weswegen sie eine reichsrechtliche Regelung des Schächtens weiterhin ablehnten[999]. Eine solche nahm aber der Strafrechtsausschuß am 18. Februar 1930 mit einen Antrag des Zentrumsabgeordneten *Bell* an, demzufolge der § 412 des Entwurfs von 1927 einen zweiten Absatz folgenden Wortlauts enthalten sollte: „Handlungen an Tieren dürfen nicht mit Strafe bedroht werden, soweit sie zur Verfolgung ernster wissenschaftlicher Zwecke oder zur Erfüllung der Gebräuche einer Religionsgesellschaft des öffentlichen Rechts geboten sind."[1000] Dem Vorschlag *Sander's* wurde demnach nicht gefolgt, die Formulierung des Zusatzes erinnert eher an den Vorschlag *Radbruchs* in seinem Gutachten aus dem Jahre 1925. Diese Fassung des § 412 wurde auch noch 1932 vom 18. Strafrechtsausschuß des Reichstages beibehalten[1001]. Sie hätte, wäre sie Gesetz geworden, eine Legalisierung des Schächtens gebracht und das Landesrecht gebunden[1002].

5. Die Schlachtgesetze der Länder

Teilweise gegenläufig zur geplanten reichsrechtlichen Behandlung des Schächtens entwickelte sich die Gesetzgebung in den Ländern.

Mit dem bayrischen Gesetz über das Schlachten von Tieren vom 17. Mai 1930[1003] setzte eine restriktive Gesetzgebung ein[1004].

---

[998] Vgl. Sander, Tierschutz unter Berücksichtigung der gerichtlichen Entwicklung, S. 88.

[999] Schubert, Quellen, Abt. I, Bd. 3, Teil 3, S. 415 und 416.

[1000] Schubert, Quellen, Abt. I, Bd. 3, Teil 3, S. 424, nach entsprechendem Antrag Nr. 528 von Bell und Genossen (Zentrum), vgl. Schubert, Quellen, Abt. I, Bd. 3, Teil 3, S. 414.

[1001] Schubert, Quellen, Abt. I, Bd. 3, Teil 3, S. 336-339.

[1002] Vgl. die Ausführungen des Vertreters des Reichsjustizministeriums, Wagner, auf der 36. Sitzung vom 18. März 1932, Schubert, Quellen, Abt. I, Bd. 3, Teil 3, S. 338.

[1003] GVBl. Bayern, Nr. 15 vom 22. Mai 1930, S. 133.

[1004] Vgl. Hahn, Die Entwicklung des Tierschutzgedankens in Religion und Geistesgeschichte, S. 130 und Kuhl/Unruh, DÖV 1991, S. 94 (95).

Der Schaffung dieses Gesetzes ging ein langer Kampf zwischen Schächtgegnern und -anhängern in Bayern voraus[1005]. Am 25. Februar 1926 hatte sich der Verfassungsausschuß des Landtages mit einem nationalsozialistischen Antrag zu befassen, der ein vollständiges Verbot des Schächtens herbeiführen wollte[1006]. Dieser Antrag wurde zwar abgelehnt, ein weiterer Antrag des Münchener Tierschutzvereins jedoch angenommen, nach welchem das Schächten im Verhältnis der jüdischen Bevölkerungsziffer kontingentiert werden sollte[1007]. Eine Behandlung dieses Antrags im Plenum des Landtages erfolgte jedoch nicht, da inzwischen am 11. März 1926 vom Münchener Tierschutzverein, dessen 1. Vorsitzender der nationalsozialistische Oberregierungsrat *Einhauser* war, an den Landtag eine Eingabe gerichtet wurde, daß sämtliche Schächttiere vor der Schlachtung und auch vor dem Schächtakt zu betäuben seien[1008]. Am 23. Juni 1926 befaßte sich der Verfassungsausschuß des Landtages mit dieser Eingabe und beschloß, die Betäubungsfrage dem Landtag vorzulegen[1009]. Das Plenum

[1005] Über die Verhandlungen im bayrischen Landtag unterrichtet unter Wiedergabe der ungedruckten Ausschußberichte die Veröffentlichung des Münchener Tierschutzvereins „Der gesetzliche Betäubungszwang vor den Volksvertretungen, Heft 1: Bayern“ von 1930, vgl. Einhauser, Der gesetzliche Betäubungszwang vor dem norwegischen Storting, S. 5.

[1006] Lehner, Tierschutz und Gesetz, S. 50; Henning, Der Kampf um die Einführung humanen Schlachtens, S. 45.

[1007] Lehner, Tierschutz und Gesetz, S. 50. Den Vorschlag, das Schächten auf den Bedarf der israelitischen Kultusgemeinden zu beschränken, hatte schon 1911 Back in seinem Entwurf eines Reichsschlachtgesetzes, vgl. Back, Schächten oder Betäuben, S. 28, gemacht. Danach sollte die Schlachtung grundsätzlich nur mit vorheriger Betäubung erfolgen, aber nach § 3 des Gesetzes sollte es den israelitischen Kultusgemeinden gestattet sein, für den Bedarf der ihnen angehörigen Mitglieder Tiere nach israelitischem Ritus schächten zu lassen. Der Nachweis der Bedarfsziffer sollte den Kultusgemeinden, die Prüfung der Richtigkeit dieses Nachweises den staatlichen Behörden obliegen.

[1008] Vgl. Gebele von Waldstein, Der Tierschutz im Recht, S. 31. Daraufhin gingen dem Münchener Tierschutzverein von Tierärzten und Schlachthofdirektoren aus allen Teilen Deutschlands Zustimmungserklärungen zu. Diese wurden in der Schrift „Die deutschen Tierärzte gegen das betäubungslose Schächten“ zusammengestellt. Gegen die Eingabe richtete sich die Schrift „Zur Schächtfrage“ des Verbandes Bayerischer Israelitischer Gemeinden und der Bayerischen Rabbinerkonferenz vom 10. Mai 1926, vgl. BA Berlin-Li., 30.01., Nr. 6316, Bl. 195. Gegen das Schächten sprachen sich zwei weitere Schriften („Gutachten von Professoren der Anatomie und der Physiologie auf den tierärztlichen Lehrkanzeln des Deutschen Reiches über das betäubungslose Schächten“, 1929 und „Neues vom betäubungslosen Schächten“, 1. Auflage Oktober 1927, 2. Aufl. 1930) aus.

[1009] Lehner, Tierschutz und Gesetz, S. 50.

des Landtages diskutierte die Betäubungsfrage am 8. Juli 1926[1010] und faßte mit großer Mehrheit (Völkische, Deutschnationale, Deutsche Volkspartei, Bauernbund und Sozialdemokraten[1011]) den Beschluß, die Staatsregierung zu ersuchen: 1. Alsbald gesetzliche Anordnungen zu erlassen, wonach Rinder, Schafe, Ziegen und andere Wiederkäuer, Pferde, Esel, Maulesel, Maultiere, Schweine und Hunde, die geschlachtet werden, vor Beginn der Blutentziehung zu betäuben sind und 2. durch gesetzliche Anordnung sicher zu stellen, daß überall dort, wo es möglich erscheint, die Betäubung des Schlachtviehs statt durch freien Kopfschlag durch mechanisch wirkende Geräte (Schußbolzen usw.) erfolgt, die geeignet sind, die Betäubung oder den sofortigen Tod des Tieres herbeizuführen[1012].

Daraufhin traten Vertreter der bayerischen israelitischen Kultusgemeinden an die bayerische Regierung mit dem Ersuchen heran, mit der Vorlage des Gesetzentwurfes zunächst noch zu warten, es würden Versuche unternommen, ein mit den rituellen Vorschriften verträgliches Betäubungsverfahren zu finden[1013].

Im Sommer 1927 drängten die Vertreter des Münchener Tierschutzvereins bei den Staatsministerien des Innern und des Kultus auf die Vorlage des Gesetzentwurfes. Doch obwohl diese Vorlage für den Herbst 1927 in Aussicht gestellt wurde, erfolgte sie nicht.

Nachdem das Staatsministerium des Innern im Herbst 1927 die Überzeugung von der Verwendbarkeit des neu entwickelten elektrischen Betäubungsverfahrens gewonnen hatte, arbeitete es sein Gesetzesvorlage nochmals um und legte diese im Dezember 1927 dem Ministerrat zur Beschlußfassung vor[1014]. Der Vorsitzende des Ministerrats setzte den Entwurf aber zunächst mehrere Monate nicht auf die Tagesordnung einer Ministerratssitzung. Am 16. März 1928 sprach der Präsident des Landtages im Ältestenrat den Wunsch aus, es möchten mit

---

[1010] Der Antrag ging auf die Initiative des Abgeordneten Klein zurück und wurde von Abgeordneten verschiedener Fraktionen eingebracht, vgl. Clauß, Tierschutz und Strafgesetzgebung, S. 48.

[1011] In sozialdemokratischen Kreisen wurde diese Haltung der sozialdemokratischen Fraktion auf innerbayerische Vorgänge zurückgeführt. Tatsächlich hatte ein Teil der Fraktion bei der damaligen Abstimmung den Saal verlassen, vgl. Schreiben des Rabbiners Munk vom 6. Februar 1930, Anlage 3, Fn. 1, in: BA Berlin-Li., 30.01., Nr. 6317, Bl. 113.

[1012] Vgl. Henning, Der Kampf um die Einführung humanen Schlachtens, S. 46.

[1013] Lehner, Tierschutz und Gesetz, S. 51; Münchener TSV, Entwurf eines Gesetzes über das Schlachten von Tieren, Begründung, S. 5.

Rücksicht auf die Geschäftslage des vor Neuwahlen stehenden Landtages von der Staatsregierung nur noch unbedingt vordringliche Vorlagen gemacht werden. Vier Tage später, am 20. März 1928, beriet der Ministerrat über das Schlachtgesetz und beschloß, den an sich vorlagebereiten Entwurf mit Rücksicht auf obigen Wunsch dem Landtag nicht mehr vorzulegen, so daß die Beratung nutzlos war, denn nach Neubildung der Regierung war der Entwurf abermals vor den Ministerrat zu bringen[1015].

Inzwischen lagen dem Verfassungsausschuß des Bayerischen Landtages eine weitere Eingabe mehrerer bayerischer Tierschutzvereine vor, die um Durchführung des Landtagsbeschlusses baten[1016], und eine des Verbandes bayerischer israelitischer Gemeinden, die um eine Ausnahme des Schächtens vom Betäubungszwang nachsuchte[1017]. Im Laufe der Verhandlungen über diese Anträge im Bayerischen Landtag am 27. Juni 1929 wurde auch über das neue Verfahren zur Betäubung der Schlachttiere mit elektrischem Strom debattiert, das zunächst auch mit dem jüdischen Schächtritus vereinbar erschien. Demgegenüber wurde vom Kultusministerium betont, daß in Kreisen des orthodoxen Judentums erhebliche Bedenken gegen die Zulässigkeit dieser Betäubungsmethode bestünden. Es bestünden Zweifel, ob die Tiere wirklich bewußtlos seien, oder sich nicht vielmehr nur in einem Krampfzustand befänden, und ob die Tiere durch die elektrische Betäubung nicht doch verletzt würden, insbesondere im Bereich des Zentralnervensystems und der Blutgefäße, was das Tier nach den jüdischen Vorschriften zur Schächtung als ungeeignet erscheinen ließe. Die Bayerische Rabbinerkonferenz habe auf ihrer Sitzung vom 28. März 1929 erklärt, daß bisher keine der bekannten Betäubungsmethoden dem israelitischen Religionsgesetz entspreche. Dennoch beschloß der Landtag nach namentlicher Abstimmung mit 70 gegen 38 Stimmen, die Eingaben, soweit sie die Durchführung des Landtagsbeschlusses vom 8. Juli 1926 anstrebten, der Staatsregierung zur Berücksichtigung, im übrigen als Material zu überweisen[1018].

1014 Vgl. Münchener TSV, Entwurf eines Gesetzes über das Schlachten von Tieren, Begründung, S. 6/7.

1015 Vgl. Münchener TSV, Entwurf eines Gesetzes über das Schlachten von Tieren, Begründung, S. 7.

1016 Diese Eingabe ist abgedruckt in: Münchener TSV, Schlachttierschutz!.

1017 Vgl. das Schreiben des Präsidenten des Reichsgesundheitsamtes, Wehrle, an den Reichsminister des Innern, Severing, vom 31. Juli 1929, in: BA Berlin-Li., 30.01., Nr. 6317, Bl. 120.

1018 Verh. des Bayerischen Landtags, II. Tagung 1928/29, Bd. 2, S. 484/485, Sten. Ber. der 51. Sitzung vom 27. Juni 1929.

Da die Staatsregierung auch diesen erneuten Beschluß des Landtages unbeachtet ließ, reichte der Münchener Tierschutzverein am 8. Januar 1930 in Form einer Eingabe dem bayerischen Landtag einen eigenen vollständig ausgearbeiteten Entwurf eines Gesetzes über das Schlachten von Tieren mit Begründung ein[1019]. Er lautete:

„§ 1

I. Tiere, welche geschlachtet werden, sind unmittelbar vor dem Blutentzuge nachhaltig zu betäuben.

II. Ausgenommen sind Notschlachtungen, die durch Erkranken oder Verunglükken des Tieres notwendig werden, sofern nach den Umständen des einzelnen Falles eine Betäubung nicht ausführbar ist.

III. Bei Fischen und bei Geflügel kann von der Betäubung dann abgesehen werden, wenn zu Beginn der Schlachtung der Kopf mit einem raschen Hiebe vom Leibe getrennt wird.

§ 2: Mit der Schlachtung darf erst fortgefahren werden, wenn der Tod des Tieres eingetreten ist.

§ 3: Zur Befolgung der Vorschriften dieses Gesetzes ist auch derjenige verpflichtet, welcher die Schlachthandlung leitet. Der Eigentümer ist verpflichtet, für ihre Befolgung zu sorgen, wenn er bei der Schlachtung zugegen ist.

§ 4: Das Staatsministerium des Innern erläßt die Vorschriften zum Vollzug dieses Gesetzes.

§ 5:

I. Wer vorsätzlich oder fahrlässig den Vorschriften dieses Gesetzes, den Vollzugsvorschriften oder den oberpolizeilichen Vorschriften über das Schlachten von Tieren zuwiderhandelt, wird mit Geldstrafe bis zu 150 RM bestraft, sofern nicht in anderen gesetzlichen Bestimmungen eine höhere Strafe angedroht ist.

II. Wer die Bestimmungen in Stück 1 oder Stück 2 dieses Gesetzes gewerbs- oder gewohnheitsmäßig verletzt, wird mit Geldstrafe bis zu 1500 RM oder mit Haft bis zu sechs Wochen bestraft.

§ 6: Das Gesetz tritt am 1. April 1930 in Kraft."

In der Begründung des Gesetzesvorschlags im einzelnen wurde auf das Schächten nicht weiter eingegangen, sondern nur auf entsprechende außerbayerische

[1019] Münchner TSV, Entwurf eines Gesetzes über das Schlachten von Tieren.

deutsche oberpolizeiliche Vorschriften, die eine vorherige Betäubung des Schlachtviehs fordern, verwiesen, ohne zu erwähnen, daß diese allesamt Ausnahmeregelungen für das Schächten enthielten[1020].

Dies war für das von Karl Stützel (BVP) geleitete Bayerische Staatsministerium des Innern nun doch Anstoß dafür, dem Präsidenten des Bayerischen Landtages am 16. Januar 1930 den fertigen Entwurf eines Gesetzes über das Schlachten von Tieren zu übermitteln[1021]:

„Art. 1: Rindvieh, Schweine, Schafe, Ziegen, Pferde, Esel, Maultiere, Maulesel und Hunde sind beim Schlachten vor Beginn der Blutentziehung zu betäuben. Auf Notschlachtungen, bei denen sich die Betäubung nach Lage der Verhältnisse nicht ausführen läßt, findet die Vorschrift des Abs. 1 keine Anwendung.

Art. 2: Die näheren Vorschriften über das Schlachten der in Art. 1 bezeichneten Tiere werden vom Staatsministerium des Innern erlassen.

Art. 3: Zuwiderhandlungen gegen Art. 1 und gegen die auf Grund des Art. 2 erlassenen Vorschriften werden mit Gefängnis bis zu sechs Monaten oder mit Geldstrafe bestraft.

Art. 4: Dieses Gesetz tritt am 1. Oktober 1930 in Kraft."

Über diesen Gesetzentwurf verhandelte der Bayerische Landtag in seiner 57. Sitzung am 29. Januar 1930 in erster und zweiter Lesung[1022].

Zunächst rapportierte der Abgeordnete *Anton Scharnagel* (BVP) in seiner Funktion als Berichterstatter über die Sitzungen des Verfassungsausschusses vom 22. und 23. Januar 1930, in denen dieser sich mit dem Entwurf des Schlachtgesetzes beschäftigt hatte. Dabei habe ein Vertreter seiner Partei erklärt, entscheidend sei die Frage, ob in der Regelung eines Betäubungszwanges nicht ein unzulässiger Eingriff in die Gewissensfreiheit liege, was nach Angabe der Anhänger des strenggläubigen Judentums deshalb der Fall sei, weil bisher noch keine Betäu-

---

[1020] Vgl. Münchner TSV, Entwurf eines Gesetzes über das Schlachten von Tieren, Begründung, S. 8.

[1021] Vgl. BA Berlin-Li., 30.01., Nr. 6317, Bl. 105. Zu dieser Zeit setzte sich die Bayerische Regierung – mit Ausnahme von Franz Gürtner (DNat.) und Anton Fehr (DBP), die das Justiz- bzw. das Landwirtschaftministerium leiteten – ausschließlich aus Mitgliedern der Bayerischen Volkspartei zusammen.

[1022] Verh. des Bayerischen Landtags, III. Tagung 1929/30, Bd. 3, S. 105-120, Sten. Ber. der 57. Sitzung vom 29. Januar 1930, vgl. auch BA Berlin-Li., 30.01., Nr. 6317, Bl. 106 a.

bungsmethode vorhanden sei, die den rituellen Vorschriften der jüdischen Religion genüge. Ein weiteres Bedenken liege nach Ansicht seiner Parteifreunde darin, daß nur in Bayern ein Betäubungszwang durchgesetzt werden solle und daß von bayerischen Badeorten und Fremdenverkehrsvereinen wirtschaftliche Einbußen befürchtet würden. Aus diesen Gründen hätten sich weitere Mitglieder der Bayerischen Volkspartei gegen den Gesetzentwurf ausgesprochen. Ein Mitglied der Sozialdemokraten habe den Standpunkt vertreten, es sei sittlich geboten, wenn schon die Tötung von Tieren nicht vermieden werden könne, wenigstens jede unnötige Qual auszuschalten. Maßgebend sei, daß gerade die Leute der Praxis, die Tausende von Schlachtungen miterlebt hätten, einmütig die Einführung der vorherigen Betäubung verlangten. Da auch nicht nur das jüdische Schlachten vom Betäubungszwang betroffen sei, es sich also nicht um ein Ausnahmegesetz handele, habe der Vertreter der Sozialdemokraten für die Mitglieder seiner Partei die Annahme des Gesetzes empfohlen, ein Vorschlag, dem sich auch Mitglieder der Deutschen Volkspartei, der Deutschnationalen Volkspartei und der Bauernpartei angeschlossen hätten. Endlich habe Staatsminister *Stützel* erläutert, daß an der grundsätzlichen Zulässigkeit des Gesetzentwurfes kein Zweifel bestehe, da die Materie noch nicht durch das Reichsrecht geregelt sei[1023], das alleinige Vorgehen Bayerns schränke die Wirkung des Gesetzes jedoch etwas ein, da damit zu rechnen sei, daß nach dem Inkrafttreten des Gesetzes die orthodoxen Juden geschächtetes Fleisch von außerhalb einführen würden. Der Minister habe weiter darauf hingewiesen, daß – zumindest für die öffentlichen Schlachthäuser – durch eine Ministerialentschließung vom Jahre 1926 eine Kontingentierung der Schächtungen eingeführt worden sei, die ungefähr dem Verhältnis der jüdischen Bevölkerung zur Gesamtbevölkerung entspreche, so daß die Zahl der Schächtungen nur noch 1,6 bis 2 Prozent der Schlachtungen betrage. Er habe ferner betont, daß in der Wissenschaft die Frage, ob die Schächtung eine Tierquälerei von längerer Dauer sei, sehr umstritten sei, und daß die Staatsregierung zwar zwischenzeitlich geglaubt habe, daß das elektrische Betäubungsverfahren ein rituelles Schächten noch möglich mache, Vertreter der israelitischen Religionsgesellschaft die elektrische Betäubung aber als

[1023] Der Begründung des Entwurfs zufolge stützte sich die Zuständigkeit der Landesgesetzgebung auf Art. 7 Ziff. 2 und 8 mit Art. 12 der Verfassung des Deutschen Reiches vom 11. August 1919, RGBl., Nr. 152 vom 11. August 1919, S. 1383.

mit ihren rituellen Vorschriften unvereinbar abgelehnt hätten. Danach sei der Gesetzentwurf von der Mehrheit der Ausschußmitglieder angenommen worden.
In seiner Funktion als Abgeordneter stellte *Anton Scharnagel* für seine Bayerische Volkspartei den Antrag, durch einen neuen Absatz 3 zu § 1 die Staatsregierung zu ermächtigen, auch in anderen Fällen als Notschlachtungen Ausnahmen vom Betäubungszwang zuzulassen, wenn durch das zur Anwendung kommende Verfahren die Sicherheit gegeben sei, daß jede unnötige Tierquälerei vermieden werde. Möglicherweise werde ein solches Verfahren doch noch gefunden und dann müsse man, bei Anwendung der Ausnahmevorschrift, nicht in die Gewissensfreiheit eines Teiles der Staatsbürger eingreifen.
Der Abgeordnete *Lent* von der Deutschnationalen Volkspartei verwarf etwaige wirtschaftliche Bedenken und gab seiner Meinung Ausdruck, daß nur noch ein sehr geringer Teil der Juden an den Speisegesetzen, die er als überholte veterinärpolizeiliche Vorschriften bezeichnete, festhalte und daß der Staat zwar nicht in ethische Anschauungen, sehr wohl aber in die praktische äußere Anwendung religiöser Gebräuche eingreifen könne, wenn diese gegen ein allgemein im Volke wurzelndes Gefühl, hier die Abneigung gegen Tierquälerei, verstoße. Da er vom Vorliegen einer Tierquälerei aber überzeugt war, stimmte er im Namen seiner Partei dem Gesetzentwurf zu und beantragte zugleich, den Abänderungsantrag der Bayerischen Volkspartei abzulehnen, da dieser doch nur wieder eine Hintertür öffnen würde und dann die Staatsregierung sich immer wieder aufs Neue mit dem Problem befassen müßte. Sollte es jedoch gelingen, ein Verfahren ausfindig zu machen, das den jüdischen Religionsgebräuchen entspreche, so seien er und seine Parteifreunde gerne bereit, eine entsprechende Novelle zum Schlachtgesetz zu unterstützen.
Als nächster Redner erklärte der kommunistische Abgeordnete *Büchs* für seine Partei, er gebe dem Gesetz seine Zustimmung und lehne den Antrag der Bayerischen Volkspartei ab, weil dieser praktisch das, was das Gesetz verlange, wieder aufheben würde.
Der nationalsozialistische Abgeordnete *Buttmann* stritt zunächst jegliche antisemitische Tendenz des Gesetzentwurfs ab. Dieser sei schließlich vom Staatsministerium und nicht von nationalsozialistischer Seite eingebracht worden, auch wenn die Aktion, die zu diesem Gesetzentwurf geführt habe, tatsächlich auf einem völkischen Antrag beruhe. Bezüglich der Frage, ob das Schächten überhaupt tierquälerisch sei, verwies *Buttmann* auf die Stellungnahme des

Reichsverbandes praktischer Tierärzte aus dem Jahre 1927, die dieses bejahte. Unter Zurückweisung des Einwandes, es handele sich um einen unzulässigen Eingriff in religiöse Gebräuche, und unter Hinweis darauf, daß sich ein breiter Parteienkonsens zugunsten des Erlasses eines Schlachtgesetzes mit Betäubungszwang gebildet habe, stimmte *Buttmann* dem Gesetzentwurf unter Ablehnung des Abänderungsantrags zu.
Staatsminister *Stützel* gab nochmals zu bedenken, daß der Betäubungszwang für Schlachttiere in Bayern schon in sehr weitgehendem Umfang bestehe, nämlich in allen öffentlichen Schlachthäusern auf Grund ortspolizeilicher Vorschriften und auf Grund der Schlachthofordnungen. Daß dabei eine Ausnahme für zu schächtende Tiere gemacht werde, falle angesichts des geringen Prozentsatzes von Schächtungen in Bayern nicht besonders schwer ins Gewicht. *Stützel* gab seiner Hoffnung Ausdruck, daß sich das elektrische Betäubungsverfahren so verfeinern lasse, daß es auch den Anforderungen der orthodoxen Juden genüge, und schlug die Annahme des Abänderungsantrags vor, der eine Übergangslösung biete und angesichts der geringen Zahl jüdischer Schlachtungen auch nicht – wie von den Gegnern des Antrages behauptet – den Zweck des Gesetzes konterkariere. Außerdem könne durch die Beifügung einer derartigen Bestimmung von vornherein etwaigen Bestrebungen, die landesrechtliche Regelung des Schlachtrechts nachträglich durch ein Reichsgesetz auszuschalten oder wieder aufzuheben, der Boden entzogen werden.

Bei der nachfolgenden namentlichen Abstimmung wurde zunächst der Antrag der Bayerischen Volkspartei mit 64 gegen 45 Stimmen abgelehnt und dann der Gesetzantrag des Staatsministeriums ohne Änderung mit 64 gegen 42 Stimmen bei 2 Stimmenthaltungen angenommen[1024].
Diese Annahme erfolgte mit den Stimmen der SPD, des Bayerischen Bauernbundes, der Deutschnationalen Volkspartei, der Nationalsozialisten und der Kommunisten, gegen die Stimmen der regierenden Bayerischen Volkspartei, von der der Gesetzentwurf ausgegangen war, die aber auch einen Antrag gestellt

[1024] Die Gesamtanzahl der Abgeordneten des Bayerischen Landtags betrug 128, das heißt bei der Abstimmung über das Schlachtgesetz fehlten 20 Abgeordnete. Da aber nur 3 Abgeordnete der BVP nicht an der Abstimmung teilnahmen, wäre das Schlachtgesetz – bei zu vermutender gleichbleibender Fraktionsdisziplin – auch bei Abstimmungsteilnahme aller Abgeordneten angenommen worden.

hatte, der Ausnahmen vom Betäubungszwang zulassen wollte, wenn ein Verfahren gewährleistet würde, das jede unnötige Tierquälerei vermeide.
Die BVP lehnte den Gesetzantrag geschlossen mit 42 Stimmen ab, ein Abgeordneter der BVP enthielt sich der Stimme[1025].
Für das Gesetz stimmten 22 Abgeordnete der SPD, 17 Abgeordnete der BBB, 12 der DNVP, 9 der NSDAP und 4 der KPD; eine Abgeordnete der KPD enthielt sich der Stimme[1026].

So kam es, daß Bayern als erstes Land durch ein eigenes Schlachtgesetz und das darin enthaltene Gebot vorheriger Betäubung das jüdisch-rituelle Schächten faktisch unmöglich machte. Das Gesetz wurde am 17. Mai 1930 erlassen[1027] und trat am 1. Oktober 1930 in Kraft.
Daran änderte auch die Bekanntmachung des Bayerischen Staatsministers des Innern, *Stützel*, vom 21. Mai 1930 zur Ausführung des Gesetzes vom 17. Mai 1930[1028] nichts, die in ihrem § 6 Abs. 2 besagte: „Der Halsschnitt (Schächtschnitt) ist nach § 1 der Bundesratsverordnung über das Schlachten von Tieren vom 2. Juni 1917 (RGBl. S. 471) für das rituelle Schächten durch die hierzu bestellten Schächter noch zugelassen. Er darf aber, da Ausnahmen vom Betäu-

---

[1025] Mit „Nein“ stimmten: Ammann, Barth, Baumann, Bernzott, Breitenbach, Danner, Dissinger, Donderer, Fink, Valentin Fröhlich, Funke, Gehring, Gerstenecker, Graf, Held, Hellmann, Irl, Konrad, Lederer, Mattes, Gabriel Mayer, Josef Mayer, Merkl, Hans Müller, Anton Pfeiffer, Prechtl, Probst, Rauch, Reh, Rieß, Schäffer, Anton Scharnagel, Karl Scharnagel, Schlittenbauer, Georg Schwarz, Stang, Stapfer, Strodel, Voll, Wamsler, Wohlmuth und Wünstel. Der Abgeordnete Schmölz enthielt sich der Stimme.

[1026] Mit „Ja“ stimmten: Aenderl (SPD), Ammon (SPD), Baerwolff (DNVP), Bauer (DNVP), Bodendörfer (DNVP), Bossert (DNVP), Brügel (DNVP), Büchs (KPD), Burger (BBB), Buttmann (NSDAP), Dauser (NSDAP), Dressel (KPD), Endres (SPD), Engelsberger (BBB), Fischer (SPD), Ludwig Frölich (DNVP), Frühwald (DNVP), Gasteiger (SPD), Gentner (SPD), Giermann (SPD), Grimm (NSDAP), Haiger (DNVP), Hartmann (BBB), Hellmuth (NSDAP), Heß (NSDAP), Hirschauer (BBB), Högg (SPD), Högner (SPD), Hölzl (BBB), Klarhauser (BBB), Kupfer (SPD), Lechner (BBB), Lent (DNVP), Leonhardt (SPD), Lutzenberger (BBB), Mattil (BBB), Herbert Müller (KPD), Munzinger (BBB), Peschel (SPD), Adolf Pfeiffer (DNVP), Piechl (BBB), Pörschmann (SPD), Roßhaupter (SPD), Sang (SPD), Schaper (KPD), Scheisele (BBB), Schemm (NSDAP), Christian Schwartz (SPD), Seifried (SPD), Staedele (BBB), Steeger (SPD), Stegmann (BBB), Streicher (NSDAP), Strobel (DNVP), Sühler (DNVP), Timm (SPD), Tragesser (SPD), Wagner (NSDAP), Wahl (NSDAP), Walther (SPD), Wartner (BBB), Weismann (BBB), Wolf (BBB) und Zimmerer (SPD). Die Stimmenthaltung erfolgte durch die Abgeordnete Aschenbrenner (KPD).

[1027] GVBl. Bayern 1930 Nr. 15 vom 22. Mai 1930, S. 133.

[1028] GVBl. Bayern 1930 Nr. 15 vom 22. Mai 1930, S. 133.

bungszwang über die Fälle des Abs. 1 hinaus im Gesetze nicht vorgesehen sind, nur dann vorgenommen werden, wenn das Schlachttier vor dem Schächtschnitt vollständig betäubt wird".

In Preußen behandelte der Landtag in den Jahren 1927 und 1928 einen Urantrag der Abgeordneten *Friedrich Wiegershaus* und Genossen (Nationalsozialistische Freiheitsbewegung) und *Johann Krischick* und Genossen (DNVP) über das betäubungslose Töten der Schlachttiere und nahm in seiner 364. Sitzung vom 21. März 1928 den Ausschußantrag an[1029], in dem das Staatsministerium ersucht wurde, geeignete Maßnahmen zu treffen, daß

1. das Schlachten von Tieren durch das rituelle Schächten nicht über den Bedarf der jüdischen Bevölkerung an geschächtetem Fleisch hinaus erfolgt und das Verbot des wilden Schächtens strenger durchgeführt wird,
2. das Schächten ordnungsgemäß ausgeführt, ferner bei der Vorbereitung des Schächtens, insbesondere bei der Niederlegung der Tiere, Vorkehrungen getroffen werden, die geeignet sind, die Schlachttiere vor unnötigen Ängstigungen und Schmerzen zu schützen,
3. beim Schlachten überhaupt die vorhandenen technischen Verbesserungen in humanitärer Hinsicht angewandt und alle Roheiten möglichst verhindert werden.

Hiernach wurde also in Preußen nur eine Kontingentierung des Schächtens angestrebt, ein allgemeines Verbot des betäubunglosen Schlachtens erfolgte nicht.

6. Das Reichsschlachtgesetz vom 21. April 1933

Die Entwicklung im Reich führte aber über weitere Landesgesetze bzw. Landesverordnungen, die die NSDAP durchsetzte (in Braunschweig[1030] am 27. Juni 1931, in Anhalt[1031] und Mecklenburg-Strelitz[1032] am 14. Juli 1932, am 5. Okto-

---

[1029] Vgl. Schreiben des Präsidenten des Reichsgesundheitsamtes, Wehrle, an den Reichsminister des Innern, Severing, vom 31. Juli 1929, in: BA Berlin-Li., 30.01., Nr. 6317, Bl. 120.

[1030] Braunschweigisches GVBl., Stück 25 vom 30. Juni 1931, S. 143.

[1031] PolizeiVO der Regierung zu Anhalt, Abt. des Innern, über das Verfahren beim Schlachten vom 14. Juli 1932, abgedruckt in: Reichsgesundheitsblatt, 7. Jahrgang Nr. 47 vom 23. November 1932, S. 787.

ber 1932 in Oldenburg[1033], in Mecklenburg-Schwerin[1034] am 2. Dezember 1932, in Thüringen[1035] am 15. Dezember 1932, in Hessen[1036] und Württemberg[1037] am 17. März 1933 und in Baden[1038] und Sachsen[1039] am 22. März 1933) schließlich am 21. April 1933 zum Reichsgesetz über das Schlachten von Tieren mit einer dazugehörigen Verordnung[1040], von der Regierung in einer Kabinettssitzung vom 4. April 1933 beschlossen[1041].

Es enthielt folgende Bestimmungen:

„§ 1. Warmblütige Tiere sind beim Schlachten vor Beginn der Blutentziehung zu betäuben.

Der Reichsminister des Innern kann bestimmen, daß die Vorschrift des Abs. 1 auch beim Schlachten anderer Tiere anzuwenden ist. Solange er von dieser Befugnis keinen Gebrauch macht, können die Landesregierungen oder die von ihnen bestimmten Stellen solche Bestimmungen erlassen.

1032 Das Gesetz wurde auf Antrag der Deutschnationalen und der Nationalsozialistischen Fraktion vom 6. Juli 1932 beschlossen. Es enthielt in § 1 ein ausdrückliches Verbot des betäubungslosen Schächtens, vgl. BA Berlin-Li., 30.01., Nr. 6318, Bl. 85. Daraufhin wurde – nach Auskunft des Staatsministerium Neustrelitz vom 7. November 1932 – zunächst von der Verkündung des Gesetzes absehen Im Unterschied zum bayerischen und zum braunschweigischen Schlachtgesetz, die als „allgemeine Staatsgesetze“ im Sinne von Artikel 135 Satz 2 Reichsverfassung anzusehen seien, sei bei diesem Gesetz die besondere Tendenz, die ungestörte Religionsausübung einer konfessionellen Minderheit zu beeinträchtigen, unverkennbar und dieses deshalb kein allgemeines Gesetz mehr, vgl. BA Berlin-Li., 30.01., Nr. 6318, Bl. 92 a. Dieser Auffassung, daß ein Schächtverbot mit Art. 135 Satz 2 der Weimarer Reichsverfassung nicht vereinbar sei, trat der Reichsinnenminister in einem Schreiben an das Innenministerium Mecklenburg-Strelitz vom 27. Januar 1932 bei, vgl. BA Berlin-Li., 30.01., Nr. 6318, Bl. 96.

1033 Oldenburgisches GVBl. S. 1055.

1034 Der Gesetzentwurf vom 18. Oktober 1932 enthielt in § 2 ein ausdrückliches Schächtverbot, vgl. BA Berlin-Li., 30.01., Nr. 6318, Bl. 93.

1035 Für das Gesetz stimmten die Nationalsozialisten, die Deutschnationalen und der Thüringer Landbund, dagegen die Sozialdemokraten und die Kommunisten, die Deutsche Volkspartei enthielt sich der Stimme, vgl. BA Berlin-Li., 30.01., Nr. 6318, Bl. 94. Das Gesetz ist abgedruckt im Reichsgesundheitsblatt, 8. Jahrgang Nr. 7 vom 15. Februar 1933, S. 139.

1036 Hess. RegBl. S. 27.

1037 Württ. RegBl. S. 50.

1038 Badisches GVBl. S. 47.

1039 Sächsisches GBl., S. 19.

1040 RGBl. I, Nr. 39 vom 21. April 1933, S. 203 und 212.

1041 Vgl. BA Berlin-Li., 30.01., Nr. 6318, Bl. 118. Den Entwurf hatte das Reichsinnenministerium am 27. März 1933 fertiggestellt, vgl. BA Berlin-Li., 30.01., Nr. 6318, Bl. 102-104Rs, und der Reichskanzlei am 1. April 1933 mit der Bitte überreicht, ihn auf die Tagesordnung der nächsten Kabinettssitzung zu setzen, vgl. BA Berlin-Li., 30.01., Nr. 6318, Bl. 106.

Bei Notschlachtungen (§ 1 Abs. 3 des Gesetzes über die Schlachtvieh- und Fleischbeschau vom 3. Juni 1900 – RGBl. S. 547), bei denen sich nach Lage der Verhältnisse die Betäubung des Tieres nicht ausführen läßt, findet die Vorschrift des Abs. 1 keine Anwendung.

§ 2. Die näheren Bestimmungen über das Schlachten der in § 1 bezeichneten Tiere erläßt der Reichsminister des Innern. Solange er von dieser Befugnis keinen Gebrauch macht, können die Landesregierungen oder die von ihm bestimmten Stellen solche Bestimmungen erlassen.

§ 3. Wer vorsätzlich oder fahrlässig der Vorschrift des § 1 Abs. 1 oder einer auf Grund dieses Gesetzes erlassenen Bestimmung zuwider handelt, wird mit Gefängnis bis zu 6 Monaten oder mit Geldstrafe bestraft.

§ 4. Dieses Gesetz tritt am 1. Mai 1933 in Kraft.

Gleichzeitig tritt die Bekanntmachung über das Schlachten von Tieren vom 2. Juni 1917 (RGBl. S. 471) außer Kraft.“

In der Begründung zum Schlachtgesetz vom 21. April 1933, die das Reichsinnenministerium der Reichskanzlei am 1. April 1933 zusammen mit dem Gesetzentwurf übermittelte, wurde dargelegt, die Betäubung der Schlachttiere sei eine alte Forderung des Tierschutzes. Es wurde auf die bereits ergangenen Schlachtgesetze der Länder verwiesen. Die Ausdehnung des Betäubungszwanges auf alle warmblütigen Tiere, insbesondere auch auf Geflügel, erscheine notwendig, weil gerade beim Schlachten von Geflügel häufig Methoden angewendet würden, die im Interesse des Tierschutzes zu verhindern seien. Der Zeitpunkt des Inkrafttretens des Gesetzes trage dem Umstand Rechnung, daß das betäubungslose Schlachten zu einem möglichst baldigen Zeitpunkt aufhören solle, andererseits auch aber den Schlachthöfen und gewerblichen Betrieben eine angemessene Frist belassen werden müsse, sich die erforderlichen Betäubungsapparate zu beschaffen[1042].

Das Schlachtgesetz vom 21. April 1933 gab mithin eine für das ganze Reich geltende Regelung des Schlachtvorganges, die sich im wesentlichen in der Bestimmung des § 1 Abs. 1, der die Betäubung warmblütiger Tiere vor Beginn der Blutentziehung anordnete, erschöpfte. Mit diesem Verbot des betäubungslosen

[1042] BA Berlin-Li., R 43 I, Nr. 1461, Bl. 21/22.

Schlachtens von Tieren war das jüdisch-rituelle Schächten reichseinheitlich unmöglich gemacht worden.

Paragraph zwei des Gesetzes ermächtigte den Reichsminister des Inneren zum Erlaß näherer Bestimmungen. Von dieser Ermächtigung hat der Reichsinnenminister in der Verordnung über das Schlachten von Tieren vom 21. April 1933[1043] Gebrauch gemacht. Darin wurde in § 1 Satz 1 das Schlachten als „jede Tötung eines Tieres ..., bei der eine Blutentziehung stattfindet" definiert. Weiter wurde bestimmt, daß Schlachtungen nur von dazu qualifizierten Personen in geeigneten Räumen vorzunehmen seien (§§ 2, 3 und 7), daß die Tiere erst nach Erledigung aller zur Schlachtung erforderlichen Vorbereitungen in den Schlachtraum geführt werden durften (§ 4 Satz 1) und daß mit der Blutentziehung erst nach vollständiger Betäubung (§ 4 Satz 2), mit der Verarbeitung erst nach Eintritt des Todes (§ 11) begonnen werden durfte. Die Fesselung der Schlachttiere hatte erforderlichenfalls erst unmittelbar vor der Betäubung zu erfolgen (§ 10).
Das Wesentlichste am Schlachtgesetz und der Ausführungsverordnung waren jedoch die Vorschriften über die Betäubung. Ausnahmen davon waren nur zugelassen bei Notschlachtungen und bei Tötung von Geflügel durch vollständige Abtrennung des Kopfes (Schlachtgesetz § 1 Abs. 3; VO §§ 5 und 8). Dagegen waren die verbreiteten Methoden des Genickstichs, der Genickschlag (dieser ausnahmsweise nicht bei Kaninchen) und das Brechen des Genicks ausdrücklich verboten (§ 9). Die Verordnung gab in den §§ 6, 7 und 12 ausführliche Vorschriften, wie die Betäubung zu erfolgen habe. Es war grundsätzlich die Betäubung durch Kopfschlag zugelassen, dessen technische Ausführung § 7 regelte. Bei schweren Kühen und bei über zwei Jahre alten Ochsen und Bullen durfte der Kopfschlag nur ausnahmsweise angewendet werden. Hier war die Anwendung der Bolzenapparate obligatorisch, während sie sonst neben dem Kopfschlag zulässig war. In jedem Fall zugelassen war die Betäubung durch elektrischen Strom. Die Zulassung weiterer Betäubungsarten blieb vorbehalten.
Die Strafe für Verletzung der Vorschriften des Schlachtgesetzes oder der auf Grund seiner Ermächtigungen erlassenen Verordnungen war mit bis zu sechs Monaten Gefängnis höher als die in § 360 Nr. 13 RStGB angedrohte Strafe für Tierquälerei.

[1043] RGBl. I, Nr. 39 vom 21. April 1933, S. 212/213.

7. Zusammenfassung und Bewertung

Bis zur Machtergreifung der Nationalsozialisten erfolgte kein reichsrechtliches Schächtverbot, im Zuge der Strafrechtsreform gab es noch 1932 – zumeist auf Betreiben des Zentrums und aus religiösen Rücksichten – eher Bestrebungen, das Schächten zu legalisieren. Diese Rücksicht nahmen die Nationalsozialisten jedenfalls nicht.

Auch auf Landesebene sprachen sich die Volksvertretungen bis 1930 gegen die Einführung des obligatorischen Betäubungszwangs aus und trotz des oben erwähnten OLG-Urteils von 1901 war bis 1930 keine bemerkenswerte Zunahme von das Schächten verbietenden Schlachthausordnungen zu verzeichnen[1044].

Der allgemeine Meinungsumschwung ab 1933 auf Reichsebene läßt sich nur mit den veränderten politischen Machtverhältnissen erklären, der Erlaß von Schlachtgesetzen in den Ländern erfolgte meist aufgrund nationalsozialistischer Anträge[1045].

Wichtigste Regelung des Schlachtgesetzes war die Einführung des Betäubungszwanges. Die verbreitetste Art des betäubungslosen Schlachten war damals aber das Schächten. Auch insofern muß angenommen werden, daß durch das Schlachtgesetz in erster Linie das Schächten als rituelle Schlachtmethode der Juden unterbunden werden sollte. Darauf deuten auch die Gesetzentwürfe der NSdAP in Mecklenburg-Strelitz und in Mecklenburg-Schwerin hin.

Ein weiteres Indiz dafür, daß die Schlachtgesetze nicht so sehr tierschützerisch, sondern eher antisemitisch motiviert waren, ist die Tatsache, daß die Mehrzahl der gesetzlichen Regelungen, die ein möglichst schmerzloses Ende des Tieres ermöglichen sollten, in öffentlichen Schlachthäusern – entweder durch die Schlachthausordnung oder eine entsprechende Verordnung des Landes – ohne-

---

1044 Ab 1930 verboten einzelne Stadtbehörden das betäubungslose Schlachten: Zwickau am 9. Mai 1930, Hirschberg am 23. November 1930, Gotha am 6. Februar 1931, Bielefeld am 11. März 1931 und Schwerin im Februar 1931. Weitere Verbote erließen Altenburg, Gera, Lennep und Perleberg. Eine Vielzahl von Städten lehnte ein Verbot jedoch ab: Quakenbrück im Oktober 1929, Berlin am 3. Juni 1930, Leipzig am 2. Juli 1930, Königsberg am 17. Juli 1930, Köln am 2. Oktober 1930, Mühlhausen im November 1930, Soest im Dezember 1930, Ratibor am 23. Januar 1931, Schweidnitz am 29. Januar 1931, Rostock am 2. März 1931, Ulm am 4. März 1931, Mannheim am 19. März 1931 und Plauen am 6. Mai 1931, vgl. Mitteilungen des Verbandes der Tierschutzvereine des Deutschen Reiches, Heft 5 September 1931, in: BA Berlin-Li., 30.01., Nr. 6318, Bl. 70.

1045 Vgl. auch BGH, Urteil vom 27. April 1960, DÖV 1960, S. 635 (635/636).

hin schon Geltung hatten, so daß als Hauptwirkung des Schlachtgesetzes das Schächtverbot erschien[1046].

Schließlich ist in diesem Zusammenhang ein Schreiben des Reichsinnenministeriums vom 20. Mai 1933 an das Auswärtige Amt von Bedeutung, in dem darauf hingewiesen wird, daß das Schlachtgesetz durch die Einfuhr von Schächtfleisch aus dem Ausland umgangen werde, weswegen ein Einfuhrverbot für Fleisch von geschächteten Tieren vorgeschlagen worden sei[1047]. Bei einer diesbezüglichen kommissarischen Besprechung am 12. Mai 1933 sei man aber zu dem Schluß gekommen, eine wirksame Verhinderung der Einfuhr „geschächteten Fleisches" könne aus verschiedenen technischen Gründen nicht erreicht werden und lasse sich dem Ausland gegenüber auch nicht vertreten[1048].

Hier wird klar ersichtlich, daß hinter dem Schlachtgesetz die Absicht der Judendiskriminierung und -kriminalisierung[1049] stand, den Juden sollte nicht nur die Vornahme des Schächtakts selbst unmöglich gemacht, sondern auch der Genuß geschächteten Fleisches verwehrt werden.

Auch im Vergleich zur rechtlichen Behandlung des wissenschaftlichen Tierversuchs, bei der sich der Gesetzgeber auf den Standpunkt stellte, daß das menschliche Interesse vorzugehen habe, fällt auf, daß beim Schächten, ebenfalls ein Fall der Kollision menschlicher und tierischer Interessen, den tierischen Interessen der Vorzug gegeben wurde, obwohl die Schmerzen und Leiden der Tiere beim Schächtschnitt selbst wahrscheinlich geringer, im Normalfall jedenfalls nicht von so langer Dauer wie beim Tierversuch waren.

Insofern ist es nur folgerichtig, daß zwar das Schlachtgesetz vom 21. April 1933 als Ganzes auch nach dem Untergang des Dritten Reichs noch Bestand hatte, aber auf Grund von Art. 2 des Kontrollratsgesetzes Nr. 1 vom 20. September 1945, das die Anwendung deutscher Rechtsbestimmungen, soweit sie eine Person in der Ausübung ihrer Religion verhinderte oder benachteiligte, verbot, § 1 Abs. 1 des Schlachtgesetzes in keinem der deutschen Länder auf rituelle Schlachtungen angewendet wurde. Auf Anweisung der Militärregierung hat

[1046] Vgl. Adolph, Der Schutz des Tieres im Deutschen Recht, S. 14.
[1047] BA Berlin-Li., 30.01., Nr. 6318, Bl. 132.
[1048] BA Berlin-Li., 30.01., Nr. 6318, Bl. 133.

darüber hinaus ein Teil der Länder diese Bestimmung entweder durch Landesgesetz oder durch landesrechtliche Verordnung förmlich außer Kraft gesetzt. So hob Hessen zunächst das Schlachtgesetz vom 21. April 1933 auf[1050] und gestattete dann im hessischen Schlachtgesetz vom 20. Juni 1947[1051] das Schächten ausdrücklich. § 2 dieses Gesetzes lautete: „Das Schächten ist insoweit erlaubt, als den Angehörigen einzelner Religionsgemeinschaften der Genuß von Fleisch geschächteter Tiere rituell vorgeschrieben ist.“ Auch Hamburg trug dem Schächtbedürfnis der Juden Rechnung. Das Schlachtgesetz vom 21. April 1933 wurde jedoch nicht aufgehoben, sondern der Verordnung über das Schlachten von Tieren vom 21. April 1933 durch die Verordnung vom 7. März 1946 ein neuer § 13 folgenden Inhalts beigefügt: „Bei der Schlachtung von Tieren nach jüdischem Ritus darf das Blut ohne vorherige Betäubung der Tiere entnommen werden.“[1052]

So war das Schlachtgesetz auch in der Bundesrepublik Deutschland bis 1986 formell geltendes Recht. Das Schächtverbot wurde zwar seit der Grundsatzentscheidung des BGH vom 27. April 1960[1053] als spezifisch nationalsozialistisches Unrecht betrachtet und im folgenden auf rituelle Schlachtungen nicht mehr angewandt[1054]. Das Tierschutzgesetz von 1972 beschäftigte sich nicht mit der Neuordnung des Schlachtrechts. Erst die Novelle vom 18. August 1986 bezog grundlegende Regelungen des Schlachtrechts in das Tierschutzgesetz ein und löste damit das Schlachtgesetz von 1933 ab[1055].
Nach der im Rahmen dieser Novellierung eingefügten Vorschrift des § 4 a Abs. 1 Tierschutzgesetz ist das betäubungslose Schlachten warmblütiger Tiere grundsätzlich verboten. § 4 a Abs. 2 Tierschutzgesetz erlaubt jedoch die Erteilung von Ausnahmegenehmigungen, soweit diese erforderlich sind, um „den Bedürfnis-

---

1049 In den Jahren 1934 bis 1938 ergingen aber nur 11 Strafurteile gegen das Schächten, vgl. Jentzsch, Das rituelle Schlachten von Haustieren, S. 207.

1050 Gesetz über die Aufhebung des Schächtverbots sowie des Gesetzes vom 21. April 1933 (Schlachtgesetz) und der Verordnung vom 21. April 1933 vom 7. August 1946, GVBl. Großhessen, Nr. 25 vom 4. Oktober 1946, S. 173.

1051 GVBl. Großhessen, Nr. 7 vom 15. Juli 1947, S. 37.

1052 Vgl. Gebele von Waldstein, Der Tierschutz im Recht, S. 44.

1053 BGH, Urteil vom 27. April 1960, DÖV 1960, S. 635 (636).

1054 Kuhl/Unruh, DÖV 1991, S. 94 (95); Azzola, Rituelles Schächten und die Freiheit der Religinsausübung nach dem Grundgesetz, in: Levinger, Schechita, S. 159.

1055 Kuhl/Unruh, DÖV 1991, S. 94 (95).

sen von Angehörigen bestimmter Religionsgemeinschaften ... zu entsprechen, denen zwingende Vorschriften ihrer Religionsgemeinschaft das Schächten vorschreiben oder den Genuß von Fleisch nicht geschächteter Tiere untersagen“[1056].

Mit dem 31. März 1997 wurde durch die „Verordnung zum Schutz von Tieren im Zusammenhang mit der Schlachtung oder Tötung (Tierschutz-Schlachtverordnung – TierSchlV)" vom 3. März 1997 das bestehende, seit dem Ende des Zweiten Weltkrieges zersplitterte Schlachtrecht aufgehoben, insbesondere das über 60 Jahre alte Gesetz über das Schlachten von Tieren von 1933, so daß das Schlachtrecht zum ersten Mal in das Tierschutzgesetz eingebunden ist und einheitlich in Deutschland gilt.

J. Der Tierschutz in der Strafrechtsreform von 1902 bis 1932

1. Überblick

Das bis 1933 geltende Strafgesetzbuch für das Deutsche Reich datierte vom 15. Mai 1871. Nach seinem sachlichen Inhalt war es wesentlich älter; es stimmte fast wörtlich mit dem Strafgesetzbuch für den Norddeutschen Bund vom 31. Mai 1870 überein und dieses wiederum hatte in allen wesentlichen Punkten die Vorschriften des Preußischen Strafgesetzbuchs von 1851 übernommen. Die annähernd 30 Novellen, die das StGB von 1871 an im Laufe der Jahre abgeändert haben, haben es nicht tiefgreifend umgestaltet.

Erste Bestrebungen zu einer grundlegenden Reform des deutschen StGB von 1870/71 zeigten sich schon Ende des 19. Jahrhunderts, zunächst aber nur in der Strafrechtswissenschaft. Erst zur Jahrhundertwende wurde der Reformgedanke von der Reichsregierung aufgenommen.

[1056] Dagegen wendet sich Azzola, Rituelles Schächten und die Freiheit der Religionsausübung nach dem Grundgesetz, in: Levinger, Schechita, S. 171, der die Ansicht vertritt, das Schächten dürfte nicht mehr als Tierquälerei eingestuft werden und es für erforderlich hält, die Zulässigkeit des betäubungslosen Schächtens nicht als Ausnahme von einem Verbotstatbestand, sondern in vergleichbarer Weise wie die Zulässigkeit der Jagd zu regeln.

Im Jahre 1902 trat auf Veranlassung des Staatssekretärs im Reichsjustizamt *Nieberding* ein freies wissenschaftliches Komitee von acht deutschen Rechtslehrern zusammen[1057], die zusammen mit fast allen deutschen Strafrechtlern die im Jahre 1909 abgeschlossene sechzehnbändige „Vergleichende Darstellung des deutschen und ausländischen Strafrechts“ schufen, die zur Grundlage der ganzen weiteren Reformarbeit wurde. Gleichzeitig mit dem Abschluß dieses großen Werkes wurde vom 1. Mai 1906 bis 22. April 1909 im Reichsjustizamt von einer Kommission von fünf praktischen Juristen[1058] der erste Entwurf zu einem künftigen deutschen StGB aufgestellt und auf Anordnung des Reichsjustizamts als „Vorentwurf zu einem Deutschen Strafgesetzbuch“ mit zwei Bänden Begründung im Jahre 1909 veröffentlicht.

Dieser Vorentwurf war nicht zur Vorlegung an die gesetzgebenden Körperschaften bestimmt, sondern nur als Grundlage der öffentlichen Beurteilung gedacht. Dies geschah auch. Die öffentliche Kritik befaßte sich sehr eingehend mit diesem Entwurf, insbesondere die Strafrechtswissenschaft und die juristischen Praktiker lieferten wertvolles Material. Formulierte Gegenvorschläge brachten ein von den Professoren *Kahl*, *von Lilienthal*, *von Liszt* und *Goldschmidt* aufgestellter und nebst Begründung im Jahre 1911 veröffentlichter „Gegenentwurf zum Vorentwurf eines Deutschen Strafgesetzbuchs“ und der Entwurf einer Strafrechtsnovelle, der dem Reichstag am 12. März und wiederholt am 23. November 1909 und am 12. Januar 1911 vorgelegt, bei der Beratung in der Kommission wie im Plenum des Reichstags gebilligt wurde und dennoch unerledigt blieb.

Auf diesen Grundlagen wurde von einer zweiten, vom Reichsjustizamt unter Staatssekretär *Hermann Lisco* am 4. April 1911 einberufenen, aus achtzehn (sechzehn ordentlichen und zwei außerordentlichen) Mitgliedern bestehenden Kommission von Praktikern und Rechtslehrern, der sog. Strafrechtskommission, in der Zeit vom 4. April 1911 bis 27. September 1913 der „Entwurf 1913“ aufgestellt[1059].

[1057] Karl Birkmeyer, Fritz van Calker, Reinhard Frank, Robert von Hippel (er ersetzte Seuffert), Wilhelm Kahl, Karl von Lilienthal, Franz von Liszt, Adolf Wach.

[1058] Georg Lucas, Vorsitzender, Ministerialdirektor im preußischen Justizministerium, von Tischendorf (1908 durch Joel ersetzt), Schulz (1908 durch Kleine ersetzt), Georg Wilhelm Ditzen (1909 durch Oelschläger ersetzt), Meyer.

[1059] Mitglieder dieser Kommission waren Duffner, Ebermayer, v. Feilitsch, v. Frank, Friedmann, v. Hippel, Kahl, Lindenberg, Lucas, Meyer, Niemeyer, Pfersdorff, v. Rupp, Rüster,

Nachdem die Strafrechtskommission ihr Werk am 27. September 1913 beendet hatte, wurde in Aussicht genommen, ihre Beschlüsse zusammen mit einer erläuternden Denkschrift zu veröffentlichen. Auf Grund der Äußerungen, die diese Veröffentlichung hervorrufen würde, und der Stellungnahme der Reichsressorts und der Länder sollte dann der amtliche Entwurf eines neuen Strafgesetzbuchs aufgestellt werden.

Während des 1. Weltkrieges ruhten die Arbeiten an der erläuternden Denkschrift, im Frühjahr 1918 wurde die Reform jedoch durch den Staatssekretär des Reichsjustizamts, *Paul von Krause*, wieder in Fluß gebracht. Eine kleine Kommission von vier mit der Strafrechtsreform besonders vertrauten Männern[1060], die vom 15. April 1918 bis zum 21. November 1919 arbeitete, sollte den Entwurf der Strafrechtskommission von 1913 nachprüfen. Das Ergebnis der Arbeiten der kleinen Kommission war der Entwurf von 1919, der im Jahre 1920 zusammen mit dem Entwurf der Strafrechtskommission von 1913 und einer Denkschrift veröffentlicht wurde. Die Grundlinien der Reform, die in den Beschlüssen der Strafrechtskommission niedergelegt sind, hat der Entwurf von 1919 gewahrt. Gleich den Beschlüssen der Strafrechtskommission hat er keinen amtlichen Charakter.

Dieser Entwurf stieß auch bei der österreichischen Rechtswissenschaft auf reges Interesse. Im Zusammenwirken der Justizverwaltungen beider Länder wurde ein neuer für beide Länder bestimmter Entwurf aufgestellt, den der Reichsminister der Justiz, *Radbruch*, im Herbst 1922 der Reichsregierung zur Beschlußfassung vorlegte (sog. „*Radbruch'scher* Entwurf"). Zu *Radbruchs* Lebzeiten ist der Entwurf nicht veröffentlicht worden[1061]. Während seiner Ministerzeit (unter Reichskanzler *Joseph Wirth* [Zentrum] vom 26. Oktober 1921 bis zum 22. November 1922) scheiterte dies daran, daß die Reichsregierung ihn nicht verab-

---

Schulz, v. Tischendorf, Moeli, Klein, später Cormann, Joel, Kleine. Moeli gehörte der Kommission als Sachverständiger auf dem Gebiet des Irrenrechts an, Kleine auf dem des Strafvollzugs. Den Vorsitz führte zunächst der Ministerialdirektors Lucas und, nachdem er aus Gesundheitsrücksichten ausgeschieden war, ein Vertreter der Rechtswissenschaft, Professor Kahl.

[1060] Joel, Ebermayer, Cormann, Bumke.

[1061] Erst dreißig Jahre später, nach Gründung der Bundesrepublik Deutschland, kam es zu der Veröffentlichung des Entwurfs Radbruch im traditionsreichen Verlag J.C.B. Mohr (Paul Siebeck) Tübingen.

schiedete. Erst im Herbst 1924 bot sich die Möglichkeit, in die Beratung des Entwurfs einzutreten. Der „Amtliche Entwurf eines Allgemeinen Deutschen Strafgesetzbuchs", den der Staatssekretär im Reichsministerium der Justiz, *Curt Joel*, am 12. November 1924 durch das Kabinett brachte und am 17. November 1924 dem Reichsrat vorlegte, wich so stark von *Radbruchs* Text ab, daß er als davon verschiedener, neuer Entwurf angesehen werden mußte. Diese Reichsratsvorlage (im Schrifttum nicht ganz zutreffend meist als „Entwurf von 1925" bezeichnet) und ebenso später ihre Begründung wurden zu Beginn des Jahres 1925 veröffentlicht. Nach eingehender Erörterung in der öffentlichen Kritik und sorgfältigster Prüfung durch die Landesregierungen und in den Ausschüssen des Reichsrats wurde der Entwurf am 13. April 1927 vom Reichsrat verabschiedet und mit Begründung am 14. Mai 1927 dem Reichstag zur Beschlußfassung vorgelegt. Diese Reichstagsvorlage[1062] wich von der Reichsratsvorlage in zahlreichen, auch bedeutenderen Punkten ab, behielt aber die Grundlagen der Reform bei.

Über die Reichstagsvorlage wurde 1928 bis 1930 in der deutsch-österreichischen parlamentarischen Strafrechtskonferenz, von 1927 bis 1930 im 21. Strafrechtsausschuß des Reichstags und 1932 im 18. Strafrechtsausschuß des Reichstags verhandelt. Doch obwohl sowohl die Strafrechtskonferenz als auch die Strafrechtsausschüsse die Reichstagsvorlage billigten, kam es nicht zu einer Beschlußfassung des Reichstags hierüber.

Schließlich erfuhr die strafrechtliche Regelung des Tierschutzes durch den Erlaß der Strafrechtsnovelle vom 26. Mai 1933 aber doch eine Änderung.

Die Entwicklung des Tierschutzes in den Strafgesetzbuchentwürfen war stets begleitet von entsprechenden Abänderungsvorschlägen, die, in Petitionen und wissenschaftlichen Arbeiten zum Thema geäußert, sich teils mit dem jeweiligen Entwurf beschäftigten, teils aber auch völlig eigenständige Vorschläge in Ansatz brachten.

[1062] Schubert, Quellen, Abt. 1, Bd. 1, Entwurf 1927, S. 437 ff.

2. Die „Vergleichende Darstellung des deutschen und ausländischen Strafrechts“

In der Vergleichenden Darstellung des deutschen und ausländischen Strafrechts[1063] hatte wiederum *Robert von Hippel* die Bearbeitung der in § 360 Nr. 13 RStGB geregelten Tierquälerei übernommen.

Von Hippel gab einen allgemeinen Überblick über die Tatbestandsmerkmale des § 360 Nr. 13 RStGB und wies darauf hin, daß trotz des Vorliegens des Tatbestandes keine Bestrafung erfolge, wenn das Verhalten des Täters aus besonderen Gründen objektiv rechtmäßig war. Rechtmäßig könne nur „die zur Wahrnehmung überwiegender menschlicher Interessen notwendige Schmerzerregung“[1064] sein. Welche Interessen als überwiegende und demgemäß berechtigte erschienen, das hänge von der Nationalität und Bildungsstufe des jeweils in Betracht kommenden Volkes ab. Selbstverständlich gehörten hierher nach geltendem Recht der Gebrauch der Tiere zur Arbeit und Ernährung, die Jagd und Fischerei, aber auch die Vivisektion, sofern sie von wissenschaftlich gebildeten Personen zu ernsten wissenschaftlichen Zwecken und innerhalb der dadurch gebotenen Schranken, also insbesondere unter Vermeidung jeder unnötigen Schmerzenserregung, ausgeübt werde. Auch das rituelle Schächten der Juden unterfalle danach nicht dem Tierquälereitatbestand, da es entweder am Quälen bzw. Mißhandeln oder, wenn das Schächten in Erfüllung religiöser Vorschriften erfolge, an der Boshaftigkeit bzw. der Roheit fehle.

Der Bearbeiter verwies aber auch auf die große Anzahl von Spezialverordnungen gegen Tierquälerei, die neben dem allgemeinen Verbot des § 360 Nr. 13 RStGB bestünden. Hierzu gehörten landesrechtliche und ortspolizeiliche Anordnungen über die Vivisektion und das Schlachten (insbesondere über das Schächten) sowie verschiedene andere Vorschriften hauptsächlich über Tiertransporte.

[1063] Der die „Tierquälerei“ auf den Seiten 241 bis 270 behandelnde Band 2 des Besonderen Teils der Vergleichenden Darstellung erschien 1906.
[1064] von Hippel, Vergl. Darst., S. 246.

Zum Verhältnis all dieser Vorschriften zum Reichsrecht bemerkte er, das Strafgesetzbuch enthalte im § 360 Nr. 13 keine reichsrechtlich geregelte Materie im Sinne des § 2 RStGB. Die Landesgesetzgebung dürfe daher ergänzende Strafbestimmungen erlassen. Letztere könnten entweder einzelne durch den § 360 Nr. 13 RStGB nicht getroffene Fälle von Tierquälerei mit Strafe belegen oder, lediglich vorbeugend, Bestimmungen zur Verhütung von Tierquälereien enthalten. Wo die reichsrechtliche Bestimmung anwendbar sei, da verdränge sie das Landesrecht.

In seiner Kritik des geltenden Strafrechts schlug *von Hippel* vor, jede unnötige Tierquälerei ohne Rücksicht auf die Öffentlichkeit der Begehung oder die Erregung von Ärgernis nach Reichsrecht für strafbar zu erklären[1065], wobei natürlich überwiegende menschliche Interessen weiterhin zur objektiven Rechtmäßigkeit und damit zur Straflosigkeit einer an sich tierquälerischen Handlung führten. Auch die nicht öffentliche oder Ärgernis erregende Tierquälerei übe zumindest auf den Täter selbst einen entsittlichenden Einfluß aus und verletze oder gefährde beim Bekanntwerden das moralische Gefühl anderer. Die endlose Fülle von Verboten gegen einzelne Arten von Tierquälerei im deutschen Verordnungsrecht erkläre sich nur dadurch, daß die allgemeine, reichsrechtliche Bestimmung als ungenügend empfunden werde. Wer glaube, man strafe in Deutschland tatsächlich nur bei Öffentlichkeit oder Erregung von Ärgernis, der irre. In Wirklichkeit seien fast alle typischen, häufig vorkommenden Fälle unnötiger Mißhandlung durch Spezialverordnungen verboten. Diesen Zustand bezeichnete *von Hippel* als „prinziplos und verfehlt". Auch gesetzgebungstechnisch sei eine einfache grundsätzliche Entscheidung einer ausgedehnten Kasuistik, die zu Rechtsunsicherheit und Rechtsungleichheit führe, vorzuziehen.

Zum Strafmaß erklärte *von Hippel*, dieses müsse, besonders im Rückfall, erhöht werden, er schlage Geldstrafe bis zu 300 Mark oder Gefängnis bis zu 3 Monaten vor, habe aber auch gegen eine weitere mäßige Erhöhung, besonders der Geldstrafe, nicht einzuwenden. Mit dem Vorschlag erhöhter Strafe für Rückfalltäter übernahm von Hippel eine mehrfach geäußerte Forderung der Tierschutzvereine.

[1065] von Hippel, Vergl. Darst., S. 265 ff.

Durch eine Erweiterung der Tierquälereistrafbarkeit im obigen Sinne werde das Verordnungsrecht teilweise entbehrlich bzw. hinfällig. Es behalte aber seine Geltung auch für die Zukunft auf dem Gebiet vorbeugender Maßnahmen zur Verhütung von Tierquälereien. Solche durchaus zweckmäßige Maßregeln zu beseitigen oder für die Zukunft unmöglich zu machen, liege kein Grund vor. Sie reichsgesetzlich im einzelnen festzulegen, sei mit Rücksicht auf die gerade in dieser Beziehung lokal doch verschiedenen Bedürfnisse kaum möglich. Andererseits werde es sich empfehlen, auch hier wenigstens eine Gleichmäßigkeit im Strafmaß herbeizuführen, welches mit Rücksicht auf den polizeilichen Charakter solcher Vorschriften der bisherigen Übertretungsstrafe entsprechen dürfte. Die Übertretungsstrafe solle also den treffen, der „den zur Verhütung von Tierquälereien erlassenen Bestimmungen zuwiderhandelt"[1066]. Derartige Gesetzesvorschriften fänden sich mehrfach in der deutschen Vergangenheit sowie im Ausland. Sie seien auch für das deutsche Reichsrecht schon wiederholt als wünschenswert bezeichnet worden.

Zur Vivisektion bemerkte *von Hippel*, diese sei auch für die Zukunft unter den oben genannten Voraussetzungen als rechtmäßig anzuerkennen. Fraglich sei nur, ob weitere vorbeugende Bestimmungen über die Vivisektion benötigt würden, um das Vorkommen von Mißbräuchen dabei zu verhüten. Er schlug vor, zu erwägen, ob nicht einheitliche reichsrechtliche Vivisektionsvorschriften zu erlassen wären. Sie hätten dann nicht mehr lediglich disziplinären, sondern gemeinrechtlichen Charakter und Zuwiderhandlungen gegen sie würden als Übertretungen nach der oben vorgeschlagenen reichsrechtlichen Norm strafbar sein.

Die Schächtfrage betreffend erklärte *von Hippel*, festgestellt werden müsse weiterhin, daß das Schächten reichsrechtlich nicht unter die Strafnorm der Tierquälerei fallen solle, daß aber Übertretungen von Schächtvorschriften angesichts der rechtsgültigen Verbote an einzelnen Schlachthäusern unter die vorgeschlagene Übertretungsbestimmung gehören würden. Einstweilen aber solle man der Entwicklung in der Praxis mit ihren lokalen Anordnungen ihren natürlichen Lauf lassen.

[1066] von Hippel, Vergl. Darst., S. 268.

3. Der Vorentwurf von 1909

Im Vorentwurf von 1909 wurden die Vorschläge *von Hippels* von 1906 weitgehend umgesetzt. Es ist daher auch nicht verwunderlich, daß die Begründung inhaltlich im wesentlichen mit den damaligen Ausführungen *von Hippels* übereinstimmt.

Der Vorentwurf stellte die Tierquälereinorm als § 146 in den 7. Abschnitt des Ersten Buchs über Verbrechen und Vergehen gegen die öffentliche Ordnung ein und verzichtete auf die Öffentlichkeit oder Ärgerniserregung. § 146 des Vorentwurfs lautete: „Wer Tiere boshaft quält oder roh mißhandelt, wird mit Gefängnis oder Haft bis zu sechs Monaten oder mit Geldstrafe bis zu eintausend Mark bestraft."
Darüber hinaus regelte im Zweiten Buch des Besonderen Teils die neue Übertretungsvorschrift des § 306 Nr. 4: „Mit Geldstrafe bis zu dreihundert Mark oder mit Haft oder Gefängnis bis zu drei Monaten wird bestraft: ... 4. wer die zur Verhütung von Tierquälerei erlassenen Vorschriften übertritt;".

Somit handelte es sich gemäß § 1 Abs. 2 und 3 VE 1909 bei § 146 um ein Vergehen und bei § 306 Nr. 4 um eine Übertretung. Im Gegensatz zur Haftstrafe, bei der die Gefangenen nur unter Beaufsichtigung stehen sollten (§ 20 Abs. 1 Satz 1), war für das Gefängnis Beschäftigungszwang vorgesehen (§ 17 Abs. 1 Satz 1). Nach § 30 war der Mindestbetrag der Geldstrafe bei Vergehen auf fünf, bei Übertretungen auf eine Mark festgelegt. Die fahrlässige Begehung sollte nach § 58 Abs. 2 bei Übertretungen immer strafbar sein, bei Vergehen nur, wenn dies ausdrücklich im Gesetz angeordnet war, was bei § 146 nicht der Fall war. Auch die Versuchsstrafbarkeit mußte bei Vergehen nach § 75 Abs. 2 ausdrücklich angeordnet werden, Übertretungen sollten im Versuch nie strafbar sein. Nach § 78 haftete der Anstifter wie der Täter, wer Beihilfe zu einem Vergehen leistete, konnte nach § 79 nur nach den Vorschriften über den Versuch (§ 76) bestraft werden. Neu war die generelle Regelung des Rückfalls in den §§ 87 und 88, die auch auf Vergehen Anwendung finden sollten; im geltenden Strafrecht war die schwerere Ahndung rückfälliger Gesetzesverletzungen nur in einzelnen Fällen, nämlich beim Diebstahl (§§ 244, 245), beim Raub (§ 250 Nr. 5), bei der Hehlerei (§ 261) und beim Betrug (§ 264 RStGB) möglich. Nach § 18 Abs. 1

sollte der Richter in den Fällen, in denen die Tat von besonderer Roheit, Bosheit oder Verworfenheit zeugte, sogar noch zu besonderen „Schärfungen“ der Strafe ermächtigt sein. Schließlich war für § 146 eine Verjährung von drei Jahren, für den § 306 Nr. 4 von sechs Monaten vorgesehen (vgl. § 94 Abs. 2 Nr. 2 und Abs. 3).

Nach der Begründung zum Vorentwurf von 1909[1067] wurde das Erfordernis der Öffentlichkeit und der Ärgerniserregung in § 146 aufgegeben, da es nicht mehr den fortgeschrittenen sittlichen Anschauungen entspreche. Angesichts der Tatsache, daß nach dem alten Recht auch grausamste Tierquälereien straffrei blieben, wenn sie nicht öffentlich begangen wurden oder aber nur vor den Augen von Personen, die an den Leiden des Tieres keinen Anstoß nahmen, wurde jetzt die Bestrafung jeder unnötigen Tierquälerei gefordert, denn diese verletze stets, auch wenn sie nur im Wege späterer Mitteilungen zur Kenntnis Unbeteiligter komme, das menschliche Sittlichkeitsgefühl, das Gefühl des Mitleids, das ein ethisches Gut von hoher Bedeutung für die Gesellschaft darstelle[1068]. Danach sollte einerseits das vorhandene Mitleidsgefühl erhalten und andererseits einer weiteren Verrohung und Abstumpfung, die auch zu einer Gefahr für Mitmenschen werden könne, entgegengewirkt werden[1069]. Weiterhin wurde auf die meisten ausländischen Gesetzgebungen verwiesen, die jede unnötige Mißhandlung oder Grausamkeit straften.

Trotz der Erweiterung des Tatbestandes mußte das Quälen aber weiterhin boshaft sein und das Mißhandeln des Tieres roh. Diese Merkmale etwa durch das Erfordernis des „Unnötigen“ zu ersetzen, erschien nach der Begründung nicht angezeigt, da sonst diejenigen, die mit Tieren zu arbeiten haben, zu leicht in die Gefahr strafrechtlicher Verfolgung gerieten. Der Strafschutz solle vielmehr die

---

[1067] Geh. StA Berlin-Dahlem, Rep. 84 a, Nr. 8407, Bl. 362Rs/363; BA Berlin-Li., 15.01., Nr. 8422, Bl. 210Rs/211.

[1068] Vorentwurf 1909, Begründung, S. 501. Hiergegen wendet sich Reinhardt, Tierquälerei als rechtswidrige und strafbare Handlung, S. 65/66, mit dem Argument, dann müsse auch der, der durch Mitteilung von einer überhaupt nicht stattgefundenen Tierquälerei die Ursache zu einer Gefühlsverletzung setze, bestraft werden.

[1069] § 360 Nr. 13 RStGB trug nur der gefühlsverletzenden Wirkung der Tierquälerei Rechnung, nach dem Vorentwurf sollte auch die gefühlsabstumpfende Wirkung mehr ins Gewicht fallen, vgl. Misch, Der strafrechtliche Schutz der Gefühle, S. 122; Reinhardt, Tierquälerei als rechtswidrige und strafbare Handlung, S. 65.

durch das praktische Leben gezogenen Grenzen nicht überschreiten, wozu auch gehöre, daß als Maßstab des Strafwürdigen nicht das Gefühl einzelner besonders empfindsamer Tierfreunde, sondern nur das allgemeine gesunde Sittlichkeitsbewußtsein dienen könne, das nur an ein gewisses Maß überschreitenden körperlichen Einwirkungen auf das Tier, durch welche diesem erhebliche Schmerzen oder Leiden zugefügt werden, Anstoß nehme. Die Erfordernisse der Roheit und Bosheit seien aber auch geeignet, eine strafwürdige Handlung von den Handlungen zu scheiden, die, obwohl sie dem Tier Leiden und Qualen zufügten, zur Wahrung überwiegender menschlicher Interessen vorgenommen werden müßten und die deshalb als rechtmäßige straflos bleiben müßten. Dieser Gesichtspunkt sei es, der insbesondere bei der Vivisektion und bei der Schächtfrage strafloses von strafbarem Handeln trenne.

Weiterhin habe sich die Strafdrohung als zu gering erwiesen. Da das Delikt, besonders im Rückfall oder in sonstigen schweren Fällen, eine schärfere Bestrafung verlange, habe der Entwurf die Tierquälerei von einer bloßen Übertretung zu einem Vergehen umgebildet.

Zum neuen § 306 Nr. 4 bemerkte die Begründung[1070], es habe sich im Interesse der Rechtseinheit im Reich empfohlen, für die Übertretung der zahlreichen von Landes- und Reichsbehörden erlassenen Verordnungen im Wege der Blankettgesetzgebung eine einheitliche Strafdrohung aufzustellen[1071]. Eine Regelung der einzelnen, hauptsächlich vorbeugenden Tierschutzmaßnahmen sei wegen der zeitlich und örtlich häufig wechselnden Bedürfnisse nicht angebracht gewesen[1072].

[1070] Geh. StA Berlin-Dahlem, Rep. 84 a, Nr. 8407, Bl. 486Rs/487; BA Berlin-Li., 15.01., Nr. 8422, Bl. 334Rs/335.

[1071] Die Einreihung dieses „Blankettgesetzes“ beruhte auf dem Vorschlag von Hippels von 1891, vgl. von Hippel, Tierquälerei, S. 140/141. Die Bestimmung stammte aus dem Entwurf zur „kleinen Strafrechtsnovelle“ vom 12. März 1909. Der damals vorgeschlagene § 360 Nr. 13 lautete ebenfalls: “... wer die zur Verhütung von Tierquälerei erlassenen Vorschriften übertritt“, vgl. Geh. StA Berlin-Dahlem, Rep. 84 a, Nr. 8407, Bl. 53.

[1072] Vorentwurf 1909, Begründung, S. 857.

4. Die Stellungnahme der Rechtswissenschaft

In der Rechtswissenschaft wurden die Tierschutznormen des Vorentwurfs von 1909 überwiegend positiv aufgenommen, was auch aus der 1911 im Reichsjustizamt gefertigten „Zusammenstellung der gutachtlichen Äußerungen über den Vorentwurf zu einem Deutschen Strafgesetzbuch“[1073] ersichtlich wurde.
Rosenberg[1074] billigte die Einreihung der Tierquälerei in § 146 unter die Vergehen und die wahlweise Androhung von Gefängnis, er wollte sogar die Tierschutznorm des § 306 Nr. 4 bei den Vergehen einstellen. Die gegenüber dem geltenden Rechte strengere Strafdrohung wurde auch von *von Overbeck*[1075] gutgeheißen und *Kohler*[1076] erkannte als Verbesserung an, daß Öffentlichkeit und Ärgernis als Tatbestandsmerkmale aufgegeben wurden.
Dagegen mißbilligte *Goldschmidt* die systematische Stellung des Tierquälereiparagraphen 146 als willkürlich. Er hielt die Einfügung am Schlusse der Verbrechen und Vergehen gegen die Sittlichkeit für angemessen[1077]. *Römheld*[1078] wollte die Tierquälerei wieder unter die Übertretungen gestellt sehen, deren jetzige Höchststrafe er als ausreichende Verschärfung erachtet.

5. Der unerledigte Entwurf einer Strafrechtsnovelle von 1909

Am 12. März 1909, also vor Fertigstellung des Vorentwurfs von 1909, legte Reichskanzler Fürst *von Bülow* dem Reichstag nach erfolgter Zustimmung des Bundesrates[1079] einen Entwurf zur Änderung des Strafgesetzbuchs vor[1080].

1073 Zusammenstellung der gutachtlichen Äußerungen über den Vorentwurf zu einem Deutschen Strafgesetzbuch, S. 274 und S. 417.
1074 Rosenberg, Reform, Bd. 2, S. 482.
1075 von Overbeck, SchwZSt., 23. Jahrgang 1910, S. 1 (37).
1076 Kohler, GA, Bd. 56, 1909, S. 285 (302).
1077 Goldschmidt, Reform, Bd. 2, S. 63. Ebenso später Kupka, Die Tierquälerei mit besonderer Rücksicht auf die lex ferenda, S. 50.
1078 Römheld, DRZ, 2. Jahrgang 1910, Sp. 431 (435).
1079 Dem Bundesrat war der Entwurf am 11. Januar 1909 vorgelegt worden, vgl. Geh. StA Berlin-Dahlem, Rep. 84 a, Nr. 8407, Bl. 52. Ein Antrag Württembergs, in Nr. 13 des § 360 zu bestimmen, „wer die zur Verhütung von Tierquälereien erlassenen Vorschriften übertritt, sofern nicht gemäß § 145 b eine höhere Strafe verwirkt ist“, wurde abgelehnt, vgl. Bundesratsausschuß VI vom 23. Februar 1909, in: BA Berlin-Li., 15.01., Nr. 8421, Bl. 207. Der Bundes-

Dieses Änderungsgesetz bezog sich nur auf einige wenige Paragraphen des Besonderen Teils, deren Neuregelung vor einer allgemeinen Revision des Strafgesetzbuchs besonders wünschenswert und auch möglich erschien. Dazu gehörte nach der Begründung auch der Schutz gegen Tierquälerei, der nicht mehr so kontrovers diskutiert werde wie früher, da die Auffassung durchgedrungen sei, daß die Vivisektion zu ernsten wissenschaftlichen Zwecken unentbehrlich sei und das Schächten, wenn besondere Vorsichtsmaßregeln beachtet würden, ausgeübt werden dürfe[1081].

Nach Nr. 3 a des Gesetzentwurfs sollte die Tierquälereivorschrift in § 145 b lauten: „Wer Tiere boshaft quält oder roh mißhandelt, wird mit Gefängnis bis zu drei Monaten oder mit Geldstrafe bis zu sechshundert Mark bestraft."
Der Nr. 3 b des Entwurfs zufolge sollte die Tierschutznorm in § 360 Nr. 13 folgende Fassung erhalten: „Mit Geldstrafe bis zu hundertfünfzig Mark oder mit Haft wird bestraft,
... 13) wer die zur Verhütung von Tierquälerei erlassenen Vorschriften übertritt."[1082]

Zum Tatbestand wiederholte die Begründung die Ausführungen in der Begründung zum Vorentwurf von 1909[1083]. Hierbei wird noch einmal festgestellt, daß trotz der Verschärfung des Tatbestandes weiterhin nicht jedes Erregen von Schmerzen bei einem Tier als Tierquälerei aufgefaßt werden könne, sondern daß überwiegende berechtigte menschliche Interessen anerkannt werden müßten. Insofern könne es „keinem Zweifel unterliegen, daß die Vivisektion und das Schächten als solche nicht unter die Strafvorschrift fallen."[1084] Der ernsthafte Forscher und der Strenggläubige könnten nicht als boshaft oder roh handelnd

rat erteilte dem Gesetzentwurf in seiner Sitzung vom 11. März 1909 die Zustimmung, vgl. BA Berlin-Li., 30.01., Nr. 5798, Bl. 86.

1080 Vgl. Verh. des RT, 12. Leg.-Per., 1. Session 1907/09, Bd. 253, S. 7672 ff., Ds. Nr. 1262. Die Regelung des Tierschutzes im Wege einer Strafgesetznovelle hatte Reichskanzler von Bülow schon in einem Schreiben an den Staatssekretär des Reichsjustizamts, Nieberding, vom 12. Januar 1908 in Erwägung gezogen, vgl. BA Berlin-Li., 30.01., Nr. 6316, Bl. 57.

1081 Vgl. Verh. des RT, 12. Leg.-Per., 1. Session 1907/09, Bd. 253, S. 7675, Ds. Nr. 1262, und Verh. des RT, 12. Leg.-Per., 2. Session 1909/10, Bd. 270, S. 23, Ds. Nr. 6.

1082 Vgl. Geh. StA Berlin-Dahlem, Rep. 84 a, Nr. 8407, Bl. 53.

1083 Verh. des RT, 12. Leg.-Per. 1. Session 1907/09, Bd. 253, S. 7675/7676, Ds. Nr. 1262.

angesehen werden. Wenn Mißbräuche aufträten, dann würden diese auch als Tierquälerei geahndet, in erster Linie gehe es aber darum, die Einhaltung der erlaubten Methoden und Gebräuche sicherzustellen, wie dies schon im weitesten Umfang durch die zuständigen Landesbehörden geschehen sei. Das Reichsrecht habe sich darauf zu beschränken, die Übertretung der entsprechenden Anordnungen unter Strafe zu stellen. Diesem Zweck genüge die Blankettvorschrift im neu formulierten § 360 Nr. 13 des Entwurfs. Wenn auch § 145 b die Materie der Tierquälerei abschließend regele und danach für eine unmittelbare Erweiterung des Tatbestandes durch die Landesgesetzgebung kein Raum mehr sei, so müsse doch das Verordnungsrecht der nach Reichs- oder Landesrecht zuständigen Stellen weiterhin Platz greifen, soweit es sich um vorbeugende Maßnahmen zur Verhütung von Tierquälerei handele. Als Hauptbeispiele solcher Verordnungen nennt die Begründung die bisher noch nicht strafbewehrten Vorschriften der Aufsichtsbehörden bezüglich der Vivisektionen, über das Schlachten der Tiere, über deren Transport bzw. ihre Benutzung als Zugtiere. Für alle Verordnungen dieser Art empfehle es sich, einen einheitlichen Strafrahmen durch reichsgesetzliche Vorschrift zu schaffen.

Wie der Vorentwurf von 1909 erhob auch dieser Entwurf die Tierquälerei zum Vergehen, bedrohte sie aber nur mit Gefängnis bis zu drei Monaten oder Geldstrafe bis zu sechshundert Mark. Da der Abschnitt „Verbrechen und Vergehen wider die Sittlichkeit“ sich auf Sittlichkeitsdelikte in einem engeren Sinne beziehe, sei die Tierquälerei in den Sammelabschnitt „Verbrechen und Vergehen wider die öffentliche Ordnung“ und dort ganz am Ende einzufügen.

a) Die erste Beratung im Plenum am 23. und 24. April 1909

Die erste Beratung des Gesetzentwurfs im Plenum fand in der 246. und 247. Sitzung am 23. und 24. April 1909 statt[1085]. Durch Beschluß des Reichstags vom

[1084] Vgl. Verh. des RT, 12. Leg.-Per., 1. Session 1907/09, Bd. 253, S. 7676, Ds. Nr. 1262, und Verh. des RT, 12. Leg.-Per., 2. Session 1909/10, Bd. 270, S. 24, Ds. Nr. 6.

[1085] Verh. des RT, 12. Leg.-Per., 1. Session 1907/09, Bd. 236, S. 8125-8145, Sten. Ber. der 246. Sitzung vom 23. April 1909. Verh. des RT, 12. Leg.-Per., 1. Session 1907/09, Bd. 236, S. 8147-8165, Sten. Ber. der 247. Sitzung vom 24. April 1909.

24. April 1909 wurde der Entwurf an die 30. Strafrechtskommission verwiesen[1086].

Zum § 145 b des Regierungsentwurfs gingen die Abänderungsanträge Nr. 71, 73, 87 und 88 der Kommissionsdrucksachen ein[1087].

Antrag Nr. 71 des Abgeordneten *Wilhelm August Otto Varenhorst* (DRP) vom 5. Mai 1909 lautete: „Die Kommission wolle beschließen, 1. in § 145 b das Wort 'mißhandelt' zu ersetzen durch 'behandelt' und 2. folgenden § 145 c neu einzufügen: Wer im Inlande auf Grund des § 145 b bestraft ist, darauf abermals eine solche Handlung begangen hat und wegen derselben bestraft worden ist, wird, wenn er gegen den § 145 b sich vergeht, mit Gefängnis von drei Monaten bis zu zwei Jahren bestraft. Die in dem § 245 enthaltenen Vorschriften finden auch hier Anwendung."

Antrag Nr. 73 des Abgeordneten *Ernst Giese* (K) vom 6. Mai 1909 lautete: „Die Kommission wolle beschließen, den Eingang des § 145 b folgendermaßen zu fassen: Wer Tiere boshaft oder mutwillig quält, roh mißhandelt oder vernachlässigt, oder grausam überanstrengt, wird ... ."

Antrag Nr. 87 des Abgeordneten *Carl Friedrich Engelen* (Z) vom 17. Mai 1909 lautete: „Die Kommission wolle beschließen, in dem § 145 b der Vorlage hinter dem Worte 'Monaten' die Worte einzuschalten 'oder mit Haft'."

Antrag Nr. 88 des Abgeordneten *Ernst Müller* (Meinigen, DFrVP) vom 17. Mai 1909 lautete: „Die Kommission wolle beschließen, die Nummer 3 a wie folgt zu fassen: Als § 145 b wird folgende Vorschrift eingestellt: Wer Tiere boshaft quält oder roh mißhandelt, wird mit Gefängnisstrafe bis zu drei Monaten und mit Geldstrafe bis zu eintausendfünfhundert Mark bestraft oder mit einer dieser Strafen."

[1086] Die Kommission wählte zu Schriftführern die Abgeordneten Jonathan Roth (DsozWV) und Martin Faßbender (Z). Mit der Berichterstattung wurde der Abgeordnete Siegfried Heckscher (DFoVP) beauftragt. Seitens der verbündeten Regierungen beteiligten sich an der Kommissionsberatung die Bevollmächtigten zum Bundesrat Nieberding (Staatssekretär des Reichs-Justizamts), Ritter von Treutlein-Moerdes (Bayern), von Köhler (Württemberg), Rieser (Baden) und die auf Grund des Artikels 16 der Reichsverfassung vom Bundesrat ernannten besonderen Kommissare von Tischendorf (Reichs-Justizamt), Joel (Reichs-Justizamt), Frenken (Preuß. Justizministerium), Steinmetz (Preuß. Ministerium der geistlichen, Unterrichts- und Medizinal-Angelegenheiten), Abel (Preuß. Ministerium der geistlichen, Unterrichts- und Medizinal-Angelegenheiten).

[1087] Vgl. Geh. StA Berlin-Dahlem, Rep. 84 a, Nr. 8407, Bl. 119, 121 und 133Rs.

b) Die Beratung der 30. Strafrechtskommission

Bei der Beratung des Entwurfs und der Anträge durch die 30. Strafrechtskommission im Frühjahr 1909[1088] wurde zunächst der Antrag Nr. 73 zurückgezogen, nachdem von einem Regierungsvertreter erklärt worden war, daß der Regierungsentwurf das rohe Vernachlässigen und grausame Überanstrengen von Tieren mit erfasse.

Danach gab der Antragstellers zu Nr. 87 seiner Ansicht Ausdruck, bei milderen Fällen von Tiermißhandlungen sei Haftstrafe und nicht die entehrende Gefängnisstrafe angebracht.

Für den Abänderungsantrag Nr. 88 wurde ins Feld geführt, eine hohe Geldstrafe sei für die Fälle notwendig, „wo reiche Rohlinge ihre Muße zu Tiermißhandlungen verwendeten"[1089].

Der Antrag Nr. 71 Ziffer 1 wurde von Regierungsseite als zu weit gehend bezeichnet, zu dem im Antrag Nr. 71 Ziffer 2 vorgeschlagenen § 145 c wurde bemerkt, es bestehe zwar bei wiederholtem Rückfall das Bedürfnis strengerer Bestrafung, die Mindeststrafe von drei Monaten sei aber viel zu hoch und es empfehle sich nicht, die in ihrem Schematismus nicht einwandfreien Grundsätze der §§ 244, 245 RStGB[1090] hierher zu übertragen. Vielmehr sei es vorzuziehen, dem richterlichen Ermessen keine Schranken zu ziehen, sondern den Strafrahmen so zu gestalten, daß auch schwere Fälle wiederholter Tierquälerei angemessen geahndet werden könnten, wofür drei Monate Gefängnis ausreichen dürften. Nachdem sämtliche Abänderungsanträge abgelehnt worden waren, nahm die 30. Kommission den § 145 b, ebenso wie die Nr. 13 des § 360 ohne Änderung in der Regierungsfassung an.

Da zwischenzeitlich der Reichstag geschlossen worden war, ist das Ergebnis der früheren Beratungen nicht mehr an das Plenum gelangt. So kam es, daß obiger

---

1088 Über diese Sitzung der 30. Kommission war nur der Entwurf eines Berichts auffindbar, vgl. Verh. des RT, 12. Leg.-Per., 2. Session 1909/10, Bd. 275, S. 2094 ff., Ds. Nr. 392, Anlage 2.

1089 Verh. des RT, 12. Leg.-Per., 2. Session 1909/10, Bd. 275, S. 2098, Ds. Nr. 392, Anlage II.

1090 Nach § 244 RStGB wurde der bereits zweimal verurteilte Dieb, Räuber oder Hehler bei nochmaliger Begehung eines Diebstahls bzw. eines schweren Diebstahls mit Zuchthausstrafe bis zu zehn Jahren bzw. nicht unter zwei Jahren bedroht. Nach § 245 fand § 244 auch dann Anwendung, wenn die früheren Strafen bereits teilweise verbüßt oder ganz oder teilweise erlassen waren, außer wenn seit der Verbüßung oder dem Erlaß der letzten Strafe bis zur Begehung des neuen Diebstahls zehn Jahre verflossen waren.

Entwurf eines Strafrechtsänderungsgesetzes am 23. November 1909 erneut, jetzt von Reichskanzler *von Bethmann Hollweg*, dem Reichstag nach erfolgter Zustimmung des Bundesrates[1091] vorgelegt wurde[1092]. Die Begründung blieb gleich.

c) Die erneute erste Beratung im Plenum am 15. Januar 1910

Die erneute erste Beratung des Gesetzentwurfs im Plenum fand in der 17. Sitzung am 15. Januar 1910 statt[1093]. Der Entwurf wurde an die 7. Strafrechtskommission verwiesen[1094].

Zur Beratung der unter Ziffer 3 a und b des Regierungsentwurfs (§ 145 b und Nr. 13 des § 360 StGB) vorgeschlagenen Änderungen waren wiederum eine Reihe Abänderungsvorschläge eingebracht worden, und zwar Nr. 5 Ziffer 2 der Kommissionsdrucksachen, ferner Nr. 6, 8, 9, 10, 11, 12, 13 und 14[1095].
Antrag Nr. 5 Ziffer 2 des Abgeordneten *Carl Friedrich Engelen* (Z) lautete: „Die Kommission wolle beschließen, in der Ziffer 13 von § 360 der Vorlage hinter dem Worte 'Tierquälerei' die Worte einzuschalten: 'von der Landeszentralbehörde oder mit ihrer Genehmigung'."

[1091] Der Entwurf war dem Bundesrat am 8. Oktober 1909 vorgelegt worden, vgl. BA Berlin-Li., 30.01., Nr. 5798, Bl. 129. Die Zustimmung erfolgte am 21. Oktober 1909, vgl. BA Berlin-Li., 30.01., Nr. 5798, Bl. 130.

[1092] Verh. des RT, 12. Leg.-Per., 2. Session 1909/10, Bd. 270, S. 20, Ds. Nr. 6.

[1093] Verh. des RT, 12. Leg.-Per., 2. Session 1910, Bd. 258, S. 545-575, Sten. Ber. der 17. Sitzung vom 15. Januar 1910.

[1094] Verh. des RT, 12. Leg.-Per., 2. Session 1910, Bd. 258, S. 572, Sten. Ber. der 17. Sitzung vom 15. Januar 1910. Die Kommission konstituierte sich am 17. Januar 1910 und wählte zum Vorsitzenden den Abgeordneten Georg Wellstein (Z), zum Stellvertreter den Abgeordneten Ernst Giese (K). Mit der Berichterstattung wurde der Abgeordnete Siegfried Heckscher (DFoVP) beauftragt. Seitens der verbündeten Regierungen beteiligten sich an der Komissionsberatung die Bevollmächtigten zum Bundesrat Lisco (Staatssekretär des Reichs-Justizamts), Ritter von Treutlein-Moerdes (Bayern), Mayer (Sachsen), von Köhler (Württemberg), Rieser (Baden), Rebe (Sachsen) und die auf Grund des Artikels 16 der Reichsverfassung vom Bundesrat ernannten besonderen Kommissare von Tischendorf, Wachenfeld, Menny, Joel, Supper, Fritze, Frenken, Steinmetz, Schultz und von Hülsen, vgl. den Bericht der 7. Kommission, Verh. des RT, 12. Leg.-Per., 2. Session 1909/10, Bd. 275, S. 2069 ff., Ds. Nr. 392.

[1095] Vgl. BA Berlin-Li., 30.01., Nr. 5802, Bl. 6, 7 und 8. Alle Anträge datierten vom 26. Januar 1910.

Antrag Nr. 6 des Abgeordneten *Otto Schmidt* (Warburg, Z) lautete: „Die Kommission wolle beschließen, in Ziffer 3 a des Entwurfs dem § 145 b des Strafgesetzbuchs folgende Fassung zu geben: Wer Tiere boshaft quält oder roh mißhandelt, wird mit Geldstrafe bis zu sechshundert Mark oder mit Gefängnis bis zu drei Monaten bestraft."

Antrag Nr. 8 des Abgeordneten *Wilhelm Mayer* (Kaufbeuren, Z) lautete: „Die Kommission wolle beschließen, in Ziffer 3 a den § 145 b wie folgt zu fassen: Wer Tiere boshaft quält oder roh mißhandelt, wird mit Gefängnis bestraft. Sind mildernde Umstände vorhanden, so kann auf Haft oder Geldstrafe bis zu sechshundert Mark erkannt werden."

Antrag Nr. 9 des Abgeordneten *Arthur Stadthagen* (SPD) lautete: „Die Kommission wolle beschließen, in Ziffer 3 b der Vorlage (§ 360 Ziffer 13) hinter 'Tierquälerei' einzuschalten: von dem Bundesrat oder von der Zentralbehörde eines Bundesstaats."

Antrag Nr. 10 des Abgeordneten *Robert Gyßling* (DFrVP) lautete: „Die Kommission wolle beschließen, in Ziffer 3 b der Vorlage (§ 360 Ziffer 13) hinter 'Tierquälerei' die Worte einzuschalten: von dem Bundesrat."

Antrag Nr. 11 des Abgeordneten *Carl Friedrich Engelen* (Z) lautete: „Die Kommission wolle beschließen (unter Zurückziehung des Antrags Nr. 5), in der Ziffer 3 b der Vorlage (§ 360 Ziffer 13) hinter dem Worte 'Tierquälerei' einzuschalten: von dem Bundesrat, dem Reichskanzler, von einer Landeszentralbehörde oder mit deren Genehmigung."

Antrag Nr. 12 des Abgeordneten *Carl Friedrich Engelen* (Z) lautete: „Die Kommission wolle beschließen (unter Zurückziehung des Antrags Nr. 11), in der Ziffer 3 b der Vorlage (§ 360 Ziffer 13) hinter dem Worte 'Tierquälerei' einzuschalten: von dem Bundesrat oder dem Reichskanzler innerhalb ihrer Zuständigkeit oder von einer Landeszentralbehörde oder mit deren Genehmigung."

Antrag Nr. 13 des Abgeordneten *Wilhelm Mayer* (Kaufbeuren, Z) lautete: „Die Kommission wolle beschließen, in Ziffer 3 b der Vorlage (§ 360 Ziffer 13) hinzuzufügen: Der Erlaß eines Schächtverbots ist unzulässig."

Antrag Nr. 14 des Abgeordneten *Adolf Gröber* (Z) lautete: „Die Kommission wolle beschließen, in Ziffer 3 b der Vorlage (§ 360 Ziffer 13) als Abs. 2 hinzuzusetzen: Die Behandlung von Tieren nach rituellen Vorschriften gilt nicht als Tierquälerei."

d) Die erste Lesung der 7. Strafrechtskommission

Das Ergebnis der neuen ersten Lesung der 7. Kommission vom 26. Januar 1910 war das folgende[1096]:
Zunächst wurde über die Strafandrohung im § 145 b debattiert. Der Antragsteller zu Nr. 6 der Kommissionsdrucksachen führte aus, er habe Bedenken dagegen, daß im Entwurf an erster Stelle Gefängnisstrafe angedroht werde. Von anderer Seite wurde hervorgehoben, daß häufig Kutscher mit Rücksicht auf rigorose Arbeitsverträge ihre Pferde zur größten Kraftanstrengung antrieben. Wenn in einem solchen Fall das erlaubte Maß der Züchtigung und der Ausnutzung der Tiere überschritten würde, so würde gegen den Kutscher, wenn auch nicht sofort auf Gefängnisstrafe, so doch auf Geldstrafe erkannt. Da es sich aber meistens um Minderbemittelte handle, so würde der Verurteilte voraussichtlich nicht dazu in der Lage sein, zu bezahlen und es drohe ihm entehrende Gefängnisstrafe. Im Gegensatz hierzu forderte der Antragsteller zu Nr. 8 der Kommissionsdrucksachen eine schärfere Strafandrohung, als sie der Regierungsentwurf vorsah, unter Hinweis auf die ausländische, insbesondere auf die englische Gesetzgebung.

Die Regierungsvertreter wandten sich sowohl gegen die geforderte Verschärfung der Strafe im Antrag Nr. 8, da kein Bedürfnis dafür hervorgetreten sei, die Tierquälerei mit einer Gefängnisstrafe bis zu fünf Jahren zu bedrohen und nur bei dem Vorliegen mildernder Umstände Haft oder Geldstrafe zuzulassen, als auch gegen den Antrag Nr. 6. Wenn man die Strafandrohung in § 145 b entsprechend dem Antrag Nr. 6 dahin ändere, daß Geldstrafe an erster und Gefängnisstrafe erst an zweiter Stelle stehe, so erreiche man damit gemäß § 28 Absatz 2 des StGB, daß eine nicht beitreibbare Geldstrafe in Haft statt in Gefängnis umgewandelt werden könne. Zu einer solchen Abschwächung der Strafdrohung liege aber bei der Art des Delikts, das eine in gewissem Sinne niedrige Gesinnung des Täters zur Voraussetzung habe, kein genügender Anlaß vor, denn das geltende Strafgesetzbuch drohe nur bei Delikten, bei denen eine gemeine Gesinnung des Täters gewöhnlich nicht in Frage komme, Geldstrafe an erster Stelle neben Gefängnisstrafe an.

1096 Vgl. Bericht der 7. Kommission, Verh. des RT, 12. Leg.-Per., 2. Session 1909/10, Bd. 275, S. 2070/2071, Ds. Nr. 392.

Daraufhin wurde der § 145 b in der Formulierung der Regierungsvorlage angenommen.

Obwohl der Staatsekretär des Reichsjustizamts dringend bat, die Vivisektions- und die Schächtproblematik nicht weiter zu erörtern, da von vornherein zwischen den verbündeten Regierungen und dem Reichstag darüber Einverständnis geherrscht habe, daß Streitfragen, die zu einer Vertiefung politischer und religiöser Gegensätze führen könnten, im Rahmen dieses Notgesetzes nicht zur Entscheidung gebracht werden dürften, erfolgte in Verbindung mit der Beratung des § 360 Nr. 13 (Ziffer 3 b der Regierungsvorlage) eine ausführliche Diskussion über Vivisektion und Schächten.

In der Kommission wurde einhellig zum Ausdruck gebracht, daß die Vivisektionen an sich nicht unter den Begriff der Tierquälerei fielen. Um Mißbräuchen und Exzessen vorzubeugen, gebe es in den meisten deutschen Bundesstaaten Vorschriften, die die Ausübung der Vivisektion regelten. Die Regierung nahm die Anfrage eines Kommissionsmitgliedes zum Anlaß, der Kommission eine Zusammenstellung dieser Vorschriften zu überreichen[1097]. Die Abänderungsanträge 5 Ziffer 2 sowie 9 bis 12 versuchten alle zu verhindern, daß durch Orts- oder Landespolizeibehörden, auch ohne Genehmigung der Landeszentralbehörden, wirksame Schächtverbote erlassen werden könnten.

Der Antragsteller zu 5, 11 und 12 führte aus, seine Anträge bezweckten eine Vereinheitlichung des Schlachtrechts, denn in einzelnen Bundesstaaten hätten polizeiliche Behörden das Schächten bei Strafe untersagt. Die Achtung vor der religiösen Überzeugung und den religiösen Gebräuchen Andersgläubiger geböte es aber allgemein, derartige Eingriffe zu unterlassen. Andere Kommissionsmitglieder äußerten staatsrechtliche Bedenken gegen die Ausdehnung von Rechten des Reiches zu Ungunsten der einzelstaatlichen Polizeigewalten.

Die Regierungsvertreter erklärten, der mit den Anträgen verfolgte Zweck werde aber durch die Anträge nicht erreicht und könne durch eine veränderte Fassung der in Frage stehenden Vorschrift auch gar nicht erreicht werden. Eine Be-

---

[1097] Vgl. Verh. des RT, 12. Leg.-Per., 2. Session 1909/10, Bd. 275, S. 2114/2115, Ds. Nr. 392, Anlage IV.

schränkung auf die von höheren Behörden erlassenen Verhütungsvorschriften würde allerdings die Wirkung haben, daß die reichsgesetzlich vorgesehene Strafe nur bei Zuwiderhandlungen gegen die Anordnungen eben dieser Behörden Anwendung finde. Dadurch werde aber nicht ausgeschlossen, daß nach Landesrecht Zuwiderhandlungen auch gegen Anordnungen niederer Behörden auf diesem Gebiet bestraft würden. Die Zuständigkeit zum Erlaß derartiger polizeilicher Anordnungen und die Grenzen der den Polizeibehörden zur Verfügung stehenden Strafen richteten sich nach Landesrecht. Durch eine reichsgesetzliche Blankettvorschrift der vorliegenden Art werde in die landesrechtliche Regelung der polizeilichen Kompetenz nicht eingegriffen. Daher empfehle es sich, an der Vorlage festzuhalten, nach der die reichsgesetzliche Strafe Bedeutung habe für alle von den nach Reichs- oder Landesrecht zuständigen Stellen erlassenen Anordnungen, die die Verhütung von Tierquälereien bezweckten.

Die Antragsteller zu Nr. 13 und 14 wollten sogar eine positive Bestimmung im Strafgesetzbuch aufgenommen sehen, die einzelstaatliche Verbote oder Verbote lokaler Polizeibehörden gegen das Schächten ein für allemal verhindern sollte.

Auch hiergegen wandten sich die Regierungsvertreter. Die Anträge seien bedenklich, insofern sie dahingehend ausgelegt werden könnten, daß auch solche Anordnungen nicht unter § 360 Nr. 13 fallen sollen, durch welche Tierquälereien bei Gelegenheit des Schächtens, insbesondere bei der Vorbereitung dieser rituellen Prozedur verhütet werden sollen. Was insbesondere den Antrag Nr. 13 anbelange, so enthalte dieser einen unzulässigen Eingriff in das Polizeirecht der Bundesstaaten, wenn er ein reichsgesetzliches Verbot des Erlasses eines Schächtverbots aussprechen wolle. Jedenfalls gehöre eine solches Verbot nicht in das Strafgesetzbuch.
Nachdem die Anträge 8, 10, 11 und 12 zurückgezogen worden waren, wurden die Anträge 6, 9, 13 und 14[1098] der Kommissionsdrucksachen abgelehnt. Darauf wurde der § 360 Nr. 13 des Strafgesetzbuchs in der Fassung der Regierungsvorlage, Ziffer 3 b des Entwurfs, angenommen.
Nach der 1. Lesung ergaben sich somit keine Veränderungen.

[1098] Nach Ramdohr, Leipziger Flugschriftensammlung, Heft 26, S. 3, wurde Antrag Nr. 14 des Abgeordneten Gröber (Zentrum) nur mit knapper Mehrheit, mit 10 gegen 9 Stimmen abgelehnt.

e) Die zweite Lesung der 7. Strafrechtskommission

Zur zweiten Lesung der Ziffer 3 der Vorlage (§§ 145 b und 360 Ziff. 13) durch die 7. Strafrechtskommission am 19. April 1910[1099] lagen die Abänderungsanträge Nr. 22, 26, 42, 45, 46, 47, 48, 49 und 50 vor[1100].

Der Antrag Nr. 22 des Abgeordneten *Siegfried Heckscher* (DFoVP) vom 2. Februar 1910 lautete: „Die Kommission wolle beschließen, in Ziffer 3 b der Vorlage (§ 360 Ziffer 13) hinter 'Tierquälerei' einzufügen: (§ 145 b).“

Antrag Nr. 26 des Abgeordneten *Wilhelm August Otto Varenhorst* (DRP) vom 4. Februar 1910 lautete: „Die Kommission wolle beschließen, 1. in § 145 b das Wort 'mißhandelt' zu ersetzen durch 'behandelt' und 2. folgenden § 145 c neu einzufügen: Wer im Inlande auf Grund des § 145 b bestraft ist, darauf abermals eine solche Handlung begangen hat und wegen derselben bestraft worden ist, wird, wenn er gegen den § 145 b sich vergeht, mit Gefängnis von drei Monaten bis zu zwei Jahren bestraft. Die in dem § 245 enthaltenen Vorschriften finden auch hier Anwendung.“

Antrag Nr. 42 des Abgeordneten *Adolf Gröber* (Z) vom 22. Februar 1910 lautete: „Die Kommission wolle beschließen, in Ziffer 3 unter c folgende Bestimmung aufzunehmen: Als § 360 Abs. 3[1101] wird folgende Vorschrift eingestellt: Die auf Grund der Ziffer 13 erlassenen Bestimmungen dürfen nicht in die rituellen Vorschriften einer Religionsgemeinschaft über das Schlachten von Tieren eingreifen.“

[1099] An dieser Sitzung nahmen folgende Kommissionsmitglieder teil: Georg Wellstein (Z), Vorsitzender, Siegfried Heckscher (DFoVP), Berichterstatter, Paul von Bolko (K), Wilhelm Brunstermann (DRP), Siegmund von Dziembowski-Pomian (Polen), Carl Friedrich Engelen (Z), Karl Ernst Egon Frohme (SPD), Ernst Giese (K), Adolf Gröber (Z), Robert Gyßling (DFrVP), Paul Hagemann (NL), Rudolf Karl Heinze (NL), Johannes Hoppe (NL), Viktor Kölle (WV), Richard Kalkhoff (Z), Conrad Langerfeld (bkF.), Wilhelm Mayer (Kaufbeuren, Z), Ernst Müller (Meinigen, DFrVP), Artur Osann jun. (NL), Theodor Perniok (K), Otto Schmidt (Warburg, Z), Peter Spahn (Z), Arthur Stadthagen (SPD), Leo Vonderscheer (Elsässer), Eduard Wagner (Sachsen, K), Josef Waida (Polen), Fritz Zietsch (SPD).

[1100] Verh. des RT, 12. Leg.-Per., 2. Session 1909/10, Bd. 275, S. 2108-2113, Ds. Nr. 392, Anlage III.

[1101] Hierbei muß es sich entweder um einen Formulierungsfehler Gröbers oder um einen Druckfehler handeln, denn der § 360 hatte keinen zweiten Absatz. Gröbers Vorschlag wurde richtig als Zusatz zur Nr. 13 des § 360 RStGB verstanden.

Antrag Nr. 45 des Abgeordneten *Otto Schmidt* (Warburg, Z) vom 23. Februar 1910 lautete: „Die Kommission wolle beschließen: im § 145 b hinter die Worte 'drei Monate' einzuschieben: oder mit Haft."

Antrag Nr. 47 des Abgeordneten *Otto Schmidt* (Warburg, Z) vom 23. Februar 1910 lautete: „Die Kommission wolle beschließen, für den Fall der Ablehnung des Antrags Nr. 42 bzw. Nr. 49 der Kommissions-Drucksachen, in Ziffer 3 a dem § 145 b den Zusatz zu geben: Die Behandlung von Tieren nach rituellen Vorschriften ist straflos."

Antrag Nr. 48 des Abgeordneten *Wilhelm Mayer* (Kaufbeuren, Z) vom 23. Februar 1910 lautete: „Die Kommission wolle beschließen, in Ziffer 3 b der Vorlage (§ 360 Ziffer 13) hinzuzufügen: Der Erlaß eines Schächtverbots ist unzulässig."

Antrag Nr. 49 des Abgeordneten *Adolf Gröber* (Z) vom 23. Februar 1910 lautete: „Die Kommission wolle beschließen, unter Zurückziehung des Antrags Nr. 42, in Ziffer 3 unter c folgende Bestimmung aufzunehmen: Als § 360 Abs. 3 wird folgende Vorschrift eingestellt: Landesrechtliche Bestimmungen, welche in die rituellen Vorschriften einer Religionsgesellschaft über das Schlachten von Tieren eingreifen, sind unzulässig."

Antrag Nr. 50 der Abgeordneten *Arthur Stadthagen* und *Karl Ernst Egon Frohme* (SPD) vom 23. Februar 1910 lautete: „Die Kommission wolle beschließen: 1. zu Ziffer 3 a der Vorlage, in § 145 b 'Tiere' durch 'Haustiere' zu ersetzen und 2. zu Ziffer 3 b der Vorlage, § 360 Ziffer 13 zu fassen wie folgt: wer abgesehen von § 145 b öffentlich oder in Ärgernis erregender Weise Tiere boshaft quält oder roh mißhandelt oder wer die zur Verhütung von Tierquälereien erlassenen Vorschriften übertritt."

Zu Beginn der zweiten Lesung der 7. Strafrechtskommission am 19. April 1910[1102] begründeten wiederum die Antragsteller ihre Anträge. Der Antragsteller des Antrags Nr. 22 führte aus, sein Antrag solle verhindern, daß Behörden, die Vorschriften zur Verhütung von Tierquälerei im Sinne des § 360 Nr. 13 erließen, dem Begriff der Tierquälerei einen anderen Sinn unterlegten, als es der Gesetzgeber im § 145 b wolle, bei dem die Kommission zum Ausdruck gebracht

[1102] Vgl. Bericht der 7. Kommission, Verh. des RT, 12. Leg.-Per., 2. Session 1909/10, Bd. 275, S. 2081-2083, Ds. Nr. 392.

habe, daß das rituelle Schächten nicht unter den Begriff der Tierquälerei fallen solle.

Antrag Nr. 26 Ziffer 2 wurde damit begründet, daß durch das Wort „behandeln" der Tatbestand erweitert und eine nachdrücklichere Verfolgung der Tierquälerei möglich werde. Durch den § 145 c im Antrag Nr. 26 Ziffer 2 solle die Möglichkeit geschaffen werden, einen berufsmäßigen Tierquäler exemplarisch zu bestrafen.

Für den Abänderungsantrag Nr. 45 wurde ins Feld geführt, es sei zu hart, in jedem Fall der Tierquälerei an die Stelle der Geldstrafe Gefängnisstrafe treten zu lassen. Es ginge doch nicht an, daß die Verletzung des Tieres härter geahndet würde als die Körperverletzung des Menschen.

Nachdem der Antragsteller zu Nr. 49 seinen Antrag 42 zurückgezogen hatte, führte er aus, der § 360 Nr. 13 ließe den Polizeibehörden den Spielraum, das rituelle Schächten unter Strafe zu stellen. Religiöse Anschauungen bewerte er und seine politischen Freunde jedoch höher als die Ansichten einer Schlachthausverwaltung. Er wolle für die Zukunft ein landesrechtliches Schächtverbot verhindern. Daraufhin diskutierten mehrere Mitglieder der Kommission darüber, ob konstitutionelle Bedenken gegen reichsrechtliche Eingriffe in landesrechtliche Polizeibefugnisse oder die Sicherung anerkannter religiöser und ritueller Gebräuche als höherwertig anzusehen seien.

Der Abänderungsantrag Nr. 50 Ziffer 1 schließlich sollte Übertreibungen in der Anwendung des § 145 b entgegenwirken. Wenn man beispielsweise Regenwürmer beim Angelsport benutze, so sei die Art der Verwendung objektiv betrachtet eine Tierquälerei. Es wäre aber natürlich verfehlt, den Angler wegen Tierquälerei zu bestrafen.

Auf die Antragsbegründungen hin erklärten die Regierungsvertreter folgendes: Der Antrag Nr. 22 gebe dem Begriff der Tierquälerei im § 360 Nr. 13 die zu enge Bedeutung, daß darunter nur solche Handlungen zu verstehen seien, die den vollen Tatbestand des § 145 b erfüllten, während die Vorlage auch solche Vorschriften im Auge gehabt habe, die das Quälen von Tieren verhüten wollten, auch wenn es nicht gerade aus Roheit oder Bosheit geschehe. Der Antrag Nr. 26 Ziffer 1 andererseits dehne den Tatbestand der Tierquälerei über Gebühr aus. Nach seinem Wortsinn umfasse „roh behandeln" jedes Handeln, das ein Tier zum Gegenstand habe und sich als Ausfluß einer rohen Gesinnung darstelle.

Danach könnte schon der Gebrauch roher Schimpfworte gegenüber einem Tier als „rohe Behandlung“ angesehen werden. Es sei deshalb ratsam, an dem Ausdruck „mißhandeln“ festzuhalten, da dies ein in der Rechtsprechung feststehender und dort keineswegs zu eng ausgelegter Begriff sei. Was die Ziffer 2 des Antrags Nr. 26 angehe, so empfehle es sich nicht, hier an die in der Wissenschaft als verfehlt bekämpften Grundsätze der §§ 244, 245 RStGB (s.o.) anzuknüpfen. Überdies sei die vorgeschlagene Mindeststrafe von drei Monaten Gefängnis zu hoch. Es sei gesetzestechnisch richtiger, einen einheitlichen Strafrahmen für das Delikt der Tierquälerei festzuhalten, diesen aber so zu gestalten, daß auch schwerere Fälle wiederholter Tierquälerei angemessen geahndet werden könnten. Diesem Erfordernis genüge die vorgeschlagene Höchststrafe von drei Monaten Gefängnis.
Gegen den Antrag Nr. 45 wurde geltend gemacht, die empfohlene Einfügung der Haftstrafe in die Strafvorschrift stehe nicht ganz im Einklang mit dem Charakter des Delikts, das eine gewisse rohe Gesinnungsart zur Voraussetzung habe. Im übrigen sei aber kein grundsätzliches Bedenken gegen den Antrag geltend zu machen. Zum Antrag Nr. 50 erklärte ein Regierungsvertreter, eine unterschiedliche Behandlung von Haustieren gegenüber anderen Tieren sei abzulehnen.
Die Anträge 42 und 47 bis 49 schließlich wurden von den Regierungsvertretern mit den schon in erster Lesung genannten Argumenten abgelehnt. Gegen den Antrag Nr. 47 bestehe darüber hinaus das Bedenken, daß er sich nicht auf die rituellen Vorschriften über das Schächten beschränke, sondern allgemein von „rituellen Vorschriften“ irgendeiner Religionsgesellschaft über das Schlachten der Tiere rede. Danach beziehe er sich auch auf Religionsgesellschaften, die weder anerkannt noch zugelassen seien, und auf jede sich künftig etwa noch bildende Religionsgesellschaft.

Bei der Abstimmung wurden die Anträge 22, 26 und 50 Ziffer 1 abgelehnt, der Antrag 50 Ziffer 2 zurückgezogen. Dagegen wurde Antrag Nr. 45 angenommen. Somit war der § 145 mit der Abänderung des Antrags 45 angenommen.
Nachdem der Antrag 49 gegen eine Minderheit angenommen worden war, galten die Anträge 47 und 48 als gegenstandslos. Danach wurde also der § 360 Ziffer 13 mit dem Zusatz des Abänderungsantrags Nr. 49 angenommen.

Demnach sah der Entwurf des Strafrechtsänderungsgesetzes nach den Beschlüssen der Kommission in zweiter Lesung folgende Regelungen vor:
§ 145 b: Wer Tiere boshaft quält oder roh mißhandelt, wird mit Gefängnis bis zu drei Monaten oder mit Haft oder mit Geldstrafe bis zu sechshundert Mark bestraft.
§ 360 Nr. 13: Mit Geldstrafe bis zu hundertfünfzig Mark oder mit Haft wird bestraft, wer die zur Verhütung von Tierquälerei erlassenen Vorschriften übertritt.
§ 360 Abs. 3: Landesrechtliche Bestimmungen, welche in die rituellen Vorschriften einer Religionsgesellschaft über das Schlachten von Tieren eingreifen, sind unzulässig.

An diesen Ergebnissen änderte sich auch nach der 2. Lesung im Reichstag am 12. Januar 1911 nichts[1103]. Die Regierung erklärte aber – besonders wegen des vorgeschlagenen § 360 Abs. 3 – den gesamten Entwurf für unannehmbar und zog mit dieser Begründung die ganze Strafrechtsnovelle vor der dritten Lesung zurück[1104].

6. Die Kritik am Vorentwurf und der Strafrechtsnovelle

Die Tierschützer waren zwar mit der Regelung des Tierschutzes vorab durch eine Strafrechtsnovelle, der Aufwertung der Tierquälerei zu einem Vergehen und der Einfügung einer Tierschutzvorschrift sehr einverstanden, hatten aber dennoch einige Änderungswünsche.

[1103] Verh. des RT, 12. Leg.-Per., 2. Session 1909/11, Bd. 277, S. 3100/3101, Ds. Nr. 614, und Verh. des RT, 12. Leg.-Per., 2. Session 1909/11, Bd. 263, S. 3831/3832, Sten. Ber. der 104. Sitzung vom 12. Januar 1911.
[1104] Ein solches Vorgehen der verbündeten Regierungen hatte der Staatssekretär des Reichsjustizamts, Lisco, schon während der Beratung des Reichstagsplenums mehrfach angekündigt, vgl. Verh. des RT, 12. Leg.Per., 2. Session 1909/11, Bd. 263, S. 3822 und 3827, Sten. Ber. der 104. Sitzung vom 12. Januar 1911. Als der Reichstag am 9. Mai 1912 in dritter Lesung einen von sämtlichen Parteien gestellten Initiativantrag annahm, die nicht zur Verabschiedung gelangte Strafgesetznovelle teilweise wieder aufzunehmen, blieben die Tierquälereivorschriften ausgespart, vgl. Geh. StA Berlin-Dahlem, Rep. 84 a, Nr. 8409, Bl. 184Rs.

Vom 1. November 1909 datiert eine Eingabe des *Berliner Tierschutzvereins* und der *Pferdeschutzvereinigung über ganz Deutschland*[1105]. Sie bezog sich auf das Strafrechtsänderungsgesetz in der Form der Vorlage an den Reichstag vom 12. März 1909.

Danach sollte § 145 b folgendermaßen geändert werden: „Wer ein Tier boshaft oder mutwillig quält, roh mißhandelt, übermäßig anstrengt oder arg vernachlässigt, wird mit Gefängnis bis zu drei Monaten oder mit Geldstrafe bis zu sechshundert Mark bestraft. Die gleiche Strafe trifft denjenigen, welcher zu wissenschaftlichen Zwecken Tierversuche vornimmt, insoweit diese den dafür erlassenen landesrechtlichen Vorschriften nicht entsprechen." Die Hinzufügung des zweiten Satzes wurde mit der Hoffnung begründet, dadurch werde Anlaß gegeben, Vivisektionen in Privathäusern zu verbieten.

Ein neuer § 145 c sollte lauten: „Wer zur Begehung einer Tierquälerei auffordert, ist als Anstifter zu bestrafen, wenn die Aufforderung eine strafbare Handlung zur Folge gehabt hat. Ist die Aufforderung ohne Erfolg geblieben, so tritt Geldstrafe bis zu hundertfünfzig Mark ein.". Dem sollte in Anlehnung an § 244 StGB (Strafverschärfung bei Rückfall bezüglich Diebstahl) ein § 145 d folgen: „Wer im Inland wegen Körperverletzung oder wegen Tierquälerei (§ 145 b) bestraft ist, darauf abermals eine dieser Handlungen begangen hat und wegen derselben bestraft worden ist, wird, wenn er innerhalb einer Frist von fünf Jahren seit der letzten Verurteilung eine Tierquälerei begeht, mit Gefängnis von drei Monaten bis zu zwei Jahren bestraft." Diese Vorschrift sollte sich gegen Gewalttätige und Gewohnheitstierquäler richten, die Nebeneinanderstellung von Körperverletzung und Tierquälerei rechtfertigte sich der Begründung nach dadurch, daß Tierquäler erwiesenermaßen auch zu Gewalt gegen Menschen neigten.

Auch § 303 (Sachbeschädigung) sollte geändert werden: „Wer vorsätzlich und rechtswidrig eine fremde Sache beschädigt oder zerstört, wird mit Geldstrafe bis zu eintausend Mark oder mit Gefängnis bis zu zwei Jahren bestraft. Vorsätzliche Beschädigung einer fremden Sache, sofern dabei einem Tiere Qualen zugefügt werden, wird mit Geldstrafe nicht unter einhundert Mark oder mit Gefängnis nicht unter einem Monat bestraft." Dieser Änderungswunsch wurde mit der

[1105] BA Berlin-Li., 01.01., Nr. 889, Bd. 2, Bl. 617-618.

vermehrten Anzahl von Fällen, in denen aus Rache gegen Arbeitgeber oder verfeindete Personen deren Tiere verstümmelt worden seien, begründet.
Gegen § 360 Nr. 13 wurden keine Einwendungen gemacht, aber auch in § 361 Nr. 9 sollte eine Änderung vorgenommen werden: „Mit Geldstrafe bis zu einhundertfünfzig Mark oder mit Haft wird bestraft: 9. Wer Kinder oder andere unter seiner Gewalt stehende Personen, welche seiner Aufsicht untergeben sind und zu seiner Hausgenossenschaft gehören, von der Begehung von Diebstählen sowie von der Begehung strafbarer Verletzungen der Zoll- oder Steuergesetze oder der Gesetze zum Schutze der Forsten, der Feldfrüchte, der Jagd oder der Fischerei sowie der Gesetze und Verordnungen zum Schutz der Tiere abzuhalten unterläßt."

Auch der Vivisektionsgegner *Magnus Schwantje* bezog sich 1910 auf die Strafrechtsnovelle. Er war der Ansicht, jede Tierquälerei müsse bestraft werden. Wenn der Gesetzgeber die Anwendung der Strafnorm auf die Vivisektion und das Schächten unbedingt auszuschließen wolle, sollte nicht der Tatbestand durch Umschreibung der Tathandlung als „boshaft" oder „roh" eingeschränkt werden, sondern allenfalls ein klarstellender Zusatz aufgenommen werden. Außerdem setzte er sich allgemein für eine härtere Bestrafung, im besonderen aber gegen Rückfalltäter und bei roher oder boshafter Begehung ein. Er schlug folgende Paragraphen vor: „§ 145 b: Die Tierquälerei (eventueller Zusatz: die nicht zur Wahrnehmung überwiegender menschlicher Interessen nötig ist) wird mit Gefängnis bis zu zwei Jahren oder mit Geldstrafe bis zu eintausend Mark bestraft. Wenn der Tierquäler bereits einmal im Inlande wegen Tierquälerei bestraft worden ist, so tritt Gefängnisstrafe nicht unter zwei Monaten ein. Die im § 245 enthaltenen Vorschriften finden auch hier Anwendung. § ...: Ist die Handlung mit besonderer Roheit oder Bosheit begangen, so ist auf Gefängnis von mindestens zwei Monaten zu erkennen. Rückfälligen kann das Halten von Tieren, die Ausübung der mit Verwendung von Tieren betriebenen Gewerbe und die Beschäftigung in denselben untersagt werden. Die unter diese Bestimmung fallenden Gewerbe werden von der oberen Verwaltungsbehörde bestimmt."[1106]

[1106] Schwantje, Tierschutz im deutschen Strafgesetz, S. 14/15.

7. Der Gegenentwurf von 1911

Auch der Gegenentwurf 1911 brachte keine wesentlichen Änderungen. § 146 VE 1909 wurde zu § 189: „Wer Tiere boshaft quält oder roh mißhandelt, wird mit Gefängnis bis zu sechs Monaten oder Geldstrafe bis zu eintausend Mark bestraft." und § 306 Nr. 4 VE 1909 wurde zu § 359 Nr. 4: „Mit Geldstrafe bis zu dreihundert Mark wird bestraft, ... 4. wer die zur Verhütung von Tierquälerei erlassenen Vorschriften übertritt."[1107] In der Begründung wurde darauf, daß die Tierschutzvorschrift nur noch Geldstrafe androht, nicht eingegangen, es seien nur stilistische Änderungen erfolgt[1108].

8. Die Verhandlungen in der Strafrechtskommission und der Entwurf von 1913

Nach den Beschlüssen der Strafrechtskommission 1. Lesung sollte die Tierquälerei in einem eigenen 28. Abschnitt in § 361 geregelt werden. § 361 sollte lauten: „Wer ein Tier boshaft quält oder roh mißhandelt, wird mit Gefängnis bis zu sechs Monaten oder mit Geldstrafe bis zu eintausend Mark bestraft."[1109]
In § 405 (Tierschutz) wurde bestimmt: „Mit Haft oder mit Geldstrafe bis zu fünfhundert Mark wird bestraft, wer außer dem Falle des § 361 die Vorschriften übertritt, die zur Verhütung von Tierquälerei erlassen sind."[1110]
Neben unerheblichen sprachlichen Umstellungen und der Anhebung der Geldstrafe in § 405 auf fünfhundert Mark[1111] von dreihundert Mark in § 306 Nr. 4 des Entwurfs von 1909 ist festzuhalten, daß die Tierquälerei in einen eigenen Abschnitt eingestellt wurde.

Die Beschlüsse der Strafrechtskommission 2. Lesung brachten für den § 361 keine Änderung, § 405 wurde gestrafft: „Mit Haft oder Geldstrafe wird bestraft,

[1107] Gegenentwurf 1911, S. 56 und S. 100/101.
[1108] Gegenentwurf 1911, Begründung, S. 334.
[1109] Schubert, Entwürfe der Strafrechtskommission, Beschlüsse 1. Lesung, Bes. Teil, S. 100.
[1110] Schubert, Entwürfe der Strafrechtskommission, Beschlüsse 1. Lesung, Bes. Teil, S. 111.
[1111] Geändert nach Antrag Nr. B 824 vom 4. Dezember 1912 (Berichterstatter von Hippel), in: BA Berlin-Li., 30.01., Nr. 6342, n.p.

wer die Vorschriften übertritt, die zur Verhütung von Tierquälerei erlassen sind."[1112]

Im „Entwurf zu einem Deutschen Strafgesetzbuch nach den Beschlüssen der Strafrechtskommission" von 1913 fand sich die Norm gegen Tierquälerei schließlich in § 388, welcher lautete: „Wer ein Tier boshaft quält oder roh mißhandelt, wird mit Gefängnis bis zu sechs Monaten oder mit Geldstrafe bestraft."[1113] Der Tierschutz wurde in § 428 geregelt: „Mit Haft oder Geldstrafe wird bestraft, wer die Vorschriften übertritt, die zur Verhütung von Tierquälerei erlassen sind."[1114]

In der äußeren Gestalt unterschied sich der Entwurf der Strafrechtskommission von dem geltenden Strafgesetzbuch dadurch, daß er aus zwei Büchern bestand, deren erstes die Vorschriften für die Verbrechen und Vergehen enthielt, während das zweite sich mit den Übertretungen beschäftigte. In dieser Scheidung kam das Bestreben zum Ausdruck, die Grenze zwischen dem kriminellen und dem polizeilichen Unrecht schärfer als bisher zu ziehen. Auf dem gleichen Bestreben beruhte es, daß als Strafe für Übertretungen grundsätzlich nur noch Geldstrafe angedroht war und daß als Übertretungen nur solche Verfehlungen behandelt wurden, bei denen der Charakter einer Ordnungswidrigkeit überwog.
Im Unterschied zum Vorentwurf 1909 sollte nunmehr auch die Beihilfe zum Vergehen des § 388 strafbar sein (§ 36 Abs. 1). Wegen der Geldstrafe bestimmte § 66: „Der Mindestbetrag der Geldstrafe ist drei Mark. Ihr Höchstbetrag ist, soweit nichts anderes bestimmt ist, fünftausend Mark." Die früheren Bestimmungen über den Rückfall fanden sich in den §§ 119 und 120, während die Schärfungsbestimmungen in ihrer früheren Gestalt fehlten. Neu war die Regelung eines Allgemeinen Teils bezüglich der Übertretungen. Danach war ein Strafrahmen von Haft bis zu drei Monaten und Geldstrafe bis zu fünfhundert Mark für einen Verstoß gegen § 428 vorgesehen (§ 389 Abs. 2). Versuch und Beihilfe wa-

[1112] Schubert, Entwürfe der Strafrechtskommission, Vorläufige redigierte Beschlüsse 2. Lesung, Bes. Teil, S. 248.
[1113] Schubert, Entwürfe der Strafrechtskommission, Entwurf zu einem Deutschen Strafgesetzbuch nach den Beschlüssen der Strafrechtskommission, S. 351.
[1114] Schubert, Entwürfe der Strafrechtskommission, Entwurf zu einem Deutschen Strafgesetzbuch nach den Beschlüssen der Strafrechtskommission, S. 361.

ren nach wie vor straflos (§ 393), die Verjährungsfristen betrugen weiterhin drei Jahre (§ 122 Abs. 1 Nr. 5) bzw. sechs Monate (§ 402 Abs. 1).
Im Vergleich zum Entwurf von 1909 hat sich also im Entwurf von 1913 am Tatbestand der beiden Normen nichts verändert. Auch das Höchstmaß der möglichen Freiheitsstrafen blieb gleich, die Obergrenzen der Geldstrafen wurden jedoch erhöht.

Aus den Protokollen der Strafrechtskommission von 1913 ergibt sich, daß der Tatbestand der Tierquälerei weitgehend unumstritten war. Ein Antrag *von Hippels* statt „boshaft" zu sagen „absichtlich", wurde mit 14 gegen 2 Stimmen abgelehnt, da „boshaft" den inneren Grund der Strafdrohung besser bezeichne, als das juristische „absichtlich"[1115]. Man war darüber einig, daß infolge des Wortes „boshaft" weder die Vivisektion zu ernsten wissenschaftlichen Zwecken noch das Schächten unter den § 361 gerechnet werden könnte, was sich bei Verwendung der Formulierung „absichtlich" nicht von selbst verstehe. Weiterhin bestand Einverständnis darüber, daß die Tierquälerei durch § 361 gegenüber dem Landesrecht abschließend geregelt werde, was auch dadurch betont werden sollte, daß mit dem Tierquälereiparagraphen 361 ein eigener Abschnitt gebildet wurde, der an den Schluß des Ersten Buches (Verbrechen und Vergehen) gestellt werden sollte. Obwohl Schutzgut dieser Vorschrift das sittliche Empfinden sei, passe sie nicht zu den Sittlichkeitsdelikten, da diese das sittliche Empfinden nur in geschlechtlicher Richtung schützten[1116].
Die Erhöhung der Strafe im Vergleich zum geltenden Recht wurde allgemein begrüßt. Durch die Androhung von Gefängnis habe der Richter jetzt auch die Möglichkeit, auf Schärfungen zu erkennen. Die Zulassung der Haft sei gestrichen worden, weil ihre Ersetzung durch Einschließung nach der Natur des Delikts nicht in Frage komme[1117]. An die Stelle der Geldstrafdrohung von eintausend Mark in § 361 trat die Anordnung von Geldstrafe schlechthin[1118].

[1115] Vgl. Schubert, Protokolle zur Reform des StGB, Bd. 4, S. 610, 270. Sitzung vom 20. August 1913.
[1116] Vgl. Schubert, Protokolle zur Reform des StGB, Bd. 2, S. 268, 106. Sitzung vom 4. März 1912.
[1117] Vgl. Schubert, Protokolle zur Reform des StGB, Bd. 2, S. 257, 105. Sitzung vom 28. Februar 1912.
[1118] Vgl. Schubert, Protokolle zur Reform des StGB, Bd. 4, S. 738, 281. Sitzung vom 26. September 1913.

Die Tierschutzvorschrift des § 405 wurde in der Strafrechtskommission etwas kontroverser diskutiert[1119]. Zunächst wurde angeregt, auf die Vorschrift ganz zu verzichten und dem Landesrecht auch die Strafzumessung zu überlassen[1120]. Es sei bedenklich, eine so hohe Strafdrohung für Tatbestände vorzusehen, die man nicht kenne und die ganz verschiedenartig gestaltet sein könnten. Dem wurde entgegengehalten, der Zweck der Tierschutzvorschrift sei gerade die Vereinheitlichung der landesgesetzlichen Regelungen.
Nachdem man sich darüber einig war, daß die Norm an sich beibehalten werden sollte, war ihre Fassung weiterhin umstritten. Ein Kommissionsmitglied hielt die Vorschrift für zu weitgehend, weil man sie, wie es z.B. anscheinend in der Begründung der Strafgesetznovelle[1121] geschehen sei, nicht nur auf polizeiliche Verordnungen, sondern auch auf die dem Tierschutze dienenden disziplinären Bestimmungen beziehen könne, z.B. auf Vorschriften der Universitätsaufsichtsbehörden bezüglich der Vivisektion.
Um dem abzuhelfen, schlug *Lindenberg* vor, vor dem Wort „Vorschriften" das Wort „strafrechtlichen" einzufügen oder „Polizeiverordnungen" zu setzen[1122]. Dagegen wurde eingewendet, die Verordnungen enthielten oft keine Strafdrohungen, sondern nur Verbote oder Gebote und könnten sonach nicht als strafrechtliche Vorschriften bezeichnet werden, sie würden in den einzelnen Bundesstaaten großenteils von den Landesherren erlassen, weswegen man nicht nur von „Polizeiverordnungen" sprechen könne[1123]. Im Verlauf der Erörterung wurden noch folgende Fassungen zur Erwägung gestellt: „rechtlichen Vorschriften oder Rechtsvorschriften"[1124], „Rechtsverordnungen"[1125] (im Gegensatz zu den an die Unterbehörden sich richtenden Verwaltungsverordnungen) und „wer die Maßre-

[1119] Vgl. Schubert, Protokolle zur Reform des StGB, Bd. 3, S. 550 – 553, 201. Sitzung vom 14. Januar 1913.
[1120] Frank in der 201. Sitzung vom 14. Januar 1913, vgl. Schubert, Protokolle zur Reform des StGB, Bd. 3, S. 550.
[1121] Vgl. Verh. des RT, 12. Leg.-Per., 1. Session 1907/09, Bd. 253, S. 7676, Ds. Nr. 1262.
[1122] Antrag Nr. B 831 vom 10. Dezember 1912, in: BA Berlin-Li., 30.01., Nr. 6342, n.p.
[1123] Vgl. Art. 1 des Bayerischen Polizeistrafgesetzbuchs vom 26. Dezember 1871, GBl. für das Königreich Bayern 1871/72, Nr. 3 vom 29. Dezember 1871, Sp. 9.
[1124] Vorgeschlagen durch Rupp, in: Schubert, Protokolle zur Reform des StGB, Bd. 3, S. 551, 201. Sitzung vom 14. Januar 1913.
[1125] Vorgeschlagen durch von Hippel, Lindenberg und Frank, in: Schubert, Protokolle zur Reform des StGB, Bd. 3, S. 551, 201. Sitzung vom 14. Januar 1913.

geln, die von der zuständigen Behörde zur Verhütung von Tierquälerei angeordnet sind, verletzt"[1126].

Alle Anträge wurden abgelehnt, die letzteren Fassungen vor allem aus sprachlichen Gründen. Es herrschte Einverständnis darüber, daß die Übertretung rein disziplinärer Vorschriften nicht unter § 306 Nr. 4 fallen solle, was durch die Fassung des Vorentwurfs auch genügend klargestellt sei.

Weiter beriet die Kommission über eine an sie gerichtete Eingabe „aus Kreisen des orthodoxen Judentums", in der angeregt wurde, dem § 405 eine Vorschrift anzufügen, wonach die Behandlung der Tiere nach rituellen Vorschriften straflos bleiben sollte[1127]. Zur Begründung werde in der Eingabe folgendes ausgeführt: Während der Tatbestand der „Tierquälerei" im § 361 derart umschrieben sei, daß er das jüdisch-rituelle Schlachtverfahren des Schächtens zweifelsfrei ausschließe, bleibe es nach § 405 dem Ermessen der zuständigen Landesstellen überlassen, welches Verhalten sie zur Verhütung von Tierquälerei durch ihre Vorschriften treffen wollten. Damit sei die Möglichkeit eröffnet, das Schächten als ein angeblich leicht zur Tierquälerei führendes Verfahren landesrechtlich zu verbieten und damit auch reichsrechtlich unter Strafe zu stellen. Das enthalte zu Ungunsten der jüdischen Religionsgemeinschaft eine Verschärfung der jetzigen Rechtslage, die man vermeiden müsse, wenn man sich nicht mit dem zu § 361 eingenommenen grundsätzlichen Standpunkt in Widerspruch setzen wolle. Bei Anfügung des vorgeschlagenen Zusatzes bleibe die Kompetenz der Einzelstaaten zum Erlaß von Schächtverboten völlig unberührt. Verhindert werde nur, daß ein zum Zwecke der Verhütung von Tierquälerei erlassenes Schächtverbot den reichsrechtlichen Strafschutz genieße[1128].

Diese Anregung fand in der Kommission jedoch keine Unterstützung[1129], da sie – wie mehrere Mitglieder ausführten – unzutreffender Weise davon ausgehe, daß der § 405 dem landesgesetzlichen Polizeiverordnungsrecht eine Ermächti-

---

[1126] Vorgeschlagen durch Frank, in: Schubert, Protokolle zur Reform des StGB, Bd. 3, S. 551, 201. Sitzung vom 14. Januar 1913.

[1127] Vgl. Schubert, Protokolle zur Reform des StGB, Bd. 4, S. 651/652, 273. Sitzung vom 27. August 1913.

[1128] Vgl. Schubert, Protokolle zur Reform des StGB, Bd. 4, S. 651/652, 273. Sitzung vom 27. August 1913.

[1129] Vgl. Schubert, Protokolle zur Reform des StGB, Bd. 4, S. 652, 273. Sitzung vom 27. August 1913.

gung zum Erlaß von Tierschutzverordnungen gebe. Vielmehr regele sich die Zuständigkeit zum Erlaß derartiger Vorschriften nach wie vor nach Landesrecht. Wo sie fehle, werde sie auch durch den § 405 nicht verliehen, so daß sich insoweit an dem jetzigen Rechtszustand nicht ändere. Auf der anderen Seite gehe die vorgeschlagene Bestimmung erheblich über das in der Eingabe angestrebte Ziel hinaus. Wenn man die Behandlung der Tiere nach rituellen Vorschriften ausdrücklich für straflos erkläre, so schließe man damit nicht allein den reichsrechtlichen Strafschutz des § 405 aus, sondern man beseitige zugleich die etwa auf diesem Gebiet bestehenden landesrechtlichen Strafvorschriften und nehme dem Landesrecht für die Zukunft die Möglichkeit zu strafrechtlichem Einschreiten. Das komme im Ergebnis auf eine reichsrechtliche Untersagung des Erlasses von Schächtverboten hinaus und enthalte einen Eingriff in das Polizeirecht, für den im Rahmen der Strafrechtsreform kein Bedürfnis anzuerkennen sei. Eine allgemeine Ausnahme zu Gunsten ritueller Verfahren würde der Blankettvorschrift einen materiellen, ihrer bisherigen Tragweite widersprechenden Inhalt geben. Sie würde dem Mißverständnis Raum geben, daß auch solche Vorschriften nicht unter den § 405 fielen, durch welche Tierquälereien bei Gelegenheit, etwa bei Vorbereitung des Schächtens verhütet werden sollten. Endlich verbiete sich der angeregte Zusatz auch deshalb, weil damit nicht nur das Schächten, sondern ohne sachliche Prüfung auch jede andere Methode zugelassen werde, die irgend eine möglicherweise weder anerkannte noch zugelassene Religionsgemeinschaft aus rituellen Gründen jetzt oder in Zukunft vorschreibe.

Zum Wort „Vorschriften“ führte *Cormann* weiter aus, der Ausdruck treffe nur Verordnungen allgemeinen Charakters, im Gegensatz zu den im Vorentwurf in anderen Vorschriften als „Anordnungen“ bezeichneten behördlichen Bestimmungen, die zwar auf allgemeinen Verordnungen beruhten, aber nur zur Regelung eines Einzelfalles dienten[1130].

Um klarzustellen, daß § 405 bei tatbestandlichen Überschneidungen durch § 361 verdrängt werde, wurde ein Antrag von *Kleime*, hinter „wer“ die Worte „außer dem Falle des § 361“ einzustellen, mit 9 gegen 7 Stimmen angenommen[1131],

---

[1130] Schubert, Protokolle zur Reform des StGB, Bd. 3, S. 551/552, 201. Sitzung vom 14. Januar 1913.

[1131] Schubert, Protokolle zur Reform des StGB, Bd. 3, S. 552, 201. Sitzung vom 14. Januar 1913.

später jedoch einstimmig beschlossen, die eingefügten Worte wieder zu streichen, weil es sich von selbst verstehe, daß § 361 dem § 405 vorgehe[1132].

Zum Strafrahmen des § 405 wurde auf der einen Seite vorgeschlagen, die Strafe auf Haft bis zu einem Monat oder Geldstrafe bis zu dreihundert Mark zu mildern[1133], weil Fälle in denen dies nicht ausreiche, regelmäßig unter den § 361 fielen und auch das Strafrechtsänderungsgesetz nur Geldstrafe bis zu einhundertfünfzig Mark oder Haft bis zu sechs Wochen vorgeschlagen habe, auf der anderen Seite Haft bis zu drei Monaten oder Geldstrafe bis zu fünfhundert Mark beantragt[1134]. Die Kommission entschied sich mit 13 gegen 3 Stimmen für den letzteren Antrag[1135].
Im Entwurf der Strafrechtskommission von 1913 findet die Tierquälerei ihren Platz schließlich als § 388 im Ersten Buch (Verbrechen und Vergehen), Besonderer Teil, in einem eigenen 28. Abschnitt[1136], der Paragraph lautet: „Wer ein Tier boshaft quält oder roh mißhandelt, wird mit Gefängnis bis zu sechs Monaten oder mit Geldstrafe bestraft."
Im Besonderen Teil des Zweiten Buches (Übertretungen) heißt es unter § 428 (Tierschutz): „Mit Haft oder Geldstrafe wird bestraft, wer die Vorschriften übertritt, die zur Verhütung von Tierquälerei erlassen sind."

Auch dieser Entwurf konnte, abgesehen von einer erneuten Diskussion in der Öffentlichkeit, keinen praktischen Erfolg für sich verbuchen. Noch bevor der Reichstag oder einzelne Kommissionen eine Stellungnahme abgeben konnten, brach am 2. August 1914 der Erste Weltkrieg aus, woraufhin die Neugestaltung des deutschen Strafrechts zurücktreten mußte.

1132 Auf Antrag von Joel, vgl. Schubert, Protokolle zur Reform des StGB, Bd. 4, S. 651, 273. Sitzung vom 27. August 1913.

1133 Vorgeschlagen durch von Hippel in: Schubert, Protokolle zur Reform des StGB, Bd. 3, S. 552, 201. Sitzung vom 14. Januar 1913.

1134 Vorgeschlagen durch Rupp in: Schubert, Protokolle zur Reform des StGB, Bd. 3, S. 552, 201. Sitzung vom 14. Januar 1913.

1135 Schubert, Protokolle zur Reform des StGB, Bd. 3, S. 552, 201. Sitzung vom 14. Januar 1913.

1136 Den Vorschlag, der Tierquälerei einen selbständigen Abschnitt einzuräumen, machten auch Vierneisel, Das Delikt der Tierquälerei und seine Reformbedürftigkeit, S. 23, Kupka, Die Tierquälerei mit besonderer Rücksicht auf die lex ferenda, S. 47 und Beck, Die Tierquälerei, S. 33. Kupka schlug einen Abschnitt „Verbrechen und Vergehen wider die Moral" vor, Beck wollte die Tierquälerei unter die „Vergehen gegen das Gefühlsleben" einreihen.

9. Der Entwurf von 1919

Auch der Krieg zeigte einige Mißstände des geltenden Strafrechts auf, und so begannen die Arbeiten zur Fertigung eines neuen Entwurfes schon vor Kriegsende, in der Zeit vom 15. April 1918 bis 21. November 1919[1137].
Die Tierquälerei belegte weiterhin einen eigenen, den 36. Abschnitt. Neu war, daß die Tierquälerei und der Tierschutz in den §§ 400 und 401 jetzt beide im Besonderen Teil des Ersten Buchs (Verbrechen und Vergehen) geregelt waren. Wie schon 1913 wollte der Gesetzgeber eine klare Grenze zwischen dem kriminellen und dem polizeilichen Unrecht ziehen. Auf diesem Bestreben beruhte es auch, daß als Strafe für Übertretungen grundsätzlich nur noch Geldstrafe angedroht war und daß als Übertretungen nur solche Verfehlungen behandelt wurden, bei denen der Charakter einer Ordnungswidrigkeit überwog. Durch die Aufwertung des § 401 zum Vergehen wurde klargestellt, daß dies bei den Tierschutzregelungen nach Auffassung der Gesetzgeber nicht der Fall war.

§ 400 lautete: „Wer ein Tier boshaft quält oder roh mißhandelt, wird mit Gefängnis bis zu sechs Monaten oder mit Geldstrafe bis zu dreitausend Mark bestraft.
Neben der Strafe kann angeordnet werden, daß die Verurteilung auf Kosten des Verurteilten öffentlich bekanntzumachen ist."
§ 401 lautet: „Wer die Verordnungen zur Verhütung von Tierquälerei übertritt, wird mit Gefängnis bis zu drei Monaten oder mit Geldstrafe bis zu eintausend Mark bestraft."

Der Entwurf 1919 brachte im Vergleich zum Entwurf der Strafrechtskommission keine tiefgreifenden Änderungen bei den Tierschutzregelungen.
Der Denkschrift[1138] zufolge schloß das Erfordernis der Bosheit oder Rohheit in der Tierquälereinorm weiterhin aus, daß diese auf die Behandlung eines Tieres

---

[1137] Die Verfasser waren Joel, Staatssekretär im Reichsjustizministerium, Ebermayer, Senatspräsident am Reichsgericht, Cormann, Präsident des Oberlandesgerichts Stettin und Bumke, Ministerialdirektor im Reichsjustizministerium. Außerdem haben die Ministerialräte im Reichsjustizministerium Schäfer und Kiesow an dem Entwurf mitgewirkt.
[1138] Die Denkschrift ist von den oben genannten Mitgliedern des Reichsjustizministeriums erstellt worden; zur Ausarbeitung einzelner Teile wurde der Gerichtsassessor Heims herangezogen.

Anwendung fand, die nur aus wissenschaftlichen oder religiösen Beweggründen erfolgte.

Als Strafe war gemäß den im Entwurf für leichtere Vergehen üblichen Strafhöhen Gefängnis bis zu sechs Monaten oder Geldstrafe bis zu dreitausend Mark vorgesehen. Die Höchststrafe von sechs Monaten Gefängnis sollte es ermöglichen, besonders strafwürdige Fälle, z.B. im wiederholten Rückfall oder gewohnheitsmäßig begangene Tierquälerei, ausreichend zu ahnden. Da Tierquälereien oft öffentlich begangen würden, erscheine es auch angemessen, in geeigneten Fällen die Verurteilung des Täters zur Kenntnis der Allgemeinheit zu bringen (§ 400 Abs. 2). Die Urteilsveröffentlichung werde dazu beitragen, den Täter und andere Personen von ähnlichen Verfehlungen abzuschrecken[1139].

Zum Tierschutz, § 401, führt die Denkschrift aus, der Hauptzweck der Vorschrift sei es, eine einheitliche Strafdrohung zur Verfügung zu stellen. Nochmals wird klargestellt, daß § 401 nicht irgendwelchen Stellen die Ermächtigung zum Erlaß von Verordnungen gebe; vielmehr entschieden andere Vorschriften des Reichsrechts und landesrechtliche Bestimmungen darüber, von welchen Behörden und in welchem Umfange solche Verordnungen erlassen werden können. Hiernach bleibe auch die Frage, ob und inwieweit die Vivisektion und das Schächten von Tieren nach rituellen Vorschriften einer Religionsgesellschaft Beschränkungen oder Verboten unterworfen werden können, nach wie vor dem Landesrecht überlassen. Eine Bindung des Landesrechts in der Frage des rituellen Schlachtens im StGB auszusprechen[1140], lehnte der Entwurf genauso wie die früheren Entwürfe ab[1141].

[1139] Denkschrift 1919, S. 347. Dies ist insofern bemerkenswert, als daß damals die Bestrebungen auf Abschaffung der Ehrenstrafen aller Art gerichtet waren und ein Zeichen dafür, wie verbreitet die Ansicht war, daß die Tierquälerei den Täter in besonderem Maße entehrt (vgl. auch Schopenhauer, Parerga et Paralipomena, Bd. 5, Teil 2, S. 440: „In England ist kürzlich Prügelstrafe vorgeschlagen worden, die mir auch ganz angemessen scheint"; Mendelssohn-Bartholdy, GS, Bd. 66, 1905, S. 431, Fn. 2: „Ob man zur Prügelstrafe wird greifen müssen, ist noch nicht abzusehen. ... Daß sie für Roheitsdelikte am Platz wäre, die gegen wehrlose Opfer – Menschen, besonders Kinder, oder Tiere – begangen sind, wird unter vier Augen auch der Politiker nicht abstreiten, der auf der Tribüne jeden Gedanken an die Einführung der Prügelstrafe von sich abweist").

[1140] Vgl. die entsprechenden Erörterungen, in: Verh. des RT, 12. Leg.-Per., 2. Session 1909/10, Bd. 275, S. 2069 ff., Ds. Nr. 392; Verh. des RT, 13. Leg.-Per., 1. Session 1912/13, Bd. 300, S. 782, Ds. Nr. 620, und S. 838, Nr. 630.

[1141] Vgl. Vorentwurf 1909, Begründung, S. 857.

Statt „Vorschriften“ spricht der Entwurf von 1919 von „Verordnungen“ zur Verhütung von Tierquälerei. Nach der Denkschrift waren unter „Verordnungen“ nur solche Bestimmungen zu verstehen, die mit allgemeiner Rechtsverbindlichkeit erlassen sind. Deshalb sei § 401 auf Bestimmungen disziplinärer Art, z.B. die Vorschriften der Universitätsaufsichtsbehörde über die Bedingungen, unter denen in den Universitätsanstalten die Vornahme von Versuchen an lebenden Tieren gestattet ist, oder Anordnungen von Schlachthaus- oder Gestütsverwaltungen darüber, wie ihre Angestellten die Tiere zu behandeln haben, nicht anwendbar[1142].

Ebenfalls neu war, daß auch die Tierschutzvorschrift unter die Vergehen eingereiht wurde. Begründet wurde dies damit, daß Zuwiderhandlungen gegen Verordnungen über den Tierschutz unter Umständen genauso schlimm sein könnten wie die Tierquälerei. Jedenfalls reiche für solche Verfehlungen Geldstrafe als einzige Strafe nicht aus. Der Entwurf mache die Tat deshalb zum Vergehen, drohe aber nur die geringste im Entwurf für Vergehen vorgesehene Freiheitsstrafe wahlweise neben einer Geldstrafe bis zu eintausend Mark, die regelmäßige Übertretungsstrafe, an.

10. Der Radbruch'sche Entwurf von 1922

Auch nach dem *Radbruch'schen* Entwurf sollten Tierquälerei und Tierschutz in einem eigenen 33. Abschnitt im Ersten Buch unter den Verbrechen und Vergehen behandelt werden.

Die Vorschriften sollten lauten:

„§ 325 (Tierquälerei): Wer ein Tier absichtlich quält oder roh mißhandelt, wird mit Gefängnis bis zu sechs Monaten oder mit Geldstrafe bestraft.

§ 326 (Tierschutz): Wer einer zum Zwecke des Tierschutzes erlassenen Vorschrift zuwiderhandelt, wird mit Gefängnis bis zu drei Monaten oder mit Geldstrafe bestraft.“[1143]

[1142] Denkschrift 1919, S. 348.

[1143] Vgl. Schubert, Quellen, Abt. 1, Bd. 1, Entwurf 1922, S. 183.

11. Der Amtliche Entwurf von 1925 und die Verhandlungen im Reichsrat

Die Reichsratsvorlage behielt beide Tierschutzvorschriften des *Radbruch'schen* Entwurfs in den §§ 333 und 334 im 34. Abschnitt als Vergehen wörtlich bei[1144]. Die Höhe der Geldstrafe sollte nach § 33 mindestens drei und höchstens zehntausend Reichsmark betragen. Der Versuch war weiterhin nicht strafbar, da nicht ausdrücklich geregelt (§ 23 Abs. 3), die Verjährung sollte nach § 78 Abs. 1 Nr. 4 nach zwei Jahren einsetzen.

Der Begründung[1145] zufolge war die bisherige Wendung „boshaft quält" einer Anregung Österreichs entsprechend durch die Worte „absichtlich quält" ersetzt worden[1146]; dadurch werde die Zahl der Bezeichnungen für die Schuldform des Vorsatzes verringert und die Rechtsanwendung erleichtert. Absichtlich quäle ein Tier derjenige, welcher ihm länger dauernde oder sich wiederholende erhebliche Schmerzen oder Leiden verursacht und dem es dabei gerade auf diesen Erfolg ankomme[1147]. Roh sei eine Mißhandlung, die in besonderem Maße das Gefühl vermissen lasse, das der Mensch für die Schmerzempfindung des Tieres haben sollte, und die nicht durch einen billigenswerten Zweck geboten sei. Der Tatbestand der Tierquälerei sei also nicht gegeben bei einer Behandlung des Tieres, die nur aus wissenschaftlichen oder religiösen Beweggründen geschehe.

Das Strafmaß entspreche dem vom Entwurf für leichtere Vergehen vorgesehenen; die Strafe von sechs Monaten Gefängnis ermögliche es, auch besonders verwerfliche Fälle fortgesetzter oder gewohnheitsmäßiger Tierquälerei angemessen zu ahnden. Nach § 59 Abs. 1 könne die öffentliche Bekanntmachung des Urteils angeordnet werden, weshalb von einer ausdrücklichen Nennung dieser Rechtsfolge im Tatbestand abgesehen wurde.

Bezüglich der Frage, ob die Vivisektion und das Schächten beschränkt oder verboten werden sollten, nahm die Begründung weiterhin keine Stellung. Dies sei eine Frage des Verwaltungsrechts des Reichs und der Länder, der Entwurf stelle

---

1144 Vgl. Schubert, Quellen, Abt. 1, Bd. 1, Amtlicher Entwurf 1925, S. 234.

1145 Schubert, Quellen, Abt. 1, Bd. 1, Amtlicher Entwurf 1925, Begründung, S. 413.

1146 So erklärt sich auch schon die Änderung im Radbruch'schen Entwurf.

nur eine einheitliche Strafdrohung zur Verfügung, wobei Geldstrafe allein nicht ausreiche, weswegen der Entwurf auch Freiheitsstrafe androhe.

Zu diesem Entwurf gingen im Reichsrat folgende Anträge ein: Württemberg[1148] bat, im § 333 die Worte „bis zu sechs Monaten“ durch die Worte „bis zu einem Jahre“ zu ersetzen.
Die Tierschutzvorschrift des § 334 wollten Preußen, Oldenburg, Bremen und Württemberg als Übertretung in das zweite Buch eingestellt sehen[1149]. Preußen und Oldenburg[1150] beantragten weiter, der Vorschrift folgende Fassung zu geben: „Wer einer von den obersten Landesbehörden oder den von ihnen ermächtigten Stellen zum Zwecke des Tierschutzes erlassenen Vorschrift zuwiderhandelt, wird, sofern nicht nach anderen reichs- oder landesrechtlichen Vorschriften eine schwerere Strafe verwirkt ist, mit Geldstrafe bestraft.“ In der Begründung des preußischen Antrages[1151] wurde ausgeführt, Zuwiderhandlungen gegen Tierschutzvorschriften, die nicht den Tatbestand der Quälerei erfüllten, seien nur als Ordnungswidrigkeiten anzusehen. Die Übertretungsstrafe reiche für sie aus, zumal für besonders schwere Fälle nach § 352 bei Übertretungen Haftstrafe und Geldstrafe bis zu eintausendfünfhundert RM zulässig sei. Die Gestaltung als Übertretung ermögliche die prozessuale Erledigung durch polizeiliche Strafverfügung, die sonst nicht möglich wäre; sie sei auch deshalb erwünscht, weil sonst die Ortspolizeibehörden, deren Zuständigkeit für den Erlaß von Tierschutzvorschriften entsprechend den örtlichen Bedürfnissen nicht gut ausgeschaltet werden könne, in die Lage kämen, in Ausfüllung der Blankettvorschrift Vergehenstatbestände zu schaffen. Die Bezugnahme auf die obersten Landesbehörden und die von ihnen ermächtigten Stellen solle die Möglichkeit schaffen, daß die obersten Landesbehörden bei Übertragung der Ermächtigung gewisse Vorbehalte machen könnten, z.B. für Tierschutzvorschriften, die die Frage der Vivisektion

---

[1147] Nach Sander, Tierschutz unter Berücksichtigung der gerichtlichen Entwicklung, S. 65, wird der Tatbestand durch die strenge Schuldform „absichtlich“ zu sehr eingeengt.
[1148] Antrag Nr. 14 vom 7. Juli 1926, vgl. Schubert, Quellen, Abt. 1, Bd. 2, S. 256.
[1149] Anträge Nr. 11, Ziff. 139 vom 1. Juni 1926, Nr. 15 vom 8. Juli 1926, Nr. 12 vom 4. Juni 1926 und Nr. 14 vom 7. Juli 1926, vgl. Schubert, Quellen, Abt. 1, Bd. 2, S. 256.
[1150] Anträge Nr. 11, Ziff. 139 vom 1. Juni 1926 und Nr. 15 vom 8. Juli 1926, vgl. Schubert, Quelle, Abt. 1, Bd. 2, S. 256.
[1151] Begründung des Antrags Nr. 11, Ziff. 139, vom 1. Juni 1926, vgl. Schubert, Quellen, Abt. I, Bd. 2, S. 345.

oder des rituellen Schächtens beträfen, Fragen, die zweckmäßig der einheitlichen Regelung durch die Zentralbehörden vorbehalten blieben.
Württemberg[1152] hielt es für notwendig, den Kreis der Vorschriften, zu deren Schutz die Strafe angedroht wird, näher zu bestimmen, um entscheiden zu können, ob der Tatbestand als Vergehen oder als Übertretung zu behandeln sei.
Bayern[1153] trat der Auffassung der Entwurfsbegründung, § 334 gebe keine Ermächtigung zum Erlaß der Vorschriften, deren Übertretung mit Strafe bedroht wird, entgegen. Es sei nicht einzusehen, warum § 334 nicht ein Blankettgesetz gewöhnlicher Art sein sollte, dessen Ausführung den nach Landesrecht zuständigen Behörden obliege.

Die Reichsregierung[1154] schließlich beantragte, den § 334 hinter § 333 zu streichen und in den Besonderen Teil des Zweiten Buches unter die Übertretungen als § 377 a in folgender Fassung einzustellen: „Wer einer zum Zwecke des Tierschutzes erlassenen Vorschrift zuwiderhandelt, wird mit Geldstrafe bestraft." Zur Begründung[1155] führte sie aus, in wirklich schlimmen Fällen von Zuwiderhandlungen gegen Tierschutzvorschriften sei wohl immer zugleich der Tatbestand der Tierquälerei erfüllt und wenn das nicht der Fall sei, dann handele es sich voraussichtlich stets nur um Ordnungswidrigkeiten, die über den Rahmen einer Übertretung nicht hinausgingen. Die Gestaltung als Übertretung ermögliche die prozessuale Erledigung durch polizeiliche Strafverfügung und beseitige auch die Bedenken, daß möglicherweise Ortspolizeibehörden die Befugnis erhielten, in Ausfüllung der Blankettvorschrift Vergehenstatbestände zu schaffen.

Dem Antrag der Reichsregierung und den Wünschen, die Tierschutzvorschrift wieder bei den Übertretungen einzustellen, wurde stattgegeben. Der Entwurf eines Allgemeinen Deutschen Strafgesetzbuches vom 28. Dezember 1926 be-

---

[1152] Antrag Nr. 14 vom 7. Juli 1926, vgl. Schubert, Quellen, Abt. 1, Bd. 2, S. 256.
[1153] Begründung des Antrags Nr. 5 vom 19. Februar 1926, vgl Schubert, Quellen, Abt. I, Bd. 2, S. 302 und Begründung des Antrags Nr. 44 vom 17. Dezember 1926, vgl. Schubert, Quellen, Abt. I, Bd. 2, S. 494/495.
[1154] Antrag Nr. 36 vom 13. Dezember 1926, vgl. Schubert, Quellen zur Reform des Strafrechts, Abt. I, Bd. 2, S. 455.
[1155] Begründung des Antrags Nr. 36 vom 13. Dezember 1926, vgl. Schubert, Quellen zur Reform des Strafrechts, Abt. 1, Bd. 2, S. 455.

stimmte somit nach der Beratung in den Reichsratsausschüssen VII, III und V und im Plenum des Reichsrats:

§ 333: Wer ein Tier absichtlich quält oder roh mißhandelt, wird mit Gefängnis bis zu sechs Monaten oder mit Geldstrafe bestraft.

§ 377 a: Wer einer zum Zwecke des Tierschutzes erlassenen Vorschrift zuwiderhandelt, wird mit Geldstrafe bestraft.

12. Die Reichstagsvorlage von 1927 und die diesbezügliche Kritik

In den Entwurf eines Allgemeinen Deutschen Strafgesetzbuchs, den der Reichsminister der Justiz, *Hergt*, dem Reichstag am 14. Mai 1927 nach Zustimmung des Reichsrats zur Beschlußfassung vorlegte, wurden die obigen Vorschriften wörtlich übernommen, die Tierquälerei war jetzt in § 366 geregelt, der Tierschutz bei den Übertretungen in § 412[1156].

Bei Vergehen wurde nach § 16 Abs. 3 die Fahrlässigkeit nur bestraft, wenn sie im Tatbestand ausdrücklich erwähnt war, bei Übertretungen nach § 378 immer, dagegen waren Versuch und Beihilfe nicht wie beim Vergehen strafbar, sondern blieben nach § 379 straffrei. Die Geldstrafe für Vergehen betrug nach § 37 mindestens drei und höchstens zehntausend Reichsmark. Nach § 51 wurde dem Gericht die Möglichkeit zu selbständiger Anordnung der öffentlichen Bekanntmachung des Urteils genommen[1157]. Übertretungen konnten nach § 375 des Entwurfs grundsätzlich nur mit Geldstrafe bestraft werden. Diese betrug nach § 380 mindestens eine und höchstens fünfhundert Reichsmark, die Strafe konnte jedoch bei besonders schweren Fällen oder im Rückfall nach §§ 384, 387 auf Haft bis zu drei Monaten oder Geldstrafe bis zu zweitausend Reichsmark erhöht werden. Auch bei Uneinbringlichkeit der Geldstrafe trat Haft bis höchstens drei Monate an ihre Stelle (§§ 386, 387).

[1156] Vgl. Schubert, Quellen, Abt. 1, Bd. 1, Entwurf 1927, S. 475 und 479.

[1157] Nach der Begründung zum Entwurf von 1927, Schubert, Quellen, Abt. 1, Bd. 1, S. 521 (zu § 51), lehnte der Entwurf die Veröffentlichung zum Zwecke der Brandmarkung als dem modernen Rechtsempfinden nicht mehr entsprechend ab. Hiergegen wandte sich Clauß, Tierschutz und Strafgesetzgebung, S. 56, Fn. 2.

Die Begründung[1158] betonte nochmals, daß der Tatbestand der Tierquälerei bei der Vivisektion und beim Schächten nicht gegeben sei, das Strafmaß von sechs Monaten Gefängnis es ermögliche, auch besonders verwerfliche Fälle fortgesetzter oder gewohnheitsmäßiger Tierquälerei und besonders rohe Handlungen angemessen zu ahnden, daß das Strafrecht weiterhin zur Frage der verwaltungsrechtlichen Beschränkung oder des Verbots der Vivisektion und des Schächtens keine Aussage treffen könne und daß Übertretungsstrafe für den Verstoß gegen Tierschutzvorschriften ausreiche, weil in wirklich schlimmen Fällen von Zuwiderhandlungen gegen Verordnungen über den Tierschutz wohl immer zugleich der Tatbestand der Tierquälerei erfüllt sein werde.

Von tierschützerischer Seite wurden sowohl gegen § 366 als auch gegen § 412 Bedenken erhoben.
In einer Eingabe an den Reichstag vom 20. Juni 1927 forderte der *Berliner Tierschutzverein*, angesichts der Bestimmung in § 16 Abs. 3 bei § 366 auch die fahrlässige Begehung ausdrücklich für strafbar zu erklären und den Tierschutzparagraphen wieder (wie im Entwurf von 1925, § 334) unter die Vergehen einzureihen[1159].
Auch Amtsgerichtsrat *Fritz Korn*, der Schatzmeister des Alten Dresdener Tierschutzvereins, empfahl in seiner Begründung der Eingabe des *Verbandes der Tierschutzvereine des Deutschen Reiches*[1160], den § 412 bei den Vergehen einzustellen und dann dort die fahrlässige Begehung ausdrücklich mit Strafe zu bedrohen[1161]. Bezüglich des § 366 machte er den Vorschlag, durch Hinzufügung des Satzes „Die Rechtswidrigkeit der Handlung ist ausgeschlossen, wenn die Handlung in Wahrnehmung eines gerechtfertigten menschlichen Interesses geschieht" klarzustellen, daß die regelgerechte Vornahme von Tierversuchen und das ebenso ausgeführte Schlachten, insbesondere das Schächten, nicht unter diese Vorschrift fielen[1162].

[1158] Schubert, Quellen, Abt. 1, Bd. 1, Begründung zum Entwurf 1927, S. 668/669 und 684/685.
[1159] BA Berlin-Li,. 30.01., Nr. 6317, Bl. 58.
[1160] Die Petition datiert vom März 1929 und wiederholt mehr oder weniger die Forderungen des Berliner Tierschutzvereins vom 20. Juni 1927, vgl. BA Berlin-Li., 30.01., Nr. 6317, Bl. 93.
[1161] Korn, Die strafrechtliche Behandlung der Tierquälerei, S. 33/34.
[1162] Korn, Die strafrechtliche Behandlung der Tierquälerei, S. 29/30.

Die ausdrückliche Betonung der Strafbarkeit der fahrlässigen Begehung hinsichtlich des Tierschutzparagraphen nach dessen Aufnahme unter die Vergehen begründete *Korn* damit, daß erfahrungsgemäß die einzelnen Bestimmungen zum Schutz der Tiere (z.B. der Transport auf Eisenbahnen) fahrlässigerweise viel häufiger verletzt würden als vorsätzlich. Das sei im übrigen der Grund für die Bestrafung auch der Fahrlässigkeit bei den polizeilichen Übertretungen[1163]. Dazu kam nach *Korn* noch die praktische Erwägung, daß nach der Rechtsprechung des Reichsgerichts zwar Unkenntnis des Strafgesetzes nicht vor Strafe schütze, irre der Täter aber über den Inhalt oder Bestand einer Verordnung, deren Zuwiderhandlung das Gesetz mit Strafe bedroht, so gelte dieses als Tatirrtum. Begehe der Täter eine Handlung, die nur bei vorsätzlicher Begehung bestraft werde, so gehe er straflos aus, wenn er in einem solchen Irrtum befangen war. Liege jedoch eine Handlung vor, die auch im Falle der Fahrlässigkeit bestraft werde, so sei der Täter nur straffrei, wenn ein solcher Irrtum nicht auf Fahrlässigkeit beruhe. Wer aber dauernd Tiere um sich habe oder berufsmäßig mit ihnen umgehe, für den bestehe die Rechtspflicht, sich nach den bestehenden Vorschriften zu erkundigen. Tue er dies nicht, obwohl er dazu in der Lage wäre, so verletze er die Rechtspflicht aus Fahrlässigkeit[1164].

Gegen die Einbeziehung des § 412 in den Abschnitt über die Vergehen wandte sich *Sander* mit der Begründung, daß dann der Verstoß gegen eine Verwaltungsnorm mit der zu hohen Vergehensstrafe von drei Monaten Gefängnis geahndet würde[1165]. Gleichzeitig wies *Sander* auch auf eine Gefährdung des § 412 durch die Bestimmung des § 153 Abs. 1 StPO hin, derzufolge Übertretungen nicht verfolgt würden, wenn die Schuld des Täters gering und die Folgen der Tat unbedeutend seien, es sei denn, daß ein öffentliches Interesse an der Herbeiführung einer gerichtlichen Entscheidung bestehe. Da über das Vorliegen eines öffentlichen Interesses allein die Strafverfolgungsbehörden ohne gerichtliche Nachprüfung entschieden, bestehe die Befürchtung, daß sich auf dem Umweg über die Verwaltungspraxis die früheren Tatbestandsmerkmale der Öffentlich-

[1163] Korn, Die strafrechtliche Behandlung der Tierquälerei, S. 31. Sander, Tierschutz unter Berücksichtigung der gerichtlichen Entwicklung, S. 66, war sogar der Ansicht, diese fahrlässigen Delikte, die in ihrer Häufigkeit die eigentlichen Quälereidelikte bei weitem überträfen, seien es, die der Gesetzgeber erfassen wolle.
[1164] Korn, Die strafrechtliche Behandlung der Tierquälerei , S. 31/32.
[1165] Sander, Tierschutz unter Berücksichtigung der gerichtlichen Entwicklung, S. 67/68.

keit und Ärgerniserregung erneut Geltung verschaffen würden, da ein solches öffentliches Interesse wohl nur dann als gegeben anerkannt werden würde, wenn Dritte die Handlung des Täters beobachtet und an ihr Anstoß genommen hätten[1166].

Sander schlug vor, unter Beibehaltung des § 366 mit dem von Korn empfohlenen Zusatz den § 412 gänzlich streichen. Es müßte dann bei den Verhandlungen anerkannt oder in den Motiven geklärt werden, daß dem Landesrecht zur Aufstellung von Vorschriften zur Verhütung von Tierquälerei ein gewisser Spielraum bleiben solle[1167].

Clauß[1168] kritisierte die Verwendung des „absichtlich quält" neben „roh mißhandelt" im Tatbestand des § 366, da die ersten beiden Merkmale vollständig in den letzteren beiden enthalten seien. „Roh" wollte er durch „unbillig" ersetzt sehen, weil es keine rohen Mißhandlungen ohne Unbilligkeit gebe, sich sehr wohl aber unbillige Mißhandlungen abspielen könnten, ohne daß dem Täter der qualifizierte Vorsatz der Roheit zur Last falle, nämlich dann, wenn der Täter leichtfertig, gedankenlos oder unbesonnen handele[1169]. Die nötige Einschränkung des Tatbestandes werde auch durch Setzung des Wortes „unbillig" erreicht.

Die Eingabe des *Verbandes der Tierschutzvereine des Deutschen Reiches* wollte ferner als § 412 a in den Entwurf eingesetzt wissen: „Wer Kinder oder andere unter seiner Gewalt stehende Personen, die seiner Aufsicht untergeben sind und zu seiner Hausgenossenschaft gehören, von der Begehung von Diebstählen sowie von der Begehung strafbarer Verletzung der Gesetze zum Schutze der Forsten, der Feldfrüchte, der Tiere, der Jagd oder der Fischerei abzuhalten unterläßt, wird mit Geldstrafe bestraft"[1170]. In der Begründung der Eingabe hieß es, damit werde bezweckt, daß Eltern und Vormünder ihren Schutzbefohlenen schon bei-

---

[1166] Sander, Tierschutz unter Berücksichtigung der gerichtlichen Entwicklung, S. 66. Der gleiche Gedanke wurde zuvor auch schon in der Eingabe des Verbandes der Tierschutzvereine des Deutschen Reiches vom März 1929 geäußert, vgl. BA Berlin-Li., 30.01., Nr. 6317, Bl. 93. Auch nach der 3. Verordnung des Reichspräsidenten zur Sicherung von Wirtschaft und Finanzen und zur Bekämpfung politischer Ausschreitungen vom 6. Oktober 1931 (RGBl. I, Nr. 67 vom 7. Oktober 1931, S. 537), Teil 6, Kap. 1, § 2, sollten Übertretungen nur noch verfolgt bzw. bestraft werden, wenn ein öffentliches Interesse vorlag.

[1167] Sander, Tierschutz unter Berücksichtigung der gerichtlichen Entwicklung, S. 68.

[1168] Clauß, Tierschutz und Strafgesetzgebung, S. 73.

[1169] Clauß, Tierschutz und Strafgesetzgebung, S. 74/75.

zeiten klarmachen, wie unrecht es ist, Tiere zu quälen. Gerade junge Menschen müßten schon von frühester Jugend an zur Tierliebe und zum Mitleidsgefühl erzogen werden. Der Vorschlag bedeute lediglich die Übernahme und zweckentsprechende Ergänzung des § 361 Ziff. 9 des geltenden Strafgesetzbuchs.

Der *Verband der Tierschutzvereine* wünschte eine Abänderung des § 408 Nr. 2 des Entwurfs dahingehend, daß auch Tiere einbezogen werden. Der Paragraph sollte dann lauten: „Mit Geldstrafe wird bestraft, ... wer Steine oder andere harte Gegenstände oder Unrat gegen oder in fremde Häuser, Gebäude, in Gärten oder Einschließungen oder so wirft, daß Menschen, Tiere oder fremdes Eigentum gefährdet werden können“[1171].

Schließlich strebten die Tierschutzvereine in Anlehnung an das englische Recht die Aufnahme einer Bestimmung folgenden Wortlauts an: „In der Behandlung und Pflege gefährdete Tiere können auf Kosten des Besitzers anderweitig in gute Obhut gegeben werden, bis die Gewähr für bessere Behandlung vorhanden ist. Bei fortgesetzter Quälerei von Zugtieren kann dem Täter die Ausübung des Berufes eines Gespannführers verboten werden“[1172]. Sie sollte als Nebenstrafe im Sinne der §§ 46 ff. im Entwurf Platz finden.

Diesen Anträgen schlossen sich zwei weitere, von den Eingaben der Tierschutzvereine unabhängige, deren Forderungen aber teilweise wiederholende Vorschläge von *Clauß*[1173] und *Schaefer*[1174] aus den Jahren 1928 und 1932 an.

Schließlich muß hier auch noch der Vorschlag *Schiebolds* von 1933 genannt werden, der im Abschnitt „Körperverletzungen, Körperbeschädigungen“ als Bestimmung 19 vorsah: „Die Verletzung, Beeinträchtigung, Schädigung des Körpers, der Gesundheit eines Tieres entgegen der Bestimmungen des Tierschutzes wird mit Haft bestraft.“[1175]

[1170] Petition des Verbandes der Tierschutzvereine des Deutschen Reiches vom März 1929, in: BA Berlin-Li., 30.01., Nr. 6317, Bl. 96.

[1171] Vgl. BA Berlin-Li., 30.01., Nr. 6317, Bl. 96. Diesem Vorschlag stimmte Sander, Tierschutz unter Berücksichtigung der gerichtlichen Entwicklung, S. 74, zu, da in der Tat nicht einzusehen sei, warum herrenlose Tiere nicht denselben Schutz genießen sollten, wie die in irgend jemandes Eigentum stehenden.

[1172] Vgl. BA Berlin-Li., 30.01., Nr. 6317, Bl. 96.

[1173] Clauß, Tierschutz und Strafgesetzgebung, S. 93.

[1174] Schaefer, Tierschutz im Reichsstrafrecht, S. 68, 70, 71, 72, 75.

[1175] Schiebold, Reichsstrafgesetzbuch, S. 17.

13. Die Verhandlungen in den Strafrechtsausschüssen des Reichstags und in der deutsch-österreichischen Strafrechtskonferenz

Über den Entwurf vom 14. Mai 1927 verhandelten sowohl der Strafrechtsausschuß des Reichstags in der IV. Reichstags-Wahlperiode 1928 (21. Ausschuß) als auch die deutsch-österreichische parlamentarische Strafrechtskonferenz und der Strafrechtsausschuß des Reichstags in der V. Wahlperiode 1930 (18. Ausschuß).

a) Ausschußsitzung vom 13. Februar 1930

Im 21. Strafrechtsausschuß wurde unter dem Vorsitz des Abgeordneten Wilhelm Kahl (DVP) in der 122. Sitzung vom 13. Februar 1930[1176] über § 366 in Verbindung mit § 412 verhandelt. Auch hier wurden eingangs der Sitzung verschiedene Anträge gestellt.

Antrag Nr. 496 des Abgeordneten *Alfred Hanemann* (DNVP)[1177] lautete: „1. im § 366: a) an die Stelle des Wortes 'absichtlich' zu setzen 'wissentlich' und b) folgenden Absatz 2 anzufügen: Als Tierquälerei im Sinne dieses Gesetzes wird nicht bestraft eine aus wissenschaftlichen Gründen unter Vermeidung jeder unnötigen Grausamkeit gerechtfertigte Behandlung eines Tieres sowie die Schlachtung von Säugetieren mittels Halsschnittes, wenn dieser eine sichere und sofort wirksame Betäubung vorangegangen ist. 2. als § 366 a den § 412 in der Fassung des § 334 der Reichsratsvorlage einzufügen."

Der Antrag Nr. 497 des Abgeordneten *Gustav Ehlermann* (DDP)[1178] lautete: „Den § 366 wie folgt zu fassen: § 366. Tierquälerei

Wer ein Tier quält oder mißhandelt, wird mit Gefängnis bis zu sechs Monaten oder mit Geldstrafe bestraft. Die Rechtswidrigkeit ist ausgeschlossen, wenn die Handlung in Wahrnehmung eines gerechtfertigten menschlichen Interesses geschieht."

Der Antrag Nr. 519 des Abgeordneten *Eduard Alexander* (KPD)[1179] lautete: „Dem § 366 folgenden Absatz 2 hinzuzufügen: Ebenso wird bestraft, wer als

[1176] Schubert, Quellen, Abt. I, Bd. 3, Teil 3, S. 407-410.

[1177] Geh. StA Berlin-Dahlem, Rep. 84 a, Nr. 8446, Bl. 227.

[1178] Geh. StA Berlin-Dahlem, Rep. 84 a, Nr. 8446, Bl. 227. Wie Vorschlag von Korn, Die strafrechtliche Behandlung der Tierquälerei, S. 30.

Unternehmer oder Betriebsleiter oder Vorgesetzter eine Tierquälerei, insbesondere durch Anordnung einer Überbelastung von Zug- oder Tragtieren oder durch Verwenden kranker Tiere, verursacht oder duldet. Straffrei bleibt der Arbeiter, Angestellte oder Untergebene, der infolge seiner sozialen Abhängigkeit bei Befolgung einer solchen Anordnung die Tierquälerei begeht."

Der Berichterstatter, der kommunistische Abgeordnete *Alexander*, verwies auf die Fülle der Eingaben, Anträge und Anregungen aus den Kreisen der Tierschutzvereine und der Vereine gegen Vivisektion und Tierquälerei, deren Zahl größer sei als zu § 175. Dadurch, daß § 366 nach dem Entwurf ein Vergehen, und nicht, wie das geltende Recht, eine Übertretung darstelle und ferner § 412 die Zuwiderhandlung gegen eine zum Tierschutz erlassene Vorschrift unter Geldstrafe stelle, habe der Entwurf einem großen Teil dieser Beschwerden und Anregungen Rechnung getragen. Daß die Tierquälerei eine Gemeinheit und verabscheuenswürdige Roheit sei, darüber herrsche Übereinstimmung. Schwierigkeiten bereite jedoch die Frage, wo die strafrechtliche Ahndung der Tierquälerei beginnen und wo sie aufhören solle, ferner welche Strafen zu verhängen seien. Die von den Tierschutzvereinen geforderte Schaffung eines Tierrechts, also die Einräumung subjektiver Rechte an Tiere, lehne er ab, da nur Menschen Träger von Rechten sein könnten.

Bei der Vivisektion sei es schwer, Tierquälerei von wissenschaftlicher Forschung zu trennen, ein generelles Verbot könne er aber nicht unterstützen, da sonst die Gefahr bestehe, daß man statt Tiere Proletarierkinder zur Versuchszwecken verwende. Was das Schächten angehe, so sei es nach seiner Auffassung zweifellos tierquälerisch. Auch gebe es kein Privileg der Religionsgesellschaften, straflos gegen das Strafrecht zu verstoßen. Indessen könne er sich aber des Eindrucks nicht erwehren, daß die Forderung, das Schächten zu bestrafen, einen antisemitischen Hintergrund habe. So sei auch der Antrag *Hanemann*, der nur eine Scheintoleranz übe, zweifellos von antisemitischen Tendenzen diktiert.

Seinen eigenen Antrag Nr. 519 begründete *Alexander* damit, daß ein häufiger Fall der Tierquälerei darin bestehe, daß der Unternehmer dem Kutscher unmäßige Leistungen mit seinem Gespann usw. zumute. In solchen Fällen solle nicht

[1179] Geh. StA Berlin-Dahlem, Rep. 84 a, Nr. 8446, Bl. 247.

nur der Kutscher, sondern ebenso der Unternehmer bestraft werden. Dies sei die Tendenz des kommunistischen Antrags.

Mitberichterstatter Abgeordneter *Franz Jörissen* (WV) billigte den Antrag des Berichterstatters, in gewissen Fällen auch den Tierhalter zur Verantwortung zu ziehen. Er nehme aber an, daß der Tierhalter schon nach den allgemeinen Vorschriften bestraft werden könne, wenn er durch seine Anordnungen Tierquälerei herbeiführe oder dulde. Treffe das zu, dann sei der Antrag *Alexander* überflüssig.
Auch er fand, es sei schwierig, die Vivisektion zum Zweck wissenschaftlicher Forschung und das Schächten im Hinblick auf rituellen Brauch von der strafbaren Tierquälerei abzugrenzen. Die von der Deutschen Gesellschaft für Tierrecht geforderte Konzessionierung der Vivisektion sei in der Praxis wohl kaum gangbar. Das Reich tue vielmehr gut daran, den Ländern zu überlassen, inwieweit sie Einschränkungen der an sich für die ernsthafte wissenschaftliche Forschung unentbehrlichen Vivisektion anordnen wollen und Betäubung vor dem Schächten einführen. Was das Schächten betreffe, so erscheine es ihm immerhin bedenklich, unter Nichtachtung ritueller Vorschriften ein generelles Schächtverbot zu erlassen.
Als Ergänzungen des § 366 schlug er deshalb in seinem Antrag Nr. 527 vor[1180]: „Dem § 366: a) folgenden Absatz 2 anzufügen: Diese Vorschriften finden keine Anwendung auf Handlungen an Tieren, soweit sie zur Verfolgung wissenschaftlicher Zwecke oder zur Erfüllung der Gebräuche einer Religionsgesellschaft des öffentlichen Rechts geboten sind. b) einen Absatz 3 anzufügen gemäß Antrag *Hanemann* – Nr. 496 Ziffer 1 b der Ausschußdrucksachen – . “

b) Ausschußsitzung vom 14. Februar 1930

In der 123. Sitzung des Strafrechtsausschusses am 14. Februar 1930[1181] wurde wiederum hauptsächlich über das Schächten und die Vivisektion debattiert.
Der Abgeordnete *Hanemann* von der Deutschnationalen Volkspartei führte aus, er sei, entgegen der Begründung, zumindest bezüglich des Schächtens der Auffassung, dieses lasse sich sehr wohl als „rohes Mißhandeln“ im Sinne der Tier-

[1180] Geh. StA Berlin-Dahlem, Rep. 84 a, Nr. 8446, Bl. 262.
[1181] Schubert, Quellen, Abt. I, Bd. 3, Teil 3, S. 411-416.

quälereivorschrift ansehen. Absichtlichkeit im Sinne eines dolus directus 2. Grades sei nicht zu fordern, er trete nach der Nr. 1 a) seines Antrages Nr. 496 dafür ein, „absichtlich“ durch „wissentlich“ zu ersetzen, da dies die Rechtsanwendung erleichtern werde.
Strafbar könne die Tierquälerei nur sein, wenn sie rechtswidrig sei. Diese Voraussetzung fehle im allgemeinen bei der Vivisektion, wenn sie zu wissenschaftlichen Zwecken vorgenommen werde, weshalb ein generelles Verbot abzulehnen sei. Deswegen beantrage er nach Nr. 1 b) seines Antrages Nr. 496, als Absatz 2 einzufügen, daß als Tierquälerei nicht bestraft werde eine aus wissenschaftlichen Gründen unter Vermeidung jeder unnötigen Grausamkeit gerechtfertigte Behandlung eines Tieres.
Anders liege die Sache bei der Schächtung. Der Gesetzgeber habe vollkommen freie Hand darin, zu bestimmen, was er als Tierquälerei aufgefaßt haben wolle, und er müsse dabei nicht einmal auf Riten anerkannter Religionsgemeinschaften Rücksicht nehmen. Daß das betäubungslose Schächten tierquälerisch sei, begründete *Hanemann* mit entsprechenden Gutachten und mit seinen eigenen Erfahrungen. Gegen eine religiös motivierte Rechtfertigung sprächen Gutachten, die bestritten, daß das Schächten rituell geboten sei, daß es mehr sei als ein alter Brauch. Auch könne er nicht finden, daß Art. 135 der Reichsverfassung, der die ungestörte Religionsübung gewährleiste, durch die Abschaffung eines als tierquälerisch erachteten Brauches angetastet werde. Insofern solle gemäß seinem Antrag die Schlachtung von Säugetieren mittels Halsschnittes als Tierquälerei bestraft werden, wenn dieser keine sichere und sofort wirksame Betäubung vorangegangen sei. Diese Frage dürfe man nicht der Landesgesetzgebung überlassen, sondern müsse sie einheitlich für das Reich regeln.
Was den § 412 betreffe, so wollte *Hanemann*, gemäß der Nr. 2 seines Antrags, diesen als § 366 a wieder unter die Vergehen eingereiht sehen. Darüber hinaus vertrat er die Auffassung, es sei Aufgabe der Länder, allgemeine Tierschutzvorschriften zu erlassen, damit nicht in einem Orte das als Tierquälerei gelte, was in einem anderen erlaubt sei, so verschieden seien die Verhältnisse nicht.

Abgeordneter *Ehlermann* (DDP) vertrat die Ansicht, einfacher Vorsatz solle für die Verwirklichung des Tierquälereitatbestandes ausreichend sein, das Wort „absichtlich“ müsse in § 366 gestrichen werden. Wenn die Rechtsprechung die Begriffe „quält“ und „roh mißhandelt“ so auslege, wie es erforderlich sei, würde

das genügen. Darin, daß die Fahrläsigkeit nicht aufgenommen werden könne, stimmte er dem Abgeordneten *Hanemann* zu.
Was die Wissenschaft und die berechtigten religiösen Gebräuche betreffe, so meinte er, beide müßten gegenüber einem zu weit gehenden Tierschutz geschützt werden. Bezüglich des Schutzes der Wissenschaft sei man wohl einig, hinsichtlich des Schächtens stimme er dem Prinzip zu, daß der staatliche Gesetzgeber auch das Recht haben müsse, gegenüber religiösen Gebräuchen eine gesetzliche Bestimmung zu statuieren. Vom Standpunkt der Toleranz aus müsse sich aber der Staat bei der Ausübung dieses Rechtes der allergrößten Zurückhaltung befleißigen. Er sei dagegen, daß man gegenüber dem Gebrauch des Schächtens so einschneidende Bestimmungen treffen solle, wie die von *Hanemann* vorgeschlagenen. Er würde deshalb für den Antrag Nr. 527 eintreten und ziehe den eigenen Antrag Nr. 497 zurück.

Abgeordneter *Johannes Bell* (Z) stimmte der Fassung des Entwurfs zu und gab seiner Meinung Ausdruck, der richtige Grundgedanke des Antrags Nr. 527 müsse nicht im § 366, sondern in einem besonderen Absatz des § 412 verwirklicht werden.
Er und seine Parteifreunde seien der Meinung, daß sowohl die auf ernster wissenschaftlicher Grundlage beruhende Vivisektion als auch der religiöse Brauch des Schächtens in Anbetracht der dort festgelegten Tatbestandsmerkmale nicht unter § 366 subsumiert werden könnten. Dagegen seien sie der Auffassung, daß § 412 durch eine besondere Vorschrift zu ergänzen sei, die sowohl die berechtigten Bestrebungen der Wissenschaft wie die religiösen Gebräuche der Israeliten schützen müsse.
Das Thema des Schächtens sei in früheren Jahren so ausgiebig im Parlament behandelt worden, daß neue Gesichtspunkte heute kaum beigebracht werden könnten. *Bell* verwies in diesem Zusammenhang auf die Ausführungen des Zentrumsabgeordneten *Gröber* in der Reichstagssitzung vom 12. November 1911 und auf die Tatsache, daß auch neue Erfahrungen und neue Gutachten an dem Ergebnis der damaligen parlamentarischen Verhandlungen nichts geändert hätten.
Da der § 412 in seiner jetzigen Fassung weder die Vivisektion noch das Schächten eindeutig von einer Bestrafung ausschlösse, brachte *Bell*, zusammen

mit seinen Parteifreunden vom Zentrum, *Rudolf Schetter* und *Helene Weber* folgenden Antrag Nr. 528[1182] ein: „dem § 412 folgenden Absatz 2 anzufügen: Handlungen an Tieren dürfen nicht mit Strafe bedroht werden, soweit sie zur Verfolgung ernster wissenschaftlicher Zwecke oder zur Erfüllung der Gebräuche einer Religionsgesellschaft des öffentlichen Rechts geboten sind."

Ministerialdirektor im Reichsjustizministerium *Ernst Schäfer* erklärte, was den Tatbestand des § 366 betreffe, so halte er es nicht für möglich, sich mit dem gewöhnlichen Vorsatz zu begnügen. Das Wort „absichtlich" decke sich sachlich im wesentlichen mit dem bisher gebrauchten Wort „boshaft". Wenn man statt dessen den dolus eventualis genügen lasse, würden viele Handlungen mit erfaßt, die nicht strafwürdig seien. Die Rechtsprechung fasse den Begriff des Quälens rein objektiv und bestimme ihn nicht nach der Gesinnung des Täters. Wenn man den gewöhnlichen Vorsatz genügen lasse, könne also zum Beispiel die wiederholte Züchtigung des Hundes zu Erziehungszwecken, unter Umständen auch eine Dressur unter § 366 fallen; denn dabei erfolge vorsätzlich wiederholt die Zufügung erheblicher Schmerzen. Auch das Schächten und die Vivisektion würden darunter fallen. Die Abgeordneten *Hanemann* und *Ehlermann* hätten dies auch selbst erkannt und die Notwendigkeit anerkannt, daß im Falle der ersatzlosen Streichung des Wortes „absichtlich" oder seines Ersatzes durch das Wort „wissentlich" andere objektive Einschränkungen des Tatbestandes erforderlich seien und hierüber Vorschläge gemacht, die ihm freilich wenig glücklich zu sein schienen. Er bitte darum in erster Linie an dem Worte „absichtlich" festzuhalten; eventuell stelle er anheim, an die Stelle des Wortes „absichtlich" wieder das im geltenden Recht verwandte Wort „boshaft" zu setzen. Wenn diese Worte für zu eng erachtet würden, so könnten sie allenfalls auch durch das Wort „roh" ersetzt werden, wodurch der Tatbestand einfacher gestaltet und eventuell wie folgt gefaßt werden könnte: „wer in roher Weise ein Tier quält oder mißhandelt". Dann würden jedenfalls die üblichen Fälle der Dressur, der Vivisektion und des Schächtens nicht als Tierquälerei nach § 366 bestraft werden.
Eingehend auf den Antrag *Alexander* führte *Schäfer* aus, daß, wenn ein Vorgesetzter, Unternehmer oder Arbeitgeber eine Anweisung zu einer Handlung gebe, die den Tatbestand der Tierquälerei erfülle, dieser dann selbst für die Tat ver-

---

[1182] Geh. StA Berlin-Dahlem, Rep. 84 a, Nr. 8446, Bl. 265.

antwortlich und strafbar sei, und zwar auch dann, wenn er zwar nicht eine positive Anweisung gebe, aber vorsätzlich die Handlung dulde; er sei dann, da ihn regelmäßig eine Rechtspflicht zum Handeln treffe, wegen eines Unterlassungsdelikts strafbar. Was die Strafbarkeit des Angestellten betreffe, so scheide in dem Falle, wo er auf positive Anweisung des Vorgesetzten oder Arbeitgebers handle, die Bestrafung des Angestellten wegen Täterschaft oder Mittäterschaft in aller Regel aus. Es könne höchstens eine Bestrafung wegen Beihilfe in Frage kommen, sofern festgestellt werde, daß er das Handeln des Vorgesetzten usw. habe unterstützen wollen. In der Regel dürfte hier die Rechtsprechung mangels einer solchen Feststellung zur Freisprechung kommen. Anders stehe es im Falle des bloßen Duldens seitens des Vorgesetzen. In diesem Falle handele der Angestellte aus eigener Entschließung und sei strafbar, wenn er aus eigenem Entschluß absichtlich quäle oder roh mißhandle.

Zum § 412 stellte *Schäfer* fest, dieser enthalte lediglich eine Blankettvorschrift, die durch andere Tierschutzvorschriften ausgefüllt werden müsse, und beschränke sich darauf, einen einheitlichen Strafrahmen für sie zu schaffen. Eine Umgestaltung in ein Vergehen halte er nicht für angängig. Abgesehen davon, daß es mißlich sei, Blankettparagraphen zu einem Vergehen zu gestalten, irre der Abgeordnete *Hanemann*, wenn er glaube, daß die Tierschutzvorschriften in den Ländern einheitlich durch die Zentralbehörden ergehen müßten. Die Polizeiverordnungen in Gebirgsgegenden müßten anders sein als die in der Tiefebene. Es liege auf der Hand, daß sie lokal verschieden sein müßten, und daß es sich hier großenteils – er wolle nur auf die Vorschriften über das Befahren steiler Straßen, über den Tiertransport, über den Marktverkehr, über Ziehhunde usw. verweisen – um reine Polizeiwidrigkeiten handle. Die Übertretungsstrafen seien zudem im künftigen Recht gegenüber dem geltenden Recht wesentlich verschärft. Er bitte also, § 412 als Übertretung zu gestalten.

Bezüglich der Frage, ob das Schächten eine inhumanere Schlachtweise sei als das übliche Schlachten, verwies auch *Schäfer* auf die Darlegungen des Abgeordneten *Gröber* im Jahre 1911; weiterhin könne zumindest nicht als positiv festgestellt gelten, daß das Schächten eine inhumane Schlachtart sei, und dadurch verbiete es sich von selbst, auf der Annahme, das Schächten sei inhuman, eine Strafgesetzgebung aufzubauen. Selbst wenn diese Vorfrage anders entschieden würde, bestünden Bedenken, strafrechtliche Vorschriften hier zu treffen, denn solche seien überall da mißlich, wo religiöse Überzeugungen und Gebräuche entgegen ständen. Die Regierungsvorlage habe sich in der Begründung auf den Standpunkt gestellt, daß § 366 für die Fälle der Vivisektion und des Schächtens nicht in Betracht komme, da er absichtliches Quälen oder rohes Mißhandeln verlange, es sei denn, daß Auswüchse vorlägen, die als Tierquälerei strafbar seien. Bezüglich der Frage, ob im Rahmen des § 412 eine Tierschutzvorschrift gegen die Vivisektion oder das Schächten erlassen werden könne, habe sich der Entwurf ausweislich der Begründung auf den Standpunkt gestellt, es sei zweckmäßiger, die Frage offenzulassen und sie der Landesgesetzgebung zu überlassen. Es habe sich jedoch inzwischen herausgestellt, daß weite Kreise sich durch die Blankettvorschrift des § 412 beunruhigt fühlten und gewisse Kautelen gegen zu weitgehende landesrechtliche Vorschriften wünschten. Die Reichsregierung werde diesem Wunsche nicht widersprechen. Nur müsse die Regelung sich auf bestimmte Richtlinien für die Landesgesetzgebung beschränken. So fasse er den Antrag Nr. 527 und den Antrag Nr. 528 auf, indem sie bestimmen wollten, daß durch die Tierschutzvorschriften nicht Handlungen mit Strafe bedroht werden dürften, die zur Verfolgung ernster wissenschaftlicher Zwecke oder zur Erfüllung der Gebräuche einer Religionsgesellschaft des öffentlichen Rechts geboten seien. Ein Landesgesetz oder eine Polizeiverordnung dürfe danach also nicht eine Regelung treffen, die das durch die jüdische Religion Gebotene beeinträchtige, wohl aber dürfe sie z.B. Vorbereitungshandlungen, über die der Ritus nichts bestimme, regeln. Was die Frage betreffe, ob eine elektrische Betäubung die wichtigen Organe des Tieres unverletzt lasse und darum mit dem jüdischen Ritus vereinbar sei, so scheine ihm persönlich – in Übereinstimmung mit der Ansicht des Reichsinnenministeriums und des Reichsgesundheitsamts – die Frage zur Zeit noch nicht genügend geklärt. Das kürzlich erlassene bayerische Gesetz habe die Frage offenbar anders entscheiden, ob zu Recht, müsse eventuell durch die Rechtsprechung geklärt werden. Jedenfalls könne man diese Frage nicht hier an dieser Stele entscheiden, da sie medizinischer, veterinärtechnischer und religionsdogmatischer Natur sei. Er könne sich jedenfalls denken, daß irgendwann einmal eine Betäubungsmethode gefunden werde, von der anzunehmen sei, daß sie den jüdischen Ritus nicht beeinträchtige.

Zusammenfassend bitte er, grundsätzlich an der Gestaltung des § 366 als Vergehen und des § 412 als Übertretung festzuhalten. Im § 366 sollte man es bei dem Worte „absichtlich" belassen, oder es allenfalls durch die Worte „in roher oder grausamer Weise" ersetzen. Einverstanden sei er damit, dem § 412 einen Absatz

2 zuzufügen, der die Fälle der Vivisektion und Schächtung ausscheide, wobei er dem Antrag *Bell* den Vorzug gebe.

Abgeordneter *Otto Landsberg* (SPD) begrüßte die neue Fassung der Tierquälerei- und der Tierschutzvorschrift. Auch mit den in der Begründung zum Entwurf vertretenen Ansichten gingen er und seine Parteifreunde konform. So könne man bei einer Vivisektion ebensowenig von Tierquälerei sprechen wie bei den Gebräuchen der jüdischen Religionsgesellschaft. Der Kampf gegen das Schächten sei seines Erachtens erst mit der antisemitischen Bewegung entstanden. Er und seine Parteifreunde würden jedenfalls § 366 und § 412 mit dem Antrag *Bell* annehmen.

Zum Schluß der Sitzung machte Direktor *Wehrle* (Reichsgesundheitsamt) darauf aufmerksam, daß das Reichsgesundheitsamt in den letzten Jahrzehnten zu der Schächtfrage den Standpunkt eingenommen habe, daß das ordnungsmäßig ausgeführte Schächten nicht als Tierquälerei zu bezeichnen sei, und diesen auch heute noch vertrete.

c) Ausschußsitzung vom 18. Februar 1930

Auch die 124. Sitzung des Strafrechtsausschusses am 18. Februar 1930[1183] beschäftigte sich fast ausschließlich mit der Frage, ob das Schächten und die Vivisektion nach den §§ 366, 412 des Entwurfs zu bestrafen seien, bzw. welche Regelungen getroffen werden könnten oder müßten, um dies zu verhindern.

Einig war man sich nur darüber, daß die nicht kunstgerecht ausgeführte Vivisektion oder das nicht nach den rituellen Bestimmungen ausgeübte Schächten als Tierquälerei bestraft werden könnten, wenn es dabei zu Mißbräuchen oder Exzessen komme.

Darüber hinaus wurden aber die durch die verschiedenen Anträge modifizierten Fassungen des § 366 diskutiert und hier besonders die Frage, welche Form des Vorsatzes erforderlich sein sollte, ob also „absichtliches“, „wissentliches“,

---

[1183] Schubert, Quellen, Abt. I, Bd. 3, Teil 3, S. 417-424.

„boshaftes“, „rohes“[1184], „grausames“ oder einfaches Quälen vorliegen müsse, um die Tierquälereistrafbarkeit zu begründen.
Wenn, wie von einigen gefordert, das Wort „absichtlich“ im Entwurf gestrichen würde, dann wären auch die Vivisektion und das Schächten von § 366 erfaßt und es müßten objektive Beschränkungen in § 366 oder einem entsprechenden Absatz 2 gefunden werden, was aber auf große Schwierigkeiten stoße, oder man müsse die Einzelfallbeurteilung den Gerichten überlassen. Daß, wenn die Fassung des § 366 bestehen bliebe, die Vivisektion und das Schächten nicht als tierquälerisch angesehen werden könnten, darin stimmten die Ausschußmitglieder und die Vertreter des Reichsjustizministeriums und des Reichsgesundheitsamts fast völlig überein. Nur die Abgeordneten der DNVP, *Hermann Strathmann* und *Alfred Hanemann*, waren anderer Ansicht, die übrigen zogen sich angesichts der einander widersprechenden Gutachten auf ein non liquet zurück oder schlossen Tierquälerei eindeutig aus.

Bezüglich des Schächtens bestand aber darüber hinaus noch Streit, ob nach den rituellen jüdischen Vorschriften zur Gewinnung koscheren, blutentleerten Fleisches das Schächtverfahren unverzichtbar sei und, wenn dies der Fall sein sollte, ob es Betäubungsmethoden gebe, so z.B. die elektrische[1185], die diesen Vorschriften gerecht würden und, wenn dies nicht der Fall sein sollte, ob der Staat in diese Gebräuche eingreifen dürfe und müsse.

Die Abgeordneten *Hermann Strathmann* und *Alfred Hanemann* von der DNVP erklärten, ihrer Ansicht nach habe der Staat ein Primat über die Kirche und jeden religiösen Brauch und könne zu einem Verbot kommen, wenn er die Auffassung gewonnen habe, jener Brauch oder Ritus lasse sich nicht mit den im Volk vorherrschenden Ansichten vereinbaren[1186]. Dieser Meinung waren grundsätzlich

---

[1184] Der Abgeordnete Johannes Wunderlich (DVP) formulierte einen entsprechenden Antrag (Nr. 529), den Eingang von § 366 wie folgt zu fassen: Wer roh ein Tier quält oder mißhandelt, ..., vgl. Geh. StA Berlin-Dahlem, Rep. 84 a, Nr. 8446, Bl. 269.

[1185] Ob eine elektrische Betäubung den jüdischen Vorschriften genüge, blieb auch in dieser Sitzung umstritten. Bell erklärte, Gutachter seien zu dem Ergebnis gekommen, das sei nicht der Fall.

[1186] Ein Argument des Abgeordneten Strathmann war, man werde dem Staat wohl auch nicht das Recht absprechen, den Angehörigen der Mormonensekte, wenn sie sich im deutschen Reich niederließen, die Polygamie zu verbieten, bloß weil bei den Mormonen die Polygamie als religiöser Brauch gelte.

auch die Abgeordneten *Johannes Wunderlich* (DVP), *Eduard Alexander* (KP) und *Gustav Ehlermann* (DDP).

Alexander bemängelte aber, daß die deutschnationalen Redner diesen Primat nur gegen die Juden anmeldeten und der Abgeordnete *Ehlermann* meinte, es gebe auch Fälle, in denen man von diesem Primat nicht unbedingt Gebrauch machen müsse, so beim Schächten, dessen Bedeutung sich relativiere, wenn man bedenke, daß das gesamte Kleinvieh ohne Betäubung geschlachtet werde und die Betäubung bei Tiertötungen auf dem Lande praktisch keine Rolle spiele. Wer derartige Dinge zulasse, könne sich nur aus einer bestimmten Anschauung heraus, nämlich aus der antisemitischen, dazu bewogen fühlen, gegen eine bestimmte Art der Schlachtung von Tieren zu Felde zu ziehen und die Hilfe des Strafgesetzes anzurufen.

Diesem Argument widersprach der Abgeordnete *Strathmann* (DNVP), denn daraus, daß man nicht auf allen Gebieten eine grausame Behandlung der Tiere vermeiden könne, könne man nicht folgern, daß man sie auch dort nicht vermeiden solle, wo sie zu vermeiden sei. Im übrigen gebe es bereits eine Anzahl von Ländern, die das betäubungslose Schächten längst verboten hätten, so die Schweiz und Schweden.

Während der Abgeordnete *Bell* seinen Antrag verteidigte, zog der Abgeordnete *Alexander* (KPD) als Reaktion auf die juristischen Ausführungen des Ministerialdirektors *Schäfer* in der letzten Sitzung seinen Antrag Nr. 519 als überflüssig zurück. Bedenken habe er aber hinsichtlich des Antrages *Bell*, soweit er für Religionsgemeinschaften ein Privileg schaffen wolle und angesichts der Tatsache, daß es im Einzelfall schwierig sein könne, zu entscheiden, was ein „ernster wissenschaftlicher Zweck“ sei. Er werde deshalb gegen den ganzen Antrag *Bell* stimmen.

Der Abgeordnete *Landsberg* (SPD) hielt die Ausführungen des Abgeordneten *Alexander* nicht für logisch. Der Abgeordnete *Alexander* sage, die Ausführungen des Vertreters vom Reichsgesundheitsamt und die des Abgeordneten *Julius Moses* (SPD) hätten ihn davon überzeugt, daß das Schächten keine Tierquälerei sei, er sei ferner davon durchdrungen, daß der Feldzug gegen das betäubungslose Schächten von antisemitischen Gedanken beeinflußt sei. Im nächsten Augenblick aber lehne er den Antrag *Bell* zu § 412 mit der Begründung ab, daß für eine Religionsgemeinschaft kein Privileg geschaffen werden solle. Die Konsequenz seiner ersten Ausführungen wäre doch die gewesen, daß in dem Schächten gar kein Privileg liege, sondern daß das Schächten eine durchaus normale Schlachtungsmethode sei. Der Vorschlag des Abgeordneten *Bell*, in § 412 einen zweiten Absatz zu schaffen, ziele darauf hin, einen Mißbrauch dieser Bestimmung zu verhindern. Wenn man aber den lokalen Gesetzgeber davon abhalten wolle, sich eines Mißbrauchs schuldig zu machen, so privilegiere man nicht denjenigen, den man gegen einen mißbräuchlichen Eingriff schütze. Er werde deshalb für den Antrag *Bell* stimmen.

Nachdem Irritationen darüber, ob das Wort „geboten" im Antrag *Bell* (Nr. 528) nicht als Blankoentschuldigung ausgenutzt werden könne und durch Hinzusetzung der Wendung aus dem Antrag *Hanemann* (Nr. 496) „unter Vermeidung jeder unnötigen Grausamkeit" konkretisiert werden müsse[1187], ausgeräumt worden waren, erfolgte die Abstimmung, bei der der § 366 unter Ablehnung aller Änderungsanträge unverändert nach der Vorlage angenommen wurde. Der Antrag *Hanemann* auf Nr. 496 Ziffer 2, der einen neuen § 366 a, und zwar in der Fassung des § 334 der Reichsratsvorlage einfügen wollte, wurde abgelehnt und § 412 wurde mit der Hinzufügung des Antrags *Bell* auf Nr. 528 mit 23 gegen 2 deutschnationale Stimmen bei 2 Stimmenthaltungen angenommen[1188].

[1187] So die Abgeordnete Marie-Elisabeth Lüders (DDP).

[1188] Hierzu bemerkte Rudolf Lehmann in einer Zusammenstellung der im Strafrechtsausschuß kontrovers gebliebenen Fragen vom 5./6. November 1931, die Einfügung des § 412 Abs. 2 sei auf Betreiben des Abgeordneten Landsberg erfolgt, der aber im Hintergrund geblieben sei. Das Zentrum habe den Antrag aus Gründen der religiösen Toleranz gestellt, die Deutschnationalen seien um des Tierschutzes willen entgegengetreten. Der praktische Hauptzweck der Vorschrift bestehe darin, den israelitischen Religionsgebrauch des Schächtens zu sichern und landesrechtliche Schächtverbote zu verhindern. In einem Votum gab Lehmann zu bedenken, ob, nachdem in Bayern und Braunschweig der Betäubungszwang bei Schlachtungen landesgesetzlich bereits durchgeführt sei und in Thüringen ein ähnlicher Gesetzentwurf dem Landtag vorliege, es für die hinter dem neuen § 412 Abs. 2 stehenden Parteien nicht empfehlenswert sei, durch Preisgabe des Abs. 2 der nationalsozialistischen Agitation gegen das Schächten den Boden zu entziehen, vgl. Schubert, Quellen zur Strafrechtsreform, Abt. I, Bd. 3, Teil 1, S. LXI und BA Berlin-Li., 30.01., Nr. 5825, Bl. 128.

d) Sitzung der deutsch-österreichischen Strafrechtskonferenz vom 5. März 1930

In der 13. Sitzung der deutsch-österreichischen parlamentarischen Strafrechtskonferenz vom 5. März 1930 in Wien bestanden bezüglich der Tierquälerei keine Differenzen[1189].

Die deutschen Ausschußberatungen waren jedoch noch nicht beendet, so daß eine Beschlußfassung durch den Reichstag nicht erfolgen konnte, als die Neuwahl des Reichstags am 14. September 1930 alle bisherigen Bemühungen um einen Abschluß der Strafrechtsreform vorerst scheitern ließ.

e) Ausschußsitzung vom 18. März 1932

Mit Beginn der neuen Legislaturperiode wurden auch die Beratungen über die Strafrechtsreform wiederaufgenommen.

Zu Beginn der 36. Sitzung des 18. Reichstags-Strafrechtsausschusses in der V. Wahlperiode 1930 am 18. März 1932[1190] wurden folgende Anträge zu § 366 gestellt:

Antrag Nr. 172 des Abgeordneten *Johannes Muntau* (ChrSV)[1191] lautete: „Der Ausschuß wolle beschließen, im § 366 hinter den Worten 'roh mißhandelt' einzufügen: 'oder übermäßig anstrengt'."

Antrag Nr. 173 des Abgeordneten *Edwin Hoernle* (KPD)[1192] lautete: „Der Ausschuß wolle beschließen, dem § 366 folgenden Absatz 2 hinzuzufügen: Ebenso wird bestraft, wer als Unternehmer oder Betriebsleiter oder Vorgesetzter eine Tierquälerei, insbesondere durch Anordnung einer Überlastung von Zug- oder Tragtieren oder durch Verwenden kranker Tiere, verursacht oder duldet. Straffrei bleibt der Arbeiter, Angestellte oder Untergebene, der infolge seiner sozialen Abhängigkeit bei Befolgung einer solchen Anordnung die Tierquälerei begeht."

1189 Schubert, Quellen, Abt. I, Bd. 3, 1. Teil, S. 765.
1190 Schubert, Quellen, Abt. I, Bd. 3, 4. Teil, S. 336-339.
1191 Geh. StA Berlin-Dahlem, Rep. 84 a, Nr. 8447, Bl. 369.
1192 Geh. StA Berlin-Dahlem, Rep. 84 a, Nr. 8447, Bl. 369.

Oberregierungsrat im Reichsjustizministerium *Otto Wagner* erinnerte an die früheren eingehenden Beratungen des Strafrechtsausschusses über den Tatbestand der Tierquälerei. Zu dieser Vorschrift sei damals eine Fülle von Eingaben eingelaufen, aus der man habe erkennen können, wie stark die Anhänglichkeit zur Tierwelt im deutschen Volk verbreitet und wie eng seine Verbundenheit mit dem Leben der Natur sei. Das Bestreben der Reichsregierung und des Strafrechtausschusses sei einhellig dahin gegangen, den Tierschutz möglichst wirksam zu gestalten, ohne dabei in eine Übertreibung zu verfallen. Bei den früheren Beratungen habe es sich vor allem um die Gestaltung des subjektiven Tatbestandes im § 366 gehandelt. Eine besonders weitgehende Richtung habe verlangt, man solle sowohl die vorsätzliche als die fahrlässige Mißhandlung von Tieren unter Strafe stellen. Eine zweite Gruppe habe die Bestrafung jeder vorsätzlichen Tiermißhandlung gefordert. Eine dritte Meinung habe das wissentliche Quälen von Tieren mit Strafe bedrohen wollen. Nach eingehenden Erörterungen habe der Ausschuß sich jedoch davon überzeugt, daß die Fassung der Regierungsvorlage, nach der das absichtliche Quälen oder rohe Mißhandeln eines Tieres strafbar sein solle, die zweckmäßigste Lösung darstelle; in ihrer Fassung sei schließlich der § 366 angenommen worden.
Stark in den Vordergrund seien bei den Beratungen auch die Fragen der Vivisektion und des Schächtens getreten. Der Redner verwies auf die früheren Beratungen des Strafrechtsausschusses, bei denen diese beiden Probleme erschöpfend erörtert worden seien.

Abgeordneter *Hoernle* (KPD) begründete namens der kommunistischen Fraktion den Antrag Nr. 173. Seiner Ansicht nach liege die wahre Wurzel der Tierquälerei in dem brutalen Streben nach Ausbeutung der Arbeitskraft von Mensch und Tier. Deshalb sei besonders auf die Verantwortlichkeit des Unternehmers zu achten, der eine bestimmte Leistung von Mensch und Tier fordere und oft eine Mißhandlung der Tiere billigend dulde, ohne dafür zur Verantwortung gezogen werden zu können.

Ministerialdirektor *Schäfer* (Reichsjustizministerium) erinnerte daran, daß ein gleichlautender Antrag der kommunistischen Fraktion den Strafrechtsausschuß schon in der 123. Sitzung vom 14. Februar 1930 beschäftigt habe und bat, den Antrag aus rechtlichen und sachlichen Gründen abzulehnen. Eine Änderung des

§ 366 im Sinne des Antragstellers sei nicht nötig, da der § 366 auch die vom Antragsteller gemeinten Fälle jetzt schon erfasse.

Abgeordneter *Muntau* (ChrSV) hielt die Fassung des § 366 nicht für ausreichend. Der Begriff der „Überanstrengung", die nicht ein absichtliches Quälen sei oder wenigstens nicht zu sein brauche, fehle im § 366 völlig. Der Redner schlug vor, hinzuzusetzen: „oder übermäßig anstrengt" oder statt „roh mißhandelt" einzufügen: „roh behandelt". Diesem Antrag stimmte der Abgeordnete *Hoernle* (KPD) zu, die Abgeordneten *August Wegmann* (Z) und *Georg Eisenberger* (BBB) wandten sich jedoch aus praktischen, insbesondere landwirtschaftlichen Erwägungen gegen den Zusatz. Bei aller Abwehr jeglicher Art von Tierquälerei müsse man doch bestrebt sein, vernünftige Grenzen einzuhalten, denn sonst müßte man auch die Jagd, Pferderennen und Boxkämpfe verbieten. Über dem Tierschutz dürfe der Mensch und der Schutz des Menschen nicht zu kurz kommen.

Schließlich erörterte *Wagner* kurz den Tatbestand des § 412. Sein Absatz 1 stelle eine Blankettvorschrift dar. Die örtlichen Verhältnisse seien im einzelnen zu verschieden, als daß sie eine einheitliche tatbestandliche Regelung im Strafgesetzbuch selbst erfahren könnten. So müßten z.B. in Gebieten mit bergigem Gelände oder in Gegenden, wo man Hunde als Zugtiere benutze, die Tierschutzvorschriften den örtlichen Verhältnissen angepaßt werden. Der Zweck des Absatz 1 sei, Verletzungen solcher landesrechtlicher Tierschutzvorschriften unter eine einheitliche reichsrechtliche Strafdrohung zu stellen.
Absatz 2 betreffe die Vivisektion und das Schächten. Über den Wert und die Notwendigkeit der Vivisektion gingen die Meinungen bekanntlich sehr auseinander; immerhin stehe so viel fest, daß sie im Interesse der wissenschaftlichen Forschung zur Zeit nicht zu entbehren sei. Um Mißbräuchen bei der Vivisektion vorzubeugen und ihre Anwendung auf das notwendige Maß zu beschränken, seien in den Ländern bis ins einzelne gehende verwaltungsrechtliche Vorschriften erlassen worden. Was die Schächtung betreffe, so seien in Bayern und Braunschweig Gesetze ergangen, nach denen die Tiere beim Schlachten vor Beginn der Blutentziehung betäubt werden müßten und Zuwiderhandlung hiergegen mit Strafe bedroht würde. Ein ähnlicher Gesetzentwurf über den Betäubungszwang beim Schlachten sei dem thüringischen Landtag vorgelegt, von ihm

aber nicht verabschiedet worden. § 412 Absatz 2 bedeute eine reichsrechtliche Bindung für das Landesrecht; er bestimme, daß Handlungen an Tieren nicht mit Strafe bedroht werden dürften, soweit sie zur Verfolgung ernster wissenschaftlicher Zwecke oder zur Erfüllung der Gebräuche einer Religionsgesellschaft des öffentlichen Rechts geboten seien. Der § 412 in seiner jetzigen Gestalt berücksichtige die schutzwürdigen Interessen, die hier in Frage kämen, und grenze sie nach Möglichkeit voneinander ab. Der Redner bat, den § 412 unverändert anzunehmen.

Auch Ministerialdirektor *Schäfer* nahm kurz zu den Anträgen Stellung. Was die Antragsteller erreichen wollten, sei bereits durch die Fassung des Antrags *Kahl* unter Berücksichtigung der Vorschriften des Allgemeinen Teils über Anstiftung und mittelbare Täterschaft gewährleistet. Auch die Rechtsprechung verfahre schon jetzt so. Andererseits sei eine allzu starke Kasuistik verhängnisvoll. Alle Fälle werde man durch sie doch nicht treffen, z.B. wenn ein Vater die Tierquälerei durch seinen Sohn dulde. An diesem Beispiel möge man erkennen, daß der Gesichtspunkt der wirtschaftlichen Abhängigkeit keineswegs der einzige sei, der Berücksichtigung verdiene.
Der Antrag *Muntau* begegne erheblichen Bedenken. Man müsse entweder den objektiven oder den subjektiven Tatbestand einschränken. Im Falle des „Quälens" erfolge die Einschränkung bezüglich des subjektiven Tatbestands, indem absichtliches Handeln verlangt werde; würde man sich hier mit gewöhnlichem Vorsatz begnügen, so würden auch Züchtigungen bei Dressuren usw. als Tierquälerei strafbar sein, was doch wohl nicht angängig sei. Bei dem zweiten Tatbestand betreffe die Einschränkung nicht den subjektiven, sondern den objektiven Tatbestand: die Mißhandlung müsse roh sein. Füge man nun noch den Fall der Überanstrengung hinzu, so würde dieser Tatbestand unter dem gewöhnlichen dolus stehen; es würde Vorsatz oder dolus eventualis genügen. Das aber schieße weit über jedes berechtigte Ziel hinaus. Im übrigen seien zahlreiche Polizeiverordnungen auf die örtlichen Verhältnisse zugeschnitten, und hier greife die Blankettvorschrift des § 412 Platz. Der Redner bat, die §§ 366 und 412 unverändert anzunehmen.

In der Abstimmung wurden die Anträge Nr. 172 und Nr. 173 abgelehnt und die §§ 366 und 412 unverändert mit allen gegen zwei Stimmen angenommen.

Der Tierquälereiparagraph 366 („Wer ein Tier absichtlich quält oder roh mißhandelt, wird mit Gefängnis bis zu sechs Monaten oder mit Geldstrafe bestraft.“) der Regierungsvorlage von 1927 blieb also sowohl nach den Beschlüssen des 21. Ausschusses IV. Wahlperiode in erster Lesung als auch nach den Beschlüssen des 18. Ausschusses in erster Lesung unverändert.
Der Tierschutzparagraph 412 („Wer einer zum Tierschutz erlassenen Vorschrift zuwiderhandelt, wird mit Geldstrafe bestraft.“) der Regierungsvorlage von 1927 erhielt nach den Beschlüssen des 21. Ausschusses IV. Wahlperiode in erster Lesung folgenden Absatz 2: „Handlungen an Tieren dürfen nicht mit Strafe bedroht werden, soweit sie zur Verfolgung ernster wissenschaftlicher Zwecke oder zur Erfüllung der Gebräuche einer Religionsgesellschaft des öffentlichen Rechts geboten sind.“ Diese Fassung blieb dann auch nach den Beschlüssen des 18. Ausschusses in erster Lesung unverändert.

Seit der 12. Sitzung vom 11. Februar 1931 waren die Vertreter der NSDAP und der DNVP den Ausschußberatungen ferngeblieben, so daß seitdem die Linksparteien ein Übergewicht der Stimmen hatten, was sich auch in den Ergebnissen zeigte. Trotz aller Schwierigkeiten gelang es dem Vorsitzenden Kahl, der treibenden Kraft der Strafrechtsreform, zwar, die zweite Lesung des Entwurfs nahezu abzuschließen, Kahl starb jedoch am 14. Mai 1932 und wiederum wurde am 31. Juli 1932 ein neuer Reichstag gewählt, so daß die bisherigen Beratungen erneut gegenstandslos wurden. Nach der Machtübernahme durch die Nationalsozialisten war an eine Fortsetzung der Strafrechtsreform in der bisherigen Form natürlich nicht mehr zu denken. Insbesondere gegen den schächtfreundlichen Absatz 2 des § 412 hatte sich der „Völkische Beobachter“ schon in seiner Ausgabe vom 9. April 1930 erklärt!

14. Zusammenfassung der in den Entwürfen angestrebten Änderungen

Grundsätzlich ist festzustellen, daß die Entwürfe sich an *von Hippels* Vorschlägen von 1891 und in der Vergleichenden Darstellung von 1906 orientierten. So sollten im Tierquälereitatbestand die Merkmale der Öffentlichkeit und der Ärgerniserregung wegfallen und die Tierquälerei zum Vergehen erhoben werden. Daneben wurde eine Tierschutznorm gebildet, die reichseinheitlich die Übertretung von Tierschutzverordnungen des Reichs oder der Länder mit Übertretungsstrafe bedrohte. Die Forderung nach Streichung der umstrittenen Begriffsverbindungen „boshaft quälen“ und „roh mißhandeln“ fand jedoch keine Berücksichtigung in den Entwürfen. Man befürchtete Schwierigkeiten in der Auslegung bezüglich der Vivisektion und des Schächtens, die objektiv als Mißhandlungen aufgefaßt werden konnten. Der *Radbruch'sche* Entwurf von 1922 und alle folgenden Entwürfe ersetzten zwar „boshaft“ durch „absichtlich“, hierdurch sollte jedoch keine materielle Änderung herbeigeführt werden, sondern nur die Zahl der Bezeichnungen für die Schuldform des Vorsatzes verringert werden.

Nach sämtlichen Entwürfen konnte nur die vorsätzliche Tierquälerei bestraft werden, Vorschläge auch die fahrlässige Begehung mit Strafe zu bedrohen, blieben unbeachtet. Die Strafandrohung wurde in den Entwürfen im Vergleich zum geltenden § 360 Nr. 13 RStGB erheblich erhöht. Der Vorentwurf von 1909 bedrohte die Tierquälerei noch alternativ mit Gefängnis oder Haft, aus den späteren Vorschlägen verschwand die Haftstrafe und wurde durch eine im Höchstmaß auf sechs Monate begrenzte Gefängnisstrafe ersetzt. Die Höhe der für Tierquälerei angedrohten Geldstrafe steigerte sich von eintausend Mark (Vorentwurf 1909) über fünftausend und dreitausend Mark in den Entwürfen 1913/1919 auf zehntausend Mark in den Entwürfen von 1925 und 1927.

Die Tierschutznorm war in den Entwürfen von 1909 und 1913 als Übertretung ausgestaltet, in den Entwürfen von 1919 und 1925 wurde sie zwischenzeitlich zum Vergehen erhoben, um 1927 wieder bei den Übertretungen eingestellt zu werden. Dementsprechend schwankten auch die angedrohten Strafen: Der VE 1909 schlug dreimonatige Haft- oder Gefängnisstrafe bzw. dreihundert Mark Geldstrafe vor, der Entwurf von 1913 drohte drei Monate Haft oder fünfhundert Mark Geldstrafe an, 1919 war bei dreimonatiger Gefängnisstrafe auch die Verurteilung zu einer Geldstrafe von eintausend Mark möglich und 1925 betrug bei gleichbleibender Gefängnisstrafe der Höchstbetrag der Geldstrafe zehntausend Mark, doch der Entwurf 1927 brachte hier ohne Androhung einer Freiheitsstrafe nur noch einen Betrag von fünfhundert Mark in Ansatz, wodurch die Tierschutznorm im Endergebnis der langen Reform eine geringere Strafdrohung aufwies als im Vorentwurf von 1909.

Solange der Tierschutz in den Entwürfen als Übertretung geregelt wurde, war deren allgemeinen Bestimmungen zufolge auch die fahrlässige Begehung strafbar. Ebenso wie Versuch, Anstiftung und Beihilfe wurde auch der Rückfall und die Verjährung in den Gesetzentwürfen immer strengeren Regelungen unterworfen, die zunächst nur für das Vergehen der Tierquälerei, später zumeist aber auch für die Übertretung der Tierschutznorm Anwendung finden sollten.
Ab 1913 sollte die Tierquälerei einen eigenen Abschnitt im Strafgesetzbuch erhalten, ab 1919 konnte eine Verurteilung wegen Tierquälerei auch gerichtlich bekannt gemacht werden. Diese Möglichkeit wurde 1919 sogar ausdrücklich in einem Absatz 2 zur Tierquälerei erwähnt, 1925 bzw. 1927 durch die entsprechenden §§ 59 Abs. 1 bzw. 57 Abs. 1 eingeräumt, wobei 1927 das Gericht aber nur noch auf Antrag tätig werden konnte.

K. Die Strafgesetznovelle vom 26. Mai 1933

In einem Brief des Vorsitzenden des Verbandes vivisektionsgegnerischer Ärzte Deutschlands, *Albert Eckhard,* an das Preußische Justizministerium vom 26. Februar 1934 zitiert dieser ein Schreiben *Adolf Hitlers* an ihn vom 13. Februar 1929: „Besten Dank für die Übersendung ihrer Tierschutzbroschüre, die ich nunmehr gelesen habe. Wie sie sich denken können, mit tiefer Empörung. Der „Völkische Beobachter“ brachte bereits einen Auszug, den Sie vielleicht gelesen haben. Er wird demnächst noch auf Ihren Vortrag zurückkommen und dabei auf Ihr Heft und die Bezugsmöglichkeiten hinweisen. Dasselbe kann gar nicht weit genug verbreitet werden. Sie können überzeugt sein, daß im kommenden nationalsozialistischen Staate diese Zustände sehr schnell beendet werden.
Mit deutschem Gruß. Gez. *Adolf Hitler.*“[1193]

Diesem Versprechen kamen die Nationalsozialisten nach der Machtübernahme unverzüglich nach. Die mit dem Tod von Kahl unterbrochene Strafrechtsreform wurde von dem neuen Reichsjustizminister Franz Gürtner bereits im April 1933 wiederaufgenommen.

[1193] Geh. StA Berlin-Dahlem, Rep. 84 a, Nr. 5215, Bl. 313-320.

In einem Schreiben des Reichsjustizministeriums an das Preußische Justizministerium vom 3. Mai 1933 wurde eine Gesetzesvorlage zur Änderung und Ergänzung des StGB mit der Bemerkung angekündigt, ein großer Teil der empfohlenen Änderungen sei der Strafrechtsreform entnommen[1194].

Beigefügt war ein vorläufiger Entwurf, demzufolge § 145 b lauten sollte: „Wer ein Tier absichtlich quält oder roh mißhandelt, wird mit Gefängnis bis zu sechs Monaten oder mit Geldstrafe bestraft."[1195]

Im § 360 sollte die Nr. 13 wie folgt gefaßt werden: „wer einer Vorschrift zuwiderhandelt, die von der Reichsregierung oder einer Landesregierung oder einer von diesen bestimmten Stelle zum Zwecke des Tierschutzes erlassen ist."[1196]

Diesen Gesetzentwurf übersandte der Reichsjustizminister dem Staatssekretär in der Reichskanzlei am 10. Mai 1933[1197].

In der Begründung zu diesem Entwurf[1198] führte das Reichsjustizministerium aus, es habe sich immer mehr gezeigt, daß die Strafvorschrift in § 360 Nr. 13 des geltenden Strafgesetzbuchs zur Bekämpfung der Tierquälerei nicht ausreiche, da ihr Tatbestand zu eng und ihre Strafdrohung zu gering sei. Der neue § 145 b erweitere deshalb nach dem Vorbild des Strafgesetzentwurfs von 1927 (§ 366) den Tatbestand der Tierquälerei und drohe statt der bisher vorgesehenen Übertretungsstrafe für die Zukunft Vergehensstrafe, nämlich Gefängnis bis zu 6 Monaten oder Geldstrafe bis zu zehntausend RM an. Überdies dehne der Entwurf den strafrechtlichen Schutz der Tiere noch dadurch weiter aus, daß er in § 360 Nr. 13 jeden mit Übertretungsstrafe belege, der einer zu Zwecken des Tierschutzes erlassenen Vorschrift der Reichsregierung, einer Landesregierung oder einer von diesen bestimmten Stelle zuwiderhandele. Durch diese im bisherigen Recht fehlende Vorschrift, die sich an § 412 des Strafgesetzentwurfs von 1927 anschließe, werde erreicht, daß auch den vielgestaltigen örtlichen und sonstigen Bedürfnissen des Tierschutzes in angemessener Weise Rechnung getragen werden könne.

[1194] Geh. StA Berlin-Dahlem, Rep. 84 a, Nr. 8026, Bl. 155.
[1195] Geh. StA Berlin-Dahlem, Rep. 84 a, Nr. 8026, Bl. 157.
[1196] Geh. StA Berlin-Dahlem, Rep. 84 a, Nr. 8026, Bl. 160 Rs/161.
[1197] BA Berlin-Li., 30.01., Nr. 5981, Bl. 68.
[1198] BA Berlin-Li., 30.01., Nr. 5981, Bl. 80 und 81.

Im Gesetz zur Abänderung strafrechtlicher Vorschriften vom 26. Mai 1933[1199] war nur die Stellung der Tatbestandsmerkmale „absichtlich quälen“ und „roh mißhandeln“ vertauscht worden und der Tatbestand des § 360 Nr. 13 etwas gestrafft worden.

§ 145 b lautete: „Wer ein Tier roh mißhandelt oder absichtlich quält, wird mit Gefängnis bis zu sechs Monaten oder mit Geldstrafe bestraft.“

§ 360 Nr. 13 bestimmte: „Mit Geldstrafe bis zu einhundertfünfzig Mark oder mit Haft wird bestraft

13. wer einer zum Zwecke des Tierschutzes erlassenen Vorschrift zuwiderhandelt.“

Dieses Gesetz trat am 1. Juni 1933 in Kraft.

Auch diese beiden Paragraphen entsprachen größtenteils den Vorschlägen *von Hippels*[1200]. Der neu in das Gesetzbuch eingefügte § 145 b stellte also jedes rohe Mißhandeln und absichtliche Quälen von Tieren unter Strafe, auf eine öffentliche oder Ärgernis erregende Form des Handelns kam es nun nicht mehr an. Die Tierquälerei wurde zum Vergehen erhoben. Sie war mit Gefängnis bis zu sechs Monaten oder Geldstrafe bis zu zehntausend Reichsmark (§ 27 Abs. 1 Nr. 1 des RStGB von 1933) bedroht.

Die Blankettvorschrift des § 360 Nr. 13 behielt die Strafdrohung des ursprünglichen Paragraphen wörtlich bei, so daß die Höchstdauer der Haft auch 1933 nach § 18 Abs. 1 RStGB sechs Wochen betrug.

Weder § 145 b noch § 360 Nr. 13 RStGB waren im Versuch oder bei fahrlässiger Begehung strafbar. Die Anstiftung wurde wie die Tat selbst bestraft (§ 48 Abs. 1), die Beihilfe war nach § 49 Abs. 1 nur beim Vergehen des § 145 b strafbar. Der Rückfall war auch 1933 noch nicht allgemein geregelt, sondern nur bei einzelnen Delikten (§§ 244, 245: Diebstahl, Hehlerei, Raub). Das Vergehen des § 145 b verjährte in fünf Jahren, die Übertretung des § 360 Nr. 13 weiterhin in drei Monaten (§ 67 Abs. 2 und 3).

[1199] RGBl. I, Nr. 56 vom 29. Mai 1933, S. 295. Eine amtliche Begründung zu der Strafgesetznovelle vom 26. Mai 1933 ist nicht veröffentlicht worden. In einer Antwort auf eine entsprechende Anfrage verwies der zuständige Sachbearbeiter im Reichsjustizministerium, Oberregierungsrat Otto Wagner, auf die Begründungen zum Entwurf von 1927, vgl. BA Berlin-Li., 30.01., Nr. 6318, Bl. 202.

[1200] von Hippel, DJZ 1933, S. 1253 (1254), zeigte sich denn auch mit den durch das Gesetz herbeigeführten Änderungen äußerst zufrieden.

Schon in der Strafrechtsnovelle von 1909 war die Neuregelung der Tierschutzbestimmungen als besonders wünschenswert bezeichnet worden. Diese Reformbedürftigkeit war bereits im Jahre 1905 von Regierungsseite anerkannt worden, so daß der Tierschutz nahezu 30 Jahre auf seine rechtliche Ausgestaltung warten mußte.

Im Vergleich zu § 360 Nr. 13 des RStGB von 1871 war der Tierschutz in den Bestimmungen der §§ 145 b und 360 Nr. 13 des Strafrechtsänderungsgesetzes vom 26. Mai 1933 sowohl tatbestandlich als auch bezüglich der Strafandrohung erheblich verstärkt worden.
Vom Tatbestand und der Strafdrohung des § 145 b her knüpfte das Gesetz vom 26. Mai 1933 an die Bestimmungen der Entwürfe an. Nur die Tierschutzvorschrift, die nach dem Vorbild des Entwurfs von 1927 wieder unter die Übertretungen eingereiht wurde, fiel wegen der Beibehaltung der diesbezüglichen allgemeinen Vorschriften im Reichsstrafgesetzbuch wieder auf das Niveau der Übertretungsstrafen von 1871 zurück (Geldstrafe von einhundertfünfzig Reichsmark und Haft bis zu sechs Wochen gemäß §§ 1 Abs. 3, 18 Abs. 1 RStGB). Zumindest erhielten die landesrechtlichen Vivisektionsverordnungen dadurch zum ersten Mal eine strafrechtliche Sanktion.

Auch angesichts der Tatsache, daß die Tierquälerei nicht mehr – wie in den Entwürfen seit 1913 – in einem eigenen Abschnitt behandelt wurde, sondern – wie im § 146 des Vorentwurfs von 1909 – an das Ende des Abschnitts „Verbrechen und Vergehen gegen die öffentliche Ordnung“ gestellt wurde, kann sowohl bezüglich des § 360 Nr. 13 als auch bezüglich des § 145 b von systematischen Notlösungen gesprochen werden.
Hier drängt sich der Eindruck auf, daß die nationalsozialistischen Machthaber zunächst eine (auch öffentlichkeits-) wirksame Bestrafung der Tierquälerei ermöglichen wollten. Daß es sich aber nur um eine vorläufige Lösung handeln konnte, ergibt sich auch daraus, daß ein sehr wesentliches Problem, die Vivisektion, überhaupt nicht berührt wurde. Auch die weiterhin bestehenden zahlreichen Verordnungen waren der Entstehung eines einheitlichen Tierschutzrechts hinderlich. So wurden die offensichtlich unzulänglichen Übergangsbestimmungen des Gesetzes vom 26. Mai 1933 im Reichsstrafgesetzbuch sechs Monate später durch das Reichstierschutzgesetz abgelöst.

L. Das Reichstierschutzgesetz vom 24. November 1933

1. Die Entwürfe und Vorarbeiten zum Reichstierschutzgesetz

a) Die Gesetzentwürfe der Tierschutzvereine

Nachdem die Tierschutzvereine sich über 60 Jahre vergeblich um eine Änderung des Strafgesetzbuches und damit um die Verbesserung des strafrechtlichen Schutzes der Tiere bemüht hatten, gab ihnen der Erlaß der Strafgesetznovelle und die vorgebliche Tierliebe der nationalsozialistischen Machthaber neuen Auftrieb. So erklärt es sich, daß der *Deutsche Tierschutzverein zu Berlin* schon am 29. April 1933 den Vorschlag machte, den Tierschutz in einem eigenständigen Gesetz zu regeln und folgenden Entwurf eines Tierschutzgesetzes vorlegte[1201]:

„§ 1: Wer vorsätzlich ein Tier mißhandelt oder an seiner Gesundheit beschädigt (Tierquälerei), wird mit Gefängnis bis zu sechs Monaten und mit Geldstrafe oder mit einer dieser Strafen bestraft.
Strafbare Mißhandlung eines Tieres liegt auch vor, wenn der, in dessen Obhut sich ein Tier befindet, durch Unterlassung ordnungsmäßiger Pflege und Fütterung das körperliche Wohlbefinden des Tieres gröblich stört.

§ 2: Der wissenschaftliche Versuch an lebenden Tieren ist mit folgenden Ausnahmen verboten.
Er ist, jedoch nicht zu Lehrzwecken, nur zulässig
a) zur Feststellung von Seuchen, falls die Diagnose nicht mit anderen Mitteln oder auf andere Weise gestellt werden kann, und sofern die hierzu erforderliche Infektion nicht an Gehirn und Augen vorgenommen wird,

---

[1201] In einem Schreiben an das Reichsjustizministerium, das Reichsinnenministerium und an den Reichsjustizkommissar für Rechtserneuerung, Frank, vgl. BA Berlin-Li., R 18, Rep. 320, Nr. 589, Bl. 219/220. Dieser Entwurf wurde von Rechtsanwalt Döring, dem Vorsitzenden des Tierschutzvereines zu Bautzen, ausgearbeitet, vgl. Korn, Vorbemerkung, S. 8. Schon im Mai 1928 soll auf einer Sitzung des „Otto-Hartmann-Bundes", des „Verbandes der Tierschutzvereine Deutschlands" in Dresden der Erlaß eines Verwaltungsgesetzes in Tierschutzangelegenheiten gefordert worden sein, vgl. Schröder, Das Tierschutzgesetz vom 24. November 1933, S. 7; Kiss, Gedanken zum Tierschutzgesetz, S. 10.

b) zum Zwecke von diagnostischen Ernährungsversuchen, sofern diese nicht an Menschen vorgenommen oder das Ergebnis nicht auf rein chemischem Wege festgestellt werden können, jedoch mit Ausschluß von Versuchen, die durch Entziehung von Trank und Nahrung, durch Erhitzen oder Erfrieren vorgenommen werden.
Die näheren Bestimmungen über den wissenschaftlichen Tierversuch erläßt das Reichsinnenministerium mit der Maßgabe, daß zur Ausführung von Tierversuchen höchstens drei Universitäten und jeweils an diesen wirkende bestimmte Persönlichkeiten ermächtigt werden dürfen.
Eine strafbare Handlung nach § 1 liegt nicht vor, wenn nach Absatz 1 zulässige Tierversuche unter Erfüllung der vom Reichsinnenministerium hierzu erlassenen Vorschriften vorgenommen werden.

§ 3: Wird die Tierquälerei aus Fahrlässigkeit begangen, so tritt Gefängnis bis zu drei Monaten oder Geldstrafe ein.

§ 4: Wer vorsätzlich ein Tier tötet, ohne daß dies in Wahrnehmung eines gerechtfertigten menschlichen Belanges oder im Belange des Tieres selbst geschieht, wird, sofern nicht nach § 303 des RStGB eine höhere Bestrafung einzutreten hat, mit Gefängnis bis zu sechs Monaten und mit Geldstrafe oder mit einer dieser Strafen bestraft.

§ 5: Wer einer zum Tierschutz erlassenen Vorschrift vorsätzlich oder fahrlässig zuwiderhandelt, wird, sofern nicht eine strafbare Handlung nach §§ 1 und 4 vorliegt, mit Gefängnis bis zu drei Monaten oder mit Geldstrafe bestraft.

§ 6: Wer Kinder oder andere unter seiner Gewalt stehende Personen, die seiner Aufsicht unterliegen und zu seiner Hausgenossenschaft gehören, von der Begehung strafbarer Verletzung der zum Schutze der Tiere erlassenen Gesetze oder Verordnungen abzuhalten unterläßt, wird mit Geldstrafe bestraft.

§ 7: Wer im Inlande wegen eines Vergehens nach § 1 oder 4 oder wegen eines vorsätzlichen Vergehens nach § 5 zu Freiheitsstrafe verurteilt ist, darauf abermals eine dieser Handlungen begangen hat und wegen dieser wiederum zu Freiheitsstrafe verurteilt ist, wird, wenn er ein Vergehen nach §§ 1 oder 4 begeht,

mit Gefängnis nicht unter einem Monat, und wenn er ein vorsätzliches Vergehen nach § 5 begeht, mit Gefängnis bis zu drei Monaten bestraft.
Diese Bestimmung gilt auch für den Fall, daß die frühere Strafe nur teilweise verbüßt oder ganz oder teilweise erlassen ist. Sie gilt jedoch nicht, wenn seit der Verbüßung oder dem Erlaß der letzten Strafe bis zur Begehung der neuen Strafe fünf Jahre verflossen sind.

§ 8: Tiere, an denen ein Vergehen nach § 1 oder ein vorsätzliches Vergehen nach § 5 begangen ist, können, wenn sie dem Täter oder einem Teilnehmer gehören, eingezogen werden. Auf die Einziehung ist zu erkennen, wenn die Tat im Rückfall begangen ist.
Die Einziehung ist im Urteile auszusprechen.

§ 9: Ist im Falle des § 8 die Verfolgung oder Verurteilung einer bestimmten Person nicht ausführbar, so kann auf die Einziehung selbständig erkannt werden.
Für das Verfahren gelten sinngemäß die Vorschriften der §§ 430 bis 432 der RStPO mit der Maßgabe, daß an die Stelle des Privatklägers der Nebenkläger tritt (§ 11).

§ 10: Neben einer Bestrafung nach § 1 kann in dem Urteile ausgesprochen werden, daß dem Täter die Haltung, die berufsmäßige Beschäftigung mit Tieren oder der Handel mit ihnen, und zwar von Tieren allgemein oder von solchen bestimmter Gattungen für dauernd oder bestimmte Zeit verboten wird.
Im Falle einer Bestrafung nach § 7 ist, wenn die Tierquälerei an einem Tiere begangen ist, das vom Täter gehalten wird, mit dem er sich berufsmäßig beschäftigt oder das den Gegenstand seines Handels bildet, ein solches Verbot auszusprechen.
Die Zuwiderhandlung gegen dieses Verbot unterliegt der Bestrafung nach § 5.

§ 11: Rechtsfähige Vereine, deren Zweck nach ihrer Satzung der Schutz der Tiere im allgemeinen oder von besonderen Tiergattungen ist, sind berechtigt, sich der auf Grund dieses Gesetzes erhobenen öffentlichen Klage in jeder Lage des Verfahrens als Nebenkläger anzuschließen. Der Anschluß kann auch zwecks Einlegung von Rechtsmitteln nach ergangenem Urteile geschehen.

Hat sich ein zur Nebenklage berechtigter Verein als Nebenkläger angeschlossen und ist der Anschluß vom Gericht für zulässig erklärt, so beschränkt sich die Zulässigkeit des Anschlusses auf diesen Verein.
Für das Anschlußverfahren gelten im übrigen die Vorschriften der §§ 396 bis 402 der RStPO mit der Maßgabe, daß die Anschlußerklärung ihre Wirkung außer durch Widerruf auch durch Auflösung des Vereins oder den Verlust seiner Rechtsfähigkeit verliert.

§ 12: Die Reichsministerien werden ermächtigt, Verordnungen jeglicher Art zum Schutze von Tieren zu erlassen, insbesondere auch im Verordnungswege Vorschriften zu erlassen über den wissenschaftlichen Tierversuch, die Regelung des Schlachtwesens und der Betäubung von Schlachttieren, des Tiertransportes und der Jagdbarkeit und Schonzeit freilebender Tiere. Soweit die Reichsministerien von dieser Ermächtigung keinen Gebrauch machen, sind die obersten Landesbehörden und die Verwaltungsbehörden zum Erlasse solcher Vorschriften ermächtigt mit Ausnahme der Vorschriften über den wissenschaftlichen Tierversuch und über die Jagdbarkeit und Schonzeit freilebender Tiere.

§ 13: Die Verwaltungsbehörden sollen Vorsitzende von Vereinen der in § 11 bezeichneten Art oder von ihnen vorgeschlagene Mitglieder solcher Vereine, sofern gegen ihre Persönlichkeit keine Bedenken bestehen, auf Antrag beauftragen, die Erfüllung zum Schutze von Tieren erlassener Vorschriften zu überwachen und die Strafverfolgungsbehörden bei der Verfolgung von Zuwiderhandlungen gegen Tierschutzgesetze und -verordnungen zu unterstützen.
Die Beauftragten gelten im Rahmen ihres Auftrages als Hilfspolizei.
Die Ausführungsbestimmungen werden von den Landesbehörden erlassen.

§ 14: § 360 Ziffer 13 des RStGB wird aufgehoben.

§ 15: Dieses Gesetz tritt am ... in Kraft.“

Nach der Begründung zu diesem Entwurf war die Tatsache, daß das Tierschutzrecht spezielle Bestimmungen auf dem Gebiet des Strafrechts, der Strafprozeßordnung und des Verwaltungsrechts erfordere, die entscheidende Motivation dafür, die ganze Materie in einem besonderen Gesetz zu regeln, was auch die

Vornahme etwaiger Änderungen vereinfache. Der Entwurf selbst hielt sich in seinen rein strafrechtlichen Vorschlägen weitestgehend an den Strafgesetzentwurf von 1927. Neu waren die reichsrechtliche Regelung des Tierversuchs, die Beteiligung von Vertretern der Tierschutzvereine an Aufgaben der Polizei und Strafverfolgungsbehörden und die mögliche Bestrafung der unberechtigten Tiertötung, wobei der Begründung zufolge die Tötung zur Gewinnung von Nahrung und Kleidung (auch Jagd und Fischfang), zur Bekämpfung tierischer Schädlinge und zur Beseitigung von Tieren, die infolge Alters oder Krankheit ihrem Eigentümer keinen Nutzen mehr gewähren, berechtigt sein sollte[1202].

Weitere Vorschläge aus dem Jahre 1933 stammten vom „Reichsverband der Deutschen Tierschutzvereine“ in Meissen und vom Bürgermeister i. R. Konrad Maß in Schwerin. Sie wurden in Heft 13 der „Deutschen Tierschutz-Zeitung“ bzw. in „Der Deutsche Tierfreund“, Heft 2, Februar/März, 3. Jahrgang 1933 veröffentlicht[1203]. Beide brachten aber keine entscheidenden Neuerungen, der Entwurf Maß bezog sogar noch Schlachtregelungen mit ein[1204].

b) Der Erste Entwurf des Reichsinnenministeriums vom 17. August 1933

Einem Vermerk vom 22. Mai 1933 zufolge war das Reichsinnenministerium unter *Frick* schon zu dieser Zeit, also noch vor Erlaß der Strafgesetznovelle vom 26. Mai 1933, damit beschäftigt, ebenfalls einen eigenen Entwurf eines Tierschutzgesetzes aufzustellen. Darin sollten zwar keine neuen Strafvorschriften enthalten sein, da die strafrechtliche Seite des Tierschutzes durch die Novelle zum StGB vom 26. Mai 1933 abschließend geregelt sei, der Entwurf sollte aber eine Ermächtigung der Reichsregierung zum Erlaß von Tierschutzvorschriften sowie die rahmengesetzliche Regelung verschiedener besonders bedeutsamer Tierschutzfragen, so vor allem des wissenschaftlichen Versuchs am lebenden Tier, der Verwendung von Pferden in Bergwerken, der Beförderung von leben-

---

[1202] BA Berlin-Li., 30.01., Nr. 6318, Bl. 131 e.

[1203] Vgl. BA Berlin-Li., 30.01., Nr. 6318, Bl. 131 i und 131 j. Maß bat darum, ihm Abänderungsvorschläge baldmöglichst zukommen zu lassen. Der Gesetzentwurf sollte dann noch einmal durchberaten werden und durch eine den Tierschutz begünstigende Partei dem Reichstag als Initiativantrag vorgelegt werden.

[1204] Beide Entwürfe sind im Anhang abgedruckt.

den Tieren auf der Eisenbahn, des Kupierens, Kastrierens, Katzenwürgens und dergleichen enthalten[1205].

Entsprechende Bestimmungen sah dann auch der 1. Entwurf eines Reichstierschutzgesetzes des Reichsinnenministeriums vom 17. August 1933 vor[1206], der den Reichsministern der Justiz und für Ernährung und Landwirtschaft, dem Auswärtigen Amt und den Preußischen Ministern der Justiz, des Innern und für Landwirtschaft, Domänen und Forsten übermittelt wurde.

Nach § 1 Abs. 1 war verboten, ein Tier roh zu mißhandeln oder unnötig zu quälen. In § 1 Abs. 2 wurden sieben Zuwiderhandlungen gegen dieses Verbot exemplarisch aufgezählt, so z.B. die Vernachlässigung oder unnötige Überanstrengung eines Tieres und das Kürzen der Schweifrübe bei Pferden (Kupieren). § 2 untersagte grundsätzlich die Einfuhr kupierter Pferde, § 3 den Weiterverkauf gebrechlicher, alter oder kranker Tiere, für die das Weiterleben nach tierärztlichem Urteil eine unnötige Qual bedeuten würde, außer der Verkauf erfolge zum Zwecke alsbaldiger Tötung. § 4 enthielt das grundsätzliche Verbot der Vornahme von Tierversuchen. Ausnahmen sollten nur für bestimmte Institute zu wissenschaftlichen und Lehrzwecken zugelassen sein und unterlagen weiteren Beschränkungen. § 5 ermächtigte den Reichsminister des Innern bzw. dic Landesregierungen, Ausführungsbestimmungen zu dem Gesetz zu erlassen. § 6 sah für die Zuwiderhandlung gegen die Vorschriften der §§ 1 bis 4 Gefängnisstrafe bis zu sechs Monate oder Geldstrafe vor. Anstifter und Gehilfen sollte die gleiche Strafe treffen. Bei fahrlässiger Begehung sollte nach § 7 Geldstrafe eintreten. Ebenfalls mit Geldstrafe bedrohte § 8 denjenigen, der es unterließ, Kinder oder andere Personen, die seiner Aufsicht unterstanden, von der Übertretung dieser Vorschriften abzuhalten, obwohl er dazu in der Lage war. Neben der erkannten Strafe konnte nach § 9 auf die Einziehung und anderweitige Unterbringung und Pflege oder Tötung des betreffenden, dem Täter oder einem Teilnehmer gehörenden Tieres auf Kosten des Verurteilten erkannt werden. Im Rückfall oder in besonderen schweren Fällen von Tierquälerei konnte verurteilten Personen die Haltung bestimmter Tierarten oder das Umgehen und der Handel mit ihnen für

---

[1205] Vgl. BA Berlin-Li., 30.01., Nr. 6318, Bl. 131 l.

[1206] BA Berlin-Li., R 18, Rep. 320, Nr. 589, Bl. 1-7. Der Entwurf ist im Anhang im Wortlaut abgedruckt.

bestimmte Zeit oder dauernd verboten werden. Daneben sollten gemäß § 10 in der Behandlung, Pflege und Unterkunft erheblich vernachlässigte Tiere ihrem Eigentümer auch schon vor Erstattung einer Strafanzeige fortgenommen und solange anderweitig auf dessen Kosten untergebracht werden können, bis die Gewähr für eine einwandfreie Tierhaltung bei dem Eigentümer oder dessen Beauftragten vorhanden war. War die Verurteilung einer bestimmten Person nicht ausführbar, so sollte § 11 zufolge auch selbständig auf Einziehung oder Tötung des Tieres erkannt werden können. Nach § 12 schließlich sollten die §§ 145 b und 360 Ziff. 13 des RStGB in der Fassung des Gesetzes zur Abänderung strafrechtlicher Vorschriften vom 26. Mai 1933 mit Inkrafttreten des Tierschutzgesetzes außer Kraft gesetzt werden.

Von den Adressaten dieses ersten Entwurfes nahm nur der Preußische Innenminister *Göring* in einem Schreiben an den Innenminister des Reichs, *Frick*, vom 6. September 1933 Stellung[1207].

Er hielt es für notwendig, in § 1 Abs. 1 die Begriffe „roh mißhandeln und unnötig quälen" im Gesetz selbst genau zu definieren, um z.B. „das Angeln von Fischen, Verwenden lebender Tiere als Köder (Regenwürmer), das Fangen von Fliegen mit Fliegenleim, das Kochen von Krebsen und das Essen lebender Austern" eindeutig von der Strafbarkeit auszuscheiden.
Weiter äußerte er schwerste Bedenken gegen die grundsätzliche Strafbarkeit des wissenschaftlichen Tierversuchs in § 4 Satz 1. Dieser dürfe nicht auf eine Stufe mit Roheitsverbrechen gestellt werden und auf ihn könne insbesondere in der medizinischen Wissenschaft nicht verzichtet werden. Deshalb sei es zweckmäßiger, etwaige beim Tierversuch auftretende Mißbräuche nicht im Tierschutzgesetz, sondern in einem eigenen Gesetz zu behandeln. Aufgrund dessen schlug der Preußische Innenminister folgende Abänderungen des § 4 vor: „Wissenschaftliche Versuche an lebenden Tieren sind im Interesse der Erhaltung von Leben und Gesundheit der Menschen und Tiere sowie im Interesse der wissenschaftlichen Forschung nicht zu entbehren. Sie dürfen jedoch nur in wissenschaftlich geleiteten Instituten ausgeführt werden. Die hierfür in Betracht kommenden Institute bedürfen dazu der Genehmigung des Reichsministers des In-

[1207] BA Berlin-Li., 30.01., Nr. 6318, Bl. 191-194.

nern auf Vorschlag der zuständigen Reichs- und Landes-Zentralbehörden. Die Versuche dürfen nur unter Verantwortlichkeit des Leiters des zugelassenen Instituts ausgeführt werden, der ihre Notwendigkeit zu überprüfen hat. Sie sind, sofern nach dem Urteil des Institutsleiters der Zweck des Versuchs eine Betäubung des Versuchstiers nicht unbedingt ausschließt oder der mit dem Eingriff verbundene Schmerz geringfügiger ist als die mit einer Betäubung verbundene Beeinträchtigung des Wohlbefindens des Versuchstieres, durch allgemeine oder örtliche Betäubung schmerzlos zu gestalten. Versuche zu Lehrzwecken sind nur gestattet, sofern andere Lehrmethoden, z.B. Bild, Film, Präparate, Modell usw. nicht ausreichen.“ Als Absatz 2 müßte dann Absatz 6 des Entwurfs in folgender Fassung folgen: „Impfungen und Blutentnahmen an lebenden Tieren zum Zweck der Erkennung von Krankheiten der Menschen und Tiere oder zur Gewinnung und Prüfung (Wertbestimmung) von Seren, Impfstoffen, Organpräparaten und Medikamenten gelten nicht als Versuche an lebenden Tieren im Sinne dieses Gesetzes.“

Da Wissenschaftler, die gegen die Bestimmungen des § 4 verstoßen, dennoch nicht „den Rohlingen, die gegen die §§ 1 bis 3 verstoßen, gleichzustellen“ seien, „insbesondere ... Gefängnisstrafe ihnen gegenüber nicht am Platze“ sein sollte, schlug der Preußische Innenminister schließlich vor, dem § 6 folgende Fassung zu geben: „Wer den Vorschriften der §§ 1 bis 3 zuwiderhandelt, wird mit Gefängnis bis zu 6 Monaten oder mit Geldstrafe bestraft. Verstöße gegen die Bestimmungen des § 4 werden mit Geldstrafe bis zu hundertfünfzig Reichsmark oder mit Haft bestraft. In besonderen Fällen kann auch die dem Täter gegebene Erlaubnis zu Tierversuchen für immer zurückgenommen werden.“

c) Der Zweite Entwurf des Reichsinnenministeriums vom 7. Oktober 1933

Die Vorschläge des preußischen Innenministers fanden jedoch im Reichsinnenministerium nur teilweise Gehör. Lediglich der Forderung nach einer Legaldefinition der tierquälerischen Handlungen in § 1 leistete der 2. Entwurf eines Reichstierschutzgesetzes des Reichsinnenministeriums vom 7. Oktober 1933 Folge[1208]. § 1 Abs. 1 lautete nunmehr: „Verboten ist es, ein Tier zu quälen oder roh zu mißhandeln. Als 'Tierquälerei' ist jede Handlung anzusehen, die bei ei-

[1208] Vgl. BA Berlin-Li., R 18, Rep. 320, Nr. 589, Bl. 21-29.

nem Tier länger dauernde oder sich wiederholende erhebliche Schmerzen oder Leiden hervorzurufen vermag. Als ´rohe Mißhandlung` ist jede Handlung anzusehen, die bei einem Tier erhebliche Schmerzen oder Leiden hervorzurufen vermag, und bei der eine besondere Gefühllosigkeit zum Ausdruck kommt. Der Tierquälerei ist gleich zu achten, wenn jemand ein Tier tötet, ohne daß dies zu Gunsten von Mensch oder Tier geschieht."

Der Aufzählung einzelner Tierquälereien in Absatz 2 des § 1 im Entwurf vom 17. August 1933 fügte der 2. Entwurf bei geringfügiger Änderung der bisherigen Bestimmungen sechs weitere Fälle hinzu. So sollte das Fangen von Tiere mit Schlingen, das Aussetzen von Haustieren, die betäubungslose Vornahme schmerzhafter Eingriffe, besonders Kastrationen, an bestimmten Tieren, die betäubungslose Tötung von in Farmen gehaltenen Pelztieren, das Stopfen (Nudeln) von Geflügel und das Abtrennen der Schenkel lebender Frösche ausdrücklich hervorgehoben werden.

Ebenfalls neu eingefügt wurde ein § 4, der in zwei Absätzen die Verwendung von Einhufern unter Tage nur mit besonderer Genehmigung der Landesbehörden und bei polizeilicher Überwachung des Betriebes und die Verwendung von Zughunden nur mit besonderer amtstierärztlicher Genehmigung und bei polizeilicher Überwachung der Verwendung gestattete. Die Beförderung von Personen durch Zughunde war gänzlich verboten.

Der Tierversuch fand seine Regelung nunmehr in § 5. Hier wurde die Gliederung und die Formulierung der Bestimmungen unter Berücksichtigung des Preußischen Vivisektions-Runderlasses vom 5. September 1933[1209] teilweise erheblich geändert, weswegen der neu gefaßte § 5 hier noch einmal im Wortlaut aufgeführt werden soll:

„(1) Versuche an lebenden Tieren sind grundsätzlich verboten. Unter Versuchen an lebenden Tieren sind zu verstehen die zu wissenschaftlichen Forschungs-, Prüfungs- oder Lehrzwecken erfolgenden operativen oder unblutigen Eingriffe an Tieren, letztere soweit sie mit einer Quälerei verbunden sind. Tierversuche für Belange der Rechtspflege sowie Impfungen und Blutentnahmen an lebenden Tieren zum Zwecke der Erkennung von Krankheiten der Menschen und Tiere oder zur Gewinnung und Prüfung (Wertbestimmung) von Seren, Impfstoffen, Organpräparaten und Medikamenten gelten nicht als Versuche an lebenden Tie-

[1209] Ministerialblatt für die innere Verwaltung 1933 II, Sp. 419.

ren im Sinne dieses Gesetzes; diese Eingriffe dürfen nur von wissenschaftlich hierzu vorgebildeten Personen oder unter deren Leitung und nur unter Vermeidung jeder für den Zweck entbehrlichen Schmerzerregung vorgenommen werden.

(2) Der Reichsminister des Innern kann auf Vorschlag der zuständigen Reichs- oder Landeszentralbehörden Versuche an lebenden Tieren für bestimmte wissenschaftlich geleitete Institute und Laboratorien zulassen. Voraussetzung für die Zulassung ist das Vorhandensein der erforderlichen Einrichtungen für die Vornahme von Tierversuchen sowie die Gewähr für gute Wartung und Unterbringung der Versuchstiere. Der wissenschaftliche Leiter des Instituts muß über fachmännische Ausbildung und Zuverlässigkeit verfügen.

(3) Die Zulassung kann zurückgezogen werden.

(4) Für die Durchführung der Versuche an lebenden Tieren gelten folgende Bestimmungen:

a) die Versuche dürfen nur unter Verantwortlichkeit des wissenschaftlichen Leiters oder des von ihm besonders ermächtigten Stellvertreters ausgeführt werden;

b) Versuche zu Forschungszwecken sind nur dann zu unternehmen, wenn sie einen bestimmten, bisher von der Wissenschaft noch nicht bestätigten Erfolg versprechen oder soweit sie zur Klärung bisher ungelöster Fragen dienen;

c) die Versuche sind, sofern nach dem Urteil des wissenschaftlichen Institutsleiters der Zweck des Versuches dies nicht unbedingt ausschließt oder der mit dem Eingriff verbundene Schmerz geringfügiger ist als die mit einer Betäubung verbundene Beeinträchtigung des Wohlbefindens des Versuchstieres, nur unter Betäubung vorzunehmen.

Am gleichen unbetäubten Tier darf nur ein einziger schwerer operativer oder schmerzhafter unblutiger Versuch ausgeführt werden.

Tiere, die nach Beendigung schwerer, insbesondere mit operativen Eingriffen verbundener Versuche einem Zustand großer körperlicher Schmerzen ausgesetzt sind, sind, sofern dies mit dem Zweck des Versuches nach dem Urteil des wissenschaftlichen Leiters vereinbar ist, alsbald schmerzlos zu töten;

d) Versuche an höheren Tieren dürfen nur dann ausgeführt werden, wenn durch Versuche an niederen Tieren der beabsichtigte Zweck nicht erreicht werden kann;

e) es dürfen nicht mehr Tiere für die Versuche verwendet werden, als zur Klärung der betreffenden Frage notwendig ist;
f) Tierversuche zu Lehrzwecken sind nur gestattet, wenn andere Lehrmittel, z.B. Bild, Modell, Präparat, Filmaufnahme nicht ausreichen;
g) über die Art der verwendeten Tiere, den Zweck, die Durchführung und das Ergebnis der Versuche sind Aufzeichnungen zu machen, die drei Jahre aufbewahrt werden müssen."
Darüber hinaus stellte § 7 klar: „Unter Betäubung im Sinne dieses Gesetzes sind alle Versuche zu verstehen, die allgemein schmerzlos machen oder örtlich die Schmerzempfindung für den vorzunehmenden Eingriff ausschalten. Soweit es sich um die Tötung eines Tieres handelt, genügt die Beachtung der Bestimmungen der Verordnung über das Schlachten von Tieren vom 21. April 1933 (RGBl. I 1933, S. 212)."

Am vorgeschlagenen Strafmaß und bezüglich der Nebenfolgen änderte sich im Vergleich zum Entwurf vom 17. August 1933 nichts. Der neue § 11 enthielt jedoch in seinem Absatz 1 Satz 2 eine Ermächtigung des Reichsinnenministers zum Erlaß ergänzender Vorschriften, „um den Zweck dieses Gesetzes zu erreichen". Falls diese Bestimmungen Verbote zum Schutze der Tiere enthalten sollten, sollten für die Übertretung dieser Verbote die Strafbestimmungen des Tierschutzgesetzes gelten.

Am 18. Oktober 1933 fand im Innenministerium unter Leitung des Staatssekretärs im Reichsinnenministerium, *Pfundtner*, eine kommissarische Beratung des 2. Entwurfs statt[1210]. Anwesend waren neben dem Vorsitzenden die Herren *Melior*, *Kahler*, *Taute*, *Giese* und *Usadel* (RIM), *Kiewitz* (AA), *von Boeck* (RWirtM), *Wagner* (RJM), *Habeck* (RM für Ernährung und Landwirtschaft), *Muntsch* (RWehrM), *von Normann* (Preuß. Staatsmininisterium), *Schäfer* (Preuß. JM), *Frey*, *Lentz* und *Pulte* (Preuß. IM), *Eberbach* und *Seelmann* (Preuß. Ministerium für Landwirtschaft, Domänen und Forsten), *Brechta* (Preuß. Mini-

[1210] Vgl. Abdruck der Niederschrift über die Beratung vom 18. Oktober 1933 in einem Schreiben des Reichsministers des Innern an das Auswärtige Amt, das Reichsjustiz-, Reichswirtschafts-, Reichswehrministerium und das Reichsministerium für Ernährung und Landwirtschaft, den Preußischen Ministerpräsidenten und die Preußischen Ministerien der Justiz, des Innern, für Landwirtschaft, Domänen und Forsten und für Wissenschaft, Kunst und Volksbildung vom 27. Oktober 1933, in: BA Berlin-Li., R 18, Rep. 320, Nr. 589, Bl. 43-77.

sterium für Wissenschaft, Kunst und Volksbildung), *Reiter* und *Zschiesche* (Reichsgesundheitsamt) und *Grundmann* (als Schriftführer, RIM).

Zunächst führte der Vorsitzende *Pfundtner* aus, daß in den letzten Monaten „aus einer Fülle von Eingaben sich die Notwendigkeit ergeben habe, zu der Frage des Erlasses eines Reichstierschutzgesetzes Stellung zu nehmen". Auch der zuständige Sachbearbeiter im Reichsinnenministerium, *Giese*, verwies auf entsprechende Petitionen. Es habe sich erwiesen, daß die dem Tierschutz dienende Nr. 13 des § 360 des Reichsstrafgesetzbuchs von 1871 nicht ausreiche, da diese nur den Schutz menschlicher Empfindungen und Gefühle, nicht aber den Schutz der Tiere beabsichtigt habe, weshalb es auch nur selten gelungen sei, einen Tierquäler der Bestrafung zuzuführen. § 145 b der Strafrechtsnovelle vom 26. Mai 1933 habe zwar Verbesserungen gebracht, aber auch hier sei schon wieder Kritik an dem Tatbestandsmerkmal des „absichtlichen" Quälens aufgekommen, das kaum nachzuweisen sei. So erkläre sich die Forderung nach einem Sonder(Reichs-)gesetz, in dem jede unnötige Quälerei für strafbar erklärt werde. In der Literatur und in den Eingaben werde häufig auf die entsprechenden Bestimmungen der Tierschutzgesetzgebungen im Ausland hingewiesen. Außerdem hätten auch der Vogel- und der Schlachttierschutz inzwischen eine reichsgesetzliche Regelung erfahren.

Nach diesen einleitenden allgemeinen Betrachtungen erfolgte die Einzelberatung der Paragraphen: Dabei wurden die ersten drei Sätze des § 1 Abs. 1 in der vorgeschlagenen Fassung grundsätzlich gebilligt. Die Fassung lehne sich, so der Referent, unter Weglassung von „absichtlich", an § 145 b der Strafgesetznovelle vom 26. Mai 1933 an, eine Beschränkung auf bestimmte Tierarten, z.B. Haustiere, sollte vermieden werden. Trotz der Auffassung *von Hippels*, daß das „Mißhandeln" das „Quälen" mit erfasse, werde auf „quälen" nicht verzichtet, da der Ausdruck „Tierquälerei" außerordentlich gebräuchlich sei. Auch die Merkmale „roh" und „unnötig" müßten bleiben, um die notwendige Beschränkung des Tatbestandes zu gewährleisten, es sei aber eine Umformulierung der Norm vorzunehmen, um klarzustellen, daß es sich um ein Verletzungsdelikt, nicht um ein Gefährdungsdelikt handele. Mit dem letzten Satz des § 1 Absatz 1, der das Töten von Tieren regelte, sollte zum Ausdruck gebracht werden, daß ein lebendes Tier nicht nur einen Sachwert darstelle, mit dem jeder nach Belieben schalten

und walten könne. Trotzdem wurde schließlich vereinbart, diesen Satz zu streichen, da die Fassung der ersten Sätze des Absatzes 1 für die Ahndung etwaiger straffälliger Handlungen schon eine ausreichende Handhabe biete.
Interessant ist die Erläuterung, die der Sachbearbeiter des Reichsinnenministeriums, *Giese*, zu § 1 Abs. 2 gab: Die Aufzählung einzelner Fälle von Tierquälerei und Mißhandlung sollte eine Ergänzung zu Abs. 1 darstellen, sie erscheine zweckmäßig, um die Punkte hervorzuheben, die besonderen Anlaß zu Klagen der Tierschützer gegeben hatten, zumal auf deren Aufzählung in diesen Kreisen großer Wert gelegt werde.
Der Vertreter des Reichsjustizministeriums, *Wagner*, erblickte in der Aufzählung eine Gefährdung, zumindest aber Auflockerung des Begriffs der Tierquälerei. Da außerdem für einige der Fälle bei fahrlässiger Begehung mildere Strafen vorzusehen seien, empfahl er, einen neuen § 2 zu bilden. Dieser Anregung wurde allseits zugestimmt.

Bei der Beratung der Einzelfälle wurde zum Verbot der Vergabe von Tieren auf Märkten und Vergnügungsstätten als Preise erklärt, dadurch sollten die durch sogenannte „Zufallstierbesitzer" begangenen Tierquälereien beseitigt werden. Danach beschloß man, die Passage, die sich mit verbotenen Fangmethoden beschäftigte, wieder zu streichen, da die Regelung dieser Frage dem Jagd- bzw. Vogelschutzgesetz überlassen bleiben solle. Zur Begründung des Verbots der betäubungslosen Tötung von Pelztieren führte Ministerialrat *Giese* aus, dieser sei gegen die Gewohnheit vieler Züchter gerichtet, die Pelztiere zur Erzielung eines vollwertigen Pelzes durch Eindrücken des Brustkorbes oder Erwürgen zu töten.
Zu § 2 (Verbot der Einfuhr kupierter Pferde) wurde bemerkt, daß auf bestehende handelsrechtliche Vereinbarungen Rücksicht genommen werden solle. Bezüglich § 3, der sich gegen den Handel mit alten und kranken Tieren richtete, wurde beschlossen, diesen in die Fassung des § 1 Abs. 2 einzuarbeiten. Die Tatsache, daß im rheinisch-westfälischen Steinkohlengebiet noch etwa 1600 Tiere (zumeist sogenannte „Grubenpferde") beschäftigt seien, rechtfertige die Bestimmung des § 4 Abs. 1. Im § 4 Abs. 2 sollten Kinder bis 12 Jahre von dem Verbot der Personenbeförderung durch Zughunde ausgenommen werden.
Eine zum wissenschaftlichen Tierversuch geführte allgemeine Aussprache ergab die Zweckmäßigkeit einer Fassungsänderung des § 5. Als Grundlage hierfür

wurde der preußische Vivisektionserlaß vom 5. September 1933 empfohlen. Die Unentbehrlichkeit der Tierversuche machte besonders das Reichswehrministerium geltend. Es wurde beschlossen, den genauen Wortlaut bei einer späteren Besprechung der Sachbearbeiter des Reichsinnenministeriums, des Reichswehrministeriums, des Preußischen Innenministeriums und des Reichsgesundheitsamts festzulegen.
Schließlich wurde bezüglich der Nebenstrafen darauf verwiesen, daß diese nach Ansicht der Tierschutzorganisationen eine wichtige Ergänzung des Strafmaßes darstellten und in ihren wirtschaftlichen Auswirkungen nicht zu unterschätzen seien. Die Einziehung des Tieres könne jedoch nur bei vorsätzlicher Straftat angeordnet werden. Die Verordnungsermächtigung in § 11 wurde nochmals als notwendig hervorgehoben, um auch Bestimmungen für örtliche Maßnahmen zu erlassen.

Der Niederschrift über die kommissarische Beratung war ein Vorschlag des Reichsgesundheitsamts bezüglich der Überwachung des Tierversuchs durch Vertreter der Tierschutzvereine beigefügt[1211]. Dieser geht zurück auf ein Schreiben des Reichsinnenministeriums vom 13. Oktober 1933 an das Auswärtige Amt, die Reichsminister der Justiz, der Wirtschaft und für Ernährung und Landwirtschaft, den Preußischen Ministerpräsidenten und die Preußischen Minister der Justiz, des Innern, für Landwirtschaft, Domänen und Forsten und für Wissenschaft, Kunst und Volksbildung[1212]. Darin wurde berichtet, daß von verschiedenen Seiten, u.a. auch in dem Runderlaß des Preußischen Ministerpräsidenten vom 5. September 1933[1213], hinsichtlich der Überwachung der Bestimmungen über Versuche an lebenden Tieren angeregt worden sei, Vertretern der Tierschutzvereine die Möglichkeit zu geben, sich von der Art, wie die Tierversuche in den hierfür zugelassenen Instituten ausgeführt werden, zu überzeugen.

Der vom Reichsgesundheitsamt formulierte Paragraph lautete: „§ ...
(1) Der Reichsminister des Innern kann Tierschutzvereine auf deren Antrag anerkennen, wenn sie es sich zur Aufgabe machen, bei der Bevölkerung und bei Personen, in deren Obhut sich Tiere befinden, auf die Einhaltung der Bestim-

---

[1211] Vgl. BA Berlin-Li., R 18, Rep. 320, Nr. 589, Bl. 77/78.
[1212] BA Berlin-Li., R 18, Rep. 320, Nr. 589, Bl. 31/32.
[1213] Ministerialblatt für die innere Verwaltung 1933 II, Sp. 419.

mungen dieses Gesetzes hinzuwirken. Die anerkannten Tierschutzvereine unterstehen der Aufsicht des Reichsministers des Innern; dieser kann ihnen für ihre Tätigkeit Anweisungen erteilen.
(2) Der Reichsminister des Innern kann Vertreter von Tierschutzvereinen zu Besichtigungen, die zur Überwachung der Beachtung der Bestimmungen über Versuche an lebenden Tiere vorgenommen werden (§ 10), hinzuziehen.
(3) Anerkannte Tierschutzvereine sind berechtigt, sich einer auf Grund dieses Gesetzes erhobenen Klage in jeder Lage des Verfahrens, auch nach ergangenem Urteil zum Zwecke der Einlegung eines Rechtsmittels als Nebenkläger anzuschließen."[1214]

Zur Begründung führte das Reichsgesundheitsamt aus, daß es notwendig erscheine, sich die Anregungen, Erfahrungen und Kenntnisse der Tierschutzvereine nutzbar zu machen. Darüber hinaus diene die Anordnung auch der Beruhigung der Vereine, „deren Drängen auf diese Mitwirkung auf andere Weise kaum werde abgewehrt werden können"[1215]. Bei der Aussprache im Rahmen der kommissarischen Beratungen wurden gegen diesen Vorschlag aber von allen Seiten ernste Bedenken geltend gemacht, woraufhin er zurückgezogen wurde[1216]. Der Vertreter des Reichsjustizministeriums, *Wagner*, wandte sich mit Entschiedenheit gegen die Mitwirkung von Beauftragten privater Einrichtungen bei der Durchführung des Tierschutzgesetzes, weil es nicht vertretbar sei, daß sich staatliche Einrichtungen einer Nebenkontrolle durch Private aussetzen, die Auswirkung einer solchen Anordnung auf alle anderen Berufsstände unvermeidbar, aber auch untragbar sei und den Organen der privaten Tierschutzorganisationen eine Einwirkung auf die Strafrechtspflege keinesfalls eingeräumt werden könne[1217]. Zu diesem Ergebnis sei man auch bei den Verhandlungen über den preußischen Vivisektionserlaß gekommen.

Wie sich aus der Niederschrift der kommissarischen Beratung und aus einem entsprechenden Vermerk des Sachbearbeiters des Reichsjustizministeriums,

[1214] BA Berlin-Li., R 18, Rep. 320, Nr. 589, Bl. 77/78.
[1215] BA Berlin-Li., R 18, Rep. 320, Nr. 589, Bl. 78.
[1216] Vgl. BA Berlin-Li., R 18, Rep. 320, Nr. 589, Bl. 78-80.
[1217] Gegen die Einräumung von Machtbefugnissen an Tierschutzvertreter hatte sich von Hippel schon 1891 ausgesprochen, vgl. von Hippel, Tierquälerei, S. 133, Fn. 6.

Wagner, vom 18. Oktober 1933[1218] ergibt, spielten die Wünsche und Anregungen des Reichsjustizministeriums bei den Beschlußfassungen eine entscheidende Rolle.

d) Der Dritte und Vierte Entwurf des Reichsinnenministeriums vom 27. Oktober 1933 bzw. vom 4. November 1933 und der Erlaß des Reichstierschutzgesetzes

Zur endgültigen Feststellung des Wortlauts erfolgte am 23. Oktober 1933 eine Besprechung zwischen *Wagner* und *Giese*. Diese Besprechung führte zur Aufstellung eines Dritten Entwurfs, in den die oben beschlossenen Änderungen eingearbeitet wurden. Dieser Entwurf ist ebenfalls in dem Schreiben des Reichsinnenministeriums vom 27. Oktober 1933 wiedergegeben[1219].

Schließlich fand am 1. November 1933 eine abschließende Besprechung im Reichsinnenministerium statt, deren Vorsitz wiederum *Pfundtner* führte[1220]. Dabei wurde auf Antrag des Vertreters des Preußischen Ministerpräsidenten *Göring*, dem sich das Reichsinnenministerium anschloß, beschlossen, für die eigentliche Tierquälerei (§ 11 Abs. 1 des Dritten Entwurfs) Gefängnisstrafe bis zu einem Jahr (statt bisher sechs Monate) wahlweise neben Geldstrafe vorzusehen und die vorsätzliche Vornahme von Versuchen am lebenden Tier ohne die erforderliche Erlaubnis mit Gefängnis bis zu drei Monaten und (oder) Geldstrafe zu bedrohen. Einen Antrag von gleicher Seite, auch jede Zuwiderhandlung gegen Tierschutzvorschriften (§ 11 Abs. 2 des Dritten Entwurfs) statt mit Übertretungs- mit Vergehensstrafe zu bedrohen, konnte Wagner nach hartnäckiger Debatte abwehren. *Wagners* Notiz zufolge legte das Reichsinnenministerium im Hinblick auf die bevorstehende Volksabstimmung und die Reichstagswahlen vom 12. November 1933 den größten Wert darauf, das Reichstierschutzgesetz baldigst zu verabschieden.

Von den zahlreichen – inhaltlich nicht näher bekannten – Abänderungsvorschlägen, die der Leiter des Berliner Tierschutzvereins, *Kramer*, dem Reichsjustizmi-

---

[1218] BA Berlin-Li., 30.01., Nr. 6318, Bl. 200.

[1219] Vgl. BA Berlin-Li., 30.01., Nr. 6319, Bl. 3. Der Entwurf ist im Anhang im Wortlaut abgedruckt.

nisterium übergeben hatte[1221], wurden im Vierten Entwurf eines Tierschutzgesetzes vom 4. November 1933[1222] und später im Reichstierschutzgesetz vom 24. November 1933 nur die Setzung von „verursacht" statt „zufügt" in § 1 Abs. 2 und von „Pflege" hinter „Haltung" in § 11 Abs. 3 aufgegriffen. Ansonsten wies der Vierte Entwurf im Vergleich zum Dritten Entwurf die oben beschlossenen Änderungen auf, im Vergleich zum Reichstierschutzgesetz, bei dem entsprechende Bestimmungen fehlten, wiesen die §§ 4 und 5 des Vierten Entwurfs noch Vorschriften über die Abgabe von Tieren auf Messen usw. und über Zughunde auf, der § 12 der Gesetzes vom 24. November 1933 über die fakultative Zuziehung beamteter Tierärzte oder des Reichsnährstandes fehlte.

Der Vierte Entwurf des Tierschutzgesetzes wurde in einer Kabinettssitzung vom 14. November 1933 beraten[1223]. Hierbei wurde beschlossen, vor Inkrafttreten des Gesetzes noch einige Fragen mit den beteiligten Ressortschefs zu besprechen. Diese fand am 18. November 1933 im Reichsinnenministerium statt. Leider sind weder über die Kabinettssitzung noch über die Besprechung der Ressortsleiter Berichte auffindbar gewesen; daß diese Beratungen stattgefunden haben, folgt aus einem Schreiben des Reichsinnenministers Frick an den Reichsminister für Ernährung und Landwirtschaft, Darré, und den Preußischen Ministerpräsidenten Göring vom 15. November 1933, in dem Frick auf die Kabinettssitzung Bezug nimmt und zu der Ressortsleiterbesprechung einlädt[1224].

Das Reichstierschutzgesetz wurde mithin im Reichskabinett von der Reichsregierung beschlossen und schließlich von Reichskanzler *Adolf Hitler*, dem Reichsminister des Innern, *Frick*, und dem Reichsminister der Justiz, *Gürtner*, unterzeichnet.

1220 Hierüber war nur ein Vermerk des Vertreters des Reichsjustizministeriums, Wagner, vom 2. November 1933 aufzufinden, vgl. BA Berlin-Li., 30.01., Nr. 6319, Bl. 4.

1221 Vgl. BA Berlin-Li., 30.01., Nr. 6319, Bl. 6-8.

1222 Schreiben des Reichsinnenministeriums an den Staatssekretär der Reichskanzlei vom 4. November 1933, in: BA Berlin-Li., R 18, Rep. 320, Nr. 589, Bl. 83-92.

1223 Vgl. Minuth, Akten der Reichskanzlei, Die Regierung Hitler, Bd. 2, Dokument Nr. 244, Kabinettssitzung vom 14. November 1933, S. 948.

1224 Vgl. BA Berlin-Li., R 18, Rep. 320, Nr. 589, Bl. 122.

2. Die Bestimmungen des Reichstierschutzgesetzes[1225] im einzelnen und in der zeitgenössischen Kommentierung

Im folgenden soll das Gesetz unter Mitteilung des Wortlauts der jeweiligen Bestimmung und unter Berücksichtigung der Amtlichen Begründung und der diese Begründung ergänzenden zeitgenössischen Kommentierung im einzelnen näher beschrieben werden.

Der Präambel der Amtlichen Begründung[1226] zufolge war die „Schaffung eines Reichsgesetzes zum Schutze der Tiere ... seit Jahrzehnten Wunsch des deutschen Volkes, das besonders tierliebend ist und sich der hohen ethischen Verpflichtungen dem Tiere gegenüber bewußt ist“[1227]. § 360 Nr. 13 des Reichsstrafgesetzbuches von 1871 und auch § 145 b der Strafgesetznovelle vom 26. Mai 1933 hätten den Verhältnissen des täglichen Lebens und dem Rechtsempfinden weiter Kreise der Bevölkerung infolge des zu engen Tatbestandes und der zu geringen Strafdrohung nicht ausreichend Rechnung getragen, so daß es in vielen Fällen den Schuldigen gelungen sei, ihrer gerechten Bestrafung zu entgehen. § 145 b der Novelle habe zwar durch Erweiterung des Tatbestandes und Aufwertung der Tierquälerei zu einem Vergehen eine gewisse Besserung bewirkt, aber auch das in § 145 b geforderte Merkmal des „absichtlichen“ Quälens hätte es nach wie vor manchem Tierquäler ermöglicht, sich einer Bestrafung zu entziehen, da die Absichtlichkeit schwer nachzuweisen gewesen wäre. Zumindest aber habe die Strafgesetznovelle vom 26. Mai 1933 erreicht, daß „nicht mehr wie früher nur die Empfindungen und Gefühle eines Menschen vor dem Anblick einer Tierquälerei geschützt werden oder menschliche Interessen im Vordergrund stehen, sondern daß dem Gedanken Raum gegeben wird, daß das Tier des Tieres wegen geschützt werden muß“. Mit Verweis auf weitergehende ausländische Tierschutzgesetzgebungen habe man daher „ein besonderes Tierschutzgesetz, und zwar ein Reichsgesetz, das in völligem Einklang mit dem Kulturzustand des deutschen Volkes stehen und das gegenüber der Vielgestaltigkeit von Sonderverordnungen in den einzelnen deutschen Ländern und der dadurch bedingten Rechtsunsicherheit und Rechtsungleichheit möglichst weitgehende Bestimmun-

[1225] RGBl. I, Nr. 132 vom 25. November 1933, S. 987.

[1226] Deutscher Reichs- und Preußischer Staatsanzeiger vom 1. Dezember 1933, Nr. 281/33.

[1227] Trotz dieser Betonung des „deutschen“ Charakters der Tierliebe war die Begründung weitgehend frei von nationalsozialistischer Phraseologie.

gen über den Tierschutz für das gesamte Reichsgebiet enthalten“ sollte, gefordert. Dieser Forderung werde nunmehr mit dem Erlaß des Reichstierschutzgesetzes nachgekommen, dessen Bestimmungen von dem Gedanken geleitet seien, „Roheiten und Pflichtvergessenheiten des Menschen gegenüber dem Tiere entgegenzuwirken und das Mitgefühl, einen der höchsten sittlichen Werte des Volkes, zu erwecken und zu fördern“. Als sachverständiger Helfer werde dabei in erster Linie der Tierarzt kraft seiner Vorbildung berufen sein, denn er besitze die erforderliche praktische Erfahrung in Tierschutzfragen und lebe in seinem Beruf ständig der Aufgabe, die Leiden der Tiere zu lindern. Besonders hervorzuheben sei, daß selbst mit dem besten Tierschutzgesetz noch nicht alles für den Schutz der Tiere getan sei; es müsse darüber hinaus das Verständnis für die Tiere und die Liebe zu der stummen Kreatur schon in der Schule geweckt und gelehrt und zum Gemeingut aller Volksgenossen gemacht werden.
Das Gesetz hatte folgenden Wortlaut:

Abschnitt I: Tierquälerei

§ 1
(1) Verboten ist, ein Tier unnötig zu quälen oder roh zu mißhandeln.
(2) Ein Tier quält, wer ihm länger dauernde oder sich wiederholende erhebliche Schmerzen oder Leiden verursacht; unnötig ist das Quälen, soweit es keinem vernünftigen, berechtigten Zwecke dient. Ein Tier mißhandelt, wer ihm erhebliche Schmerzen verursacht; eine Mißhandlung ist roh, wenn sie einer gefühllosen Gesinnung entspringt.

Hierzu führte die Amtliche Begründung aus, es sei davon abgesehen worden, das Reichstierschutzgesetz auf bestimmte Tierarten, z.B. auf Haustiere, zu beschränken. Die Form des Abs. 1 lehne sich eng an die des § 145 b der Strafgesetznovelle vom 26. Mai 1933 an, wobei „absichtlich“ durch „unnötig“ ersetzt worden sei. Der Abs. 2 gebe, um klare Rechtsverhältnisse zu schaffen, eine Definition von „unnötiger Quälerei“ und „roher Mißhandlung“. Die gegen das Tier gerichtete Tätigkeit könne bei dessen gröberer Veranlagung nur dann als Tierquälerei oder Mißhandlung gewertet werden, wenn es sich um Angriffe oder Eingriffe von gewisser Erheblichkeit handele, wobei bei bestehender Rechtspflicht zum Handeln auch ein Unterlassen strafbar sein könne. Eine Handlung

sei dann als berechtigt anzusehen, wenn sie dazu diene, das Tier zu einer zumutbaren Arbeitsleistung oder zum Gehorsam anzuhalten, oder wenn sie zur Gewinnung von notwendigen Nahrungsstoffen nicht zu umgehen sei. Bezüglich der Ursachen der Schmerz- oder Leidenserregung bei Tieren sei zwischen höheren und niederen Tieren zu unterscheiden. Soweit es sich um höher entwickelte Tiere, insbesondere um Säugetiere handele, so kämen alle Handlungen in Betracht, die auch beim Menschen geeignet seien, erhebliche Schmerzen oder Leiden hervorzurufen. Bei Tieren einer niedrigeren Entwicklungsstufe und auch bei Kaltblütern sei die Schmerzempfindlichkeit erheblich geringer als bei höheren Tieren, schon aus diesem Grunde bleibe die Verwendung von Regenwürmern oder Insekten als Köder beim Angeln auch nach dem Reichstierschutzgesetz zulässig. Allgemein müsse es bei den einzelnen Tiergattungen erforderlichenfalls der Erfahrung von Fachkundigen überlassen bleiben, über die Schmerzempfindlichkeit des betroffenen Tieres zu urteilen und so die Voraussetzungen für die Anwendung des Gesetzes im Einzelfall festzustellen.
Trotzdem sei es Aufgabe des Gesetzgebers, auch bei niedriger organisierten Tieren keine rohen Handlungen zu dulden. Vor dem Leben des Tieres solle der Mensch Achtung haben und es nicht grundlos zerstören. Die Tötung sei jedoch erlaubt, wenn sie in Wahrnehmung eines gerechtfertigten Zweckes oder zugunsten des Tieres selbst geschieht, wie z.B. bei der Bekämpfung tierischer Schädlinge, bei Gewinnung von Nahrungs- und Rohstoffen für den Menschen oder bei der Beendigung des Lebens des Tieres wegen dessen Alters oder Gebrechen.

Die ersten Kommentare zum Reichstierschutzgesetz stimmten mit der Amtlichen Begründung, die sie zumeist nur geringfügig ergänzten, darin überein, daß das Tier nunmehr als solches gegen tierquälerische Handlungen geschützt werde[1228]. Was unter „Tier“ im Sinne des Gesetzes zu verstehen sei, sollte nach Korn[1229] aus dem Sinn des Gesetzes heraus beantwortet werden. Trotz des Schutzes des Tieres um seiner selbst willen ende – wie im bisherigen Recht – der Begriff des „Tieres“ im Sinne des Tierschutzgesetzes dort, wo „infolge der Kleinheit des Lebewesens, seines niederen Organismus, der mangelnden Aus-

[1228] Giese/Kahler, Kommentar zum RTierSchG, Einleitung, S. 15 und § 1, S. 19; Korn, Kommentar zum RTierSchG, Einführung, Abschnitt I, S. 13; Skopnik, Kommentar zum RTierSchG, Vorwort, S. 6.
[1229] Korn, Kommentar zum RTierSchG, Vorbemerkung, S. 12.

drucksbewegungen der Schmerz nicht mehr nachgefühlt, das Mitleid nicht mehr erweckt werden kann, ... mag es sich auch noch im Sinn der Naturwissenschaft um ein frei und willkürlich bewegliches, mit Empfindung begabtes Wesen handeln, das organischer Nahrung bedarf, Sauerstoff einatmet und Kohlensäure nebst stickstoffhaltigen Zersetzungsprodukten ausscheidet“[1230]. Gegen diese Auffassung wandte sich Beckers[1231], der nicht mehr auf die Mitleidserregung beim Menschen, sondern allein auf die Schmerzerregung beim Tier abstellte[1232]. Das Gesetz schütze jedes Tier und bestrafe eine Quälerei nur dann nicht, wenn das Tier nach den Erkenntnissen der Wissenschaft so niedrig entwickelt sei, daß bei ihm kein Schmerzempfinden ausgelöst werden könne.

Nach Giese und Kahler[1233] war am Tatbestandsmerkmal der „Quälerei“ mit von Hippel[1234] wegen seiner Volkstümlichkeit festgehalten worden, die Legaldefinitionen in Absatz 2 schlössen sich an die Auslegung an, die sich auf Grund der bisher geltenden Bestimmungen in der Rechtsprechung und im Schrifttum entwickelt hätte[1235]. Während Korn und Skopnik jedoch nur auf körperliche Schmerzen oder Leiden abstellten, wozu sie aber auch die Steigerung des Hungergefühls durch das Zeigen unerreichbaren Futters rechneten[1236], hoben Giese und Kahler[1237] hervor, daß auch Tierquälereien vorkommen könnten, die nicht durch körperliche Schmerzen hervorgerufen würden, sondern beispielsweise durch Erregung dauernder Angstzustände infolge fortgesetzten Erschreckens, durch falsche oder ungenügende Unterbringung oder dergleichen. Das wäre z.B. der Fall, wenn jemand eine Katze in einen Drahtkäfig stecke und fortgesetzt Hunde auf sie hetze, wenn jemand einen Hund an einer einsamen Stelle anbinde und sich nicht mehr um ihn kümmere oder wenn Eichhörnchen durch Geschrei und Schlagen an die Baumstämme so lange von Baum zu Baum gejagt würden, bis sie erschöpft herabfielen.

[1230] Korn, Kommentar zum RTierSchG, Vorbemerkung, S. 12/13.

[1231] Beckers, Die Tierquälerei als rechtswidrige und strafbare Handlung nach dem Reichstierschutzgesetz, S. 16.

[1232] So auch Neupert, Deutsches Strafrecht, 1937, Neue Folge, Bd. 4, S. 385-389.

[1233] Giese/Kahler, Kommentar zum RTierSchG, § 1, S. 19/20.

[1234] von Hippel, Vergl. Darst., S. 267.

[1235] So auch Beckers, Die Tierquälerei als rechtswidrige und strafbare Handlung nach dem Reichstierschutzgesetz, S. 17.

[1236] Korn, Kommentar zum RTierSchG, § 1, S. 15; ebenso Skopnik, Kommentar zum RTierSchG, § 1, S. 18.

Als unnötig wurde die Quälerei immer dann angesehen, wenn sie – entsprechend den bisherigen Bestimmungen – boshaft oder absichtlich, aber auch, wenn sie aus Gedankenlosigkeit erfolge[1238]. Weiter müsse das Mittel oder die Handlung nach der Stärke ihrer Anwendung in einem gewissen Verhältnis zu dem erstrebten Zweck stehen[1239]. Die Überschreitung des ausreichenden Maßes zur Erreichung eines an sich erlaubten Zweckes sei neben der im Gesetz genannten Gefühllosigkeit auch ein Kriterium für das Vorliegen einer rohen Mißhandlung[1240]. Mit der Einbeziehung des Begriffes „unnötig" in den gesetzlichen Tatbestand wurde das Fehlen eines Rechtfertigungsgrundes verlangt, „unnötig" wurde zum negativen Tatbestandsmerkmal[1241]. Dies knüpft an die Auslegung der Tatbestandsmerkmale „boshaft" und „roh" des § 360 Nr. 13 RStGB durch die herrschende Meinung an, die bei der Verfolgung „an sich erlaubter Zwecke" das Vorliegen von Boshaftigkeit und Roheit ausschloß.
Hinsichtlich der Tötung eines Tieres in Wahrnehmung eines berechtigten Zwekkes forderten Giese und Kahler[1242], daß diese auf die humanste, am wenigsten schmerzhaft Weise erfolgen solle und daß den als Angelköder benutzten Tieren (Regenwürmer, Insekten, Lurche, Fische usw.) vorher der Kopf abgetrennt werde. Das unbeabsichtigte Töten eines Tieres sei im Gesetz der Tierquälerei jedoch zu Recht nicht gleichgeachtet worden, da sonst auch kleinere Unachtsamkeiten, z.B. das unbeabsichtigte Zertreten eine Käfers oder eines Wurmes zu strafrechtlichem Einschreiten hätten Anlaß geben können.

Abschnitt II: Vorschriften zum Schutze der Tiere

Nach der Begründung handelte es sich bei den in § 2 aufgezählten Tatbeständen um solche, die eine strafrechtliche Ahndung erforderten, ohne daß eine unnötige Tierquälerei oder eine rohe Mißhandlung nach § 1 vorzuliegen brauchte. Bei

---

1237 Giese/Kahler, Kommentar zum RTierSchG, § 1, S. 21/22. So auch Neupert, Deutsches Strafrecht, 1937, Neue Folge, Bd. 4, S. 390.
1238 Giese/Kahler, Kommentar zum RTierSchG, § 1, S. 22; Korn, Kommentar zum RTierSchG, § 1, S. 15; Skopnik, Kommentar zum RTierSchG, § 1, S. 18.
1239 Neupert, Deutsches Strafrecht, 1937, Neue Folge, Bd. 4, S. 392.
1240 Giese/Kahler, Kommentar zum RTierSchG, § 1, S. 22/23.
1241 Neupert, Deutsches Strafrecht, 1937, Neue Folge, Bd. 4, S. 394; Landwehr, Die strafbare Tierquälerei nach § 9 RTierSchG, S. 11 und 15.
1242 Giese/Kahler, Kommentar zum RTierSchG, § 1, S. 26.

gleichzeitiger Erfüllung des Tatbestandes des § 1 habe die Bestrafung gemäß § 9 Abs. 3 aus den §§ 1, 9 Abs. 1 zu erfolgen.

Ergänzend führten Giese und Kahler[1243] aus, schon der Umstand, daß die Tierquälerei nach § 1 stets eine vorsätzliche Tat sein müsse, würde dazu führen, daß solche Fälle straflos blieben, in denen dem Täter dieser Vorsatz nicht nachgewiesen werden könne. Es würden daher im § 2 eine Anzahl Tierschutzbestimmungen vorgesehen, durch die bestimmte Tatbestände, bei denen es im einzelnen Falle zweifelhaft sein könne, ob sie unter § 1 fielen, als selbständige Delikte, allerdings nur mit der Übertretungsstrafe bedroht würden, ohne daß dem Täter Vorsatz nachgewiesen werden müsse. In § 2 seien die Fälle zusammengefaßt, die nach den Erfahrungen des täglichen Lebens häufig vorkämen und deshalb schon oft zu Klagen Anlaß gegeben hätten. Ihre ausdrückliche Nennung im Gesetz sei auch deshalb erfolgt, weil die von der Bevölkerung gewohnheitsmäßig angewandten Behandlungsweisen von dieser vielfach gar nicht als Tierquälerei angesehen würden[1244]. Wenn nicht alle bei der Haltung und Pflege von Tieren beobachteten Mißstände zum Gegenstand einer Tierschutzvorschrift gemacht worden seien, so werde man sich damit angesichts der in § 14 normierten Möglichkeit, weitere Tierschutzvorschriften zu erlassen, abfinden können. Aus tierschützerischer Sicht seien die Schutzvorschriften des 2. Abschnitts mit besonderer Genugtuung zu begrüßen, denn sie gäben dem Gesetz die Tendenz zur Schaffung rechtlicher Pflichten des Menschen gegenüber den Tieren, was besonders aus der Begründung zu den Einzelverboten hervorgehe[1245].

§ 2

Verboten ist,

1. ein Tier in Haltung, Pflege oder Unterbringung oder bei der Beförderung derart zu vernachlässigen, daß es dadurch erhebliche Schmerzen oder erheblichen Schaden erleidet;

[1243] Giese/Kahler, Kommentar zum RTierSchG, § 1, S. 26/27.

[1244] Beckers, Die Tierquälerei als rechtswidrige und strafbare Handlung nach dem RTierSchG, S. 33.

[1245] Giese/Kahler, Kommentar zum RTierSchG, Einführung zu Abschnitt II, S. 27/28. So auch Korn, Kommentar zum RTierSchG, Einführung zu Abschnitt II, S. 19.

Bezüglich der Nr. 1 des § 2 verwies die Begründung besonders auf schlechte Unterkünfte für Hunde, verschmutzte Viehställe, die von umherziehenden Personen mitgeführten Tiere und sogenannte „Wandermenagerien". Bei der Beförderung von Tieren sei vor allem auf ausreichenden und zweckmäßig hergerichteten Raum für die Tiere und deren regelmäßige Fütterung und Tränkung zu achten. Der Tatbestand sei z.B. bei stärkerer Abmagerung infolge lang dauernder ungenügender Fütterung oder bei der Vernachlässigung schmerzhafter Wunden erfüllt, wobei die Worte „erhebliche Schmerzen" und „erheblichen Schaden" jedoch von vornherein klarstellen sollten, daß das Gesetz nicht auf einen übertriebenen Schutz der Tiere abziele.
Nach der Kommentierung zu § 2 Nr. 1 war unter der Haltung eines Tieres dessen Besitz, seine Verwendung im Wirtschaftsbetrieb, die Übernahme der Obhut über das Tier, seine Beaufsichtigung und seine Versorgung zu verstehen, die Pflege eines Tieres sollte die Fütterung, die Tränkung, Reinigung, Körperpflege und Heilbehandlung umfassen, die Unterbringung des Tieres beziehe sich auf das ihm gewährte Obdach, die Art, Beschaffenheit und Größe der Räume, Einfriedungen, Behälter oder Käfige, in denen die Tiere untergebracht würden[1246]. Die Tiere würden nach § 2 Nr. 1 auch gegen Schmerzen durch nicht passende Zaumzeuge, zu enge Halsbänder, Stachelhalsbänder, zu enge Maulkörbe usw. geschützt[1247]. Damit statuierte § 2 Nr. 1 nach Ansicht Neuperts „Pflichten zur positiven Tierfürsorge"[1248].

2. ein Tier unnötig zu Arbeitsleistungen zu verwenden, die offensichtlich seine Kräfte überanstrengen, oder die ihm erhebliche Schmerzen bereiten, oder denen es infolge seines Zustandes nicht gewachsen ist;

Hierzu erklärte die Begründung, es werde besonders eingehender Prüfung bedürfen, ob die von einem Tier verlangte Leistung offensichtlich seine Kräfte übersteige, ob sie ihm erhebliche Schmerzen bereite oder ob das Tier infolge seines Zustandes einer Arbeitsleistung nicht gewachsen sei. So würden das Überladen von Lastwagen ohne zwingenden Grund, besonders bei steilen und schlechten Wegen, das Arbeitenlassen von Tieren bei bestehenden Beschir-

[1246] Giese/Kahler, Kommentar zum RTierSchG, § 2 Nr. 1, S. 29.
[1247] Giese/Kahler, Kommentar zum RTierSchG, § 2 Nr. 1, S. 31.
[1248] Neupert, Deutsches Strafrecht, 1938, Neue Folge, Bd. 5, S. 211.

rungs- oder Beschlagsfehlern oder die Verwendung säugender Hündinnen zum Zuge in der Regel unter das Verbot fallen. Man werde aber nicht so weit gehen dürfen, die gelegentliche und außergewöhnliche Inanspruchnahme tierischer Kräfte ohne weiteres als verboten anzusehen. Schon Ministerialdirektor Althoff habe in einer Sitzung des Preußischen Abgeordnetenhauses vom 16. April 1883 erklärt: „Es ist ein ganz elementarer Satz der Religion und der Sittlichkeit, daß der Mensch die Tiere zu seinen vernünftigen Zwecken benutzen und abnutzen, gebrauchen und verbrauchen darf." In Zweifelsfällen der Nrn. 1 und 2 des § 2 sollten gemäß § 12 der beamtete Tierarzt und, soweit es sich um landwirtschaftliche Betriebe handele, der Reichsnährstand gehört werden, was nach dem Kommentar von Giese und Kahler[1249] den Tierhaltern und der Landwirtschaft einen Schutz gegen Übertreibungen allzu eifriger oder extrem eingestellter Tierschützer gewähren sollte.

3. ein Tier zu Abrichtungen, Filmaufnahmen, Schaustellungen oder ähnlichen Veranstaltungen zu verwenden, soweit sie mit erheblichen Schmerzen oder erheblichen Gesundheitsschädigungen für das Tier verbunden sind;

Die Begründung bemerkte zu § 2 Nr. 3, viele Abrichtungen, z.B. von Bären, Affen und anderen wilden Tieren, seien nur über Tierquälereien zu erreichen, da die Tiere nicht selten zu Leistungen veranlaßt würden, die ihnen ihrer Art nach nicht entsprächen und mit erheblichen Schmerzen und Gesundheitsbeschädigungen verbunden seien. Das typische Beispiel sei der „Tanzbär", dessen Dressur und Vorführung nicht mehr geduldet werden solle. Auch bei der Herstellung von Schaufilmen würden zur Herbeiführung aufsehenerregender Handlungen oder zur Erregung niederer menschlicher Instinkte nicht selten Tiere verwendet, die vorher ihrer Angriffswaffen oder ihrer Bewegungsfähigkeit beraubt worden seien. Die Verwendung so hergerichteter Tiere für Filmaufnahmen falle unter das Verbot der Nr. 3, ebenso die im Deutschen Reich bisher allerdings nur selten vorkommenden Tierkämpfe (z.B. Hahnenkämpfe).

[1249] Giese/Kahler, Kommentar zum RTierSchG, § 2 Nr. 2, S. 35.

4. ein gebrechliches, krankes, abgetriebenes oder altes Haustier, für das das Weiterleben eine Qual bedeutet, zu einem anderen Zwecke als zur alsbaldigen schmerzlosen Tötung zu veräußern oder zu erwerben;

Die Verwendung gebrechlicher, kranker, abgetriebener oder alter Haustiere, insbesondere von Pferden, die längst das Gnadenbrot oder einen milden Tod verdient hätten, zu schweren Dienstleistungen, bezeichnete die Begründung als beschämend, gefühlverletzend, sie sei als eine Quälerei anzusehen. Auch würden solche Pferde nicht selten weiterveräußert. Die Tiere würden von gerissenen Händlern umfrisiert, um sie jünger und frischer erscheinen zu lassen, und dann schnell weiterverkauft. Da die Tiere nicht so leistungsfähig seien, wie sie aussehen, bedeute dieses Weiterverkaufen von Hand zu Hand eine große Quälerei. Dennoch werde man sich hüten müssen, etwa allgemein die Verwendung alter oder leicht gebrechlicher Tiere als eine strafbare Handlung anzusehen. Notfälle könnten es rechtfertigen, auch solche Tiere zum Dienst heranzuziehen. Ein solcher Notfall liege z.B. vor, wenn bei drohendem Unwetter die Ernte schleunigst eingefahren werden müsse und hierzu alle Kräfte in Dienst gestellt werden müßten.
Adolph[1250] bezeichnete diese Vorschrift angesichts des Fehlens einer Ausführungsvorschrift als für die Praxis nahezu wertlos, da es nicht möglich sei, den Käufer eines alten oder kranken Tieres ständig zu überwachen.

5. ein eigenes Haustier auszusetzen, um sich des Tieres zu entledigen;

Da reine Haustiere auf den Menschen angewiesen seien, seien diese durch das Aussetzen oft dem Verhungern preisgegeben, welches daher – so die Begründung – als grausame Handlung anzusehen und unter Strafe zu stellen sei. Giese und Kahler bezeichneten das Verbot im Vergleich zu den übrigen Vorschriften des § 2 insofern als bemerkenswert, als durch die verbotene Handlung das körperliche Wohlbefinden des Tieres zunächst noch nicht gestört, sondern lediglich ein Gefahrenzustand geschaffen werde, der aber nach einer gewissen Zeit die betroffenen Tiere in der Regel größter Not und schwerster Gefährdung ihrer Gesundheit preisgebe.

[1250] Adolph, Der Schutz des Tieres im Deutschen Recht, S. 26.

6. Hunde auf Schärfe an lebenden Katzen, Füchsen oder an anderen Tieren abzurichten oder zu prüfen;

Die Abrichtung und Prüfung von Hunden auf Raubtierschärfe an lebenden Tieren (auch „Katzenwürgen“ genannt) war nach der Kommentierung von Giese und Kahler auch schon vor Erlaß des Reichstierschutzgesetzes in verschiedenen deutschen Ländern verboten[1251]. Die Bevölkerung lehne solche Tierkämpfe ab, zumal sie nicht unter Verhältnissen, wie sie in der freien Natur vorkämen, ausgetragen würden, sondern die Bedingungen für die Versuchstiere häufig ungünstiger gestaltet würden.

7. einem über zwei Wochen alten Hund die Ohren oder den Schwanz zu kürzen. Das Kürzen ist zulässig, wenn es unter Betäubung vorgenommen wird;

Der Begründung zufolge bestand keine Veranlassung, das Stutzen der Ohren und das Kürzen der Schwänze der Hunde ausnahmslos zu verbieten, denn besondere Nachteile erwüchsen den Hunden durch die genannten Eingriffe nicht. Oft würden die Eingriffe in frühester Jugend vorgenommen und bereiteten dann kaum Schmerzen.
Giese und Kahler[1252] hielten das Kürzen zwar im wesentlichen für eine Modelaune, manchmal liege es aber auch im Interesse des Tieres, um Krankheiten zu vermeiden oder zu heilen. Für manche Rassen (Dogge, Dobermann, Pinscher, Schnauzer usw.) seien die gekürzten Ohren und Schwänze sogar schon typische Merkmale geworden.

8. einem Pferd die Schweifrübe zu kürzen (kupieren). Das Kürzen ist zulässig, wenn es zur Behebung einer Untugend oder einer Erkrankung der Schweifrübe durch einen Tierarzt unter Betäubung vorgenommen wird;

Bezüglich des Kürzens der Schweifrübe der Pferde müsse – laut Begründung – weiter gegangen werden als bei den Hunden, denn dieses Kupieren, das häufig erst im Alter von drei bis vier Jahren ausgeführt werde, sei, abgesehen von den Schmerzen, hauptsächlich aus dem Grunde eine Quälerei, weil dadurch die

---

[1251] Giese/Kahler, Kommentar zum RTierSchG, § 2 Nr. 6, S. 39.
[1252] Giese/Kahler, Kommentar zum RTierSchG, § 2 Nr. 7, S. 41.

Pferde für ihr ganzes Leben einer wichtigen Abwehrwaffe gegen Fliegen usw. beraubt würden. Es sei daher vertretbar erschienen, das Kürzen der Schweifrübe nur in besonderen Fällen und auch dann nur nach vorangegangener Betäubung durch einen Tierarzt zuzulassen. Da ein mit sofortiger Wirkung erlassenes Kupierverbot für die Tierzüchter mit Schwierigkeiten verbunden gewesen wäre, sei im Einvernehmen mit dem Reichsminister für Ernährung und Landwirtschaft beschlossen worden, das Kupierverbot erst zu einem späteren Zeitpunkt in Kraft treten zu lassen (vgl. § 15 Satz 1).
Giese und Zschiesche wiesen darauf hin, daß das Kupieren in Baden bereits durch Verordnung vom 10. April 1929[1253] grundsätzlich verboten und nur in Ausnahmefällen zugelassen worden war.

9. an einem Tier in unsachgemäßer Weise oder ohne Betäubung einen schmerzhaften Eingriff vorzunehmen. Die Kastration ist als schmerzhafter Eingriff anzusehen bei Pferden, bei über drei Monaten alten Rindern und Schweinen und bei geschlechtsreifen Schaf- und Ziegenböcken. Einer Betäubung bedarf es nicht, sofern der mit dem Eingriff verbundene Schmerz nur geringfügig ist oder bei gleichen oder ähnlichen Eingriffen am Menschen eine Betäubung in der Regel unterbleibt oder die Betäubung im einzelnen Falle nach tierärztlichem Ermessen nicht durchführbar erscheint;

Hierzu erklärte die Begründung, daß besonders auf dem Lande schmerzhafte Eingriffe bei Tieren, z.B. Kastrationen, häufig durch Laien unsachgemäß nach veralteten Methoden und ohne Betäubung vorgenommen würden. Es sei aber ein besonderer Wunsch des Tierschutzes, daß alle schmerzhaften Eingriffe nur nach vorangegangener Betäubung sachverständig ausgeführt würden. Dazu gehöre auch die Beachtung aller Vorschriften einer modernen Wundbehandlung und unter Umständen ein sachgemäßes Niederlegen des zu behandelnden Tieres. Wenn bei dieser Sachlage im Gesetz lediglich die Kastration von Pferden, von Rindern und Schweinen über drei Monaten sowie von geschlechtsreifen Schaf- und Ziegenböcken erwähnt werde, so geschehe das deshalb, weil bei den Jungtieren der genannten Arten die Geschlechtsorgane noch nicht ausgebildet seien, das Schmerzgefühl daher noch nicht so ausgeprägt sei und ferner aus wirt-

[1253] Badisches Gesetz- und Verordnungsblatt, S. 22.

schaftlichen Gründen die Durchführung der Kastration unter Betäubung in allen Fällen und in jedem Alter zur Zeit noch auf Schwierigkeiten stoße. Von einer Betäubung könne abgesehen werden, wenn es sich nur um einen kurzen Eingriff handele oder wenn beim Menschen bei gleichen oder ähnlichen Eingriffen eine Betäubung unterbleibe oder im einzelnen Fall nach tierärztlichem Ermessen undurchführbar erscheine.
Obwohl ausdrücklich nur Pferde genannt wurden, war nach Giese und Kahler[1254] anzunehmen, daß die Vorschrift auf alle Einhufer (auch Esel, Maulesel, Maultiere) Anwendung finden solle.

10. ein in einer Farm gehaltenes Pelztier anders als unter Betäubung oder sonst schmerzlos zu töten;

Die Begründung nannte das in Pelztierfarmen oft zu beobachtende Verfahren, Pelztiere (insbesondere Füchse) durch Eindrücken oder Zusammenpressen des Brustkorbs (sog. Totknien) oder Erwürgen zu töten, um den Pelz nicht zu entwerten, eine tierquälerische Handlung. Wie auch beim Schlachten von Haustieren sei zu verlangen, daß die Tötung von Tieren auf humane Weise vor sich gehe und jede unnötige Quälerei dabei unterbleibe. Man könne sich hierbei des elektrischen Stroms, des Chloroforms, der Keulung oder sonstiger Mittel bedienen, die schnell einen schmerzlosen Tod herbeiführten.

11. Geflügel durch Stopfen (Nudeln) zur Futteraufnahme zu zwingen;

Nach Giese und Kahler[1255] bedeutete die völlige Verhinderung jeder Bewegung, die zwangsweise Zufuhr von Nahrungsmitteln und die ständige Überfüllung der Masttiere für diese eine ununterbrochene und wochenlange Qual, die die krankhafte Vergrößerung der Leber zur Folge hätte. Da das sofortige Inkrafttreten dieses Verbots nicht vertretbar gewesen sei, sei ähnlich wie beim Kupieren der Pferde vorgesehen, diese Maßnahme erst zu einem späteren Zeitpunkt in Kraft treten zu lassen, um auch hier interessierten Stellen Zeit zu geben, sich auf das Verbot vorzubereiten (vgl. § 15).

[1254] Giese/Kahler, Kommentar zum RTierSchG, § 2 Nr. 9, S. 44.
[1255] Giese/Kahler, Kommentar zum RTierSchG, § 2 Nr. 11, S. 48/49.

12. lebenden Fröschen die Schenkel auszureißen oder abzutrennen.

Der Begründung zufolge war in manchen Gegenden Deutschlands der Genuß von Froschschenkeln noch üblich. Vor dem Abtrennen der Froschschenkeln müßten die Frösche durch einen Schlag oder Druck auf den Kopf betäubt oder durch Abschneiden des Kopfes getötet werden.

§ 3
Die Einfuhr kupierter Pferde ist verboten. Der Reichsminister des Innern kann in besonders begründeten Fällen Ausnahmen zulassen.

Aus der Begründung ergab sich, daß das Einfuhrverbot die Folge des in § 2 Nr. 8 aufgestellten Verbotes und notwendig erschienen sei, um dessen Durchführung sicherzustellen. Aus handelspolitischen Erwägungen seien Ausnahmen vorgesehen. Auch aus anderen wichtigen Gründen, z.B. beim Bestehen wichtiger züchterischer Bedürfnisse, solle eine Einfuhr kupierter Pferde im Ausnahmewege zugelassen werden können. Gedacht sei hierbei z.B. an die Einfuhr von wertvollen Zuchttieren zur Blutauffrischung sowie an die vorübergehende Einfuhr zur Teilnahme an Rennen. Aus dem gleichen Grunde wie für das Inkrafttreten des Verbots des § 2 Nr. 8 sei auch für das Inkrafttreten des § 3 ein späterer Termin in Aussicht genommen (vgl. § 15).

§ 4
Die Verwendung von Einhufern unter Tag ist nur mit Genehmigung der zuständigen Landesbehörde gestattet.

Die Begründung erläuterte, daß die Verwendung von Einhufern (ca. 1600 Tiere) unter Tage in der Hauptsache nur noch im rheinisch-westfälischen Steinkohlengebiet erfolge. Da trotz der fortgeschrittenen Mechanisierung der Förderung der tierische Zug nicht in allen Fällen ersetzt werden könne, sei vorgesehen, die Verwendung von Einhufern unter Tag nur mit Genehmigung der zuständigen Landesbehörde zuzulassen, so daß diese ständiger behördlicher Aufsicht unterliege.

Giese und Kahler[1256] verwiesen darauf, daß durch innerdienstliche Anordnung die Veterinärbehörden auf Grund des § 17 Nr. 7 des Viehseuchengesetzes vom 26. Juni 1909 (RGBl. S. 519) angewiesen worden seien, darauf zu achten, daß die Grubenverwaltungen für gute Wartung und Unterbringung sowie für eine regelmäßige Erholung der Tiere über Tage zu sorgen. Die Genehmigung zur Haltung von Pferden unter Tage könne von Bedingungen und Auflagen abhängig gemacht oder nur unter Vorbehalt des Widerrufs erteilt werden; auch hierdurch hätten die Behörden ein Mittel in der Hand, auf sachgemäße Behandlung der Tiere hinzuwirken.

Abschnitt III: Versuche an lebenden Tieren

Zum Tierversuch führte die Begründung aus, die Beschränkung oder Unterbindung der Versuche an lebenden Tieren sei eine die Allgemeinheit seit langem beschäftigende Frage. An dieser Sachlage hätten auch die in den Jahren 1885 und 1930 erlassenen, die Vivisektion betreffenden landesrechtlichen Bestimmungen nichts geändert. Ein völliges Verbot erscheine nicht vertretbar, denn dies würde einen Rückschritt der der Volksgesundheit dienenden ernsten wissenschaftlichen Forschungstätigkeit zur Folge haben. Es gebe Fälle, z.B. die Prüfung wichtiger Arzneimittel auf ihre heilende oder toxische Wirkung oder die Impfungen zur Erkennung von Krankheiten bzw. zu forensischen Zwecken, in denen auf die Heranziehung des Tierversuchs nicht verzichtet werden könne. Andererseits entspreche es zwar der Grundlage jeder Gemeinschaft lebender Wesen, daß notfalls einzelne Individuen im Interesse der Gesamtheit geopfert werden müßten, trotzdem erscheine es aber geboten, die Ausführung der notwendigen Versuche an bestimmte, im Gesetz festgelegte Voraussetzungen zu knüpfen.
Giese und Kahler[1257] hoben das grundsätzliche Verbot der Vivisektion in § 5 und die Tatsache hervor, daß – im Gegensatz zu früher – Zuwiderhandlungen gegen die Verbote in den Vorschriften über den wissenschaftlichen Tierversuch nunmehr mit Strafe bedroht seien.

[1256] Giese/Kahler, Kommentar zum RTierSchG, § 4, S. 52.
[1257] Giese/Kahler, Kommentar zum RTierSchG, Einführung zu Abschnitt III, S. 55.

§ 5

Verboten ist, Eingriffe oder Behandlungen, die mit erheblichen Schmerzen oder Schädigungen verbunden sind, an lebenden Tieren zu Versuchszwecken vorzunehmen, soweit nicht die Vorschriften der §§ 6 bis 8 etwas anderes bestimmen.

Hierzu äußerte die Begründung, das grundsätzliche Verbot von Tierversuchen sei erlassen worden, um Unberufene, die sich bisher vielfach mit Tierexperimenten befaßt hätten, auszuschalten. Unter Eingriffen und Behandlungen seien alle operativen sowie unblutigen oder sonstigen Versuche, die bei lebenden Tieren erhebliche Schmerzen hervorzurufen geeignet seien, zu verstehen. Den Bestimmungen des Gesetzes unterlagen also von vornherein diejenigen Tierexperimente nicht, die nur geringfügige Schmerzen oder Schädigungen des Versuchstieres mit sich brachten.

§ 6

(1) Der Reichsminister des Innern kann auf Vorschlag der zuständigen Reichs- oder obersten Landesbehörden bestimmten wissenschaftlich geleiteten Instituten oder Laboratorien die Erlaubnis zur Vornahme wissenschaftlicher Versuche an lebenden Tieren erteilen, sofern der wissenschaftliche Leiter über die erforderliche fachmännische Ausbildung und Zuverlässigkeit verfügt, geeignete Einrichtungen für die Vornahme der Tierversuche vorhanden sind und Gewähr für gute Wartung und Unterbringung der Versuchstiere gegeben sind.
(2) Der Reichsminister des Innern kann die Erteilung der Erlaubnis anderen obersten Reichsbehörden überlassen.
(3) Die Erlaubnis kann jederzeit ohne Entschädigung zurückgezogen werden.

Nach der Begründung war die besondere Erlaubnis für die Vornahme von Tierversuchen erforderlich, um eine Übersicht über diejenigen Institute und Laboratorien zu haben, die sich mit Tierversuchen befaßten. Die Voraussetzungen, unter denen eine solche Erlaubnis erteilt werde, sollten gleichzeitig der Sicherung gegen einen Mißbrauch von Tierversuchen und dem Schutz der Versuchstiere dienen. Durch § 6 wurde der Vornahme von Privatvivisektionen endgültig ein Riegel vorgeschoben.

Bei der Ermächtigung des Abs. 2 sei, so mutmaßten Giese und Kahler[1258], wohl nur an eine mit dem Reichsinnenministerium in enger Beziehung stehende oberste Reichsbehörde, wie etwa das Reichsgesundheitsamt, gedacht worden.

§ 7

Bei Ausführung der Tierversuche (§ 5) sind folgende Vorschriften zu beobachten:

1. Die Versuche dürfen nur unter voller Verantwortung des wissenschaftlichen Leiters oder des von ihm besonders ermächtigten Stellvertreters ausgeführt werden.
2. Die Versuche dürfen nur von wissenschaftlich hierzu vorgebildeten Personen oder unter deren Leitung und nur unter Vermeidung jeder für den Zweck entbehrlichen Schmerzerregung vorgenommen werden.
3. Versuche zu Forschungszwecken sind nur dann zu unternehmen, wenn sie einen bestimmten, bisher von der Wissenschaft noch nicht bestätigten Erfolg erwarten lassen oder soweit sie zur Klärung bisher ungelöster Fragen dienen.
4. Versuche sind, sofern nicht nach dem Urteil des wissenschaftlichen Leiters der Zweck des Versuches dies unbedingt ausschließt oder der mit dem Eingriff verbundene Schmerz geringfügiger ist als die mit einer Betäubung verbundene Beeinträchtigung des Wohlbefindens des Versuchstieres, nur unter Betäubung vorzunehmen.

An demselben unbetäubten Tier darf nicht mehr als ein schwerer operativer oder schmerzhafter unblutiger Versuch ausgeführt werden.

Tiere, die nach Beendigung schwerer, insbesondere mit operativen Eingriffen verbundener Versuche unter erheblichen Schmerzen zu leiden haben, sind, sofern dies nach dem Urteil des wissenschaftlichen Leiters mit dem Zweck des Versuches vereinbar ist, alsbald schmerzlos zu töten.

5. Versuche an Pferden, Hunden, Katzen und Affen dürfen nur dann ausgeführt werden, wenn durch Versuche an anderen Tieren der beabsichtigte Zweck nicht erreicht werden kann.
6. Es dürfen nicht mehr Tiere verwendet werden, als zur Klärung der betreffenden Frage notwendig ist.

[1258] Giese/Kahler, Kommentar zum RTierSchG, § 6, S. 59.

7. Tierversuche zu Lehrzwecken sind nur dann gestattet, wenn andere Lehrmittel, z.B. Bild, Modell, Präparat, Film, nicht ausreichen.
8. Über die Art der verwendeten Tiere, den Zweck, die Durchführung und das Ergebnis der Versuche sind Aufzeichnungen zu machen.

Die in § 7 aufgeführten Einzelbestimmungen waren der Begründung zufolge insgesamt dazu bestimmt, die Ausführung der Versuche auf die Grenze des Möglichen zu beschränken und ihnen soweit wie möglich den quälerischen Charakter zu nehmen. Deshalb sei unter anderem dafür Sorge zu tragen, daß als verantwortliche Leiter von Instituten usw. nur zuverlässige Persönlichkeiten mit abgeschlossener medizinischer oder veterinärmedizinischer Hochschulbildung berücksichtigt würden. Die Vervollkommnung der Laboratoriumsmethoden, um den Tierversuch in Zukunft durch andere Methoden zu ersetzen, müsse eine der dringendsten Aufgaben der wissenschaftlichen Forschung sein.
Giese und Kahler[1259] wiesen darauf hin, daß die meisten dieser Regelungen auch schon bisher als Verwaltungsanordnungen bestanden hätten, ihre Nichtbeachtung ziehe jetzt aber nicht nur ein disziplinarisches Einschreiten, sondern die strafrechtliche Verfolgung nach sich, wobei § 7 Nr. 1 die persönliche Haftung des Institutsleiters statuiere. Adolph[1260] war der Ansicht, daß die Anwendung von Curare nach § 7 Nr. 4 verboten sei.

§ 8
Den Vorschriften der §§ 5 bis 7 unterliegen nicht Tierversuche für Belange der Rechtspflege sowie Impfungen und Blutentnahmen an lebenden Tieren zum Zwecke der Erkennung von Krankheiten der Menschen oder Tiere oder zur Gewinnung oder Prüfung (Wertbestimmung) von Seren oder Impfstoffen nach bereits erprobten oder staatlich anerkannten Verfahren. Doch sind auch diese Tiere alsbald schmerzlos zu töten, wenn sie unter erheblichen Schmerzen zu leiden haben und die Tötung mit dem Zwecke des Versuchs vereinbar ist.

Zu § 8 führte die Begründung aus, auf die dort geregelten Ausnahmen könne im Interesse der Allgemeinheit nicht verzichtet werden. Etwaige Versuche zur Ge-

---

[1259] Giese/Kahler, Kommentar zum RTierSchG, § 7, S. 61.
[1260] Adolph, Der Schutz des Tieres im Deutschen Recht, S. 30.

winnung neuer Impfstoffe und zur Schaffung neuer Prüfungsmethoden für Seren usw. unterlägen jedoch den Bestimmungen der §§ 5 bis 7.

Abschnitt IV: Strafbestimmungen

Zum vierten Abschnitt bemerkte der Kommentar von Giese und Kahler[1261], unter den Nebenstrafen fänden sich auch solche, die dem bisherigen Strafrecht unbekannt seien, so das Recht auf anderweitige Unterbringung oder Tötung des Tieres in § 10 Abs. 1. Außer diesen im Urteil auszusprechenden Nebenstrafen seien dem Tierschutz dienende polizeiliche Maßnahmen vorgesehen, die, wenn sie sich auch für den davon Betroffenen wie eine Strafe auswirkten, keine eigentlichen Nebenstrafen seien, da sie nicht im Rahmen eines Strafverfahrens verhängt würden, wie z.B. das Recht, die Haltung von bestimmten Tieren oder die berufsmäßige Beschäftigung oder den Handel mit ihnen zu untersagen (§ 11 Abs. 1). Nach Ansicht von Giese und Kahler[1262] bewiesen besonders diese Bestimmungen das Bestreben des Gesetzgebers, den Tieren einen möglichst vollständigen Schutz gegen Tierquälerei und unsachgemäße Behandlung zuteil werden zu lassen.
Die allgemeinen Bestimmungen des Strafgesetzbuchs über Rechtswidrigkeit der Handlung, Verschulden des Täters, Schuld- und Strafausschließungsgründe, über Anstiftung, Mittäterschaft, Beihilfe und Versuch, über Verjährung usw. fanden nach übereinstimmender Ansicht der Kommentatoren auch auf die nach dem Reichstierschutzgesetz zu verfolgenden strafbaren Handlungen Anwendung[1263]. Demnach war bei dem Vergehen der Tierquälerei nun auch die Beihilfe strafbar nach § 49. Eine im Interesse des Tierschutzes besonders wichtige Verbesserung, die bereits durch die Strafgesetznovelle vom 26. Mai 1933 und in vollkommenerem Maße durch das Tierschutzgesetz herbeigeführt worden sei, sei es, daß für diejenigen Zuwiderhandlungen, die sich als Vergehen darstellten, nunmehr die in § 67 Abs. 2 RStGB festgesetzte Verjährung von fünf Jahren

[1261] Giese/Kahler, Kommentar zum RTierSchG, Einführung zu Abschnitt IV, S. 67/68.
[1262] Giese/Kahler, Kommentar zum RTierSchG, Einführung zu Abschnitt IV, S. 68.
[1263] Giese/Kahler, Kommentar zum RTierSchG, Einführung zu Abschnitt IV, S. 68; Korn, Kommentar zum RTierSchG, Einführung zu Abschnitt IV, S. 31; Skopnik, Kommentar zum RTierSchG, Einführung zu Abschnitt IV, S. 48.

gelte[1264], die in § 2 genannten Übertretungen verjährten dagegen bereits nach drei Monaten[1265].

§ 9

(1) Wer ein Tier unnötig quält oder roh mißhandelt, wird mit Gefängnis bis zu zwei Jahren und mit Geldstrafe oder mit einer dieser Strafen bestraft.

(2) Wer, abgesehen von den Fällen des Abs. 1, ohne die erforderliche Erlaubnis einen Versuch an lebenden Tieren (§ 5) vornimmt, wird mit Gefängnis bis zu sechs Monaten und mit Geldstrafe oder mit einer dieser Strafen bestraft.

(3) Mit Geldstrafe bis zu einhundertfünfzig Reichsmark oder mit Haft wird, soweit die Tat nicht schon unter die Strafdrohung des Abs. 1, 2 fällt, bestraft, wer vorsätzlich oder fahrlässig

1. einem der Verbote der §§ 2 bis 4 zuwiderhandelt;
2. einer Vorschrift des § 7 zuwiderhandelt;
3. einer vom Reichsminister des Innern oder von einer Landesregierung nach dem § 14 erlassenen Vorschrift zum Schutze der Tiere zuwiderhandelt;
4. es unterläßt, Kinder oder andere Personen, die seiner Aufsicht unterstehen und zu seiner Hausgemeinschaft gehören, von einer Zuwiderhandlung gegen die Vorschriften dieses Gesetzes abzuhalten.

Die Begründung wies darauf hin, daß für das unnötige Quälen oder das rohe Mißhandeln eines Tieres in Absatz 1 Vergehensstrafe angedroht werde, wobei der Strafrahmen (Gefängnisstrafe bis zu zwei Jahren, Geldstrafe bis zu zehntausend Reichsmark nach § 27 RStGB) erheblich höher sei als im § 145 b des Strafgesetzbuchs. Der Gesetzgeber wolle dadurch die Möglichkeit schaffen, Verstöße gegen § 1 des Gesetzes besonders nachdrücklich zu bestrafen, wofür jedoch, genau wie in Absatz 2, vorsätzliches Handeln (dolus eventualis) erforderlich sei.

Ebenso sei es notwendig erschienen, in Absatz 2 eine empfindliche Strafe für jeden vorzusehen, der Tierversuche ohne die erforderliche Erlaubnis vornehme. Von einem Wissenschaftler werde man mit Recht verlangen müssen, daß er sich mit den einschlägigen gesetzlichen Bestimmungen vertraut mache und jeden Verstoß vermeide.

[1264] Giese/Kahler, Kommentar zum RTierSchG, Einführung zu Abschnitt IV, S. 70.

[1265] Stolting II/Zoebe, Das Tier im Recht, S. 27.

Im übrigen sei als Sühne für vorsätzliche oder fahrlässige Zuwiderhandlungen gegen die Tierschutzvorschriften der §§ 2 bis 4 und 7 des Gesetzes die Übertretungsstrafe von Geldstrafe bis zu hundertfünfzig Reichsmark oder Haftstrafe ausreichend erschienen. Da alle schweren Fälle von Tierquälerei schon durch die Strafbestimmung des Absatz 1 erfaßt würden, genüge es, auch für Zuwiderhandlungen gegen die später etwa noch zu erlassenden Tierschutzvorschriften nach § 9 Abs. 3 Nr. 3 nur Übertretungsstrafe anzudrohen. Die Erfahrung zeige, daß Tierquälereien nicht selten durch Kinder, sei es aus Spielerei oder Unverstand, sei es aus sadistischer Neigung, begangen würden. Vielfach trage daran die Gedankenlosigkeit und die Duldung solcher Quälereien durch Erwachsene die Schuld. Eltern, Pflegeeltern usw. hätten daher die Pflicht, Kindern oder anderen Personen, die ihrer Aufsicht unterstehen und zu ihrer Hausgemeinschaft gehören, Achtung auch vor dem Leben eines Tieres einzuflößen und sie von Quälereien oder Mißhandlungen eines Tieres rechtzeitig abzuhalten. Es entspreche dem Rechtsempfinden, daß Erwachsene, die dieser Pflicht nicht nachkämen und Tierquälereien duldeten, dafür selbst nach § 9 Abs. 3 Nr. 4, der dem § 361 Nr. 9 des Reichsstrafgesetzbuches nachgebildet sei, bestraft würden[1266].
Giese und Kahler[1267] fügten hinzu, daß das Höchstmaß der zulässigen Geldstrafe in § 1 nach § 27 c Abs. 3 RStGB überschritten werden dürfe, wenn der Grundsatz, daß die Geldstrafe den Gewinn, den der Täter aus der Tat gezogen hat, übersteigen solle, ohne Überschreitung des gesetzlichen Höchstmaßes nicht durchzuführen sein würde. Außerdem könne nach § 27 a RStGB bei einem auf Gewinnsucht beruhenden Vergehen die Geldstrafe bis zu hunderttausend Reichsmark erhöht werden. Die Zahlung der Geldstrafe, auch in Teilzahlungen, richte sich nach § 28 RStGB, die Umwandlung einer nicht beitreibbaren Geldstrafe in Freiheitsstrafe nach §§ 28 a und 29 RStGB. Da die Geldstrafe nicht an erster Stelle angedroht sei, sei eine Umwandlung der nicht beitreibbaren Geldstrafe in Haftstrafe nicht zulässig, sondern nur in Gefängnisstrafe.

[1266] Hier ist der Gesetzgeber einem Vorschlag des Berliner Tierschutzbundes vom 20. Juni 1927 (Eingabe an den RT) gefolgt, den Schaefer, Der Tierschutz im Reichsstrafrecht, S. 75, aufgegriffen hatte.

[1267] Giese/Kahler, Kommentar zum RTierSchG, § 9, S. 74.

In Absatz 2 hätte der Strafrahmen enger sein können, da es hier nicht notwendig sein werde, wegen Tierquälereien, die eine besonders niedrige und gemeine Gesinnung des Täters erkennen ließen, auf hohe Freiheitsstrafen zu erkennen[1268]. Die Übertretungsstrafe in Absatz 3 könne angesichts der Subsidiarität der dort geregelten Tatbestände als ausreichend angesehen werden[1269].

§ 10
(1) Neben der wegen einer vorsätzlichen Zuwiderhandlung auf Grund von § 9 erkannten Strafe kann auf Einziehung oder auf Tötung des Tieres erkannt werden, wenn es dem Verurteilten gehört. Statt der Einziehung kann angeordnet werden, daß das Tier auf Kosten des Verurteilten bis zur Dauer von drei Monaten anderweit untergebracht und verpflegt wird.
(2) Kann keine bestimmte Person verfolgt oder verurteilt werden, so kann auf Einziehung oder Tötung des Tieres selbständig erkannt werden, wenn im übrigen die Voraussetzungen hierfür vorliegen.

Die Nebenstrafen in Absatz 1 waren nach der Begründung als unentbehrliche Ergänzung des Strafmaßes anzusehen, häufig würden sie den Täter oder Teilnehmer empfindlicher treffen als eine kurze Freiheits- oder Geldstrafe.
Die Fassung des Absatzes 2 lehne sich an den § 42 des Reichsstrafgesetzbuchs an, sie sei als Maßnahme für Fälle vorgesehen, in denen die Strafverfolgung oder Verurteilung des Täters aus rechtlichen oder tatsächlichen Gründen nicht stattfinden könne.
Nach Giese und Kahler[1270] hatten Einziehung und Tötung hauptsächlich vorbeugenden Charakter. Es solle verhütet werden, daß der Täter, der sich der Mißhandlung eines Tieres schuldig gemacht habe, sich erneut an demselben vergehen könne. Ohne diese Bestimmung würde keine Möglichkeit vorhanden sein, dem Schuldigen sein Eigentum zu entziehen. Werde auf Einziehung erkannt, gehe das Eigentum an dem Tier mit der Rechtskraft des Urteils auf den Fiskus über. Für die Verwertung des Tieres gälten die allgemeinen Grundsätze über die Verwertung eingezogener Gegenstände. Auf die Nebenstrafe des § 10 könne wegen aller vorsätzlich begangenen Zuwiderhandlungen gegen § 9 neben der

[1268] Giese/Kahler, Kommentar zum RTierSchG, § 9, S. 75.
[1269] Giese/Kahler, Kommentar zum RTierSchG, § 9, S. 75/76.
[1270] Giese/Kahler, Kommentar zum RTierSchG, § 10, S. 78.

Strafe erkannt werden, also auch neben der Übertretungsstrafe, sofern ihre vorsätzliche Begehung festgestellt worden sei[1271].

§ 11

(1) Ist jemand wiederholt wegen einer vorsätzlichen Zuwiderhandlung auf Grund von § 9 rechtskräftig verurteilt worden, so kann ihm die zuständige Landesbehörde die Haltung von bestimmten Tieren oder die berufsmäßige Beschäftigung oder den Handel mit ihnen auf Zeit oder Dauer untersagen.
(2) Nach Ablauf eines Jahres seit der Rechtskraft der Untersuchungsanordnung kann die zuständige Landesbehörde die Anordnung wieder aufheben.
(3) In der Haltung, Pflege oder Unterbringung schuldhaft vernachlässigte Tiere können durch die zuständige Landesbehörde ihrem Besitzer fortgenommen und so lange anderweit pfleglich untergebracht werden, bis die Gewähr für eine einwandfreie Tierhaltung vorhanden ist. Die Kosten dieser Unterbringung sind dem Schuldigen aufzuerlegen.

Nach der Begründung war die polizeiliche Verwaltungsmaßnahme des § 11 geeignet, in Fällen besonders roher Gesinnung und bei Rückfalltätern dem Peiniger dadurch, daß er eine Schädigung seines Gewebes zu gewärtigen hätte, verständlich zu machen, daß er in dem Tier nicht bloß einen Sachwert zu erblicken habe.
Für Fälle einer schuldhaften Vernachlässigung der Tiere sei in Absatz 3 die Möglichkeit geschaffen, gefährdete Tiere schon vor oder auch ohne Erstattung einer Strafanzeige dem Besitzer oder dessen Beauftragten fortzunehmen und sie anderweitig pfleglich unterzubringen. Diese Maßnahme und schon die Möglichkeit, sie zu verhängen, werde erzieherische Wirkung haben.
Giese und Kahler[1272] stellten klar, daß der Täter wenigstens zweimal wegen einer vorsätzlichen Zuwiderhandlung gegen § 9 rechtskräftig verurteilt, die erkannten Strafen jedoch noch nicht vollstreckt worden sein müßten. Das Verbot der Tierhaltung usw. könne immer nur bezüglich bestimmter Tiere, d.h. bestimmter Tierarten, ausgesprochen werden[1273]. Voraussetzung für eine Maß-

[1271] Giese/Kahler, Kommentar zum RTierSchG, § 10, S. 79.
[1272] Giese/Kahler, Kommentar zum RTierSchG, § 11, S. 81.
[1273] So auch Beckers, Die Tierquälerei als rechtswidrige und strafbare Handlung nach dem RTierSchG, S. 41.

nahme nach Absatz 3 sei, daß den Besitzer ein Verschulden treffe und es sich um eine erhebliche Vernachlässigung handele. § 11, der einen möglichst wirksamen vorbeugenden Schutz der Tiere bezwecke, stelle keine Nebenstrafe dar, die im Urteil ausgesprochen werde.

§ 12
Ist in einem Strafverfahren zweifelhaft, ob die Tat unter ein Verbot des § 2 Nr. 1 oder 2 fällt, so sollen hierüber in einem möglichst frühen Abschnitt des Verfahrens der beamtete Tierarzt und, soweit es sich um landwirtschaftliche Betriebe handelt, der Reichsnährstand gehört werden.

Die Begründung betonte, diese Vorschrift sei aus dem Grunde zweckmäßig erschienen, um die tierhaltende Bevölkerung vor einem übertriebenen Tierschutz und vor Beunruhigung zu bewahren. Neben dem beamteten Tierarzt sei der Reichsnährstand als sachverständige Stelle benannt worden, um auch einer maßgeblichen landwirtschaftlichen Stelle Gelegenheit zu geben, in einem möglichst frühen Abschnitt des Verfahrens sachverständig gehört zu werden. Es handele sich um eine Sollvorschrift, da von einer Mußvorschrift aus strafrechtlichen Gründen hätte abgesehen werden müssen.
Giese und Kahler[1274] erklärten, in den beiden ausdrücklich genannten Fällen sei der Laie leicht geneigt, eine nicht genügende Rücksichtnahme auf den Zustand eines Tieres oder eine übermäßige Inanspruchnahme seines Leistungsvermögens anzunehmen, Fälle, die deshalb wohl auch besonders häufig zu Strafanzeigen Anlaß gäben. Die Einschaltung des Reichsnährstandes solle erfolgen, um den besonderen Verhältnisse eines landwirtschaftlichen Betriebes Rechnung zu tragen. Der Richter sei jedoch an das Gutachten des Reichsnährstandes ebensowenig gebunden wie an das des beamteten Tierarztes[1275].

Abschnitt V: Schlußbestimmungen

§ 13
Unter Betäubung im Sinne dieses Gesetzes sind alle Verfahren zu verstehen, die allgemein schmerzlos machen oder örtlich die Schmerzempfindung ausschalten.

[1274] Giese/Kahler, Kommentar zum RTierSchG, § 12, S. 85.
[1275] Giese/Kahler, Kommentar zum RTierSchG, § 12, S. 86.

Nach der Begründung sollte es dem Ermessen des Tierarztes (§ 2 Nr. 8) oder des wissenschaftlichen Leiters (§ 7) überlassen bleiben, welche Verfahren sie zur Betäubung anwendeten. Ein völliger Ausschluß des Laien von der Vornahme der Betäubung war nur in § 2 Nr. 8 vorgesehen.

§ 14
Der Reichsminister des Innern kann zur Durchführung und Ergänzung dieses Gesetzes Rechts- und Verwaltungsvorschriften erlassen. Soweit er von dieser Ermächtigung keinen Gebrauch macht, können die Landesregierungen die erforderlichen Durchführungsvorschriften erlassen.

Die Begründung führte aus, es sei notwendig erschienen, die Möglichkeit zu schaffen, auch andere, in dem Gesetz noch nicht berücksichtigte Fragen zu regeln und Bestimmungen darüber zu treffen.
Wie Giese und Kahler[1276] jedoch richtig bemerkten, war die in Satz 2 den Landesregierungen erteilte Ermächtigung zum Erlaß von Durchführungsvorschriften nach dem inzwischen ergangenen „Gesetz über den Neuaufbau des Reiches" vom 30. Januar 1934 (RGBl. I S. 75), das die Beseitigung der Länderparlamente regelte, praktisch bedeutungslos. Immerhin sei der Vorbehalt schon mit Rücksicht auf die von den Ländern bereits erlassenen Tierschutzbestimmungen von Wichtigkeit.

§ 15
Dieses Gesetz tritt am 1. Februar 1934 in Kraft mit Ausnahme des § 2 Nr. 8 und 11 und des § 3, für die der Reichsminister des Innern im Einvernehmen mit dem Reichsminister für Ernährung und Landwirtschaft den Zeitpunkt des Inkrafttretens festsetzt.
Die §§ 145 b und 360 Nr. 13 des Strafgesetzbuchs treten am 1. Februar 1934 außer Kraft.
Die Bestimmungen des Vogelschutzgesetzes vom 30. Mai 1908 (Reichsgesetzbl. S. 314) bleiben unberührt."

[1276] Giese/Kahler, Kommentar zum RTierSchG, § 14, S. 93.

3. Die Verordnungen zum Reichstierschutzgesetz

Mit dem Erlaß des Tierschutzgesetzes übernahm das Reich die Gesetzgebung zum Tierschutz. Gemäß Art. 7 Ziff. 2, Art. 12 und 13 Reichsverfassung und § 2 EG-StGB konnten deshalb die deutschen Länder keine einschlägigen Gesetze mehr erlassen, und die von ihnen bereits erlassenen Gesetze und Verordnungen traten mit dem 31. Januar 1934 außer Kraft. Dafür erlangten die Länder jedoch neue Befugnisse zu einschlägiger Rechtsetzung (Erlaß von Durchführungsverordnungen) aus § 14 des Reichstierschutzgesetzes, soweit nicht der Reichsinnenminister von sich aus zur Durchführung und Ergänzung des Tierschutzgesetzes Rechts- oder Verwaltungsvorschriften gab.

Es wurden insgesamt fünf Verordnungen zur Ausführung und eine zur Ergänzung des Tierschutzgesetzes erlassen. Außerdem ergingen zwei Verordnungen zur Ausführung des Schlachtgesetzes, die wegen ihres tierschützerischen Charakters hier mit erwähnt werden.

Die erste Verordnung zur Ausführung des Tierschutzgesetzes vom 20. Juni 1934[1277] betraf die Ziffern 7 bis 9 des § 2 Reichstierschutzgesetz. Sie verbot in ihrem § 1 Abs. 1 zunächst die Anwendung elektrischer Betäubungsapparate grundsätzlich, behielt sich aber vor, solche Apparate ausdrücklich zuzulassen, wenn ihre Wirksamkeit genügend geklärt sei. Das sei bisher nur der Fall bezüglich der Betäubung für kurze Zeit, wie sie beim Schlachten benötigt werde, weshalb die Anwendung elektrischer Betäubungsapparate bei einer Schlachtung oder Tötung auch angewendet werden dürfe. Zum Studium der Wirkung solcher Apparate konnte das Reichsinnenministerium nach § 1 Abs. 2 Ausnahmen zulassen. § 2 der Verordnung schrieb die Betäubung durch Tierärzte vor, da dem Laien die Sachkunde fehle, um Betäubungsmittel unschädlich anzuwenden. Damit war die Vornahme erheblicher Eingriffe durch Laien so gut wie verboten und die Ausführung der Kastration bei Pferden stets, bei den übrigen, wichtigsten Haustieren in höherem Alter dem Tierarzt zugewiesen.

[1277] Erste Verordnung zur Ausführung des Tierschutzgesetzes vom 20. Juni 1934, RGBl. I 1934, S. 516.

Unter dem 14. Januar 1936 wurde eine Verordnung des Reichsministers des Innern über das Schlachten und Aufbewahren von lebenden Fischen und anderen kaltblütigen Tieren[1278] erlassen, die sich auf den § 14 des Reichstierschutzgesetzes vom 24. November 1933 stützte. Danach waren Fische vor dem Schlachten durch wuchtige Schläge auf den Kopf zu betäuben. Bei Aalen und Plattfischen konnte die Betäubung unterbleiben. Krebse, Hummer und andere Krustentiere sollten in der Weise getötet werden, daß sie möglichst in stark kochendes Wasser geworfen werden. Das Abtrennen der Schenkel vom Körper des Frosches durfte erst nach erfolgtem Abschneiden des Kopfes erfolgen. Am 13. November 1936 wurde die elektrische Betäubung auch für Fische zugelassen unter der Voraussetzung, daß sie in einem zuverlässig wirkenden Betäubungsapparat erfolgte[1279].

Die zweite Ausführungsverordnung zum Tierschutzgesetz vom 27. Juni 1936[1280] erging zu § 4 des Tierschutzgesetzes. Sie bestimmte in ihrem § 1 die Bergbehörde als zuständige Landesbehörde im Sinne des § 4 des Tierschutzgesetzes. § 2 enthielt Anweisungen für den pfleglichen Umgang mit den unter Tage verwendeten Einhufern. § 3 dieser Ausführungsverordnung regelte schließlich die Verpflichtung der Bergbehörden, sich über die Unterbringung, Haltung, Arbeitsleistung und den Gesundheitszustand der untertage verwendeten Einhufer unter Zuziehung des zuständigen beamteten Tierarztes durch stichprobenweise Besichtigungen wenigstens einmal jährlich zu unterrichten.

Durch die dritte Ausführungsverordnung vom 11. September 1936[1281] wurde auf Grund des § 15 Reichstierschutzgesetz der Zeitpunkt des Inkrafttretens des § 2 Nr. 11 des Tierschutzgesetzes – Verbot des Stopfens (Nudelns) des Geflügels – auf den 1. November 1936 festgesetzt.

[1278] Verordnung über das Schlachten und Aufbewahren von lebenden Fischen und anderen kaltblütigen Tieren vom 14. Januar 1936, RGBl. I 1936, S.13.

[1279] Vgl. Verordnung zur Änderung der Verordnung über das Schlachten und Aufbewahren von lebenden Fischen und anderen kaltblütigen Tieren vom 13. November 1936, RGBl. I 1936, S. 941.

[1280] Zweite Verordnung zur Ausführung des Tierschutzgesetzes vom 27. Juni 1936, RGBl. I 1936, S. 539.

[1281] Dritte Verordnung zur Ausführung des Tierschutzgesetzes vom 11. September 1936, RGBl. I 1936, S. 735.

Am 23. Mai 1938 erging auf Grund des § 14 Tierschutzgesetz eine Ergänzungsverordnung, durch die der zweite Satz in § 2 Nr. 9 des Tierschutzgesetzes folgende Fassung bekam: „Die Kastration ist als schmerzhafter Eingriff anzusehen bei Pferden, bei über neun Monate alten Rindern, bei über sechs Monate alten Schweinen und bei geschlechtsreifen Schaf- und Ziegenböcken."

Die vierte Ausführungsverordnung vom 12. Juli 1938[1282] bestimmte den 1. Januar 1940 als Zeitpunkt des Inkrafttretens des Verbots, einem Pferd die Schweifrübe zu kürzen (kupieren).

Die fünfte Ausführungsverordnung vom 11. August 1938[1283] schließlich regelte die Gleichschaltung der deutschen Tierschutzvereine zum 1. September 1938, die schon bei der kommissarischen Beratung des zweiten Tierschutzgesetzentwurfs des Reichsinnenministeriums vom 18. Oktober 1933 in Aussicht genommen worden war[1284] und die Reichsinnenminister *Frick* am 5. Dezember 1933 in einem Schreiben an den *Berliner Tierschutzverein für alle Länder deutscher Sprache* angekündigt hatte[1285]. Diesem Schreiben zufolge sollte Ministerialdirektor *Buttmann*, der Leiter der Kulturabteilung des Reichsinnenministeriums und energischer Fürsprecher des bayerischen Schlachtgesetzes von 1930[1286], Vorsitzender des zu gründenden *Reichs-Tierschutzbundes* werden und der Sachbearbeiter für Veterinärwesen und Tierschutz des Reichsinnenministeriums, *Giese*, in den Vorstand dieses *Reichs-Tierschutzbundes* eintreten. Geschäftsführer des Reichstierschutzbundes sollte *Cremer*, der langjährige Geschäftsführer des Berliner TSV, werden.

[1282] Vierte Verordnung zur Ausführung des Tierschutzgesetzes vom 12. Juli 1938, RGBl. I 1938, S. 854.

[1283] Fünfte Verordnung zur Ausführung des Tierschutzgesetzes vom 11. August 1938, RGBl. I 1938, S. 1004.

[1284] Vgl. Abdruck der Niederschrift über die Beratung vom 18. Oktober 1933, in einem Schreiben des Reichsministers des Innern an das Auswärtige Amt, das Reichsjustiz-, Reichswirtschafts-, Reichswehrministerium und das Reichsministerium für Ernährung und Landwirtschaft, den Preußischen Ministerpräsidenten und die Preußischen Ministerien der Justiz, des Innern, für Landwirtschaft, Domänen und Forsten und für Wissenschaft, Kunst und Volksbildung vom 27. Oktober 1933, in: BA Berlin-Li., R 18, Rep. 320, Nr. 589, Bl. 43-77.

[1285] BA Berlin-Li., R 18, Rep. 320, Nr. 589, Bl. 125/126.

[1286] Vgl. Verh. des Bayerischen Landtags, Bd. 3, S. 105-120, Sten. Ber. der 57. Sitzung vom 29. Januar 1930, vgl. auch BA Berlin-Li., 30.01., Nr. 6317, Bl. 106 a.

4. Zusammenfassung und Bewertung

Das Reichstierschutzgesetz vom 24. November 1933 brachte den entscheidenden Durchbruch in der deutschen Tierschutzgesetzgebung. Gleichzeitig wurde aber auch, angesichts der Tatsache, daß die nächste grundsätzliche Änderung und Neufassung des Tierschutzrechts in Deutschland erst durch das Tierschutzgesetz vom 24. Juli 1972[1287] erfolgte, ein vorläufiger Endpunkt erreicht.

Das strikt an der Konzeption eines ethischen Tierschutzes ausgerichtete Gesetz brachte erstmals eine Kombination ausführlicher, bereichsspezifisch aufgefächerter, verwaltungsrechtlicher Tierschutzvorschriften mit einem detaillierten System von Durchsetzungs- und Sanktionsnormen. Die bisher im allgemeinen Strafrecht enthaltene Vorschrift gegen Tierquälerei wurde in das neue Tierschutzgesetz transponiert.

In der Formulierung dieser Tierquälereinorm machte sich weiterhin *von Hippels* Einfluß geltend, der zuerst die Bestrafung jeder unnötigen Tierquälerei gefordert hatte und sich gegen das verwirrende System von Reichs- und Länderverordnungen zum Schutze der Tiere gewandt hatte[1288].
Diese Verordnungen versuchte der Gesetzgeber durch die Aufzählung in § 2 zu ersetzen, wodurch das Gesetz einen stark kasuistischen Einschlag bekam. Mit der Regelung in § 2 sollten die zur Entstehungszeit des Gesetzes häufigsten tierquälerischen Handlungen, die wegen ihrer weiten Verbreitung schon drohten, nicht mehr als sittenwidrig angesehen zu werden[1289], erfaßt und bestraft werden, so wie es schon der *Ehrensteinsche* Entwurf von 1868 vorgesehen und die Tierschutzvereine seitdem gefordert hatten.

Allgemein ist festzustellen, daß sich im Reichstierschutzgesetz vom 24. November 1933 viele alte Forderungen der Tierschützer wiederfanden: Es wurde in § 1 Abs. 1 jede unnötige Tierquälerei bestraft, die häufigsten Fälle alltäglicher Tiermißhandlungen waren in den §§ 2 und 4 ausdrücklich genannt, der Tierversuch war in § 5 grundsätzlich verboten, Verstöße gegen die Vorschriften über

---

[1287] BGBl. I, Nr. 74 vom 29. Juli 1972, S. 1277.
[1288] von Hippel, Tierquälerei, S. 132/133.
[1289] Wiegand, Verstöße gegen § 17 TierSchG, S. 39.

den Tierversuch waren nach § 9 Abs. 2 und 3 strafbewehrt und auch die den Täter unter Umständen noch stärker treffenden Nebenstrafen der Einziehung bzw. Tötung des Tieres in § 10, des Verbots der Tierhaltung oder berufsmäßigen Beschäftigung bzw. des Handels mit ihnen für Rückfalltäter in § 11 Abs. 1 und der anderweitigen Unterbringung eines mißhandelten Tieres auf Kosten des Schuldigen in § 11 Abs. 3 gehen auf entsprechende Petitionen der Tierschützer aus den vorangegangenen Jahren zurück.
Mit der Höchststrafe von 2 Jahren (§ 9 Abs. 1) wurde den Zielen der Tierschutzbewegung sogar in einem Maße entsprochen, in dem es bisher nur *Bregenzer*[1290] und *Schwantje*[1291] zu fordern gewagt hatten.

Der Versuch am lebenden Tier schließlich wurde, wenngleich seine Durchführung auch nicht wirklich behindert wurde, den preußischen Runderlassen folgend, in Abschnitt III (§§ 5 bis 8) des Gesetzes doch wesentlich strengeren Bestimmungen unterworfen, als es der von *Gosslersche* Erlaß getan hatte.
Neu gegenüber dem letzten preußischen Runderlaß vom 5. September 1933 war das grundsätzliche Verbot des Tierversuchs und der Genehmigungsvorbehalt in den §§ 5 und 6. Bezüglich der Ausführung der Tierversuche bestimmte § 7 erstmals, daß an demselben unbetäubten Tier nur ein schwerer operativer oder schmerzhafter unblutiger Versuch vorgenommen werden durfte und daß Versuchstiere, die nach Beendigung eines Eingriffs noch unter erheblichen Schmerzen litten, sofort schmerzlos getötet werden sollten (§ 7 Nr. 4 Absätze 2 und 3). Ferner war nunmehr nach § 7 Nr. 8 ein Register über die Art der verwendeten Tiere, den Zweck, die Durchführung und das Ergebnis der Versuche aufzustellen.
§ 7 Nr. 8 war aber zunächst die einzige geregelte Form der Kontrolle. Da das Reich keine die Vivisektion betreffenden Ausführungs- oder Ergänzungsverordnungen erließ, konnten sich hier die Länder betätigen.

Das geschah in Preußen durch einen Runderlaß des Innen- und des Landwirtschaftsministeriums vom 11. Juni 1934[1292]. Dieser regelte die Überwachung der

[1290] Bregenzer, Thier-Ethik, S. 369.
[1291] Schwantje, Der Tierschutz im deutschen Strafgesetz, S. 14.
[1292] Ministerialblatt für die innere Verwaltung 1934, Sp. 841.

in Preußen gelegenen amtlichen (staatlichen und städtischen) und privaten, zur Vornahme von Versuche an lebenden Tieren auf Widerruf zugelassenen Institute und Laboratorien durch die beamteten Tierärzte und beamteten Ärzte der zuständigen Regierungen. Die Besichtigungen sollten unvermutet und in der Regel mindestens halbjährlich vorgenommen werden. Bei den Besichtigungen sei auf die Einrichtungen für die Vornahme der Tierversuche zu achten und besonderes Augenmerk auf die Wartung und Unterbringung der Versuchstiere zu richten. Außerdem seien Erhebungen anzustellen über die Anzahl der seit der Erlaubniserteilung ausgeführten und der laufenden Versuche, über die Zahl der benutzten Versuchstiere über die Dauer der Versuche, sowie darüber, ob die Versuche an betäubten oder unbetäubten Tieren vorgenommen wurden.
Darüber hinaus sollten die für Tierversuche zugelassenen Institute über die Art der in den beiden letzten Jahren ausgeführten wissenschaftlichen Versuche bis zum 1. November 1934 an den zuständigen Minister Mitteilung zu machen.

Das Reichstierschutzgesetz vom 24. November 1933 verbesserte die Rechtsstellung des Tieres mithin erheblich. Die Präambel des Reichstierschutzgesetzes von 1933 sprach sogar von einem Schutz der Tiere um ihrer selbst willen. Unklar blieb, ob damit auch ein subjektives Recht der Tiere auf Schutz einhergehen sollte.

Die Zuordnung des § 145 b StGB der Strafgesetznovelle vom 26. Mai 1933 zu dem Abschnitt „Verbrechen und Vergehen wider die öffentliche Ordnung“, nachdem vorhergehende Entwürfe sogar einen eigenen Tierschutzabschnitt vorgesehen hatten, zeigte jedoch, daß auch hier der Tierschutz um des Menschen willen und zum Schutz seiner Rechtsgüter praktiziert wurde. Andererseits änderte sich aber teilweise die Qualität des Tierschutzes. Im Mittelpunkt stand nun nicht mehr allein der Mensch mit seinen sittlichen Empfindungen. Der Verzicht auf die Tatbegehung in der Öffentlichkeit oder in Ärgernis erregender Weise bewirkte tatsächlich eine tendenzielle Hinwendung zum Tierschutz um des Tieres willen.

Das Reichstierschutzgesetz vom 24. November 1933 wies in seiner Amtlichen Begründung ausdrücklich auf diese Tendenz des Gesetzes vom 26. Mai 1933 hin und obwohl die Amtliche Begründung dem Tierschutzgesetzes selbst diese Motivation nicht ausdrücklich zusprach, sondern die Wichtigkeit des menschlichen Mitleids hervorhob[1293], ließ sich der bezweckte Schutz der Tiere um ihrer selbst willen aus der neuen Tierquälereinorm folgern, die auf die Tatbestandsmerkmale der Öffentlichkeit und Ärgerniserregung verzichtete[1294].

Darauf, ob dem Tier nunmehr ein subjektives Recht auf Schutz eingeräumt werde, ging die Amtliche Begründung jedoch mit keinem Wort ein und auch die zeitgenössischen Kommentare von *Skopnik* und von *Giese* und *Kahler* beschäftigten sich nicht mit dieser Frage. Nur Korn sprach von „Pflichten rechtlicher Art des Menschen gegen das Tier"[1295], ohne diese näher zu begründen. Und obwohl *Elster*[1296] 1936 zumindest für Haus- und Arbeitstiere eine Art Rechtspersönlichkeit statuieren wollte, lehnten die Verfasser tierschutzrechtlicher Spezialliteratur in den folgenden Jahren – im Einklang mit der vorherrschenden allgemeinen Rechtstheorie – den Gedanken, Tieren Rechtsfähigkeit, Rechtspersönlichkeit und eigene Rechte zuzugestehen, durchweg ab. Das gilt für die Verfasser einschlägiger Monographien wie *Emrich*[1297], *Hölscher*[1298], *Gebele von Waldstein*[1299], *Kiss*[1300], *Felix*[1301], *Gerhard Müller*[1302] und *Wiegand*[1303], aber auch für die späteren Kommentatoren des Tierschutzrechts wie *Stolting II/Zoebe*[1304], *Ennulat/Zoebe*[1305] und *Lorz*[1306].

Langjährige Reformbestrebungen, die schon vor 1933 stark waren, haben zu diesem Gesetz geführt. Allerdings haben die darin enthaltenen Gedanken sich erst 1933 zu einem Gesetzentwurf verdichtet, obwohl einzelne Formulierungen

---

[1293] Vgl. Amtliche Begründung zum RTierSchG, in: Giese/Kahler, Kommentar zum RTierSchG, S. 106.
[1294] So auch Skopnik, Kommentar zum RTierSchG, Vorwort S. 6.
[1295] Korn, Kommentar zum RTierSchG, Einführung Abschnitt II, S. 19.
[1296] Elster, DJ 1936, S. 230 (231).
[1297] Emrich, MDR 1949, S. 675 (676).
[1298] Hölscher, Tierschutz und Strafrecht, S. 105.
[1299] Gebele von Waldstein, Der Tierschutz im Strafrecht, S. 37, 62 und 143.
[1300] Kiss, Gedanken zum Tierschutzgesetz, S. 14.
[1301] Felix, JZ 59, S. 85.
[1302] Müller, Das Tier im Verwaltungsrecht, S. 4-7.
[1303] Wiegand, Verstöße gegen § 17 TierSchG, S. 125/126.
[1304] Stolting II/Zoebe, Das Tier im Recht, S. 23.
[1305] Ennulat/Zoebe, Das Tier im neuen Recht, S. 14.
[1306] Lorz, Kommentar zum TierSchG, Einführung, Rdnr. 181.

schon in früheren Entwürfen oder Verordnungen (z.B. über den wissenschaftlichen Tierversuch oder die Beförderung von Tieren) vorhanden waren.
Es kann nicht bestritten werden, daß die durch das Reichstierschutzgesetz geschaffene Lösung vom nationalsozialistischen Gesetzgeber gefunden worden ist[1307]. Wohl waren schon früher die gesetzlichen Bestimmungen als mangelhaft empfunden worden und starke Bestrebungen vorhanden, die auf eine Änderung des Rechtszustandes gerichtet waren. Doch waren zum Zeitpunkt der Machtübernahme durch den Nationalsozialismus die gesetzgeberischen Arbeiten noch nicht so weit vorangeschritten, daß man für ein eigenständiges Tierschutzgesetz darauf hätte zurückgreifen können. § 1 des Gesetzes wich in Wortlaut und Strafmaß erheblich von der Tierquälereinorm des Strafgesetzbuchentwurfes von 1927 ab. Der Katalog des § 2 war überhaupt nicht vorgesehen und auch reichsrechtliche Bestimmungen zur Regelung der Vivisektion waren vor 1933 nicht vorbereitet. Die Reichstagsvorlage des Strafgesetzbuchentwurfs von 1927 wollte die Vivisektion zu ernsten wissenschaftlichen Zwecken sogar ohne besondere Einschränkung ausdrücklich gestatten. Insoweit wich das Reichstierschutzgesetz von dem Entwurf sogar deutlich ab. Man wird es deshalb als eine eigene Leistung des nationalsozialistischen Gesetzgebers ansehen müssen. Damit ist aber nicht gesagt, daß es typisch nationalsozialistisches Gedankengut enthielt[1308]. Nach seinem Inhalt und Geist bezweckte das Gesetz ausschließlich den Schutz des Tieres. Die Geschichte des Tierschutzes aber ist älter als die des Nationalsozialismus und der damalige Rechtszustand hinsichtlich des Tierschutzes war schon lange zuvor als unzulänglich befunden worden.

So bleibt nur die von *Erbel* – allerdings erst 1986 – treffend formulierte Erkenntnis: „Es gehört zu den Paradoxien der deutschen Verfassungs- und Rechtsgeschichte, daß dieses für damalige Verhältnisse bahnbrechende, eine hohe Tierethik und große Tierachtung widerspiegelnde Gesetz ausgerechnet im nationalsozialistischen Staat geboren wurde, dessen Machthaber dem menschlichen Leben und den Menschenrechten so wenig Respekt bezeugten, vor millionenfa-

---

[1307] Da das Reichstierschutzgesetz auf Grund des Art. 1 des „Gesetzes zur Behebung der Not von Volk und Staat“ (RGBl. I, Nr. 25 vom 24. März 1933, S. 141) von der Reichsregierung allein beschlossen wurde und nicht im Reichstag beraten wurde, kann die Einflußnahme anderer Fraktionen ausgeschlossen werden.
[1308] So auch ausdrücklich OLG Hamm, RPfleger 1950, S. 35 (35) und Felix, JZ 59, S. 85 (86).

chem Mord und vor Zwangsexperimenten an wehrlosen Menschen nicht zurückschreckten.“ [1309]

Dieser Tatsache wurde auch nach dem Zusammenbruch des Dritten Reiches 1945 Rechnung getragen. Der Kontrollrat zählte in Art. 1 des Kontrollratsgesetzes Nr. 1 vom 20. September 1945 mehrere „Gesetze politischer Natur oder Ausnahmegesetze, auf welchen das Nazi-Regime beruht, ..., einschließlich aller zusätzlichen Gesetze, Durchführungsbestimmungen und Erlasse“ auf, die ausdrücklich aufgehoben wurden. Das Tierschutzgesetz war jedoch nicht darunter. Es wurde nicht als typisches „Nazi-Gesetz“ behandelt und nach und nach festigte sich die Einsicht, daß dieses Gesetz ohne weltanschauliche Belastung zu würdigen und anzuwenden war.

[1309] Erbel, DVBl. 1986, S. 1235 (1246).

4. Teil: Vergleich der Entwicklung des Tierschutzes in Deutschland sowie England und Ausblick

Das englische Gesetz vom 7. Mai 1822 ist das älteste Tierschutzgesetz der Welt. Ein eigenständiges Tierschutzgesetz wurde in Deutschland dagegen erst 1933 erlassen. Davor existierten nur eine Strafnorm gegen Tierquälerei und verschiedene reichs- und landesrechtliche Verordnungen gegen einzelne Arten von Tiermißhandlungen.

Dennoch ist eine Beeinflussung des deutschen Tierschutzrechts durch die Entwicklung in England von Anfang an erkennbar.

Besonders deutlich wird dies im Vergleich des deutschen Partikularrechts mit den ersten englischen Gesetzen bis 1854. Sowohl die *Stübelschen* Entwürfe des Kriminalgesetzbuchs für das Königreich Sachsen von 1821 und 1824 als auch die Verordnung für das Fürstentum Schwarzburg-Sondershausen von 1840 bedrohten die Tierquälerei oder Tiermißhandlung ohne Einschränkung mit Strafe und zählten verschiedene Arten der Tierquälerei auf. Das gesetzestechnische Verfahren der Kasuistik aber war und ist dem deutschen Recht fremd und ein besonderes Merkmal des angelsächsischen Rechts. Und auch wenn die Straf- oder Kriminalgesetzbücher in Preußen, Sachsen, Württemberg und Hessen-Darmstadt, auf die sich die strafrechtlichen Kodifikationen der übrigen deutschen Länder stützten, schließlich abstrakte Normen gegen Tierquälerei aufnahmen, geschah dies in den genannten Ländern immer unter Hinweis auf das englische Recht.

Der – zumindest gedankliche – Anstoß zur strafrechtlichen Regelung der Tierquälerei in Deutschland erfolgte mithin auf Grund des englischen Beispiels, in der Tatbestandsformulierung unterschieden sich die deutsche und die englische Gesetzgebung dennoch erheblich.
Während in Deutschland besondere Anforderungen an die Begehungsweise und die Tatumstände die Anwendung der Strafnorm gegen Tierquälerei stark einschränkte, war in England grundsätzlich jede Mißhandlung strafbar. Daß die deutschen Gesetze uneingeschränkt alle Tiere schützten und das englische Recht sich bis 1900 auf den Schutz von Haus- und Nutztieren beschränkte, fällt dem-

gegenüber nicht sonderlich ins Gewicht, war doch die Gelegenheit und Möglichkeit zur Mißhandlung anderer, wilder Tiere verhältnismäßig selten gegeben[1310].

Dieses Verhältnis blieb trotz des Erlasses einzelner tierschützerischer Verordnungen ab Anfang der 70er Jahre des 19. Jahrhunderts in Deutschland bestehen, die sich hauptsächlich mit den Mißständen beim Viehtransport und der nicht artgerechten Verwendung von Tieren zu Arbeitsleistungen beschäftigten, wie es die englischen Gesetze von 1835 und 1849 schon vorher getan hatten. Spätestens seit dem Erlaß der englischen Tierschutzgesetze von 1900 und von 1911, die auch auf gefangene wilde Tiere Anwendung fanden, blieb das deutsche Tierschutzrecht dem englischen gegenüber zurück, weshalb es nicht verwunderlich ist, daß die deutschen Tierschutzvereine in ihrem Bemühen um Abänderung des § 360 Nr. 13 RStGB häufig auf das fortschrittliche englische Recht hinwiesen. Schließlich war auch der Gosslersche Vivisektionserlaß von 1885 zwar dem englischen Vivisektionsgesetz von 1876 nachgebildet, übernahm dessen Strafdrohungen jedoch nicht.

Das einzige Gebiet des Tierschutzes, auf dem Deutschland England bis 1933 voraus war, war demnach die Tierschlachtung. Seit 1904 wurde in England die vorherige Betäubung beim Schlachten gefordert, aber erst 1933 wurde die „Slaughter of Animals Act" verabschiedet, nach der die Betäubung obligatorisch wurde. Eine der Auseinandersetzung in Deutschland vergleichbare Diskussion über das Schächten scheint es – soweit ersichtlich – nicht gegeben zu haben, was wohl weniger auf die englische Liberalität, sondern eher auf die vergleichsweise geringe Anzahl der Juden in England zurückzuführen ist, möglicherweise aber auch das ein Beweis dafür ist, daß der Kampf gegen das Schächten in Deutschland hauptsächlich antisemitisch motiviert war.

Trotz der Rechtszersplitterung durch die zahlreichen Tierschutzverordnungen der Länder beschränkten sich die Forderungen der Tierschützer in Deutschland zunächst auf eine Änderung der als unzulänglich empfundenen Strafnorm gegen Tierquälerei, wohl auch, weil der Erlaß eines eigenständigen Tierschutzgesetzes angesichts der vergeblichen Versuche, eine Verbesserung des strafrechtlichen Schutzes herbeizuführen, vollkommen abwegig erschien. Eine reichsrechtliche Bestrafung der einzelnen Mißstände in einem umfassenden Tierschutzgesetz

[1310] Pitz, Das Delikt der Tierquälerei, S.13.

wurde in Deutschland daher tatsächlich erst 1933 gefordert. Obwohl es durch das Verordnungsrecht in Deutschland schon verschiedene Einzelregelungen gab, wird die Beeinflussung des deutschen Rechts durch das englische mit dem Erlaß des Reichstierschutzgesetzes vom 24. November 1933 am deutlichsten sichtbar, aber auch beendet. Wie sich aus der Fassung einzelner Tatbestände schließen läßt, haben das englische Tierschutzgesetz von 1911 in der Fassung von 1927 und – wenn auch nur am Rande – italienische Tierschutzvorschriften bezüglich der Vivisektion als Vorbilder für das Reichstierschutzgesetz gedient[1311]. Dabei ist dem englischen Tierschutzgesetz insbesondere der Gedanke entnommen worden, die ganze Frage nicht lediglich unter strafrechtlichen Gesichtspunkten zu betrachten und in einer kurzen Bestimmung des StGB zu erledigen, sondern ein ganzes Gesetz zum Schutz der Tiere zu erlassen und darin die Pflicht des Menschen gegen das Tier in positiver Weise zu bestimmen.

Während der Schutz des Reichstierschutzgesetzes vor allem dem Wohlbefinden des Tieres, das vor bestimmten, im Gesetz näher bezeichneten Beeinträchtigungen oder der Gefahr solcher bewahrt werden sollte, galt, enthielt das Tierschutzgesetz vom 24. Juli 1972[1312] eine um die Schutzbedürftigkeit des Lebens des Tieres erweiterte Zielsetzung. Die Grundkonzeption eines ethisch bezogenen Tierschutzes wurde dahingehend ausgeweitet, daß nicht mehr allein das Wohlbefinden des Tieres im Sinne eines Freiseins von Schmerz oder Leiden und die Unversehrtheit im Sinne des Freiseins von Schaden, sondern auch das Leben des Tieres schlechthin geschützt wurde. Diese Konzeption des Tierschutzgesetzes stand aber weiterhin nicht im Widerspruch zu der berechtigten und vernünftigen Lebensbeschränkung des Tieres im Rahmen der Erhaltungsinteressen des Menschen. Aufgabe des Gesetzgebers war es, wirtschaftliche, wissenschaftliche und ethische Forderungen auf dem Gebiet des Tierschutzes in Einklang zu bringen. Die Beurteilungsmaßstäbe für die Verpflichtung zum Schutz der Tiere wurden weniger im Empfindungs- und Gefühlsbereich des Menschen begründet, sondern vielmehr in exakten und repräsentativen wissenschaftlichen Feststellungen über tierartgemäße und verhaltensgerechte Normen und Erfordernisse.

[1311] Vgl. Sommer, GA, Bd. 78, 1934, S. 29 (31).
[1312] BGBl. I, Nr. 74 vom 29. Juli 1972, S. 1277.

Im Tierschutzgesetz vom 18. August 1986[1313] schließlich wurde das Tier durch seinen spezifischen, anderen (leblosen) Sachen nicht gewährten Schutz als ein deutlich von der übrigen Sachwelt abgehobenes, höherwertiges Rechtsgut herausgestellt. Nach seiner in § 1 legal-definierten Zweckbestimmung schützte das Gesetz das Leben und Wohlbefinden des Tieres als „Mitgeschöpf". Damit verbunden ist die Anerkennung der Tiere als Träger eigener Güter – wie Leben, körperliche Unversehrtheit und Gesundheit – sowie als Träger eigener Interessen, nämlich der Interessen an Schutz ihrer Güter vor unberechtigter Verletzung durch Menschen. Gleichwohl wurde überwiegend die Ansicht vertreten, das Tier verbleibe auch im Schutzkreis dieses Tierschutzgesetzes prinzipiell im Rechtsstatus einer Sache, wenn auch einer Sache „sui generis". Das hat sich am 1. September 1990 mit Inkrafttreten des Gesetzes zur Verbesserung der Rechtsstellung des Tieres im bürgerlichen Recht vom 20. August 1990[1314] geändert. Seither gilt: Tiere sind keine Sachen.

Damit bilden Tiere heute neben den „Sachen" eine selbständige und herausgehobene Kategorie der körperlichen Gegenstände, bleiben jedoch nach überwiegender Auffassung „Objekte" der Rechtsordnung[1315] und bedürfen weiterhin des Menschen, um sich der Ausbeutung durch den Menschen – Tierversuche und Intensiv- bzw. Massentierhaltung sind bis heute ungelöste Probleme des Tierschutzes geblieben – zu erwehren[1316].

[1313] BGBl. I, Nr. 42 vom 22. August 1986, S. 1320.

[1314] BGBl. I, Nr. 43 vom 25. August 1990, S. 1762.

[1315] Lorz stellt noch 1992 kategorisch fest: „Das Tier ist nicht Rechtssubjekt, nicht einmal Träger eines Rechtsguts.", vgl. Lorz, Kommentar zum TierSchG, Einführung, Rdnr. 184. Zu neueren Tendenzen siehe Erbel, DVBl. 1986, S. 1235 ff.

[1316] Hieran hat sich auch durch das „Gesetz zur Änderung des Tierschutzgesetzes" vom 25. Mai 1998, BGBl. 1998 I, S. 1094-1104, nichts geändert.

Archivalienverzeichnis

I. Geheimes Staatsarchiv Berlin-Dahlem

1. Repositur 80 I Nr. 128, Vol. 2: Justizsachen

2. Repositur 84 a: Preußisches Justizministerium

- Strafbestimmungen über Tierquälerei
Akten Nr. 5213 Bd. 1: 1836 - 1886
5215 Bd. 3: 1928 - 1934

- Strafgesetzbuch des Norddeutschen Bundes bzw. des Deutschen Reiches
Akten Nr. 8022 Bd. 1: 1868 - 1870
8026 Bd. 5: 1904 - 1934

- Abschriften aus den Akten des Reichsjustizamtes betreffend den Entwurf eines Strafgesetzbuchs
Akte Nr. 8027: 1868 - 1870

- Revision des Deutschen Strafgesetzbuchs
Akten Nr. 8402 Bd. 8: 1885 – 1894
8407 Bd. 13: 10.1908 - 03.1910
8409 Bd. 15: 1911 - 1912

- Reichsrats-Drucksachen zum Entwurf des Allgemeinen Deutschen Strafgesetzbuchs, 1. Lesung, Ausschußberatung
Akten Nr. 8446 Bd. 4: 1929 - 1930
8447 Bd. 5: 1931 - 1932

3. Repositur 84 a (Merseburg)

- Revidiertes Strafrecht
Akte Nr. 9676 Bd. 8: 1850

II. Bundesarchiv Berlin-Lichterfelde

1. R 01.01.: Reichstag 1867 - 1945

- Verhinderung der Tierquälerei
Akte Nr. 889 Bd. 2: 05.1893 - 11.1911

2. R 07.01.: Reichskanzlei

- Vivisektion
Akte Nr. 391

3. R 15.01.: Reichsamt / Reichsministerium des Inneren

- Das Strafgesetzbuch
Akten Nr. 8421 Bd. 3: 11.1897 - 09.1909
8422 Bd. 4: 10.1909 - 03.1911

4. R 30.01.: Reichsjustizamt / Reichsjustizministerium

- Novelle zum Strafgesetzbuch - Bestrafung der Tierquälerei
Akten Nr. 5796 Bd. 1: 01.1902 - 01.1908
5798 Bd. 3: 10.1908 - 03.1911

- Eingaben zur Novelle zum Strafgesetzbuch
Akte Nr. 5801 Bd. 1: 02.1902 - 12.1911

- Beratung der Novelle zum Strafgesetzbuch in der Reichstagskommission
Akte Nr. 5802 Bd. 1: 01.1910 - 03.1910

- Reform des Strafrechts
Akte Nr. 5825 Bd. 21: 03.1931 – 09.1933

- Gesetz zur Abänderung strafrechtlicher Vorschriften, Novelle zum Strafgesetzbuch
Akte Nr. 5981 Bd. 1: 04.1933 - 08.1933

- Tierschutz
Akten Nr. 6314 Bd. 1: 03.1877 - 12.1891
6315 Bd. 2: 03.1894 - 12.1905
6316 Bd. 3: 01.1906 - 10.1926
6317 Bd. 4: 10.1926 - 02.1930
6318 Bd. 5: 02.1930 - 10.1933
6319 Bd. 6: 10.1933 - 06.1934

- Petitionen gegen Vivisektion
Akte Nr. 6323 Bd. 1: 11.1891 - 03.1896

- Anträge zum Besonderen Teil des Strafgesetzbuch, Nr. 751 - 891, Dr. Heinze
Akte Nr. 6342 Bd. 1: 11.1912 - 02.1913

5. R 18, Repositur 320: Reichsinnenministerium

- Vorbereitung eines Tierschutzgesetzes
Akte Nr. 589: 1933 - 1934, 1939

6. R 43 I: Reichskanzlei

- Vorbereitung eines Reichsschlachtgesetzes
Akte Nr. 1461

Parlamentaria

Deutschland:

1. Baden:

- Verhandlungen der Stände-Versammlung des Großherzogthums Baden in den Jahren 1861/63. Enthaltend die Protokolle der 1. Kammer, Karlsruhe 1863

- Verhandlungen der Stände-Versammlung des Großherzogthums Baden in den Jahren 1861/63. Enthaltend die Protokolle der 2. Kammer, Karlsruhe 1863

- Verhandlungen der Stände-Versammlung des Großherzogthums Baden in den Jahren 1861/63. Enthaltend die Beilagen zu den Protokollen der 2. Kammer, Beilagenheft 4, 2. Hälfte, Karlsruhe 1863

- Verhandlungen der Stände-Versammlung des Großherzogthums Baden in den Jahren 1861/63. Enthaltend die Beilagen zu den Protokollen der 2. Kammer, Beilagenheft 6, 1. Hälfte, Karlsruhe 1863

2. Bayern:

- Verhandlungen der Kammer der Abgeordneten des Königreichs Bayern im Jahre 1859/61, Beilagen, Bd. 2, München 1861

- Verhandlungen des Bayerischen Landtags, II. Tagung 1928/29, Stenographische Berichte, Bd. 2, von der 36. Sitzung vom 16. April 1929 bis zur 52. Sitzung am 9. Juli 1929, München 1929

- Verhandlungen des Bayerischen Landtags, III. Tagung 1929/30, Stenographische Berichte, Bd. 3, von der 53. Sitzung am 20. November 1929 bis zur 77. Sitzung am 26. Juni 1930, München 1930

3. Hessen

- Verhandlungen der 2. Kammer der Landstände des Großherzogthums Hessen im Jahre 1833, Protokolle, Bd. 1, Darmstadt 1833

- Verhandlungen der 2. Kammer der Landstände des Großherzogthums Hessen im Jahre 1833, Protokolle, Bd. 2, Darmstadt 1833

- Verhandlungen der 2. Kammer der Landstände des Großherzogthums Hessen im Jahre 1833, Protokolle, Bd. 3, Darmstadt 1833

- Verhandlungen der 2. Kammer der Landstände des Großherzogthums Hessen im Jahre 1833, Beilagen, Bd. 1, Darmstadt 1833

- Verhandlungen der 2. Kammer der Landstände des Großherzogthums Hessen im Jahre 1833, Beilagen, Bd. 2, Darmstadt 1833

- Verhandlungen der 2. Kammer der Landstände des Großherzogthums Hessen in den Jahren 1838/1840, Protokolle, Bd. 6, Nr. 138 bis 159, Darmstadt 1840

- Verhandlungen der 2. Kammer der Landstände des Großherzogthums Hessen in den Jahren 1844/1847, Protokolle, Bd. 8, Nr. 125 bis 135, Darmstadt 1847

- Verhandlungen der 2. Kammer der Landstände des Großherzogthums Hessen in den Jahren 1844/1847, Beilagen, Bd. 5, Darmstadt 1846

4. Sachsen:

- Landtags-Acten vom Jahre 1836/37, 2. Abtheilung, die Protocolle der 1. Kammer enthaltend, Bd. 1, Dresden 1837

- Landtags-Acten vom Jahre 1836/37, 3. Abtheilung, die Protocolle der 2. Kammer enthaltend, Bd. 2, Dresden 1837

- Landtags-Acten vom Jahre 1836/37, Beilagen zu den Protocollen der 1. Kammer, Abtheilung 2, Bd. 1, Dresden 1837

- Landtags-Acten vom Jahre 1836/37, Beilagen zu den Protocollen der 2. Kammer, Abtheilung 3, Bd. 2, Dresden 1837

- Landtags-Acten vom Jahre 1836/37, 1. Abtheilung, die Königlichen Mittheilungen an die Stände und die Eingaben der Stände oder einzelner Kammern an den König enthaltend, Bd. 3, Dresden 1837

- Acten des außerordentlichen Landtags vom Jahre 1854, 1. Abtheilung, die Königlichen Mittheilungen an die Stände und die Eingaben der Letzteren an den König enthaltend, Bd. 2, Dresden 1854

- Landtags-Acten vom Jahre 1866/68, 1. Abtheilung, die Königlichen Mittheilungen, welche an die Stände gelangt, und die Eingaben der Letzteren an den König enthaltend, Bd. 3, Dresden 1868

- Landtags-Acten vom Jahre 1866/68, Beilagen zu den Protocollen der 2. Kammer, Bd. 3, Dresden 1868

5. Württemberg:

- Verhandlungen der Kammer der Abgeordneten des Königreichs Württemberg auf dem Landtag 1838, Beilagen, Bd. 12, Beilageheft 2

- Verhandlungen der Kammer der Abgeordneten des Königreichs Württemberg auf dem Landtag 1839, Protokolle, Bd. 3

- Verhandlungen der Kammer der Abgeordneten des Königreichs Württemberg auf dem Landtag 1839, Beilagen, Bd. 12, Beilageheft 2

6. Preußen:

Provinziallandtage:

8. PL Mark Brandenburg und Markgrafentum Niederlausitz von 1843
7. PL Herzogtum Pommern und Fürstentum Rügen von 1843
6. PL Großherzogtum Posen von 1843
7. PL Provinz Sachsen von 1843
6. PL Herzogtum Schlesien, Grafschaft Glatz und Markgrafentum Ober-Lausitz (Preußischen Anteils) von 1841
7. PL Herzogtum Schlesien, Grafschaft Glatz und Markgrafentum Ober-Lausitz (Preußischen Anteils) von 1843
8. PL Herzogtum Schlesien, Grafschaft Glatz und Markgrafentum Ober-Lausitz (Preußischen Anteils) von 1845

Preußisches Abgeordnetenhaus:

- Stenographische Berichte über die Verhandlungen der durch die Allerhöchste Verordnung vom 2. November 1850 einberufenen Kammern, 2. Kammer, Bd. 3, Abt. 1, Anlagen Nr. 1 bis 85, Berlin 1851

- Stenographische Berichte über die Verhandlungen der durch die Allerhöchste Verordnung vom 2. November 1850 einberufenen Kammern, 2. Kammer, Bd. 4, Abt. 2, Anlagen Nr. 86 bis 181, Berlin 1851

- Anlagen zu den Stenographischen Berichten über die Verhandlungen des Hauses der Abgeordneten während der 1. Session der 15. Leg.-Per. 1882/83, Bd. 2, Nr. 67 bis 169, Berlin 1883

- Stenographische Berichte über die Verhandlungen der durch die Allerhöchste Verordnung vom 2. November 1882 einberufenen beiden Häuser des Landtags, Haus der Abgeordneten, Bd. 3. Von der fünfundvierzigsten Sitzung am 9. Mai 1883 bis zur Schlußsitzung der vereinigten beiden Häuser des Landtages am 2. Juni 1883, Berlin 1883

Preußisches Herrenhaus:

- Stenographische Berichte über die Verhandlungen des Preußischen Herrenhauses in der Session 1905/06. 5. Dezember 1905 bis 7. Juli 1906. Eröffnungssitzung der vereinigten beiden Häuser des Landtags. Erste bis fünfundzwanzigste Sitzung. Schlußsitzung der vereinigten beiden Häuser des Landtags, Berlin 1906

Preußische Landesversammlung:

- Sammlung der Drucksachen der verfassunggebenden Preußischen Landesversammlung (Anlagen zu den Sitzungsberichten), Tagung 1919/21, Bd. 10, Ds. Nr. 3045 bis 3276, Berlin 1921

Preußischer Landtag:

- Sammlung der Drucksachen des Preußischen Landtags (Anlagen zu den Sitzungsberichten), 1. Wahlperiode, 1. Tagung: begonnen am 10. März 1921, Bd. 6, Ds. Nr. 3081 bis 3576, Berlin 1923

- Sammlung der Drucksachen des Preußischen Landtags (Anlagen zu den Sitzungsberichten), 4. Wahlperiode, 1. Tagung: begonnen am 24. Mai 1932, Bd. 1, Ds. Nr. 1 bis 1747 und 1 und 2, Berlin 1933

7. Stenographische Berichte über die Verhandlungen des Reichstags:

- 4. Leg.-Per. 3. Session 1880, Bd. 4: Nr. 73 bis 199 der amtlichen Ds. des RT enthaltend, Berlin 1881

- 5. Leg.-Per. 1. Session 1881/82, Bd. 1: Von der Eröffnungssitzung am 27. November 1881 bis zur Schlußsitzung am 30. Januar 1882, Berlin 1882

- 5. Leg.-Per. 1. Session 1881/82, Bd. 2: Nr. 1 bis 127 der amtlichen Ds. des RT enthaltend, Berlin 1882

- 6. Leg.-Per. 2. Session 1885/86, Bd. 6: Nr. 237 bis 315 der amtlichen Ds. des RT enthaltend, Berlin 1886

- 7. Leg.-Per. 1. Session 1887, Bd. 2: Von der 29. Sitzung am 13. Mai 1887 bis zur 47. (Schluß-)Sitzung am 18. Juni 1887, Berlin 1887

- 7. Leg.-Per. 1. Session 1887, Bd. 4 (Anlbd. 2): Nr. 88 bis 235 der amtlichen Ds. des RT enthaltend, Berlin 1887

- 9. Leg.-Per. 2. Session 1893/94, Bd. 3: Von der 64. Sitzung am 6. März 1894 bis zur 86. (Schluß-)Sitzung am 19. April 1894, Berlin 1894

- 9. Leg.-Per. 2. Session 1893/94, Anlbd. 1: Nr. 1 bis 117 der amtlichen Ds. des RT enthaltend, Berlin 1894

- 9. Leg.-Per. 2. Session 1893/94, Anlbd. 2: Nr. 118 bis 353 der amtlichen Ds. des RT enthaltend, Berlin 1894

- 9. Leg.-Per. 3. Session 1894/95, Anlbd. 1: Nr. 1 bis 171 der amtlichen Ds. des RT enthaltend, Berlin 1895

- 9. Leg.-Per. 4. Session 1895/97, Bd. 5: Von der 120. Sitzung am 10. November 1896 bis zur 149. Sitzung am 16. Dezember 1896, Berlin 1897

- 9. Leg.-Per. 4. Session 1895/97, Anlbd. 3/4: Nr. 287 bis 533 der amtlichen Ds. des RT enthaltend, Berlin 1896

- 9. Leg.-Per. 5. Session 1897/98, Anlbd. 1: Nr. 1 bis 69 der amtlichen Ds. des RT enthaltend, Berlin 1898

- 10. Leg.-Per. 1. Session 1898/00, Bd. 1: Von der Eröffnungssitzung am 6. Dezember 1898 bis zur 35. Sitzung am 17. Februar 1899, Berlin 1899

- 10. Leg.-Per. 1. Session 1898/00, Bd. 3: Von der 71. Sitzung am 25. April 1899 bis zur 99. Sitzung am 22. Juni 1899, der Vertagung des Reichstags, Berlin 1899

- 10. Leg.-Per. 1. Session 1898/00, Anlbd. 1: Nr. 1 bis 95 der amtlichen Ds. des Rt enthaltend, Berlin 1899

- 10. Leg.-Per. 2. Session 1900/03, Bd. 10: Von der 279. Sitzung am 10. März 1903 bis zur 302. (Schluß-)Sitzung am 30. April 1903, Berlin 1903

- 10. Leg.-Per. 2. Session 1900/03, Anlbd. 8: Nr. 805 bis 979 der amtlichen Ds. des RT enthaltend, Berlin 1903

- 11. Leg.-Per. 1. Session 1903/05, Bd. 8: Von der 175. Sitzung am 29. März 1905 bis zur 193. Sitzung am 30. Mai 1905, Berlin 1905

- 11. Leg.-Per. 1. Session 1903/05, Anlbd. 7: Nr. 544 bis 750 der amtlichen Ds. des RT enthaltend, Berlin 1905

- 11. Leg.-Per. 2. Session 1905/06, Bd. 3: Von der 59. Sitzung am 7. März 1906 bis zur 87. Sitzung am 25. April 1906, Berlin 1906

- 11. Leg.-Per. 2. Session 1905/06, Anlbd. 4: Nr. 174 bis 312 der amtlichen Ds. des RT enthaltend, Berlin 1906

Verhandlungen des Reichstags:

- 12. Leg.-Per. 1. Session 1907/09, Bd. 236: Sten. Ber. von der 236. Sitzung am 29. März 1909 bis zur 261. Sitzung am 15. Juni 1909, Berlin 1909

- 12. Leg.-Per. 1. Session 1907/09, Bd. 253: Anl. zu den Sten. Ber. Nr. 1120 bis 1285, Berlin 1909

- 12. Leg.-Per. 2. Session 1910, Bd. 258: Sten. Ber. von der Eröffnungssitzung am 30. November 1909 bis zur 22. Sitzung am 21. Januar 1910, Berlin 1910

- 12. Leg.-Per. 2. Session 1909/11, Bd. 263: Sten. Ber. von der 103. Sitzung am 11. Januar 1911 bis zur 123. Sitzung am 9. Februar 1911, Berlin 1911

- 12. Leg.-Per. 1. Session 1909/10, Bd. 270: Anl. zu den Sten. Ber. Nr. 1 bis 115, Berlin 1909

- 12. Leg.-Per, 2. Session 1909/10, Bd. 275: Anl. zu den Sten. Ber. Nr. 341 bis 405, Berlin 1910

- 12. Leg.-Per. 2. Session 1909/11, Bd. 277: Anl. zu den Sten. Ber. Nr. 526 bis 638, Berlin 1911

- 13. Leg.-Per. 1. Session 1912/13, Bd. 300: Anl. zu den Sten. Ber. Nr. 534 bis 652, Berlin 1913

- 13. Leg.-Per. 2. Session 1914/18, Bd. 321: Anl. zu den Sten. Ber. Nr. 709 bis 1041, Berlin 1914-1918

England:

1. Parliamentary History of England, printed by T. C. Hansard
- Vol. 35: 1800
- Vol. 36: 1802

2. The Parliamentary Debates, printed by T. C. Hansard
- Vol. 14: 1809

3. The Parliamentary Debates, New Series, printed by T. C. Hansard
- Vol. 7: 1822

4. The Parliamentary Debates, 3. Series, printed by T. C. Hansard
- Vol. 29: 1835
- Vol. 76: 1844
- Vol. 104, 105, 106, 107: 1849
- Vol. 111, 112, 113: 1850
- Vol. 133, 134, 135: 1854
- Vol. 224, 226: 1875
- Vol. 229, 230, 231: 1876

5. The Parliamentary Debates, 4. Series, printed by T. C. Hansard
- Vol. 83, 84, 85, 86: 1900

6. The Parliamentary Debates, 5. Series, printed by T. C. Hansard
- Vol. 21, 22, 27: 1911 (House of Commons)
- Vol. 41: 1912 (House of Commons)
- Vol. 139, 140, 142: 1921 (House of Commons)
- Vol. 202, 206, 207, 208: 1927 (House of Commons)
- Vol. 286, 288: 1934 (House of Commons)

- Vol. 9: 1911 (House of Lords)
- Vol. 45: 1921 (House of Lords)
- Vol. 68: 1927 (House of Lords)
- Vol. 91, 92: 1934 (House of Lords)

The Statutes of The United Kingdom of Great Britain And Ireland

- Vol. 8: 1822
- Vol. 13: 1833
- Vol. 17: 1844
- Vol. 19: 1849
- Vol. 20: 1850
- Vol. 22: 1854

Halsbury's Statutes of England and Wales

- Third Edition, 1968 – 1972, Vol. 2 („Animals")
- Fourth Edition, 1992 Reissue, Vol. 2 („Animals")

Literaturverzeichnis

Abegg, Julius Friedrich Heinrich: Ueber die Bestrafung der Mißhandlung von Thieren, in: Neues Archiv des Criminalrechts, Bd. 12, 1832, S. 620 – 639

Abegg, Julius Friedrich Heinrich: Nachträgliche Bemerkungen zu der Abhandlung ueber die Mißhandlung von Thieren, in: Neues Archiv des Criminalrechts, Bd. 14, 1834, S. 93 – 101

Abegg, Julius Friedrich Heinrich: Neuerer Standpunkt der Gesetzgebung in Betreff der Mißhandlung von Thieren, in: Archiv des Criminalrechts, Neue Folge 1851, S. 102 – 124

Abegg, Julius Friedrich Heinrich: Zur sprachlichen Auslegung des Strafgesetzbuchs, insbesondere der Bedeutung von „Öffentlichkeit", in: GA, Bd. 9, 1861, S. 80 – 85

Adolph, Johannes: Der Schutz des Tieres im Deutschen Recht, Würzburg 1936, in: Kleine Strafrechtliche Schriften, Bd. 119

Altwegg, Edwin: Der rechtliche Schutz der Tiere, Diss. iur. Bern 1920

von Ammon, Christoph Friedrich: Das sittliche Verhältniß des Menschen zu den Thieren. Zwei Reden, gehalten vor der Hauptversammlung der Mitglieder des Vereins gegen Thierquälerei zu Dresden am 23. Mai 1843, Dresden und Leipzig 1843

von Archenholtz, Johannes Wilhelm: England und Italien, Bd. 1, Leipzig 1785

Back, W.: Schächten oder Betäuben? – eine Bedürfnisfrage. Ein Beitrag zum Erlaß eines Reichsschlachtgesetzes, Straßburg i. E. 1911

Baehr: Gutachten über die Strafbestimmung in § 360 Nr. 13 RStGB in ihrer Anwendung auf die Vivisektion, Dresden 1883

Banke, Waldemar: Der erste Entwurf eines Deutschen Einheitsstrafrechts, 1. Die Verfasser des Entwurfs 1849, Berlin 1912

von Bar, Karl Ludwig: Gesetz und Schuld im Strafrecht, Bd. 3, Berlin 1909

Baving, Ansgar: Eine Übersicht über die gesetzlichen Tierschutzbestimmungen in 16 europäischen Staaten, Diss. med. vet. Hannover 1965

Beck, Marguerite: Die Tierquälerei, Diss. iur. Zürich 1918

Beckers, Walter: Die Tierquälerei als rechtswidrige und strafbare Handlung nach dem Reichstierschutzgesetz, Diss. iur. Bonn 1939

Beringer, H. (Hrsg.): Lesebüchlein des Berliner Tierschutzvereins, Berlin 1896

Berner, Albert Friedrich: Lehrbuch des Deutschen Strafrechts, 14. Aufl. und 16. Aufl. Leipzig 1886 und 1891

Bestelmeyer, Hans: Die Vivisektion vom strafrechtlichen Standpunkt aus, Diss. iur. Erlangen 1935

Binding, Karl: Handbuch des Strafrechts, Bd. 1, Leipzig 1885

Binding, Karl: Lehrbuch des Gemeinen Deutschen Strafrechts, Bes. Teil, Bd. 1, 2. Aufl. Leipzig 1902

Binding, Karl: Die Normen und ihre Übertretung, Bde. 1 und 2, Leipzig 1872 und 1877

Bleich, Eduard: Verhandlungen des im Jahre 1848 zusammenberufenen Vereinigten ständischen Ausschusses, Bd. 4, Berlin 1848 (Kodifikationsgeschichte Strafrecht, hrsg. von Schubert, Werner / Regge, Jürgen / Schmid, Werner / Schröder, Rainer, Reprint Frankfurt am Main 1991)

Blütchen, Th.: Unterstützung der Tierschutz-Sache durch die Erziehung der Jugend, Liegnitz 1896

du Bois Reymond, Emil: Der physiologische Unterricht. Sonst und Jetzt, Berlin 1878

Bovensiepen, Rudolf: Tier und Recht, in: Stier-Stomlo, Fritz / Elster, Alexander (Hrsg.): Handwörterbuch der Rechtswissenschaft, Bd. 6 1928, S. 23 – 34, Berlin und Leipzig 1928

Bregenzer, Ignaz: Thier-Ethik. Darstellung der sittlichen und rechtlichen Beziehungen zwischen Mensch und Tier, Bamberg 1894

Bretschneider, Hubert: Der Streit um die Vivisektion im 19. Jahrhundert. Verlauf – Argumente – Ergebnisse, in: Medizin in Geschichte und Kultur, Bd. 2, Stuttgart 1962

Ciaburri, Gennaro: Die Vivisektion (Übers. von Julius Ammer), Dresden 1933

Clauß, Hans: Tierschutz und Strafgesetzgebung, Diss. iur. Leipzig 1928

Cucumus, Conrad: Ueber das System eines Strafgesetzbuchs hinsichtlich der Polizei-Uebertretungen, in: Neues Archiv des Criminalrechts, Bd. 7, 1825, S. 120 – 140 und S. 230 – 281

Dann, Christian Adam: Bitte der armen Thiere, der unvernünftigen Geschöpfe, an ihre vernünftigen Mitgeschöpfe und Herrn, die Menschen, Tübingen 1822

Dembo, J. A.: Das Schächten im Vergleich mit anderen Schlachtmethoden, Leipzig 1894

Denkschrift 1919: in: Entwürfe zu einem Deutschen Strafgesetzbuch. Veröffentlicht auf Anordnung des Reichs-Justizministeriums, Teil 3, Berlin 1920

von Droste-Hülshoff, Clemens August: Abhandlung über die Frage: Ob nur Rechtsverletzungen vom Staate als Verbrechen bestraft werden dürfen?, in: Neues Archiv des Criminalrechts, Bd. 9, 1827, S. 600 – 624

Duden, Gottfried: Der preußische Entwurf einer neuen Strafgesetzgebung und sein Verhalten zum Rheinlande, Bonn 1843

Ebstein, Wilhelm: Der medizinische Versuch mit besonderer Berücksichtigung der Vivisektion, Wiesbaden 1907

von Ehrenstein, Heinrich Ferdinand Wilhelm: Schild und Waffen gegen Thierquälerei. Ein Beitrag zur allgemeinen Förderung der Menschlichkeit, Leipzig 1840

Eichholz, Johann Heinrich: Einige Winke über Aufklärung und Humanität nebst einer kleinen Abhandlung über die Bestimmung und die Pflichten gegen die Thiere, Mannheim 1805

Einhauser, Rudolf: Der gesetzliche Betäubungszwang vor dem norwegischen Storting, München 1932

Elster, Alexander: Gebührt einem Tier Rechtspersönlichkeit?, in: DJ 1936, S. 230 – 231

Emrich, W.: Tierschutz und Tierschutzrecht, in: MDR 1949, S. 675 – 676

Ennulat, Klaus J. / Zoebe, Gerhard: Das Tier im neuen Recht (mit Kommentar zum Tierschutzgesetz), Stuttgart, Berlin, Köln, Mainz 1972

Erbel, Günter: Rechtsschutz für Tiere – Eine Bestandsaufnahme anläßlich der Novellierung des Tierschutzgesetzes, in: DVBl. 1986, S. 1235 – 1258

Fairholme, Edward George / Pain, Wellesly: A Century of Work for Animals, The History of The RSPCA 1824 – 1934, 2. Aufl. London 1934

von Feilitzsch, Heinrich: Das Königlich Sächsische Landesstrafrecht, Bd. 2, Leipzig 1902

Felix, Günter: Einige Bemerkungen zum Problem des rechtlichen Tierschutzes, in: JZ 1959, S. 85 – 86

Fischer-Defoy, Werner / Lehmann, Richard: Zwei Preisschriften über das Thema: „Innerhalb welcher Grenzen ist der wissenschaftliche Versuch am lebenden Tiere als unentbehrlich anzusehen?“: 1. „Der Buchstabe tötet, aber der Geist macht lebendig“ von Lehmann, 2. „Buddha“ von Fischer-Defoy, Leipzig 1913

Fleming, G.: Die Vivisection. Ist sie nothwendig oder zu entschuldigen? (Übers. von Emil Weilshäuser), Berlin 1870

Fliegel, Ludwig: 1000 Ärzte gegen die Vivisektion, Basel 1935

Förster, Bernhard: Die Frage der Vivisektion im Deutschen Reichstage. Ein Stück Kulturkampf, in: Bayreuther Blätter 5, 3. Heft 1882, S. 90 – 96

Förster, Paul: Die Vivisektion, die wissenschaftliche Tierfolter, München 1914

Frank, Friedrich: Die Schächtfrage vor der bayerischen Volksvertretung, Würzburg 1894

Frank, Reinhard: Das Strafgesetzbuch für das Deutsche Reich, 8.-10. Aufl. und 18. Aufl. Tübingen 1911 und 1931

French, Richard D.: Antivivisection and Medical Science in Victorian Society, Princeton and London 1975

Garbs, F. A.: Das Tier und sein Recht, Hannover 1882

Gebele von Waldstein, Sigwalt: Der Tierschutz im Recht. Historische Entwicklung und sittliche Grundlage, Diss. iur. Marburg 1952

Gegenentwurf zum Vorentwurf eines deutschen Strafgesetzbuchs nebst Begründung: Aufgestellt von Kahl, Wilhelm / von Lilienthal, Karl / von Liszt, Franz / Goldschmidt, James, Berlin 1911

Gharpure, Narhar Kashinath: Tierschutz, Vegetarismus und Konfession, Diss. iur. München 1935

Giese, Clemens / Kahler, Waldemar: Das deutsche Reichs-Tierschutzgesetz, Kommentar, Berlin 1934

Goldschmidt, James: Widerstand gegen die Staatsgewalt, Verbrechen und Vergehen gegen die öffentliche Ordnung und Vergehen gegen die Wehrpflicht, das Heer und die Marine (§§ 126 – 154), in: Aschrott, Paul Felix / von Liszt, Franz (Hrsg.): Die Reform des Reichsstrafgesetzbuchs), Bd. 2, Bes. Teil, S. 40 – 119, Berlin 1910 (zit.: Reform)

Goltz, Friedrich: Wider die Humanaster. Rechtfertigung eines Vivisektors, Straßburg 1883

von Grolmann, Karl: Grundsätze der Criminalrechtswissenschaft, 3. Aufl. Gießen 1818

Gross, Johann Carl: Criminalgesetzbuch für das Königreich Sachsen mit Anmerkungen zum praktischen Gebrauch, Dresden 1838

Grysanowski, Ernst: Gesammelte antivivisectionistische Schriften, Münster i. W. 1897

1. Die Vivisection, ihr wissenschaftlicher Werth und ihre ethische Berechtigung, 1877, S. 1 – 84
2. Die Vertheidiger der Vivisection und das Laienpublikum, 1879, S. 85 – 106
3. Die Ansprüche der Physiologen, 1879, S. 107 – 152
4. Der Vivisectionsstreit und das Leipziger Tageblatt, 1879, S. 153 – 162
5. Das ärztliche Concil zu London, 1. Aug. 1881, 1881, S. 217 – 250
6. Geheimrath Virchow und die Reichstags-Comission, 1881, S. 251 – 256

7. Kurze Anleitung zur Gewinnung eines Standpunktes in der Vivisectionsfrage, 1882, S. 257 – 269
8. Professor Dr. med. Hüter als Referent über die Antivivisections-Petitionen in der Petitions-Commission des Deutschen Reichstags, 1882, S. 270 – 273
9. Kritische Beleuchtung der Vivisectionsdebatte im Preussischen Abgeordnetenhause, 1883, S. 291 – 308
10. Die Vivisectionsfrage vor dem Preussischen Landtage, 1883, S. 309 – 334
11. Die Vivisection. Zur Verständigung über die Motive und Zwecke der Agitation, 1887, S. 407 – 414

Günther, Karl Friedrich: Die neuen Criminalgesetze für das Königreich Sachsen, erläutert aus den Landtagsverhandlungen von den Jahren 1836 und 1837, Leipzig 1838

Haas, Herbert: Der Tierschutz im deutschen Strafrecht, Diss. iur. Greifswald 1913

Häberlin, Carl Franz Wolf Jerôme: Grundsätze des Criminalrechts nach den neuern deutschen Strafgesetzbüchern, Bd. 3, Leipzig 1848

Hälschner, Hugo: Das gemeine deutsche Strafrecht, Bd. 2, Abt. 2, Bonn 1887

Hahn, Ute: Die Entwicklung des Tierschutzgedankens in Religion und Geistesgeschichte, Diss. iur. Hannover 1980

Harrison, Ruth: Tiermaschinen, München 1965

Hartmann, Otto: Denkschrift über die Betäubung der Schlachttiere, in: Leipziger Flugschriften-Sammlung zur Betäubungsfrage der Schlachttiere, Heft 17, Leipzig 1907

Hattenhauer, Hans (Hrsg.): Allgemeines Landrecht für die Preußischen Staaten von 1794, 3. Aufl. Neuwied, Kriftel, Berlin 1996

Heidenhain, Rudolf Peter Heinrich: Die Vivisection im Dienste der Heilkunde, Leipzig 1879

Heidenhain, Rudolf Peter Heinrich: Die Vivisection. Auf Veranlaßung des Königlichen Ministers der geistlichen Unterrichts- und Medicinal-Angelegenheiten, Leipzig 1884

Held, Gustav Friedrich / Siebdrat, G. A.: Criminalgesetzbuch und forststrafrechtliche Bestimmungen für das Königreich Sachsen, Leipzig 1848

Henke, Eduard: Handbuch des Criminalrechts und der Criminalpolitik, Teil 1, Berlin und Stettin 1823

Henning, Franz: Der Kampf um die Einführung humanen Schlachtens an Hand der vorliegenden Literatur unter besondere Würdigung des Anteils der deutschen Tierärzteschaft, Diss. med. vet. Hanover 1942

Hepp, Ferdinand Carl Theodor: Commentar über das neue württembergische Strafgesetzbuch, Bd. 3, Abt. 1, Tübingen 1843

Hermann, Ludimar: Die Vivisectionsfrage, Leipzig 1877

Hildesheimer, Hirsch (Hrsg.): Gutachten über das jüdisch-rituelle Schlachtverfahren („Schächten"), Berlin 1894

Hildesheimer, Hirsch (Hrsg.): Nachtrag zu den Gutachten über das jüdisch-rituelle Schlachtverfahren, Berlin 1902

Hildesheimer, Hirsch (Hrsg.): Neue Gutachten über das jüdisch-rituelle Schlachtverfahren, Berlin 1908

Hildrop, John: Free Thoughts upon the Brute Creation, London 1742

von Hippel, Robert: Deutsches Strafrecht, Bd. 1, Berlin 1925

von Hippel: Die allgemeinen Lehren vom Verbrechen im Strafgesetz-Entwurf von 1925, in: Zeitschrift für die gesamte Strafrechtswissenschaft, Bd. 47, 1927, S. 18 - 64

von Hippel, Robert: Die Tierquälerei in der Strafgesetzgebung des In- und Auslandes, historisch, dogmatisch und kritisch dargestellt, nebst Vorschlägen zur Änderung des Reichsrechts, Berlin 1891 (zit.: Tierquälerei)

von Hippel, Robert: Die Tierquälerei (§ 360 Nr. 13 RStGB), in: Vergleichende Darstellung. Vorarbeiten zur deutschen Strafrechtsreform, auf Anregung des Reichsjustizamtes, Bes. Teil, Bd. 2 (Verbrechen und Vergehen wider die öffentliche Ordnung), Berlin 1906 (zit.: Vergl. Darst.)

von Hippel, Robert: Lehrbuch des Strafrechts, Berlin 1932

von Hippel, Robert: Zur Bestrafung der Tierquälerei, in: DJZ 1933, S. 1253 – 1256

Hölscher, Heinz: Tierschutz und Strafrecht. Eine historische und rechtliche Studie unter Berücksichtigung der ausländischen Gesetzgebung, Diss. iur. Heidelberg 1950

von Holtzendorff, Franz: Handbuch des Deutschen Strafrechts, Bd. 3, Berlin 1872 (darin: XVIII: Vergehen, welche sich auf die Religion beziehen, S. 261 – 274, bearb. von **Wahlberg, Wilhelm Emil**)

Hommel, Karl Ferdinand: Rhapsodia quaestionum in foro quotidie obvenientium neque tamen legibus decisarum, 3. Aufl. 1769

Hottenrott: Kann in Preußen der Tierschutz durch Polizeiverordnung geregelt werden?, in: DJZ 1908, Sp. 187 – 189

Jellinek, Walter: Verwaltungsrecht, Berlin 1928

Jenny, Amalie: Der strafrechtliche Schutz der Tiere, Diss. iur. Bern 1940

Jentzsch, Rupert: Das rituelle Schlachten von Haustieren in Deutschland ab 1933, Diss. med. vet. Hannover 1998

von Jhering, Rudolf: Der Zweck im Recht, Bd. 2, Leipzig 1883

Johow, Reinhold (Hrsg.): Jahrbuch für Entscheidungen des Kammergerichts in Sachen der nichtstreitigen Gerichtsbarkeit und in Strafsachen, Bde. 16 und 51, Berlin 1897 und 1919

Juchem, Theodor Hans: Die Entwicklung des Tierschutzes von der Mitte des 18. Jahrhunderts bis zum Reichsstrafgesetzbuch von 1871, Bonn 1940, in: Kleine Strafrechtliche Schriften 137

von Kamptz, Carl Albert Christoph Heinrich: Fragmente aus dem neuern englischen Kriminalrecht, in: Kamptz's Jahrbücher, Bd. 66, 132. Heft 1845, S. 169 – 202

Kant, Immanuel: Anthropologie in pragmatischer Hinsicht, Bd. 7, Teil 2 (hrsg. von Friedrich Wilhelm Schubert), Leipzig 1838

Kant, Immanuel: Metaphysische Anfangsgründe der Tugendlehre, 2. Aufl. Königsberg 1803

Kiss, Alexander: Gedenken zum Tierschutzgesetz, Diss. med. vet. Gießen 1953

Klein, Karl: Aus öffentlichen und privaten Schlachthäusern Deutschlands, München 1912

Kleinschrod, Gallus: Systematische Entwicklung der Grundbegriffe und Grundwahrheiten des peinlichen Rechts nach der Natur der Sache und der positiven Gesetzgebung, Teil 1, 3. Aufl. Erlangen 1805

Kohler, Josef: Das neue englische Gesetz über Tierquälerei, in: GA, Bd. 60, 1913, S. 3 – 11

Kohler, Josef: Der deutsche und der österreichische Vorentwurf eines Strafgesetzbuchs, in: GA, Bd. 56, 1909, S. 285 – 312

Kohler, Josef: Die Thiere im Recht, in: GS, Bd. 47, 1892, S. 32 – 62

Kohler, Josef: Leitfaden des Deutschen Strafrechts, Leipzig 1192

Kohler, Josef: Ueber den Begriff der Unzucht mit öffentlichem Aergerniß, in: GA, Bd. 45, 1897, S. 175 – 213

Komitsch: Tierquälerei. Eine Betrachtung de lege ferenda, in: Hitzigs Zeitschrift für die Kriminalrechtspflege, Bd. 20, 39. Heft 1832, S. 194 – 199 und 428 – 429

Korn, Fritz: Die strafrechtliche Behandlung der Tierquälerei (Abänderungsvorschlag zum Strafgesetzbuchentwurf von 1927), Meißen 1928

Korn, Fritz: Die Tierquälerei in der Rechtsprechung, in: Archiv für Rechtspflege in Sachsen, Thüringen und Anhalt, 6. Jahrgang 1929, S. 331 – 340 und 407 – 418

Korn, Fritz: Reichs-Tierschutzgesetz, Kommentar, Meißen 1934

Krause, Karl Christian Friedrich: Das System der Rechtsphilosophie, Leipzig 1874

Krug, August Otto: Kommentar zum Sächsischen Strafgesetzbuch von 1855, 1. Aufl., Leipzig 1855

Krumbiegel, Ingo: Die Tierquälerei – Ein Weg in den Abgrund, Hannover 1981

Kuhl, Thomas / Unruh, Peter: Tierschutz und Religionsfreiheit am Beispiel des Schächtens, in: DÖV 1991, S. 94 – 102

Kunkel, Horst: Eine Analyse des Schächtproblems unter Berücksichtigung religiöser, physiologischer und technischer Fragen mit dem Versuch, Möglichkeiten eine Lösung aufzuzeigen, Diss. med. vet. Hannover 1962

Kupka, Traugott: Die Tierquälerei mit besonderer Rücksicht auf die lex ferenda, Diss. iur. Breslau 1918

Landwehr, Werner: Die strafbare Tierquälerei nach § 9 RTierSchG, Diss. iur. Rostock 1935

Lange, Wilhelm: Die Tierschutzbewegung und § 360 Nr. 13 RStGB, in: GS, Bd. 42, 1889, S. 43 – 55

Lehner, Michael: Tierschutz und Gesetz, Diss. iur. Erlangen 1929

Levinger, Israel Meir: Schechita – Im Lichte des Jahres 2000, Beilage 2: Axel Azzola: Rituelles Schächten und die Freiheit der Religionsausübung nach dem Grundgesetz, Bonn 1995

Leyser, Augustin: Meditationes ad pandectas, Vol. I, 3. Aufl. Leipzig 1741

von Lilienthal, Karl: Der Zweck als Straf- und Schuldmoment. Vortrag gehalten am 14. März 1900 in der Juristischen Gesellschaft in Wien, in: Zeitschrift für die gesamte Strafrechtswissenschaft, Bd. 20, 1900, S. 440 – 458

von Liszt, Franz: Lehrbuch des Deutschen Strafrechts, 4. Aufl. Berlin 1891

von Liszt, Franz / Schmidt, Eberhard: Lehrbuch des Deutschen Strafrechts, 25. Aufl. Berlin und Leipzig 1927

Lorz, Albert: Die Entwicklung des deutschen Tierschutzrechts, in: Händel, Ursula M. (Hrsg.): Tierschutz, Testfall unserer Menschlichkeit, Frankfurt am Main 1984

Lorz, Albert: Tierschutzgesetz, Kommentar, 4. Aufl. München 1992

Lutz, Fritz: Der Begriff der Öffentlichkeit im RStGB und in den strafrechtlichen Nebengesetzen des deutschen Reichs, Breslau 1901, in: Strafrechtliche Abhandlungen, Heft 36, 1901

Masbaum, G.: Tierschutz. Ein Büchlein für jedermann, besonders für die Jugend, 4. Aufl. Paderborn 1894

May: Geschichtliches über Tierschutz, in: Rundschau auf dem Gebiete der gesamten Fleischbeschau und Trichinenbeschau, des Schlacht- und Viehhofwesens, 34. Jahrgang 1933, S. 81 – 84

Mayer, Max Ernst: Der Allgemeine Teil des Deutschen Strafrechts, Heidelberg 1915

Mendelssohn-Bartholdy, A.: Über Tierquälerei. Eine methodische Untersuchung, in: GS, Bd. 66, 1905, S. 428 – 448

Meves: Das RStGB in seinem Verhältnis zur Religion, in: GS, Bd. 27, 1875, S. 321 – 372

Meyer, Hugo: Lehrbuch des Strafrechts, Erlangen 1875

Meyer, Hugo / Allfeld, Philipp: Lehrbuch des Deutschen Strafrechts, 7. Aufl. Leipzig 1912

Minuth, Karl-Heinz (Bearb.): Akten der Reichskanzlei. Die Regierung Hitler, Bd. 2, Boppard am Rhein 1983

Misch, Ludwig: Der strafrechtliche Schutz der Gefühle, Heidelberg 1911, in: Strafrechtliche Abhandlungen, Heft 133

Mittermaier, Carl Josef Anton: Über den neuesten Zustand der Criminalgesetzgebung in Deutschland, Heidelberg 1825

von Mohl, Robert: Das württembergische Polizei-Strafgesetz vom 2. Oct. 1839, in: Archiv des Criminalrechts, Neue Folge, Beilageheft zu 1840

de Montmorency, J. E. G.: State Protection of Animals Home and Abroad, in: Law Quarterly Review, Bd. 18, 1902, S. 31 – 48

von und zur Mühlen, Werner: Der Schutz des Tieres im geltenden deutschen Recht unter Berücksichtigung seiner geschichtlichen Entwicklung, Diss. iur. Köln 1938

Müller, Gerhard: Das Tier im Verwaltungsrecht, Diss. iur. Würzburg 1975

Münchener Tierschutzverein: Entwurf eines Gesetzes über das Schlachten von Tieren, 1930 dem Bayerischen Landtag vorgelegt, München 1930

Münchener Tierschutzverein: Schlachttierschutz! Antrag der bayerischen Tierschutzvereine München, Ansbach, Dilingen, Kulmbach, Landshut, Niederbayerischer Kreistierschutzverein, Passau, Regensburg, Schwaben und Neuburg, Verein gegen Vivisektion und sonstige Tierquälerei auf Durchführung des Landtagsbeschlusses von 1926 über das Betäuben der Schlachttiere, München 1929

Neupert, Herbert: Das Delikt der Tierquälerei nach § 9 Abs. 1 des Reichs-Tierschutzgesetzes, in: Deutsches Strafrecht (GA), 1937, Neue Folge, Bd. 4, S. 385 – 398

Neupert, Herbert: Die Übertretungsdelikte des Reichs-Tierschutzgesetzes, in: Deutsches Strafrecht (GA), 1938, Neue Folge, Bd. 5, S. 209 – 220 und 301 – 310

Niven, Charles David: History of the Humane Movement, London 1967

Olshausen, Justus: Kommentar zum Strafgesetzbuch für das Deutsche Reich, Bde. 1 und 2, 3. Aufl. Berlin 1890

Oppenhoff, Friedrich Christian (Hrsg.): Die Rechtsprechung des Königlichen Obertribunals in Strafsachen, Bde. 1 von 1861, 12 von 1871, 14 von 1873 und 17 von 1876

Oppenhoff, Friedrich Christian: Das Strafgesetzbuch für das Deutsche Reich, Kommentar, 3. Aufl. Berlin 1873

von Overbeck, Alfred: Der Vorentwurf zu einem deutschen Strafgesetzbuche, in: Schweizerische Zeitschrift für Strafrecht, 23. Jahrgang 1910, S. 1 – 42

Ovid (Publius Ovidius Naso): Metamorphosen (Berichtigt, übersetzt und erläutert von Heinrich Lindemann), Bd. 3, Leipzig 1856

Peter, Carl Wilhelm: Wie kann die Pflicht des Thierschutzes bei der Jugend geweckt werden und von ihr geübt werden?, Dresden 1883

Pitz, Norbert: Das Delikt der Tierquälerei; Tierschutz oder Gefühlsschutz, Diss. iur. Köln 1929

Polley, Rainer: Die Lehre vom gerechten Strafmaß bei Karl Ferdinand Hommel (AD 1722-1781) und Benedikt Carpzow (AD 1595-1666), Diss. iur. Kiel 1972

Primatt, Humphry: The duty of mercy and the sin of cruelty to brute animals (hrsg. von Richard Dudley Ryder), Sussex 1992

Radbruch, Gustav: Amtlicher Entwurf eines Allgemeinen deutschen Strafgesetzbuchs und das Schächten nach jüdischem Ritus, Gutachtliche Äußerung <ca. 1926>, Abzug aus der Akte Geh. StA, Rep. 84 a, Nr. 8420, Bl. 400 – 406, im Juristischen Seminar der Christian-Albrechts-Universität Kiel, in: Zur Frage der betäubenden Wirkung des Schächtschnitts

Ramdohr: Unsere Vorgänger im Kampfe für humanes Schlachten, in: Leipziger Flugschriften-Sammlung zur Betäubungsfrage der Schlachttiere, Heft 25, Leipzig 1910

Ramdohr: Die Tierquälerei-Paragraphen in dem Entwurf zur Novelle des Reichsstrafgesetzbuchs und das rituelle Schächten der Juden, in: Leipziger Flugschriften-Sammlung zur Betäubungsfrage der Schlachttiere, Heft 26, Leipzig 1910

Rechtsprechung des Deutschen Reichsgerichts in Strafsachen: Hrsg. von den Mitgliedern der Reichsanwaltschaft, Bd. 2, 1880, München und Leipzig 1880

Reinhardt, Herbert: Die Tierquälerei als rechtswidrige und strafbare Handlung, Diss. iur. Würzburg 1925

Ritvo, Harriet: The Animal Estate. The English and other creatures in the Victorian age, Cambridge 1987

Römheld: Bemerkungen eines Praktikers zu dem Vorentwurf eines Strafgesetzbuchs, in: DRZ, 2. Jahrgang 1910, Sp. 431 – 436

Rosenberg, Werner: Übertretungen (§§ 305 – 310), in: Aschritt, Paul Felix / von Liszt, Franz: Die Reform des Reichsstrafgesetzbuchs, Bd. 2, Bes. Teil, S. 466 – 490, Berlin 1910 (zit.: Reform)

Roßhirt, Friedrich: Ueber die Natur der sogenannten polizeilich strafbaren Handlungen und Unterlassungen, in: Neues Archiv des Criminalrechts, Bd. 12, 1832, S. 290 – 317

Rotering, F.: Polizei-Übertretungen und Polizei-Verordnungsrecht, Berlin 1888

Rubo, Ernst Traugott: Kommentar über das Strafgesetzbuch für das Deutsche Reich und das Einführungsgesetz vom 31. Mai 1870, Berlin 1879

Rüdorff, Hans: Strafgesetzbuch für das Deutsche Reich, Kommentar, 2. und 4. Aufl. Berlin 1877 und 1892

Ryder, Richard Dudley: Animal Revolution. Changing Attitudes towards Speciesism, Oxford 1989

Salkowski, Georg: Der Tierschutz im geltenden und zukünftigen Strafrecht des In- und Auslandes, Diss. iur. Heidelberg 1911

Sander, Hermann: Der Tierschutz im Strafgesetzbuch unter Berücksichtigung der gerichtlichen Entwicklung und der Entwürfe zu einem neuen Strafgesetzbuch, Heidelberg 1931, in: Kleine Strafrechtliche Schriften, Bd. 70

Sauer, Norbert: Tierschutz bei Fischen, Diss. med. vet. Gießen 1993

Schäfer, Gustav: Die geschichtliche Entwicklung des Tierschutzes, Dresden 1889

Schaefer, Karl Theodor: Der Tierschutz im Reichsstrafrecht, Diss. iur. Leipzig 1932

Schick, Walter: Die Tierquälerei in der deutschen Strafgesetzgebung, Würzburg 1936, in: Kleine Strafrechtliche Schriften, Bd. 119

Schiebold, Rolf: Reichsstrafgesetzbuch, Altenburg 1933, in: Kleine Strafrechtliche Schriften, Bd. 97

Schlosser, Julie: Die unbekannten Brüder. Das ethische Problem Mensch und Kreatur, Berlin 1932

Scholl, C.: Das Aergernis im deutschen Strafrecht überhaupt und in der Strafnorm gegen Tierquälerei insbesondere, in: Zeitschrift für die gesamte Strafrechtswissenschaft, Bd. 13, 1893, S. 279 – 324

Schopenhauer, Arthur: Parerga und Paralipomena, in: Sämtliche Werke (hrsg. von Wolfgang Freiherr von Löhneysen), Bd. 5, Teil 2, Frankfurt am Main 1986

Schopenhauer, Arthur: Preisschrift über die Grundlage der Moral, (mit einer Einleitung, Bibliographie und Registern hrsg. von Hans Ebeling), Hamburg 1979

Schröder, Barbara: Das Tierschutzgesetz vom 24. November 1933, zur Dokumentation der Vorgeschichte und der Änderungsvorschläge, Diss. med. vet. Berlin 1970

Schubert, Werner: Die Preußischen Provinziallandtage von 1841, 1843 und 1845
Abt. 1: Der Provinziallandtag der Rheinprovinz von 1841, 1843 und 1845, Bde. 1 und 2, Vaduz, Liechtenstein 1990
Abt. 2: Der Provinziallandtag des Königreichs Preußen von 1841, 1843 und 1845, Bd. 2, Vaduz, Liechtenstein 1992
Abt. 3: Der Westfälische Provinziallandtag von 1841, 1843 und 1845, Bd. 2, Vaduz, Liechtenstein 1996

Schubert, Werner: Die Quellen zum Strafgesetzbuch von 1870/71, in: GA 1982, S. 191 – 218

Schubert, Werner (Hrsg.): Entwürfe der Strafrechtskommission zu einem Deutschen Strafgesetzbuch und zu einem Einführungsgesetz (1911 – 1914), Frankfurt am Main 1990

Schubert, Werner: Preußen im Vormärz, Frankfurt am Main 1999

Schubert, Werner / Regge, Jürgen: Preußische Gesetzrevision (1825 – 1848), Abt. 1: Straf- und Strafprozeßrecht
Bd. 4: Protokolle der Kommission des Staatsrats über die Beratungen des Revidierten Entwurfs eines Strafgesetzbuchs von 1836 (Ministerien Kamptz und Savigny; 1838 – 1842), 2. Halbbd., Vaduz, Liechtenstein 1993
Bd. 5: Entwurf des Strafgesetzbuchs von 1843. Revision des Entwurfs des Strafgesetzbuchs von 1843 und Revidierter Entwurf der Strafprozeßordnung von 1841 (Ministerien Kamptz und Savigny), Vaduz, Liechtenstein 1994
Bd. 6: Entwurf eines Strafgesetzbuchs (1845 – 1848). Gesetz vom 17. Juli 1846, betreffend das Verfahren in den beim Kammergericht und dem Kriminalgericht zu Berlin zu führenden Untersuchungen, Teil 2, Vaduz, Liechtenstein 1996

Schubert, Werner (Hrsg.): Protokolle der Kommission für die Reform des Strafgesetzbuchs (1911 – 1913), Frankfurt am Main 1990 (zit.: Protokolle zur Reform des StGB)

Bd. 2: Schlußberatungen des Allgemeinen Teils, 1. Lesung des Besonderen Teils, §§ 100 – 211 des Vorentwurfs, Protokolle 71 – 140

Bd. 3: Besonderer Teil des Vorentwurfs in 1. Lesung, §§ 212 – 310 des Vorentwurfs, Potokolle 141 – 207

Bd. 4: Zweite Lesung und Schlußredaktion des Entwurfs, Protokolle 208 – 282

Schubert, Werner / Regge, Jürgen / Rieß, Peter / Schmid, Werner (Hrsg.): Quellen zur Reform des Straf- und Strafprozeßrechts (zitiert: Schubert, Quellen)

Abt. 1: Weimarer Republik (1918 – 1932)

Bd. 1: Entwürfe zu einem Strafgesetzbuch (1919, 1922, 1924/25 und 1927), Berlin und New York 1995 (Hierin ist die Denkschrift zum Entwurf von 1919 nicht enthalten. Diese wird daher separat unter „Denkschrift 1919" zitiert)

Bd. 2: Beratungen des Entwurfs eines Allgemeinen Deutschen Strafgesetzbuchs von 1924/25 im Reichsrat (1926/27), Berlin und New York 1998

Bd. 3: Protokolle der Strafrechtsausschüsse des Reichstags

Teil 1: Sitzungen vom Juli 1927 – März 1928. Sitzungen der deutschen und österreichischen parlamentarischen Strafrechtskonferenzen (1927 – 1930), Berlin und New York 1995

Teil 3: Sitzungen von Oktober 1929 – Juni 1930, Berlin und New York 1997

Teil 4: Sitzungen von Dezember 1930 – März 1932; Zusammenstellungen der Beschlüsse, Berlin und New York 1997

Schütze, Theodor Reinhold: Lehrbuch des Deutschen Strafrechts auf Grund des Reichsstrafgesetzbuchs, Leipzig 1871

Schwantje, Magnus: Der Tierschutz im deutschen Strafgesetz, Berlin 1910

Schwarze, Friedrich Oskar: Das Strafgesetzbuch für den Norddeutschen Bund vom 31. Mai 1870, Kommentar, Leipzig 1870

Schwarze, Friedrich Oskar: Kommentar zum Strafgesetzbuch für das Deutsche Reich, 2. Aufl. Leipzig 1872

Seehaus, Otto: Tierschutz und Tierquälerei, Berlin 1896

Singer, Peter: Praktische Ethik, 2. Aufl. Stuttgart 1994

von Skopnik, Hans: Das deutsche Reichs-Tierschutzgesetz vom 24. November 1933 mit Begründung, Kommentar, Berlin und Leipzig 1934

Sommer: Die Vivisektion als gesetzgeberische Aufgabe, in: GA, Bd. 77, 1933, S. 337 – 341

Sommer: Das neue Tierschutzgesetz, in: GA, Bd. 78, 1934, S. 29 – 34

Stenglein, Melchior: Nachschrift zu der Abhandlung Wilhelm Langes, in: GS, Bd. 42, 1889, S. 55 – 56

Stenglein, Melchior (Hrsg.): Sammlung der deutschen Strafgesetzbücher, Bd. 3, München 1858

Stenz, Hermann: Die Vivisektion in ihrer wahren Gestalt, Berlin 1899

Stevenson, A. G.: Animals and the scope of anti-cruelty legislation, in: The Juridical Review, 1. Heft 1997, S. 12 – 20

Stolting II, Hermann / Zoebe, Gerhard: Das Tier im Recht. Handbuch für alle Tierschutzfragen, Frankfurt am Main und Wien 1962

Stooß, Carl: Chirurgische Operation und Ärztliche Behandlung, Berlin 1898, in: Kleine Strafrechtliche Schriften, Bd. 18

von Strombeck, Friedrich Karl: Entwurf eines Strafgesetzbuchs für Staatsgebiete des Deutschen Bundes, 2. Aufl. Braunschweig 1834

Sturm, August: Beiträge zum römischen Recht: Das Recht der Tiere, Naumburg 1891

Temme, Jodocus Donatus Hubertus: Lehrbuch des Preußischen Strafrechts, Berlin 1853

Thomas, Keith: Man and the natural world. Changing attitudes in England 1500 – 1800, London 1983

Thomsen, Andres: Das Deutsche Strafrecht. Allgemeiner Teil, Berlin 1906

Uhlenhuth, Paul: Die Bedeutung des Tierexperiments für die Medizin, besonders für die Erforschung des Wesens, der Erkennung und Bekämpfung der Seuchen, Freiburg 1928

Vierneisel, Julius: Das Delikt der Tierquälerei und seine Reformbedürftigkeit, Diss. iur. Heidelberg 1914

Villnow: Die Verbrechen und Vergehen wider die Sittlichkeit, in: GS, Bd. 30, 1877, S. 106 – 159

Voigt, G.: Für oder wider die Vivisection?, Berlin und Leipzig 1879

Vorentwurf zu einem Deutschen Strafgesetzbuch nebst Begründung: Bearbeitet von der hierzu bestellten Sachverständigen-Kommission. Veröffentlicht auf Anordnung des Reichs-Justizamts, Berlin 1909

Wachenfeld, Fiedrich: Lehrbuch des deutschen Strafrechts, München 1914

Wächter, Carl Georg: Deutsches Strafrecht, Vorlesungen, Leipzig 1881

Wächter, Carl Georg: Lehrbuch des Römisch-Teutschen Strafrechts, Teil 2, Stuttgart 1826

Walcker, Karl: Der Tierschutz und die Tierquälerei, Sondershausen 1905

Walden, Sina / Bulla, Gisela: Endzeit für Tiere, Hamburg 1984

von Waldstein: siehe Gebele von Waldstein

von Weber, Ernst: Die Folterkammern der Wissenschaft. Eine Sammlung von Thatsachen für das Laienpublikum, Berlin und Leipzig 1879

von Weber, Ernst: Stimmen der Presse über Ernst von Webers „Folterkammern der Wissenschaft", Leipzig 1879

von Weber, Ernst: Vier Jahre in Afrika 18171 – 1875, Bd. 1, Leipzig 1878

Weber, Leo: Der strafrechtliche Schutz der Tiere. Vortrag gehalten an der Delegiertenversammlung der deutsch-schweizerischen Tierschutzvereine zu Bern am 12. Juni 1904, Aarau 1904

Weiß, Christian Ernst: Criminalgesetzbuch für das Königreich Sachsen, mit erläuternden Bemerkungen zum praktischen Gebrauche, Bd. 3, Dresden und Leipzig 1843

Wetzlich, G. H.: Das Recht der Tiere oder Beleuchtung des richtigen Verhältnisses zwischen Tier und Mensch in sittlicher und rechtlicher Beziehung, Köln 1890

Wiegand, Klaus Dieter: Die Tierquälerei. Ein Beitrag zur historischen, strafrechtlichen und kriminologischen Problematik der Verstöße gegen § 17 Tierschutzgesetz, Lübeck 1979, in: Kriminalwissenschaftliche Abhandlungen Bd. 11

Willige, Hans Georg: 100 Jahre Tierschutz in Dresden, Dresden 1939

Wulff, Willibald: Die dunkelste Seite der Wissenschaft und ihre Enthüllung, Hamburg 1878

von Zahn, Karl: Karl Ferdinand Hommel als Strafrechtsphilosoph und Strafrechtslehrer, Leipzig 1911

Zerbel, Miriam: Tierschutz im Kaiserreich. Ein Beitrag zur Geschichte des Vereinswesens, in: Münchner Studien zur neueren und neuesten Geschichte, Bd. 4, Frankfurt am Main 1993

Zöllner, Johann Karl Friedrich: Wissenschaftliche Abhandlungen, Bd. 2, Teil 2, Leipzig 1878

Zusammenstellung der gutachtlichen Äußerungen über den Vorentwurf zu einem Strafgesetzbuch: Gefertigt im Reichs-Justizamt. Als Manuskript gedruckt, Berlin 1911

Anhang

1. Übersicht über deutsche Tierschutznormen.

a) Reichsstrafgesetzbuch von 1871

- § 360 Nr. 13: Mit Geldstrafe bis zu hundertfünfzig Mark oder mit Haft wird bestraft, ... 13) wer öffentlich oder in Ärgernis erregender Weise Tiere boshaft quält oder roh mißhandelt.

b) Gesetz vom 26. Mai 1933

- § 145 b: Wer ein Tier roh mißhandelt oder absichtlich quält, wird mit Gefängnis bis zu sechs Monaten oder mit Geldstrafe bestraft.
- § 360 Nr. 13: Mit Geldstrafe bis zu hundertfünfzig Mark oder mit Haft wird bestraft, ... 13) wer einer zum Zwecke des Tierschutzes erlassenen Vorschrift zuwiderhandelt.

2. Übersicht über Tierschutznormen in den Strafgesetzbuchentwürfen.

a) Vorentwurf 1909

- § 146: Wer Tiere boshaft quält oder roh mißhandelt, wird mit Gefängnis oder Haft bis zu sechs Monaten oder mit Geldstrafe bis zu eintausend Mark bestraft.
- § 306 Nr. 4: Mit Geldstrafe bis zu dreihundert Mark oder mit Haft oder Gefängnis bis zu drei Monaten wird bestraft

... 4) Wer die zur Verhütung von Tierquälerei erlassenen Vorschriften übertritt.

b) Strafgesetznovelle 1909

- § 145 b: Wer Tiere boshaft quält oder roh mißhandelt, wird mit Gefängnis bis zu drei Monaten oder mit Geldstrafe bis zu sechshundert Mark bestraft.
- § 360 Nr. 13: Mit Geldstrafe bis zu hundertfünfzig Mark oder mit Haft wird bestraft

... 13) Wer die zur Verhütung von Tierquälerei erlassenen Vorschriften übertritt.

c) Gegenentwurf 1911

- § 189: Wer Tiere boshaft quält oder roh mißhandelt, wird mit Gefängnis bis zu sechs Monaten oder Geldstrafe bis zu eintausend Mark bestraft.
- § 359 Nr. 4: Mit Geldstrafe bis zu dreihundert Mark wird bestraft,

... 4) wer die zur Verhütung von Tierquälerei erlassenen Vorschriften übertritt.

d) Entwurf 1913

- § 388: Wer ein Tier boshaft quält oder roh mißhandelt, wird mit Gefängnis bis zu sechs Monaten oder mit Geldstrafe bestraft.
- § 428: Mit Haft oder Geldstrafe wird bestraft, wer die Vorschriften übertritt, die zur Verhütung von Tierquälerei erlassen sind.

e) Entwurf 1919

- § 400: Wer ein Tier boshaft quält oder roh mißhandelt, wird mit Gefängnis bis zu sechs Monaten oder mit Geldstrafe bis zu dreitausend Mark bestraft.

Neben der Strafe kann angeordnet werden, daß die Verurteilung auf Kosten des Verurteilten öffentlich bekanntzumachen ist.
- § 401: Wer die Verordnungen zur Verhütung von Tierquälerei übertritt, wird mit Gefängnis bis zu drei Monaten oder mit Geldstrafe bis zu eintausend Mark bestraft.

f) Entwurf Radbruch 1922

- § 325: Wer ein Tier absichtlich quält oder roh mißhandelt, wird mit Gefängnis bis zu sechs Monaten oder mit Geldstrafe bestraft.
- § 326: Wer einer zum Zwecke des Tierschutzes erlassenen Vorschrift zuwiderhandelt, wird mit Gefängnis bis zu drei Monaten oder mit Geldstrafe bestraft.

g) Entwurf 1925

§ 333 und § 334: wie Radbruch'scher Entwurf

h) Entwurf 1927

- § 366: Wer ein Tier absichtlich quält oder roh mißhandelt, wird mit Gefängnis bis zu sechs Monaten oder mit Geldstrafe bestraft.
- § 412: Wer einer zum Tierschutz erlassenen Vorschrift zuwiderhandelt, wird mit Geldstrafe bestraft.

3. Das englische Tierschutzgesetz vom 18. August 1911

An Act to consolidate, amend, and extend certain enactments relating to Animals and to Knackers; and to make further provision with respect thereto.

(The Protection of Animals Act 1911, 1 & 2 Geo. 5 c. 27)

Be it enacted as follows:

1. Offences of cruelty
(1) If any person
(a) shall cruelly beat, kick, ill-treat, over-ride, over-drive, over-load, torture, infuriate, or terrify any animal, or shall cause or procure, or, being the owner, permit any animal to be used, or shall, by wantonly or unreasonably doing or omitting to do any act, or causing or procuring the commission or omission of any act, cause any unneccessary suffering, or being the ownwer, permit any unneccessary suffering to be so caused to any animal; or
(b) shall convey or carry, or cause or procure, or, being the owner, permit to be conveyed or carried, any animal in such manner or position as to cause that animal any unneccessary suffering; or
(c) shall cause, procure, or assist at the fighting or baiting of any animal; or shall keep, use, manage, or act or assist in the management of, any premises or place for the purpose, or partly for the purpose, of fighting or baiting any animal, or shall permit any premises or place to be so kept, managed, or used, or shall receive, or cause or procure any person to receive, money for the admission of any person to such premises or place; or
(d) shall wilfully, without any reasonable cause or excuse, administer, or cause or procure, or being the owner permit, such administration of, any poisonous or injurious drug or substance to any animal, or shall wilfully, without any reasonable cause or excuse, cause any such substance to be taken by any animal; or
(e) shall subject, or cause or procure, or being the owner permit, to be subjected, any animal to any operation which is performed without due care and humanity;
such person shall be guilty of an offence of cruelty within the meaning of this act, and shall be liable upon summary conviction to a fine not exceeding twenty-five pounds, or alternatively, or in addiction thereto, to be imprisoned, with or without hard labour, for any term not exceeding six months.
(2) For the purposes of this section, an owner shall be deemed to have permitted cruelty within the meaning of this act if he shall have failed to exercise reasonable care and supervision in respect of the protection of the animal therefrom:
Provided that, where an owner is convicted of permitting cruelty within the meaning of this act by reason only of his having failed to exercise such care and supervision, he shall not be liable to imprisonment without the option of a fine.

(3) Nothing in this section shall render illegal any act lawfully done under the Cruelty to Animals Act, 1876, or shall apply

(a) to the commission or ommission of any act in the course of the destruction, or the preparation for destruction, of any animal as food for mankind, unless such destruction or such preparation was accompanied by the infliction of unneccessary suffering; or

(b) to the coursing or hunting of any captive animal, unless such animal is liberated in an injured, mutilated or exhausted condition; but a captive animal shall not, for the purposes of this section, be deemed to be coursed or hunted before it is liberated for the purpose of being coursed or hunted, or after it has been recaptured, or if it is under control.

2. Power for court to order destruction of animal

Where the owner of an animal is convicted of an offence of cruelty within the meaning of this act, it shall be lawful for the court, if the court is satisfied that it would be cruel to keep the animal alive, to direct that the animal be destroyed, and to assign the animal to any suitable person for that purpose; and the person to whom such animal is so assigned shall, as soon as possible, destroy such animal, or cause or procure such animal to be destroyed, in his presence without unneccessary suffering. Any reasonable expenses incurred in destroying the animal may be ordered by the court to be paid by the owner, and thereupon shall be recoverable summarily as a civil debt.

Provided that, unless the owner assent, no order shall be made under this section except upon the evidence of a duly registered veterinary surgeon.

3. Power for court to deprive person convicted of cruelty of ownership of animal

If the owner of any animal shall be guilty of cruelty within the meaning of this act to the animal, the court, upon his conviction thereof, may, if they think fit, in addition to any other punishment, deprive such person of the ownership of the animal, and may make such order as to the disposal of the animal as they think fit under the circumstances:

Provided that no order shall be made under this section, unless it is shown by evidence as to a previous conviction, or as to the character of the owner, or otherwise, that the animal, if left with the owner, is likely to be exposed to further cruelty.

4. Compensation for damage done by cruelty to an animal

If any person shall, by cruelty within the meaning of this act to any animal, do or cause to be done, any damage or injury to the animal or any person or property, he shall upon conviction for the cruelty under this act, be liable upon the application of the person aggrieved to be ordered to pay as compensation to the person who shall sustain damage or injury as aforesaid, such sum not exceeding ten pounds, as the court before whom he is convicted may consider reasonable:

Provided that this section shall not

(a) prevent the taking of any other legal proceedings in respect of any such damage or injury, so that a person be not twice proceeded against in respect of the same claim; nor

(b) affect the liability of any person to be proceeded against and punished under this act for an offence of cruelty within the meaning of this act.

5. Compliance by knackers with certain regulations

(1) Every person who shall carry on, or assist in carrying on the trade or business of a knacker shall observe and conform to the regulations set out in the first schedule to this act, and, if any person, carrying on or assisting in the carrying on of the said trade or business, contravenes or fails to comply with, or causes or procures or permits any contravention or non-compliance with, any such regulation, he shall be liable upon summary conviction to a fine not exceeding ten pounds.

(2) Any constable shall have a right to enter any knackers's yard at any hour by day, or at any hour when business is or apparently is in progress or is usually carried on therein, for the purpose of examining whether there is or has been any contravention of or non-compliance with the provisions of this act, and, if any person refuses to permit any constable to enter any premises which he is entitled to enter under this section, or obstructs or impedes him in the execution of his duty under this section, he shall, upon summary conviction, be liable to a fine not exceeding five pounds.

(3) For the purposes of section one, which relates to offences of cruelty, of this act, a knacker shall be deemed to be the owner of any animal delivered to him.

(4) For the purposes of this act, an animal shall be deemed to have been delivered to a knakker if it has been delivered either to the knacker himself, or to any person on his behalf, or at the knacker's yard.

6. Persons licensed to slaughter horses not to be horse dealers at the same time

(1) It shall not be lawful for any person who shall be licensed to slaughter horses, during the time while such license shall be in force, to carry on the trade or business of a dealer in horses.

(2) If any person shall act in contravention of this section, he shall be liable upon summary conviction to a fine not exceeding ten pounds.

7. Animals in pounds

(1) Any person who impounds or confines, or causes to be impounded or confined, any animal in any pound shall, while the animal is so impounded or confined, supply it with a sufficient quantity of wholesome and suitable food and water, and, if he fails to do so, he shall be liable upon summary conviction to a fine not exceeding five pounds.

(2) If any animal is impounded or confined in any pound and is without sufficient suitable food or water for six successive hours, or longer, any person may enter the pound for the purpose of supplying the animal therewith.

(3) The reasonable cost of the food and water supplied to any animal impounded or confined in any pound shall be recoverable summarily from the owner of the animal as a civil debt.

8. Poisoned grain and flesh, etc.
If any person
(a) shall sell, or offer or expose for sale, or give away, or cause or porcure any person to sell or offer or expose for sale or give away, or knowingly be a party to the sale or offering or exposing for sale or giving away of any grain or seed which has rendered poisonous except for bonâ fide use in agriculture; or
(b) shall knowingly put or place, or cause or procure any person to put or place, or knowingly be a party to the putting or placing, in or upon any land or building, any poison, or any fluid or edible matter (not being sown seed or grain) which has been rendered poisonous,
such person shall, upon summary conviction, be liable to a fine not exceeding ten pounds:
Provided that, in any proceedings under paragraph (b) of this section, it shall be a defence that the poison was placed by the accused for the purpose of destroying rats, mice, or other small vermin, and that he took all reasonable precautions to prevent access thereto of dogs, cats, fowls, or other domestic animals.

9. Use of dogs for purposes of draught
If any person shall use, or cause or procure, or being the owner permit, to be used, any dog for the purpose of drawing or helping to draw any cart, carriage, truck, or barrow, on any public highway, he shall be liable upon summary conviction in respect of the first offence to a fine not exceeding two pounds, and in respect of the second or any subsequent offence to a fine not exceeding five pounds.

10. Inspection of traps
Any person who sets, or causes or procures to be set, any spring trap for the purpose of catching any hare or rabbit, or which is so placed as to be likely to catch any hare or rabbit, shall inspect, or cause some competent person to inspect, the trap at reasonable intervals of time and at least once every day between sunrise and sunset, and, if any person, shall fail to comply with the provisions of this section, he shall be liable upon summary conviction, to a fine not exceeding five pounds.

11. Injured animals
(1) If a police constable finds any animal so diseased or so severely injured or in such a physical condition that, in his opinion, having regard to the means available for removing the animal, there is no possibility of removing it without cruelty, he shall, if the owner is absent or refuses to consent to the destruction of the animal, at once summon a duly registered surgeon, if any such veterinary surgeon resides within a reasonable distance, and, if it appears by the certificate of such veterinary surgeon that the animal is mortally injured, or so severely injured, or so diseased, or in such physical condition, that it is cruel to keep it alive, it shall be lawful for the police constable, without the consent of the owner, to slaughter the animal, or cause or procure it to be slaughtered, with such instruments or appliances, and with such precautions, and in such manner, as to inflict as little suffering as practicable, and, if the

slaughter takes place on any public highway, to remove the carcase or cause or procure it to be removed therefrom.
(2) If any veterinary surgeon summoned under this section certifies that the injured animal can without cruelty be removed, it shall be the duty of the person in charge of the animal to cause it forthwith to be removed with as little suffering as possible, and, if that person fail so to do, the police constable may, without the consent of that person, cause the animal forthwith to be so removed.
(3) Any expense which may be reasonably incurred by any constable in carrying out the provisions of this section (including the expenses of any veterinary surgeon summoned by the constable, and whether the animal is slaughtered under this section or not) may be recovered from the owner summarily as a civil debt, and, subject thereto, any such expense shall be defrayed out of the fund from which the expenses of the police are payable in the area in which the animal is found.
(4) For the purposes of this section, the expression „animal“ means any horse, mule, ass, bull, sheep, goat, or pig.

12. Powers of constables
(1) A police constable may apprehend without warrant any person who he has reason to believe is guilty of an offence under this act which is punishable by imprisonment without the option of a fine, whether upon his own view thereof or upon the complaint and information of any other person who shall declare his name and place of abode to such constable.
(2) Where a person having charge of a vehicle or animal is apprehended by a police constable for an offence under this act, it shall be lawful for that or any other constable to take charge of such vehicle or animal, and to deposite the same in some place of safe custody until the termination of the proceedings or until the court shall direct such vehicle or animal to be delivered to the person charged or the owner, and the reasonable costs of such detention, including the reasonable costs of veterinary treatment where such treatment is required, shall, in the event of conviction in respect of the said animal, be recoverable from the owner summarily as a civil debt, or, where the owner himself is convicted, shall be part of the costs of the case.

13. Employers and owners to produce drivers or animals if so required
(1) Where proceedings are instituted under this act against the driver or conductor of any vehicle, it shall be lawful for the court to issue a summons directed to the employer of the driver or conductor, as the case may be, requiring him, if it is in his power so to do, to produce the driver or conductor at the hearing of the case.
(2) Where proceedings are instituted under this act, it shall be lawful for the court to issue a summons directed to the owner of the animal requiring him to produce either at, or at any time before, the hearing of the case, as may be stated in the summons, the animal for the inspection of the court, if such production is possible without cruelty.

(3) Where a summons is issued under either of the foregoing subsections of this section, and the owner or employer, as the case may be, fails to comply therewith without satisfactory excuse, he shall be liable upon summary conviction to a fine not exceeding five pounds for the first occasion, and not exceeding ten pounds for the second or any subsequent occasion, on which he so fails, and may be required to pay the costs of any adjournment rendered necessary by his failure.

14. Appeals
(1) An appeal shall lie from any conviction or order (other than an order for the destruction of an animal) by a court of summary jurisdiction under this act to quarter sessions.
(2) Where there is an appeal by the owner of an animal from any conviction or order by a court of summary jurisdiction under this act, the court may direct that the recognisance required to be entered into under subsection (3) of section thirty-one, which relates to procedure on appeal to general or quarter sessions, of the Summary Jurisdiction Act, 1879, shall include an undertaking not to sell or part with the animal until the appeal is determined or abandoned, and to produce it on the hearing of the appeal if such production is possible without cruelty.

15. Definitions
In this act, except the context otherwise requires, or is otherwise expressly provided
(a) the expression „animal" means any domestic or captive animal;
(b) the expression „domestic animal" means any horse, ass, mule, bull, sheep, pig, goat, dog, cat, or fowl, or any other animal of whatsoever kind or species, and whether a quadruped or not which is tame or which has been or is being sufficiently tamed to serve some purpose for the use of man;
(c) the expression „captive animal" means any animal (not being a domestic animal) of whatsoever kind or species, and whether a quadruped or not, including any bird, fish, or reptile, which is in captivity, or confinement, or which is maimed, pinioned, or subjected to any appliance or contrivance for the purpose of hindering or preventing ist escape from captivity or confinement;
(d) the expression „horse" includes any mare, gelding, pony, foal, colt, filly, or stallion; and the expression „bull" includes any cow, bullock, heifer, calf, steer, or ox; and the expression „sheep" includes any lamb, ewe, or ram; and the expression „pig" includes any boar, hog or sow; and the expression „goat" includes a kid; and the expression „dog" includes any bitch, sapling, or puppy; and the expression „cat" includes a kitten; and the expression „fowl" includes any cock, hen, chicken, capon, turkey, goose, gander, duck, drake, guinea-fowl, peacock, peahen, swan, or pigeon;
(e) the expression „kancker" means a person whose trade or business is to kill any cattle not killed for the purpose of the flesh being used as butcher's meat, and the expression „knacker's yard" means any building or place used for the purpose, or partly for the purpose, of such trade or business, and the expression „cattle" includes any horse, ass, mule, bull, sheep, goat, or pig;

(f) the expression „pound", used in relation to the impounding or confining of animals, includes any receptacle of a like nature.

16. Extent of Act
This act shall not apply to Scotland.

17. Application to Ireland
This act in its application to Ireland shall be subject to the following modifications, namely:
(1) (a) Section twenty-three of the Summary Jurisdiction (Ireland) Act, 1851 (which gives a right of appeal), shall apply as respects any conviction or order under this act (other than in order for the destruction of an animal), notwithstanding that the fine imposed does not exceed twenty shillings or that the term of imprisonment imposed does not exceed one month;

(b) A reference to section twenty-four of the Petty Sessions (Ireland) Act, 1851, shall be substituted for the reference to subsection (3) of section thirty-one of the Summary Jurisdiction Act, 1879.
(2) Nothing in section eight of this act shall prevent owners or ocupiers of land in Ireland from laying or causing to be laid any poison or poisonous matter as therein described, after a notice has been posted in a conspicuous place, and notice in writing has been given to the nearest constabulary station.

18. Repeals
Except so far as applying to Scotland, the enactments mentioned in the second schedule to this act are repealed to the extent mentioned in the third column of that schedule.

19. Commencement, Short title
(1) This act shall come into operation on the first day of January nineteen hundred and twelve.
(2) This act shall not apply where proceedings have been instituted before the commencement of this act.
(3) This act may be cited as the Protection of Animals Act, 1911.

Schedules

First Schedule
1. The name of the knacker, together with the word „knacker", shall be painted or affixed in a conspicuous manner over the door or gate of the knacker's yard.
2. The hair shall be cut from the neck of any horse, ass, or mule directly the animal has been delivered to the knacker.

3. All animals shall be slaughtered, with as little suffering as possible, within two days from the time they have been delivered to the knacker. Any animal which is in pain shall be so slaughtered without delay.
4. All animals shall be properly fed and watered after they have been delivered to the knacker.
5. No animal shall be used or employed for any work after it has been delivered to the knakker.
6. The knacker shall enter in a book kept for the purpose such a full and correct description of the colour, marks, and gender of any animal delivered to him as may clearly distinguish and identify the same, and the name and address of the owner of thereof, and the book shall be produced by him before any justice of the peace upon the requirement of such justice, and the knacker shall allow such book to be inspected and extracts to be made therefrom at all reasonable times by any police constable or by any other person authorised by a justice of the peace.
7. No person who is under the age of sixteen years shall be admitted to, or permitted to remain in, the knacker's yard during the process of slaughtering or of cutting up the carcase of any animal.
8. No animal shall be killed in the sight of any other animal awaiting slaughter.
9. The knacker shall not sell or part with alive, or cause or procure or permit any person to sell or part with alive, any animal which has been delivered to him.

Second Schedule

Enactments repealed

Session and Chapter	Short title	Extent of Repeal
26 Geo. 3, c. 71	The Knackers Act, 1786	Section four
7 & 8 Vict., c. 87	The Knackers Act, 1844	Section three
12 & 13 Vict., c. 92	The Cruelty to Animals Act, 1849	The whole act
17 & 18 Vict., c. 60	The Cruelty to Animals Act, 1854	The whole act
26 & 27 Vict., c. 113	The Poisoned Grain Prohibition Act, 1863	The whole act
27 & 28 Vict., c. 115	The Poisoned Flesh Prohibition Act, 1864	The whole act
39 & 40 Vict., c. 13	The Drugging of Animals Act, 1876	The whole act
63 & 64 Vict., c. 33	The Wild Animals in Captivity Protection Act, 1900	The whole act
7 Edw. 7, c. 5	The Injured Animals Act, 1907	The whole act

4. Entwurf eines Tierschutzgesetzes des Reichsverbands der deutschen Tierschutzvereine zu Meissen (aus Heft 13 der „Deutschen Tierschutz-Zeitung“ 1933)

§ 1
Wer ein Tier quält, mißhandelt oder arg vernachlässigt, wird mit Gefängnis bis zu 6 Wochen oder mit Geldstrafe bestraft.
Wird eine dieser Handlungen aus Fahrlässigkeit begangen, so tritt Geldstrafe ein.

§ 2
Versuche an lebenden Tieren (Vivisektionen) sind grundsätzlich verboten. Der Reichsminister des Innern ist ermächtigt, Ausnahmen unter besonderen Bedingungen zuzulassen.
Veranstaltungen von Tierhetzen oder Tierkämpfen sind verboten.
Zuwiderhandlungen werden nach § 1 dieses Gesetzes bestraft.

§ 3
Mit der Strafe des § 1 wird bestraft, wer es unterläßt, eine Person, die seiner Gewalt oder Aufsicht untersteht, von der Ausübung einer der Handlungen, die in den §§ 1 und 2 dieses Gesetzes mit Strafe bedroht sind, abzuhalten, obwohl er dazu in der Lage wäre.

§ 4
Wer einer zum Schutzes der Tiere erlassenen besonderen Vorschrift zuwiderhandelt, wird mit Geldstrafe bestraft, soweit nicht in Gesetzen oder Verordnungen höhere Strafen festgesetzt sind.

§ 5
Neben der erkannten Strafe kann auf Einziehung oder anderweitige Unterbringung des mißhandelten Tieres auf Kosten des Verurteilten erkannt werden.

§ 6
Der Reichsminister des Innern ist ermächtigt, die zur Durchführung dieses Gesetzes erforderlichen Ausführungsvorschriften zu erlassen.

§ 7
§ 360 Ziffer 13 des Reichsstrafgesetzbuches wird aufgehoben.

5. Entwurf eines Tierschutzgesetzes von Oberbürgermeister i. R. Konrad Maß (aus „Der Deutsche Tierfreund", 3. Jahrgang, Heft 2 Februar/März 1933)

§ 1

Wer ein Tier quält oder mißhandelt, wird mit Gefängnis bis zu sechs Monaten oder mit Geldstrafe oder mit beiden Strafen nebeneinander bestraft.

§ 2

Zum Begriff der Tierquälerei oder Tiermißhandlung gehört insbesondere auch
- der ein Tier Gefahren oder Qualen aussetzende Transport,
- die Unterlassung der nötigen Pflege,
- die Nichtgewährung ausreichender Nahrung oder durststillender oder der Überhitzung wehrender Flüssigkeit,
- die Verwendung kranker, elender oder verletzter Tiere zur Arbeit,
- die Überlastung von Zug- und Packtieren mit Ladungen, die ihren Kräften oder dem Zustand der Wege nicht entsprechen,
- die Schärfeprüfung für Jagdhunde durch Hetzen derselben auf lebende Tiere,
- die Übertretung von Vorschriften, welche für den Betäubungszwang (§§ 4 und 5) und den wissenschaftlichen Tierversuch (§§ 6 bis 8) zum Schutz der Tiere erlassen sind.

§ 3

Dieselbe Strafe tifft denjenigen, der einer zum Schutz der Tiere erlassenen Vorschrift (§ 11) zuwiderhandelt.

§ 4

Das Schlachten von Tieren ohne vorherige Betäubung ist bei jeder Schlachtart, insbesondere auch beim Schächten nach jüdischem Ritus, und bei jeder Tiergattung untersagt. Auf Notschlachtungen (§ 1 Absatz III des RG. über Schlachtvieh- und Fleischbeschau vom 3. Juni 1900 – RGBl. S. 547), bei denen sich die Betäubung nach Lage der Verhältnisse nicht ausführen läßt, findet diese Vorschrift keine Anwendung. Die näheren Vorschriften über das Schlachten der Tiere werden von den zuständigen Ministerien erlassen.

§ 5

Das Schlachten hat so stattzufinden, daß sein Anblick der Öffentlichkeit entzogen ist, wenn möglich in geschlossenen Räumen. Personen unter vierzehn Jahren mit Ausnahme der Schlächterlerlinge dürfen beim Schlachten nicht zugelassen werden.

§ 6

Der wissenschaftliche Tierversuch an lebenden Tieren ist mit den aus §§ 7 und 8 sich ergebenden Ausnahmen verboten.

§ 7
Ein Versuch an lebenden Tieren ist nur zur Feststellung von Seuchen (Pest, Cholera, Typhus usw.) gestattet, falls die Diagnose mit anderen Mitteln oder auf andere Weise nicht gestellt werden kann, und nur soweit die hierzu erforderliche künstliche Infektion nicht mit nennenswerten Schmerzen verbunden ist. Nach dem Versuch ist das Tier sofort zu heilen, oder wenn dies nach Lage der Verhältnisse nicht angängig erscheint, schmerzlos zu töten. Das geheilte Tier darf nicht zu einem wiederholten Versuch benutzt werden. Infektionen an Gehirn oder Augen sind gänzlich verboten.
Zu diesen (diagnostischen) Versuchen zählen auch die Ernährungsversuche, die nicht am Menschen vorgenommen werden können, sie sind nur gestattet, soweit das Ergebnis nicht auf rein chemischem Wege einwandfrei festgestellt werden kann. Jedoch sind alle Versuche, die durch Entziehung von Nahrung und Flüssigkeit, durch Erhitzen oder Erfrieren den Tieren nennenwerte Qualen bereiten, verboten.
Der Versuch an lebenden Tieren zu Lehrzwecken ist untersagt.

§ 8
Die nach § 7 dieses Gesetzes zugelassenen Tierversuche dürfen nur an Universitäten und den vom zuständigen Reichsministerium zugelassenen öffentlichen Krankenhäusern und nur von den vom Reichsministerium zu ernennenden Persönlichkeiten unter deren voller straf- und zivilrechtlicher Verantwortung vorgenommen werden.

§ 9
Über jeden Tierversuch ist Buch zu führen, wobei Zweck, Verlauf und wissenschaftlicher Erfolg des Versuchs genau darzulegen sind. Das Verzeichnis ist stets auf dem Laufenden zu halten, so daß jederzeit eine genaue Nachprüfung möglich ist. Das Buch ist vierteljährlich dem Gesundheitsbeamten (Kreisarzt usw.) vorzulegen, der die Eintragungen zu prüfen und die Prüfung zu bescheinigen hat.
Die näheren Bestimmungen über die zugelassenen Tierversuche erläßt das Reichsministerium.

§ 10
Wenn infolge einer Tierquälerei oder Tiermißhandlung ein Tier getötet oder in tierärztliche Behandlung gegeben werden muß, kann die Polizeiverwaltung die Tötung oder zwangsweise Heilung auf Kosten des Schuldigen anordnen. Für die Dauer des Heilverfahrens kann das Tier auf Kosten des Schuldigen bei einer für geeignet befundenen Person untergebracht und verpflegt werden.
Die Durchführung dieser Anordnung liegt der Polizeiverwaltung ob. Für die Durchführung sind die Polizeiverwaltungsgesetze der Länder maßgebend.
Die Einlegung eines Rechtsmittels hat keine aufschiebende Wirkung.

§ 11

Tiere, an denen eine Tierquälerei oder Tiermißhandlung im Sinne dieses Gesetzes begangen worden ist, können, sofern sie dem Täter oder einem Teilnehmer gehören, eingezogen werden. Die Einziehung ist durch Urteil auszusprechen. Auf das Verfahren finden die Vorschriften Anwendung, welche für die nach § 40 StGB zugelassenen Einziehungen maßgebend sind. Die Polizeiverwaltung ist verpflichtet, das eingezogene Tier an eine geeignet erscheinende Person abzugeben; der Erlös fällt der Polizeiverwaltung zu. Die Tötung darf erst erfolgen, wenn sich eine Unterbringung als unmöglich herausgestellt hat, und muß alsdann schmerzlos geschehen.

Personen, welche auf Grund dieses Gesetzes bestraft worden sind, kann die Haltung von Tieren allgemein oder die Haltung bestimmter Arten von Tieren verboten werden. Zuwiderhandlungen haben die Einziehung des Tieres zur Folge.

§ 12

Wird von den zuständigen Behörden eine Schädlingsbekämpfung angeordnet, so dürfen Personen unter vierzehn Jahren nicht zur Tötung herangezogen werden.

Die Ausübung der Jagd und der Fischerei einschließlich des Angelns und die Beihilfe dazu ist Personen unter vierzehn Jahren verboten.

§ 13

Die Polizeibehörden sind befugt, Verordnungen und Verfügungen zum Schutz der Tiere zu erlassen. Für den Erlaß und seine Durchführung finden die Polizeiverwaltungsgesetze der Länder entsprechende Anwendung.

§ 14

Alle diesem Gesetz widersprechenden Gesetze und Verordnungen, insbesondere der § 360 Ziffer 13 RStGB, werden aufgehoben.

§ 15

Dieses Gesetz tritt (mit Beginn des auf seinen Erlaß folgenden dritten Monats) in Kraft.

6. Entwürfe eines Reichstierschutzgesetzes vom Reichsinnenministerium

a) Erster Entwurf des Reichsinnenministeriums vom 17. August 1933

„Die Reichsregierung hat das folgende Gesetz beschlossen, das hiermit verkündet wird:

§ 1

(1) Verboten ist, ein Tier roh zu mißhandeln oder unnötig zu quälen.

(2) Dem Verbot des Abs. 1 handelt insbesondere zuwider:

a) wer die Pflege und Unterkunft eines Tieres derart vernachlässigt oder wer es bei der Beförderung eines Tieres an der erforderlichen Sorgfalt soweit fehlen läßt, daß das Tier erheblichen Schaden dadurch erleidet;

b) wer Tiere unnötig zu Arbeitsleistungen verwendet, die offensichtlich ihre Kräfte übersteigen oder ihnen Schmerzen bereiten;

c) wer gebrechliche, abgetriebene, alte, kranke, verwundete, hochtragende oder säugende Tiere ohne Not zu Arbeiten heranzieht, denen sie in ihrem Zustande offenbar nicht gewachsen sind:

d) wer Tiere zu Dressuren, zur Herstellung von Schaufilmen, zu Schaustellungen oder Veranstaltungen (z.B. Tierkämpfen, Schärfeprüfungen für Hunde) verwendet, die mit Qualen oder erheblichen Schäden für die Tiere verbunden sind oder den Tod der Tiere im Gefolge haben;

e) wer lebende Tiere auf Messen, Märkten, Vergnügungsstätten, bei Wettbewerben oder ähnlichen Veranstaltungen als Zugaben, Preise oder Gewinne abgibt. Unter das Verbot fällt nicht die Abgabe lebender Tiere als Gewinne oder Preise auf Ausstellungen landwirtschaftlicher Art sowie bei Veranstaltungen durch Zucht- und Rennvereine;

f) wer Hunden die Ohren oder den Schwanz ohne Betäubung kürzt. Die Vornahme dieser Operationen hat durch einen Tierarzt zu erfolgen;

g) wer Pferden die Schweifrübe kürzt (kupiert). Eine Zuwiderhandlung liegt nicht vor, wenn nach tierärztlichem Gutachten das Kürzen der Schweifrübe zur Behebung von Untugenden der Pferde oder von Erkrankungen der Schweifrübe erfolgt. Das Kürzen hat in solchen Fällen durch einen Tierarzt und unter Betäubung zu geschehen.

§ 2: Die Einfuhr kupierter Pferde, die nach dem Inkrafttreten dieses Gesetzes geboren sind, ist verboten. Ausnahmen kann der Reichsminister des Innern beim Vorliegen züchterischer Bedürfnisse oder aus sonstigem besonderen Anlaß zulassen.

§ 3: Gebrechliche, abgetriebene, alte oder kranke Tiere, für die das Weiterleben nach tierärztlichem Urteil eine unnötige Qual bedeutet, dürfen nur zum Zwecke alsbaldiger Tötung abgegeben werden. Zu anderen Zwecken dürfen sie weder vertauscht, verkauft, verliehen noch verschenkt werden.

§ 4:
(1) Versuche an lebenden Tieren sind grundsätzlich verboten. Der Reichsminister des Innern sowie die Landesregierungen im Benehmen mit dem Reichsminister des Innern können Ausnahmen für bestimmte Institute zu wissenschaftlichen und Lehrzwecken zulassen. Die Notwendigkeit jedes Versuchs ist zu überprüfen. Versuche zu Lehrzwecken sind nur gestattet, sofern andere Lehrmethoden, z.B. Bild, Film, Präparate, Modelle usw. nicht ausreichen. Die Versuche an zugelassenen Instituten dürfen nur unter Verantwortlichkeit des Institutsleiters ausgeführt werden. Die Tiere, an denen operative Versuche vorgenommen werden, müssen vorher genügend betäubt werden, sofern nicht nach dem Urteil des Institutsleiters der Zweck des Versuches eine Betäubung unbedingt ausschließt.
(2) An nicht betäubten Tieren darf nur ein einziger operativer Versuch ausgeführt werden.
(3) Nach schweren, insbesondere mit operativen Eingriffen verbundenen Versuchen sind die Tiere, sofern dies mit dem Zwecke des Versuches vereinbar ist, sofort schmerzlos zu töten.
(4) Die für Versuche bestimmten Tiere müssen gute Unterkunft und sorgsame Pflege erhalten.
(5) Über die Verwendung der Tiere und die Versuche ist Buch zu führen.
(6) Impfungen an lebenden Tieren zum Zwecke der Erkennung von Krankheiten oder zur Gewinnung von Impfstoffen gelten nicht als Versuche an lebenden Tieren im Sinne des Gesetzes.
(7) Der Reichsminister des Innern oder die Landesregierungen überwachen die Beachtung der vorstehenden Bestimmungen über Tierversuche.

§ 5: Der Reichsminister des Innern ist ermächtigt, Ausführungsbestimmungen zu diesem Gesetze zu erlassen. Solange er von dieser Befugnis keinen Gebrauch macht, können die Landesregierungen Ausführungsbestimmungen erlassen. Diese erlassen auch die erforderlichen Durchführungsbestimmungen. Die Landesregierungen haben die von ihnen erlassenen Aus- und Durchführungsbestimmungen dem Reichsminister des Innern vorzulegen.

§ 6: Wer den Vorschriften der §§ 1 bis 4 zuwiderhandelt, wird mit Gefängnis bis zu sechs Monaten oder mit Geldstrafe bestraft. Anstifter und Gehilfen trifft die gleiche Strafe.

§ 7: Wird eine der Handlungen aus Fahrlässigkeit begangen, so tritt Geldstrafe ein.

§ 8: Mit Geldstrafe wird bestraft, wer es unterläßt, Kinder oder andere Personen, die seiner Aufsicht unterstehen, von der Übertretung dieser Vorschriften abzuhalten, obwohl er dazu in der Lage war.

§ 9: Neben der erkannten Strafe kann auf die Einziehung und anderweitige Unterbringung und Pflege oder Tötung des betreffenden, dem Täter oder einem Teilnehmer gehörenden Tieres auf Kosten des Verurteilten erkannt werden. Im Rückfalle oder in besonderen schweren Fällen von Tierquälerei kann hierwegen verurteilten Personen die Haltung bestimmter Tierarten oder das Umgehen und der Handel mit ihnen für bestimmte Zeit oder dauernd verboten werden.

§ 10: In der Behandlung, Pflege und Unterkunft erheblich vernachlässigte Tiere können ihrem Eigentümer oder dessen Beauftragten schon vor Erstattung einer Strafanzeige fortgenommen und solange anderweitig untergebracht werden, bis die Gewähr für eine einwandfreie Tierhaltung bei dem Eigentümer oder dessen Beauftragten vorhanden ist.
Die Kosten anderweitiger Unterbringung hat, soweit beitreibbar, der Schuldige zu tragen.

§ 11: Ist die Verurteilung einer bestimmten Person nicht ausführbar, so kann auf Einziehung oder Tötung des Tieres selbständig erkannt werden.

§ 12: Dieses Gesetz tritt am ... in Kraft. Gleichzeitig werden die §§ 145 b und 360 Ziff. 13 des Reichsstrafgesetzbuchs in der Fassung des Gesetzes zur Abänderung strafrechtlicher Vorschriften vom 26.5.1933 (RGBl. I, S. 295) außer Kraft gesetzt."

b) Dritter Entwurf des RIM vom 27. Oktober 1933

„Abschnitt I: Tierquälerei

§ 1

(1) Verboten ist, ein Tier unnötig zu quälen oder roh zu mißhandeln.

(2) Ein Tier „quält“, wer ihm länger dauernde oder sich wiederholende erhebliche Schmerzen oder Leiden zufügt; „unnötig“ ist das Quälen, soweit es keinem vernünftigen, berechtigten Zwecke dient. Ein Tier „mißhandelt“, wer ihm erhebliche Schmerzen zufügt; eine Mißhandlung ist „roh“, wenn sie einer gefühllosen Gesinnung entspringt.

Abschnitt II: Vorschriften zum Schutze der Tiere

§ 2: Verboten ist,

1. ein Tier in Haltung, Pflege oder Unterbringung oder bei der Beförderung derart zu vernachlässigen, daß es dadurch erhebliche Schmerzen oder erheblichen Schaden erleidet;

2. ein Tier unnötig zu Arbeitsleistungen zu verwenden, die offensichtlich seine Kräfte übersteigen oder die ihm erhebliche Schmerzen bereiten oder denen es infolge seines Zustandes nicht gewachsen ist;

3. ein Tier zu Abrichtungen, Filmaufnahmen, Schaustellungen oder ähnlichen Veranstaltungen zu verwenden, die mit erheblichen Schmerzen oder erheblichen Gesundheitsschädigungen für das Tier verbunden sind;

4. ein gebrechliches, krankes, abgetriebenes oder altes Haustier, für das das Weiterleben eine Qual bedeutet, zu einem anderen Zwecke als zur alsbaldigen schmerzlosen Tötung abzugeben oder zu erwerben;

5. ein eigenes Haustier auszusetzen, um sich des Tieres zu entledigen;

6. Hunde auf Schärfe an lebenden Katzen, Füchsen oder an anderen Tieren abzurichten oder zu prüfen;

7. einem über zwei Wochen alten Hund die Ohren oder den Schwanz zu kürzen. Das Kürzen ist zulässig, wenn es unter Betäubung vorgenommen wird;

8. einem Pferd die Schweifrübe zu kürzen (kupieren).

Das Kürzen ist zulässig, wenn es zur Behebung einer Untugend oder einer Erkrankung der Schweifrübe durch einen Tierarzt unter Betäubung vorgenommen wird.

9. an einem Tier ohne Betäubung einen schmerzhaften Eingriff vorzunehmen. Die Kastration ist als schmerzhafter Eingriff anzusehen bei Pferden, bei über drei Monaten alten Rindern, bei über acht Wochen alten Ferkeln und bei geschlechtsreifen Schaf- oder Ziegenböcken. Einer Betäubung bedarf es nicht, sofern der mit dem Eingriff verbundene Schmerz nur geringfügig ist oder bei gleichen oder ähnlichen Eingriffen am Menschen eine Betäubung in der Regel unterbleibt oder die Betäubung im einzelnen Falle nach tierärztlichem Ermessen nicht durchführbar erscheint;

10. ein in einer Farm gehaltenes Pelztier anders als unter Betäubung oder schmerzlos zu töten;

11. Geflügel durch Stopfen (Nudeln) zur Futteraufnahme zu zwingen;
12. lebenden Fröschen die Schenkel auszureißen oder abzutrennen.

§ 3: Die Einfuhr kupierter Pferde ist verboten. Bestehende handelsvertragliche Bindungen bleiben unberührt. Der Reichsminister des Innern kann beim Vorliegen züchterischer Bedürfnisse oder aus sonstigem besonderen Anlaß Ausnahmen zulassen.

§ 4: Die Abgabe lebender Tiere auf Messen, Märkten, Vergnügungsstätten, bei Wettbewerben oder ähnlichen Veranstaltungen als Preis oder Gewinn ist verboten. Unter das Verbot fällt nicht die Abgabe lebender Tiere als Gewinn oder Preis bei Ausstellungen landwirtschaftlicher Art sowie bei Veranstaltungen der Zucht- oder Rennvereine;

§ 5
(1) Die Verwendung von Einhufern unter Tag ist verboten. Die zuständige Landesbehörde kann Ausnahmen zulassen.
(2) Die gewerbliche Verwendung von Zughunden ist nur mit besonderer Genehmigung der zuständigen Landesbehörde zulässig. Die Beförderung von Personen über 12 Jahren durch Zughunde ist verboten.

Abschnitt III: Versuche an lebenden Tieren

§ 6: Eingriffe oder Behandlungen, die mit erheblichen Schmerzen oder Schädigungen verbunden sind, an lebenden Tieren zu Versuchszwecken vorzunehmen, ist verboten, soweit nicht die Vorschriften der §§ 7 bis 9 etwas anderes bestimmen.

§ 7
(1) Der Reichsminister des Innern kann auf Vorschlag der zuständigen Reichs- oder obersten Landesbehörden bestimmten wissenschaftlich geleiteten Instituten und Laboratorien die Erlaubnis zur Vornahme wissenschaftlicher Versuche an lebenden Tieren erteilen, sofern der wissenschaftliche Leiter über die erforderliche fachmännische Ausbildung und Zuverlässigkeit verfügt, geeignete Einrichtungen für die Vornahme von Tierversuchen vorhanden sind und Gewähr für gute Wartung und Unterbringung der Versuchstiere gegeben ist.
(2) Der Reichsminister des Innern kann die Erteilung der Erlaubnis anderen obersten Reichsbehörden überlassen.
(3) Die Erlaubnis kann jederzeit ohne Entschädigung zurückgezogen werden.

§ 8: Bei Ausführung der Tierversuche (§ 6) sind folgende Vorschriften zu beachten:
1. die Versuche dürfen nur unter voller Verantwortung des wissenschaftlichen Leiters oder des von ihm besonders ermächtigten Stellvertreters ausgeführt werden;

2. die Versuche dürfen nur von wissenschaftlich hierzu vorgebildeten Personen oder unter deren Leitung und nur unter Vermeidung jeder für den Zweck entbehrlichen Schmerzerregung vorgenommen werden;
3. Versuche zu Forschungszwecken sind nur dann zu unternehmen, wenn sie einen bestimmten bisher von der Wissenschaft noch nicht bestätigten Erfolg erwarten lassen oder soweit sie zur Klärung bisher ungelöster Fragen dienen;
4. die Versuche sind, sofern nicht nach dem Urteil des wissenschaftlichen Leiters der Zweck des Versuches dies unbedingt ausschließt oder der mit dem Eingriff verbundene Schmerz geringfügiger ist als die mit einer Betäubung verbundene Beeinträchtigung des Wohlbefindens des Versuchstieres, nur unter Betäubung vorzunehmen.
An demselben unbetäubten Tier darf nicht mehr als ein schwerer operativer oder schmerzhafter unblutiger Versuch ausgeführt werden.
Tiere, die nach Beendigung schwerer, insbesondere mit operativen Eingriffen verbundener Versuche unter erheblichen Schmerzen zu leiden haben, sind, sofern dies mit dem Zweck des Versuches nach dem Urteil des wissenschaftlichen Liters vereinbar ist, alsbald schmerzlos zu töten;
5. Versuche an höheren Tieren (Pferd, Hund, Katze, Affe) dürfen nur dann ausgeführt werden, wenn durch Versuche an niederen Tieren der beabsichtigte Zweck nicht erreicht werden kann;
6. es dürfen nicht mehr Tiere für die Versuche verwendet werden, als zur Klärung der betreffenden Frage notwendig ist;
7. Tierversuche zu Lehrzwecken sind nur gestattet, wenn andere Lehrmittel, z.B. Bild, Modell, Präparat, Film nicht ausreichen;
8. über die Art der verwendeten Tiere, den Zweck, die Durchführung und das Ergebnis der Versuche sind Aufzeichnungen zu machen.

§ 9: Den Vorschriften der §§ 6 - 8 unterliegen nicht Tierversuche für Belange der Rechtspflege sowie Impfungen und Blutentnahmen an lebenden Tieren zum Zwecke der Erkennung von Krankheiten der Menschen und Tiere oder zur Gewinnung und Prüfung (Wertbestimmung) von Seren und Impfstoffen nach bereits erprobten oder staatlich anerkannten Verfahren.

§ 10: Unter Betäubung im Sinne dieses Gesetzes sind alle Versuche zu verstehen, die allgemein schmerzlos machen oder örtlich die Schmerzempfindung ausschalten.

Abschnitt IV: Strafbestimmungen

§ 11
(1) Wer ein Tier unnötig quält oder roh mißhandelt, wird mit Gefängnis bis zu sechs Monaten und mit Geldstrafe oder mit einer dieser Strafen bestraft.
(2) Mit Geldstrafe bis zu hundertfünfzig Reichsmark oder mit Haft wird, soweit die Tat nicht schon unter die Strafdrohung des Abs. 1 fällt, bestraft:

1. wer vorsätzlich oder fahrlässig einem der Verbote der §§ 2 bis 5 zuwiderhandelt;
2. wer vorsätzlich oder fahrlässig ohne Erlaubnis (§ 7) einen Versuch am lebenden Tier vornimmt oder einer Vorschrift des § 8 zuwiderhandelt;
3. wer einer vom Reichsminister des Innern oder von einer Landesregierung nach § 14 erlassenen Vorschrift zum Schutze der Tiere zuwiderhandelt;
4. wer es vorsätzlich oder fahrlässig unterläßt, Kinder oder andere Personen, die seiner Aufsicht unterstehen und zu seiner Hausgemeinschaft gehören, von einer Zuwiderhandlung gegen die Vorschriften dieses Gesetzes abzuhalten.

§ 12
(1) Neben der wegen einer vorsätzlichen Zuwiderhandlung gegen § 11 erkannten Strafe kann auf Einziehung oder Tötung des Tieres erkannt werden, wenn es dem Verurteilten gehört. Statt der Einziehung kann angeordnet werden, daß das Tier auf Kosten des Verurteilten bis zur Dauer von drei Monaten anderweit untergebracht und verpflegt wird.
(2) Kann keine bestimmte Person verfolgt oder verurteilt werden, so kann auf Einziehung oder Tötung des Tieres selbständig erkannt werden, wenn im übrigen die Voraussetzungen hierfür vorliegen.

§ 13
(1) Ist jemand wiederholt wegen einer vorsätzlichen Zuwiderhandlung gegen § 11 rechtskräftig verurteilt worden, so kann ihm die zuständige Landesbehörde die Haltung von bestimmten Tieren oder die berufsmäßige Beschäftigung oder den Handel mit ihnen auf Zeit oder Dauer untersagen.
(2) Nach Ablauf eines Jahres seit der Rechtskraft der Untersagungsanordnung kann die zuständige Landesbehörde die Anordnung wieder aufheben.
(3) In der Haltung oder Unterbringung schuldhaft erheblich vernachlässigte Tiere können durch die zuständige Landesbehörde ihrem Besitzer fortgenommen und so lange anderweit pfleglich untergebracht werden, bis die Gewähr für eine einwandfreie Tierhaltung vorhanden ist. Die Kosten dieser Unterbringung sind dem Schuldigen aufzuerlegen.

Abschnitt V: Schlußbestimmungen

§ 14 Der Reichsminister des Innern kann zur Durchführung und Ergänzung dieses Gesetzes Rechts- und Verwaltungsvorschriften erlassen. Soweit er von dieser Ermächtigung keinen Gebrauch macht, können die Landesregierungen die erforderlichen Durchführungsvorschriften erlassen.

§ 15: Dieses Gesetz tritt am 1. Januar 1934 in Kraft. Gleichzeitig treten die §§ 145 b und 360 Nr. 13 des Strafgesetzbuchs außer Kraft.
Die Bestimmungen des Vogelschutzgesetzes vom 30. Mai 1908 (Reichsgesetzbl. S. 314) bleiben unberührt."

RECHTSHISTORISCHE REIHE

Band 1 Studien zu den germanischen Volksrechten. Gedächtnisschrift für Wilhelm Ebel. Vorträge gehalten auf dem Fest-Symposion anläßlich des 70. Geburtstages von Wilhelm Ebel am 16. Juni 1978 in Göttingen. Götz Landwehr (Hrsg.) 1982.

Band 2 Hans Poeschel: Die Statuten der Banken, Sparkassen und Kreditgenossenschaften in Hamburg und Altona von 1710 bis 1889. 1978.

Band 3 Thomas Kolbeck: Juristenschwemmen, Untersuchungen über den juristischen Arbeitsmarkt im 19. und 20. Jahrhundert. 1978.

Band 4 Norbert Hempel: Richterleitbilder in der Weimarer Republik. 1978.

Band 5 Rolf Stratmann: Die Scheinbußen im mittelalterlichen Recht. 1978.

Band 6 Martin C. Lockert: Die niedersächsischen Stadtrechte zwischen Aller und Weser. Vorkommen und Verflechtungen. Eine Bestandsaufnahme. 1979.

Band 7 Joachim Rückert/Wolfgang Friedrich: Betriebliche Arbeiterausschüsse in Deutschland, Großbritannien und Frankreich im späten 19. und frühen 20. Jahrhundert. Eine vergleichende Studie zur Entwicklung des kollektiven Arbeitsrechts. 1979.

Band 8 Peter Bender: Die Rezeption des römischen Rechts im Urteil der deutschen Rechtswissenschaft. 1979.

Band 9 Friedrich Karl Alsdorf: Untersuchungen zur Rechtsgestalt und Teilung deutscher Ganerbenburgen. 1980.

Band 10 Dietmar Willoweit/Winfried Schich (Hrsg.): Studien zur Geschichte des sächsisch-magdeburgischen Rechts in Deutschland und Polen (Sammelband). 1980.

Band 11 Brigitte Hempel: Der Entwurf einer Polizeiordnung für das Herzogtum Sachsen-Lauenburg aus dem Jahre 1591. 1980.

Band 12 Klaus-Detlev Godau-Schüttke: Rechtsverwalter des Reiches. Staatssekretär Dr. Curt Joël. 1981.

Band 13 Rainer Polley: Anton Friedrich Justus Thibaut (AD 1772-1840) in seinen Selbstzeugnissen und Briefen. Teil 1: Abhandlung. Teil 2: Briefwechsel. Teil 3: Register zum Briefwechsel. 1982.

Band 14 Michael Wettengel: Der Streit um die Vogtei Kelkheim 1275-1276. Ein kanonischer Prozeß.1981.

Band 15 Otto Wilhelm Krause: Naturrechtler des sechzehnten Jahrhunderts. Ihre Bedeutung für die Entwicklung eines natürlichen Privatrechts. 1982.

Band 16 Helga Spindler: Von der Genossenschaft zur Betriebsgemeinschaft. Kritische Darstellung der Sozialrechtslehre Otto von Gierkes. 1982.

Band 17 Holger Otte: Gustav Radbruchs Kieler Jahre 1919 - 1926. 1982.

Band 18 Rüdiger Teuner: Die fuldische Ritterschaft 1510 - 1656. 1982.

Band 19 Gerhard Dilcher/Rudolf Hoke/Gian Savino Pene Vidari/Hans Winterberg (Hrsg.): Grundrechte im 19. Jahrhundert. 1982.

Band 20 Karl-Hans Schloßstein: Die westfälischen Fabrikengerichtsdeputationen - Vorbilder, Werdegang und Scheitern. 1982.

Band 21 Birger Schulz: Der Republikanische Richterbund (1921-1933). 1982.

Band 22 Engelbert Krause: Die gegenseitigen Unterhaltsansprüche zwischen Eltern und Kindern in der deutschen Privatrechtsgeschichte. 1982.

Band 23 Meent W. Francksen: Staatsrat und Gesetzgebung im Großherzogtum Berg (1806-1813). 1982.

Band 24 Gerd von Sonnleithner: Bearbeitung des Handelsrechts durch Ignaz von Sonnleithner in seinem "Leitfaden über das österreichische Handels- und Wechselrecht". 1982.

Band 25 Rudolf Palme: Rechts-, Wirtschafts- und Sozialgeschichte der inneralpinen Salzwerke bis zu deren Monopolisierung. 1983.

Band 26 Helen Bosshard: Pestalozzis Staats- und Rechtsverständnis und seine Stellung in der Aufklärung. 1983.

Band 27 Jens Jessen: Die Selbstzeugnisse der deutschen Juristen. Erinnerungen, Tagebücher und Briefe. Eine Bibliographie. 1983.

Band 28 Günter Martin Jensen: Das Domanium Waldeck. Die rechtliche Zuordnung eines Fürstenvermögens. 1984.

Band 29 Johann Heinrich Kumpf: Petitionsrecht und öffentliche Meinung im Entstehungsprozeß der Paulskirchenverfassung 1848/49. 1983.

Band 30 Sabine Frey: Rechtsschutz der Juden gegen Ausweisungen im 16. Jahrhundert. 1983.

Band 31 Dietrich Joswig: Die germanische Grundstücksübertragung. 1984.

Band 32 Andreas Baryli: Konzessionssystem contra Gewerbefreiheit. Zur Diskussion der österreichischen Gewerberechtsreform 1835 bis 1860. 1984.

Band 33 Gerhard Oberkofler: Studien zur Geschichte der österreichischen Rechtswissenschaft. 1984.

Band 34 Rudolf Lauda: Kaufmännische Gewohnheit und Burgrecht bei Notker dem Deutschen. Zum Verhältnis von literarischer Tradition und zeitgenössischer Realität in der frühmittelalterlichen Rhetorik. 1984.

Band 35 Jens Jensen: Die Ehescheidung des Bischofs Hans von Lübeck von Prinzessin Julia Felicitas von Württemberg-Weiltingen AD 1648-1653. Ein Beitrag zum protestantischen Ehescheidungsrecht im Zeitalter des beginnenden Absolutismus. 1984.

Band 36 Horst Schröder: Friedrich Karl von Savigny. Geschichte und Rechtsdenken beim Übergang vom Feudalismus zum Kapitalismus in Deutschland. 1984.

Band 37 Andreas Hatzung: Dogmengeschichtliche Grundlagen und Entstehung des zivilrechtlichen Notstands. 1984.

Band 38 Matthias Klasen: Das Billwerder Landrecht. Landrecht und Landgericht in den Hamburger Elbmarschen. 1985.

Band 39 Rainer Jamin: Aufbau, Tätigkeit und Verfahren der Auseinandersetzungsbehörden bei der Durchführung der preußischen Agrarreformen. 1985.

Band 40 Henry Winter: Teilschuld, Gesamtschuld und unechte Gesamtschuld. Zur Konzeption der §§ 420 ff. BGB - Ein Beitrag zur Entstehungsgeschichte des BGB. 1985.

Band 41 Hermann Eichler: Verfassungsbewegung in Amerika und Europa. 1985.

Band 42 Dagmar Bandemer: Heinrich Albert Zachariae. Rechtsdenken zwischen Restauration und Reformation. 1985.

Band 43 Eva-Christine Frentz: Das Hamburgische Admiralitätsgericht (1623-1811). Prozeß und Rechtsprechung. 1985.

Band 44 Karl Lillig: Rechtsetzung im Herzogtum Pfalz-Zweibrücken während des 18. Jahrhunderts. Ein Beitrag zur Geschichte der territorialen Rechtsbildung. 1985.

Band 45 Walter Weber: Die Entwicklung der Sparkassen zu selbständigen Anstalten des öffentlichen Rechts. Ein Beitrag zur Entwicklung des Anstaltsbegriffs im 19. Jahrhundert. 1985.

Band 46 Bärbel Baum: Der Stabreim im Recht. Vorkommen und Bedeutung des Stabreims in Antike und Mittelalter. 1986.

Band 47 Hans Popp: Die nationalsozialistische Sicht einiger Institute des Zivilprozeß- und Gerichtsverfassungsrechts. 1986.

Band 48 John Karl-Heinz Montag: Die Lehrdarstellung des Handelsrechts von Georg Friedrich von Martens bis Meno Pöhls. Die Wissenschaft des Handelsrechts im ersten Drittel des 19. Jahrhunderts. 1986.

Band 49 Volker D. Anhäusser: Das internationale Obligationenrecht in der höchstrichterlichen Rechtsprechung des 19. Jahrhunderts. 1986.

Band 50 Udo Beer: Die Juden, das Recht und die Republik. Verbandswesen und Rechtsschutz 1919-1933. 1986.

Band 51 Herbert Grziwotz: Der moderne Verfassungsbegriff und die "Römische Verfassung" in der deutschen Forschung des 19. und 20. Jahrhunderts. 1986.

Band 52 Ralf Conradi: Karl Friedrich Eichhorn als Staatsrechtslehrer. Seine Göttinger Vorlesung über "Das Staatsrecht der deutschen Bundesstaaten" nach einer Kollegmitschrift aus dem Wintersemester 1821/22. 1987.

Band 53 Dieter Dannreuther: Der Zivilprozeß als Gegenstand der Rechtspolitik im Deutschen Reich 1871 - 1945. Ein Beitrag zur Geschichte des Zivilprozeßrechts in Deutschland. 1987.

Band 54 Stephan Felix Pauly: Organisation, Geschichte und Praxis der Gesetzesauslegung des (Königlich) Preußischen Oberverwaltungsgerichtes 1875 - 1933. 1987.

Band 55 Rüdiger Schulz: Die Entstehung des Seerechts des Allgemeinen Deutschen Handelsgesetzbuches unter besonderer Berücksichtigung der Bestimmungen über die Reederei, den Schiffer und die Schiffsmannschaft. 1987.

Band 56 Reinhold Reis: Deutsches Privatrecht in den Weistümern der Zenten Schriesheim und Kirchheim. 1987.

Band 57 Jürgen Christoph: Die politischen Reichsamnestien 1918 - 1933. 1987.

Band 58 Gerhard Oberkofler/Eduard Rabofsky: Hans Kelsen im Kriegseinsatz der k.u.k.-Wehrmacht. Eine kritische Würdigung seiner militärtheoretischen Angebote. 1988.

Band 59 Arne Wulff: Staatssekretär Prof. Dr. Dr. h.c. Franz Schlegelberger. 1876-1970. 1991.

Band 60 Gerhard Köbler (Hrsg.): Wege europäischer Rechtsgeschichte. Karl Kroeschell zum 60. Geburtstag. 1987.

Band 61 Rüdiger Hütte: Der Gemeinschaftsgedanke in den Erbrechtsreformen des Dritten Reichs. 1988.

Band 62 Markus Göldner: Politische Symbole der europäischen Integration. Fahne, Hymne, Hauptstadt, Paß, Briefmarke, Auszeichnungen. 1988.

Band 63 Wolfgang Kröner: Freiheitsstrafe und Strafvollzug in den Herzogtümern Schleswig, Holstein und Lauenburg von 1700 bis 1864. 1988.

Band 64 Werner Gaile: Die Norder Theelacht. 1988.

Band 65 Karl v. Kempis: Andreas Gaill (1526 - 1587). Zum Leben und Werk eines Juristen der frühen Neuzeit. 1988.

Band 66 Wolf-Rüdiger Osburg: Die Verwaltung Hamburgs in der Franzosenzeit. 1811-1814. 1988.

Band 67 Christian Schudnagies: Hans Frank. Aufstieg und Fall des NS-Juristen und Generalgouverneurs. 1988.

Band 68 Otmar Jung: Senatspräsident Freymuth. Richter, Sozialdemokrat und Pazifist in der Weimarer Republik. Eine politische Biographie. 1989.

Band 69 Joachim Lohner: Das landeshauptmannschaftliche Gericht in Oberösterreich zu Beginn der Neuzeit. Eine Darstellung des oberösterreichischen Prozeßrechts am obersten Territorialgericht des Landes anhand der oberösterreichischen Landtafel.1989.

Band 70 Bernd Klemann: Rudolf von Jhering und die Historische Rechtsschule. 1989.

Band 71 Adalbert Langer: Männer um die österreichische Zivilprozeßordnung 1895. Zusammenspiel / Soziales Ziel. 1990.

Band 72 Robert-Dieter Klee: Die Landessuperintendentur Lauenburg. Ursprung und Entwicklung sowie Ende der Sonderstellung des Kirchenkreises Herzogtum Lauenburg durch die nordelbische Kirchenvereinigung. 1989.

Band 73 Heinrich Herrmann: Die Gehöferschaften im Bezirk Trier. 1989.

Band 74 Wilhelm Brauneder, Franz Baltzarek (Hrsg.): Modell einer neuen Wirtschaftsordnung. Wirtschaftsverwaltung in Österreich 1914 - 1918. 1991.

Band 75 Thomas Dreyer: Die "Assecuranz- und Haverey-Ordnung" der Freien und Hansestadt Hamburg von 1731. 1990.

Band 76 Bernhard Sendler: Die Rechtssprache in den süddeutschen Stadtrechtsreformationen. 1990.

Band 77 Brigitte Lehmann: Ehevereinbarungen im 19. und 20. Jahrhundert. 1990.

Band 78 Michael Sunnus: Der NS-Rechtswahrerbund (1928-1945). Zur Geschichte der nationalsozialistischen Juristenorganisation. 1990.

Band 79 Stefan Schulz: Die historische Entwicklung des Rechts an Bienen. (§§ 961 - 964 BGB). 1990.

Band 80 Gerhard Lingelbach, Heiner Lück (Hrsg.): Deutsches Recht zwischen Sachsenspiegel und Aufklärung. Rolf Lieberwirth zum 70. Geburtstag dargebracht von Schülern, Freunden und Kollegen, herausgegeben von Gerhard Lingelbach und Heiner Lück. 1991.

Band 81 Manfred Krohn: Die deutsche Justiz im Urteil der Nationalsozialisten 1920 - 1933. 1991.

Band 82 Angelika Kühn: Privilegierung nationaler Minderheiten im Wahlrecht der Bundesrepublik Deutschland und Schleswig-Holsteins. 1991.

Band 83 Georg Brun: Leben und Werk des Rechtshistorikers Heinrich Mitteis unter besonderer Berücksichtigung seines Verhältnisses zum Nationalsozialismus. 1991.

Band 84 Wolfgang Simon: Claudius Freiherr von Schwerin. Rechtshistoriker während dreier Epochen deutscher Geschichte. 1991.

Band 85 Friedrich-Carl Wachs: Das Verordnungswerk des Reichsdemobilmachungsamtes. Stabilisierender Faktor zu Beginn der Weimarer Republik. 1991.

Band 86 Jens-Uwe Petersen: Die Vorgeschichte und die Entstehung des Mieterschutzgesetzes von 1923 nebst der Anordnung für das Verfahren vor dem Mieteinigungsamt und der Beschwerdestelle. 1991.

Band 87 Ulrike Haibach: Familienrecht in der Rechtssprache. Die historische Entwicklung zentraler Ausdrücke des geltenden Familienrechts. 1991.

Band 88 Joern Christian Nissen: Die Beratungen des Seeversicherungsausschusses der Akademie für Deutsches Recht zu einem neuen Seeversicherungsgesetz (1934-1939). Ein Beitrag zur Entwicklung der allgemeinen Lehren des Seeversicherungsrechts unter besonderer Berücksichtigung des Handelsgesetzbuchs und der Allgemeinen Deutschen Seeversicherungs-Bedingungen 1919. 1991.

Band 89 Diethard Bühler: Die Entstehung der allgemeinen Vertragsschluß-Vorschriften im Allgemeinen Deutschen Handelsgesetzbuch (ADHGB) von 1861. Ein Beitrag zur Kodifikationsgeschichte des Privatrechts im 19. Jahrhundert. 1991.

Band 90 Gerhard Oberkofler: Die Vertreter des Römischen Rechts mit deutscher Unterrichtssprache an der Karls-Universität in Prag. Vom Vormärz bis 1945. 1991.

Band 91 Ulrich Andermann: Ritterliche Gewalt und bürgerliche Selbstbehauptung. Untersuchungen zur Kriminalisierung und Bekämpfung des spätmittelalterlichen Raubrittertums am Beispiel norddeutscher Hansestädte. 1991.

Band 92 Heinz Marcus Hanke: Luftkrieg und Zivilbevölkerung. Der kriegsvölkerrechtliche Schutz der Zivilbevölkerung gegen Luftbombardements von den Anfängen bis zum Ausbruch des Zweiten Weltkrieges. 1991.

Band 93 Kirsten Kraglund: Familien- und Erbrecht. Materielles Recht und Methoden der Rechtsanwendung in der Rechtsprechung des Oberappellationsgerichts der vier Freien Städte Deutschlands zu Lübeck. 1991.

Band 94 Reinhard Lorenz: Die politische und rechtliche Stellung des Proletariats in Preußen in der Zeit zwischen den Reformen und der Revolution 1848/49. 1991.

Band 95 Eric Hilgendorf: Die Entwicklungsgeschichte der parlamentarischen Redefreiheit in Deutschland. 1991.

Band 96 Hans J. Reiter: Die Handelsgesellschaft Villeroy & Boch von der Gründung 1836 bis zum Jahr 1878. 1992.

Band 97 Martin Johannes Heller: Reform der deutschen Rechtssprache im 18. Jahrhundert. 1992.

Band 98 Michael Kotulla: Die Tragweite der Grundrechte der revidierten preußischen Verfassung vom 31.01.1850. 1992.

Band 99 Michael Siefener: Hexerei im Spiegel der Rechtstheorie. Das crimen magiae in der Literatur von 1574 bis 1608. 1992.

Band 100 Andreas Ebert-Weidenfeller: Hamburgisches Kaufmannsrecht im 17. und 18. Jahrhundert. Die Rechtsprechung des Rates und des Reichskammergerichtes. 1992.

Band 101 Enno Bommel: Die Entstehung der Verwirkungslehre in der Krise des Positivismus. 1992.

Band 102 Ralph Steppacher: Die Berücksichtigung der bäuerlichen Postulate bei der Entstehung des ZGB und der Revision des OR. Ein Beitrag zur schweizerischen Kodifikationsgeschichte (1893 - 1912). 1992.

Band 103 Martin Fleckenstein: Die Todesstrafe im Werk Carl Joseph Anton Mittermaiers (1787 - 1867). Zur Entwicklungsgeschichte eines Werkbereichs und seiner Bedeutung für Theorie- und Methodenbildung. 1992.

Band 104 Jörn Eckert: Der Kampf um die Familienfideikommisse in Deutschland. Studien zum Absterben eines Rechtsinstitutes. 1992.

Band 105 Jörg Grotkopp: Beamtentum und Staatsformwechsel. Die Auswirkungen der Staatsformwechsel von 1918, 1933 und 1945 auf das Beamtenrecht und die personelle Zusammensetzung der deutschen Beamtenschaft. 1992.

Band 106 Andreas Rohde: Die Garantiehaftung des Vermieters und ihr Verhältnis zum Unmöglichkeitsrecht in dogmengeschichtlicher und modernrechtlicher Sicht. 1992.

Band 107 Tjark Siefke Kunstreich: Gesamtvertretung. Eine historisch-systematische Darstellung. 1992.

Band 108 Jürgen Krüger: Blindheit und Königtum. Die Blindheit des Königs Georg V. von Hannover als verfassungsrechtliches Problem. 1992.

Band 109 Wolfgang Putschek: Ständische Verfassung und autoritäre Verfassungspraxis in Österreich 1933-1938 mit Dokumentenanhang. Verfassung und Verfassungswirklichkeit. Mit einem Anhang: Denkschriften von Rechtsanwalt Dr. Erich Führer 1936/37. 1993.

Band 110 Klaus Hofmann: Die Verdrängung der Juden aus öffentlichem Dienst und selbständigen Berufen in Regensburg 1933-1939. 1993.

Band 111 Franz Kilger: Die Entwicklung des Telegraphenrechts im 19. Jahrhundert mit besonderer Berücksichtigung der technischen Entwicklung. Telegraphenrecht im 19. Jahrhundert. 1993.

Band 112 Wilhelm Brauneder (Hrsg.): Heiliges Römisches Reich und moderne Staatlichkeit. 1993.

Band 113 Thomas Heinrich: Das preußische Nichtehelichenrecht: Von der Aufklärung zur Reaktion. 1993.

Band 114 Gerald Kohl: Jagd und Revolution. Das Jagdrecht in den Jahren 1848 und 1849. 1993.

Band 115 Christian Schudnagies: Der Kriegs- oder Belagerungszustand im Deutschen Reich während des Ersten Weltkrieges. Eine Studie zur Entwicklung und Handhabung des deutschen Ausnahmezustandsrechts bis 1918. 1994.

Band 116 Elisabeth Bellmann: Die Internationale Kriminalistische Vereinigung (1889-1933). 1994.

Band 117 Julia Pfannkuch: Volksrichterausbildung in Sachsen 1945-1950. 1993.

Band 118 Jörg Offen: Von der Verwaltungsgemeinschaft des BGB von 1896 zur Zugewinngemeinschaft des Gleichberechtigungsgesetzes von 1957. 1994.

Band 119 Dorothee Kohlhas-Müller: Untersuchungen zur Rechtsstellung Theoderichs des Großen. 1995.

Band 120 Monika Rose: Das Gerichtswesen des Herzogtums Pfalz-Zweibrücken im 18. Jahrhundert. Ein Beitrag zur territorialen Gerichtsbarkeit im Alten Reich. 1994.

Band 121 Jörn Eckert / Hans Hattenhauer (Hrsg.): Bibel und Recht. Rechtshistorisches Kolloquium 9. - 13. Juni 1992 an der Christian-Albrechts-Universität zu Kiel. 1994.

Band 122 Robert Martin Mizia: Der Rechtsbegriff der Autonomie und die Begründung des Privatfürstenrechts in der deutschen Rechtswissenschaft des 19. Jahrhunderts. 1995.

Band 123 Walther Graf von Plettenberg: Das Fortleben des Liber Iudiciorum in Asturien/Leōn (8. - 13. Jh.). 1994.

Band 124 Wolfgang Schulz: Das deutsche Börsengesetz. Die Entstehungsgeschichte und wirtschaftlichen Auswirkungen des Börsengesetzes von 1896. 1994.

Band 125 Frank Hagemann: Der Untersuchungsausschuß Freiheitlicher Juristen. 1949 – 1969. 1994.

Band 126 Andreas Rethmeier: "Nürnberger Rassegesetze" und Entrechtung der Juden im Zivilrecht. 1995.

Band 127 Edith Grether: Die Poesie der Throne. Die Juristen in der Fruchtbringenden Gesellschaft. 1995.

Band 128 Anna Bartels-Ishikawa: Der Lippische Thronfolgestreit. Eine Studie zu verfassungsrechtlichen Problemen des Deutschen Kaiserreiches im Spiegel der zeitgenössischen Staats. 1995.

Band 129 Jörg Schmidt: Otto Koellreutter 1883-1972. Sein Leben, sein Werk, seine Zeit. 1995.

Band 130 Christian Hattenhauer: Wahl und Krönung Franz II. AD 1792. Das Heilige Reich krönt seinen letzten Kaiser - Das Tagebuch des Reichsquartiermeisters Hieronymus Gottfried von Müller und Anlagen. 1995.

Band 131 Jutta v. der Decken: Das Seearbeitsrecht im Hamburger Stadtrecht von 1301 bis 1603. 1995.

Band 132 Detlev Schmidt: Die Reform des Rechts der Handelsvertreter von 1953. 1995.

Band 133 Gabi Roßdeutscher: Privatautonomie im Scheidungsrecht. Scheidungsbezogene Vereinbarungen in den letzten 200 Jahren. 1995.

Band 134 Harald Kahlenberg: Leben und Werk des Rechtshistorikers Walther Merk. Ein Beispiel für das Verhältnis von Rechtsgeschichte und Nationalsozialismus. 1995.

Band 135 Michael Steitz: Adelbert Düringer am Reichsgericht (1902-1915). Seine aktienrechtlichen Entscheidungen und sein Einfluß auf das Aktienrecht in Deutschland. 1995.

Band 136 Christian Becker: Beata Justorum Translatio. Juristen in schleswig-holsteinischen Leichenpredigten. 1996.

Band 137 Christoph Seiler: Vom Allgemeinen Landrecht zum Bürgerlichen Gesetzbuch. Dargestellt am Beispiel der höchstrichterlichen Judikatur zum kaufrechtlichen Sachmängelgewährleistungsrecht. 1996.

Band 138 Bernd Mayer: Die Vertrauensmännerausschüsse auf den preußischen Steinkohlegruben an der Saar. Entstehung und Wirken. Eine rechtshistorische Untersuchung. 1996.

Band 139 Rochus Scholl: Juden und Judenrecht im Herzogtum Pfalz-Zweibrücken. Ein Beitrag zur Rechtsgeschichte eines deutschen Kleinstaates am Ende des alten Reiches. 1996.

Band 140 Meike Bursch: Judentaufe und frühneuzeitliches Strafrecht. Die Verfahren gegen Christian Treu aus Weener/Ostfriesland 1720-1728. 1996.

Band 141 Markus Hillenbrand: Fürstliche Eheverträge. Gottorfer Hausrecht 1544 - 1773. 1996.

Band 142 Ulf Häder: Das gemeinschaftliche Oberappellationsgericht thüringischer Staaten in Jena. Ein Beitrag zur Geschichte des Gerichtswesens im 19. Jahrhundert. 1996.

Band 143 Andreas Bauer: Das Gnadenbitten in der Strafrechtspflege des 15. und 16. Jahrhunderts. Dargestellt unter besonderer Berücksichtigung von Quellen der Vorarlberger Gerichtsbezirke Feldkirch und des Hinteren Bregenzerwaldes. 1996.

Band 144 Christian Wirth: Der Jurist Johann Andreas Georg Friedrich Rebmann zwischen Revolution und Restauration. 1996.

Band 145 Stefanie Müller: Die Rechtsprechung des Hanseatischen Oberlandesgerichts zum persönlichen Eherecht in Hamburgischen Gerichtsfällen von 1879 -1900. 1996.

Band 146 Jean-Nicolas Morisset: Der Frachtvertrag in der *Ordonnance de la marine* von 1681. 1996.

Band 147 Dirk Lentfer: Die Glogauer Landesprivilegien des Andreas Gryphius von 1653. 1996.

Band 148 Wencke Mull: Die Haftung für Einsturzschäden nach den §§ 836-838 BGB in der Rechtsprechung des Reichsgerichts. 1996.

Band 149 Renate Zelger: Teufelsverträge. Märchen, Sage, Schwank, Legende im Spiegel der Rechtsgeschichte. 1996.

Band 150 Guido Kraß: Das Arrestverfahren in Frankfurt am Main im Spätmittelalter. 1996.

Band 151 F. Benedict Heyn: Die Entwicklung des Eisenbahnfrachtrechts von den Anfängen bis zur Einführung des Allgemeinen Deutschen Handelsgesetzbuches (ADHGB). 1996.

Band 152 Thomas Lang: Die Staats- und Verfassungslehre Carl Salomo Zachariaes. 1996.

Band 153 Michael Hebeis: Karl Anton von Martini (1726-1800). Leben und Werk. 1996.

Band 154 Gerald Hubert: Die Diskussion um die rechtliche Natur der Bizone in den Jahren 1947-1949. 1996.

Band 155 Christof Horn: Die Rechtsprechung des Reichsgerichts in Ehescheidungssachen der Jahre 1900 bis 1905. 1996.

Band 156 Hermann Nehlsen / Georg Brun (Hrsg.): Münchener rechtshistorische Studien zum Nationalsozialismus. 1996.

Band 157 Jan Otto Clemens Kehrberg: Die Entwicklung des Elektrizitätsrechts in Deutschland. Der Weg zum Energiewirtschaftsgesetz von 1935. 1997.

Band 158 Johannes Tradt: Der Religionsprozeß gegen den Zopfschulzen (1791-1799). Ein Beitrag zur protestantischen Lehrpflicht und Lehrzucht in Brandenburg-Preußen gegen Ende des 18. Jahrhunderts. 1997.

Band 159 Dietmar Olsen: Das kaufrechtliche Sachmängelgewährleistungsrecht des Code civil in der Rechtsprechung deutscher Gerichte im 19. Jahrhundert. Ein Beitrag zur Ablösung der Partikularrechte durch das BGB. 1997.

Band 160 Ulrich Bernhardt: Die Deutsche Akademie für Staats- und Rechtswissenschaft „Walter Ulbricht" 1948-1971. 1997.

Band 161 Claudia Susan Hoppe: Die Bürgschaft im Rechtsleben Hamburgs von 1600 bis 1900. 1997.

Band 162 Franz-Rudolf Ecker: Die Entwicklung des Bergrechts im Saarbrücker Steinkohlenrevier bis zum Ende des 18. Jahrhunderts. Ein Vergleich mit dem älteren deutschen Bergrecht. 1997.

Band 163 Anne Katrin Rückert: Politik und Privatrecht in der „konservativen Revolution". 1997.

Band 164 Gisbert Laube: Der Reichskunstwart. Geschichte einer Kulturbehörde 1919-1933. 1997.

Band 165 Nicolas Lührig: Die Diskussion über die Reform der Juristenausbildung von 1945 bis 1995. 1997.

Band 166 Regula Gerber Jenni: Die Emanzipation der mehrjährigen Frauenzimmer. Frauen im bernischen Privatrecht des 19. Jahrhunderts. 1997.

Band 167 Mischa A. Färber: Das gemeinschaftliche Testament in der höchstrichterlichen Rechtsprechung zum Allgemeinen Preußischen Landrecht und zum BGB. Ein Beitrag zur Ablösung der Partikularrechte durch das BGB. 1997.

Band 168 Catherine Antoinette Gasser: Philipp Lotmar 1850-1922. Professor der Universität Bern. Sein Engagement für das Schweizerische Arbeitsrecht. 1997.

Band 169 Lars Immisch: Der sozialistische Richter in der DDR und seine Unabhängigkeit. Der Versuch eines Rechtsvergleiches zum Unabhängigkeitsbegriff in der bundesdeutschen Rechtsordnung. 1997.

Band 170 Jessica Jacobi: Besitzschutz vor dem Reichskammergericht. Die friedenssichernde Funktion der Besitzschutzklagen am Reichskammergericht im 16. Jahrhundert, dargestellt anhand von Kameralisten. 1998.

Band 171 Ewald Hügemann: Die Geschichte des öffentlichen und privaten Mietpreisrechts vom Ersten Weltkrieg bis zum Gesetz zur Regelung der Miethöhe von 1974. 1998.

Band 172 Lutz Rentzow: Die Entstehungs- und Wirkungsgeschichte der Vernewerten Landesordnung für das Königreich Böhmen von 1627. 1998.

Band 173 Sabine Stürmer: Mühlenrecht im Herzogtum Pfalz-Zweibrücken während des 18. Jahrhunderts. Ein Beitrag zum Wirtschaftsrecht eines deutschen Kleinstaates im Alten Reich. 1998.

Band 174 Mario Bogisch: *Nemo testis in re sua.* Das Problem der Zeugnisfähigkeit bei der Anwendung der deutschen Zivilprozeßordnung von 1877. 1998.

Band 175 Rainer Oßwald: Pactane sunt servanda? Freiwilligkeit, Zwang und Unverbindlichkeitserklärungen im islamischen Vertragsrecht malikitischer Schule. 1998.

Band 176 Bettina Kern: Der preußische BGB-Entwurf von 1842. 1998.

Band 177 Inken Fuhrmann: Die Diskussion über die Einführung der fakultativen Zivilehe in Deutschland und Österreich seit Mitte des 19. Jahrhunderts. 1998.

Band 178 Annette Rieck: Der Heilige Ivo von Hélory (1247-1303). Advocatus pauperum und Patron der Juristen. 1998.

Band 179 Frank Bottenberg: Die Hamburgische Strafprozeßordnung von 1869. 1998.

Band 180 Matthias Krauß: Das kursächsische Postrecht von seinen Anfängen bis zum Ende des Alten Reichs. 1998.

Band 181 Torsten Schmidt: Die Entmündigung von den Anfängen des BGB bis zu ihrer Ablösung durch das Institut der Betreuung. 1998.

Band 182 Christian Nunn: Rudolf Müller-Erzbach. 1874-1959. Von der realen Methode über die Interessenjurisprudenz zum kausalen Rechtsdenken (Leben und Werk). 1998.

Band 183 Christian Ortloff: Das staatskirchenrechtliche System Wilhelm Traugott Krugs. Glaubens- und Gewissensfreiheit – eine Forderung der Vernunft. 1998.

Band 184 Christian Hattenhauer: Schuldenregulierung nach dem Westfälischen Frieden. Der sog. § *de indaganda* und seine Umsetzung im Jüngsten Reichsabschied (AD 1648 und 1654). 1998.

Band 185 Werner Schubert: Preußen im Vormärz. Die Verhandlungen der Provinziallandtage von Brandenburg, Pommern, Posen, Sachsen und Schlesien sowie – im Anhang – von Ostpreußen, Westfalen und der Rheinprovinz (1841-1845). 1998.

Band 186 Silvia Schumacher: Das Rechtsverhältnis zwischen Eltern und Kindern in der Privatrechtsgeschichte. 1999.

Band 187 Kai Sommer: Die Strafbarkeit der Homosexualität von der Kaiserzeit bis zum Nationalsozialismus. Eine Analyse der Straftatbestände im Strafgesetzbuch und in den Reformentwürfen (1871-1945). 1998.

Band 188 Jan Erik Backhaus: Volksrichterkarrieren in der DDR. 1999.

Band 189 Ralf Ruhnau: Die Fürstlich Thurn und Taxissche Privatgerichtsbarkeit in Regensburg. Ein Kuriosum der deutschen Rechtsgeschichte. 1999.

Band 190 Antonio Grilli: Die französische Justizorganisation am linken Rheinufer 1797-1803. 1999.

Band 191 Stephanie Kammerloher-Lis: Die Entstehung des Gesetzes über die religiöse Kindererziehung vom 15. Juli 1921. 1999.

Band 192 Jan Telp: Ausmerzung und Verrat. Zur Diskussion um Strafzwecke und Verbrechensbegriffe im Dritten Reich. 1999.

Band 193 Kurt von Pannwitz: Die Entstehung der Allgemeinen Deutschen Wechselordnung. Ein Beitrag zur Geschichte der Vereinheitlichung des deutschen Zivilrechts im 19. Jahrhundert. 1999.

Band 194 Sylvia Busch: Die Entstehung der Allgemeinen Gerichtsordnung für die Preussischen Staaten von 1793/95. Ein Beitrag zur Geschichte der Kodifikationsbewegung und der Reform des Zivilprozesses in Preußen im 18. Jahrhundert. 1999.

Band 195 Dirk Bieresborn: Klage und Klageerwiderung im deutschen und englischen Zivilprozeß. Eine rechtshistorische und rechtsvergleichende Untersuchung unter besonderer Berücksichtigung der Beeinflussung durch das römisch-kanonische Verfahren. 1999.

Band 196 Andreas Thier / Guido Pfeifer / Philipp Grzimek (Hrsg.): Kontinuitäten und Zäsuren in der Europäischen Rechtsgeschichte. Europäisches Forum Junger Rechtshistorikerinnen und Rechtshistoriker München 22.-24. Juli 1998. 1999.

Band 197 Franz Smola: Die Fürstlich Liechtenstein'sche Kunstsammlung. Rechtsfragen zur Verbringung der Sammlung von Wien nach Vaduz in den Jahren 1944/45. 1999.

Band 198 Frank Martin Krauss: Das geteilte Eigentum im 19. und 20. Jahrhundert. Eine Untersuchung zum Fortbestand des Teilungsgedankens. 1999.

Band 199 Matthias Frey: Die spanische Aktiengesellschaft im 18. Jahrhundert und unter dem Código de Comercio von 1829. 1999.

Band 200 Alexandra Gilde: Die Stellung der Frau im Reichsstrafgesetzbuch von 1870/71 und in den Reformentwürfen bis 1919 im Urteil der bürgerlichen Frauenbewegung. Eine Analyse ausgewählter Straftatbestände. 1999.

Band 201 Malte Dießelhorst / Arne Duncker: Hans Kohlhase. Die Geschichte einer Fehde in Sachsen und Brandenburg zur Zeit der Reformation. 1999.

Band 202 Jörg Hillmann: Territorialrechtliche Auseinandersetzungen der Herzöge von Sachsen-Lauenburg vor dem Reichskammergericht im 16. Jahrhundert. 1999.

Band 203 Carsten Engler: Die Kommanditgesellschaft (KG) und die stille Gesellschaft im Allgemeinen Deutschen Handelsgesetzbuch (ADHGB) von 1861. 1999.

Band 204 Vesta Hoffmann-Steudner: Die Rechtsprechung des Reichsgerichts zu dem Scheidungsgrund des § 49 EheG (EheG 1938) in den Jahren 1938-1945. 1999.

Band 205 Michaela Thiele: Die Auflösung von Arbeitsverhältnissen aufgrund Anfechtung und außerordentlicher Kündigung nach der Rechtsprechung des Reichsarbeitsgerichts (1927-1945). 1999.

Band 206 Peter Landau / Hermann Nehlsen / Mathias Schmoeckel (Hrsg.): Karl von Amira zum Gedächtnis. 1999.

Band 207 Marcus Flinder: Die Entstehungsgeschichte des Zivilgesetzbuches der DDR. 1999.

Band 209 Winfried C. J. Eberstein: Das Tierschutzrecht in Deutschland bis zum Erlaß des Reichs-Tierschutzgesetzes vom 24. November 1933. Unter Berücksichtigung der Entwicklung in England. 1999.